DERECHOS HUMANOS FUNDAMENTALES

TEORÍA GENERAL

MAXIMILIANO TORICELLI

Derechos humanos fundamentales

Teoría general

ASTREA
BUENOS AIRES - BOGOTÁ - PORTO ALEGRE - SANTIAGO - ASUNCIÓN
2023

Toricelli, Maximiliano

Derechos humanos fundamentales. Teoría general / Maximiliano Toricelli; 1ª ed. - Ciudad Autónoma de Buenos Aires: Astrea, 2023.
480 p.; 23 × 16 cm.

ISBN 978-987-706-463-6

1. Derechos Humanos. 2. Derecho Constitucional. 3. Tratados Internacionales.
I. Título.

CDD 341.483

Astrea está indexada como Editorial de Calidad Científica
con Claro Prestigio Internacional (Fondecyt).

Esta obra ha sido evaluada conforme a los estándares internacionales de calidad científica de referato externo, con sistema doble ciego.

Lavalle 1208 - (C1048AA f) Ciudad de Buenos Aires
(54-11) 4382-1880 - 0800-345-ASTREA (278732)
www.astrea.com.ar - editorial@astrea.com.ar

La edición de esta obra se realizó en Editorial Astrea, y fue impresa en su taller, Berón de Astrada 2433, Ciudad de Buenos Aires, en la primera quincena de agosto de 2023.

Queda hecho el depósito que previene la ley 11.723

IMPRESO EN LA ARGENTINA

A mi hija Lucía,
por tu inmenso compañerismo, tu profunda lealtad
y tu extraordinaria empatía;
pero, sobre todo, porque te amo infinitamente.

Nunca dejes de brillar.

PRÓLOGO

Cuando escribí *Organización constitucional del poder*, conté que la principal motivación que tuve para realizar esa obra era, precisamente, ser profesor de Derecho Constitucional. Siempre sentí la necesidad de volcar en palabras aquello que diariamente enseñaba.

También aclaré que dicha obra no abarcaba toda la materia. Hoy comienzo a saldar esa deuda interna que aún tengo pendiente. Me llevó casi diez años volver a escribir una obra que, sabía, sería incluso más compleja que la anterior.

Debo reconocer también que, pese a todos los males que trajo la pandemia, me permitió encontrar el tiempo para realizar esta investigación.

La obra está dividida en partes. Aquí se presenta la teoría general de los derechos humanos.

A diferencia del trabajo anterior, el análisis no se centra exclusivamente en el derecho constitucional argentino, sino que también revisa, además de los tratados internacionales y los criterios de la Corte Interamericana de Derechos Humanos, ordenamientos constitucionales y jurisprudencia de diversos países de Latinoamérica, así como algunas experiencias europeas.

Este libro se encuentra dividido en cinco capítulos.

En el primero de ellos nos hemos ocupado de los postulados filosóficos que sustentan los principales autores, especialmente de las corrientes conocidas como constitucionalismo o neoconstitucionalismo, así como de sus variantes y detractores, y la influencia que ellas han tenido en los tribunales nacionales e internacionales. Una mención especial ocupa la jurisprudencia de la Corte Interamericana de Derechos Humanos, explayándonos sobre lo decidido, así como los artículos del Pacto analizado, desde su creación hasta finales del año 2021.

El segundo capítulo se encarga de estudiar el rol del juez en el constitucionalismo, en donde se analizan las condiciones que deben cumplirse y las clases de pronunciamiento que pueden emitir para desempeñar adecuadamente su función de control de constitucionalidad y convencionalidad necesarios para el desarrollo de un adecuado Estado constitucional de derecho.

El capítulo tercero se ocupa de la evolución de los derechos humanos fundamentales a través del tiempo, así como de las distintas denominaciones que se han utilizado y se siguen empleando para referirse a ellos, clasificaciones, principales características y fundamento.

El capítulo cuarto se adentra en los principios que fundamentan el sistema, como son la dignidad, la libertad, la igualdad, la razonabilidad y la legalidad, sin descuidar el análisis de los principios correctores como el *pro homine*, interés superior del niño, *pro actione* o *favor debilis*.

En el último capítulo se estudian aspectos variados como el derecho plural o pluralismo jurídico, el límite a los derechos, así como la existencia o no de derechos ilimitados y los deberes y obligaciones constitucionales.

Como todo trabajo humano, en este libro también ha existido el aporte de muchas personas que, de una u otra manera, han colaborado para que sea posible. Aun cuando no pueda abarcar a todos, quiero hacer una especial mención a JOSEFINA LUISETTI CHIARO y LUCAS NAVARRO, quienes me ayudaron en la búsqueda de doctrina, jurisprudencia y en la revisión de borradores, y con el aporte de valiosas sugerencias.

No puedo olvidarme de LUIS EMILIO AYUSO, mi gran amigo y socio, que cubrió las necesidades laborales, junto con LISANDRO ESTEBAN ARRIAGA, para que pudiera dedicar más tiempo a esta obra. A ambos, mi más sincero agradecimiento.

Por último, aunque no menos importante, el apoyo de mi familia ha sido invalorable. Mis hijas, LUCÍA, JULIA y MAIRA, pese a sus cortos años de vida, procuraban mantener un ambiente de estudio para que su padre, instalado en casa veinticuatro horas, a consecuencia de la pandemia, pudiera trabajar sin interrupciones. Y mi esposa, ANALÍA, quien asume en el hogar las tareas que abandono cuando me dedico a estas empresas.

Solo queda aguardar que este trabajo ayude a pensar una manera de lograr un mundo mejor y más inclusivo.

MAXIMILIANO TORICELLI

ÍNDICE GENERAL

Capítulo Primero

LOS POSTULADOS FILOSÓFICOS

Capítulo II

EL ROL DEL JUEZ EN EL CONSTITUCIONALISMO

A) Consideraciones generales

B) La funcionalidad democrática del Poder Judicial

C) Funcionalidad democrática de los tribunales internacionales de protección de los derechos humanos

D) Decisiones de la jurisdicción constitucional

Capítulo III

EVOLUCIÓN, CLASIFICACIÓN Y DENOMINACIÓN

Capítulo IV

PRINCIPIOS

Capítulo V

ASPECTOS COMPLEMENTARIOS

Capítulo Primero

LOS POSTULADOS FILOSÓFICOS

§ 1. *Introducción.* – En los últimos años hemos redescubierto la trascendencia que tiene el constitucionalismo. Ello se debe a la lectura de importantes juristas tanto europeos como estadounidenses, entre los que podríamos citar a Alexy, Dworkin, Ferrajoli, Bobbio, Atienza, Prieto Sanchís, entre muchos otros, que han destacado, expresa o implícitamente, cómo el constitucionalismo sintetiza las virtudes tanto del iusnaturalismo como del positivismo.

El iusnaturalismo (o los iusnaturalismos, dado que esta corriente de filosofía del derecho tiene muy distintas variantes) ha operado como una limitante al poder a partir de la existencia de principios superiores a los que debe someterse el ordenamiento jurídico. Las críticas que se han efectuado a las teorías del derecho natural se sustentan en la imprecisión que conllevan estos derechos, que muchas veces han variado según la óptica del jurista (tal es el caso del derecho de propiedad y su reconocimiento o no como derecho natural).

El positivismo, por el contrario, da una gran seguridad al reconocer que no hay más derecho que el sancionado por el Estado. Como contrapartida, lo que gana en seguridad lo arriesga en justicia, dado que el gobierno no se encuentra limitado más que por las mayorías que pueda encontrar para llevar adelante su voluntad.

El derecho alemán positivo durante el nacionalsocialismo hizo entrar en crisis las bonanzas de esta corriente netamente formalista y desprovista de principios superiores de justicia.

En cierta medida, el origen del constitucionalismo –tanto en la variante estadounidense como francesa– recoge lo mejor de estos criterios, aunque en su desarrollo posterior funcionen de manera muy distinta.

La base del constitucionalismo estadounidense reposa en la idea de la existencia de una norma superior, la Constitución, que plasma los criterios de justicia imperantes en el derecho natural, especialmente la libertad y la igualdad, y limita la actuación de los órganos estatales. Esta Constitución es fruto del acuerdo de hombres libres e iguales que, si bien volcarán el gobierno en sus representantes, estos serán limitados por el contrato social plasmado en la Constitución, donde no pueden franquearse los derechos naturales.

La declaración de independencia de Estados Unidos de América, del 4 de julio de 1776, expresa: "Sostenemos que estas verdades son evidentes por sí mismas: que todos los hombres son creados iguales, que han sido investidos por su Creador de ciertos derechos inalienables [...] que para asegurar tales derechos, los gobiernos han sido instituidos entre hombres, cuyos justos poderes derivan del consentimiento de los gobernados".

En este esquema, la Constitución, lejos de ser un cheque en blanco para que el legislador pueda hacer o deshacer a su antojo, mediante el simple seguimiento de reglas formales, es una valla infranqueable sobre el poder que puede ejercer y que encuentra su principal escollo en los derechos naturales (incluso los constituyentes originarios ni siquiera entendieron necesario establecer un plexo de derechos en la Constitución, dado que ello surgía de la naturaleza de las cosas).

No ocurre lo mismo en la Francia revolucionaria. Si bien la lógica inicial es similar, al establecer un plexo de derechos y una Constitución que los garantice, a diferencia de lo que ocurre del otro lado del Atlántico, la profunda desconfianza hacia el Poder Judicial y la creencia en la omnipotencia del legislador darán resultados diferentes.

Las ecuaciones no son iguales. Aunque en ambos modelos se parte del sistema representativo, la verdadera voluntad del pueblo se encuentra en la Constitución en Estados Unidos de América y en el Parlamento en Francia.

Allí la ley recoge la voluntad popular y por tanto en ella reside la soberanía. Si en la ley reside la actuación del pueblo, este no puede perjudicarse a sí mismo; por tanto, aun cuando los derechos siguen siendo el fundamento del sistema, la verdadera protección de ellos emana del Parlamento, que los reglamenta en pos del bienestar general.

El pueblo, representado en el Congreso, no legisla contra sí mismo; lo que en cambio ocurre con los jueces, que pertenecen a la vieja casta monárquica. El proceso constitucional, cerrado en Estados Unidos de América con el dictado de la carta magna, será, por el contrario, abierto en Francia, donde el legislador ordinario irá efectuando modificaciones permanentes.

Este modelo teórico sufre profundas transformaciones. La voluntad general comienza a ser representada (frente a las críticas de ROUSSEAU), pero esa representatividad también sufre en su núcleo al fijar un sufragio censitario.

Autores como CONSTANT dirán que la propiedad asegura el ocio y por tanto la capacitación para el ejercicio de los derechos, con lo que se justificará el voto restringido. Y el Parlamento tributará a la clase burguesa a la que pertenece.

En los años siguientes, Europa comenzará a ver la necesidad de crear un órgano de control de constitucionalidad; así es como aparece el Consejo Constitucional en Francia, mientras KELSEN, por su lado, diseñará un modelo de tribunal constitucional, de jurisdicción concentrada y de funcionamiento muy diferente al sistema jurisdiccional difuso imperante en Estados Unidos de América.

Señala PRIETO SANCHÍS que el "sistema norteamericano está diseñado en favor de la supremacía judicial y de los derechos naturales frente al legislador; el sistema kelseniano, en cambio, supone un acto de desconfianza frente a los jueces ordinarios y de restablecimiento de la supremacía del Parlamento ante la actividad libre de los jueces", y agrega que "las dos grandes construcciones de justicia constitucional que hemos tenido oportunidad de examinar responden a ideologías y culturas jurídicas muy diferentes y, en alguno de sus componentes, casi cabe decir que opuestas: la tradición de los derechos naturales, la fuerza constituyente de la soberanía popular que cristaliza en un texto normativo y la confianza en el poder neutro de los jueces, en el modelo americano; la supremacía de la ley como expresión de una voluntad general inagotable, la mutación de la soberanía popular en soberanía estatal y la desconfianza en el estamento judicial, en el modelo europeo"[1].

Esa idea de tribunal constitucional será seguida en Europa, incluso Latinoamérica la considerará para formar modelos duales, haciendo convivir el sistema de jurisdicción difusa con el concentrado[2], pero con profundas transformaciones que llevarán a que ejerza una función de con-

[1] PRIETO SANCHÍS, *Justicia constitucional y derechos fundamentales*, p. 91 y 93.

[2] La gran mayoría de los países latinoamericanos, con sus peculiaridades, ha adoptado el sistema combinado, también llamado mixto o dual. Argentina, en cambio, mantiene incólume en su estructura el sistema de control judicial difuso, tomado de Estados Unidos de América, mientras existen otros países que optaron, con distintas variantes, por un sistema de jurisdicción concentrada (tales los casos de Bolivia, Paraguay, Uruguay, Costa Rica y Panamá).

trol similar al sistema difuso, en cuanto a revisar no solo que el Parlamento cumpla las reglas procesales de funcionamiento, sino que las normas que emita se adapten a las pautas constitucionales, cargadas de fuerza normativa. En este esquema de funcionamiento es donde puede decirse que el constitucionalismo aparece como una teoría del derecho, adoptando lo mejor de cada sistema.

Del derecho natural, el criterio de limitante del poder, en cuanto existirán derechos superiores, basados en el reconocimiento de una relación jerárquica que el legislador ordinario no podrá soslayar ni el gobernante de turno eludir al tomar sus decisiones. Esos derechos no dependen del simple arbitrio de una mayoría de turno, sino de principios de justicia superiores que tienen en la dignidad humana su eje central y que incluso serán reconocidos por la comunidad internacional, lo que asegura una mayor rigidez al sistema.

Del derecho positivo, la seguridad de encontrarse en un catálogo escrito en constituciones y tratados, incluso precisados y ampliados, pero sin posibilidad de desnaturalizarlos mediante leyes y normativas inferiores.

El constitucionalismo asegura así principios de justicia con seguridad jurídica. Las doctrinas que, aun con distintas corrientes de pensamientos, se han agrupado bajo la denominación de neoconstitucionalismo, constitucionalismo contemporáneo, constitucionalismo garantista o simplemente constitucionalismo van precisando, con sus matices, esta nueva teoría del derecho.

Esto generará también un cambio en el modelo de Estado, que del Estado de derecho legal se transformará en Estado de derecho constitucional, en el cual Vigo indica al menos veintiocho características diferenciales[3]. Entre las principales podemos señalar que ya no se da esta identificación entre derecho y ley (sede el sagrado criterio de la ley como voluntad general), la que puede ser revisada por los órganos controlantes (jueces, tribunales constitucionales) para analizar su concordancia con las normas y principios constitucionales; el debilitamiento de una idea de soberanía fuerte y aislacionista, que pierde espacio ante la globalización y la incorporación del derecho internacional (de gentes, tratados, comunitario) y su aplicación en el ámbito de los países; una mayor efectivización de los derechos humanos, especialmente los plasmados en las constituciones, que empiezan a ser considerados como normas operativas y no

[3] Vigo, *Del Estado de derecho legal al Estado de derecho constitucional*, "Cuestiones de Derecho Procesal", 2012, p. 67 y siguientes.

simples directrices carentes de obligatoriedad (la Constitución se nutre de fuerza normativa y por tanto no solo es fuente de derecho, sino la más importante, lo que implica la subordinación de todo el derecho privado, antes considerado independiente, a las directrices constitucionales).

Como bien apunta Prieto Sanchís, el "Estado constitucional representa una fórmula del Estado de derecho, acaso su más cabal realización, pues si la esencia del Estado de derecho es el sometimiento del poder al derecho, solo cuando existe una verdadera Constitución ese sometimiento comprende también al legislativo; de ahí que quepa hablar del constitucionalismo como un perfeccionamiento del Estado de derecho"[4].

§ 2. *Constitucionalismo.* – Este redescubrimiento de la idea de Constitución, como teoría general, se ha popularizado con la denominación de constitucionalismo (término genérico que abarca autores que presentan diferencias importantes, pero que subrayan la primacía constitucional y su control judicial) o neoconstitucionalismo[5], que iremos analizando en las próximas páginas, con las imprecisiones que implica tratar autores que no coinciden en todos los postulados y que presentan importantes diferencias de criterios.

En una clasificación muy difundida, que aquí adoptamos, Comanducci distingue al neoconstitucionalismo como teoría del derecho, como ideología del derecho y como método de análisis del derecho, siguiendo los tres sentidos que Bobbio otorga al positivismo jurídico[6].

a) *El neoconstitucionalismo como teoría del derecho.* Como teoría del derecho, el neoconstitucionalismo busca describir las ventajas que ha obtenido la constitucionalización, que se caracterizan por lograr que los derechos fundamentales se expresen como derechos positivos, por la existencia de principios y reglas imperantes en la Constitución y con presencia en todo el ordenamiento, y por ciertas particularidades en la interpretación y aplicación de la ley.

Por ello, entiende Comanducci que, como teoría, es una alternativa al positivismo, por las transformaciones sufridas en el objeto, en

[4] Prieto Sanchís, *Justicia constitucional y derechos fundamentales*, p. 113.

[5] El neoconstitucionalismo es una especie dentro del constitucionalismo, pero indudablemente es la más difundida, que tiene como principal exponente a Alexy, nutrido en doctrinas elaboradas por Dworkin.

[6] Comanducci, *Formas de (neo)constitucionalismo: un análisis metateórico*, "Isonomía", nº 16, 2002, p. 89 y siguientes.

particular sobre el estatalismo, el legicentrismo y el formalismo interpretativo[7].

No escapa al autor italiano que esta teoría, que se caracteriza por centrar su análisis en la estructura y en el papel que cumplen las constituciones en los sistemas jurídicos, estudia a veces el modelo normativo, mientras que en otras ocasiones analiza el modelo axiológico de la Constitución como norma y que, según el modelo que adopte, el método de interpretación presentará características particulares (siendo en el modelo normativo, invariable, salvo por cuestión de grado, respecto de la ley).

Para PRIETO SANCHÍS[8], quien se encuentra en una posición más cercana al iusnaturalismo, como teoría del derecho, el neoconstitucionalismo se caracteriza por:

1) La existencia de más principios que reglas.

2) La omnipresencia de la Constitución en todas las áreas jurídicas y en todos los conflictos mínimamente relevantes, en lugar de espacios exentos a favor de la opción legislativa o reglamentaria;

3) La preponderancia judicial por sobre la autonomía del legislador ordinario.

4) La coexistencia de una pluralidad de valores.

En cuanto al sistema de fuentes, también en esta teoría hay peculiaridades que hacen prevalecer tanto la Constitución como la justicia constitucional por sobre el legislador o el poder reglamentario.

No se trata de desconocer la importancia que tiene el legislador, a quien le va a corresponder la aplicación de los principios fijados en la Constitución, solo que ya no resulta omnipotente, ni las normas constitucionales deben verse solo a través de su prisma.

Al juez constitucional le atañe un rol mucho más activo. ALEXY dirá que si "la Constitución garantiza al individuo derechos frente al legislador y (también) para la garantía de estos derechos prevé un tribunal constitucional, entonces la intervención del tribunal constitucional en el ámbito de la legislación, necesaria para la garantía de estos derechos, no es una asunción anticonstitucional de las competencias legislativas, sino algo que no solo está permitido sino también ordenado por la Constitución"[9].

[7] COMANDUCCI, *Formas de (neo)constitucionalismo: un análisis metateórico*, "Isonomía", nº 16, 2002, p. 97.

[8] PRIETO SANCHÍS, *Justicia constitucional y derechos fundamentales*, p. 117.

[9] ALEXY, *Teoría de los derechos fundamentales*, p. 527.

En consecuencia, el legislador, cuando dicta una ley, toma una opción constitucional que no siempre es la más ajustada a los parámetros constitucionales, sino que simplemente responde a la idea del partido con mayoría en el gobierno. Le toca al juez, en el caso que resuelve, ponderar si esa opción es la más adecuada con respecto a las demás cláusulas y sobre todo principios constitucionales, especialmente para arribar a la mejor solución del caso concreto.

Las decisiones del legislador ya no son aplicadas sin más por el juez, sino que este las analiza mediante los parámetros constitucionales.

Dentro de las normas constitucionales, esta teoría no postula la existencia de un orden jerarquizado, sino, por el contrario, de un pluralismo de normas que entra en juego simultáneamente en un caso y que el juez debe ponderar en la situación concreta que le toca resolver, para escoger cuál elegir y cuál sacrificar. ALEXY va a hablar de reglas y principios. Dice que las reglas son normas que requieren algo definitivamente, son mandatos y por tanto su aplicación se hace por medio de la subsunción; la regla se cumple o no se cumple.

En cuanto a los principios, entiende que son mandatos de optimización y por tanto estos deben ser realizados en la mayor extensión posible dadas las posibilidades jurídicas[10] y fácticas. Por ello, los principios son ponderados para su aplicación[11].

Uno de los ejes de esta teoría es la manera en que se resuelven los conflictos, sea entre "reglas" o entre "principios".

Así, cuando dos reglas entran en conflicto, una prevalece por sobre la otra (por superioridad jerárquica, por ser posterior, por ser especial, etc.), mientras que en el conflicto sobre principios (a la manera en que lo entiende el neoconstitucionalismo) ambos mantienen la validez, pero uno prevalece en el caso, porque la subsunción no es aplicable a ellos, sino la ponderación.

Al respecto se entiende que "un conflicto entre reglas solo puede ser solucionado o bien introduciendo en una de las reglas una cláusula de excepción que elimina el conflicto o declarando inválida, por lo menos, una de las reglas", mientras que "las colisiones de principios deben ser solucionadas de manera totalmente distinta", dado que en ese caso "uno

[10] Las posibilidades jurídicas están determinadas por los principios y reglas opuestas (ALEXY, *Teoría de los derechos fundamentales*, p. 86).

[11] ALEXY, "¿Cómo proteger los derechos humanos? Proporcionalidad y racionalidad", en ALEXY - ALONSO - RABBI-BALDI CABANILLAS (coords.), *Argumentación, derechos humanos y justicia*, p. 27.

de los principios tiene que ceder ante el otro", lo que "no significa declarar inválido al principio desplazado ni que en el principio desplazado haya que introducir una cláusula de excepción", sino que "bajo ciertas circunstancias uno de los principios precede a otro", mientras que, "bajo otras circunstancias la cuestión de la precedencia puede ser solucionada de manera inversa"[12].

Los derechos constitucionales, al presentar cláusulas abiertas en cuanto a hechos o condición de aplicación, están llenos de principios que pueden ser contradictorios (p.ej., como ocurre con la equidad y solidaridad, prevista en el art. 75, inc. 2, de la Const. nacional para la distribución tributaria) y que no son subsumibles sino ponderables.

Se dice entonces que como "la Constitución no fija con precisión el umbral mínimo de su cumplimiento, y por lo tanto el juez carece de una consecuencia jurídica concluyente para aplicar al caso; o esta se deja a la total discrecionalidad legislativa como en general se viene haciendo, pero entonces tales principios no pueden considerarse normas constitucionales, al menos no en el sentido fuerte que aquí hemos expuesto; o es el juez quien establece por sí mismo ese umbral mínimo por debajo del cual empieza a operar la garantía, pero entonces es el juez y no la norma constitucional quien lo hace"[13].

Esta corriente entiende que no se cambia un arbitrio por otro (el del legislador por el del juez), porque en el caso del juez a este le toca ponderar, y esa ponderación se basa en la argumentación. Y en esta argumentación se deben pesar los principios en juego.

Para ello se recurre a la proporcionalidad, en donde se deben analizar tres estadios: la idoneidad, la necesidad y la proporcionalidad en sentido estricto.

La idoneidad "prohíbe la adopción de medios que obstruyan la realización de al menos un principio, sin promover al menos algún principio u objetivo por el cual ha sido adoptado"[14]. Como ejemplo de no idoneidad, ALEXY dice que es válido pedir un examen de armas para quienes soliciten permiso de caza, pero no para los cetreros.

Básicamente, implica que la medida adoptada permita conseguir el objetivo propuesto.

[12] ALEXY, *Teoría de los derechos fundamentales*, p. 88 y 89.

[13] PRIETO SANCHÍS, *Justicia constitucional y derechos fundamentales*, p. 127.

[14] ALEXY, "¿Cómo proteger los derechos humanos? Proporcionalidad y racionalidad", en ALEXY - ALONSO - RABBI-BALDI CABANILLAS (coords.), *Argumentación, derechos humanos y justicia*, p. 28.

La necesidad exige que cuando existan dos medios igualmente idóneos para promover un principio debe elegirse aquel que menos interfiere con otros principios en juego. Así, ejemplifica el jurista alemán, resulta inconstitucional la prohibición de vender arroz inflado con forma de conejo de pascua o figuras navideñas porque confunde al consumidor, dado que etiquetando adecuadamente el producto se podía proteger igualmente al consumidor sin llegar a la prohibición[15].

Con este parámetro se busca que se utilice la medida más moderada para el propósito buscado.

En cuanto al principio de proporcionalidad en sentido estricto lo entiende como aquel que "indica cuál es la optimización relativa de las posibilidades jurídicas"[16]. Para encontrar esa optimización recurre a la ley de ponderación, que dice que "cuanto mayor es el grado de la no satisfacción, o de afectación, de uno de los principios, tanto mayor debe ser la importancia de la satisfacción del otro"[17].

Se busca por medio de este principio que los beneficios que se obtienen sean mayores a los sacrificios que se deben realizar.

Para determinar el peso del grado de afectación, así como el peso de la importancia de satisfacción del otro derecho (principio, en la terminología de ALEXY) se recurre a la argumentación.

Como veremos más adelante, son ciertas las críticas que dicen que esta argumentación posee un margen de discrecionalidad y que permite llegar a soluciones distintas en el mismo caso (como cuando la mayoría de la Sala Primera de la Corte Constitucional Federal de Alemania entendió que los datos que se recababan respecto a un ciudadano marroquí implicaban una interferencia grave –de peso– en el derecho a la autodeterminación sobre el acceso a los datos personales, siendo que el interés público abstracto no era de entidad para justificar tal intromisión –bajo peso– e hizo lugar al planteo; mientras que un voto en disidencia consideró que la interferencia no era de tanto peso y que el interés público lo

[15] Al analizar el principio de razonabilidad veremos la semejanza que este presenta con el principio de proporcionalidad que ALEXY describe, y particularmente el principio de razonabilidad requiere una adecuación de medios a fines, que es lo que aquí se denomina necesidad.

[16] ALEXY, "¿Cómo proteger los derechos humanos? Proporcionalidad y racionalidad", en ALEXY - ALONSO - RABBI-BALDI CABANILLAS (coords.), *Argumentación, derechos humanos y justicia*, p. 30 y 31.

[17] ALEXY, "¿Cómo proteger los derechos humanos? Proporcionalidad y racionalidad", en ALEXY - ALONSO - RABBI-BALDI CABANILLAS (coords.), *Argumentación, derechos humanos y justicia*, p. 31.

justificaba). Pero ese margen de discrecionalidad no es distinto del que cuenta todo tribunal cuando, en el ejercicio del control de constitucionalidad, interpreta una norma.

Pretender que el juez carezca de dicho margen es situarlo en una posición distinta, donde lo que se cuestiona es el ejercicio del control de constitucionalidad por parte de la judicatura. Volveremos más adelante sobre estas críticas.

b) *El neoconstitucionalismo como ideología.* El neoconstitucionalismo, como ideología, parte de la concepción de que el Estado constitucional es la mejor o más justa forma de organización política, entendiendo que a mayores derechos y garantías constitucionales hay menor margen de decisión de las mayorías parlamentarias[18].

Como expresa Comanducci, esta teoría no se limita a describir el constitucionalismo, sino que lo valora positivamente, defiende sus logros e intenta ampliarlos; especialmente en lo que se refiere a la protección de los derechos fundamentales, donde todos los poderes del Estado deben estar encaminados en esa dirección[19].

Ideológicamente no se cierra en el nacionalismo, sino que al buscar la protección de los derechos humanos incorpora los derechos que los tratados suscriptos adoptan y que juegan como limitante de los poderes discrecionales.

Confía más en el juez que en el legislador y prefiere el sistema de control jurisdiccional difuso al concentrado. Entiende que aun cuando el tribunal constitucional no es incompatible con el neoconstitucionalismo, sí representa un residuo de otra época, dado que el modelo diseñado por Kelsen se encuentra pensado para un control formal y no sustancial de las decisiones legislativas, y parte de la desconfianza hacia los jueces, que no es propia de esta corriente de pensamiento[20].

En cuanto al órgano encargado de interpretar y controlar la constitucionalidad de las decisiones, Dworkin rebatirá la idea de que los órganos políticos, por su carácter de electivos, son los más adecuados para la función. Al respecto sostiene que "empezaré por el segundo argumento, el que afirma que los parlamentos y otras instituciones democráticas tienen títulos especiales para tomar decisiones constitucionales, aparte de

[18] Prieto Sanchís, *Justicia constitucional y derechos fundamentales*, p. 102.

[19] Comanducci, *Formas de (neo)constitucionalismo: un análisis metateórico*, "Isonomía", nº 16, 2002, p. 100.

[20] Prieto Sanchís, *Justicia constitucional y derechos fundamentales*, p. 112.

su capacidad para tomar mejores decisiones. Se podría decir que la naturaleza de tales títulos es obvia, porque siempre es más equitativo dejar que un problema lo decida una mayoría que no una minoría. Pero esta es una posición que, como con frecuencia se ha señalado, pasa por alto el hecho de que las decisiones referentes a derechos en contra de la mayoría no son problemas que equitativamente deban quedar librados a la mayoría. El constitucionalismo –la teoría de que a la mayoría hay que restringirla para proteger los derechos individuales– puede ser una teoría buena o mala, pero es la que ha adoptado los Estados Unidos, y hacer que la mayoría sea juez de su propia causa parece incongruente e injusto. Es decir que los principios de equidad no hablan a favor del argumento de la democracia, sino en su contra"[21].

Para reafirmar su posición, continúa diciendo que "parece justo afirmar que el argumento de la democracia pide que quienes ostentan el poder político sean invitados a ser jueces exclusivos de sus propias decisiones, a ver si tienen el derecho de hacer lo que han decidido que quieren hacer. Esta no es la prueba final de que una política de activismo judicial sea superior a un programa de deferencia. El activismo judicial implica riesgos de tiranía, por lo menos en la forma escueta y simple en que yo lo he presentado. Incluso se podría demostrar que tales riesgos anulan la injusticia de pedir que la mayoría sea juez en su propia causa. Pero la cuestión socava efectivamente el argumento de que es equitativo permitir que la mayoría decida los límites de su propio poder"[22].

Se dirá también que "a más Constitución y a mayores garantías judiciales, inevitablemente se reducen las esferas de decisiones de las mayorías parlamentarias"[23].

Ante las críticas por un mayor grado de discrecionalidad del juez responderá que "lo que una Constitución de principios y derechos fundamentales ya no parece tolerar es que cuando aparece la autoridad del legislador calle la razón, ni que cuando finaliza la subsunción se abra paso la pura subjetividad. Si argumentar equivale en último término a justificar, el nuevo constitucionalismo encarna una exigencia de justificación o, mejor dicho, de mayor justificación: ya no es suficiente con apelar a la autoridad del órgano y al procedimiento –que es en sustancia lo que hacía el tribunal constitucional kelseniano–, sino que es preciso también acudir a los contenidos. Y con esta extensión de la argumentación y,

[21] DWORKIN, *Los derechos en serio*, p. 223.

[22] DWORKIN, *Los derechos en serio*, p. 225.

[23] PRIETO SANCHÍS, *Justicia constitucional y derechos fundamentales*, p. 102.

por tanto, de la justificación creo que se amplían las fronteras del derecho y del Estado de derecho en detrimento de la esfera más decisionista o política dominada por la libertad de configuración legislativa o por la intuición subjetiva del juez"[24].

c) *El neoconstitucionalismo como método de análisis.* Como metodología (y también como ideología), el neoconstitucionalismo supera la tesis del positivismo tradicional al conectar el derecho con la moral y, por tanto, estudiar no solo el derecho que es, sino el que debe ser.

Al respecto, Dworkin dirá que "el sentido en que yo me propongo hablar de derecho no hace ese tipo de supuestos ontológicos: simplemente, demuestra que una afirmación de derecho es una clase especial (en el sentido de restringida) de juicio referente a lo que está bien o está mal que hagan los gobiernos. Además, esta manera de considerar los derechos evita algunos de los enigmas notorios asociados con el concepto. Nos permite decir, sin riesgo de que produzca extrañeza, que la fuerza y el carácter de los derechos pueden variar de un caso a otro y de un momento a otro de la historia. Si pensamos en los derechos como cosas, estas metamorfosis parecen extrañas, pero estamos acostumbrados a la idea de que los juicios morales referentes a lo que está bien o está mal son complejos y resultan afectados por consideraciones que son relativas y cambiantes"[25].

Para esta corriente, el derecho no es unidimensional. Y en este aspecto, el neoconstitucionalismo no se encuentra tan alejado de las propuestas del trialismo, no solo en cuanto a la mirada crítica que la ciencia del derecho debe tener sobre el orden de normas y conductas, sino a la ausencia del derecho que surge de una norma notoriamente injusta.

En ese sentido, comparando la doctrina de Goldschmidt con la de Alexy, se afirma que "observamos que las dos admiten que el mundo jurídico se compone de conducta, norma y justicia, en su estructura básica. Aunque difieren, en la forma de referirse a estos componentes y en las categorías de análisis que emplean para su comprensión", pues mientras el trialismo entiende que "el derecho es un fenómeno organizado, en cuyo centro se halla el orden de repartos –conductas–, descripto e integrado por el ordenamiento normativo, y por encima, advertimos la justicia que valora conjuntamente tanto el uno como el otro. Cada uno de estos elemen-

[24] Prieto Sanchís, *Justicia constitucional y derechos fundamentales*, p. 134.

[25] Dworkin, *Los derechos en serio*, p. 219 y 220.

tos dan origen a una dimensión jurídica particular, a las que GOLDSCHMIDT denomina: jurística sociológica, normológica y dikelógica, respectivamente. De igual modo, para el profesor de Kiel el concepto del derecho adecuado 'tiene que relacionar tres elementos: la legalidad conforme al ordenamiento, la eficacia social y la corrección material'. De manera que, respecto de cada uno de ellos, le corresponden tres conceptos de validez: el sociológico, el jurídico y el ético, respectivamente"[26].

En cuanto a la relación del derecho con la justicia, también existen importantes puntos de coincidencia. En este sentido DABOVE, NAWOJCZYK y BARBERO dicen que "GOLDSCHMIDT, como se sabe, reconoce a la justicia como valor principal del fenómeno jurídico. Pero también otorga gran relevancia al humanismo, en tanto criterio orientador para la construcción del Estado de derecho, o régimen de justicia. Curiosamente, ALEXY llega a la misma conclusión, aunque partiendo de una posición axiológica constructivista. En efecto, de la mano de la tesis de la vinculación del derecho a la moral, de la pretensión de corrección y del argumento de la injusticia extrema, viene a considerar –junto con HABERMAS– la necesidad de legitimación moral, o validez ética del derecho"[27].

En esta relación con la ética coinciden otros autores que, como veremos seguidamente, se han manifestado positivistas y han formulado severas críticas al neoconstitucionalismo, como FERRAJOLI, quien plantea la existencia de cuatro criterios axiológicos que fundamentan los derechos humanos: el nexo entre derechos fundamentales e igualdad; derechos fundamentales y democracia; derechos fundamentales y paz, y los derechos fundamentales como las leyes de los más débiles[28].

§ 3. ***CRÍTICAS AL NEOCONSTITUCIONALISMO.*** – Las críticas al neoconstitucionalismo son tan diversas como autores que no adscriben a todos sus postulados, por lo que aquí elegimos, con un amplio margen de discrecionalidad, agruparlas en dos grandes sectores: las más radicalizadas, que llamaremos críticas sustanciales, que niegan la lógica del Estado constitucional, y fundamentalmente el control de constitucionalidad a cargo de una judicatura, sea esta concentrada o difusa, y aquellas que

[26] DABOVE - NAWOJCZYK - BARBERO, *Werner Goldschmidt y Robert Alexy: "corsi e ricorsi" del integrativismo jurídico*, p. 5.

[27] DABOVE - NAWOJCZYK - BARBERO, *Werner Goldschmidt y Robert Alexy: "corsi e ricorsi" del integrativismo jurídico*, p. 8

[28] FERRAJOLI, *Los fundamentos de los derechos fundamentales*, p. 315 y siguientes.

apuntan a algunos de sus postulados, pero no difieren de los fines perseguidos, a las que denominaremos formales[29].

Analizaremos estas variantes, pero haciendo hincapié en la última postura, porque entendemos que las soluciones deben buscarse dentro del Estado constitucional de derecho.

a) *CRÍTICAS SUSTANCIALES.* Las críticas más férreas al neoconstitucionalismo han venido de teorías autodenominadas democráticas. La mayor objeción no pasa por que el juez o un tribunal constitucional ejerzan el control de constitucionalidad, sino fundamentalmente por que tengan la última palabra en dicha materia.

Se cuestiona aquí que, una vez que los tribunales han decidido sobre un derecho, su interpretación se impone al resto de los poderes, e incluso de la sociedad, cerrando así todo desacuerdo o debate posterior que solamente puede ser abandonado por una reforma constitucional. Se sostiene que este control judicial de constitucionalidad, denominado "fuerte", es de carácter elitista, porque entiende que las decisiones de las mayorías son potencialmente peligrosas y que un grupo de "selectos" (jueces y académicos) monopoliza los criterios que rigen el derecho constitucional, a los que acceden porque son ilustrados y por medio del uso de la razón pueden determinar qué es lo mejor para la sociedad.

Estas críticas pueden resumirse en las palabras empleadas por BELLAMY en el prefacio a su libro *Constitucionalismo político*, en donde afirma que se "encuentra ampliamente extendida la tesis de que la existencia de una constitución escrita, custodiada por el Poder Judicial y dotada de una declaración de derechos, resulta una salvaguarda necesaria frente al abuso de poder por parte de los gobiernos democráticos. Este libro rebate tal punto de vista y las asunciones, a menudo inconscientes y erróneas, sobre el funcionamiento de la democracia en las que se apoya. Lejos de proteger contra una tiranía de la mayoría en buena medida mítica, los controles que la revisión judicial impone a la toma de decisiones mayoritaria socavan la igualdad política al distorsionar la agenda alejándola del interés público y al afianzar los privilegios de las minorías dominantes y la dominación de los no privilegiados. Así, más que impedir el gobierno arbitrario, el constitucionalismo legal puede generar una legislación arbitraria, debilitar la protección de las minorías desfavorecidas y perjudicar el Estado de derecho y su intuición básica de tratar

[29] En esta postura ubicaremos a FERRAJOLI, quien muchas veces es encuadrado por otros autores como neoconstitucionalista, pero que niega al neoconstitucionalismo y denomina a su doctrina constitucionalismo garantista.

tanto sustantiva como formalmente a todos como iguales. Por contra, el funcionamiento de las democracias realmente existentes promueve esos bienes constitucionales que son los derechos y el Estado de derecho. La competición partidista y la regla de la mayoría, asentadas sobre la base del principio 'un hombre un voto', garantizan la igualdad política e institucionalizan mecanismos de equilibrio político y de control que proporcionan a los políticos incentivos para atender las opiniones e intereses de aquellos a los que gobiernan y para involucrar a una enorme variedad de minorías en el interior de cualquier coalición gobernante. Desde la perspectiva republicana adoptada aquí, los procedimientos y mecanismos de las democracias establecidas proporcionan una salvaguarda adecuada contra la dominación y la legislación arbitraria que, si bien no es perfecta y desde luego puede mejorarse, resulta en general adecuada. La mayoría de los tipos de constitucionalismo legal subvierten tales protecciones democráticas, generando por el camino fuentes de arbitrariedad y dominio. La democracia proporciona, en resumen, una forma de constitucionalismo político superior tanto normativa como empíricamente a los mecanismos constitucionales legales, que normalmente se plantean como una necesaria restricción a la propia democracia"[30].

Bajo estas concepciones se han propuesto, como alternativas al neoconstitucionalismo, doctrinas que se han conocido con el nombre de constitucionalismo popular y constitucionalismo latinoamericano.

Analizaremos brevemente estas concepciones.

1) *El constitucionalismo popular.* Esta corriente de pensamiento surge en autores estadounidenses como una reacción concreta al ejercicio jurisdiccional, especialmente por el activismo adquirido por este a partir de la Corte presidida por el juez Rehnquist, donde se plasma la idea de que los poderes políticos no tienen autoridad independiente para interpretar la Constitución una vez que el tribunal se ha pronunciado. Básicamente, la crítica apunta a la ruptura del diálogo entre el Poder Judicial y el Congreso, quedando la última palabra a cargo del primero.

Al decir de Niembro, "en términos generales, el constitucionalismo popular se caracteriza por enfrentarse a la supremacía judicial y a la visión elitista según la cual los jueces son mejores intérpretes constitucionales", aclarando que "el constitucionalismo popular reconoce que el debate popular sobre la Constitución se lleva a cabo con independencia de las interpretaciones judiciales o incluso en su contra. La Constitución

30 Bellamy, *Constitucionalismo político*, p. 13 y 14.

obliga a todos los poderes de gobierno, sin que ninguno –incluido el Poder Judicial– tenga alguna autoridad especial sobre ella. Si los jueces pueden interpretarla no es porque tengan cualidades específicas que los hagan más aptos para dicha tarea o porque les corresponda hacerlo en exclusiva, sino porque la Constitución los obliga como a cualquier otro. Según esta visión, el Poder Judicial es un agente más del pueblo cuya tarea es ser un líder de opinión, sin imponer una única visión. En efecto, una de las batallas del constitucionalismo popular es acabar con la idea de que los jueces hacen un mejor trabajo –que el resto de nosotros– al interpretar la Constitución. En primer lugar, porque no hay evidencia de que los jueces hayan hecho mejores interpretaciones, e incluso en el caso de EEUU se puede decir que el debate legislativo sobre cuestiones como los derechos de los homosexuales, el aborto, discriminación por raza, etc., estuvo más enfocado en cuestiones sustantivas que el de los tribunales. Pero también, porque los jueces son jueces y no filósofos o académicos, enfocados más en cuestiones técnicas y de legalidad. En cualquier caso, el hecho es que los populares no quieren decir que la interpretación del pueblo sea la única, ni siquiera la mejor, sino recordarnos que tanto el pueblo como los jueces se pueden equivocar"[31].

También entiende que "otra de las características que distingue a la corriente en estudio es la forma de entender la relación entre política y derecho, pues para esta ni la primera es mera voluntad y decreto ni el segundo pura racionalidad. Ambos se requieren recíprocamente y son fases distintas de un proceso social más largo e inclusivo. La Constitución es su punto de confluencia y por ello es que se yergue como una norma jurídico-política y no solo jurídica. Tratarla de esta última forma ha hecho creer erróneamente a los jueces y abogados que su interpretación les corresponde en exclusiva"[32].

El filósofo mexicano clasifica el constitucionalismo popular en democrático y mediado. En el constitucionalismo popular democrático "la legitimidad de la Constitución radica en la habilidad que tiene para ser reconocida por los ciudadanos como su Constitución"; su "forma de concebir el constitucionalismo está sustentada por tradiciones de activismo popular que autorizan a los ciudadanos a presentar reclamos sobre el significado de la Constitución y a oponerse al gobierno cuando consi-

[31] Niembro, *Una mirada al constitucionalismo popular*, "Isonomía", nº 38, 2013, p. 195 y siguientes.

[32] Niembro, *Una mirada al constitucionalismo popular*, "Isonomía", nº 38, 2013, p. 200.

deren que no las respeta"[33]. Por su parte, el constitucionalismo popular mediado está integrado por diversos autores que tienen en común la idea de que "la revisión judicial debe reflejar las opiniones populares sobre el significado de la Constitución"[34].

Entiende GARGARELLA que el constitucionalismo popular se caracteriza "por una común desconfianza frente al elitismo que distingue a la reflexión jurídica contemporánea, a la vez que críticos de la obsesiva atención que se dedica en ella al Poder Judicial"[35]. Para este autor, sus principales premisas son: *a*) desafiar la supremacía judicial, "quitando la Constitución de las manos de los tribunales", a fin de que no tengan la última palabra en materia de interpretación; *b*) estar en contra de una sensibilidad antipopular, que, según esta corriente, se daría en una élite de juristas que pide poner límites a las mayorías, y no así a las minorías dominantes; *c*) interpretar extrajudicialmente la Constitución, es decir que si bien cada órgano de gobierno tiene que interpretarla y aplicarla, esto se encuentra sujeto a la supervisión y corrección del mismo pueblo; *d*) una relectura crítica sobre los efectos del control judicial, dado que sus decisiones no frenan ni revierten políticas adoptadas por los otros poderes, ni pueden imponer una agenda propia; *e*) el derecho fuera del derecho, es decir, reconocer como derecho el creado por la ciudadanía, aun cuando no encuadre en los criterios profesionales, y *f*) democracia y participación, lo que muestra una preocupación por obtener una mayor participación popular en las decisiones políticas y económicas.

Otro de los exponentes del constitucionalismo popular es TUSHNET[36]. Según GONZÁLEZ BERTOMEU, para TUSHNET "el control judicial puede socavar el interés de los legisladores por respetar los valores constitucionales, y por ende promover la irresponsabilidad política. Los legisladores saben que cualquier error que cometan puede ser reparado por los jueces. El control judicial de constitucionalidad infantiliza a los políticos, y por ende falta al respeto, y debilita a la democracia", además de modificar

[33] NIEMBRO, *Una mirada al constitucionalismo popular*, "Isonomía", nº 38, 2013, p. 203.

[34] NIEMBRO, *Una mirada al constitucionalismo popular*, "Isonomía", nº 38, 2013, p. 209.

[35] GARGARELLA, *El nacimiento del "constitucionalismo popular"*, "Revista de Libros de la Fundación Caja Madrid", nº 12, abril 2006.

[36] Entre algunas de sus obras, ver TUSHNET, *Taking the Constitution away from the courts*, y "Against judicial review", paper 2009-20, presentado en Harvard Law School Public Law & Legal Theory Working Paper Series, https://papers.ssrn.com/sol3/papers.cfm?abstract_id=1368857#.

"las interpretaciones populares acerca de la Constitución, que es desplazada así del escenario político para quedar reducida al ámbito de los tribunales, perdiendo en el camino su condición de fuerza potencialmente orientadora del cambio social" [37].

Encara WALDRON un feroz ataque al constitucionalismo al afirmar que, en "el mejor de los casos, el constitucionalismo representa el poder de las mayorías pasadas sobre las mayorías presentes y futuras. En el peor de los casos, debemos reconocer la posibilidad de que la idea de que el pueblo tenga el derecho de establecer su forma de gobierno es lógicamente compatible con el establecimiento de una Constitución no democrática o una forma de democracia muy limitada"[38].

El profesor neozelandés sostiene "que el constitucionalismo no es un mero interés en las constituciones, ni tampoco una recomendación en el sentido de que los acuerdos constitucionales se expresan por escrito", sino que presenta "una ideología de gobierno restringido y limitado que de muchas formas resulta hostil e incómoda a la idea de gobierno popular, y parece estar bastante dispuesta a desatender o dejar al margen algunas tareas importantes, como el empoderamiento democrático"[39].

Sobre el control judicial de constitucionalidad expresará que "en países que no permiten que la legislación se invalide de esta forma, el pueblo por sí mismo puede decidir finalmente, mediante procedimientos legislativos ordinarios, si desea permitir el aborto, la discriminación positiva, cierto tipo de admisiones escolares o el matrimonio homosexual. Pueden decidir entre ellos si tendrán leyes que castiguen la expresión pública del odio racial o que restrinjan el gasto de los candidatos en períodos de elecciones. Si discrepan respecto de estos asuntos pueden elegir representantes para que deliberen y resuelvan la cuestión con su voto en el órgano legislativo. Esto es lo que sucedió en Gran Bretaña durante la década de 1960 cuando el Parlamento debatió la liberalización de la ley de aborto, la legalización de la conducta homosexual consentida entre adultos y la abolición de la pena capital. En ambos casos hubo una amplia deliberación pública que se reflejó en el debate en la Cámara de los Comunes. La calidad de estos debates (y otros similares en Canadá, Australia, Nueva Zelanda y otras partes) muestra lo absurdo de afirmar

[37] GONZÁLEZ BERTOMEU, *Tushnet y el control de constitucionalidad: una teoría ligeramente desenfocada*, https://archivos.juridicas.unam.mx/www/bjv/libros/9/4257/6.pdf, p. 99.

[38] WALDRON, *Contra el gobierno de los jueces*, p. 43.

[39] WALDRON, *Contra el gobierno de los jueces*, p. 53.

que los legisladores son incapaces de tratar estos temas con responsabilidad, así como los resultados liberales de estos procedimientos despiertan dudas respecto del conocido postulado que señala que las mayorías populares no respetarían los derechos de las minorías.

En cambio, en los Estados Unidos, el pueblo o sus representantes en las legislaturas estatales y federales pueden tratar estas cuestiones si quieren, pero sin tener la certeza de que su decisión prevalecerá. Si alguien que discrepa con la decisión legislativa decide llevar el caso ante un tribunal, la perspectiva que prevalecerá en última instancia es la judicial'"[40].

Cabe consignar que WALDRON realiza salvedades sobre el control de constitucionalidad tanto sobre actos del Poder Ejecutivo como en aquellos sistemas donde el funcionamiento legislativo no sea adecuado. Al respecto, admite que sus críticas se dirigen "al control judicial de la legislación, no sobre el control judicial de una acción ejecutiva o de decisiones administrativas"[41], aceptando además que "tal vez existan circunstancias –patologías peculiares, instituciones legislativas disfuncionales, culturas políticas corruptas, legados de racismo y otras posibles formas de prejuicio endémico– en las que valga la pena soportar momentáneamente estos costos de confusión y privación"[42].

En definitiva, se trata de una corriente de opinión que, con sus matices, se encuentra en las antípodas del constitucionalismo, porque entiende el Poder Judicial como el enemigo de la soberanía popular, de manera semejante a como lo comprendían los partícipes de la Revolución Francesa.

2) *EL NUEVO CONSTITUCIONALISMO LATINOAMERICANO.* Por nuevo constitucionalismo latinoamericano se ha entendido aquel movimiento que generó procesos constitucionales en Latinoamérica y tiene su máxima expresión en las constituciones de Venezuela de 1999, Ecuador de 2008 y Bolivia de 2009, que se caracterizan por ser producto de procesos populares, contar con una extensa –incluso, muchas veces contradictoria– declaración de derechos y donde se adoptan instituciones de mayor participación popular (tales como mecanismos de democracia semidirecta –incluso para la aprobación de una reforma constitucional–, o hasta cierta participación de la ciudadanía en la elección de los jueces que ejercen el control de constitucionalidad, como en el caso de Bolivia).

40 WALDRON, *Contra el gobierno de los jueces*, p. 57.

41 WALDRON, *Contra el gobierno de los jueces*, p. 61.

42 WALDRON, *Contra el gobierno de los jueces*, p. 124.

Se ha dicho al respecto que estas constituciones "comparten una vocación social que se traduce en el reconocimiento de derechos orientados hacia el combate a la exclusión y la desigualdad y amplios capítulos económicos para garantizar '[...] los recursos naturales o la regulación de la actividad financiera', que no necesariamente están presentes en las constituciones del modelo democrático constitucional. Asimismo, desde el punto de vista formal, las constituciones del modelo democrático constitucional suelen ser en forma significativa más breves que las constituciones del nuevo constitucionalismo latinoamericano y menos abigarradas"[43].

Entiende GARGARELLA que "al menos dos de las nuevas constituciones, la de Bolivia y el Ecuador, que son las que muestran los principales cambios en su organización interna, son las que aparecieron más claramente comprometidas con un rechazo frente a tradiciones constitucionales de raíces individualistas/elitistas. En ambos casos, además, y de modo más bien pintoresco, las nuevas constituciones incluyeron en sus textos explícitas referencias a cuál sería la 'nueva filosofía' a plasmar a través de un renovado texto constitucional"[44].

Reconoce que se ha emprendido, aun a riesgo de cometer errores, una reforma mayúscula y, para ello, "han optado por dos vías principales. Por un lado, y de modo más habitual, algunas de ellas han consagrado en su texto directivas económicas intangibles, normalmente relacionadas con la propiedad pública de los recursos naturales, o el rol del Estado en la economía. De modo más ambicioso, y por otro lado, algunas de tales reformas fueron acompañadas por simultáneas medidas de reforma económica, destinadas a cambiar relaciones de poder previsiblemente amenazantes sobre la Constitución. El caso más notable, en este sentido, es el de Bolivia, cuyo texto aprobado fue puesto a referéndum de la sociedad (el 25 de enero del 2009), en una jornada en donde también se preguntó a la ciudadanía cuál debía ser la extensión máxima de tierra que podría acumular un ciudadano sin estar sujeto a la expropiación: 5000 o 10.000 hectáreas –un tema sobre el cual los constituyentes no habían logrado ponerse de acuerdo–. Es decir, la reforma constitucional arrastró consigo, y de la mano, otra discusión que afectaba directamente la organización económica de la sociedad (la discusión, sin embargo, tuvo un límite muy importante porque, contra lo que era la iniciativa original, la misma debió

[43] SALAZAR UGARTE, *El nuevo constitucionalismo latinoamericano (una perspectiva crítica)*, https://archivos.juridicas.unam.mx/www/bjv/libros/7/3271/22.pdf, p. 356.

[44] GARGARELLA, *El nuevo constitucionalismo latinoamericano: promesas e interrogantes*, www.palermo.edu/Archivos_content/derecho/pdf/Constitucionalismo_atinoamericano.pdf, p. 5.

contentarse con establecer frenos para la acumulación futura de tierras, en lugar de extenderse hasta afectar la distribución de tierras existente al momento de la reforma)"[45].

3) *OTRAS OPINIONES CRÍTICAS.* Existe otro grupo de autores que, sin llegar a tener una opinión tan contraria al sistema de control de constitucionalidad judicial, son partidarios de morigerar el excesivo protagonismo que suelen tener los tribunales, que transforma el derecho en puro voluntarismo, bajo la invocación de principios constitucionales que no surgen más que de las propias concepciones personales.

Al respecto, CHAUMET plantea que en la actualidad existe una gran necesidad de trascender por la adquisición de notoriedad, lo que sucede cuando alguien aparece en los medios masivos de comunicación, por lo que el juez debe evitar caer en la tentación de convertirse en Eróstrato[46]. Y que ello se agudiza en nuestro país, donde "se manifiesta una marcada confusión de roles, especialmente entre doctrina y judicatura. El erostratismo jurídico se acopla con un espacio circular que va desde las decisiones judiciales, los artículos doctrinarios y su publicidad. Con frecuencia el móvil para utilizar ciertos argumentos en la justificación de la sentencia está dado por la búsqueda de notoriedad en el espacio doctrinario. Esta relación también permite el desarrollo de un adoctrinamiento en el que se inculcan modas jurídicas para generar tendencias"[47].

En su crítica al neoconstitucionalismo, entiende que "el juez Eróstrato se siente cómodo ante una concepción amplia y flexible de las normas, muy adecuada para un país que en general no le asigna a la ley mucha importancia, ni en la teoría ni en la práctica cotidiana"[48], siendo propicias para ello las doctrinas que defienden el Estado constitucional de derecho. Afirma al respecto que "los operadores jurídicos continentales (entre ellos los jueces) fueron formados desde un sistema codificado de reglas y ahora se ven obligados a operar desde una creciente casuística judicial orientada según principios. Ello es una fuente constante de per-

[45] GARGARELLA, *El nuevo constitucionalismo latinoamericano: promesas e interrogantes*, www.palermo.edu/Archivos_content/derecho/pdf/Constitucionalismo_atinoamericano.pdf, p. 19.

[46] Así como DWORKIN ejemplificó el caso del juez Hércules, CHAUMET recurre a la figura de Eróstrato, quien incendió el templo de Artemisa de Éfeso, considerado una de las siete maravillas del mundo, con el único fin de lograr fama.

[47] CHAUMET, *Juez Júpiter, Hércules, Hermes... ¿y el riesgo de Eróstrato?*, www.centrodefilosofia.org/IyD/IyD523.pdf, p. 9.

[48] CHAUMET, *Juez Júpiter, Hércules, Hermes... ¿y el riesgo de Eróstrato?*, www.centrodefilosofia.org/IyD/IyD523.pdf, p. 10.

plejidades, especialmente cuando se toman decisiones desde los principios, pero utilizándolos como si fueran reglas", agregando que "los presentes procesos de recodificación son de características muy diversas a la sistematización decimonónica. Los nuevos códigos se elaboran sobre la base de principios y cláusulas generales con la finalidad de permitir una mayor vinculación con la Constitución. La reciente recodificación argentina asume estas características: asimila el avance constitucional que procura orientar de modo creciente al resto de la juridicidad, penetrando directamente en espacios donde antes debía mediar la legislación y acrecentando el papel de los jueces en la producción de derecho".

Concluye al respecto que "un marco jurídico de estas características suele requerir de los jueces un protagonismo más intenso. Ante la radicalización del mercado, la espectacularización de la vida, el imperio de la soledad, el debilitamiento del sujeto y de la razón y el despliegue de los nuevos medios de dominación, los casos pueden requerir respuestas que solo están al alcance de los jueces"[49]. En esta amplia discrecionalidad judicial es donde CHAUMET sustenta sus mayores reparos con respecto a las doctrinas neoconstitucionalistas.

b) *CRÍTICAS FORMALES.* En sus críticas al neoconstitucionalismo, FERRAJOLI apunta que el constitucionalismo (aquel sistema jurídico que se caracteriza por fijar límites formales y sustanciales rígidamente impuestos a todas las normas por otras normas, pero supraordenadas y que, como teoría del derecho, reconoce validez solo a las leyes que han sido dictadas de conformidad con los procedimientos y los contenidos de los principios de justicia constitucionalmente establecidos[50]) puede ser concebido de dos maneras, o bien como superación del positivismo mediante una transformación en iusnaturalismo, o bien mediante la expansión y perfeccionamiento de este positivismo. Entiende que el constitucionalismo iusnaturalista[51] está representado por el neoconstitucionalismo y propugna un constitucionalismo neopositivista, al que denomina constitucionalismo garantista.

49 CHAUMET, *Juez Júpiter, Hércules, Hermes... ¿y el riesgo de Eróstrato?*, www.centrodefilosofia.org/IyD/IyD523.pdf, p. 13.

50 FERRAJOLI, *Constitucionalismo principialista y constitucionalismo garantista*, "Doxa", nº 34, 2011, p. 16.

51 También lo denomina constitucionalismo principialista porque los derechos constitucionales se configuran como valores o principios morales estructuralmente distintos de las reglas, en cuanto dotados de una normatividad más débil, confiada no a la subsunción, sino, más bien, a la ponderación legislativa y judicial (FERRAJOLI, *Constitucionalismo principialista y constitucionalismo garantista*, "Doxa", nº 34, 2011, p. 21).

Este constitucionalismo garantista se caracteriza por una normatividad fuerte, en donde tanto principios como derechos constitucionales son reglas, con sus correspondientes garantías, que imponen la sujeción, incluso del legislador, a todas las normas constitucionales, tanto formales como sustanciales.

Se dirá que "el constitucionalismo garantista completa tanto al positivismo jurídico como al Estado de derecho: completa al positivismo jurídico porque positiviza no solo el 'ser' sino también el 'deber ser' del derecho; y completa al Estado de derecho porque comporta la sujeción, también de la actividad legislativa, al derecho y al control de constitucionalidad. De esta manera, el constitucionalismo jurídico suprimió la última forma de gobierno de los hombres: la que en la tradicional democracia representativa se manifestaba en la omnipotencia de la mayoría. Gracias a esto, la legalidad ya no es solo, como el viejo modelo paleo-iuspositivista, 'condicionante' de la validez de las normas infralegales, sino que ella misma está condicionada, en su propia validez, al respecto y a la actuación de las normas constitucionales. Así, el derecho en su totalidad se concibe como una construcción enteramente artificial, de la que no solo se regulan las formas, como en el viejo paradigma formalista del paleo-positivismo, sino también los contenidos, a través de los límites y vínculos impuestos a ellos por el paradigma constitucional"[52].

Así, las tres críticas de esta postura al neoconstitucionalismo se centrarán en: *1*) la conexión entre derecho y moral; *2*) la contraposición entre principios y reglas, y *3*) el rol de la ponderación en los conflictos.

1) *La conexión entre derecho y moral.* En este aspecto, Ferrajoli remarca que, siendo el constitucionalismo "la positivización de los principios de justicia y derecho humanos"[53], corresponde sean separados los órdenes morales y jurídicos, aun cuando afirma que esto no significa que no tengan un contenido moral, pero, independientemente de ello, no dejarán de ser normas.

Ni las normas son justas por estar en la Constitución ni dejan de ser normas por no ser justas, como sucede con la segunda enmienda de la Constitución de Estados Unidos de América en cuanto otorga el derecho a tener y portar armas.

[52] Ferrajoli, *Constitucionalismo principialista y constitucionalismo garantista*, "Doxa", nº 34, 2011, p. 24.

[53] Ferrajoli, *Constitucionalismo principialista y constitucionalismo garantista*, "Doxa", nº 34, 2011, p. 28.

Concluye que "porque el constitucionalismo democrático reconoce y pretende tutelar el pluralismo moral, ideológico y cultural que recorre toda sociedad abierta y mínimamente compleja, la idea de que este se funde en alguna objetividad de la moral o que exprese alguna pretensión de justicia objetiva, choca con sus mismos principios, a comenzar con la libertad de conciencia y de pensamiento", y continúa diciendo que la separación entre derecho y moral es "el presupuesto y al mismo tiempo la principal garantía del pluralismo moral y del multiculturalismo, es decir, de la convivencia pacífica de las muchas culturas que concurren en una misma sociedad. Pero son también el presupuesto y la principal garantía de la sujeción de los jueces a la ley y de su independencia, frente al cognoscitivismo ético-judicial, proveniente de la extraña idea dworkiniana de que existe siempre una única solución justa o correcta, identificada de hecho con la más constatada y difundida en la práctica jurisprudencial"[54].

2) *Contraposición entre principios y reglas.* No se niega la existencia de los principios, solo se afirma que tienen un contenido distinto y que son marginales, y lo que prevalece son precisamente las reglas.

Principios como el de igualdad o libertad son, para esta corriente, regulativos, que, si bien consisten en normas formuladas de diversa manera que una regla, son igualmente aplicables (mediante la subsunción). La diferencia, entonces, entre principios y reglas no es estructural, sino de estilo.

Rechaza la idea de que "las normas constitucionales no son normas rígidamente vinculantes, a las que se encuentran sometidas la jurisdicción y la legislación por ser de un grado subordinado a ellas, sino principios ético-políticos fruto de argumentaciones morales, cuando no hayan quedado confiadas en el debate académico entre filósofos del derecho, ha favorecido el desarrollo de una inventiva judicial puesta de manifiesto en la creación de principios que no tienen ningún fundamento en la letra de la Constitución". Este voluntarismo judicial, que rechaza, Ferrajoli entiende que "se encuentra en contraste con la sujeción de los jueces a la ley", dado que "los principios constitucionales –en particular los que enuncian derechos– son normas prescriptivas, no neutralizables por principios éticos-políticos"[55].

[54] Ferrajoli, *Constitucionalismo principialista y constitucionalismo garantista*, "Doxa", nº 34, 2011, p. 32.

[55] Ferrajoli, *Constitucionalismo principialista y constitucionalismo garantista*, "Doxa", nº 34, 2011, p. 43.

3) *Conflictos entre principios y ponderación.* Las críticas que Ferrajoli dirige en este aspecto a las teorías neoconstitucionalistas no están centradas tanto en la actividad de ponderación en sí misma, sino en su excesiva ampliación en la actuación legislativa y en la interpretación de las normas constitucionales.

Especialmente remarca que la posibilidad de ponderar las normas constitucionales como "principios morales inventados por los jueces, genera evidentemente un peligro para la independencia de la jurisdicción y para su legitimación política, del que no siempre son conscientes quienes la defienden"; el juez al crear normas anula la separación de poderes y, "en los tiempos que corren –de creciente tensión entre poder político y Poder Judicial y de falta de tolerancia del primero a los controles de legalidad ejercitados por el segundo–, la teorización de una semejante potestad normativa de los jueces provoca el riesgo de ofrecer un argumento potente en favor de su investidura política, a través de la elección o, peor todavía, de su colocación bajo la dependencia del Poder Ejecutivo"[56].

Si bien la ponderación, en la concepción del jurista italiano, parece una nueva forma de llamar a la interpretación sistemática, el talón de Aquiles lo encuentra en la fórmula de peso, donde un principio vale más que otro en el caso concreto. Entiende que lo que ponderan los jueces en los casos concretos no son los principios, sino las circunstancias de hechos que hacen aplicables uno u otro principio.

En definitiva, en esta postura crítica el conflicto no está en el derecho, sino en las circunstancias de la causa que hacen que se aplique una u otra norma en juego.

La férrea crítica de Ferrajoli, en cuanto afirma que los jueces "no balancean normas, sino antes bien, las circunstancias de hecho que justifican la aplicación o la no aplicación de las mismas", y que no pueden "crear o ignorar normas, lo que implicaría una invasión de la esfera política de la legislación, sino solo censurar su invalidez cuando son contraria a la Constitución: anulándolas si se trata de la jurisdicción constitucional, o promoviendo cuestiones de inconstitucionalidad si se trata de la jurisdicción ordinaria"[57], omite considerar que la Constitución también se vulnera por no hacer lo que ella manda, dejando un vacío en cuanto al control de la inconstitucionalidad por omisión.

[56] Ferrajoli, *Constitucionalismo principialista y constitucionalismo garantista*, "Doxa", nº 34, 2011, p. 44.

[57] Ferrajoli, *Constitucionalismo principialista y constitucionalismo garantista*, "Doxa", nº 34, 2011, p. 50.

§ 4. ***Influencia en los sistemas de separación de poderes.*** – Es indudable que la influencia del neoconstitucionalismo tiene una impronta muy diferente según el modelo de división de poderes al que la sociedad tributa.

En un profundo trabajo de investigación, Bianchi estudia los sistemas de separación de poderes desde el derecho comparado[58], y como resultado destaca a qué órganos confía, cada sociedad, el resguardo de sus derechos.

Al respecto, enseña que, en Francia, la primacía en el ejercicio de los poderes le corresponde al Ejecutivo, particularmente al presidente, y que, cuando ello no ha ocurrido (p.ej., al despojarlo de tal superioridad), los intentos fracasaron, como ocurrió en la III y IV República.

Este sistema de separación de poderes tiene como característica que la función administrativa es controlada por la jurisdicción contencioso-administrativa, que no pertenece a la rama judicial, sino a la propia rama administrativa.

El órgano de mayor relevancia es el Consejo de Estado, que no solo se encuentra vigente desde 1799, sino que, además, desde 1945 tiene sus funcionarios que se capacitan y desarrollan profesionalmente en la Escuela Nacional de la Administración[59].

Desde su origen, los jueces no controlan ni a la Administración ni a la legislación, por lo que se habla de un administrador de justicia y no de un verdadero Poder Judicial.

Así, el art. 13 de la ley de organización judicial de 1790 expresaba que "las funciones judiciales son y serán distintas y quedarán siempre separadas de las funciones administrativas. Los jueces no podrán bajo pena de prevaricación, perturbar en forma alguna las operaciones de los cuerpos administrativos por razón de sus funciones". En 1795 la ley del 3 de septiembre dispuso: "Se prohíbe terminantemente a los tribunales, que conozcan de los actos de la Administración, cualquiera que sea su especie".

En idéntico sentido, el art. 3° de la Const. francesa de 1791 expresaba que "los tribunales no pueden inmiscuirse en el ejercicio del Poder Legislativo, ni suspender la ejecución de las leyes, ni encargarse de funciones administrativas, ni citar ante ellos a los administradores por razón de sus funciones".

[58] Ver Bianchi, *La separación de poderes.*

[59] Ver Bianchi, *La separación de poderes,* p. 103.

A su vez, doctrinalmente se entendió que los jueces cumplían una función de autómatas de la ley, cuya misión era aplicarla mediante silogismos, donde la premisa mayor era la norma, la menor estaba constituida por los hechos de la causa y la sentencia era la síntesis. La escuela de la exégesis fue, probablemente, la demostración más acabada de esta concepción.

Lo que en el sistema argentino se concentra en el Poder Judicial, en Francia se divide en la jurisdicción administrativa (compuesta por tribunales administrativos de primera instancia, cortes de apelación y el Consejo de Estado como máxima autoridad); la jurisdicción judicial (con competencia en los ámbitos civil, comercial, penal y laboral, que tiene como cabeza a la Corte de Casación), y otros tribunales de jurisdicciones variables, como el Tribunal de Conflictos (encargado de resolver cuestiones de competencia entre las jurisdicciones administrativas y judiciales), la Alta Corte (encargada del juicio político) y el Consejo Constitucional.

Este Consejo Constitucional es el que se encarga del control de constitucionalidad y de los actos electorales. Recién a partir del año 2010 se permite que, cuando las partes en un juicio (judicial o contencioso-administrativo) planteen una cuestión de constitucionalidad, el tribunal interviniente lo remita a su máxima autoridad (Consejo de Estado o Corte de Casación) a fin de que considere si hay mérito para elevar el caso al Consejo Constitucional, único encargado de derogar la norma por considerarla inconstitucional.

Antes de esta modificación solo se permitía el control preventivo, de oficio (únicamente cuando se trataba de leyes orgánicas) o a pedido de un grupo restringido de funcionarios que estaban legitimados al respecto[60].

Al analizar el sistema en su conjunto, BIANCHI se pregunta si en Francia existe verdaderamente un sistema de separación de poderes, a lo que responde que "sin hacer una afirmación categórica por sí o por no, me atrevería a decir que en el sistema francés hay control y equilibrios (*checks and balances*), pero estos no se logran con la división tripartita de los poderes, ni con la equiparación jerárquica entre ellos, bases estas del sistema norteamericano que hemos intentado reproducir entre nosotros. Los medios empleados en Francia para ello son otros y los resultados, después de mucha prueba y error, parecen ser satisfactorios"[61].

[60] Para una mayor ampliación, ver TORICELLI, *El sistema de control constitucional argentino*, p. 47.

[61] Ver BIANCHI, *La separación de poderes*, p. 131 y 132.

Es indudable que, en un sistema con esta idiosincrasia, el neoconstitucionalismo no tendrá tierra fértil para esparcir su semilla.

Tampoco en Inglaterra logrará la adhesión de la que goza en parte de Europa, Latinoamérica y Estados Unidos de América.

En el modelo inglés existe una clara supremacía del Parlamento, que se manifiesta con solo observar que es al que tiene a su cargo el poder constituyente. Al no tener los británicos una Constitución formal, las leyes constitucionales son sancionadas por el mismo Parlamento, por lo que es difícil concebir una ley inconstitucional.

Además de ello, hasta el año 2009, en el que se instaló la Corte Suprema, sus funciones estaban en manos del propio Parlamento. Como recuerda BIANCHI, "hasta que fue efectivamente instalada la Corte Suprema en 2009, la última instancia judicial en el Reino Unido era ejercida por dos órganos diferentes: la House of Lords y el Privy Council. La primera tenía competencia general y el segundo tenía solamente una jurisdicción especial"[62].

La revisión última la ejercía un cuerpo de lores llamados Lords of Appeal in Ordinary (conocidos como *law lords*), quienes, aun cuando pertenecían a la Cámara de los Lores (pese a que su salario era pagado con un presupuesto ajeno a ella), comúnmente se abstenían de participar en los debates parlamentarios para no ejercer ambas funciones conjuntamente.

La nueva Corte se compone de doce jueces, nombrados por el rey, de manera vitalicia. Los primeros integrantes de la Corte fueron los mismos *law lords* que ejercían esa función al momento de su puesta en funcionamiento.

Como expresábamos, si el Parlamento ejerce el poder constituyente, sus normas nunca pueden ser consideradas inconstitucionales. Lo que cabría preguntarse es si pueden los magistrados, como ocurre en los sistemas judiciales de control, analizar la compatibilidad entre el *common law* y las leyes, o ejercer el control de convencionalidad entre leyes y normas internacionales.

También en este sentido tanto las respuestas doctrinales como el comportamiento de los tribunales se mostraron reacios a aceptar dicha posibilidad[63].

En Estados Unidos de América las concepciones son diferentes, pues allí se ha efectuado una férrea defensa del sistema de separación de

[62] Ver BIANCHI, *La separación de poderes*, p. 55

[63] Ver BIANCHI, *La separación de poderes*, especialmente p. 59 a 68.

poderes, donde cada uno tiene sus funciones, algunas de las cuales son compartidas por los órganos políticos, pero sobre la base de un equilibrio entre ellos, y donde principalmente el Congreso es el encargado de legislar; le corresponde al Poder Ejecutivo administrar, aplicando las leyes, y los tribunales de justicia son los responsables de dirimir los conflictos jurídicos que se susciten en la sociedad, además de ejercer el control de constitucionalidad[64].

Argentina ha seguido este sistema. Si bien el principal poder, al que la Constitución le dedica un mayor desarrollo y el que posee atribuciones implícitas, es el Congreso, en la práctica hubo distorsiones que situaron al Poder Ejecutivo como el órgano preponderante.

Para mantener el equilibrio, o al menos para controlar su funcionamiento, no siempre fue el Parlamento el que llevó a cabo dicha tarea. Fue precisamente el Poder Judicial quien más ha limitado, aunque aun insuficientemente, el andar de los poderes políticos que, muchas veces, avanzaron sobre los derechos de los habitantes o las garantías institucionales que la Constitución reconoce.

En muchas materias los fallos de la Corte Suprema han tenido una gran trascendencia institucional; pero no siempre fueron contrarios a los deseos de los poderes políticos.

En diversos precedentes, la Corte se alineó con el poder político de turno (principalmente con los deseos del propio Poder Ejecutivo), y dio la puntada inicial o acompañó los cambios sociales propuestos, especialmente en materia de derechos. Sus decisiones, aun cuando no fueron totalmente innovadoras, contaron con el beneplácito de la opinión pública.

En tal sentido, pueden mencionarse fallos como "Sejean c/Sejean"[65], en el que el 27 de noviembre de 1986 se declaraba la inconstitucionalidad de la indisolubilidad del vínculo matrimonial, acelerando así la discusión sobre los alcances del divorcio, que tendría sanción definitiva en el Congreso nacional el 8 de junio de 1987, dando lugar a la ley 23.515.

También en "Ekmekdjian c/Sofovich"[66], la Corte revalorizó el derecho internacional en consonancia con la intención de una mayor integra-

[64] Bianchi remarca que "en los Estados Unidos el rol de la Corte Suprema es fundamental. Podría decirse, sin incurrir en exageración alguna, que descansa en ella la arquitectura constitucional del sistema" (*La separación de poderes*, p. 263).

[65] CSJN, 27/11/1986, "Sejean, Juan B. c/Zaks de Sejean, Ana M. s/inconstitucionalidad del art. 64 de la ley 2393", *Fallos*, 308:2268.

[66] CSJN, 7/7/1992, "Ekmekdjian, Miguel Á. c/Sofovich, Gerardo, y otros", *Fallos*, 315:1492.

ción por parte de los poderes políticos. Dos años más tarde, la reforma constitucional de 1994 consagraba el principio allí sentado en la primera parte del inc. 22 del art. 75.

En esta misma línea pueden citarse precedentes como "Arancibia Clavel"[67], "Simón"[68] y "Mazzeo"[69], donde la Corte aplicó el criterio de que los delitos de lesa humanidad son imprescriptibles, porque el derecho internacional de los derechos humanos así lo exige. Ello se resuelve al poco tiempo de que el Congreso le otorgara jerarquía constitucional a la Convención sobre la Imprescriptibilidad de los Crímenes de Guerra y de los Crímenes de Lesa Humanidad[70].

En los fallos "Urteaga"[71] y "Mignone"[72], la Corte se anticipa en la línea que los poderes políticos van insinuando.

Hubo otro grupo de precedentes donde la Corte convalidó avasallamiento de derechos por parte de los poderes de turno, o mostró una mirada complaciente a los golpes de Estado, que fueron seriamente cuestionados por la opinión pública. Entre muchos otros podemos mencionar la acordada de 1930 que convalidaba los gobiernos *de facto*; el caso "Merk Química Argentina"[73], donde se estableció la supremacía de los tratados por sobre la Constitución en tiempos de guerra, para justificar la confiscación de la empresa, o el caso "Peralta", donde no solo se dio luz verde

[67] CSJN, 24/8/2004, "Arancibia Clavel, Enrique L., y otros s/asociación ilícita intimidación pública y daño y homicidio agravado", *Fallos*, 327:3294.

[68] CSJN, 14/6/2005, "Simón, Julio H., y otros s/privación ilegítima de la libertad, etc.", *Fallos*, 328:2056.

[69] CSJN, 13/7/2007, "Mazzeo, Julio L., y otros s/recurso de casación e inconstitucionalidad", *Fallos*, 330:3248.

[70] En noviembre de 1995 nuestro país adhiere a la mencionada Convención y el 20 de agosto de 2003, mediante la ley 25.778, se le otorga jerarquía constitucional.

[71] CSJN, 15/10/1998, "Urteaga, Facundo R. c/Estado nacional - Estado Mayor Conjunto de las FF.AA.s/amparo ley 16.986", *Fallos*, 321:2767. Aquí la Corte, haciendo una interpretación amplia del art. 43 de la Const. nacional, reconoce el derecho a interponer la acción de hábeas data no solo al afectado, sino a los sucesores en su nombre, en caso de fallecimiento. La ley 25.326, de octubre de 2000, en su art. 34, consagra esta legitimación.

[72] CSJN, 9/4/2002, "Mignone, Emilio F. s/promueve acción de amparo", *Fallos*, 325:524. Se declara aquí la inconstitucionalidad del Código Electoral en tanto prohíbe votar a los procesados no condenados. La ley 25.858, de diciembre de 2003, no solo derogó la prohibición, sino que incorporó un inciso mediante el cual reconoció el voto a los procesados no condenados y estableció cómo debía llevarse adelante.

[73] CSJN, 9/6/1948, "Merk Química Argentina SA c/Gobierno de la Nación s/interdicto", *Fallos*, 211:162.

a la utilización de facultades legislativas por el presidente, sino además se convalidó la postergación de derechos patrimoniales por largos años.

En cambio, también se dio otra línea de precedentes donde el máximo tribunal limitó la actuación de los poderes políticos. Fueron fallos de diversa índole, como los que reconocían la movilidad jubilatoria, planteando que fuese el gobierno quien fijara los índices correspondientes ("Badaro")[74], o haciéndolo el propio tribunal ante la falta de respuesta del Congreso ("Badaro II")[75]; los que devolvieron los depósitos inmovilizados primero ("Smith")[76] y confiscados después ("San Luis")[77]; los que pusieron límites a los deseos de eliminar las representaciones de los distintos sectores que conforman el Consejo de la Magistratura ("Rizzo")[78] o frenaron avances sobre el sistema federal ("Zavalía"[79], "Santa Fe"[80]); los que efectivizaron el derecho a una vivienda digna ("Q. c/s/Y.")[81], y especialmente los que declararon inconstitucionales normas por no cumplir con el principio de razonabilidad[82].

Aun cuando la Corte no haya sido siempre un límite infranqueable a las vulneraciones constitucionales por parte de los órganos políticos, es indudable que, en un sistema como el argentino, las doctrinas constitucionalistas tienen una importante recepción.

[74] CSJN, 8/8/2006, "Badaro, Adolfo V. c/Anses s/reajustes varios", *Fallos*, 329:3089.

[75] CSJN, 26/11/2007, "Badaro, Adolfo V. c/Anses s/reajustes varios", *Fallos*, 330: 4866.

[76] CSJN, 1/2/2002, "Banco de Galicia y Bs. As. s/solicita intervención urgente en autos: 'Smith, Carlos A. c/Poder Ejecutivo nacional o Estado nacional s/sumarísimo'", *Fallos*, 325:28.

[77] CSJN, 5/3/2003, "San Luis, provincia de c/Estado nacional s/acción de amparo", *Fallos*, 326:417.

[78] CSJN, 18/6/2013, "Rizzo, Jorge G. (apoderado Lista 3 Gente de Derecho) s/acción de amparo c/Poder Ejecutivo nacional, ley 26.855, medida cautelar", *Fallos*, 336:760.

[79] CSJN, 21/9/2004, "Zavalía, José L. c/Santiago del Estero, provincia de, y Estado nacional s/amparo", *Fallos*, 327:3852.

[80] CSJN, 24/11/2015, "Santa Fe, provincia de c/Estado nacional s/acción declarativa de inconstitucionalidad", *Fallos*, 338:1389.

[81] CSJN, 24/4/2012, "Q. C., S. Y. c/Gobierno de la Ciudad de Buenos Aires s/amparo", *Fallos*, 335:452.

[82] El control de razonabilidad ha sido efectuado por nuestra Corte Suprema desde sus primeros tiempos. Así, por ejemplo, ha sostenido que "la reglamentación legislativa no debe ser, desde luego, infundada o arbitraria sino razonable, es decir, justificada por los hechos y las circunstancias que le han dado origen y por la necesidad de salvaguardar el interés público comprometido, y proporcionado a los fines que se procura alcanzar con ella" (CSJN, 1/9/1944, "Pedro Inchauspe Hermanos c/Junta Nacional de Carnes", *Fallos*, 199:483).

§ 5. ***La situación en Argentina.*** – Hablar de neoconstitucionalismo es una cuestión de encuadramientos, por lo que resulta muy difícil analizar cada autor y ver si defiende todos sus postulados o alguno de ellos, si le gusta ser encasillado en dicha doctrina o entiende que su pensamiento presenta diferencias importantes. Más allá de lo expresado y de las mutaciones que ello representa, haremos un breve análisis –que, desde ya adelantamos, será parcializado e incompleto– de la doctrina de los autores, la jurisprudencia y la legislación.

a) *Nuestros autores.* Hay juristas que, desde sus comienzos, aun con sus variantes, propiciaron un control judicial que abarcase toda la actividad estatal, incluso las omisiones, entendiendo que las cláusulas constitucionales tienen fuerza normativa. Bidart Campos, quien siempre expresó su adhesión al trialismo como teoría general del derecho, decía que "no tendría sentido nuestro esfuerzo por predicar la fuerza normativa del derecho de la Constitución si únicamente la adscribiéramos, detenida e inerte, en su orden normológico, porque la convertiríamos en una cualidad de adorno sin finalidad práctica ni fáctica. En cambio, reivindicar esa misma fuerza normativa cuando desde ella apuntamos a la eficacia, es desplazarnos desde las normas hacia la vigencia sociológica para asignarles un destino empírico con fidelidad a cuanto de obligatorio, de vinculante y de valioso tiene el derecho de la Constitución en un Estado democrático"[83].

Otro de los prestigiosos autores que tiene el constitucionalismo argentino y que adhiere al trialismo, que también ha sustentado una mayor judiciabilidad, es Sagüés. El jurista rosarino sostiene que "la erección de un sistema pleno y completo de control de constitucionalidad demanda cinco requisitos fundamentales: Constitución total o parcialmente rígida; órgano de control separado e independiente del órgano controlado; facultades decisorias del órgano de control; que los particulares afectados por la norma o acto inconstitucional pueda impugnarlos por sí mismo; y que el control de constitucionalidad abarque a toda la normatividad y actividad estatal"[84].

También Bianchi se ha mostrado adepto al sistema de control judicial de constitucionalidad de las normas. En el prólogo de una de sus más destacadas obras, como es *Control de constitucionalidad*, expresa que "cada rama del ordenamiento jurídico tiene sus fuentes, y el derecho constitucional fluye con singular abundancia de la jurisprudencia de la

[83] Bidart Campos, *El derecho de la Constitución y su fuerza normativa*, p. 14 y 15.

[84] Sagüés, *Recurso extraordinario*, t. 1, p. 34.

Corte Suprema. Conocerla o desconocerla es equivalente a conocer o no conocer el derecho constitucional. Está probado que bajo una misma Constitución pueden construirse países totalmente diversos, lo que indica el escaso valor demiúrgico de las normas frente a la fuerza creativa de los hechos. Y son los jueces, en instancia final, quienes tienen la responsabilidad de que las consecuencias de esos hechos se acomoden lo mejor posible a la voluntad de la Constitución.

Esta tarea se realiza a impulsos de las personales convicciones morales, políticas, económicas y jurídicas que los jueces aportan en cada sentencia, cuya importancia, en la interpretación de un texto abierto y general como es la Constitución, es magnífica. Uno de los vehículos que canalizan esas convicciones es el control de constitucionalidad. Por medio de él los jueces hacen el test de las leyes bajo lo que entienden es o debe ser la Constitución. El control se convierte así en la herramienta que más esencialmente modela el sistema político y los derechos de los individuos. Se constituye así en un buen termómetro de la sociedad en la que es ejercido"[85].

Otros autores se han mostrado más proclives, aun con sus diferencias, a las corrientes constitucionalistas, sea en su variante de neoconstitucionalismo o de garantismo. VIGO ha defendido férreamente el Estado constitucional de derecho.

Entre los constitucionalistas[86], GIL DOMÍNGUEZ se muestra partidario de estas corrientes, especialmente en *Neoconstitucionalismo y derechos colectivos*[87], así como FERREYRA adhiere al garantismo de FERRAJOLI[88].

En una postura distinta parecen enrolarse MANILI y LÓPEZ ALFONSÍN cuando proponen reformar la Constitución, quitar a los jueces el ejercicio del control de constitucionalidad y otorgárselo a un órgano constitucional integrado por "juristas y hombres de Estado", semejante al Consejo Constitucional francés[89].

b) *LA JURISPRUDENCIA.* De la misma manera que solo se ha analizado un minúsculo puñado de autores, así también se hará referencia,

[85] BIANCHI, *Control de constitucionalidad*, t. 1, p. 12 y 13.

[86] Cuando hablamos de constitucionalistas nos referimos a juristas especializados en derecho constitucional, mientras que por corrientes o doctrinas constitucionalistas entendemos las posturas filosóficas antes desarrolladas.

[87] GIL DOMÍNGUEZ, *Neoconstitucionalismo y derechos colectivos.*

[88] Ver FERREYRA, *Notas sobre derecho constitucional y garantías.*

[89] MANILI - LÓPEZ ALFONSÍN, "¿Quién debe ejercer el control de constitucionalidad en Argentina?", en BAZÁN (coord.), *Defensa de la Constitución*, p. 529 a 541.

de forma muy parcializada, a criterios que ha seguido nuestra jurisprudencia, especialmente la Corte Suprema. Aquí puede observarse que el máximo tribunal argentino, lejos de suscribir una posición determinada, ha variado, no solo de tiempo en tiempo, sino muchas veces de fallo en fallo, según la intención de resolver en uno u otro sentido.

Dos aspectos que vale la pena destacar son los cambios producidos tanto en lo que se ha denominado cuestiones políticas no justiciables como en materia de reconocimiento del derecho internacional y, especialmente, de los pronunciamientos de los tribunales internacionales al respecto.

1) *Las cuestiones políticas no justiciables.* La Corte Suprema argentina, en reiteradas ocasiones, sin establecer una doctrina clara, eludía el control de constitucionalidad alegando la existencia de cuestiones políticas no justiciables. Ello lo hizo en diversas materias, como intervención federal, estado de sitio, cuestiones electorales, formación de leyes, amnistías o indultos, entre otras.

El primer caso testigo en la materia fue el precedente "Cullen c/ Llerena", donde en el voto de la mayoría sostuvo la falta de jurisdicción, atento que "la materia, es decir, la intervención es del resorte de los poderes políticos, y sus decisiones al respecto no pueden ser controvertidas por el departamento judicial, no pueden contestarse las facultades de aquellos para decidir tanto sobre el fondo, como sobre la forma de sus deliberaciones; así cuando se dicta la ley, como cuando se resuelve todo asunto comprendido en sus atribuciones constitucionales. Es una regla elemental de nuestro derecho público que cada uno de los tres altos poderes que forman el gobierno de la Nación, aplica e interpreta la Constitución por sí mismo, cuando ejercita las facultades que ella les confiere respectivamente. Por esta razón no compete a esta Suprema Corte, en la presente demanda, examinar la interpretación y aplicación que las cámaras del Congreso han dado al art. 61 de la Constitución"[90].

Si bien el alto tribunal no volvió a pronunciarse sobre la declaración en sí de la intervención federal –lo que sigue siendo una materia privativa de los poderes políticos–, analizó las facultades del interventor federal,

[90] CSJN, 7/9/1893, "Joaquín M. Cullen, por el gobierno provisorio de Santa Fe c/ doctor Baldomero Llerena s/inconstitucionalidad de la ley nacional de intervención en la provincia de Santa Fe y nulidad", *Fallos*, 53:420. Vale recordar que el principal argumento para pedir la declaración de inconstitucionalidad de la intervención federal estuvo centrado en vicios en los procedimientos previstos en la Constitución, dado que la ley fue votada negativamente por el Congreso de la Nación en ese mismo año.

impidiendo, mediante el dictado de una medida cautelar, que convocara a una convención constituyente provincial[91].

En materia electoral tuvo un criterio zigzagueante. De una restricción inicial total, donde entendía que "lo referente a la validez de los títulos de quienes puedan resultar electos para el desempeño de las funciones de legislador está reservado a la decisión de la Cámara respectiva del Congreso nacional –art. 56 de la Constitución– y es ajeno, como tal, a la jurisdicción de los tribunales de justicia"[92], tuvo una primera morigeración al sostener que "es un criterio de antiguo aceptado por nuestra jurisprudencia que las cuestiones políticas son ajenas, como principio, a la jurisdicción del Poder Judicial [...] sin embargo, no cabe concluir *a priori* que una determinada cuestión queda sustraída a la esfera del Poder Judicial por el simple hecho de que involucre temas de índole política de acuerdo con el significado que en el lenguaje común se asigna al término, cuando la decisión adoptada suscita una controversia de naturaleza estrictamente jurídica, que exige un pronunciamiento que le ponga fin a través de la solución que en derecho corresponda"[93]; para concluir "que la decisión adoptada por la Excma. Cámara de Diputados de la Nación es un acto jurídico sometido al control judicial"[94].

Donde puede advertirse con mayor precisión la evolución de las cuestiones políticas es en materia de juicio político.

En una primera etapa se consideró cuestión política no justiciable toda decisión emanada de un jurado de enjuiciamiento o juicio político, tanto a nivel provincial[95] como nacional.

En esta línea de razonamiento, se expresó que "los jurados de enjuiciamiento que las provincias puedan instituir a los fines de entender en las causas de responsabilidad que se intenten contra los magistrados

[91] CSJN, *Fallos*, 327:3852. La decisión fue adoptada por auto que resolvió una medida cautelar, pues la sentencia de fondo se tornó abstracta, dado que la reforma no se llevó adelante y finalizó la intervención federal.

[92] CSJN, 9/3/1973, "Unión Cívica Radical –Distrito Tierra del Fuego– c/Ernesto M. Campos y otros", *Fallos*, 285:147.

[93] CSJN, 14/5/1973, "Frente Justicialista de Liberación s/solicita pronunciamiento electoral sobre gobernador de la provincia y Frente Justicialista de Liberación s/solicita proclamación diputado conforme a la Constitución provincial", *Fallos*, 285:410.

[94] CSJN, 13/7/2007, "Bussi, Antonio D. c/Estado nacional (Congreso de la Nación - Cámara de Diputados) s/incorporación a la Cámara de Diputados", *Fallos*, 330:3160.

[95] CSJN, 18/5/1966, "Cámara de Diputados de la Provincia de Catamarca c/Estado provincial", *Fallos*, 264:375. También, *Fallos*, 268:553; 302:255.

judiciales, no son tribunales de justicia en los términos del art. 14 de la ley 48"; que estos "jurados de enjuiciamiento desempeñan atribuciones de tipo político, atinentes a la integración de los poderes en el orden local, que se rigen por la Constitución y las leyes de la provincia respectiva y se ejercen sin el contralor y la intervención de esta Corte, por vía del recurso intentado"[96], y agregando posteriormente "que la invocación de las garantías constitucionales y de la doctrina de la arbitrariedad no obvia la ausencia de tribunales de justicia y de cuestión justiciable que autoricen la apertura del recurso"[97].

El conflicto suscitado entre la Suprema Corte de Justicia de Mendoza y el Tribunal de Enjuiciamiento no fue considerado un conflicto entre jueces sin superior común, sino que fue asimilado a un conflicto de poderes locales y, por tanto, se rechazó la jurisdicción del máximo tribunal para entender en el caso[98]. A su turno, se entendió como un conflicto de poderes locales, insusceptible de resolución judicial, la impugnación formulada por el intendente de Río Segundo contra el decreto del Honorable Concejo Deliberante que dispuso revocarle el mandato y someter la medida a la aprobación del cuerpo electoral[99].

El criterio comenzó a modificarse en "Graffigna Latino", donde el máximo tribunal, luego de rechazar su competencia para entender en conflictos de poderes, ante una nueva demanda de amparo promovida por los magistrados destituidos, entendió que contaba con "la posibilidad de distinguir entre los conflictos locales de poderes en sentido estricto y los supuestos en los que se trata de hacer valer a favor de personas individuales la garantía constitucional de la defensa en juicio, podrán hallar, de todos modos, su campo, no en el ejercicio de la jurisdicción originaria del tribunal, sino en el de la apelada"[100].

[96] CSJN, 19/4/1968, "Jurado de Enjuiciamiento de Magistrados y Funcionarios del Poder Judicial - Legal, Olver, Pedro", *Fallos*, 270:240. Este criterio fue reiterado, entre otros, en CSJN, 31/7/1968, "Ramón A. Martos", *Fallos*, 271:165; íd., 16/3/1982, "Marín, Rubén H.", *Fallos*, 304:351.

[97] CSJN, 29/12/1979, "Recurso de hecho deducido por el doctor Carlos S. de Coulon, en los autos 'Fiscal ante el Tribunal Superior de Justicia s/enjuiciamiento del vocal ante el Superior Tribunal doctor Carlos S. Coulon'", *Fallos*, 301:1226.

[98] CSJN, 18/8/1972, "Tribunal de Enjuiciamiento comunica a la Suprema Corte resolución asunto doctor Ricardo Morcos", *Fallos*, 283:243.

[99] CSJN, 15/4/1975, "Carbajal, Héctor R. –conflicto interno de la Municipalidad de Río Segundo–", *Fallos*, 291:384.

[100] CSJN, 19/6/1996, "Graffigna Latino, Carlos, y otros s/acción de amparo", *Fallos*, 308:961. En el caso de marras, la Corte Suprema resolvió su carencia de jurisdicción originaria. Sin embargo, en los autos "Recurso de hecho deducido por Carlos S.

Con el referido criterio, la Corte Suprema dejó sin efecto una decisión tomada por el Concejo Deliberante de Morón que destituyó al intendente municipal, abandonando la doctrina sentada en "Carbajal", que consideraba inaptos a los tribunales de justicia para resolver conflictos de poderes locales[101].

El criterio de revisibilidad de decisiones de órganos políticos locales fue confirmado de manera contundente en "ATE San Juan", en donde se dijo que "esta Corte, a partir del precedente que se registra en *Fallos*, 308:961, ha sostenido de modo invariable la doctrina según la cual, las decisiones en materia de los llamados juicios políticos o enjuiciamientos de magistrados en la esfera provincial, cuyo trámite se efectuó ante órganos ajenos a los poderes judiciales locales, configuran una cuestión justiciable, en la que le compete intervenir a este tribunal por la vía del recurso extraordinario cuando se acredita la violación del debido proceso.

Que es del caso reiterar que la doctrina expuesta encuentra sustento en dos pilares fundamentales: por un lado, en que los mentados procesos están protegidos por la garantía de defensa en juicio consagrada por la ley fundamental (art. 18); por el otro, el concerniente a que la violación a dicha garantía que irrogue un perjuicio a derechos jurídicamente protegidos, de estar reunidos los restantes recaudos de habilitación judicial, puede y debe ser reparada por los jueces de acuerdo con el principio de supremacía de la Constitución y con arreglo al control de constitucionalidad judicial"[102].

La doctrina aplicada a la revisión de órganos políticos locales fue extrapolada al ámbito nacional. En la causa "Nicosia" la Corte Suprema sostuvo que, "si bien los precedentes citados, conforme se lo ha destacado anteriormente, tuvieron lugar en casos de juicios políticos pertenecientes al ámbito de las provincias, las razones que los animaron son, *mutatis*

Graffigna Latino y otros en la causa fiscal de Estado doctor Luis Magín Suárez s/formula denuncia - solicita jurado de enjuiciamiento y sus acumulados", admitió la queja, aclarando que "la procedencia del remedio federal no importa, en los términos en que se la reconoce, privar de efectos al acto de la sala juzgadora que separó a los apelantes de sus cargos, pues es precisamente el título para ocuparlos el que depende de los resultados finales a los que se arribe por la vía intentada" (CSJN, *Fallos*, 308:2609).

[101] CSJN, 27/12/1990, "Rousselot, Juan C. c/Concejo Deliberante de Morón s/conflicto art. 187 de la Const. provincial", *Fallos*, 313:1596.

[102] CSJN, 18/8/1994, "ATE San Juan, secretario general Héctor Sánchez s/juicio político - inconstitucionalidad", *Fallos*, 317:874. Este criterio fue reiterado, entre otros, en CSJN, 30/4/1996, "Nellar, Juan C. s/recurso de queja", *Fallos*, 319:705, donde la Corte Suprema hizo lugar al pedido del ministro del Superior Tribunal de Justicia de San Luis, dejó sin efecto la sentencia apelada y devolvió la causa para su nuevo juzgamiento.

mutandi, de aplicación a supuestos como el *sub examine*, que tratan del enjuiciamiento previsto por el art. 45 y concs. de la Const. nacional. En efecto, la doctrina aludida, en lo que interesa, encuentra sustento en dos hechos fundamentales: por un lado, el relativo a que los mentados procesos están protegidos por la garantía de defensa en juicio consagrada por la ley fundamental (art. 18); por el otro, el concerniente a que la violación a dicha garantía que irrogue un perjuicio a derechos jurídicamente protegidos, de estar reunidos los restantes recaudos de habilitación judicial, puede y debe ser reparada por los jueces de acuerdo con el principio de supremacía de la Constitución y con arreglo al control de constitucionalidad judicial y difuso (art. 31 y concs.). Luego, así como tal diseño rige para los juicios políticos provinciales, lo hace con análogas razones y alcances para los del ámbito federal, toda vez que la Constitución nacional no consagra ninguna excepción, para esta última esfera, respecto de la aplicación de los dos fundamentos señalados.

Nada hay, por ende, desde el punto de vista sustancial, que obste a que el Senado de la Nación constituido en tribunal, sea equiparado a 'tribunal de justicia', a los fines del recurso extraordinario [...] la Corte ha reconocido la justiciabilidad de los enjuiciamientos políticos cuando se alega que en estos se ha producido una real violación del derecho de defensa en juicio"[103].

En el caso "Brusa" (juez destituido por el jurado de enjuiciamiento), la Corte Suprema armonizó el art. 8º del Pacto de San José de Costa Rica y la jurisprudencia concordante de la Corte Interamericana de Derechos Humanos (Corte IDH) con el art. 115 de la Const. nacional que sostiene que la decisión del jurado es irrecurrible, señalando que, "desde esta perspectiva, la mentada 'irrecurribilidad' del art. 115 de la Const. nacional solo puede tener el alcance señalado en la doctrina del caso 'Nicosia' (*Fallos*, 316:2940) que resulta aplicable *mutatis mutandi*. En efecto, no podrá la Corte sustituir el criterio del jurado en cuanto a lo sustancial del enjuiciamiento, esto es, el juicio sobre la conducta de los jueces. En cambio, sí será propio de su competencia, por vía del recurso extraordinario, considerar las eventuales violaciones –nítidas y graves– a las reglas del debido proceso y a la garantía de la defensa en juicio"[104].

El tribunal cimero, integrado por conjueces, llegó incluso más lejos en cuanto a la doctrina de revisión en juicio político, entendiendo

[103] CSJN, 9/12/1993, "Nicosia, Alberto O. s/recurso de queja", *Fallos*, 316:2940. El criterio fue reafirmado posteriormente en *Fallos*, 318:219; 320:845, entre otros.

[104] CSJN, 11/12/2003, "Brusa, Víctor H.", *Fallos*, 326:4816, consid. 15.

que no se puede destituir a un magistrado por el contenido de sus sentencias[105].

Pero la doctrina de una amplia revisibilidad de los actos de los demás poderes estatales no cesó con el juicio político, sino que la Corte entiende que cuenta con facultades para controlar la actuación del poder constituyente. En tal sentido, sostuvo en la causa "Fayt" que "no obsta a lo afirmado la circunstancia de que lo atinente al contenido de una reforma constitucional haya sido atribuido válidamente a un poder distinto del Judicial, pues aun en tales hipótesis siempre este departamento, a la luz de la Constitución, está habilitado para juzgar en los casos que se le planteen, si el acto impugnado ha sido expedido por el órgano competente, dentro del marco de sus atribuciones y con arreglo a las formalidades a que está sujeto.

El mandato de la Constitución que pesa sobre el Poder Judicial es el de descalificar todo acto que se oponga a aquella; planteada una causa, no hay otro poder por encima del de esta Corte para resolver acerca de la existencia y de los límites de las atribuciones constitucionales otorgadas a los otros poderes y del deslinde de atribuciones de estos entre sí. No admite excepciones, en esos ámbitos, el principio reiteradamente sostenido por este tribunal, desde 1864, en cuanto a que es el intérprete final de la Constitución.

Si la esencia de nuestro sistema de gobierno radica en la limitación de los poderes de los distintos órganos y en la supremacía de la Constitución, ningún departamento puede ejercer lícitamente otras facultades que las que le han sido acordadas y es del resorte de esta Corte juzgar la existencia y límites de las facultades privativas de los otros poderes y la excedencia de las atribuciones en la que estos puedan incurrir.

En suma, incluso en los casos en que la interpretación constitucional lleve a encontrar que determinadas decisiones han sido atribuidas con carácter final a otras ramas del gobierno, el tribunal siempre estará habilitado para determinar si el ejercicio de una potestad de dicha naturaleza ha sido llevado a cabo dentro de los límites de esta y de acuerdo con los recaudos que le son anejos.

El quebrantamiento de algunos de los mentados requisitos o el desborde de los límites de la atribución, harían que la potestad ejercida no fuese, entonces, la de la Constitución y allí es donde la cuestión deja de ser inmune a la revisión judicial por parte del tribunal encargado

[105] CSJN, 1/6/2004, "Moliné O'Connor, Eduardo s/su juicio político", *Fallos*, 327:2048; íd., 16/8/2006, "Boggiano, Antonio s/su juicio político", *Fallos*, 329:3221.

–por mandato de aquella– de preservar la supremacía de la ley fundamental"[106].

En "Schiffrin", si bien la Corte adopta una solución diferente, dado que entiende válida la norma constitucional que había inaplicado en "Fayt", reafirma sus atribuciones de control. La mayoría aquí formada es compleja, dado que, de los cuatro ministros que votaron, uno lo hizo en disidencia (manteniendo la postura del caso "Fayt") y los otros tres lo hicieron cada uno por su voto.

En el voto de Lorenzetti, que encabeza lo decidido, se dijo en el consid. 16: "El principio, pues, es claro, de modo que solo cabría descalificar la actividad de la Convención Constituyente en dos supuestos: cuando se demuestre categóricamente que exista una grave, ostensible y concluyente discordancia sustancial que haga absolutamente incompatible la habilitación conferida y la actuación llevada a cabo por la Convención Constituyente; o, cuando lo decidido por la Convención afectara, de un modo sustantivo y grave, el sistema republicano como base del estatuto del poder constitucional; o los derechos fundamentales inderogables que forman parte del contenido pétreo de la Constitución".

Con relación al último punto, resulta importante insistir en que el producto de una Convención Constituyente también podría ser descalificado por razones sustantivas, en circunstancias marcadamente excepcionales.

"Este tema, que puede llegar a ser muy importante en el futuro, requiere una fundamentación, que ya ha dado esta Corte Suprema, fijando con claridad la relación entre las mayorías y los derechos fundamentales.

Es jurisprudencia de esta Corte Suprema que los derechos humanos forman parte del bloque de constitucionalidad y constituyen un límite, en tanto resultan inderogables, sea mediante una ley o incluso mediante una Convención Constituyente"[107].

Si bien sobre esta última consideración no hubo acuerdo en los distintos votos, especialmente en relación con el voto del doctor Rosatti, surge del fallo la potestad de los tribunales de justicia de controlar el producto del poder constituyente derivado.

2) *El reconocimiento del derecho internacional.* La Corte Suprema argentina, especialmente a partir de la década del 90, comenzó un

[106] CSJN, 14/7/1999, "Fayt, Carlos S. c/Estado nacional s/proceso de conocimiento", *Fallos*, 322:1609.

[107] CSJN, 28/3/2017, "Schiffrin, Leopoldo H. c/Poder Ejecutivo nacional s/acción meramente declarativa", *Fallos*, 340:257.

proceso de revalorización del derecho internacional, que no se limitó solo a reconocer la jerarquía superior de los tratados sobre las leyes, sino que también posicionó las decisiones de los tribunales internacionales, especialmente de la Corte Interamericana de Derechos Humanos, en el ámbito interno.

Ya en "Washington Cabrera" se sentó una posición monista, al establecer que los tratados son autoejecutivos o autoejecutorios, sin necesidad de ser incorporados por una ley[108].

En junio de 1992, la Corte Suprema dictó el precedente "Ekmekdjian c/Sofovich", donde abandonó definitivamente la postura dualista y sentó las nuevas bases de la relación jerárquica entre el tratado internacional y las normas de derecho interno[109]. Se dijo allí que "la derogación de un tratado internacional por una ley del Congreso violenta la distribución de competencias impuesta por la misma Constitución nacional, porque mediante una ley se podría derogar el acto complejo federal de la celebración de un tratado. Constituiría un avance inconstitucional del Poder Legislativo nacional sobre atribuciones del Poder Ejecutivo nacional, que es quien conduce, exclusiva y excluyentemente, las relaciones exteriores de la Nación". Se estableció, además, que es el art. 27 de la Convención de Viena sobre el Derecho de los Tratados el que da fundamento normativo para sostener que el tratado es superior a la ley. Este artículo establece: "Una parte no podrá invocar las disposiciones de su derecho interno como justificación del incumplimiento de un tratado".

En junio de 1993, reiteró el criterio sentado, esta vez, en la causa "Fibraca", agregando que "la necesaria aplicación de este artículo impone a los órganos del Estado argentino –una vez asegurados los principios de derecho público constitucionales– asignar primacía a los tratados ante un eventual conflicto con cualquier norma interna contraria". Así, con fundamento en el art. 27 de la carta magna argentina, les reconoció a los tratados internaciones jerarquía supralegal, pero infraconstitucional[110].

Vigente el texto constitucional con la reforma de 1994, pero sin su aplicación por tratarse de una causa anterior, el alto tribunal se expidió

[108] CSJN, 5/12/1983, "Cabrera, Washington J. E. c/Comisión Técnica Mixta de Salto Grande s/despido", *Fallos*, 305:2150.

[109] CSJN, *Fallos*, 315:1492.

[110] CSJN, 7/7/1993, "Fibraca Constructora SCA c/Comisión Técnica Mixta de Salto Grande", *Fallos*, 316:1669.

nuevamente sobre el tema en los autos "Cafés La Virginia"[111], donde no realizó una mera reiteración de la posición sentada en las causas anteriores, sino que aportó un nuevo argumento normativo. En el consid. 9°, primera parte, estableció que la superior jerarquía del tratado respecto de la ley, respetando los principios de derecho público, no solo encuentra fundamento en el art. 27 de la Convención de Viena, sino en el propio art. 31 de la Constitución.

El posterior reconocimiento no solo se centrará en la mayor jerarquía del orden internacional, sino especialmente en la decisión que al respecto adopten los tribunales internacionales.

En la causa "Giroldi", expresó que "la reforma constitucional de 1994 ha conferido jerarquía constitucional a varios acuerdos internacionales (art. 75, inc. 22, párr. 2°) entre ellos la Convención Americana sobre Derechos Humanos", y continuó diciendo (consid. 11) que "la ya recordada jerarquía constitucional de la Convención Americana sobre Derechos Humanos (consid. 5°) ha sido establecida por la voluntad expresa del constituyente 'en las condiciones de su vigencia' (art. 75, inc. 22, párr. 2°), esto es, tal como la Convención citada efectivamente rige en el ámbito internacional y considerando particularmente su efectiva aplicación jurisprudencial por los tribunales internacionales competentes para su interpretación y aplicación"[112].

En "Bramajo", el alto tribunal incluso hizo extensivos los principios sentados en "Giroldi" a las decisiones que tome la Comisión Interamericana de Derechos Humanos. Allí sostuvo que "la 'jerarquía constitucional' de la Convención Americana sobre Derechos Humanos ha sido establecida por voluntad expresa del constituyente, 'en las condiciones de su vigencia' (art. 75, inc. 22, párr. 2°) esto es, tal como la Convención citada efectivamente rige en el ámbito internacional y considerando particularmente su efectiva aplicación jurisprudencial por los tribunales internacionales competentes para su interpretación y aplicación. De ahí que la opinión de la Comisión Interamericana de Derechos Humanos debe servir de guía para la interpretación de los preceptos convencionales en la medida en que el Estado argentino reconoció la competencia de aquella para conocer en todos los casos relativos a la interpretación y aplicación de la Convención Americana, art. 2° de la ley 23.054 (confr. doctrina de

[111] CSJN, 13/10/1994, "Cafés La Virginia SA s/apelación por denegación de repetición", *Fallos*, 317:1282.

[112] CSJN, 7/4/1995, "Giroldi, Horacio D., y otro s/recurso de casación", *Fallos*, 318:514, especialmente consid. 5°.

la causa G.342.XXVI, "Giroldi, Horacio D., y otro s/recurso de casación", sentencia del 7 de abril de 1995)"[113].

Este criterio sufrió un retroceso en "Acosta", donde la Corte Suprema expresó que, en las decisiones de la Comisión Interamericana de Derechos Humanos, el deber para los jueces se limita a "dar cumplimiento a su contenido al no tratarse aquellas de decisiones vinculantes para el Poder Judicial"[114].

Posteriormente, "Acosta" fue confirmado en "Felicetti", al decir que las recomendaciones de la Comisión Interamericana de Derechos Humanos deben ser admitidas para lo sucesivo, pero que no pueden generar la revisión de un fallo que cuenta con autoridad de cosa juzgada[115].

Luego de ello, la Corte Suprema argentina se mostró proclive a aceptar no solo la supremacía de la Convención Americana sobre Derechos Humanos (CADH) sobre la propia Constitución nacional, sino incluso la del derecho internacional de gentes, por sobre la carta magna.

Ello tuvo lugar principalmente en los precedentes "Arancibia Clavel", "Simón" y "Mazzeo".

En "Arancibia Clavel" se discutía la prescripción de delitos de lesa humanidad[116]. Se entendió, en el voto mayoritario, que la Convención sobre la Imprescriptibilidad de los Crímenes de Guerra y de los Crímenes de Lesa Humanidad, que cuenta con jerarquía constitucional, era posterior a la comisión de los delitos, pero que igualmente no afectaba el principio de legalidad reconocido en el art. 18 de la Const. nacional, puesto que el principio de la imprescriptibilidad en esta clase de hechos pertenece al *ius cogens*, siendo, por tanto, anterior a la comisión de los hechos. En el voto concordante del doctor BOGGIANO se vislumbra una clara supremacía de los tratados por sobre la Constitución, dado que, si bien expresó que tienen la misma jerarquía (consid. 13 de su voto), luego agregó que los tratados internacionales deben ser interpretados conforme al derecho internacional, por ser este su ordenamiento propio, por lo que no puede jugar el principio sustentado por el art. 18 de nuestra Constitución (consid. 16).

Los votos en disidencia de los doctores BELLUSCIO, FAYT y VÁZQUEZ trasuntan la primacía de las normas constitucionales por sobre los tratados.

[113] CSJN, 12/9/1996, "Bramajo, Hernán J. s/incidente de excarcelación", *Fallos*, 319:1840, consid. 8º.

[114] CSJN, 27/11/1998, "Acosta, Claudia, y otros s/hábeas corpus", *Fallos*, 321:3555.

[115] CSJN, 21/12/2000, "Felicetti, Roberto, y otros", *Fallos*, 323:4130.

[116] CSJN, *Fallos*, 327:3294.

El primero, con fundamento en el art. 75, inc. 22, dice que estos tratados solo son válidos en tanto no contradigan la Constitución, y los dos últimos se fundamentan principalmente en el art. 27 de la carta magna.

En "Simón", la Corte Suprema avanzó sobre sus propios criterios y jerarquizó los tratados internacionales constitucionalizados por sobre las cláusulas de la carta magna[117]. Además de la imprescriptibilidad, que se había decidido en "Arancibia Clavel", se trató de delitos que fueron amnistiados por el Congreso, por lo que no solo estaba en juego el art. 18, sino también la facultad de regular, por medio de un tratado internacional, una norma de la Constitución que reconoce una atribución discrecional, como es la amnistía.

Se dijo entonces que, "si bien es cierto que el art. 75, inc. 20, de la Const. nacional mantiene la potestad del Poder Legislativo para dictar amnistías generales, tal facultad ha sufrido importantes limitaciones en cuanto a sus alcances", pues si bien "las leyes 23.492 y 23.521 intentaron dejar atrás los enfrentamientos entre 'civiles y militares' [...] en la medida en que, como toda amnistía, se orientan al 'olvido' de graves violaciones a los derechos humanos, ellas se oponen a las disposiciones de la Convención Americana sobre Derechos Humanos y el Pacto Internacional de Derechos Civiles y Políticos, y resultan, por lo tanto, constitucionalmente intolerables (arg. art. 75, inc. 22, Const. nacional)" (consid. 16).

También se reafirmó la postura sustentada en "Giroldi" al decir que "la jurisprudencia de la Corte Interamericana de Derechos Humanos, así como las directivas de la Comisión Interamericana, constituyen una imprescindible pauta de interpretación de los deberes y obligaciones derivados de la Convención Americana sobre Derechos Humanos" (consid. 17).

En "Mazzeo" se dio otro paso, dado que, además de los principios constitucionales involucrados en "Simón", se agregaron la cosa juzgada y la facultad de indultar[118].

Se insistió en la primacía del derecho internacional consuetudinario cuando se expresó que "la consagración positiva del derecho de gentes en la Constitución nacional permite considerar que existe un sistema de protección de derechos que resulta obligatorio independientemente del

[117] CSJN, *Fallos*, 328:2056. Este precedente contó con la sola disidencia del doctor Fayt, pero cada uno de los ministros que formaron la mayoría (Boggiano, Maqueda, Zaffaroni, Highton de Nolasco, Lorenzetti, Argibay y Petracchi –cuyo voto formaría la sentencia–) lo hicieron por sus fundamentos, lo que dificulta enormemente cualquier análisis, dada la volatilidad del resultado.

[118] CSJN, *Fallos*, 330:3248.

consentimiento expreso de las naciones que las vincula y que es conocido actualmente dentro de este proceso evolutivo como *ius cogens.*

Se trata de la más alta fuente del derecho internacional que se impone a los Estados y que prohíbe la comisión de crímenes contra la humanidad, incluso en épocas de guerra. No es susceptible de ser derogada por tratados en contrario y debe ser aplicada por los tribunales internos de los países independientemente de su eventual aceptación expresa" (consid. 21)[119].

También se confirmó la obligación de seguir la jurisprudencia de la Corte Interamericana de Derechos Humanos, en el entendimiento de que "la interpretación de la Convención Americana sobre Derechos Humanos debe guiarse por la jurisprudencia de la Corte Interamericana de Derechos Humanos. Se trata de una insoslayable pauta de interpretación para los poderes constituidos argentinos en el ámbito de su competencia y, en consecuencia, también para la Corte Suprema de Justicia de la Nación, a los efectos de resguardar las obligaciones asumidas por el Estado argentino en el sistema interamericano de protección de los derechos humanos" (consid. 20).

El alto tribunal declaró entonces "la imposibilidad constitucional de indultar a autores y partícipes de esa clase de delitos, pues dicho acto de gobierno conlleva de modo inescindible la renuncia a la verdad, a la investigación, a la comprobación de los hechos, a la identificación de sus autores y a la desarticulación de los medios y recursos eficaces para evitar la impunidad" (consid. 29), y afirmó que "el instituto de la cosa juzgada y *non bis in idem* no resultan aplicables respecto de este tipo de delitos contra la humanidad" (consid. 37).

La doctora ARGIBAY, en su voto en disidencia, aun cuando dejó en claro el disgusto que le ocasionaba el sobreseimiento oportunamente dictado por los magistrados de la causa, entendió que no se cumplían, en el caso, las condiciones para hablar de cosa juzgada írrita.

Esta postura fue modificada en la causa "Fontevecchia", fallo en el que se trasunta que, para la Corte Suprema argentina, al menos en la actual composición, la Constitución nacional prevalece por sobre el criterio de la Corte Interamericana de Derechos Humanos.

En dicho precedente, la Corte Interamericana de Derechos Humanos había considerado vulnerada la libertad de expresión periodística al condenar a Jorge Fontevecchia y Héctor D'Amico a la indemnización de

[119] Lo importante de este precedente es que el voto mayoritario fue único, y votaron en disidencia parcial la doctora ARGIBAY y en disidencia total el doctor FAYT.

daños y perjuicios, como consecuencia de lo cual dispuso que se publicara un resumen de su sentencia, que se les restituyeran los montos pagados en las condenas y se les abonasen las reparaciones admitidas. Además, ordenó dejar sin efecto la condena civil impuesta a los actores, así como todas sus consecuencias.

Esta última obligación fue la que generó controversia y sobre la cual la Corte Suprema argentina entendió que su cumplimiento vulneraba la Constitución nacional[120].

Como puede observarse, si bien existen diferencias entre el reconocimiento sin límites o no a las decisiones de la Corte Interamericana de Derechos Humanos, la Corte Suprema, sin adherir expresamente a una determinada corriente filosófica, más allá de las opiniones particulares que puedan llevar adelante los ministros que circunstancialmente la integran, ha mostrado una mayor reivindicación no solo de su competencia, sino de las atribuciones del Poder Judicial, en línea con las posturas constitucionalistas imperantes.

c) *La legislación.* En Argentina, aunque parezca paradójico, gran parte de este reconocimiento, de este renacer de los postulados del constitucionalismo, se debe al derecho privado, que decidió, aun en una norma de jerarquía inferior como es el Código Civil y Comercial, vigente desde agosto de 2015, admitir esa supremacía.

Al respecto, el art. 1º dice: "Fuentes y aplicación. *Los casos que este Código rige deben ser resueltos según las leyes que resulten aplicables, conforme con la Constitución nacional y los tratados de derechos humanos en los que la República sea parte. A tal efecto, se tendrá en cuenta la finalidad de la norma. Los usos, prácticas y costumbres son vinculantes cuando las leyes o los interesados se refieren a ellos o en situaciones no regladas legalmente, siempre que no sean contrarios a derecho*".

Si bien esta norma se queda a mitad de camino al intentar fijar pautas de relaciones jerárquicas y de teoría general del derecho (importancia de la costumbre, métodos de interpretación), admite la vigencia no

[120] CSJN, 14/2/2017, "Ministerio de Relaciones Exteriores y Culto s/informe sentencia dictada en el caso 'Fontevecchia y D'Amico vs. Argentina' por la Corte Interamericana de Derechos Humanos", *Fallos*, 340:47. Cabe remarcar que, en dicho precedente, el voto del doctor Rosatti remarca la necesidad de diálogo jurisprudencial para mantener la convergencia de las decisiones; mientras el doctor Maqueda, en disidencia, propone dejar sin efecto la sentencia cumpliendo con lo ordenado por la Corte Interamericana de Derechos Humanos. El tema es ampliado al analizar los fallos de la Corte Interamericana en el § 6 de esta obra.

solo normológica, sino también sociológica del art. 75, inc. 22, de nuestra Constitución[121] en particular y de la Constitución en general.

Ello tiene una gran importancia porque nuestro país, al adoptar un sistema constitucional de base estadounidense con un régimen administrativo y legal de base francés, no ha dejado de vivir trágicamente ambos criterios; donde, como dijimos, uno antepone la supuesta voluntad general plasmada en la ley, mientras que el otro encuentra en la Constitución el verdadero contrato social, al que, incluso los poderes del Estado deben someterse.

También el art. 3° del Cód. Civil y Comercial toma en cuenta las teorías neoconstitucionalistas, especialmente de autores como ALEXY, que exigen la fundamentación judicial en la ponderación de los derechos constitucionales en juego, al disponer: "Deber de resolver. *El juez debe resolver los asuntos que sean sometidos a su jurisdicción mediante una decisión razonablemente fundada*".

La redacción de este Código no se ocupa de plasmar una conducta y su consecuencia, sino que esa consecuencia la deja muchas veces librada a la decisión fundamentada del juez. Cambia la lógica de los códigos, transformándolos, aun cuando parcialmente, en normas abiertas que no solo deben ser interpretadas, sino también integradas, como ocurre con las normas constitucionales.

Asimismo el art. 2° se orienta en tal sentido al establecer: "*La ley debe ser interpretada teniendo en cuenta sus palabras, sus finalidades, las leyes análogas, las disposiciones que surgen de los tratados sobre derechos humanos, los principios y los valores jurídicos, de modo coherente con todo el ordenamiento*". Además del art. 3° citado, el tercer párrafo del art. 10 dispone: "*El juez debe ordenar lo necesario para evitar los efectos del ejercicio abusivo o de la situación jurídica abusiva y, si correspondiere, procurar la reposición al estado de hecho anterior y fijar una indemnización*".

Entre otros artículos que se encuentran en esta misma línea pueden mencionarse el art. 51: "*La persona humana es inviolable y en cualquier circunstancia tiene derecho al reconocimiento y respeto de su dignidad*"; el art. 52: "*La persona humana lesionada en su intimidad personal o familiar, honra o reputación, imagen o identidad, o que de cualquier modo resulte menoscabada en su dignidad personal, puede reclamar la prevención y reparación de los daños sufridos, conforme a lo dispuesto en el Libro Tercero, Título V, Capítulo 1*", o el art. 557: "*El juez puede imponer al responsable del incumplimiento reiterado del régimen de co-*

[121] Para un mayor desarrollo de las relaciones jerárquicas en el ordenamiento argentino, ver TORICELLI, *Organización constitucional del poder*, t. 1, p. 34 y siguientes.

municación establecido por sentencia o convenio homologado medidas razonables para asegurar su eficacia".

§ 6. *La Corte Interamericana de Derechos Humanos.* – La Corte Interamericana de Derechos Humanos, especialmente a partir de la doctrina sentada en el caso "Almonacid Arellano y otros vs. Chile", del 26 de septiembre de 2006, tomó un rol mucho más activo en sus decisiones judiciales.

Hasta esa oportunidad, hubo una evolución más pausada, donde en un primer momento sus decisiones se ajustaban a declarar la vulneración de un derecho (desarrollando, claro está, la doctrina interpretativa sobre los alcances de las normas que integran el Pacto de San José de Costa Rica), intentar restablecerlo en la medida de lo posible y fijar las indemnizaciones correspondientes. De a poco fue efectuando mayores exigencias a los Estados, requiriendo modificaciones en la legislación o imponiendo actos de desagravio a los derechos vulnerados.

Ello generó distintas reacciones tanto en el ámbito judicial como en el académico, donde algunos precedentes nacionales limitaron el alcance de sus decisiones y aparecieron partidarios de la aplicación de la doctrina del margen de apreciación nacional, muy utilizada por el Tribunal Europeo de Derechos Humanos.

a) *La postura de la Corte Interamericana de Derechos Humanos.* Los cambios en sus criterios pueden observarse al analizar toda su jurisprudencia. En una primera etapa, en el caso "Velásquez Rodríguez" la Corte IDH declaró la vulneración de los derechos por parte de Honduras y decidió que pagara una justa indemnización, para lo cual dejó que la cuantía fuera acordada entre el Estado y la Comisión, en el plazo de seis meses, y homologada por la Corte[122]. No se pronunció sobre costas.

En el precedente "Godínez Cruz"[123] la decisión fue similar a la anterior, pero la indemnización no se dejó al acuerdo del Estado con la Comisión, sino que se difirió para la ejecución del fallo[124].

[122] Corte IDH, 29/7/1988, "Velásquez Rodríguez vs. Honduras" (consideró los arts. 4°, 5° y 7°, CADH). Ante la falta de acuerdo, la Corte terminó decidiendo monto y forma de pago de la indemnización en su sentencia del 21/7/1989.

[123] Corte IDH, 20/1/1989, "Godínez Cruz vs. Honduras" (analizó los arts. 4°, 5° y 7°, CADH).

[124] Ello ocurrió el 21/7/1989, donde se fijó indemnización, a quién se debía cada monto y tiempo de pago. La indemnización, al igual que en los otros precedentes, era fijada en la moneda del país condenado.

El gobierno de Surinam admite su responsabilidad en "Aloeboetoe y otros", y la Corte se limita a fijar la indemnización[125]. En ella no solo determina los beneficiarios entre el núcleo de los damnificados, sino que también ordena crear fideicomisos y fundaciones, entregar dinero a las víctimas y reabrir una escuela en Gujaba, con personal para funcionar, así como el dispensario[126].

En "El Amparo", el Estado reconoce su responsabilidad y la Corte decide que las reparaciones serán fijadas de común acuerdo entre Venezuela y la Comisión[127]. Igual criterio en cuanto a las reparaciones se adoptó en "Neira Alegría y otros vs. Perú"[128] y en "Garrido y Baigorria vs. Argentina"[129].

Nuevamente, en "Caballero Delgado y Santana" la Corte fijó que la indemnización sería definida por ella en ejecución[130], lo que materializó más de un año después[131].

En "Genie Lacayo" se decidió la responsabilidad del país demandado y allí se fijó la indemnización[132].

También se responsabilizó al Estado en "Loayza Tamayo", pero se ordenó la liberación de la reclamante y se dejó la fijación de la indem-

125 Corte IDH, 10/9/1993, "Aloeboetoe y otros vs. Surinam" (se pronunció sobre los arts. 4º, 5º y 7º, CADH).

126 Corte IDH, 10/9/1993, "Aloeboetoe y otros vs. Surinam" (consideró los arts. 4º, 5º, 7º y 25, CADH). Aquí la reparación se fijó en dólares si bien se aclara que puede ser pagada en moneda de curso legal del país.

127 Corte IDH, 18/1/1995 "El Amparo vs. Venezuela" (analizó los arts. 4º, 5º y 7º, 24 y 25, CADH). Al no acordar, la Corte fijó los montos indemnizatorios mediante sentencia del 14/9/96.

128 Corte IDH, 19/1/1995, "Neira Alegría y otros vs. Perú" (arts. 4º, 5º, 7º y 25, CADH), y en la sentencia del 19/9/1996 de este caso, por falta de acuerdo, la Corte estableció el monto de la indemnización, y decidió obligar al Perú a "hacer todo el esfuerzo posible para localizar e identificar los restos de las víctimas y entregarlos a sus familiares".

129 Corte IDH, 2/2/1996, "Garrido y Baigorria vs. Argentina" (arts. 4º, 5º, 7º y 25, CADH), donde Argentina admitió la responsabilidad. También, en este caso, en la sentencia del 27/8/1998, ante la falta de acuerdo, la Corte fijó la indemnización y ordenó "investigar los hechos que condujeron a la desaparición de los señores Adolfo Garrido y Raúl Baigorria y someter a proceso y sancionar a sus autores, cómplices, encubridores y a todos aquellos que hubiesen tenido participación en los hechos".

130 Corte IDH, 8/12/1995, "Caballero Delgado y Santana vs. Colombia" (arts. 4º, 5º, 7º, 8º y 25, CADH).

131 Corte IDH, 29/1/1997, "Caballero Delgado y Santana vs. Colombia" (arts. 4º, 5º, 7º, 8º y 25, CADH). También impone la obligación de "continuar los esfuerzos para localizar los restos de las víctimas y entregarlos a sus familiares".

132 Corte IDH, 29/1/1997, "Genie Lacayo vs. Nicaragua" (arts. 8º, 24 y 25, CADH).

nización para un momento posterior[133]. Ello ocurrió por sentencia del 27 de noviembre de 1998, cuando no solo se fijó una indemnización pecuniaria, sino que, además, se le ordenó reincorporar a María E. Loayza Tamayo a la planta docente, considerarle el tiempo detenida como aportes jubilatorios y dejar sin efecto toda resolución adversa que hubiese sido emitida en el proceso civil. Se le ordenó, asimismo, readecuar su legislación interna a la Convención Americana.

En un caso de secuestro y desaparición, en "Castillo Páez", la Corte responsabilizó al Estado peruano por violación de la libertad personal, la integridad personal y el derecho a la vida, en detrimento del reclamante, así como también el derecho a un recurso efectivo negado a sus familiares, indemnizándolos[134]. En "Suárez Rosero" se responsabilizó al Estado ecuatoriano por afectar la libertad e integridad del reclamante[135]. Consideró que el Código Penal era violatorio del art. 2º de la Convención Americana, y ordenó que no se ejecutara la multa contra el actor, se eliminase su nombre tanto del Registro de Antecedentes Penales como del registro que lleva el Consejo Nacional de Sustancias Estupefacientes y Psicotrópicas, se lo indemnizase y se adecuara el Código Penal.

Ante la desaparición y muerte de Nicholas Blake, se responsabiliza al Estado guatemalteco y se le impone la obligación de indemnizar a sus herederos[136]. En "Panel Blanca", ante la detención arbitraria, trato inhumano, tortura y asesinato cometidos por agentes del Estado de Guatemala contra once víctimas, durante los años 1987 y 1988, no solo se responsabilizó al Estado y se le ordenó indemnizar, sino que además se le impuso adaptar su derecho interno tomando las medidas necesarias a fin de garantizar la certeza y la publicidad del registro de detenidos[137].

En "Benavídez Cevallos", un caso en que una profesora fue arrestada, torturada y asesinada, Ecuador admite su responsabilidad y la Corte aprueba las indemnizaciones acordadas[138].

[133] Corte IDH, 17/9/1997, "Loayza Tamayo vs. Perú" (arts. 5º, 7º y 8º, CADH).

[134] Corte IDH, 3/11/1997, "Castillo Páez vs. Perú" (arts. 4º, 5º, 7º, 8º, 17 y 25, CADH).

[135] Corte IDH, 12/11/1997, "Suárez Rosero vs. Ecuador" (arts. 5º, 7º, 8º, 11, 17 y 25, CADH).

[136] Corte IDH, 24/1/1998, "Blake vs. Guatemala" (arts. 4º, 5º, 7º, 8º, 13, 22 y 25, CADH).

[137] Corte IDH, 8/3/1998, "'Panel Blanca' (Paniagua Morales y otros) vs. Guatemala" (arts. 4º, 5º, 7º, 8º y 25, CADH).

[138] Corte IDH, 19/6/1998, "Benavides Cevallos vs. Ecuador" (arts. 3º a 5º, 7º, 8º y 25, CADH).

En "Castillo Petruzzi" cuatro ciudadanos chilenos fueron procesados y condenados a prisión perpetua por un tribunal sin rostro perteneciente a la justicia militar del Perú[139]. Además de la responsabilidad del Estado y el pago de las indemnizaciones, se declaró la invalidez del proceso de juzgamiento por ser incompatible con la Convención Americana. También en "Cesti Hurtado"[140], donde el actor fue arrestado y sentenciando en un proceso militar, pese a la orden en contrario de la justicia ordinaria en un hábeas corpus, se declaró la incompatibilidad del proceso militar con la Convención.

En la causa "Caracazo", el país reconoció su responsabilidad por los hechos ocurridos durante los meses de febrero y marzo de 1989 en la ciudad de Caracas y la Corte procedió a fijar las indemnizaciones[141].

En el precedente "Niños de la calle" se reconoció la responsabilidad de Guatemala por la omisión de la protección judicial ante el secuestro, tortura y asesinato de varios menores[142]. Además de fijar las indemnizaciones, se ordenó designar un centro educativo con un nombre alusivo a las jóvenes víctimas de este caso y colocar en dicho centro una placa con sus nombres (esta clase de imposiciones se efectuará en muchas otras resoluciones).

Ante la detención, tortura y posterior desaparición forzada de José Carlos Trujillo Oroza, el Estado boliviano reconoce la pretensión y su responsabilidad; la Corte ordena indemnizar y tipificar el delito de desaparición forzada en su ordenamiento interno[143].

Con motivo de los asesinatos de Durand y Ugarte, la Corte declaró la responsabilidad del Estado peruano y ordenó indemnizar[144].

En "Bámaca Velásquez", además de reconocer la responsabilidad de Guatemala e imponerle el pago de indemnizaciones, se le ordenó locali-

[139] Corte IDH, 30/5/1999, "Castillo Petruzzi y otros vs. Perú" (arts. 5º, 7º a 9º, 20, 25 y 29, CADH).

[140] Corte IDH, 29/9/1999, "Cesti Hurtado vs. Perú" (arts. 5º, 7º, 8º, 11, 21 y 25, CADH).

[141] Corte IDH, 11/11/1999, "Caracazo vs. Venezuela" (arts. 3º a 5º, 7º, 8º y 25, CADH).

[142] Corte IDH, 19/11/1999, "'Niños de la calle' (Villagrán Morales y otros) vs. Guatemala" (arts. 4º, 5º, 7º, 8º, 19 y 25, CADH).

[143] Corte IDH, 26/1/2000, "Trujillo Oroza vs. Bolivia" (arts. 3º a 5º, 7º, 8º y 25, CADH).

[144] Corte IDH, 16/8/2000, "Durand y Ugarte vs. Perú" (arts. 4º, 7º, 8º, 25 y 27, CADH). A similar solución (en cuanto a reconocer responsabilidad y establecer la indemnización) se arribó en Corte IDH, 18/8/2000, "Cantoral Benavides vs. Perú".

zar los restos mortales de la víctima y adoptar medidas legislativas para adecuar el ordenamiento a la Convención[145].

En la causa "Tribunal Constitucional vs. Perú", donde se destituyó a tres de sus miembros, la Corte Interamericana de Derechos Humanos declaró la responsabilidad del Estado y ordenó indemnizarlos, pero no restituirlos en sus cargos[146].

En "Baena Ricardo y otros", donde un grupo de trabajadores del Estado fue despedido por concurrir a una marcha en reclamo salarial, el tribunal, además de reconocer la responsabilidad del Estado, ordenó el pago de los salarios caídos y, de ser posible, la restitución de los trabajadores a sus puestos u otro similar, obligando a indemnizar solo en caso de imposibilidad de cumplir[147].

La Corte entendió que la censura impuesta a la exhibición de la película *La última tentación de Cristo* vulneraba la libertad de pensamiento y expresión reconocida en el Pacto de San José de Costa Rica y, por tanto, le ordenó a Chile modificar su ordenamiento interno, eliminando la censura previa[148].

Se condenó al Perú por violar arbitrariamente la nacionalidad adquirida de Ivcher Bronstein y privarlo de sus acciones en Canal 2, y se ordenó al Estado que facilitase al reclamante la recuperación del uso y goce de sus acciones, además de indemnizarlo[149].

En una zona de Lima, dos personas irrumpieron armadas y masacraron a quienes estaban allí, dejando un saldo de quince muertos y varios heridos de gravedad. Más allá de reconocerse la responsabilidad del Estado peruano y fijarse las indemnizaciones correspondientes, en el caso "Barrios Altos" se consideró que la amnistía declarada por el Estado era incompatible con la Convención, y se dispuso que se aplicara la sentencia en cuanto al sentido y alcances de la declaración de ineficacia de las leyes de amnistía; se iniciara el proceso para incorporar "la figura jurídica que resulte más conveniente para tipificar el delito de eje-

[145] Corte IDH, 25/11/2000, "Bámaca Velásquez vs. Guatemala" (arts. 3° a 5°, 7°, 8° y 25, CADH).

[146] Corte IDH, 31/1/2001, "Tribunal Constitucional vs. Perú" (arts. 8°, 23 y 25, CADH).

[147] Corte IDH, 2/2/2001, "Baena Ricardo y otros vs. Panamá" (arts. 8° a 10, 15, 16 y 25, CADH).

[148] Corte IDH, 5/2/2001, "'La última tentación de Cristo' (Olmedo Bustos y otros) vs. Chile" (arts. 12 y 13, CADH). Chile acató lo decidido y reformó su Constitución.

[149] Corte IDH, 6/2/2001, "Ivcher Bronstein vs. Perú" (arts. 8°, 13, 20, 21 y 25, CADH).

cuciones extrajudiciales" (para ello se otorgó un plazo de 30 días), y se iniciara "el procedimiento para suscribir y promover la ratificación de la Convención Internacional sobre Imprescriptibilidad de Crímenes de Lesa Humanidad"[150].

La Corte ordenó a Nicaragua, en el caso "Comunidad Mayagna (Sumo) Awas Tingni", delimitar, demarcar y titular las tierras que correspondían a los miembros de esa comunidad y abstenerse de realizar, hasta tanto ello no se efectivizase, actos que pudieran llevar a que los agentes del propio Estado o terceros afectaran la existencia, el valor, el uso o el goce de los bienes ubicados en la zona geográfica donde aquellos habitan y realizan sus actividades, además de ordenarle invertir en obras y servicios en beneficio de dicha comunidad[151].

Colombia fue responsabilizada y condenada a indemnizar a las víctimas de una operación armada, en la localidad de Las Palmeras, que tuvo como resultado un niño herido, la detención de un maestro y trabajadores, quienes luego fueron asesinados[152].

Trinidad y Tobago fue responsabilizada por vulneración del derecho a la vida y las garantías judiciales, y condenada a indemnizar por la aplicación de la pena de muerte a diversas personas[153].

En "Cantos" se declaró que el Estado argentino violó el derecho de acceso a la justicia y se le ordenó abstenerse de cobrar una tasa de justicia, así como su correspondiente multa, y la cobertura de gastos del juicio[154].

Se reconoce la vulneración al derecho de propiedad (así como a garantías judiciales) en "Cinco pensionistas" y se le impone al Perú el pago de las indemnizaciones correspondientes[155].

En "Juan Humberto Sánchez", caso en el que un ciudadano fue detenido en Honduras, en dos ocasiones, por las Fuerzas Armadas, y encontrado posteriormente torturado y asesinado, se reconoció la responsabilidad del Estado y se fijaron las indemnizaciones correspondientes, además

[150] Corte IDH, 14/3/2001, "Barrios Altos vs. Perú" (arts. 4°, 5°, 8°, 13 y 25, CADH).

[151] Corte IDH, 31/8/2001, "Comunidad Mayagna (Sumo) Awas Tingni vs. Nicaragua" (arts. 4°, 11, 12, 16, 21 a 23 y 25, CADH).

[152] Corte IDH, 6/12/2001, "Las Palmeras vs. Colombia" (arts. 4°, 8° y 25, CADH).

[153] Corte IDH, 21/6/2002, "Hilaire, Constantine y Benjamin y otros vs. Trinidad y Tobago" (arts. 4°, 5°, 7°, 8° y 25, CADH).

[154] Corte IDH, 28/11/2002, "Cantos vs. Argentina" (arts. 8°, 21 y 25, CADH).

[155] Corte IDH, 28/2/2003, "'Cinco pensionistas' vs. Perú" (arts. 8°, 21, 25 y 26, CADH).

de imponerle, entre otras obligaciones, la de implementar un registro de detenidos que permitiera controlar la legalidad de las detenciones[156].

Argentina reconoció su responsabilidad por la muerte de Walter Bulacio, por golpes propinados por la Policía Federal en su detención, y la Corte Interamericana fijó las indemnizaciones pecuniarias[157].

En "Myrna Mack Chang", ante su asesinato consecuencia de una operación de inteligencia militar, se responsabilizó al Estado guatemalteco, se le ordenó indemnizar y adoptar diversas medidas como investigar efectivamente los hechos e identificar a sus autores, capacitar a los miembros de sus cuerpos armados, controlar la labor de sus servicios de inteligencia, nombrar una calle o plaza, así como establecer una beca con el nombre de la víctima[158].

Maritza Urrutia fue arbitrariamente detenida, torturada y obligada a emitir a la opinión pública un comunicado previamente preparado por sus captores. Se declaró la vulneración de su derecho a la libertad personal, su integridad y sus garantías judiciales, fijándose una indemnización a su favor[159].

Guatemala reconoció su responsabilidad, en el caso "Masacre Plan de Sánchez", por la denegación de justicia y otros actos de intimidación y discriminación realizados en perjuicio de los sobrevivientes y familiares de las víctimas de la masacre de 268 personas, en su mayoría miembros del pueblo indígena maya, ejecutada por miembros del Ejército y civiles por ellos amparados, el 18 de julio de 1982[160]. Además de las indemnizaciones, se fijaron obligaciones adicionales como destinar fondos a la reparación y mantenimiento de una capilla; la implementación de un programa de vivienda para las víctimas sobrevivientes de la aldea, su tratamiento médico y psicológico; así como programas de salud, educación, producción e infraestructura para sus habitantes.

También reconoció su responsabilidad Guatemala ante la desaparición forzada de Marco Antonio Molina Theissen, un niño de catorce años de edad,

[156] Corte IDH, 7/6/2003, "Juan Humberto Sánchez vs. Honduras" (arts. 4º, 5º, 7º, 8º y 25, CADH).

[157] Corte IDH, 18/9/2003, "Bulacio vs. Argentina" (arts. 4º, 5º, 7º, 8º y 25, CADH).

[158] Corte IDH, 25/11/2003, "Myrna Mack Chang vs. Guatemala" (arts. 4º, 5º, 8º y 25, CADH).

[159] Corte IDH, 27/11/2003, "Maritza Urrutia vs. Guatemala" (arts. 5º, 7º, 8º, 11, 13, 19 y 25, CADH).

[160] Corte IDH, 29/4/2004, "Masacre Plan de Sánchez vs. Guatemala" (arts. 5º, 8º, 11 a 13, 16, 24 y 25, CADH).

secuestrado de la casa de sus padres por miembros del Ejército. Además de la indemnización, se ordenó crear un procedimiento expedito que permitiera obtener la declaración de ausencia y presunción de muerte por desaparición forzada y adoptar las medidas legislativas, administrativas y de cualquier otra índole necesarias para crear un sistema de información genética[161].

En el caso "Herrera Ulloa", donde se había condenado al reclamante penal y civilmente como autor de cuatro delitos de publicación de ofensas en la modalidad de difamación, se estableció la responsabilidad de Costa Rica por vulneración a sus derechos a la libertad de pensamiento y de expresión, y su derecho a las garantías judiciales; también se fijó una indemnización monetaria[162].

El tribunal interamericano declaró, en "19 comerciantes", que el Estado colombiano violó los derechos a la libertad personal, a la integridad personal y a la vida, junto con las garantías y la protección judiciales, ante la detención, desaparición y ejecución de comerciantes por un grupo paramilitar. Se fijaron indemnizaciones[163].

Los hermanos Emilio Moisés y Rafael Samuel Gómez Paquiyauri, de catorce y diecisiete años, respectivamente, fueron detenidos por agentes de la Policía Nacional peruana, introducidos en el baúl de una patrulla policial y ejecutados. La Corte declaró la violación del derecho a la vida de las víctimas, el derecho a su libertad personal y a su integridad, y conjuntamente sus garantías judiciales, fijando las respectivas indemnizaciones[164].

En "Ricardo Canese", ante la condena y restricciones para salir del país, impuestas al actor como consecuencia de manifestaciones verbales hechas mientras era candidato presidencial, la Corte declaró que Paraguay violó el derecho a la libertad de pensamiento y de expresión, el derecho de circulación, el principio del plazo razonable, el derecho a la presunción de inocencia y el derecho a la defensa, así como también violó el principio de retroactividad de la norma penal más favorable consagrado, e impuso indemnizaciones pecuniarias[165].

[161] Corte IDH, 4/5/2004, "Molina Theissen vs. Guatemala" (arts. 4º, 5º, 7º, 8º, 17, 19 y 25, CADH).

[162] Corte IDH, 2/7/2004, "Herrera Ulloa vs. Costa Rica" (arts. 8º, 13 y 25, CADH).

[163] Corte IDH, 5/7/2004, "19 comerciantes vs. Colombia" (arts. 4º, 5º, 7º, 8º y 25, CADH).

[164] Corte IDH, 8/7/2004, "Hermanos Gómez Paquiyauri vs. Perú" (arts. 4º, 5º, 7º, 8º, 11, 17, 19 y 25, CADH).

[165] Corte IDH, 31/8/2004, "Ricardo Canese vs. Paraguay" (arts. 8º, 9º, 13 y 22, CADH).

El caso "Instituto de Reeducación del Menor" se originó por el fallecimiento de menores no solo producto de un incendio, sino también a consecuencia de un disparo. Además de las indemnizaciones, se ordenó a Paraguay que adoptara una serie de medidas como el tratamiento psicológico y médico de los afectados; la creación de un programa de educación y asistencia vacacional para todos los exinternos del instituto, y un lugar para los restos del menor fallecido, y la protección de testigos de la causa[166].

Ante los malos tratos recibidos por en una detención ilegal que duró veintiocho meses, en el caso "Tibi vs. Ecuador" se declaró la responsabilidad de Estado ecuatoriano y se lo condenó a pagar daños y perjuicios[167].

La pediatra María Teresa De La Cruz Flores fue detenida por la policía peruana por cargos de terrorismo y procesada por un tribunal compuesto por jueces "sin rostro", que la condenó a veinte años de prisión. La Corte Interamericana declaró la vulneración del principio de legalidad, de irretroactividad, de la libertad e integridad personal y garantías judiciales, y condenó al Perú a indemnizar y a volver a procesar a la reclamante, respetando el principio de legalidad y de irretroactividad[168].

En "Carpio Nicolle", se condenó al Estado guatemalteco al pago de indemnizaciones por el asesinato tanto de un periodista y político como de miembros de su comitiva, entre los que se encontraba un menor[169].

Se condenó al Perú, en el caso originado por haber sido juzgada Lori Berenson Mejía por jueces sin rostro y sometida a condiciones inhumanas de detención, no solo a indemnizar, sino también a adecuar su legislación interna a los estándares de la Convención[170].

En el precedente "Hermanas Serrano Cruz", ante el secuestro y desaparición forzada de las niñas Ernestina y Erlinda, de siete y tres años de edad respectivamente, realizado por militares integrantes del Ejército salvadoreño, se declaró la violación de los derechos a las garantías ju-

[166] Corte IDH, 2/9/2004, "'Instituto de Reeducación del Menor' vs. Paraguay" (arts. 4º, 5º, 7º, 8º, 25 y 26, CADH).

[167] Corte IDH, 7/9/2004 "Tibi vs. Ecuador" (arts. 5º, 7º, 8º, 17, 21 y 25, CADH).

[168] Corte IDH, 18/11/2004, "De La Cruz Flores vs. Perú" (arts. 5º, 7º, 8º, 9º y 24, CADH).

[169] Corte IDH, 22/11/2004, "Carpio Nicolle y otros vs. Guatemala" (arts. 4º, 5º, 8º, 13, 19, 23 y 25, CADH).

[170] Corte IDH, 25/11/2004, "Lori Berenson Mejía vs. Perú" (arts. 5º, 7º a 9º y 11, CADH).

diciales, de protección del niño y a la integridad personal[171]. Se ordenó indemnizar, otorgar asistencia médica y psicológica, y se impusieron una serie de medidas tendientes a determinar el paradero de las víctimas, identificar sus responsables y sancionarlos; se instó también a modificar el Código Penal en cuanto al delito de desaparición forzada de personas, así como a adoptar las medidas necesarias a fin de ratificar la Convención Interamericana sobre Desaparición Forzada de Personas.

Como consecuencia del asesinato del líder sindical de la Confederación General de Trabajadores del Perú (CGTP), Pedro Huilca Tecse, el Estado se allanó y se determinaron las indemnizaciones y obligaciones adicionales como el establecimiento de una cátedra de derechos humanos, el tratamiento psicológico a las víctimas y la celebración del 1° de mayo como Día del Trabajo[172].

En "Caesar vs. Trinidad y Tobago" se había condenado al actor, por intento de violación, a veinte años de prisión, trabajos forzados y a recibir quince latigazos, dado que el Código Penal lo posibilitaba[173]. Se determinó la responsabilidad del Estado, se le impuso indemnizar, pero, además, se le ordenó proveer tratamiento médico y psicológico, modificar el Código Penal por ser incompatible con la Convención, así como modificar la Sección 6 de la Constitución en cuanto imposibilitaba impugnar la ley de penas. También se exigió que se adoptasen las medidas necesarias para que las condiciones de las cárceles se adecuaran a las normas internacionales de derechos humanos en este tema.

En el caso "Comunidad Moiwana" miembros de las Fuerzas Armadas de Surinam atacaron a dicha comunidad, masacrando a más de cuarenta hombres, mujeres y niños y arrasando con la comunidad. Si bien estos hechos fueron anteriores al ingreso del país a la Convención, las personas que lograron escapar fueron exiliadas o internamente desplazadas, sin que se hubiese efectuado investigación adecuada alguna. La Corte Interamericana determinó los beneficiarios de las indemnizaciones y fijó además la obligación del Estado de investigar los hechos del caso, identificar, juzgar y sancionar a los responsables, así como recuperar los restos de los miembros de la comunidad que fallecieron en el ataque de 1986; también ordenó adoptar las medidas necesarias para otorgar título colectivo a las tierras tradicionales, garantizar la seguridad para los

[171] Corte IDH, 1/3/2005, "Hermanas Serrano Cruz vs. El Salvador" (arts. 4, 8°, 17 a 19 y 25, CADH).

[172] Corte IDH, 3/3/2005, "Huilca Tecse vs. Perú" (arts. 4°, 8°, 16 y 25, CADH).

[173] Corte IDH, 11/3/2005, "Caesar vs. Trinidad y Tobago" (arts. 5°, 8° y 25, CADH).

miembros de la comunidad que decidieran regresar a la aldea de Moiwana y crear un fondo destinado a programas de salud, vivienda y educación de los miembros de la comunidad[174].

Ante la falta de efectivización del derecho de propiedad ancestral de una comunidad indígena y sus miembros, en "Comunidad Indígena Yakye Axa vs. Paraguay", se ordenó indemnizar, crear un programa y un fondo de desarrollo comunitario para implementar en las tierras que se entregasen a los miembros de la comunidad; la entrega de los territorios tradicionales a esta; el suministro de bienes y servicios básicos, y la adecuación de la legislación interna a la Convención Americana, para crear un mecanismo eficaz de reclamación de tierras ancestrales de los pueblos indígenas que hiciera cierto su derecho de propiedad y que tuviera en cuenta su derecho consuetudinario, valores, usos y costumbres[175].

El precedente "Fermín Ramírez", originado en una condena a pena de muerte sin que se hubiese cumplido adecuadamente el derecho de defensa, la Corte Interamericana de Derechos Humanos no condenó a Guatemala por la pena en sí, ni le impuso indemnización de daños, pero exigió un nuevo enjuiciamiento que satisficiera las exigencias del debido proceso legal, con plenas garantías de audiencia y defensa para el inculpado; dispuso además que no se aplicase al caso y que se suprimiera, para ser acorde con la Convención, la parte del art. 132 del Cód. Penal que hace referencia a la peligrosidad del agente; que se abstuviera de ejecutar al reclamante y que se garantizase que toda persona condenada a muerte tenga derecho a solicitar indulto o conmutación de la pena. También ordenó proveer a Fermín Ramírez un servicio adecuado de salud y que las condiciones de las cárceles se adecuaran a las normas internacionales de derechos humanos[176].

En "Yatama", ante la exclusión a los candidatos del partido regional indígena Yatama de participar en el proceso electoral y la imposibilidad de contar con un recurso adecuado para defenderse, la Corte condenó al Estado a indemnizar, adoptar medidas legislativas para establecer un recurso judicial sencillo, rápido y efectivo contra las decisiones del Consejo Supremo Electoral y a reformar la ley electoral[177].

[174] Corte IDH, 15/6/2005, "Comunidad Moiwana vs. Suriname" (arts. 5°, 8°, 21, 22 y 25, CADH).

[175] Corte IDH, 17/6/2005, "Comunidad Indígena Yakye Axa vs. Paraguay" (arts. 4°, 8°, 21 y 25, CADH).

[176] Corte IDH, 20/6/2005, "Fermín Ramírez vs. Guatemala" (arts. 4°, 5°, 8°, 9°, 17 y 25, CADH).

[177] Corte IDH, 23/6/2005, "Yatama vs. Nicaragua" (arts. 8°, 23 a 25, CADH).

Ante la negativa de República Dominicana a emitir las actas de nacimiento de Yean y Bosico, pese a haber nacido en su territorio y contemplar su Constitución el *ius soli*, dejándolas apátridas por cerca de cuatro años y medio, la Corte condenó a pagar una pequeña indemnización a las niñas, pero fundamentalmente a adoptar en su derecho interno las medidas necesarias para regular el procedimiento y los requisitos conducentes a adquirir la nacionalidad dominicana, de manera sencilla y accesible, mediante la declaración tardía de nacimiento, así como la obligación de garantizar el acceso a la educación primaria y gratuita de todos los niños, independientemente de su ascendencia u origen[178].

Como consecuencia de la privación de la libertad por un agente del Estado y un particular (exagente del Estado), que utilizaron medios a disposición de la fuerza pública, la Corte, en "Wilson Gutiérrez Soler", no solo ordenó a Colombia indemnizar, sino también investigar los hechos y sancionar a los culpables, implementar los parámetros del manual para la investigación y documentación eficaces de la tortura y otros tratos o penas crueles, inhumanos o degradantes, y el fortalecimiento de los controles en centros de detención[179].

Guatemala fue condenada en el caso "Raxcacó Reyes" por haberle impuesto la pena por la comisión del delito de plagio o secuestro, para el cual dicha sanción no se encontraba prevista en la ley al momento en que el país ratificó la Convención Americana[180]. No se exigió indemnizar, pero sí se revocó la pena de muerte (debiendo imponerle otra distinta al reclamante), y se le impuso modificar el Código Penal en estos delitos (previendo penas distintas a la de muerte), garantizar el derecho de todo condenado a muerte a solicitar y, en su caso, obtener el indulto o conmutación de pena (sin poder ejecutar ninguna sentencia en tal sentido mientras ello no se asegure), y a adecuar las condiciones carcelarias a los estándares internacionales.

En la "Masacre de Mapiripán", un centenar de miembros de las Autodefensas Unidas de Colombia, con colaboración de agentes del Estado colombiano, privaron de la libertad, torturaron y asesinaron a por lo menos cuarenta y nueve civiles, tras lo cual destruyeron sus cuerpos y arrojaron los restos al río. Además de indemnizar, la Corte estableció, entre

[178] Corte IDH, 8/9/2005, "Niñas Yean y Bosico vs. República Dominicana" (arts. 3º, 5º, 8º, 12, 17, 19, 20, 24 y 25, CADH).

[179] Corte IDH, 12/9/2005, "Gutiérrez Soler vs. Colombia" (arts. 5º, 8º y 25, CADH).

[180] Corte IDH, 15/9/2005, "Raxcacó Reyes vs. Guatemala" (arts. 5º, 8º y 25, CADH).

otras, la obligación del Estado de investigar los hechos del caso, identificar, juzgar y sancionar a los responsables[181].

El caso "Palamara Iribarne" se originó en la incautación de una obra escrita por el reclamante (militar retirado), denominaba *Ética y servicios de inteligencia*, así como de los soportes en los que se encontraba. En ella se abordaban aspectos relacionados con la inteligencia militar y la necesidad de adecuarla a ciertos parámetros éticos. Además de la incautación, fue condenado por desobediencia y desacato. La Corte ordenó las reparaciones pecuniarias, la publicación del libro, la restitución de sus ejemplares y otro material incautado, y dejó sin efecto los procesos penales militares instruidos en contra de Palamara Iribarne y sus sentencias, incluyendo la supresión de los antecedentes penales del registro correspondiente. También se le impuso al Estado chileno la obligación de adecuación del derecho interno a los estándares internacionales en materia de desacato y de jurisdicción penal militar[182].

Gómez Palomino fue ilegalmente detenido y posteriormente desaparecido por agentes del Estado en Perú. Se le impuso al Estado peruano indemnizar, investigar y juzgar a los culpables, además de modificar la legislación penal en cuanto al delito de desaparición forzada de personas[183].

En "García Asto y Ramírez Rojas", los reclamantes fueron condenados por delitos de terrorismo a 20 y 25 años, por jueces sin rostro. Si bien las sentencias fueron anuladas en el orden interno, pasaron privados de su libertad nueve y trece años, respectivamente. Se ordenó indemnizarlos, darles tratamiento médico y psicológico, y proporcionarles capacitación profesional[184].

Oscar J. Blanco Romero, Roberto J. Hernández Paz y José F. Rivas Fernández fueron detenidos y posteriormente desaparecidos en medidas tomadas por el Ejército para restablecer el orden público alterado por desastres naturales en Vargas, Venezuela. Además de la obligación de indemnizar, se impuso al Estado investigar los hechos y sancionar a los responsables, buscar los restos de las víctimas y entregarlos a sus familias, y de manera general implementar medidas para dotar de eficacia

[181] Corte IDH, 15/9/2005, "'Masacre de Mapiripán' vs. Colombia" (arts. 4°, 5°, 7°, 8°, 19, 21 y 25, CADH).

[182] Corte IDH, 22/11/2005, "Palamara Iribarne vs. Chile" (arts. 7° a 9°, 13, 21 y 25, CADH).

[183] Corte IDH, 22/11/2005, "Gómez Palomino vs. Perú" (arts. 5°, 8° y 25, CADH).

[184] Corte IDH, 25/11/2005, "García Asto y Ramírez Rojas vs. Perú" (arts. 5°, 7° a 9°, 11, 17 y 25, CADH).

al recurso de hábeas corpus en casos de desaparición forzada, así como la adecuación del tipo penal de desaparición forzada con los estándares internacionales[185].

En la "masacre de Pueblo Bello" se produjo la desaparición forzada de treinta y siete personas y la ejecución extrajudicial de seis campesinos por un grupo de paramilitares. Transcurridos casi quince años del hecho, los tribunales internos solo esclarecieron unos pocos casos. Se condenó a Colombia a indemnizar los daños y se le impuso investigar y sancionar a los responsables, identificar y dar sepultura a las víctimas, tratamiento médico o psicológico adecuado a los familiares y garantías de seguridad, así como la implementación de un programa de vivienda[186].

López Álvarez fue privado de su libertad por posesión y tráfico de estupefacientes y, aun cuando fue primeramente condenado y luego absuelto, recuperó su libertad después de más de seis años, durante los cuales estuvo sometido a condiciones de detención insalubres y de hacinamiento. Honduras fue condenada a indemnizarlo, investigar los hechos, mejorar las condiciones en los centros penales y formar a los funcionarios carcelarios[187].

En el caso "Acevedo Jaramillo y otros", ante el incumplimiento por parte de la Municipalidad de Lima de sentencias judiciales (incluso del Tribunal Constitucional) que ordenaban reintegrar trabajadores despedidos y pagarles salarios caídos, el Perú reconoció su responsabilidad internacional, pero siguió demorando su cumplimiento. La Corte fijó en un año la reincorporación en sus puestos o en otros puestos similares, y si ello no fuera posible, despedirlos con indemnización; también indemnizarlos por los ingresos dejados de percibir, determinar quiénes tenían derecho a jubilación y otorgárselas[188].

La comunidad indígena Sawhoyamaxa y sus miembros reclamaron a Paraguay por el no reconocimiento de su propiedad ancestral. La Corte fijó indemnizaciones y ordenó la devolución de las tierras tradicionales o tierras alternativas si no fuera posible, en extensión y calidad suficientes

[185] Corte IDH, 28/11/2005, "Blanco Romero y otros vs. Venezuela" (arts. 4°, 5°, 7°, 8° y 25, CADH).

[186] Corte IDH, 31/1/2006, "Masacre de Pueblo Bello vs. Colombia" (arts. 4°, 5°, 7°, 8°, 13, 22 y 25, CADH).

[187] Corte IDH, 1/2/2006, "López Álvarez vs. Honduras" (arts. 5°, 7°, 8°, 13, 16, 24 y 25, CADH).

[188] Corte IDH, 7/2/2006, "Acevedo Jaramillo y otros vs. Perú" (arts. 8°, 16, 25 y 26, CADH).

para garantizar su desarrollo; suministrar bienes y prestación de servicios básicos; implementar una legislación que contemplase un recurso efectivo y rápido que dilucidara una situación de colisión de derechos como se planteaba en el caso[189].

Baldeón García, un campesino de sesenta y ocho años, fue detenido y maltratado por militares en un operativo contrainsurgente, lo que provocó su muerte. Se condenó al Perú a indemnizar, se le ordenó investigar los hechos y sancionar a los responsables, además de actos de reconocimiento, desagravio y atención a la salud[190].

En el caso "Masacres de Ituango"[191], ante el terror impuesto por paramilitares con la complicidad de las autoridades, que generó despojos y desplazamientos, se reconoció la responsabilidad de Colombia, se le impuso indemnizar, investigar los hechos y condenar a los culpables, darles adecuado tratamiento a los familiares de las víctimas, garantizar la seguridad para que los exhabitantes del municipio de Ituango pudieran regresar, además de implementar un programa habitacional para las doscientas ochenta víctimas sobrevivientes que perdieron sus casas y que así lo requirieran.

El Estado brasileño fue declarado responsable, en el caso "Ximenes Lopes", por las condiciones inhumanas y degradantes de la hospitalización de la víctima, una persona con discapacidad mental, por los golpes y ataques contra su integridad y su muerte. Se le impuso al Estado reparar los daños, investigar y sancionar a los responsables y continuar desarrollando un programa de formación y capacitación para el personal médico y auxiliares vinculados con la atención de la salud mental[192].

En "Montero Aranguren y otros (Retén de Catia)", ante la ejecución extrajudicial de treinta y siete reclusos, se condenó al Estado a indemnizar, a identificar y sancionar a los responsables, a garantizar la ubicación y entrega de los cuerpos de José L. Ayala Gualdrón y Edgar J. Peña Marín, a adecuar su legislación interna para incorporar estandartes internacionales sobre el uso de la fuerza por funcionarios, así como a adecuar las condiciones carcelarias[193].

[189] Corte IDH, 29/3/2006, "Comunidad indígena Sawhoyamaxa vs. Paraguay" (arts. 3° a 5°, 8°, 21 y 25, CADH).

[190] Corte IDH, 6/4/2006, "Baldeón García vs. Perú" (arts. 3° a 5°, 8° y 25, CADH).

[191] Corte IDH, 1/7/2006, "Masacres de Ituango vs. Colombia" (arts. 4° a 8°, 11, 19, 21 y 25, CADH).

[192] Corte IDH, 4/7/2006, "Ximenes Lopes vs. Brasil" (arts. 4°, 5°, 8° y 25, CADH).

[193] Corte IDH, 5/7/2006, "Montero Aranguren y otros (Retén de Catia) vs. Venezuela" (arts. 4°, 5°, 8° y 25, CADH).

Ante la negativa del Estado chileno de brindar a los señores Marcel C. Reyes, Sebastián Cox Urrejola y Arturo Longton Guerrero toda la información que requerían con relación a un proyecto de deforestación, se lo condenó a entregar dicha información y a adoptar las medidas necesarias para garantizar el derecho de acceso a la información bajo el control del Estado, dentro de las cuales debe garantizar la efectividad de un procedimiento administrativo adecuado para la tramitación y resolución de las solicitudes de información; también, a capacitar agentes públicos encargados de atender las solicitudes de acceso a información[194].

En "Servellón García y otros" la Fuerza de Seguridad Pública de Honduras detuvo a dos niños y dos jóvenes, quienes fueron golpeados y asesinados. Se condenó al Estado a indemnizar, investigar y sancionar a los responsables y, entre otras medidas, formar y capacitar al personal policial, judicial, Ministerio Público y penitenciario, crear una base de datos unificada entre las instituciones involucradas en la investigación y sancionar a los responsables por las muertes violentas de niños y jóvenes en situación de riesgo[195].

El caso "Goiburú y otros" trató sobre la detención ilegal y arbitraria, tortura y desaparición forzada cometidas por agentes estatales, así como la impunidad de tales hechos. Se condenó al Paraguay a indemnizar, determinar las responsabilidades, localizar los restos de las víctimas, otorgar atención médica a los familiares, y adecuar al derecho internacional los delitos de tortura y desaparición forzada de personas[196].

Como lo expresamos al inicio de este parágrafo, a partir de "Almonacid Arellano y otros", la Corte Interamericana asume mayor protagonismo, toma un rol más activo: ya no se limita a reconocer la responsabilidad de los Estados e imponer una indemnización, sino que además busca publicitar los fallos, imponer medidas generales, adecuar normas al derecho interno, o hasta dejar sin efecto decisiones judiciales adoptadas en el orden interno[197].

[194] Corte IDH, 19/9/2006, "Claude Reyes y otros vs. Chile" (arts. 8º, 13, 23 y 25, CADH).

[195] Corte IDH, 21/9/2006, "Servellón García y otros vs. Honduras" (arts. 4º, 5º, 7º, 8º, 19 y 25, CADH).

[196] Corte IDH, 22/9/2006, "Goiburú y otros vs. Paraguay" (arts. 4º, 5º, 7º, 8º y 25, CADH).

[197] Corte IDH, 26/9/2006, "Almonacid Arellano y otros vs. Chile" (arts. 8º y 25, CADH). El criterio será reiterado en otros precedentes como "La Cantuta vs. Perú" o "Boyce y otros vs. Barbado".

Recordemos los hechos. Luis A. Almonacid Arellano era profesor de enseñanza básica y militante del Partido Comunista; fue detenido por Carabineros en 1973, quienes le dispararon en presencia de su familia a la salida de su casa, y falleció al día siguiente. En 1978 se amnistió a todas las personas que incurrieron en hechos delictuosos entre 1973 y 1978, por lo que no se investigó la muerte de la víctima ni se sancionó a los autores del hecho.

La Corte Interamericana entendió que corresponde a los jueces, en caso de contradicción entre una ley y una norma del Pacto de San José de Costa Rica, preferir esta última. Expresó al respecto que, según el derecho internacional, "las obligaciones que este impone deben ser cumplidas de buena fe y no puede invocarse para su incumplimiento el derecho interno"[198]. Más allá de la reparación del daño, dijo que el Estado debía continuar las investigaciones, que el decreto de amnistía era incompatible con la Convención, que se vulneraron los arts. 8° y 25 de ella por "*i*) el otorgamiento de competencia a la jurisdicción militar para que conociera el caso por la muerte del señor Almonacid Arellano, y *ii*) por la aplicación del decr. ley 2191"[199]. También aclaró que, además del análisis de compatibilidad de las normas del derecho interno con las cláusulas del Pacto, los jueces deben tener en cuenta "la interpretación que del mismo ha hecho la Corte Interamericana, intérprete última de la Convención Americana"[200].

Dejó así sin efecto el mencionado decreto y las sentencias que lo aplicaron, estableciendo que el Estado no podía argumentar prescripción,

[198] Corte IDH, 26/9/2006, "Almonacid Arellano y otros vs. Chile", párr. 125. En el párrafo anterior señaló: "La Corte es consciente que los jueces y tribunales internos están sujetos al imperio de la ley y, por ello, están obligados a aplicar las disposiciones vigentes en el ordenamiento jurídico. Pero cuando un Estado ha ratificado un tratado internacional como la Convención Americana, sus jueces, como parte del aparato del Estado, también están sometidos a ella, lo que les obliga a velar porque los efectos de las disposiciones de la Convención no se vean mermadas por la aplicación de leyes contrarias a su objeto y fin, y que desde un inicio carecen de efectos jurídicos. En otras palabras, el Poder Judicial debe ejercer una especie de 'control de convencionalidad' entre las normas jurídicas internas que aplican en los casos concretos y la Convención Americana sobre Derechos Humanos. En esta tarea, el Poder Judicial debe tener en cuenta no solamente el tratado, sino también la interpretación que del mismo ha hecho la Corte Interamericana, intérprete última de la Convención Americana".

[199] Corte IDH, 26/9/2006, "Almonacid Arellano y otros vs. Chile", párr. 146.

[200] Corte IDH, 26/9/2006, "Almonacid Arellano y otros vs. Chile", párr. 124. Esta doctrina será reiterada en diversos precedentes, como "Gomes Lund y otros (Guerrilha do Araguaia) vs. Brasil", párr. 176; "Cabrera García y Montiel Flores vs. México", párr. 225, y ampliada en "Gelman vs. Uruguay".

irretroactividad de la ley penal, ni el principio *non bis in idem*, así como cualquier excluyente similar de responsabilidad, para excusarse de su deber de investigar y sancionar a los responsables, por tratarse de un crimen de lesa humanidad y ser inamnistiable e imprescriptible.

En "Vargas Areco" la víctima fue reclutada para el servicio militar en las Fuerzas Armadas de Paraguay cuando tenía quince años, arrestada como sanción por no haber regresado a su destacamento a tiempo, luego de disfrutar una licencia para visitar a su familia en navidad. Para evitar la sanción, huyó del destacamento y recibió un disparo por la espalda, que le ocasionó la muerte. No se investigó ni se otorgaron reparaciones a los familiares de la víctima. En su sentencia la Corte ordenó indemnizar, realizar las acciones necesarias para identificar y sancionar a todos los responsables, proveer tratamiento médico a los familiares, modificar su legislación interna en materia de reclutamiento de menores de dieciocho años en las Fuerzas Armadas del Paraguay, de conformidad con los estándares internacionales en la materia[201].

El criterio sentado en Almonacid Orellano es ampliado en "Trabajadores cesados del Congreso", donde se consagró el control de convencional de oficio, a cargo de todos los jueces, al expresarse que "cuando un Estado ha ratificado un tratado internacional como la Convención Americana, sus jueces están sometidos a ella, lo que les obliga a velar por que el efecto útil de la Convención no se vea mermado o anulado por la aplicación de leyes contrarias a sus disposiciones, objeto y fin. En otras palabras, los órganos del Poder Judicial deben ejercer no solo un control de constitucionalidad, sino también de convencionalidad, *ex officio*, entre las normas internas y la Convención Americana, evidentemente en el marco de sus respectivas competencias y de las regulaciones procesales pertinentes. Esta función no debe quedar limitada exclusivamente por las manifestaciones o actos de los accionantes en cada caso concreto, aunque tampoco implica que ese control deba ejercerse siempre, sin considerar otros supuestos formales y materiales de admisibilidad y procedencia de este tipo de acciones"[202].

En el caso "Penal Miguel Castro Castro", donde se produjo la muerte de decenas de internos, así como daños a muchos otros por el actuar de las fuerzas de seguridad del Perú, se responsabilizó al Estado y se lo

[201] Corte IDH, 26/9/2006, "Vargas Areco vs. Paraguay" (arts. 4º, 5º, 8º y 25, CADH).

[202] Corte IDH, 24/11/2006, "Trabajadores cesados del Congreso (Aguado Alfaro y otros) vs. Perú" (arts. 8º, 25 y 26, CADH); doctrina reiterada en "Raxcacó Reyes vs. Guatemala".

obligó a indemnizar, investigar y condenar a los responsables; garantizar la identificación y entrega de los restos a los familiares, y brindar tratamiento médico y psicológico a víctimas y familiares[203].

Los hechos que originaron el caso "La Cantuta" fueron la irrupción en las viviendas estudiantiles y la desaparición de alumnos y de un profesor por parte de miembros del Ejército y del grupo paramilitar Colina. Si bien se iniciaron investigaciones y se condenaron a algunos de los denunciados, el Congreso amnistió al personal militar, policial o civil involucrado. La Corte responsabilizó al Perú, reiterando la doctrina sentada en "Almonacid Orellano", imponiéndole, además de indemnizar, la obligación de investigar los hechos, identificar, juzgar y sancionar a los responsables y utilizar todos los medios disponibles para hacer expedita la investigación y evitar la repetición, y estableció que no podría argüir ninguna ley ni disposición de derecho interno para eximirse de la orden de la Corte; en particular no podría volver a aplicar leyes de amnistía, ni argumentar prescripción, irretroactividad de la ley penal, cosa juzgada o el principio *non bis in idem*[204].

La masacre llevada a cabo por un grupo paramilitar, en la localidad de La Rochela, en Colombia, contra integrantes de una comisión judicial que se dirigía a investigar las ejecuciones cometidas en perjuicio de diecinueve comerciantes, no se llegó a investigar, pese a que el Estado llevó a cabo algunas de las recomendaciones de la Comisión. La Corte homologó el acuerdo respecto de las medidas de satisfacción y garantías de no repetición convenidas, pero determinó medidas adicionales consistentes en la obligación de investigar los hechos y sancionar a los responsables, protección de operadores de justicia, testigos, víctimas y familiares, asistencia médica y psicológica, y medidas educativas[205].

En "Bueno Alves", en el marco de un conflicto civil que derivó en denuncias penales cruzadas, la víctima fue detenida y torturada por la Policía Federal argentina; a consecuencia de los golpes, sufrió un debilitamiento en la capacidad auditiva del oído derecho y en el sentido del equilibrio. Como no se sancionó ni se identificó a los responsables, se condenó al Estado a indemnizar y a realizar las investigaciones para determinar las responsabilidades correspondientes[206].

[203] Corte IDH, 25/11/2006, "Penal Miguel Castro Castro vs. Perú" (arts. 4º, 5º, 7º, 8º, 11 a 13 y 25, CADH).

[204] Corte IDH, 29/11/2006, "La Cantuta vs. Perú" (arts. 3º a 5º, 7º, 8º y 25, CADH).

[205] Corte IDH, 11/5/2007, "Masacre de La Rochela vs. Colombia" (arts. 4º, 5º, 7º, 8º, 13 y 25, CADH).

[206] Corte IDH, 11/5/2007, "Bueno Alves vs. Argentina" (arts. 5º, 7º, 8º, 11, 24 y 25, CADH).

Escué Zapata, un dirigente indígena, fue asesinado por agentes del Ejército, sin que se investigara ni se sancionara a nadie. Se condenó a Colombia al pago de indemnizaciones, al tratamiento médico a familiares, a conducir eficazmente los procesos penales que se encontraran en trámite, y a integrar un fondo, con el nombre de la víctima, para que la comunidad de Jambaló lo invirtiera en obras o servicios de interés colectivo[207].

En Ecuador, ante un clima de conmoción interna, se dio intervención a las Fuerzas Armadas, las que, en un operativo, asesinaron a Wilmer Zambrano Vélez y a otras dos personas, sin que se realizaran mayores investigaciones ni se sancionara a los responsables[208]. Se condenó a indemnizar, hacer efectiva la investigación y sancionar a sus responsables, y a adecuar su legislación interna en materia de estados de emergencia y suspensión de garantías de la Convención Americana, en particular las disposiciones de la ley de seguridad nacional (específicamente, para impedir que la jurisdicción militar asuma competencias de la jurisdicción ordinaria).

Saúl Cantoral Huamaní y Consuelo García Santa Cruz, dirigentes sindicales y sociales, fueron secuestrados y posteriormente ejecutados sin que el caso se investigara ni esclareciese. El Perú fue condenado a indemnizar, investigar los hechos y sancionar a los responsables; becar a familiares de las víctimas y proveerles tratamiento médico y psicológico[209].

Ante el asesinato de García Prieto, en ocasión de robo, no solo no se realizaron mayores investigaciones ni se sancionó a todos los responsables, sino que sus familiares fueron objeto de numerosas amenazas y atentados contra sus vidas. El Salvador fue condenado a indemnizar, concluir las investigaciones pendientes, y a otorgar tratamiento médico y psicológico a familiares de la víctima[210].

Lennox R. Boyce, Jeffrey Joseph, Frederick B. Atkins (quien murió en detención por enfermedad) y Michael McDonald Huggin fueron condenados a muerte mediante la horca, por el delito de homicidio, lo que, según el derecho interno de Barbados, es inimpugnable. La Corte ordenó conmutar la pena de muerte de McDonald Huggins; adoptar me-

[207] Corte IDH, 4/7/2007, "Escué Zapata vs. Colombia" (arts. 5º, 7º, 8º, 11, 21, 23 y 25, CADH).

[208] Corte IDH, 4/7/2007, "Zambrano Vélez y otros vs. Ecuador" (arts. 4º, 8º y 25, CADH).

[209] Corte IDH, 10/7/2007, "Cantoral Huamaní y García Santa Cruz vs. Perú" (arts. 4º, 7º, 8º, 16 y 25, CADH).

[210] Corte IDH, 20/11/2007, "García Prieto y otro vs. El Salvador" (arts. 5º, 8º, 11 y 25, CADH).

didas legislativas necesarias para asegurar que no se imponga la pena de muerte, y asegurar que la Constitución y la legislación de Barbados se conformasen a la Convención Americana, en especial, eliminar el efecto del art. 26 de la Const. de Barbados respecto de la inimpugnabilidad de las leyes existentes, además de asegurar las condiciones de detención[211].

En el caso "Chaparro Álvarez y Lapo Íñiguez", ante serias irregularidades en la detención y el procesamiento de las víctimas por supuesta relación con el tráfico de drogas, así como la no restitución de la empresa a Chaparro Álvarez por casi cinco años y la no devolución de su vehículo, se condenó a indemnizar, se fijó la obligación de investigar los hechos y sancionar a los responsables; eliminar de los registros los antecedentes en contra de los señores Chaparro y Lapo; adecuar el derecho interno a los parámetros de la Convención para que sea una autoridad judicial la que decida sobre los recursos que los detenidos presenten, y modificar la ley de sustancias estupefacientes y psicotrópicas a fin de que se dejen de hacer cobros por el depósito y manejo de los bienes que son aprehendidos en consonancia con dicha ley a las personas que no han sido condenadas por sentencia firme[212].

Laura Albán Cornejo falleció en un hospital privado por una mala praxis médica. Los padres formularon denuncia penal, a consecuencia de la cual dos médicos fueron investigados por negligencia y uno de ellos sobreseído por prescripción. Ecuador fue condenado a indemnizar, difundir ampliamente los derechos de los pacientes, capacitar a los operadores de justicia y profesionales de la salud sobre tales derechos; el país se comprometió además a incorporar un tipo penal más adecuado para sancionar a los médicos que incurren en indebida práctica[213].

Yvon Neptune era un político de Haití que ocupó diversos cargos como senador e, incluso, primer ministro. Ante cambios de gobiernos fue acusado y encarcelado sin otorgársele las garantías del debido proceso. La Corte condenó al Estado a indemnizar, a definir a la brevedad la situación jurídica de la víctima con respecto al proceso penal abierto en su contra, y a adoptar las medidas legislativas y de cualquier otra índole para regular los procedimientos relativos a la alta corte de justicia (de forma que se definieran las respectivas competencias, las normas

[211] Corte IDH, 20/11/2007, "Boyce y otros vs. Barbados" (arts. 4°, 5° y 25, CADH).

[212] Corte IDH, 21/11/2007, "Chaparro Álvarez y Lapo Íñiguez vs. Ecuador" (arts. 5°, 7°, 8°, 21 y 25, CADH).

[213] Corte IDH, 22/11/2007, "Albán Cornejo y otros vs. Ecuador" (arts. 4°, 5°, 8°, 13, 17 y 25, CADH).

procesales y las garantías mínimas del debido proceso); también a adecuar las condiciones carcelarias[214].

En "Apitz Barbera y otros", ante la destitución de los jueces de la Corte Primera de lo Contencioso Administrativo por considerar que habían incurrido en un error judicial inexcusable, al conceder un amparo cautelar que suspendió los efectos de un acto administrativo que había negado el registro de una compraventa, la Corte Interamericana condenó al Estado a pagar indemnizaciones y a reintegrar a los actores en un cargo que tuviera las remuneraciones, beneficios sociales y rango equiparables a los que poseían (si por motivos fundados no pudieran ser reincorporados en seis meses, indemnizarlos con 100.000 dólares)[215].

Castañeda Gutman presentó su candidatura como independiente al cargo de presidente de México, que le fue rechazada, así como los recursos que intentó. Por la vulneración del derecho a la protección judicial (art. 25, CADH), se le impuso al Estado la obligación de indemnizar y de adecuar su legislación interna[216].

Ante el secuestro de Heliodoro Portugal y la aparición de sus restos, veintinueve años después, en un cuartel de Tocumen, el Estado de Panamá fue condenado a indemnizar, investigar los hechos y sancionar a los responsables, otorgar tratamiento médico y psicológico a los familiares de la víctima, modificar su legislación tipificando los delitos de desaparición forzada y tortura (en los términos de la Convención Interamericana sobre Desaparición Forzada de Personas y la Convención Interamericana para Prevenir y Sancionar la Tortura)[217].

En el caso "Bayarri" la víctima declaró su participación en un delito de secuestro, en sede policial y bajo amenazas. Aun cuando se retractó a los pocos días, ello no fue considerado y transcurridos quince años del hecho la situación no había sido esclarecida. La Corte condenó al Estado a indemnizar y otorgarle el tratamiento necesario; concluir el procedimiento penal iniciado por los hechos que generaron las violaciones del caso y resolverlo en los términos que la ley previera, y eliminar los antecedentes penales de la víctima[218].

[214] Corte IDH, 6/5/2008, "Yvon Neptune vs. Haití" (arts. 5°, 7° a 9° y 25, CADH).

[215] Corte IDH, 5/8/2008, "Apitz Barbera y otros ('Corte Primera de lo Contencioso Administrativo') vs. Venezuela" (arts. 8°, 23 a 25, CADH).

[216] Corte IDH, 6/8/2008, "Castañeda Gutman vs. Estados Unidos Mexicanos" (arts. 23 a 25, CADH).

[217] Corte IDH, 12/8/2008, "Heliodoro Portugal vs. Panamá" (arts. 4°, 5°, 7°, 8°, 13 y 25, CADH).

[218] Corte IDH, 30/10/2008, "Bayarri vs. Argentina" (arts. 5°, 7°, 8° y 25, CADH).

María Tiu Tojín, de veintisiete años, y su hija Josefa, de un mes, fueron detenidas y trasladadas a una base militar, y nunca más volvieron a aparecer. No hubo investigaciones ni sanciones, por lo que Guatemala fue condenada a investigar los hechos y sancionar a los responsables; localizar a las víctimas, y a juzgar por el fuero ordinario a los responsables de violaciones de derechos humanos[219].

En "Ticona Estrada y otros", ante la detención, maltrato a las víctimas y posterior desaparición de Renato Ticona, no se realizaron mayores investigaciones ni se sancionó a los responsables de los hechos. El Estado fue condenado a continuar con la tramitación del proceso penal seguido por la desaparición forzada; investigar los hechos ocurridos y sancionar a los responsables; buscar a Renato; otorgar tratamiento médico y psicológico a familiares, y a dotar de los recursos humanos y materiales necesarios al Consejo Interinstitucional para el Esclarecimiento de Desapariciones Forzadas[220].

Jesús M. Valle Jaramillo, conocido defensor de derechos humanos, fue asesinado por dos hombres armados en su oficina, mientras Nelly Valle Jaramillo y Carlos F. Jaramillo Correa fueron amarrados y amenazados con armas de fuego. Los hechos no fueron investigados. Se condenó a Colombia a indemnizar, investigar los hechos y sancionar a los responsables; otorgar tratamiento psicológico y psiquiátrico a las víctimas; otorgar a Nelly Valle Jaramillo y Carlos F. Jaramillo Correa una beca para realizar estudios o capacitarse en un oficio, así como garantizar la seguridad de Carlos si consideraba retornar a Colombia[221].

Ante la divulgación de una conversación telefónica que el abogado Santander Tristán Donoso tenía con un cliente, fue condenado por calumnias a una pena de dieciocho meses de prisión, reemplazada por la obligación de pagar setenta y cinco días de multa. Panamá fue condenada a indemnizar los daños; dejar sin efecto la sentencia condenatoria y sus consecuencias; investigar y sancionar a los responsables de las violaciones a los derechos humanos de la víctima; adoptar las medidas necesarias para autorizar escuchas o intervenciones telefónicas que cumplan con los propósitos determinados en la Convención Americana, así como la

[219] Corte IDH, 26/11/2008, "Tiu Tojín vs. Guatemala" (arts. 4º, 5º, 7º, 8º, 19 y 25, CADH).

[220] Corte IDH, 27/11/2008, "Ticona Estrada y otros vs. Bolivia" (arts. 3º a 5º, 7º, 8º y 25, CADH).

[221] Corte IDH, 27/11/2008, "Valle Jaramillo y otros vs. Colombia" (arts. 4º, 5º, 7º, 8º, 13, 16, 17, 22 y 25, CADH).

adecuación de la legislación penal en materia de injurias y calumnias, y la legislación civil en materia de difamación[222].

En los casos "Ríos y otros" y "Perozo y otros", ante las restricciones sufridas por periodistas, que recibieron toda clase de hostigamientos, la Corte resolvió que el Estado investigara y juzgase a los responsables y que adoptara las medidas necesarias para evitar que ello suceda en el futuro[223].

El asesinato de Blanca J. Kawas Fernández, ambientalista, nunca pasó de la etapa inicial de investigación. Honduras fue condenada a indemnizar, concluir los procedimientos penales, otorgar tratamiento médico y psicológico a los familiares de la víctima y realizar una campaña sobre la importancia de la labor que realizan los defensores del medio ambiente en ese país[224].

Reverón Trujillo fue designada jueza de manera interina hasta la realización del concurso, pero destituida previamente de manera arbitraria, y si bien la Sala Político Administrativa del Tribunal Supremo de Justicia de Venezuela anuló la destitución, no ordenó la restitución ni el pago de los salarios. El Estado venezolano fue condenado a reincorporar a la víctima a su cargo u otro similar (en caso de imposibilidad, a abonarle 60.000 dólares), pagarle los salarios dejados de percibir, eliminar la sanción de destitución del expediente y adecuar su legislación interna a la Convención Americana por medio de la modificación de las normas y prácticas que consideran de libre remoción a los jueces provisorios[225].

En "Acevedo Buendía y otros", ante el recorte en la movilidad jubilatoria de un grupo de pensionistas, que obtuvieron el reconocimiento del Tribunal Constitucional del Perú, el Estado dio cumplimiento parcial no nivelando los montos retenidos en casi diez años, por lo que la Corte Interamericana condenó al Estado al pago de indemnizaciones y a que se diera cumplimiento a las decisiones del Tribunal Constitucional[226].

En el precedente "Escher y otros vs. Brasil", por el monitoreo ilegal de líneas telefónicas llevados a cabo por la Policía Militar del Estado de

[222] Corte IDH, 27/1/2009, "Tristán Donoso vs. Panamá" (arts. 11 y 13, CADH).

[223] Corte IDH, 28/1/2009, "Ríos y otros vs. Venezuela"; íd., 28/1/2009, "Perozo y otros vs. Venezuela" (arts. 5º, 8º, 13, 24 y 25, CADH).

[224] Corte IDH, 3/4/2009 "Kawas Fernández vs. Honduras" (arts. 4º, 5º, 8º, 16 y 25, CADH).

[225] Corte IDH, 30/6/2009, "Reverón Trujillo vs. Venezuela" (arts. 5º, 8º, 23 y 25, CADH).

[226] Corte IDH, 1/7/2009, "Acevedo Buendía y otros ('Cesantes y jubilados de la Contraloría') vs. Perú" (arts. 21, 25 y 26, CADH).

Paraná y la divulgación de las conversaciones telefónicas, se ordenó el pago de indemnización por daños e investigar los hechos que generaron las violaciones del caso[227].

Kenneth N. Anzualdo Castro fue detenido por miembros del Servicio de Inteligencia del Ejército y posteriormente ejecutado en los sótanos del cuartel general del Ejército. La Corte condenó al Perú a indemnizar y atender la salud de familiares; investigar y sancionar a los responsables; determinar el paradero de la víctima; adoptar medidas para la identificación de personas desaparecidas durante el conflicto interno, y a tipificar adecuadamente el delito de desaparición forzada de personas[228].

Sétimo Garibaldi fue herido en el muslo izquierdo por un disparo efectuado por un hombre encapuchado en un desalojo extrajudicial de una hacienda, en el estado de Paraná, en Brasil, lo que causó su muerte. La investigación fue irregular y no avanzó, por lo que se condenó al Estado a pagar las indemnizaciones, investigar y sancionar a los autores de su muerte, así como a los funcionarios que no investigaron[229].

En "DaCosta Cadogan", ante la fijación de la pena de muerte, la Corte ordenó el pago de indemnizaciones y reiteró que no se han cumplido las medidas requeridas en "Boyce", instando a adoptarlas; ordenó también dejar sin efecto la pena de muerte de DaCosta Cadogan y aplicarle nueva pena[230].

El precedente "González y otras ('Campo Algodonero')" versó sobre la aparición del cuerpo sin vida de tres jóvenes de ciudad Juárez, con signos de violencia sexual. No se investigó lo sucedido, por lo que la Corte condenó a pagar daños, otorgar tratamientos médicos y psicológicos a familiares, investigar los hechos y sancionar a los responsables; estandarizar los protocolos para combatir desapariciones y homicidios de mujeres y los distintos tipos de violencia contra las mujeres, y a implementar un programa de búsqueda y localización de mujeres desaparecidas en el estado de Chihuahua[231].

[227] Corte IDH, 6/7/2009, "Escher y otros vs. Brasil" (arts. 8°, 11, 16 y 25, CADH).

[228] Corte IDH, 22/9/2009, "Anzualdo Castro vs. Perú" (arts. 3° a 5°, 8°, 13 y 25, CADH).

[229] Corte IDH, 23/9/2009, "Garibaldi vs. Brasil" (arts. 8°, 11, 16 y 25, CADH).

[230] Corte IDH, 24/9/2009, "DaCosta Cadogan vs. Barbados" (arts. 4°, 8° y 25, CADH).

[231] Corte IDH, 16/11/2009, "González y otras ('Campo Algodonero') vs. México" (arts. 4°, 5°, 8°, 11, 19 y 25, CADH).

Barreto Leiva fue condenado en un proceso penal sin las garantías correspondientes, luego de declarar como testigo en un proceso contra el presidente de la República, un senador y un diputado. Venezuela fue obligada a indemnizar y a revisar la sentencia, si la víctima así lo solicitaba[232].

Usón Ramírez, un militar retirado, fue condenado por injurias a las Fuerzas Armadas (por explicar en un programa de televisión cómo funcionaba un lanzallamas y los procedimientos que se necesitan para utilizarlo) a cinco años y medio de prisión. Se condenó a Venezuela a indemnizar y dejar sin efecto el proceso penal seguido contra la víctima en la jurisdicción militar[233].

Radilla Pacheco, un dirigente político y social, fue detenido por miembros del Ejército de México y luego desaparecido, sin que el caso se investigara. La Corte condenó al Estado a indemnizar, atender la salud de los familiares, investigar los hechos y sancionar a los responsables; determinar el paradero de Rosendo Radilla Pacheco; realizar reformas constitucionales y legislativas en materia de jurisdicción militar, y a tipificar adecuadamente el delito de desaparición forzada de personas[234].

En el caso "Masacre de Las Dos Erres", el Estado fue condenado por falta de debida diligencia en la investigación. Se lo obligó a indemnizar y otorgar atención médica a los familiares de las víctimas; investigar y sancionar a los responsables; iniciar las acciones pertinentes contra las autoridades del Estado que pudieran haber obstaculizado la investigación de los hechos; proceder a la exhumación, identificación y entrega de los restos de las personas fallecidas en la masacre a sus familiares, así como a regular la ley de amparo (mediante la adecuación del recurso a su verdadero objeto y fin)[235].

Florencio Chitay Nech, indígena maya, elegido concejal por la Democracia Cristiana, asumió la alcaldía como consecuencia de la desaparición del entonces titular. Recibió diversas amenazas y hostigamientos hasta que fue secuestrado y desaparecido, sin que el hecho se investigara adecuadamente. Se condenó a Guatemala a indemnizar; otorgar aten-

232 Corte IDH, 17/11/2009, "Barreto Leiva vs. Venezuela" (arts. 7°, 8° y 25, CADH).

233 Corte IDH, 20/11/2009, "Usón Ramírez vs. Venezuela" (arts. 7° a 9°, 13 y 25, CADH).

234 Corte IDH, 23/11/2009, "Radilla Pacheco vs. Estados Unidos Mexicanos" (arts. 3° a 5°, 7°, 8°, 13 y 25, CADH)

235 Corte IDH, 24/11/2009, "Masacre de Las Dos Erres vs. Guatemala" (arts. 3° a 5°, 8°, 13, 17 a 19 y 25, CADH).

ción médica a los familiares, e investigar, sancionar y continuar con la búsqueda y localización de la víctima[236].

Cepeda Vargas, senador colombiano, fue asesinado cuando se desplazaba desde su vivienda hacia el Congreso de la República, pero no se realizaron mayores investigaciones ni se sancionó a todos los responsables, por lo que Colombia fue condenada a indemnizar; otorgar tratamiento médico a sus familiares y garantizar su seguridad, e investigar y sancionar a los responsables[237].

El caso "Comunidad indígena Xákmok Kásek" versó sobre la falta de garantía del derecho de propiedad ancestral de dicha comunidad. La Corte ordenó la devolución de las 10.700 hectáreas reclamadas e identificadas como Mompey Sensap (actualmente Retiro Primero) y Makha Mompena (actualmente Retiro Kuñataí), en el plazo estipulado, debiendo pagar a los líderes de la comunidad, en representación de sus miembros, una cantidad de diez mil dólares por cada mes de retraso; también velar para que tal territorio no se viera menoscabado por acciones del propio Estado o de terceros particulares; suministrar bienes y prestación de servicios básicos; modificar la legislación para crear un sistema eficaz de reclamación de tierras ancestrales o tradicionales de los pueblos indígenas (donde se tome en cuenta la importancia que para los indígenas tiene su tierra tradicional, donde no baste que las tierras reclamadas estén en manos privadas y sean racionalmente explotadas para rechazar cualquier pedido de reivindicación); anular el decreto que declaraba como área silvestre protegida a parte del territorio reclamado por los miembros de la comunidad; crear un fondo de desarrollo comunitario, y abonar indemnizaciones[238].

Por la violación y tortura de la señora Fernández Ortega, México fue condenado a indemnizar, otorgar tratamiento médico a las víctimas, investigar y sancionar a los responsables; especialmente se lo obligó a examinar la conducta del agente del Ministerio Público que dificultó la recepción de la denuncia presentada por la víctima; estandarizar un protocolo de actuación para investigación de violaciones sexuales; desarrollar programas de capacitación sobre investigación diligente en casos

[236] Corte IDH, 25/5/2010 "Chitay Nech y otros vs. Guatemala" (arts. 3° a 5°, 7°, 8°, 17, 19, 21 a 23 y 25, CADH).

[237] Corte IDH, 26/5/2010, "Manuel Cepeda Vargas vs. Colombia" (arts. 4°, 5°, 8°, 11, 13, 16, 22 y 25, CADH).

[238] Corte IDH, 24/8/2010, "Comunidad indígena Xákmok Kásek vs. Paraguay" (arts. 3° a 5°, 8°, 19, 21 y 25, CADH).

de violencia sexual contra las mujeres (que incluyan una perspectiva de género y etnicidad); otorgar becas de estudios en instituciones públicas en beneficio de familiares de la víctima; facilitar los recursos necesarios para que la comunidad indígena mep'aa de Barranca Tecoani establezca un centro comunitario de la mujer; adoptar medidas para que las niñas de la comunidad que realizan estudios secundarios en la ciudad de Ayutla de los Libres cuenten con facilidades de alojamiento y alimentación adecuadas; asegurar servicios de atención a las mujeres víctimas de violencia sexual, y modificar su legislación para permitir que las personas que se vean afectadas por la intervención del fuero militar cuenten con un recurso efectivo para impugnar su competencia[239].

A similar situación que en "Fernández Ortega" se llegó en "Rosendo Cantú y otra"[240].

Por la desaparición forzada de Ibsen Cárdenas (solo sus restos fueron encontrados años después) y José L. Ibsen Peña, Bolivia fue condenada a indemnizar, otorgar atención médica a los familiares, investigar y sancionar a los responsables, continuar la búsqueda de José L. Ibsen Peña e implementar un programa de formación sobre investigación y juzgamiento de hechos constitutivos de desaparición forzada de personas[241].

El ecuatoriano Jesús T. Vélez Loor fue detenido y procesado en Panamá por delitos relacionados con su situación migratoria, sin las debidas garantías y sin que se investigaran las torturas alegadas. Panamá fue condenado a indemnizar, abonar atención médica y psicológica, investigar y juzgar los hechos denunciados, disponer de establecimientos con capacidad suficiente para alojar a las personas cuya detención sea necesaria y proporcionada en el caso en concreto por cuestiones migratorias, e implementar un programa de formación para el personal del Servicio Nacional de Migración y Naturalización[242].

El caso "Gomes Lund y otros (Guerrilha do Araguaia)" versó sobre la matanza y desaparición de los miembros de dicha guerrilla, y la ley de amnistía que impidió investigaciones y juzgamientos. Se condenó

[239] Corte IDH, 30/8/2010, "Fernández Ortega vs. México" (arts. 5°, 8°, 11, 16, 24 y 25, CADH).

[240] Corte IDH, 31/8/2010, "Rosendo Cantú y otra vs. México" (arts. 5°, 8°, 11, 16, 24 y 25, CADH).

[241] Corte IDH, 1/9/2010, "Ibsen Cárdenas e Ibsen Peña vs. Bolivia" (arts. 3° a 5°, 7°, 8°, 24 y 25, CADH).

[242] Corte IDH, 23/11/2010, "Vélez Loor vs. Panamá" (arts. 5°, 8°, 9°, 24 y 25, CADH).

al Estado al pago de las indemnizaciones, a otorgar tratamiento médico a las víctimas, investigar los hechos y sancionar a los responsables, determinar el paradero de las víctimas desaparecidas, tipificar el delito de desaparición forzada de conformidad con los estándares interamericanos[243].

En "Cabrera García y Montiel Flores" se responsabilizó al Estado porque, en sus detenciones por parte del Ejército, las víctimas habían sido sometidas a tratos crueles, inhumanos y degradantes, sin investigación adecuada de lo sucedido. Se condenó al pago de indemnizaciones; a brindar tratamiento médico; investigar los hechos y sancionar a los responsables; realizar las reformas legislativas pertinentes para permitir que las personas que se vean afectadas por la intervención del fuero militar cuenten con un recurso efectivo para impugnar su competencia, y capacitar sobre investigación diligente en casos de tratos crueles, inhumanos o degradantes y tortura[244].

El caso "Gelman vs. Uruguay" ha tenido una gran trascendencia[245]. María C. García Iruretagoyena de Gelman fue detenida en Argentina, mientras se encontraba en avanzado estado de embarazo, y trasladada al Uruguay, donde nació su hija. Se suprimió la identidad de la pequeña y fue entregada a una familia uruguaya, mientras su madre era desaparecida. Los hechos no se investigaron ni juzgaron en virtud de la ley 15.848 o ley de caducidad de la pretensión punitiva del Estado promulgada en 1986 por el gobierno democrático del Uruguay.

Si bien se planteó la inconstitucionalidad de la ley, la Corte Suprema de Uruguay, en voto dividido (tres a dos), decidió a favor de su validez. El tema fue llevado a referéndum contra la ley, pero la respuesta de la ciudadanía fue del 58 % a su favor.

Casi diez años después, en el caso "Sabalsagaray", la Corte uruguaya, en la situación concreta, declaró la inconstitucionalidad de la ley de caducidad, lo que motivó una consulta a la ciudadanía para aprobar una enmienda constitucional que declarara inválida la ley de caducidad. Tampoco en esta ocasión la consulta alcanzó la mayoría, obteniendo solo el 47, 7 % de los votos.

243 Corte IDH, 24/11/2010, "Gomes Lund y otros (Guerrilha do Araguaia) vs. Brasil" (arts. 3º, 5º, 7º a 9º, 13 y 25, CADH).

244 Corte IDH, 26/11/2010, "Cabrera García y Montiel Flores vs. México" (arts. 5º, 7º, 8º y 25, CADH).

245 Corte IDH, 24/2/2011, "Gelman vs. Uruguay" (arts. 3º a 5º, 7º, 8º, 11, 13, 18, 20 y 25, CADH).

Posteriormente, la Suprema Corte de Uruguay, reiteró nuevamente la doctrina sentada en "Sabalsagaray" y declaró la inconstitucionalidad de la ley.

La Corte Interamericana de Derechos Humanos sentó la obligación de todos los poderes del Estado de ejercer el control de convencionalidad al decir: "Cuando un Estado es parte de un tratado internacional como la Convención Americana, todos sus órganos, incluidos sus jueces, están sometidos a aquel, lo cual les obliga a velar por que los efectos de las disposiciones de la Convención no se vean mermados por la aplicación de normas contrarias a su objeto y fin, por lo que los jueces y órganos vinculados a la administración de justicia en todos los niveles están en la obligación de ejercer *ex officio* un 'control de convencionalidad' entre las normas internas y la Convención Americana, evidentemente en el marco de sus respectivas competencias y de las regulaciones procesales correspondientes y en esta tarea, deben tener en cuenta no solamente el tratado, sino también la interpretación que del mismo ha hecho la Corte Interamericana, intérprete última de la Convención Americana"[246].

Al destacar los deberes judiciales de control, incluso sobre las decisiones populares, manifestó: "La sola existencia de un régimen democrático no garantiza, *per se*, el permanente respeto del derecho internacional, incluyendo al derecho internacional de los derechos humanos, lo cual ha sido así considerado incluso por la propia Carta Democrática Interamericana. La legitimación democrática de determinados hechos o actos en una sociedad está limitada por las normas y obligaciones internacionales de protección de los derechos humanos reconocidos en tratados como la Convención Americana, de modo que la existencia de un verdadero régimen democrático está determinada por sus características tanto formales como sustanciales, por lo que, particularmente en casos de graves violaciones a las normas del derecho internacional de los derechos, la protección de los derechos humanos constituye un límite infranqueable a la regla de mayorías, es decir, a la esfera de lo 'susceptible de ser decidido' por parte de las mayorías en instancias democráticas, en las cuales también debe primar un 'control de convencionalidad' [...], que es función y tarea de cualquier autoridad pública y no solo del Poder Judicial. En este sentido, la Suprema Corte de Justicia ha ejercido, en el caso 'Nibia Sabalsagaray Curutchet', un adecuado control de convencionalidad respecto de la ley de caducidad, al establecer, *inter alia*, que 'el límite de la decisión de la mayoría reside, esencialmente, en dos cosas: la tutela de

[246] Corte IDH, 24/2/2011, "Gelman vs. Uruguay", párr. 193.

los derechos fundamentales (los primeros, entre todos, son el derecho a la vida y a la libertad personal, y no hay voluntad de la mayoría, ni interés general ni bien común o público en aras de los cuales puedan ser sacrificados) y la sujeción de los poderes públicos a la ley'. Otros tribunales nacionales se han referido también a los límites de la democracia en relación con la protección de derechos fundamentales"[247].

Como consecuencia de ello, la Corte Interamericana de Derechos Humanos condenó al Estado uruguayo a indemnizar, llevar diversas medidas adelante, investigar y sancionar a los responsables, buscar a la víctima o sus restos y, especialmente, le impuso que la ley de caducidad (carente de efectos por su incompatibilidad con la Convención Americana y la Convención Interamericana sobre Desaparición Forzada de Personas, en cuanto puede impedir la investigación y eventual sanción de los responsables de graves violaciones de derechos humanos) no volviera a representar un obstáculo para la investigación de los hechos ni para la identificación y sanción de los responsables de ellos y de otras graves violaciones de derechos humanos similares acontecidas en Uruguay (imponiendo que ninguna otra norma análoga, como prescripción, irretroactividad de la ley penal, cosa juzgada, *ne bis in idem* o cualquier excluyente similar de responsabilidad, fuera aplicada).

En una causa de carácter netamente patrimonial, los hermanos Salvador Chiriboga habían recibido una herencia que fue expropiada por la Municipalidad de Quito sin justa indemnización, por lo que la Corte condenó a Ecuador a indemnizar[248].

En el caso "Abrill Alosilla y otros", un grupo de trabajadores cuestionó la disminución de sus remuneraciones de forma retroactiva. La Corte entendió que existió responsabilidad del Estado por ausencia de protección judicial respecto de la aplicación retroactiva de normas, en desconocimiento del derecho interno, y ordenó el pago de daños y perjuicios[249].

Pedro M. Vera Vera fue detenido cuando presentaba una herida de bala; si bien fue hospitalizado, falleció en el hospital por complicaciones. Se condenó a Ecuador a indemnizar y adoptar las medidas necesarias para que la madre de la víctima pudiera conocer lo sucedido[250].

[247] Corte IDH, 24/2/2011, "Gelman vs. Uruguay", párr. 239.

[248] Corte IDH, 3/3/2011, "Salvador Chiriboga vs. Ecuador" (arts. 8º, 21, 24 y 25, CADH).

[249] Corte IDH, 4/3/2011, "Abrill Alosilla y otros vs. Perú" (arts. 21 y 25, CADH).

[250] Corte IDH, 19/5/2011, "Vera Vera y otra vs. Ecuador" (arts. 4º, 5º, 8º, 16 y 25, CADH).

El precedente "Chocrón Chocrón" versó sobre la destitución arbitraria de la víctima de su cargo temporal de jueza del Juzgado de Primera Instancia del Circuito Judicial Penal. La Corte Interamericana ordenó al Estado venezolano indemnizarla y reincorporarla en la misma condición de temporalidad (y si ello no fuera posible pagarle una indemnización de 30.000 dólares). Le impuso también adecuar la legislación, modificando las normas y prácticas que consideran de libre remoción a los jueces provisorios o temporales, y el respeto pleno de las garantías judiciales y demás derechos para este tipo de jueces[251].

Ante el incumplimiento de la sentencia que ordenaba dejar sin efecto la baja de Mejía Idrovo del Ejército y el pago de daños y perjuicios, la Corte condenó a Ecuador exclusivamente al pago de la indemnización, dado que durante el trámite del juicio había sido reincorporado[252].

Por la detención y posterior desaparición de Iván E. Torres Millacura, Argentina fue condenada a indemnizar, investigar los hechos y sancionar; buscar el paradero de la víctima, y capacitar en derechos humanos a los policías de todos los niveles jerárquicos de la provincia del Chubut[253].

Ana J. Mejía Ramírez, Carmelina Mejía Ramírez, Gregoria H. Contreras, Julia I. Contreras, Serapio C. Contreras y José R. Rivera Rivera fueron sustraídos por el Ejército de El Salvador y, con excepción de Gregoria H. Contreras, nunca más fueron encontrados ni se sancionó a nadie. La Corte ordenó indemnizar, otorgar tratamiento médico y psicológico, continuar las investigaciones y sancionar a los responsables; determinar el paradero de las víctimas; restituir la identidad de Gregoria H. Contreras, y garantizar las condiciones para su retorno a El Salvador[254].

En "López Mendoza" se condenó al Estado a rehabilitar a la víctima para el ejercicio de cargos públicos, a indemnizarla, y a adecuar su legislación de acuerdo con las consideraciones expuestas en los párrs. 199, 205 y 206 de la sentencia[255].

El precedente "Barbani Duarte y otros", ante la omisión en proporcionar a un grupo de ahorristas del Banco de Montevideo una audiencia

[251] Corte IDH, 1/7/2011, "Chocrón Chocrón vs. Venezuela" (arts. 8º, 23 y 25, CADH).

[252] Corte IDH, 5/7/2011, "Mejía Idrovo vs. Ecuador" (arts. 8º, 24 y 25, CADH).

[253] Corte IDH, 26/8/2011, "Torres Millacura y otros vs. Argentina" (arts. 5º, 7º, 8º y 25).

[254] Corte IDH, 31/8/2011, "Contreras y otros vs. El Salvador" (arts. 3º a 5º, 7º, 8º, 13, 17 a 19 y 25, CADH).

[255] Corte IDH, 1/9/2011, "López Mendoza vs. Venezuela" (arts. 8º, 23 a 25, CADH).

imparcial para sus reclamos, se condenó al Estado a garantizar el debido proceso y la protección judicial en la determinación de los derechos de las víctimas, así como a la indemnización por daños[256].

Lysias Fleury, defensor de derechos humanos, fue detenido en su domicilio por la policía, y recibió golpes y tratos degradantes. Tuvo que huir a Estado Unidos de América, donde se le concedió el estatus de refugiado. Haití fue condenado a iniciar las investigaciones y sancionar a los responsables; implementar un curso obligatorio sobre derechos humanos dirigido a los funcionarios de todos los niveles jerárquicos de la Policía Nacional y a los operadores judiciales de Haití, e indemnizar[257].

En el caso "Familia Barrios", Venezuela fue condenada por el asesinato y hostigamiento policial a distintos miembros de dicha familia, lo que los obligó a abandonar su región. La Corte ordenó el pago de indemnizaciones, atención médica a las víctimas, otorgamiento de becas de estudio, investigar y sancionar a los responsables, y formar en derechos humanos a los policías[258].

Otro caso que tuvo una gran trascendencia es "Fontevecchia y D'Amico vs. Argentina", no tanto por lo que allí se resolvió, sino fundamentalmente por la limitación que la Corte Suprema argentina puso al modo de cumplir la sentencia de la Corte Interamericana de Derechos Humanos[259].

Jorge Fontevecchia y Héctor D'Amico (director y editor respectivamente de la revista "Noticias") fueron condenados en un proceso de daños y perjuicios por publicaciones referidas a la existencia de un hijo no reconocido por el entonces presidente de la Nación, Carlos Menem, al considerarse que se había violado el derecho a la vida privada de Menem. La Corte Interamericana de Derechos Humanos decidió dejar sin efecto la sentencia civil en todos sus extremos, incluyendo la atribución de responsabilidad civil de los señores Jorge Fontevecchia y Héctor D'Amico, condenar al pago de una indemnización, intereses y costas, y la tasa de justicia (debiendo reintegrarse tales montos), así como cualquier otro efecto que tuvieran o hubieran tenido aquellas decisiones. También ordenó la publicación de partes pertinentes de la sentencia.

[256] Corte IDH, 13/10/2011, "Barbani Duarte y otros vs. Uruguay" (arts. 8º, 21, 24 y 25, CADH).

[257] Corte IDH, 23/11/2011, "Fleury y otros vs. Haití" (arts. 5º, 16, 22 y 25, CADH).

[258] Corte IDH, 24/11/2011, "Familia Barrios vs. Venezuela" (arts. 5º, 7º, 8º, 11, 13, 19, 21, 22 y 25, CADH).

[259] Corte IDH, 29/11/2011, "Fontevecchia y D'Amico vs. Argentina" (arts. 11 y 13, CADH).

La Corte Suprema argentina, hasta ese momento, había mostrado no solo una gran revalorización del derecho internacional, sino, incluso, de las sentencias de la Corte Interamericana de Derechos Humanos, expresando mucho antes que ella que las interpretaciones emitidas por el tribunal internacional son la forma en la que los tribunales locales deben aplicar las normas de la Convención[260]. Aquí, sin abandonar el reconocimiento a las decisiones de la Corte Interamericana de Derechos Humanos, producirá un cambio en su jurisprudencia.

En el expediente "Ministerio de Relaciones y Culto s/informe de sentencia en el caso Fontevecchia y D'Amico vs. Argentina por la Corte Interamericana de Derechos Humanos", la Corte Suprema argentina afirmó que de las tres obligaciones impuestas había procedido a cumplir con la publicación de la sentencia, que la indemnización de daños correspondía al Poder Ejecutivo (y no a su órbita), pero que respecto a dejar sin efecto la condena civil y todas sus consecuencias, ello no podía cumplirse[261].

Expresó que "se encuentra fuera de discusión que las sentencias de la Corte Interamericana, dictadas en procesos contenciosos contra el Estado argentino son, en principio, de cumplimiento obligatorio para este (art. 68.1, CADH). Dicha obligatoriedad, sin embargo, alcanza únicamente a las sentencias dictadas por el tribunal internacional dentro del marco de sus potestades remediales. En efecto, es con ese alcance que el Estado argentino se ha obligado internacionalmente a acatar las decisiones de la Corte Interamericana de Derechos Humanos.

Corresponde analizar en esta instancia, entonces, si la orden contenida en la parte resolutiva de la sentencia en cuestión (punto 2), en tanto dispone 'dejar sin efecto la condena civil impuesta a los señores Jorge Fontevecchia y Héctor D'Amico' en la causa 'Menem' ha sido dictada dentro del marco de atribuciones previsto por la CADH y puede ser cumplida por esta Corte a la luz del ordenamiento constitucional nacional. La respuesta negativa se impone por las razones que se expondrán a continuación [...] que la Corte Interamericana no actúa como una instancia más en los casos tratados por las cortes nacionales. La Corte Interamericana no constituye entonces una 'cuarta instancia' que revisa o anula

[260] CSJN, "Giroldi", *Fallos*, 318:514, especialmente consid. 5º. El criterio es profundizado en "Bramajo", *Fallos*, 319:1840; "Acosta", *Fallos*, 321:3555; "Felicetti", *Fallos*, 323:4130; "Arancibia Clavel", *Fallos*, 327:3294; "Simón", *Fallos*, 328:2056; "Mazzeo", *Fallos*, 330:3248. Para un mayor análisis del tema, ver Toricelli, *Organización constitucional del poder*, t. 1, p. 47 y siguientes.

[261] CSJN, *Fallos*, 340:47.

decisiones jurisdiccionales estatales sino que, siguiendo los principios estructurales recordados, es subsidiaria, coadyuvante y complementaria (véase, entre otros, Corte IDH, caso 'Perozo y otros v. Venezuela', sentencia de 28 de enero de 2009, serie C, nº 195, párr. 64)" (consids. 6º a 8º).

Continuó diciendo que, "a la luz de estos principios, dejar sin efecto la sentencia dictada por esta Corte Suprema en la causa 'Menem' en virtud de la orden de la Corte Interamericana (punto 2 de la parte resolutiva y párr. 105) –lo cual es sinónimo de 'revocar', conforme la primera acepción de esta palabra en el Diccionario de la Real Academia Española– implicaría transformar a dicho tribunal, efectivamente, en una 'cuarta instancia' revisora de las sentencias dictadas por esta Corte, en clara violación de los principios estructurantes del sistema interamericano y en exceso de las obligaciones convencionalmente asumidas por el Estado argentino al ingresar a dicho sistema. En efecto, la idea de revocación se encuentra en el centro mismo del concepto de una 'cuarta instancia', en tanto una instancia judicial superior supone la capacidad de revisar las decisiones del inferior y, en su caso, dejarlas sin efecto. Reconocer a la Corte Interamericana de Derechos Humanos tal carácter implicaría, por otra parte, la paradoja de que esa instancia revisora hubiera sido ejercida en un proceso que no reconoce continuidad con el desarrollado por esta Corte, al ser diferentes sus elementos fundamentales, tales como las partes y la prueba.

Por otra parte, la Corte Interamericana de Derechos Humanos, al ordenar dejar sin efecto la sentencia de esta Corte pasada en autoridad de cosa juzgada, ha recurrido a un mecanismo restitutivo que no se encuentra previsto por el texto convencional. Este análisis textual es de fundamental importancia, puesto que la letra de los tratados –en el contexto de sus términos y teniendo en cuenta su objeto y fin (art. 31, Convención de Viena sobre Derecho de los Tratados)– determina los límites de la competencia remedial de los tribunales internacionales. Por definición, los tribunales internacionales son órganos con competencia limitada de la manera prescripta en los instrumentos que los han constituido [...] y carecen de una jurisdicción inherente e inalterable para seleccionar los remedios que quieran" (consids. 11 y 12).

También agregó argumentos de orden constitucional al decir que "en este caso, dejar sin efecto la sentencia de esta Corte pasada en autoridad de cosa juzgada es uno de los supuestos en los que la restitución resulta jurídicamente imposible a la luz de los principios fundamentales del derecho público argentino. Desde esta perspectiva constitucional, el art. 27 de la carta magna prescribe que el gobierno federal está obligado a afianzar sus relaciones de paz y comercio con las potencias extranjeras por medio de tratados que estén en conformidad con los principios de derecho público establecidos en esta Constitución. Estos principios reseñados se traducen en el modo en que deben ser interpretadas las obligaciones asumidas por el Estado argentino. El constituyente ha consagrado en el art. 27 una esfera de reserva soberana, delimitada por los principios de derecho público establecidos en la Constitución nacional, a los cuales los tratados internacionales deben ajustarse y con los cuales deben guardar conformidad (*Fallos*, 316:1669, entre otros).

Entre dichos principios inconmovibles se encuentra, sin duda alguna, el carácter de esta Corte como órgano supremo y cabeza del Poder Judicial, conforme surge del arto 108 de la Const. nacional (*Fallos*, 256:114; 289:193; 318:986; 319:1973; 328:2429; 329:3235, 5913; 330:49, 251; 338:1575; entre muchos otros). Revocar la sentencia firme dictada por este tribunal implica privarlo de su carácter de órgano supremo del Poder Judicial argentino y sustituirlo por un tribunal internacional, en clara transgresión a los arts. 27 y 108 de la Const. nacional" (considS. 16 y 17).

La Corte Suprema argentina concluye que "no corresponde hacer lugar a lo solicitado por la Secretaría de Derechos Humanos de la Nación. Lo dicho hasta aquí no implica negar carácter vinculante a las decisiones de la Corte Interamericana, sino tan solo entender que la obligatoriedad que surge del art. 68.1 debe circunscribirse a aquella materia sobre la cual tiene competencia el tribunal internacional (art. 63, CADH, arts. 27, 75, inc. 22, y 108, Const. nacional)" (consid. 20).

Aun cuando el conflicto se resolvió, luego de algunas idas y vueltas, con una anotación marginal en la sentencia de la Corte Suprema argentina, no puede negarse la trascendencia que esta decisión generó.

Los pronunciamientos de la Corte Interamericana de Derechos Humanos se siguieron suscitando. Luego de su divorcio, a Karen Atala Riffo le fue otorgada la custodia de sus tres hijas, pero al formar pareja con otra mujer, la Corte Suprema de Chile acogió el reclamo del padre y le otorgó la custodia definitiva de la niña. La responsabilidad a Chile le fue atribuida por discriminación, y si bien se ordenó indemnizar, otorgar atención médica y psicológica o psiquiátrica gratuita, y capacitar a dirigentes y funcionarios judiciales, no dejó sin efecto lo decidido[262].

Por la desaparición forzada del profesor, columnista y líder de la oposición Narciso González Medina, se condenó a la República Dominicana a indemnizar, investigar y sancionar a los responsables; establecer

[262] Corte IDH, 24/2/2012, "Atala Riffo y niñas vs. Chile" (arts. 8º, 11, 17, 19, 24 y 25, CADH).

su paradero; brindar tratamiento médico a las víctimas; garantizar que la aplicación de las normas de su derecho interno y el funcionamiento de sus instituciones permitieran realizar una investigación adecuada de la desaparición forzada, y, en caso de que estas fueran insuficientes, realizar las reformas legislativas[263].

En el caso "Pacheco Teruel y otros" se responsabilizó al Estado por la muerte de varios internos en un penal, a causa de un incendio y por ser sus condiciones deplorables. La Corte impuso la obligación de indemnizar; brindar atención médica a los familiares; adoptar medidas para mejorar sustancialmente las condiciones de los centros penitenciarios y los derechos fundamentales de los reclusos; capacitar al personal penitenciario; realizar las investigaciones para determinar las responsabilidades, y adecuar su legislación[264].

La hija de Fornerón fue entregada por su madre en guarda preadoptiva a un matrimonio, sin el consentimiento de su padre biológico. Pese a sus reclamos, por la demora en la tramitación, se otorgó la adopción de la niña y, en doce años, el padre no alcanzó a verla dos horas. La Corte condenó a Argentina a indemnizar; establecer un procedimiento orientado a la efectiva vinculación entre el señor Fornerón y su hija, y modificar la legislación para tipificar la "venta" de niños y niñas, de manera que el acto de entregar un niño o niña a cambio de una remuneración o cualquier otra retribución, cualquiera que sea su forma o fin, constituya una infracción penal[265].

En el precedente "Díaz Peña", ante la detención preventiva de la víctima por más tiempo del establecido en la ley penal, se condenó al Estado a indemnizar y a adoptar las medidas necesarias para que las condiciones de detención en el Control de Aprehendidos se adecuen a los estándares internacionales relativos a esta materia[266].

Ante el otorgamiento, por parte del Estado, de un permiso a una empresa petrolera privada para realizar actividades de exploración y explotación en el territorio de la comunidad pueblo indígena Kichwa de Sarayaku, se obligó a Ecuador a pagar indemnizaciones; neutralizar, desactivar y retirar la totalidad de la pentolita en superficie; consultar al

[263] Corte IDH, 27/2/2012 "González Medina y familiares vs. República Dominicana" (arts. 3° a 5°, 7°, 8°, 13, 17, 19 y 25, CADH).

[264] Corte IDH, 27/4/2012, "Pacheco Teruel y otros vs. Honduras" (arts. 4°, 5°, 7° a 9° y 25, CADH).

[265] Corte IDH, 27/4/2012, "Fornerón e hija vs. Argentina" (arts. 8°, 17, 19 y 25, CADH).

[266] Corte IDH, 26/6/2012, "Díaz Peña vs. Venezuela" (arts. 5°, 7°, 8° y 25, CADH).

pueblo Sarayaku de forma previa, adecuada y efectiva cuando se pretenda realizar alguna actividad o proyecto de extracción de recursos naturales en su territorio, y regular la consulta, a nivel infraconstitucional, de manera efectiva[267].

Sebastián Furlan, de catorce de años, sufrió un accidente que le causó una incapacidad de más del 70 %. Si bien la sentencia fijó el daño en $ 130.000, consecuencia del régimen de consolidación de deudas, solo recibió $ 38.000. Se declaró la responsabilidad de Argentina, y se la condenó a indemnizar; otorgar tratamiento médico y psicológico; conformar un equipo interdisciplinario, y adoptar las medidas necesarias para asegurar que, al momento en que una persona es diagnosticada con graves problemas o secuelas relacionadas con discapacidad, le sea entregada a la persona o su grupo familiar una carta de derechos que resuma en forma sintética, clara y accesible los beneficios que contempla la normatividad argentina[268].

El periodista Vélez Restrepo y su familia debieron exiliarse de Colombia como consecuencia de los ataques y amenazas sufridos. Se condenó al Estado a indemnizar; garantizar las condiciones para su retorno (en caso de que así lo decidieran); brindar tratamientos médicos en el caso de que las víctimas decidieran regresar a Colombia (o el pago de indemnización); educar en protección del derecho a la libertad de pensamiento y de expresión y de la labor que cumplen los periodistas y comunicadores sociales a las Fuerzas Armadas; determinar responsabilidades por los hechos de agresión, amenazas y hostigamientos, así como las correspondientes responsabilidades penales, y aplicar las sanciones que la ley prevea[269].

Néstor J. Uzcátegui, estudiante de veintiún años, fue asesinado por fuerzas policiales; mientras que Luis E. y Carlos E. fueron detenidos. La familia fue amenazada y hostigada. Se condenó a Venezuela a indemnizar, brindar atención médica, esclarecer los hechos y sancionar[270].

En el caso "Masacres de Río Negro", ante la destrucción de la comunidad maya de Río Negro, la Corte ordenó indemnizar; brindar tra-

[267] Corte IDH, 27/6/2012, "Pueblo indígena Kichwa de Sarayaku vs. Ecuador" (arts. 4°, 5°, 7°, 8°, 13, 21, 23, 25 y 26, CADH).

[268] Corte IDH, 31/8/2012, "Furlan y familiares vs. Argentina" (arts. 5°, 8°, 19, 21, 25 y 26, CADH).

[269] Corte IDH, 3/9/2012, "Vélez Restrepo y familiares vs. Colombia" (arts. 4°, 5°, 8°, 11, 13, 17, 19, 22, 25, CADH).

[270] Corte IDH, 3/9/2012, "Uzcátegui y otros vs. Venezuela" (arts. 4° a 9°, 11 y 13, CADH).

tamiento médico a las víctimas; investigar los hechos y sancionar a los responsables; buscar a las víctimas desaparecidas; realizar las obras de infraestructura y servicios básicos a favor de los miembros de la comunidad; diseñar e implementar un proyecto para el rescate de la cultura maya Achí, y establecer un mecanismo adecuado para que otros miembros de la comunidad de Río Negro que posteriormente puedan ser considerados víctimas de alguna violación de derechos humanos declarada en este fallo reciban reparaciones individuales y colectivas como las que se ordenaron en la sentencia[271].

El caso "Nadege Dorzema y otros" versó sobre la actuación de militares dominicanos contra haitianos que habían ingresado ilegalmente a República Dominicana. Si bien se llevó a cabo un proceso penal militar contra los agentes involucrados en los hechos y se condenó a dos personas a cinco años de prisión, la Corte resolvió que el Estado debía reabrir la investigación de todos los hechos y antecedentes de este caso en la jurisdicción ordinaria y sancionar a los responsables; determinar el paradero de los cuerpos de las personas fallecidas y repatriarlos; brindar tratamiento médico a las víctimas; realizar una campaña sobre los derechos de las personas migrantes regulares e irregulares, y adecuar su legislación interna sobre el uso de la fuerza por los funcionarios[272].

El Salvador fue condenado, en el caso "Masacres de El Mozote y lugares aledaños", donde fueron asesinadas miles de personas, incluyendo un gran número de niños, a indemnizar; otorgar tratamiento médico; continuar con la plena puesta en funcionamiento del Registro Único de Víctimas y Familiares de Víctimas de Graves Violaciones a los Derechos Humanos; investigar los hechos y sancionar a los responsables; asegurar que la ley de amnistía general para la consolidación de la paz no volviera a representar un obstáculo para la investigación de los hechos ni para la sanción de los responsables; investigar a los funcionarios que obstaculizaron la investigación; implementar un programa de desarrollo a favor de las comunidades del caserío El Mozote, del cantón La Joya, de los caseríos Ranchería, Los Toriles y Jocote Amarillo, y del cantón Cerro Pando; garantizar que las víctimas desplazadas pudieran retornar a sus comunidades de origen de manera permanente, e implementar un programa habitacional[273].

[271] Corte IDH, 4/9/2012, "Masacres de Río Negro vs. Guatemala" (arts. 3º a 8º, 11, 12, 16 a 19, 21, 22, 24 y 25, CADH).

[272] Corte IDH, 24/10/2012, "Nadege Dorzema y otros vs. República Dominicana" (arts. 4º, 5º, 7º, 8º, 22, 24 y 25, CADH).

[273] Corte IDH, 25/10/2012, "Masacres de El Mozote y lugares aledaños vs. El Salvador" (arts. 4º, 5º, 7º, 8º, 11, 13, 19, 21, 22 y 25, CADH).

El caso "Gudiel Álvarez y otros ('Diario Militar')" versó sobre desaparición forzada, ejecuciones y tortura. Se condenó al Estado a indemnizar; otorgar tratamiento a las víctimas; investigar y sancionar a los responsables; determinar el paradero de las víctimas aún desaparecidas, y construir un parque o plaza en honor a la memoria de las víctimas[274].

Oscar A. Mohamed fue condenado por homicidio culposo por atropellar a una señora con el colectivo que conducía. El ordenamiento jurídico aplicado en el proceso no preveía ningún recurso penal ordinario para recurrir esa sentencia y el recurso extraordinario federal fue desestimado. La Corte Interamericana condenó a Argentina a indemnizar, a garantizarle el derecho de recurrir el fallo condenatorio emitido por la Sala I de la Cámara Nacional de Apelaciones en lo Criminal y Correccional, y a que su registro de antecedentes quedara en suspenso hasta que se emitiera una decisión de fondo una vez garantizado el derecho a recurrir[275].

En "Artavia Murillo y otros ('fecundación *in vitro*')" se cuestionó la prohibición impuesta por la Sala Constitucional de practicar la fecundación *in vitro*. La Corte ordenó indemnizar; otorgar tratamiento psicológico a las víctimas, y remover los obstáculos que impedían practicar la fecundación, implementarla e imponer a la Caja Costarricense de Seguro Social la inclusión de la fecundación *in vitro* dentro de sus programas y tratamientos de infertilidad en su atención de salud[276].

La desaparición forzada de Edgar F. García nunca fue investigada, por lo que se le impuso a Guatemala indemnizar, investigar y sancionar a los responsables; buscar a la víctima, e impulsar la búsqueda de los desaparecidos[277].

Colombia fue condenada en el caso "Masacre de Santo Domingo" a reconocer su responsabilidad internacional, pagar indemnizaciones y brindar un tratamiento integral de salud a las víctimas[278].

En "Mendoza y otros", donde se impuso penas de privación perpetua de la libertad por delitos cometidos siendo menores de edad y además

[274] Corte IDH, 20/11/2012, "Gudiel Álvarez y otros ('Diario Militar') vs. Guatemala" (arts. 3° a 5°, 7°, 8°, 13, 16, 17, 19, 22, 23 y 25, CADH).

[275] Corte IDH, 23/11/2012, "Mohamed vs. Argentina" (arts. 8°, 9° y 25, CADH).

[276] Corte IDH, 28/11/2012, "Artavia Murillo y otros ('fecundación *in vitro*') vs. Costa Rica" (arts. 4°, 5°, 7°, 8°, 11, 17, 24 y 25, CADH).

[277] Corte IDH, 29/11/2012, "García y familiares vs. Guatemala" (arts. 3° a 5°, 7°, 8°, 13, 16, 17, 19, 23 y 25, CADH).

[278] Corte IDH, 30/11/2012, "Masacre de Santo Domingo vs. Colombia" (arts. 4°, 5°, 8°, 19, 21, 22 y 25, CADH).

se dio un trato indigno, sumado a actos de tortura, el Estado fue condenado a brindar tratamiento médico y suministro gratuito de medicamentos; asegurar a las víctimas opciones educativas o de capacitación formales; adecuar el régimen penal de la minoridad; asegurar que no se volvería a imponer la prisión o reclusión perpetuas; implementar programas o cursos obligatorios sobre los principios y normas de protección de los derechos humanos y de la niñez; investigar los hechos que pudieron contribuir a la muerte de Ricardo D. Videla en la Penitenciaría de Mendoza; investigar las torturas sufridas por Claudio D. Núñez y Lucas M. Mendoza, y sancionar a los responsables[279].

El Estado fue condenado, en "Suárez Peralta vs. Ecuador", al pago de indemnizaciones por la falta de respuesta en el proceso penal iniciado por la muerte de la víctima en una intervención quirúrgica efectuada en una clínica privada[280].

En el precedente "Mémoli", por la demora en la resolución de un proceso civil donde se había trabado una inhibición general de bienes, Argentina fue condenada a indemnizar, resolver el proceso con la mayor celeridad y revocar la cautelar[281].

Por la remoción de magistrados de la Corte Suprema de Ecuador se ordenó el pago de indemnizaciones[282].

García Lucero salió de Chile y se radicó en el Reino Unido por decreto del Ministerio del Interior, después de haber estado dos años detenido y de haber sido torturado. El Estado fue condenado a indemnizar, investigar y publicar la sentencia[283].

También en "Tribunal Constitucional (Camba Campos y otros)", por la destitución de miembros del Tribunal Constitucional de Ecuador, el Estado fue condenado a pagar indemnizaciones[284].

Carlos A. Luna López, defensor de derechos humanos, fue asesinado, así como su ejecutor cuando identificó a los autores intelectuales.

[279] Corte IDH, 14/5/2013, "Mendoza y otros vs. Argentina" (arts. 5°, 7°, 8°, 19 y 25, CADH).

[280] Corte IDH, 21/5/2013, "Suárez Peralta vs. Ecuador" (arts. 5°, 8° y 25, CADH).

[281] Corte IDH, 22/8/2013, "Mémoli vs. Argentina" (arts. 8°, 9°, 13, 21 y 23 a 25, CADH).

[282] Corte IDH, 23/8/2013, "Corte Suprema de Justicia (Quintana Coello y otros) vs. Ecuador" (arts. 8°, 23 y 25, CADH).

[283] Corte IDH, 28/8/2013, "García Lucero y otras vs. Chile" (arts. 8° y 25, CADH).

[284] Corte IDH, 28/8/2013, "Tribunal Constitucional (Camba Campos y otros) vs. Ecuador" (arts. 8°, 23 y 25, CADH).

Se condenó a Honduras a indemnizar, otorgar tratamiento médico y psicológico a víctimas y presentar una política pública efectiva para la protección de los defensores de derechos humanos[285].

En el caso "Comunidades afrodescendientes desplazadas de la cuenca del río Cacarica (Operación Génesis)", donde fue asesinado Marino López Mena y se produjo el desplazamiento forzado de cientos de personas, se condenó al Estado a indemnizar; brindar tratamiento médico a las víctimas; investigar y sancionar a los responsables; garantizar las condiciones de los territorios que el Estado debía restituirles a las comunidades afrodescendientes agrupadas en el Consejo Comunitario del Cacarica, así como del lugar donde habitaban (para que fueran adecuadas para la seguridad y vida digna tanto de quienes ya habían regresado como de quienes aún no lo habían hecho), y garantizar que todas las personas que hubieran sido reconocidas como víctimas en esa sentencia recibieran efectivamente las indemnizaciones establecidas[286].

Por el asesinato del subcomisario Gutiérrez, que investigaba el caso conocido como "la aduana paralela", en el que se encontraban involucrados importantes empresarios y funcionarios gubernamentales, y su falta de esclarecimiento, Argentina fue condenada a indemnizar; investigar y sancionar a los responsables, y capacitar a la policía en derechos humanos[287].

La familia Pacheco Tineo pidió refugio a Bolivia, que lo rechazó sin las garantías del debido proceso y los devolvió a Perú. Se condenó a Bolivia a indemnizar y a implementar programas de capacitación dirigidos a los funcionarios que tengan contacto con migrantes o solicitantes de asilo[288].

Como consecuencia de la detención ilegal, tortura y posterior condena sin las debidas garantías de Juan García Cruz y Santiago Sánchez Silvestre, se acordó que México debía investigar los hechos y sancionar a los responsables; eliminar los antecedentes de las víctimas; otorgarles atención médica y medicamentos de forma gratuita (igual que a sus familiares); garantizarles la educación; entregarles en propiedad

[285] Corte IDH, 10/10/2013, "Luna López vs. Honduras" (arts. 4º, 5º, 8º, 23 y 25, CADH).

[286] Corte IDH, 20/11/2013, "Comunidades afrodescendientes desplazadas de la cuenca del río Cacarica (Operación Génesis) vs. Colombia" (arts. 4º, 5º, 22 y 25, CADH).

[287] Corte IDH, 25/11/2013, "Gutiérrez y familia vs. Argentina" (arts. 4º, 5º, 8º y 25, CADH).

[288] Corte IDH, 25/11/2013 "Familia Pacheco Tineo vs. Estado Plurinacional de Bolivia" (arts. 5º, 8º, 9º, 17, 19, 22 y 25, CADH).

una vivienda en el Distrito Federal. y abonarles las indemnizaciones acordadas[289].

Acaecida la desaparición forzada de Jeremías Osorio Rivera, luego de su detención por una patrulla del Ejército, Perú fue condenado a indemnizar a los familiares, proveerles tratamiento médico y otorgarles becas para estudio; investigar los hechos y sancionar a los responsables; buscar a la víctima; reformar su legislación penal a efectos de compatibilizarla con la tipificación en materia de desaparición forzada de personas, e implementar programas permanentes de derechos humanos y derecho internacional humanitario en las escuelas de formación de las Fuerzas Armadas[290].

En el caso "J." una mujer fue detenida, torturada y violada. Se le inició un proceso por terrorismo, que fue anulado, momento en el cual recuperó su libertad y dejó el país, pero después fue dejada sin efecto esa decisión por la Corte Suprema sin rostro. El Estado fue condenado a indemnizar, pagar el tratamiento médico, investigar y sancionar a los responsables y asegurar que en el proceso seguido contra la víctima se observaran todas las exigencias del debido proceso legal[291].

Ante la imposibilidad de apelación –luego prevista– de una condena penal, en "Liakat Ali Alibux vs. Surinam", la Corte Interamericana ordenó indemnizar y reiteró la obligación de ejercer *ex officio* un control de convencionalidad, a cargo de todos los órganos del Estado[292].

María I. Veliz Franco era una menor que fue desaparecida y asesinada. Se condenó a Guatemala a indemnizar, investigar los hechos y sancionar a los responsables, y capacitar a funcionarios vinculados a la investigación de actos de homicidio de mujeres[293].

En "Norín Catrimán y otros (dirigentes, miembros y activistas del pueblo indígena mapuche)", por la aplicación de la ley antiterrorista, a ocho personas miembros del pueblo indígena mapuche, se condenó al Estado a indemnizar, dejar sin efecto en todos sus extremos las sentencias penales condenatorias emitidas en contra de las ocho víctimas, ofrecer-

[289] Corte IDH, 26/11/2013, "García Cruz y Sánchez Silvestre vs. Estados Unidos Mexicanos" (arts. 5º, 7º, 8º y 25, CADH).

[290] Corte IDH, 26/11/2013, "Osorio Rivera y familiares vs. Perú" (arts. 3º a 5º, 7º, 8º y 25, CADH).

[291] Corte IDH, 27/11/2013, "J. vs. Perú" (arts. 5º, 7º y 11, CADH).

[292] Corte IDH, 30/1/2014, "Liakat Ali Alibux vs. Surinam" (arts. 8º y 22, CADH).

[293] Corte IDH, 19/5/2014, "Veliz Franco y otros vs. Guatemala" (arts. 4º, 5º, 8º, 19, 24 y 25, CADH).

les tratamiento, y regular con claridad y seguridad la medida procesal de protección de testigos relativa a la reserva de identidad[294].

Por la detención y asesinato de los hermanos Landaeta Mejías, Venezuela fue condenada a indemnizar, investigar los hechos, sancionar a los responsables y brindar gratuitamente tratamiento psicológico[295].

Por la expulsión tanto de haitianos como de dominicanos en situación de pobreza, República Dominicana fue condenada a indemnizar, adoptar las medidas necesarias para entregar documentación a las víctimas, dejar sin efecto los procesos iniciados en su contra y dejar sin efecto toda norma o práctica que tenga por efecto que la estancia irregular de los padres extranjeros motive la negación de la nacionalidad dominicana a las personas nacidas en el territorio de República Dominicana[296].

Guatemala fue condenada por el hostigamiento que sufrió un defensor de los derechos humanos y su familia, quienes debieron emigrar. Se ordenó al Estado indemnizar; investigar los hechos y sancionar a los responsables; garantizar las condiciones de seguridad adecuadas para que los familiares de la víctima puedan retornar a sus lugares de residencia; brindarles gratuitamente tratamiento psicológico y psiquiátrico, e implementar una política pública para la protección de los defensores de derechos humanos[297].

La construcción de una represa hidroeléctrica provocó una inundación en los territorios de los pueblos indígenas Kuna de Madungandí y Emberá de Bayano. Panamá fue condenada a demarcar las tierras que corresponden a las comunidades Ipetí y Piriatí Emberá y titular las tierras Ipetí como propiedad colectiva de dicha comunidad, dejar sin efecto el título de propiedad privada otorgado al señor Melgar dentro del territorio de la Comunidad Emberá de Piriatí e indemnizar[298].

En "Rochac Hernández y otros", por las desapariciones forzadas de las víctimas, se condenó al Estado a indemnizar; continuar las investiga-

[294] Corte IDH, 29/5/2014, "Norín Catrimán y otros (dirigentes, miembros y activistas del pueblo indígena mapuche) vs. Chile" (arts. 5º, 7º, 8º, 13, 17 y 23, CADH).

[295] Corte IDH, 27/8/2014, "Hermanos Landaeta Mejías y otros vs. Venezuela" (arts. 4º, 5º, 7º, 8º, 19 y 25, CADH).

[296] Corte IDH, 28/8/2014, "Personas dominicanas y haitianas expulsadas vs. República Dominicana" (arts. 3º, 5º, 7º, 8º, 11, 17, 19 a 22, 24 y 25, CADH).

[297] Corte IDH, 28/8/2014, "Defensor de derechos humanos y otros vs. Guatemala" (arts. 4º, 5º, 8º, 22, 23 y 25, CADH).

[298] Corte IDH, 14/10/2014, "Pueblos indígenas Kuna de Madungandí y Emberá de Bayano y sus miembros vs. Panamá" (arts. 8º, 21 y 25, CADH).

ciones abiertas y sancionar a los responsables, y determinar el paradero de las víctimas y brindarles tratamiento médico[299].

Perú fue condenado a indemnizar en "Tarazona Arrieta y otros", caso originado en el asesinato de las víctimas a manos de un militar, y, si bien la causa había sido archivada por la ley de amnistía, como consecuencia del precedente "Barrios Altos", se reinició el proceso de investigación[300].

En la causa "Rodríguez Vera y otros (desaparecidos del Palacio de Justicia)", por la desaparición, detención, ejecución de las víctimas y la falta de esclarecimiento, el Estado fue condenado a indemnizar; investigar y sancionar a los responsables; buscar rigurosamente el paradero de las once víctimas aún desaparecidas, y brindar tratamiento médico[301].

En "Argüelles y otros", oficiales militares fueron condenados por el delito de fraude militar, sin las debidas garantías. Se le impuso al país indemnizar[302].

Gladys C. Espinoza Gonzáles fue detenida, torturada, violada y condenada a prisión; sus denuncias nunca se investigaron. Perú fue obligado a indemnizar; investigar y sancionar a los responsables; brindar tratamiento médico; desarrollar protocolos de investigación para que los casos de tortura, violación sexual sean investigados y juzgados, e implementar un mecanismo que permita a las mujeres víctimas de violencia sexual tener acceso gratuito a una rehabilitación especializada[303].

En "Cruz Sánchez y otros" se discutía un operativo de rescate efectuado en la residencia del embajador de Japón, donde murieron rehenes, militares y terroristas. La Corte Interamericana condenó al Estado a investigar y sancionar a los responsables relacionados con la ejecución de Eduardo N. Cruz Sánchez, y brindar gratuitamente tratamiento psicológico y psiquiátrico a favor de su hermano, pero no ordenó indemnizar[304].

[299] Corte IDH, 14/10/2014, "Rochac Hernández y otros vs. El Salvador" (arts. 3º a 5º, 7º, 8º, 17, 19 y 25, CADH).

[300] Corte IDH, 15/10/2014, "Tarazona Arrieta y otros vs. Perú" (arts. 4º, 5º, 8º y 24, CADH).

[301] Corte IDH, 14/11/2014, "Rodríguez Vera y otros (desaparecidos del Palacio de Justicia) vs. Colombia" (arts. 3º a 5º, 8º, 9º, 11 y 25, CADH).

[302] Corte IDH, 20/11/2014, "Argüelles y otros vs. Argentina" (arts. 7º y 8º, CADH).

[303] Corte IDH, 20/11/2014, "Espinoza Gonzáles vs. Perú" (arts. 5º, 7º, 8º y 25, CADH).

[304] Corte IDH, 17/4/2015, "Cruz Sánchez y otros vs. Perú" (arts. 4º, 5º, 8º y 25, CADH).

Por la quita de la concesión para operar en el espectro radioeléctrico a Radio Caracas Televisión (RCTV) y el despojo de sus instalaciones, Venezuela fue condenada a indemnizar, restablecer la concesión de la frecuencia del espectro radioeléctrico y devolver los bienes objeto de las medidas cautelares[305]. Una vez efectuado el restablecimiento de la concesión a RCTV, debía ordenar la apertura de un proceso abierto, independiente y transparente para el otorgamiento de la frecuencia del espectro radioeléctrico, y garantizar que todos los futuros procesos de asignación y renovación de frecuencias de radio y televisión fueran conducidos de manera abierta, independiente y transparente.

En el precedente "Canales Huapaya y otros" se discutió la responsabilidad del Estado por el dictado de una ley que otorgaba a los trabajadores declarados en situación de cese arbitrario las opciones de reincorporación o reubicación laboral, jubilación adelantada, compensación económica y capacitación laboral, siempre y cuando desistieran de sus procesos judiciales. La Corte ordenó indemnizar[306].

China pidió la extradición de Wong Ho Wing por delitos que podían conllevar la pena de muerte. Por diversos recursos, Perú no extraditó, pero fue condenado por demorar el trámite con la víctima privada de su libertad. Se le ordenó indemnizar, adoptar a la brevedad la decisión definitiva en el proceso de extradición y revisar inmediatamente la privación de libertad a la víctima[307].

Talía G. Gonzales Lluy fue contagiada con el virus del sida por una transfusión sanguínea que recibió. Al conocer la situación, su docente aconsejó que no asistiera a clases hasta que las autoridades del establecimiento decidieran qué hacer. La Corte ordenó al Ecuador indemnizar; brindar gratuitamente tratamiento médico, incluyendo el suministro gratuito de los medicamentos; otorgar a Talía una beca, que cubriera todos los gastos, para continuar sus estudios universitarios y de posgrado en cualquier universidad del mundo en que fuera aceptada; entregar una vivienda digna, y realizar un programa para la capacitación de funcionarios de salud sobre mejores prácticas y derechos de los pacientes con sida[308].

[305] Corte IDH, 22/6/2015, "Granier y otros (Radio Caracas Televisión) vs. Venezuela" (arts. 8º y 13, CADH).

[306] Corte IDH, 24/6/2015, "Canales Huapaya y otros vs. Perú" (arts. 8º y 25, CADH).

[307] Corte IDH, 30/6/2015, "Wong Ho Wing vs. Perú" (arts. 7º y 8º, CADH).

[308] Corte IDH, 1/9/2015, "Gonzales Lluy y otros vs. Ecuador" (arts. 4º, 5º, 8º y 19, CADH).

Por las torturas, muertes y desapariciones en la comunidad campesina de Santa Bárbara, Perú fue condenado a investigar los hechos y sancionar a los responsables; identificar los restos humanos localizados y entregarlos a sus familiares; entregar diez alpacas a cada uno; proveer una vivienda adecuada; brindar gratuitamente tratamiento médico, e indemnizar[309].

En el caso "Omar Humberto Maldonado Vargas y otros", la Corte consideró que el Estado era responsable por la excesiva demora en iniciar una investigación sobre las torturas que sufrieron las víctimas y ordenó indemnizar; poner a disposición de las víctimas un mecanismo que fuera efectivo y rápido para revisar y anular las sentencias de condena dictadas en la referida causa en su perjuicio, e investigar los hechos[310].

La detención ilegal de Galindo Cárdenas llevó a la Corte a ordenar al Perú indemnizar; investigar los hechos y sancionar a los responsables, y brindar gratuitamente tratamiento psicológico y psiquiátrico a la víctima y sus familiares[311].

En el caso "López Lone y otros", por la persecución y destitución de magistrados judiciales, la Corte condenó al Estado a indemnizar y a reincorporar a los jueces a cargos similares a los que desempeñaban al momento de los hechos, con la misma remuneración y beneficios[312].

José Ruano Torres fue detenido, torturado y condenado por el delito de secuestro. La Corte ordenó al Estado indemnizar; investigar los hechos y sancionar a los responsables; dejar sin efecto la sentencia de condena contra la víctima y sus consecuencias; brindar gratuitamente tratamiento psicológico y psiquiátrico; otorgar becas en beneficio del señor Ruano Torres y sus familiares, e implementar cursos obligatorios y permanentes sobre los principios y normas de la protección de los derechos humanos[313].

En "Comunidad Garífuna de Punta Piedra y sus miembros", por los conflictos existentes entre los miembros de la comunidad y otros habi-

309 Corte IDH, 1/9/2015, "Comunidad campesina de Santa Bárbara vs. Perú" (arts. 3° a 5°, 7°, 8°, 11, 17, 21 y 25, CADH).

310 Corte IDH, 2/9/2015, "Omar Humberto Maldonado Vargas y otros vs. Chile" (arts. 8° y 25, CADH).

311 Corte IDH, 2/10/2015, "Galindo Cárdenas y otros vs. Perú" (arts. 5°, 7°, 8° y 25, CADH).

312 Corte IDH, 5/10/2015, "López Lone y otros vs. Honduras" (arts. 8°, 9°, 13, 15, 16, 23 y 25, CADH).

313 Corte IDH, 5/10/2015, "Ruano Torres y otros vs. El Salvador" (arts. 5°, 7°, 8° y 25, CADH).

tantes de la zona por las tierras, que incluso llevaron a muertes, así como la concesión de parte de sus territorios para explotación minera, se condenó al Estado a garantizar el uso y goce de las tierras, hacer cesar la exploración minera, crear un fondo de desarrollo comunitario a favor de los miembros de la comunidad, adoptar medidas para que disposiciones reglamentarias sobre minería no menoscaben el derecho a la consulta, investigar las muertes y sancionar a los responsables[314].

En "Comunidad Garífuna Triunfo de la Cruz y sus miembros", la discusión versó sobre la entrega de las tierras comunitarias y su demarcación. La Corte ordenó al Estado demarcar las tierras de la propiedad colectiva, otorgar su título; investigar la muerte de los miembros de la Comunidad y sancionar a sus responsables; garantizar el libre acceso, uso y goce de la propiedad colectiva por parte de la comunidad; crear mecanismos adecuados para regular su sistema de Registro de Propiedad, y crear un fondo de desarrollo comunitario a favor de sus miembros[315].

José L. García Ibarra era menor de edad y murió por un disparo de arma de fuego de un policía. La Corte Interamericana ordenó a Ecuador que indemnizara[316].

Claudina Velásquez Paiz, de diecinueve años, fue desaparecida y posteriormente se encontró su cuerpo sin vida. La Corte responsabilizó a Guatemala y le ordenó indemnizar; investigar los hechos y sancionar a los responsables; brindar gratuitamente tratamiento médico a las víctimas que así lo solicitaran; incorporar al Sistema Educativo Nacional un programa de educación permanente sobre la necesidad de erradicar la discriminación de género, los estereotipos de género y la violencia contra la mujer en Guatemala; implementar programas y cursos permanentes para funcionarios públicos vinculados a la investigación de actos de homicidio de mujeres, y proceder a la búsqueda de mujeres desaparecidas[317].

Valdemir Quispialaya, por fallar en la práctica de tiro en el servicio militar, fue agredido por un suboficial, lo que le ocasionó la pérdida de la visión del ojo derecho y daños psicológicos. La Corte condenó al

[314] Corte IDH, 8/10/2015, "Comunidad Garífuna de Punta Piedra y sus miembros vs. Honduras" (arts. 8º, 21 y 25, CADH).

[315] Corte IDH, 8/10/2015, "Comunidad Garífuna Triunfo de la Cruz y sus miembros vs. Honduras" (arts. 8º, 21 y 25, CADH).

[316] Corte IDH, 17/11/2015, "García Ibarra y otros vs. Ecuador" (arts. 4º, 5º, 8º y 25, CADH).

[317] Corte IDH, 19/11/2015, "Velásquez Paiz y otros vs. Guatemala" (arts. 4º, 5º, 11 y 25, CADH).

Perú a indemnizar; investigar el hecho; capacitar sobre los límites de la disciplina militar; inspeccionar periódicamente las instalaciones militares donde se realice el servicio militar voluntario por autoridades independientes; otorgar a la víctima los beneficios de pensión por invalidez; facilitar el acceso a los programas de educación técnico-productiva y profesional existentes en el Perú, y brindarle gratuitamente tratamiento médico incluyendo el suministro de los medicamentos[318].

En "Pueblos Kaliña y Lokono" se le ordenó al Estado otorgar a los pueblos Kaliña y Lokono el reconocimiento legal de la personalidad jurídica colectiva; delimitar y otorgar título colectivo del territorio y garantizar su uso y goce; determinar los derechos de propiedad que los asisten respecto de otras tierras que se encuentren en propiedad de terceros no indígenas ni tribales; adoptar las medidas necesarias para que no se lleven a cabo actividades que puedan afectar el territorio tradicional; crear un fondo de desarrollo comunitario a favor de los miembros de los pueblos Kaliña y Lokono; adoptar las medidas necesarias para reconocer la personalidad jurídica colectiva de los pueblos indígenas y tribales en Surinam, y crear un mecanismo efectivo de delimitación, demarcación y titulación para sus territorios[319].

Al señor Duque se le negó una "pensión de sobrevivencia" tras la muerte de su pareja, por ser del mismo sexo. Colombia fue condenada a indemnizar y garantizar a la víctima el trámite prioritario de su eventual solicitud a una pensión de sobrevivencia[320].

Ante la acusación de sus hermanos de falsificación de escritura pública, Olga Y. Maldonado Ordóñez fue despedida de la Procuraduría de los Derechos Humanos de Guatemala, sin expresarle causa y sin que sus presentaciones judiciales prosperaran. El Estado fue condenado a indemnizar, y eliminar de cualquier registro de antecedentes de la víctima el procedimiento de destitución, regular la vía recursiva, el procedimiento y la competencia judicial para la revisión jurisdiccional de toda sanción o medida de carácter administrativo disciplinario del procurador de los derechos humanos[321].

[318] Corte IDH, 23/11/2015, "Quispialaya Vilcapoma vs. Perú" (arts. 5º, 8º y 25, CADH).

[319] Corte IDH, 25/11/2015, "Pueblos Kaliña y Lokono vs. Surinam" (arts. 3º, 13, 21, 23 y 25, CADH).

[320] Corte IDH, 26/2/2016, "Duque vs. Colombia" (art. 24, CADH).

[321] Corte IDH, 3/5/2016, "Maldonado Ordóñez vs. Guatemala" (arts. 8º, 9º y 25, CADH).

Por la muerte en prisión de Chinchilla Sandoval, mientras cumplía una sentencia de treinta años, por asesinato y hurto agravado, Guatemala fue condenada a indemnizar y a capacitar a las autoridades a cargo de la ejecución de las penas[322].

Tenorio Roca iba a presentarse a la Base de Infantería Militar para tomar conocimiento de cuándo empezaría a trabajar como oficial de reclutamiento militar, pero fue detenido y desaparecido. La Corte ordenó al Perú indemnizar; investigar los hechos y sancionar a los responsables; determinar el paradero de la víctima; brindar gratuitamente tratamiento médico y psicológico; otorgar una beca para estudios o capacitación a cada hijo de Tenorio Roca, y reformar su legislación penal en materia de desaparición forzada de personas[323].

El señor Flor Freire fue destituido como teniente en la fuerza terrestre por tener relaciones homosexuales. La Corte condenó a Ecuador a indemnizar; asegurar que ningún acto administrativo o decisión adoptada en el proceso disciplinario, declarado violatorio de los derechos reconocidos en la Convención Americana, produjera efecto legal alguno en los derechos sociales o prestacionales que corresponderían a la víctima y eliminar la referencia a dicho proceso de su hoja de vida militar; capacitar a los miembros de las Fuerzas Armadas sobre la prohibición de discriminación por orientación sexual; otorgar a Flor Freire el grado que corresponda a sus compañeros de promoción al momento del cumplimiento de esta medida y colocarlo en la situación de un militar que se hubiese retirado voluntariamente, así como concederle todos los beneficios prestacionales y sociales que correspondieran a dicho rango[324].

En "Herrera Espinoza y otros", la Corte declaró responsable al Estado por tortura, detención ilegal sin control judicial y prisión preventiva arbitraria, condenando a indemnizar, investigar y sancionar a los responsables, y dejar sin efecto las consecuencias de cualquier índole que se derivan del proceso penal seguido contra el señor Revelles[325].

En el caso "Trabajadores de la Hacienda Brasil Verde vs. Brasil" se responsabilizó al Estado por la violación del derecho a no ser sometido

[322] Corte IDH, 29/2/2016, "Chinchilla Sandoval y otros vs. Guatemala" (arts. 4°, 5°, 8° y 25, CADH).

[323] Corte IDH, 22/6/2016, "Tenorio Roca y otros vs. Perú" (arts. 3° a 5°, 7°, 8° y 25, CADH).

[324] Corte IDH, 31/8/2016, "Flor Freire vs. Ecuador" (arts. 8°, 11 y 24, CADH).

[325] Corte IDH, 1/9/2016, "Herrera Espinoza y otros vs. Ecuador" (arts. 5°, 7° y 8°, CADH).

a esclavitud y trata de personas, y de las garantías judiciales de debida diligencia y de plazo razonable, y se le ordenó indemnizar, investigar los hechos, sancionar a los responsables y garantizar que la prescripción no sea aplicada al delito de esclavitud[326].

El médico Pollo Rivera fue detenido, torturado, procesado, absuelto, nuevamente detenido y condenado por otros hechos en el fuero penal ordinario. Se responsabilizó al Perú y se lo condenó a indemnizar, investigar los hechos de tortura y sancionar a los responsables[327].

La señora Yarce, defensora de derechos humanos de víctimas de desplazamiento, fue asesinada. La Corte Interamericana condenó a Colombia a indemnizar; investigar los hechos y sancionar a los responsables por los desplazamientos forzados; brindar tratamiento de salud a las víctimas, e instruir sobre el trabajo de defensores de derechos humanos[328].

El caso "Gómez Murillo y otros" versó sobre la prohibición de llevar adelante la fecundación *in vitro*[329]. Atento al precedente "Artavia Murillo", se llegó a un "arreglo amistoso".

El caso "Valencia Hinojosa y otra" tuvo su origen en la muerte de un policía en un confuso episodio con otros compañeros de la fuerza. El Estado fue condenado a indemnizar[330].

En lo relacionado con la masacre de los miembros de la aldea Chichupac y comunidades vecinas del municipio de Rabinal, Guatemala fue condenada a indemnizar; investigar los hechos y sancionar a los responsables; determinar el paradero de los miembros de la aldea de Chichupac y comunidades vecinas; garantizar condiciones adecuadas para que las personas que permanecían desplazadas pudieran retornar a sus comunidades de origen; brindar tratamiento médico, e incorporar al Sistema Educativo Nacional contenido que reflejara la naturaleza pluricultural y multilingüe de la sociedad guatemalteca[331].

326 Corte IDH, 20/10/2016, "Trabajadores de la Hacienda Brasil Verde vs. Brasil" (arts. 6°, 8°, 19 y 25, CADH).

327 Corte IDH, 21/10/2016, "Pollo Rivera y otros vs. Perú" (arts. 5°, 7° a 9° y 25, CADH).

328 Corte IDH, 22/11/2016, "Yarce y otras vs. Colombia" (arts. 4° a 8°, 16, 17, 21, 22 y 25, CADH).

329 Corte IDH, 29/11/2016, "Gómez Murillo y otros vs. Costa Rica" (arts. 4°, 5°, 7°, 11, 17 y 24, CADH).

330 Corte IDH, 29/11/2016, "Valencia Hinojosa y otra vs. Ecuador" (arts. 4°, 5°, 8° y 25, CADH).

331 Corte IDH, 30/11/2016, "Miembros de la aldea Chichupac y comunidades vecinas del municipio de Rabinal vs. Guatemala" (arts. 3° a 5°, 7°, 8°, 17, 22 y 25, CADH).

A la señora I. V. le fue practicada una cesárea y posteriormente se le ligaron las trompas de Falopio. Mientras ella afirmaba que no había dado el consentimiento, los médicos decían lo contrario. La Corte responsabilizó al Estado Plurinacional de Bolivia y lo condenó a indemnizar; brindar gratuitamente tratamiento médico; diseñar una publicación que desarrollase los derechos de las mujeres en cuanto a su salud sexual y reproductiva; adoptar programas de educación para estudiantes de medicina y médicos sobre temas de consentimiento informado, discriminación basada en género y estereotipos y violencia de género[332].

A la señora Andrade Salmón le iniciaron diversos procesos penales por conductas ilícitas referidas a la administración de fondos municipales. Se llegó a una solución amistosa en la Comisión, pero esta no fue cumplida por Bolivia, por lo que la Corte condenó al Estado boliviano a indemnizar, levantar las medidas impuestas en el proceso "Luminarias Chinas" y resolver esa causa en un plazo no mayor de un año[333].

Zegarra Marín fue condenado por la tramitación irregular de pasaportes mientras era subdirector de Pasaportes de la Dirección de Migraciones y Naturalización del Perú. La Corte responsabilizó al Estado, lo condenó a indemnizar, declaró sin efectos jurídicos la sentencia condenatoria y exigió dejar sin efecto las consecuencias que de ella derivan, así como los antecedentes judiciales o administrativos, penales o policiales que existieran en su contra a raíz de dicho proceso[334].

Jorge Vásquez Durand era un artesano peruano que se encontraba en Ecuador al tiempo del conflicto del Alto Cenepa. Fue torturado y desaparecido, por lo que la Corte ordenó al Ecuador indemnizar; investigar los hechos y juzgar a los responsables; determinar el paradero de la víctima, y pagar a sus familiares por tratamiento psicológico o psiquiátrico[335].

Durante dos incursiones policiales en la favela Nova Brasilia murieron veintiséis personas y hubo violencia sexual sobre otras tres. La Corte ordenó a Brasil indemnizar; investigar los hechos y sancionar a los responsables; publicar anualmente un informe oficial con los datos relativos a las muertes producidas durante operativos de la policía en todos los Estados del país; legislar para que en daños por intervención policial

[332] Corte IDH, 30/11/2016, "I. V. vs. Bolivia" (arts. 5º, 7º, 8º, 11, 17 y 25, CADH).

[333] Corte IDH, 1/12/2016, "Andrade Salmón vs. Bolivia" (arts. 7º, 8º, 21 y 22, CADH).

[334] Corte IDH, 15/2/2017, "Zegarra Marín vs. Perú" (arts. 8º y 25, CADH).

[335] Corte IDH, 15/2/2017, "Vásquez Durand y otros vs. Ecuador" (arts. 3º a 5º, 7º, 8º y 25, CADH).

se encargue la investigación a un órgano independiente; adoptar medidas para que Río de Janeiro reduzca la letalidad y la violencia policial, y permitir a las víctimas de delitos o a sus familiares participar de manera formal y efectiva en su investigación[336].

Por el asesinato del esposo de María L. Acosta Castellón, abogada defensora de derechos humanos, si bien fueron condenadas dos personas, no se investigó diligentemente. Nicaragua fue condenada a indemnizar, investigar adecuadamente y elaborar protocolos de investigación para casos de situaciones de riesgo, amenazas y agresiones de defensores de derechos humanos[337].

Por la muerte del joven Johan A. Ortiz Hernández a raíz de heridas de arma de fuego durante un ejercicio militar, la Corte condenó a la República Bolivariana de Venezuela a indemnizar; investigar los hechos y sancionar a los responsables; brindar gratuitamente tratamiento psicológico y psiquiátrico a las víctimas, y establecer de forma expresa el tipo de municiones a utilizarse en cada ejercicio militar[338].

Mayra Gutiérrez Hernández era docente de una universidad de Guatemala; fue desaparecida y nunca se investigó adecuadamente su caso. El Estado fue condenado a indemnizar y a conducir eficazmente la investigación, libre de estereotipos negativos de género[339].

Ante el despido del señor Alfredo Lagos del Campo, como consecuencia de las declaraciones realizadas durante una entrevista, la Corte responsabilizó a Perú por violación del art. 26 de la Convención, y le ordenó indemnizar, y pagar lucro cesante por los salarios dejados de percibir, pensión y beneficios sociales, además del daño inmaterial y costas[340].

En "Vereda La Esperanza", ante la desaparición de doce personas por grupos paramilitares, en cooperación con el Ejército, la Corte ordenó al Estado indemnizar; continuar con las investigaciones y procesos judiciales; brindar tratamiento médico a las víctimas, y otorgar be-

336 Corte IDH, 16/2/2017, "Favela Nova Brasilia vs. Brasil" (arts. 5º, 7º, 8º y 25, CADH).

337 Corte IDH, 25/3/2017, "Acosta y otros vs. Nicaragua" (arts. 5º, 8º y 25, CADH).

338 Corte IDH, 22/8/2017, "Ortiz Hernández y otros vs. Venezuela" (arts. 4º, 5º, 8º y 25, CADH).

339 Corte IDH, 24/8/2017, "Gutiérrez Hernández y otros vs. Guatemala" (arts. 8º, 24 y 25, CADH).

340 Corte IDH, 31/8/2017, "Lagos del Campo vs. Perú" (arts. 8º, 13, 16, 25 y 26, CADH).

cas para realizar estudios en una universidad pública a los hijos de las víctimas[341].

Ángel Pacheco León, candidato a diputado, fue asesinado por disparos de arma de fuego. La Corte ordenó a Honduras indemnizar; investigar el hecho, así como las causas del retraso procesal, y sancionar a los responsables, y establecer un protocolo de investigación diligente y un programa de formación en derechos humanos[342].

En "Trabajadores cesados de Petroperú y otros", por violación a los derechos a las garantías judiciales, a la protección judicial y al trabajo, la Corte ordenó indemnizar[343].

En el caso "Pueblo indígena Xucuru y sus miembros" se condenó al Estado a indemnizar; garantizar de manera inmediata y efectiva el derecho de propiedad colectiva del pueblo indígena Xucuru sobre su territorio, y concluir el proceso de saneamiento del territorio para garantizar el dominio pleno y efectivo[344].

Ante los despidos de trabajadores o funcionarios públicos como represalia a su firma en la solicitud de referendo revocatorio de Chávez como presidente de Venezuela, en "San Miguel Sosa y otras", la Corte ordenó al Estado indemnizar y adoptar las medidas necesarias para que los hechos relevantes de desviación de poder no quedasen impunes[345].

Poblete Vilches, si bien fue ingresado en un hospital público, no recibió la atención adecuada y terminó falleciendo. La Corte declaró la responsabilidad de Chile por no garantizar el derecho a la salud sin discriminación, mediante servicios necesarios básicos y urgentes en atención a su situación especial de vulnerabilidad como persona adulta mayor, y esta fue la primera ocasión en que se pronunció sobre el derecho a la salud de manera autónoma (dentro del art. 26 de la Convención)[346]. Condenó al Estado a indemnizar; brindar atención médica y psicológica a

[341] Corte IDH, 31/8/2017, "Vereda La Esperanza vs. Colombia" (arts. 3° a 5°, 7°, 8°, 19 y 25, CADH).

[342] Corte IDH, 15/11/2017, "Pacheco León y otros vs. Honduras" (arts. 5°, 8° y 25, CADH).

[343] Corte IDH, 23/11/17, "Trabajadores cesados de Petroperú y otros vs. Perú" (arts. 8°, 25 y 26, CADH).

[344] Corte IDH, 5/2/2018, "Pueblo indígena Xucuru y sus miembros vs. Brasil" (arts. 8°, 21 y 25, CADH).

[345] Corte IDH, 8/2/2018, "San Miguel Sosa y otras vs. Venezuela" (arts. 8°, 13, 23, 25 y 26, CADH).

[346] Corte IDH, 8/3/2018, "Poblete Vilches y otros vs. Chile" (arts. 4°, 5°, 7°, 8°, 11, 13, 25 y 26, CADH).

las víctimas; fortalecer el Instituto Nacional de Geriatría y su incidencia en la red hospitalaria; diseñar una publicación que desarrollase los derechos de las personas mayores en materia de salud, y diseñar una política general de protección integral de las personas mayores.

El caso "V. R. P., V. P. C. y otros" se trató de una niña violada por su padre, que fue absuelto bajo serias irregularidades, y, cuando la madre denunció esos hechos, fue demandada por injurias y calumnias. Se condenó al Estado a indemnizar; determinar las responsabilidades de los funcionarios que cometieron los actos de revictimización y violencia institucional en perjuicio de V. R. P., y sancionarlos; brindar tratamiento médico a las víctimas; otorgar a la madre una beca para la conclusión de su formación profesional; fijar protocolos de investigación y actuación durante el proceso penal para casos de niñas, niños y adolescentes víctimas de violencia sexual, e implementar una figura especializada que brinde asistencia jurídica gratuita a víctimas de delitos[347].

En el caso "Ramírez Escobar y otros vs. Guatemala" se responsabilizó al Estado por la separación arbitraria de la familia y se le ordenó indemnizar; facilitar la restitución de los vínculos familiares entre Osmín Tobar Ramírez y sus padres; brindar el tratamiento psicológico, psiquiátrico y apoyo terapéutico que requirieran las víctimas y becas para el estudio de los idiomas inglés y español; modificar la partida de nacimiento de Osmín Tobar Ramírez para que se le reinstituyeran los vínculos legales familiares; investigar los hechos y sancionar a los responsables, e implementar un programa nacional efectivo para garantizar una adecuada supervisión, fiscalización y control de la institucionalización de menores de edad[348].

El periodista Nelson Carvajal fue asesinado y su familia amenazada. La Corte condenó a Colombia a indemnizar; continuar con las investigaciones y procesos judiciales que correspondieran; brindar tratamiento psicológico o psiquiátrico a las víctimas, y garantizar las condiciones de seguridad adecuadas para que los familiares de Nelson Carvajal pudieran retornar a Colombia[349].

Vladimir Herzog fue detenido ilegalmente, torturado y asesinado. La Corte condenó a Brasil a indemnizar; reiniciar la investigación y el

[347] Corte IDH, 8/3/2018, "V. R. P., V. P. C. y otros vs. Nicaragua" (arts. 5º, 8º, 11, 17, 19, 24 y 25, CADH).

[348] Corte IDH, 9/3/2018, "Ramírez Escobar y otros vs. Guatemala" (arts. 5º, 8º, 11, 17 a 19, CADH).

[349] Corte IDH, 13/3/2018, "Carvajal Carvajal y otros vs. Colombia" (arts. 5º, 8º, 17, 19, 22 y 25, CADH).

proceso penal, y reconocer la imprescriptibilidad de los crímenes de lesa humanidad[350].

En el caso "Amrhein y otros vs. Costa Rica", la Corte solo encontró responsable al Estado por la violación del derecho a la libertad personal en perjuicio de señor Martínez y le impuso una indemnización[351].

Walter Munárriz Escobar, de diecinueve años, luego de querer entrar a una habitación donde se hospedaba la esposa de un alférez de la Policía, fue trasladado a la comisaría y desapareció. Perú fue condenado a indemnizar; investigar y sancionar a los responsables de su desaparición forzada; proceder a su búsqueda, y brindar tratamiento psicológico o psiquiátrico a sus familiares[352].

En la masacre de Xamán, donde murieron diez personas y veintinueve fueron heridas, se condenó a un grupo de catorce militares, pero once permanecían prófugos. La Corte condenó a Guatemala a indemnizar; continuar la investigación de los hechos respecto de las personas prófugas; brindar tratamiento psiquiátrico y psicológico a las víctimas; establecer un centro de salud ubicado en la comunidad, y ampliar y asfaltar una carretera que se dirigiera hacia el interior de la comunidad[353].

El caso "Cuscul Pivaral y otros" versó sobre la atención de personas con sida en Guatemala y su atención médica. La Corte declaró la responsabilidad por la violación de la prohibición de discriminación con relación al derecho a la salud y por la violación del principio de progresividad. Ordenó indemnizar; brindar tratamiento médico y psicológico a las víctimas; garantizar la accesibilidad a los centros de salud; otorgar becas de estudio a los hijos de las víctimas; supervisar servicios de salud; mejorar la accesibilidad, disponibilidad y calidad de las prestaciones de salud para personas con sida, y garantizar tratamiento médico adecuado a mujeres embarazadas[354].

En "Terrones Silva y otros" por la desaparición forzada de persona se ordenó al Estado indemnizar; identificar y sancionar a los responsa-

[350] Corte IDH, 15/3/2018, "Herzog y otros vs. Brasil" (arts. 5º, 8º y 25, CADH).

[351] Corte IDH, 25/4/2018, "Amrhein y otros vs. Costa Rica" (art. 7º, CADH).

[352] Corte IDH, 20/8/2018, "Munárriz Escobar y otros vs. Perú" (arts. 3º a 5, 7º, 8º y 25, CADH).

[353] Corte IDH, 22/8/2018, "Coc Max y otros (masacre de Xamán) vs. Guatemala" (arts. 4º, 5º, 8º, 19 y 25, CADH).

[354] Corte IDH, 23/8/2018, "Cuscul Pivaral y otros vs. Guatemala" (arts. 4º, 5º, 8º, 25 y 26, CADH).

bles de las desapariciones forzadas de las víctimas; determinar su paradero, y brindar tratamiento psicológico a los familiares[355].

Por la muerte del ambientalista Carlos Escaleras Mejía se llegó a una solución amistosa con el Estado de Honduras que fue homologada por la Corte[356].

Linda Loaiza López Soto, a los dieciocho años fue secuestrada, torturada y violada durante casi cuatro meses. La Corte condenó a Venezuela a indemnizar; continuar el proceso penal en curso y sancionar a los responsables de las torturas y violencia sexual e identificar y sancionar a los responsables de los actos de hostigamiento posteriores; asegurar que las víctimas y sus representantes legales contaran con las debidas garantías de seguridad durante las investigaciones y procesos judiciales; determinar las responsabilidades de los funcionarios que no investigaron o lo hicieron tardía o equivocadamente y sancionarlos; brindar gratuitamente tratamiento médico a la víctima y sus familiares; pagar los gastos necesarios para la conclusión de su formación profesional, y adoptar protocolos para la investigación y atención integral de mujeres víctimas de violencia[357].

Consecuencia de la desaparición forzada de Víctor M. Isaza Uribe, mientras estaba en detención preventiva, por paramilitares con la complicidad de agentes estatales, se condenó a Colombia a indemnizar; continuar con las investigaciones y sancionar a los responsables; determinar el paradero de Víctor M. Isaza Uribe; brindar tratamiento psicológico o psiquiátrico a las víctimas, y fortalecer los mecanismos de protección para sindicalistas, representantes y organizaciones sindicales[358].

En la causa "Villamizar Durán y otros", relacionada con el asesinato de civiles, se le ordenó al Estado indemnizar; continuar con las investigaciones y procesos judiciales en curso, y brindar el tratamiento psicológico o psiquiátrico a las víctimas[359].

Por la muerte de tres miembros de las familias Omeara y Álvarez causadas por paramilitares y Fuerzas Armadas, se condenó a Colombia a

[355] Corte IDH, 26/9/2018, "Terrones Silva y otros vs. Perú" (arts. 3º, 4º, 7º, 8º, 11 y 25, CADH).

[356] Corte IDH, 26/9/2018, "Escaleras Mejía y otros vs. Honduras" (arts. 4º, 5º, 8º, 16, 23 y 25, CADH).

[357] Corte IDH, 26/9/2018, "López Soto y otros vs. Venezuela" (arts. 3º, 5º a 8º, 11, 22, 24 y 25, CADH).

[358] Corte IDH, 20/11/2018, "Isaza Uribe y otros vs. Colombia" (arts. 3º a 5º, 7º, 8º, 11, 16 y 17, CADH).

[359] Corte IDH, 20/11/2018, "Villamizar Durán y otros vs. Colombia" (arts. 4º, 5º, 7º, 8º, 11 y 25, CADH).

indemnizar, continuar las investigaciones, sancionar a los responsables y brindar gratuitamente el tratamiento psicológico adecuado a las víctimas que así lo requirieran[360].

En "Trueba Arciniega y otros", ante la muerte de la víctima en un operativo de control, la Corte homologó un acuerdo de solución amistosa[361].

José Á. Alvarado Herrera, Nitza P. Alvarado Espinoza y Rocío I. Alvarado Reyes fueron detenidos por personas con uniforme militar y nunca más se supo de ellos, y sus familiares debieron desplazarse por las amenazas recibidas. Se le ordenó a México indemnizar; determinar el paradero de las víctimas,; investigar y determinar a los responsables; brindar atención médica; continuar con las capacitaciones en derechos humanos dirigidas a las Fuerzas Armadas y Policía, y brindar garantías de retorno seguro o reubicación a las víctimas desplazadas[362].

En el curso de operativos policiales fueron detenidas once mujeres y sometidas a amenazas de muerte, maltratos, torturas, abuso sexual y, en algunos casos, violación. La Corte, en "Mujeres víctimas de tortura sexual en Atenco", ordenó al Estado indemnizar; investigar y sancionar a los responsables; brindar gratuitamente tratamiento médico; otorgar becas a las víctimas para realizar estudios superiores técnicos o universitarios, y fortalecer el mecanismo de seguimiento de casos de tortura sexual cometida contra mujeres[363].

En "Órdenes Guerra y otros" se impuso la obligación de indemnizar en relación con el secuestro o detención y desaparición o ejecución de sus familiares por parte de agentes estatales en 1973 y 1974 durante la dictadura militar[364].

Eduardo B. Colindres Schonenberg fue arbitrariamente destituido de su cargo de magistrado del Tribunal Supremo Electoral. Se condenó a El Salvador a indemnizar[365].

[360] Corte IDH, 21/11/2018, "Omeara Carrascal y otros vs. Colombia" (arts. 3° a 5°, 7°, 8°, 17, 22 y 25, CADH).

[361] Corte IDH, 27/11/2018, "Trueba Arciniega y otros vs. México" (arts. 4°, 5°, 8° y 25, CADH).

[362] Corte IDH, 28/11/2018, "Alvarado Espinoza y otros vs. México" (arts. 3° a 5°, 7°, 8°, 17, 22 y 25, CADH).

[363] Corte IDH, 28/11/2018, "Mujeres víctimas de tortura sexual en Atenco vs. México" (arts. 5°, 7°, 8°, 11, 15 y 25, CADH).

[364] Corte IDH, 29/11/2018, "Órdenes Guerra y otros vs. Chile" (arts. 8° y 25, CADH).

[365] Corte IDH, 4/2/2019, "Colindres Schonenberg vs. El Salvador" (arts. 8°, 9° y 25, CADH).

La señora Villaseñor Velarde se desempeñó como jueza y, por su actuación, recibió diversas amenazas, igual que sus familiares. La Corte condenó a Guatemala a indemnizar[366].

Muelle Flores obtuvo una sentencia en un amparo en el que se ordenó su reincorporación al régimen pensionario, pero dicha sentencia fue incumplida durante veinticuatro años. La Corte condenó al Perú a indemnizar y restituir la pensión[367].

Manuel Martínez Coronado fue sentenciado a muerte por el delito de homicidio, y la sentencia fue cumplida. Guatemala fue condenada a indemnizar[368].

Tulio Álvarez Ramos fue condenado a dos años y tres meses de prisión por publicar un artículo en el que daba a conocer irregularidades en el manejo financiero de la Asamblea Nacional. Se responsabilizó a Venezuela, y se le impuso indemnizar y dejar sin efecto la sentencia contra la víctima, así como todas sus consecuencias[369].

El sargento ayudante, Carlos Gorigoitía fue condenado por el delito de homicidio simple. Argentina fue responsabilizada por violación del derecho a recurrir el fallo y por el incumplimiento del deber de adoptar disposiciones de derecho interno conformes a la Convención, debido a la regulación del recurso de casación en la provincia de Mendoza en la época en que ocurrieron los hechos del caso.

Se la condenó a indemnizar, garantizar a la víctima el derecho de recurrir el fallo condenatorio emitido por la Cámara Primera, dejar en suspenso los efectos jurídicos del referido fallo condenatorio hasta que se emitiera una decisión de fondo, y adecuar el ordenamiento jurídico interno de conformidad con el art. 8º, inc. 2, *h*, de la Convención Americana[370].

El caso "Perrone y Preckel" versa sobre el reclamo del pago de salarios caídos de dos agentes de la Dirección General Impositiva, cesanteados y detenidos durante la dictadura militar. Los reclamos fueron

[366] Corte IDH, 5/2/2019, "Villaseñor Velarde y otros vs. Guatemala" (arts. 5º, 8º, 11 y 25, CADH).

[367] Corte IDH, 6/3/2019, "Muelle Flores vs. Perú" (arts. 5º, 8º, 11, 21, 25 y 26, CADH).

[368] Corte IDH, 10/5/2019, "Martínez Coronado vs. Guatemala" (arts. 4º, 8º y 9º, CADH).

[369] Corte IDH, 30/8/2019, "Álvarez Ramos vs. Venezuela" (arts. 8º, 13, 22, 23 y 25, CADH).

[370] Corte IDH, 2/9/2019, "Gorigoitía vs. Argentina" (arts. 8º, 25 y 28, CADH).

rechazados, pero se responsabilizó al Estado por violación de la garantía del plazo razonable y se le ordenó indemnizar[371].

Ruiz Fuentes fue detenido y condenado por el secuestro de un menor, y fue golpeado y asesinado cuando intentaba escapar. La Corte condenó a Guatemala a indemnizar; investigar y sancionar a los responsables de su muerte y torturas, y capacitar a los organismos de seguridad sobre la prohibición absoluta de la tortura[372]. Lo mismo ocurrió con Valenzuela Ávila[373].

En "Rodríguez Revolorio y otros" se responsabilizó al Estado por la imposición de la pena de muerte al señor Aníbal Archila Pérez; la violación del derecho a la integridad personal de los señores Miguel Á. Rodríguez Revolorio, Miguel Á. López Calo y Aníbal Archila Pérez, y las condiciones carcelarias en las que permanecieron, así como por la violación del derecho a recurrir el fallo, ordenándole indemnizar, brindar gratuitamente tratamiento médico y adecuar las condiciones de la cárcel "El Infiernito"[374].

Rosadio Villavicencio era un teniente de inteligencia del Ejército peruano que actuó como agente encubierto, pero fue condenado por autorizar tres vuelos con droga sin haber informado a sus superiores. La Corte declaró la responsabilidad del Estado de Perú por una serie de violaciones a las garantías judiciales y se le ordenó indemnizar, así como dejar sin efecto las sentencias de condena y sus consecuencias[375].

Roberto Girón y Pedro Castillo Mendoza fueron condenados a pena de muerte por la violación de una niña de cuatro años, cuando la Constitución de Guatemala posibilitaba esa pena. La Corte condenó al Estado a indemnizar[376].

Romero Feris, exgobernador de Corrientes, estuvo procesado y detenido por la imputación de delitos contra la Administración pública. La Corte condenó a Argentina al pago de daños y perjuicios[377].

[371] Corte IDH, 8/10/2019, "Perrone y Preckel vs. Argentina" (arts. 8° y 25, CADH).

[372] Corte IDH, 10/10/2019, "Ruiz Fuentes y otra vs. Guatemala" (arts. 4°, 5°, 8° y 25, CADH).

[373] Corte IDH, 11/10/2019, "Valenzuela Ávila vs. Guatemala" (arts. 4°, 5°, 7° a 9° y 25, CADH).

[374] Corte IDH, 14/10/2019, "Rodríguez Revolorio y otros vs. Guatemala" (arts. 4°, 5°, 8° y 9°, CADH).

[375] Corte IDH, 14/10/2019, "Rosadio Villavicencio vs. Perú" (arts. 7° a 9°, CADH).

[376] Corte IDH, 15/10/2019, "Girón y otro vs. Guatemala" (arts. 4°, 5° y 8°, CADH).

[377] Corte IDH, 15/10/2019, "Romero Feris vs. Argentina" (arts. 7°, 8° y 25, CADH).

Robert I. Díaz Loreto murió a causa de disparos que recibió por parte de la policía. Se le impuso a Venezuela la obligación de indemnizar, brindar tratamiento médico a las víctimas y capacitar en derechos humanos[378].

Por la desaparición de Alexander Y. Gómez Virula y posterior aparición de su cuerpo sin vida, Guatemala fue condenada a indemnizar, investigar y sancionar a los responsables[379].

En "Asociación Nacional de Cesantes y Jubilados de la Superintendencia Nacional de Administración Tributaria (Ancejub-Sunat)", donde se discutían diversos recursos judiciales intentados por los miembros de la Asociación, la Corte ordenó al Estado indemnizar y garantizar el pago efectivo e inmediato de las pensiones y los reintegros pendientes de pago por concepto de lo dispuesto por la sentencia de 25 de octubre de 1993, así como la creación de un registro que permitiera identificar otros miembros de Ancejub-Sunat que enfrentaran situaciones similares, a fin de garantizar la ejecución de sentencias[380].

José L. Hernández fue detenido y condenado por tentativa de robo calificado. Permaneció privado de su libertad dos años y tres meses. Padecía meningitis aguda y, pese a ser tratado, sufrió la pérdida de la visión de un ojo, adquirió una incapacidad parcial y permanente del miembro superior izquierdo, y pérdida de memoria, y falleció en 2015, a los cuarenta y siete años. Su demanda civil de daños fue rechazada por prescripción. Se condenó a la Argentina a indemnizar, capacitar al personal médico especializado de la penitenciaría en el tratamiento de la tuberculosis y presentar un informe en el que detallara las medidas adoptadas para mejorar las condiciones de las unidades carcelarias del Sistema Penitenciario de la Provincia de Buenos Aires[381].

En el caso "López y otros" se responsabilizó al Estado porque las víctimas cumplieron sus sentencias en el ámbito del Servicio Penitenciario Nacional, consecuencia de un convenio entre dicho órgano y la provincia del Neuquén, lo que implicó que fueran trasladadas a centros

[378] Corte IDH, 19/11/2019, "Díaz Loreto y otros vs. Venezuela" (arts. 4º, 5º, 7º, 8º y 25, CADH).

[379] Corte IDH, 21/11/2019 "Gómez Virula y otros vs. Guatemala" (arts. 4º, 5º, 7º, 8º, 16 y 25, CADH).

[380] Corte IDH, 21/11/2019, "Asociación Nacional de Cesantes y Jubilados de la Superintendencia Nacional de Administración Tributaria (Ancejub-Sunat) vs. Perú" (arts. 4º, 21, 25 y 26, CADH).

[381] Corte IDH, 22/11/2019, "Hernández vs. Argentina" (arts. 5º, 7º, 8º, 25 y 26, CADH).

lejanos de sus domicilios. Se ordenó al Estado indemnizar; reglamentar los traslados de personas privadas de libertad de conformidad con la Convención Americana y los estándares establecidos en la sentencia, y brindar tratamiento psicológico y psiquiátrico a las víctimas[382].

Argentina fue responsabilizada por la falta de motivación de la resolución que ordenó la prisión preventiva de Jenkins, su duración, la ineficacia de los recursos y la violación del plazo razonable[383]. Se la condenó a indemnizar y brindar gratuitamente tratamiento psicológico.

Montesinos Mejía fue detenido y torturado, pero tiempo más tarde liberado por decisión del Tribunal de Garantías Constitucionales. Ecuador fue condenado a indemnizar, investigar la tortura denunciada, sancionar a los responsables y brindar gratuitamente tratamiento médico, incluida la provisión de medicamentos[384].

Carranza Alarcón fue detenido y condenado a pena de prisión. La Corte responsabilizó a Ecuador por la arbitrariedad de la prisión preventiva, su duración irrazonable, así como la del proceso penal, y la violación a la presunción de inocencia, ordenándole indemnizar a sus sucesores por el fallecimiento de la víctima[385].

En "Comunidades indígenas miembros de la Asociación Lhaka Honhat (Nuestra Tierra)", la discusión versó sobre la propiedad de tierras comunitarias, y si bien en el año 2014 Salta emitió el decr. 1498/2014, mediante el cual reconocía y transfería la "propiedad comunitaria", a favor de setenta y una comunidades indígenas, de aproximadamente 400.000 hectáreas de los lotes 14 y 55, y la "propiedad en condominio" de los mismos lotes a favor de múltiples familias criollas, la implementación no había concluido y en el territorio se desarrollaron actividades ilegales de tala y ganadería. La Corte responsabilizó a la República Argentina por la violación del derecho a la propiedad comunitaria indígena (art. 21, CADH), entre otros, y se le ordenó delimitar, demarcar y otorgar un título único que reconociera la propiedad de las ciento treinta y dos comunidades indígenas sobre su territorio; remover del territorio los alambrados y el ganado de pobladores criollos y concretar el traslado de la población criolla fuera de ese territorio, procurando el efectivo res-

382 Corte IDH, 25/11/2019, "López y otros vs. Argentina" (arts. 5º, 11 y 17, CADH).

383 Corte IDH, 26/11/2019, "Jenkins vs. Argentina" (arts. 7º, 8º y 24, CADH).

384 Corte IDH, 27/1/2020, "Montesinos Mejía vs. Ecuador" (arts. 5º, 7º a 9º y 25, CADH).

385 Corte IDH, 3/2/2020, "Carranza Alarcón vs. Ecuador" (arts. 5º, 7º, 8º y 25, CADH).

guardo de los derechos de la población criolla; garantizar el acceso permanente a agua potable; evitar que continuase la pérdida o disminución de recursos forestales; procurar su recuperación, y posibilitar el acceso a alimentación nutricional y culturalmente adecuada[386].

Vicente Noguera apareció muerto en su cama mientras cursaba el segundo año del servicio militar. Se investigó por torturas recién cuando el caso llegó a la Comisión. La Corte ordenó a Paraguay medidas de reparación adicionales a la solución amistosa consistentes en indemnizar; incluir programas de derechos humanos en la formación académica militar de la Escuela de Estado Mayor y escuelas de capitanes de las tres armas, e informar sobre el avance del trámite legislativo relativo a la reforma de la jurisdicción penal militar[387].

Azul Rojas Marín fue detenido, insultado, torturado y violado por la policía por su orientación sexual. La Corte condenó a Perú a indemnizar; investigar los hechos y sancionar a los responsables; brindar tratamiento médico; adoptar un protocolo de investigación y administración de justicia durante los procesos penales para casos de personas LGBTI víctimas de violencia; capacitar y sensibilizar sobre violencia contra las personas LGBTI, y eliminar el indicador de "erradicación de homosexuales y travestis" de los Planes de Seguridad Ciudadana[388].

Los hermanos ecuatorianos Roche Azaña intentaban migrar a Estados Unidos de América, con previo paso por Nicaragua, donde se reunieron con otros treinta migrantes. Ante la negativa del conductor que los transportaba a detenerse en un retén policial, los agentes dispararon contra la furgoneta, lo que ocasionó la muerte de uno de los hermanos y heridas en el otro. Aun cuando el procurador presentó la denuncia, las víctimas no pudieron ser parte del proceso penal. Se responsabilizó a Nicaragua, se la condenó a indemnizar y se le impuso capacitar a la policía y Fuerzas Armadas sobre protección de personas[389].

El caso "Spoltore" versó sobre el reclamo de indemnización de un trabajador por discapacidad, contra la empresa privada en la que trabajaba.

386 Corte IDH, 6/2/2020, "Comunidades indígenas miembros de la Asociación Lhaka Honhat (Nuestra Tierra) vs. Argentina" (arts. 3º, 8º, 13, 16 y 21 a 23, CADH).

387 Corte IDH, 9/3/2020, "Noguera y otra vs. Paraguay" (arts. 4º, 5º, 8º, 19 y 25, CADH).

388 Corte IDH, 12/3/2020, "Azul Rojas Marín y otra vs. Perú" (arts. 5º, 7º, 8º, 11 y 25, CADH).

389 Corte IDH, 3/6/2020, "Roche Azaña y otros vs. Nicaragua" (arts. 4º, 5º, 8º y 25, CADH).

Aun cuando la demanda quedó desestimada por falta de acreditación de los hechos, el trámite demoró nueve años en primera instancia y tres más en el máximo tribunal de la provincia de Buenos Aires. Argentina fue condenada, en voto dividido (tres votos por la condena, entre ellos la presidenta de la Corte, y tres votos en contra), a indemnizar el daño inmaterial de la demora en la tramitación de la causa, así como a publicar la sentencia[390].

Paola Guzmán Albarracín, a los catorce años, tuvo relaciones sexuales con el vicerrector de una escuela pública, quien la instigó a ello para pasar de año, lo que motivó que a los dieciséis años se suicidara. Aun cuando el rector conocía la situación, los hechos no se denunciaron sino por los padres de la niña después de su muerte. La presentación fue por acoso sexual, pero uno de los tribunales intervinientes cambió la calificación a estupro, y la acción penal finalizó con la prescripción. La Corte responsabilizó a Ecuador, y le ordenó indemnizar; brindar tratamiento psicológico y psiquiátrico a familiares; otorgar el título póstumo de bachiller a la niña, y corregir y subsanar insuficiencias en relación con: *1*) información estadística sobre situaciones de violencia sexual contra menores de edad en el ámbito educativo; *2*) la detección de casos de violencia sexual contra ellos en ese ámbito y su denuncia; *3*) la capacitación a personal del ámbito educativo respecto al abordaje y prevención de situaciones de violencia sexual, y *4*) la provisión de orientación, asistencia y atención a las víctimas de violencia sexual en el ámbito educativo y a sus familiares[391].

La destitución (e inhabilitación para ejercer cargos públicos) de Gustavo F. Petro Urrego como alcalde mayor de Bogotá fue ordenada por el presidente de la República, luego de que la Procuraduría lo encontrara culpable de faltas contenidas en el Código Disciplinario Único. Aun cuando fue posteriormente repuesto a su cargo por la decisión recaída en una acción de tutela y el cumplimiento de medidas cautelares ordenadas por la Comisión Interamericana, se responsabilizó a Colombia por la violación de los derechos políticos, garantías judiciales y derecho a la integridad personal, y se la condenó a indemnizar, publicitar la sentencia y adecuar su ordenamiento interno a fin de que los funcionarios de elección popular no puedan ser destituidos ni inhabilitados por decisiones administrativas[392].

[390] Corte IDH, 9/6/2020, "Spoltore vs. Argentina" (arts. 8º, 25 y 26, CADH).

[391] Corte IDH, 24/6/2020, "Guzmán Albarracín y otras vs. Ecuador" (arts. 4º, 5º, 8º, 11, 13, 19 y 25, CADH).

[392] Corte IDH, 8/7/2020, "Petro Urrego vs. Colombia" (arts. 5º, 8º y 23, CADH).

En el caso "Empleados de la fábrica de fuegos en Santo Antônio de Jesus y sus familiares", la Corte entendió que el Estado era responsable por la muerte de sesenta personas como consecuencia de la explosión allí ocurrida en 1998, así como de los daños ocurridos a los seis sobrevivientes[393]. La mayoría de las víctimas eran niños (en violación a la normativa) y mujeres que allí trabajaban, incluso, cuatro de las cuales estaban embarazadas, y lo hacían sin equipos de protección individual ni capacitación para ejercer su labor, pese a que la fábrica estaba habilitada. No solo fallaron los controles, sino también los procesos administrativos y judiciales posteriores, por lo que la Corte condenó a Brasil a concluir el proceso penal en un plazo razonable y castigar a los responsables, así como los procesos civiles y laborales; indemnizar a las víctimas; brindarles asistencia médica gratuita; reconocer públicamente su responsabilidad internacional; supervisar las fábricas de pirotecnia, e indemnizar a las víctimas.

Valle Ambrosio y Domínguez Linares fueron condenados por la comisión del delito de defraudación por administración fraudulenta calificada. Ante la declaración de inadmisibilidad de los distintos recursos ante la Sala Penal del Tribunal Superior de Justicia de la Provincia de Córdoba y de la Corte Suprema de Justicia de la Nación, la Corte Interamericana de Derechos Humanos responsabilizó a la Argentina por la violación del derecho a recurrir el fallo ante un juez o tribunal superior, y condenó al Estado a indemnizar y adecuar su ordenamiento jurídico interno a los parámetros establecidos en la sentencia sobre el derecho de recurrir[394].

Como consecuencia de un trabajo académico dentro del Diplomado en Derechos Humanos y Procesos de Democratización al que asistió, al juez de garantía de Coquimbo, Urrutia Laubreaux, se lo sancionó porque el informe proponía que el Poder Judicial adoptara determinadas medidas de reparación por la responsabilidad que dicha institución habría tenido en las violaciones de derechos humanos ocurridas durante el régimen militar chileno. Si bien la sanción fue dejada sin efecto a instancia de la Comisión, la Corte entendió que Chile era responsable por vulnerar la libertad de expresión, las garantías judiciales y el principio de legalidad, y le ordenó, además de la publicación e indemnización de daños, suprimir la norma que permitía sancionar a los magistrados por "atacar en cualquier forma" la conducta de otros jueces[395].

[393] Corte IDH, 15/7/2020, "Empleados de la fábrica de fuegos en Santo Antônio de Jesus y sus familiares vs. Brasil" (arts. 4º, 5º, 8º, 19 y 24 a 26, CADH).

[394] Corte IDH, 20/7/2020, "Valle Ambrosio y otro vs. Argentina" (art. 8º, CADH).

[395] Corte IDH, 27/8/2020, "Urrutia Laubreaux vs. Chile" (arts. 8º, 9º y 13, CADH).

Ante la detención, por la Policía Federal, sin fundamento valedero, posteriores apremios ilegales, seguidos de muerte, ocurridos en 1996, del uruguayo afrodescendiente José D. Acosta Martínez, fundador del Grupo Cultural Afro, quien, además de difundir las costumbres, luchaba contra la discriminación racial, Argentina fue condenada a continuar las investigaciones, castigar a los responsables, capacitar a la Policía sobre discriminación racial e indemnizar[396].

Por las detenciones policiales y posteriores condenas de Fernández Prieto y de Tumbeiro, a quienes se les secuestraron estupefacientes, Argentina fue condenada a capacitar a su Policía, indemnizar y modificar las normas que permiten detener, efectuar registros de vehículos o requisas personales sin orden judicial[397].

Colombia fue responsabilizada por la destitución de Martínez Esquivia, quien fue nombrada como jueza de manera provisional, y luego como fiscal, sin aclaración de condición alguna.

Se le impuso, además de indemnizar y cubrir los aportes de pensión, adecuar la normativa para garantizar la estabilidad de los jueces y fiscales[398].

En "Olivares Muñoz y otros", el Estado reconoció su responsabilidad por las muertes en la cárcel provocadas por el actuar de la Guardia Nacional, por lo que se dispuso que reinicie los procesos penales para determinar los responsables, brinde tratamiento médico a las víctimas, adecue su ordenamiento interno e indemnice[399].

En el caso "Almeida", Argentina fue condenada a indemnizar la diferencia de días entre la prisión efectiva y la libertad vigilada que el damnificado había sufrido durante la dictadura militar, pese a que existía sentencia firme que había denegado su pretensión[400].

Venezuela fue responsabilizada por la muerte de cinco jóvenes en un centro de detención que se incendió, y se la condenó a indemnizar, otor-

[396] Corte IDH, 31/8/2020, "Acosta Martínez y otros vs. Argentina" (arts. 4°, 5°, 7°, 8° y 25, CADH).

[397] Corte IDH, 1/9/2020, "Fernández Prieto y Tumbeiro vs. Argentina" (arts. 7°, 8, 11 y 25, CADH).

[398] Corte IDH, 6/10/2020, "Martínez Esquivia vs. Colombia" (arts. 8° y 25, CADH). Es interesante remarcar que se consideró vulnerado el plazo razonable por haber excedido el trámite de tutela los cuatro años.

[399] Corte IDH, 10/11/2020, "Olivares Muñoz y otros vs. Venezuela" (arts. 4°, 5°, 8° y 25, CADH).

[400] Corte IDH, 17/11/2020, "Almeida vs. Argentina" (arts. 8° y 25, CADH).

gar tratamiento médico e implementar protocolos para casos de incendio en instituciones de detención[401].

Ante la cesantía de Casa Nina como fiscal (luego de haber sido designado en diversas oportunidades de manera provisoria), la Corte responsabilizó al Perú por violación de las garantías judiciales, el derecho a permanecer en el cargo en condiciones de igualdad y el derecho al trabajo, condenándolo a adecuar su normativa interna para otorgar estabilidad a los fiscales e indemnizar por la inviabilidad de reponer a la víctima en su cargo[402].

Vicky Hernández era una mujer trans, trabajadora sexual y activista que huyó de una patrulla que había intentado detenerla la noche del 28 de junio de 2009, cuando había toque de queda en razón del golpe de Estado ocurrido en Honduras. Al día siguiente fue encontrada muerta con laceración cerebral por perforación de arma de fuego. El país fue condenado a investigar, otorgar becas, capacitar agentes policiales, adoptar un procedimiento para reconocer la identidad de género, adoptar un protocolo especial tanto para investigación como para recopilación de datos sobre la violencia sufrida por quienes pertenecen al colectivo LGBTI, además de indemnizar y prestar asistencia médica a las víctimas[403].

Ecuador fue responsabilizado por la desaparición de Luis Guachalá Chimbo de un hospital psiquiátrico público, condenándolo a continuar con las investigaciones para esclarecer lo sucedido y encontrar a la víctima, difundir los derechos de las personas con discapacidad, indemnizar a los familiares y otorgarles asistencia a ellos y a Guachalá Chimbo en caso de ser encontrado[404].

Jimmy Guerrero y Ramón Molina fueron ejecutados por personal policial, en 2003, luego de distintas denuncias contra las autoridades, efectuadas por hostigamiento. Hubo investigaciones, pero no se llegó a ninguna condena. La Corte condenó a Venezuela a investigar y sancionar a los culpables, brindar tratamiento médico, otorgar becas de estudio a los hijos de las víctimas, capacitar policías e indemnizar[405].

[401] Corte IDH, 18/11/2020, "Mota Abarullo y otros vs. Venezuela" (arts. 4º, 5º, 8º, 19 y 25, CADH).

[402] Corte IDH, 24/11/2020, "Casa Nina vs. Perú" (arts. 8º, 23, 25 y 26, CADH).

[403] Corte IDH, 26/3/2021, "Vicky Hernández y otras vs. Honduras" (arts. 3º a 5º, 7º, 8º, 11, 13, 18, 24 y 25, CADH).

[404] Corte IDH, 26/3/2021, "Guachalá Chimbo y otros vs. Ecuador" (arts. 11, 13, 18 y 24 a 26, CADH).

[405] Corte IDH, 3/6/2021, "Guerrero, Molina y otros vs. Venezuela" (arts. 4º, 5º, 7º, 8º y 25, CADH).

Norka Moya Solís, quien en 1982 se desempeñaba como secretaria judicial del Décimo Juzgado del Fuero Privativo del Trabajo y Comunidades Laborales de Lima, no fue ratificada en el cargo y, aunque presentó diversas acciones judiciales, no obtuvo respuesta. La Corte entendió que a un proceso de evaluación o ratificación en el cargo de un funcionario público, en tanto involucra la posibilidad de destitución, le son aplicables las garantías del debido proceso propias de los procesos disciplinarios (derecho a conocer previa y detalladamente la acusación formulada, conocimiento preciso de los criterios de evaluación utilizados, etcétera). Por ello, condenó al Perú a indemnizar[406].

En el caso "Grijalva Bueno", la Corte responsabilizó a Ecuador por violación de los derechos y garantías judiciales en el proceso de destitución como miembro de la Fuerza Naval de la víctima, también por vulneración a su libertad de expresión, y lo condenó a indemnizar[407].

La Corte declaró responsable al Paraguay por la violación de la independencia judicial, el derecho a la protección judicial y la garantía del plazo razonable en perjuicio de Bonifacio Ríos Avalos y Carlos Fernández Gadea, como consecuencia de su destitución de los cargos de ministros de la Corte Suprema de Justicia, en el marco del juicio político tramitado en su contra en 2003. Cuando las víctimas recurrieron en sede interna, obtuvieron resolución favorable de la Sala Constitucional de la Corte Suprema, que, luego de la resolución emitida por el Congreso repudiando lo decidido y advirtiendo que su convalidación daría lugar a juicio político, fue dejada sin efecto por la propia Corte Suprema. Condenó al país a regularizar el régimen de jubilaciones de los señores Bonifacio Ríos Avalos y Carlos Fernández Gadea e indemnizar[408].

Ecuador fue encontrado responsable de vulnerar la libertad personal, la presunción de inocencia y la igualdad ante la ley, así como de no controlar las condiciones de detención y violar las garantías judiciales de independencia e imparcialidad, en perjuicio de los oficiales de policía Jorge H. Villarroel Merino, Mario R. Cevallos Moreno, Jorge E. Coloma Gaibor, Fernando M. López Ortiz, Leoncio A. Ascázubi Albán y Alfonso P. Vinueza Pánchez, acusados de peculado y falsedad de instrumentos privados, por lo que se lo condenó a indemnizar[409].

406 Corte IDH, 3/6/2021, "Moya Solís c/Perú" (arts. 8°, 9°, 23 y 25, CADH).

407 Corte IDH, 3/6/2021, "Grijalva Bueno vs. Ecuador" (arts. 8°, 13 y 25, CADH).

408 Corte IDH, 19/8/2021, "Ríos Avalos y otro vs. Paraguay" (arts. 8° y 25, CADH).

409 Corte IDH, 24/8/2021, "Villarroel Merino y otros vs. Ecuador" (arts. 7°, 8° y 24, CADH).

La periodista colombiana Jineth Bedoya Lima fue secuestrada, golpeada y violada por investigar un enfrentamiento entre paramilitares y delincuentes en el interior de la cárcel La Modelo, en el que habían muerto treinta y dos reclusos. Si bien se condenó a tres paramilitares, y Colombia reconoció parcialmente su responsabilidad por vulneración de la integridad personal, garantías y protección judiciales, también fue responsabilizada por afectación de la libertad de expresión. Se la condenó a continuar investigando y sancionar a los demás responsables; garantizar la vida e integridad de la víctima; difundir el programa *No es hora de callar* por al menos cinco años; crear un centro de investigación con ese nombre para dignificar a las mujeres víctimas de violencia sexual por el conflicto armado, e indemnizar[410].

En el caso "Buzos miskitos (Lemoth Morris y otros)", donde este pueblo indígena binacional (comparten territorios de Honduras y Nicaragua), que se dedica a la pesca artesanal y era explotado por empresas para la pesca en profundidad de langosta y camarón, en condiciones inadecuadas que ocasionaron diversos accidentes y muertes, la Corte homologó un acuerdo entre Honduras y los representantes de las víctimas y responsabilizó al Estado por la violación de los derechos a la vida, a la vida digna, a la integridad personal, a los derechos del niño, al trabajo y sus condiciones, a la salud, a la seguridad social, a la igualdad y la prohibición de discriminación, y a las garantías judiciales y a la protección judicial; condenó al Estado a brindar atención médica, otorgar becas y establecer proyectos productivos para las víctimas y sus familiares, así como a indemnizar[411].

El escritor César Garzón Guzmán desapareció en 1990 (un año antes había sido detenido y torturado por supuestas "actividades subversivas"). Nunca se investigó, por lo que Ecuador fue encontrado responsable y se lo condenó a investigar y sancionar a los culpables; buscar a la víctima; otorgar asistencia médica a sus familiares e indemnizar[412].

Brasil fue encontrado responsable de no actuar diligentemente ante el asesinato de Márcia Barbosa de Souza, pues si bien fue condenado por ello el diputado Aércio Pereira de Lima, sus fueros parlamentarios y la actitud de la Cámara de impedir el juzgamiento demoraron la cau-

[410] Corte IDH, 26/8/2021, "Bedoya Lima y otra vs. Colombia" (arts. 5º, 7º, 8º, 11, 13 y 25, CADH).

[411] Corte IDH, 31/8/2021, "Buzos miskitos (Lemoth Morris y otros) vs. Honduras" (arts. 4º, 5º, 7º, 8º, 19, 25 y 26, CADH).

[412] Corte IDH, 1/9/2021, "Garzón Guzmán y otros vs. Ecuador" (arts. 3º a 5º, 7º, 8º y 25, CADH).

sa, la cual se archivó una vez fallecido este, pese a que en el homicidio aparecían involucrado otras cuatro personas, las cuales no fueron investigadas por negativa de la propia policía. Se condenó al país a registrar adecuadamente los hechos de violencia contra las mujeres; capacitar a las fuerzas policiales sobre género y raza; implementar un protocolo de investigación de femicidios, e indemnizar[413].

Venezuela fue encontrada responsable por la violación de los derechos a la libertad personal, a la integridad personal y a las garantías judiciales, en perjuicio de diversos integrantes del pueblo indígena Wayúu, dado que fueron arrestados, declarados luego inocentes y, si bien primeramente se reconoció su derecho a la indemnización, luego esta sentencia fue anulada. La Corte condenó al país a continuar las investigaciones, pagar los tratamientos médicos por los padecimientos sufridos e indemnizar[414].

En el caso "Familia Julien Grisonas", el país fue condenado, por la muerte y desaparición de los integrantes de dicha familia, en 1976, durante la dictadura miliar, a investigar, difundir e indemnizar (pese a acogerse la excepción de incompetencia *ratione temporis*, al entender que el delito de desaparición forzada perpetúa sus consecuencias en el tiempo)[415].

En la causa "Cuya Lavy y otros", caso similar a "Casa Nina", se condenó al Perú por no ratificar en su cargo a jueces y fiscales en los procesos de evaluación y ratificación. Se le impuso adecuar el ordenamiento interno e indemnizar, tanto por daños como por la no restitución en los cargos (la cual, si bien consideró que era la medida adecuada, no lo hizo por haber transcurrido más de veinte años desde que fueron cesados)[416].

Martina V. Rojas era una niña que padecía el síndrome de Leigh (enfermedad progresiva que genera secuelas neurológicas y musculares graves), por lo que su padre, en 2007, contrató con una empresa privada un seguro especial que le permitió acceder al régimen de hospitalización domiciliaria. Ello ocurrió por tres años, atento a que la empresa terminó el vínculo a consecuencia de una circular de la Superintendencia de Salud, donde se excluían los tratamientos de enfermedades crónicas del

[413] Corte IDH, 7/9/2021, "Barbosa de Souza y otros vs. Brasil" (arts. 5°, 8°, 24 y 25, CADH).

[414] Corte IDH, 20/9/2021, "González y otros vs. Venezuela" (arts. 5°, 7° y 8°, CADH).

[415] Corte IDH, 23/9/2021, "Familia Julien Grisonas vs. Argentina" (arts. 3° a 5°, 7°, 8° y 25, CADH).

[416] Corte IDH, 28/9/2021, "Cuya Lavy y otros vs. Perú" (arts. 8°, 9°, 11, 23 y 25, CADH).

régimen de hospitalización domiciliaria. Ante los trámites infructuosos efectuados en Superintendencia, la Comisión Interamericana, cautelarmente, el 27 de agosto de 2012, restableció la cobertura para la hospitalización domiciliaria. La Corte responsabilizó a Chile por afectar los derechos a la vida, la vida digna, la integridad personal, la niñez, la salud y la seguridad social, y lo condenó a garantizar el tratamiento; otorgar una silla de ruedas neurológica; garantizar la salud física y psíquica de los padres; legislar para que la Defensoría de la Niñez participe en los procesos ante la Superintendencia de Salud, o en los procesos judiciales, en los que se puedan ver afectados los derechos de niños en temas de salud, e indemnizar[417].

Por transmitir sin autorización, las radios Ixchel y Uqul Tinamit, operadas por los pueblos indígenas Maya Kaqchikel de Sumpango y Maya Achí de San Miguel Chicaj, fueron allanadas, decomisadas e imputados sus trabajadores. La Corte responsabilizó a Guatemala por la violación de los derechos a la libertad de expresión, la igualdad ante la ley y a participar en la vida cultural, y ordenó no solo indemnizar, sino obligar a que se permita operar libremente esas radios comunitarias, legislar en tal sentido, abstenerse de enjuiciar a quienes operan esas radios sin autorización, y ordenar la inmediata liberación de los que estuvieran detenidos[418].

En el caso "Manuela y otros", se responsabilizó al Estado por la muerte de esta mujer, de muy escasos recursos, que fue condenada por homicidio agravado por el fallecimiento de su hijo (no surge claro de la evidencia si fue un aborto espontáneo, nació muerto, fue un aborto provocado o nació con vida y fue asesinado) y murió, dos años después, en la prisión por no recibir los tratamientos adecuados para su linfoma de Hodgkin con esclerosis nodular, entendiendo que se vulneró la libertad personal, la presunción de inocencia, su derecho a la defensa y a las garantías judiciales, así como su derecho a la vida, a la salud y a la integridad personal. Se condenó al país a otorgar becas de estudio a los hijos de Manuela y tratamiento médico a sus padres; regular la obligación de mantener el secreto profesional médico y la confidencialidad de la historia clínica; adecuar la prisión preventiva; capacitar y sensibilizar a funcionarios judiciales y del hospital; adecuar la regulación de la pena del

[417] Corte IDH, 1/10/2021, "Vera Rojas y otros vs. Chile" (arts. 4°, 5°, 19 y 26, CADH).

[418] Corte IDH, 6/10/2021, "Pueblos indígenas Maya Kaqchikel de Sumpango y otros vs. Guatemala" (arts. 4°, 25 y 26, CADH).

infanticidio; implementar programas de educación sexual y reproductiva, e indemnizar[419].

Guatemala fue responsabilizada por la desaparición forzada de catorce personas, el desplazamiento de otras, así como la vulneración del derecho a la niñez producida como consecuencia del accionar del Ejército en la aldea Los Josefinos, ocurrido en 1982. Se la condenó a investigar y sancionar a los responsables; buscar a los desaparecidos; intentar restituir a los desplazados; crear un centro de salud, e indemnizar[420].

El caso "Profesores de Chañaral y otras municipalidades" versa sobre docentes que fueron transferidos, durante la dictadura militar, del Estado central a las municipalidades, modificándose su estatuto y remuneraciones. La Corte responsabilizó al Estado por vulnerar las garantías judiciales y el derecho de propiedad de los profesores, y le ordenó, además de pagar las indemnizaciones, pagar también las sumas adeudadas por los montos que percibieron en menor medida como consecuencia del traspaso[421].

Uruguay fue condenado a investigar y juzgar a los responsables de muertes y desapariciones forzadas durante la dictadura militar, así como a encontrar el paradero de las víctimas, otorgar tratamiento médico, capacitar a sus Fuerzas Armadas en derechos humanos e indemnizar[422].

Con motivo de una huelga declarada ilegal, sesenta y cinco personas fueron despedidas del Organismo Judicial de Guatemala. La Corte consideró vulnerados el derecho a la huelga, la libertad de asociación, la libertad sindical, el derecho al trabajo y a la estabilidad laboral, y condenó al país a adecuar su normativa en cuanto a la vía recursiva contra las declaraciones de ilegalidad de las huelgas e indemnizar[423].

Un periodista fue condenado en Ecuador (tuvo que dejar su trabajo y abandonar el país) por injurias calumniosas graves contra la autoridad por publicar una nota en la que cuestionaba indultos a policías ordena-

[419] Corte IDH, 2/11/2021, "Manuela y otros vs. El Salvador" (arts. 4º, 5º, 7º, 8º, 11, 24 y 26, CADH).

[420] Corte IDH, 3/11/2021, "Masacre de la aldea Los Josefinos vs. Guatemala" (arts. 3º a 5º, 7º, 17, 19 y 22, CADH).

[421] Corte IDH, 10/11/2021, "Profesores de Chañaral y otras municipalidades vs. Chile" (arts. 8º, 21 y 25, CADH).

[422] Corte IDH, 15/11/2021, "Maidanik y otros vs. Uruguay" (arts. 3º a 5º, 7º, 8º y 25, CADH).

[423] Corte IDH, 17/11/2021, "Extrabajadores del Organismo Judicial vs. Guatemala" (arts. 8º, 16, 25 y 26, CADH).

dos por Rafael Correa, como consecuencia de un levantamiento institucional de estos. Si bien el Estado aceptó su responsabilidad, se consideraron afectado los derechos de libertad de expresión, circulación, residencial, al trabajo, así como el principio de legalidad y la protección y garantías judiciales, y se le impuso dejar sin efecto las sentencias condenatorias, legislar para que las figuras de las calumnias e injurias no afectaran la libertad de expresión, capacitar a funcionarios en tal sentido e indemnizar[424].

México fue responsabilizado por vulnerar las garantías y la protección judiciales, los derechos a la integridad personal y a la protección de la honra y de la dignidad por las irregularidades en la investigación de Digna Ochoa y Plácido (defensora de los derechos humanos), que no llevó a ningún resultado. Se lo condenó a reconocer a la víctima (difundir su trabajo, nombrar una calle, etc.), otorgar asistencia médica a sus familiares e indemnizar[425].

La Corte condenó al Perú por el perjuicio ocasionado a los trabajadores marítimos y portuarios, ante la falta de cumplimiento de una sentencia de amparo de la Corte Suprema de dicho país, que fue incumplida, y le ordenó pagar lo adeudado, publicar la sentencia e indemnizar[426].

Sandra Pavez Pavez fue separada de su cargo de profesora de religión católica en un colegio público en Chile, al revocarse su certificado de idoneidad por el Obispado de San Bernardo, como consecuencia de vivir en pareja con una persona de su mismo sexo. Se condenó al Estado a publicar lo decidido, capacitar a los encargados de evaluar la idoneidad docente, adecuar la normatividad sobre los procedimientos de impugnación e indemnizar a la damnificada[427].

Ante la muerte de uno de los hermanos Casierra Quiñonez y heridas a los otros, como consecuencia de un operativo ejecutado por infantes de marina de la Armada del Ecuador, los cuales fueron absueltos por la justicia de ese país, se responsabilizó al Estado, y se le ordenó continuar con

[424] Corte IDH, 24/11/2021, "Palacio Urrutia y otros vs. Ecuador" (arts. 8°, 9°, 13, 22, 25 y 26, CADH).

[425] Corte IDH, 25/11/2021, "Digna Ochoa y familiares vs. México" (arts. 8°, 11 y 25, CADH).

[426] Corte IDH, 1/2/2022, "Federación Nacional de Trabajadores Marítimos y Portuarios (Femapor) vs. Perú" (arts. 8°, 21, 25 y 26, CADH).

[427] Corte IDH, 4/2/2022, "Pavez Pavez vs. Chile" (arts. 7°, 8°, 11, 24, 25 y 26, CADH).

las investigaciones, brindar tratamiento médico a las víctimas, publicar la sentencia, regular el uso de la fuerza e indemnizar[428].

La publicación periodística según la cual varios jefes y oficiales de las fuerzas de seguridad del Estado habrían estado siendo investigados por asuntos vinculados con contrabando de licores en una zona fronteriza con Panamá generó que la justicia interna condenara al diario y a los periodistas a pagar un resarcimiento económico, por lo que la Corte responsabilizó a Costa Rica y le ordenó dejar sin efecto la atribución de responsabilidad civil, publicar el fallo e indemnizar[429].

Como consecuencia de la desaparición forzada de Pedro J. Movilla Galarcio, así como por las violaciones a distintos derechos humanos, en perjuicio de él y de sus familiares, si bien Colombia reconoció su responsabilidad, la Corte ordenó continuar con el proceso penal para la esclarecimiento y condena de los responsables, buscar a la víctima, publicar la sentencia, otorgar becas de estudio a familiares e indemnizar[430].

Luis Guevara Díaz, pese a su discapacidad intelectual, ganó un concurso para trabajar en el Ministerio de Hacienda, pero no fue designado. Costa Rica reconoció su responsabilidad y fue condenada a nombrarlo en un cargo de igual o mayor jerarquía, o en otro puesto laboral que se ajustase a sus aptitudes y necesidades en alguna otra institución pública, si no deseara ello o no podía asumir (o indemnizarlo en caso de que no aceptara ninguno de esos puestos); publicar la sentencia; educar a los funcionarios sobre temas de igualdad y no discriminación de personas con discapacidad, e indemnizar[431].

Brasil fue responsabilizado por la prescripción de la acción penal contra los autores de la muerte de Gabriel Sales Pimenta, un abogado joven de veintisiete años, apoderado del sindicato de trabajadores rurales. No solo se dejó prescribir la acción penal sin juzgar a nadie, sino que también se rechazó la indemnización por los daños causados. La Corte ordenó identificar las causas generadoras de la impunidad estructural relacionada con la violencia contra las personas defensoras de derechos humanos de los trabajadores rurales y elaborar líneas de acción que per-

[428] Corte IDH, 11/5/2022, "Casierra Quiñonez y otros vs. Ecuador" (arts. 4º, 5º, 8º y 25, CADH).

[429] Corte IDH, 23/5/2022, "Moya Chacón y otro vs. Costa Rica" (art. 13, CADH).

[430] Corte IDH, 22/6/2022, "Movilla Galarcio y otros vs. Colombia" (arts. 3º a 5º, 7º y 16, CADH).

[431] Corte IDH, 22/6/2022, "Guevara Díaz vs. Costa Rica" (arts. 8º y 24 a 26, CADH).

mitan subsanarlas; asistir médicamente a la familia de la víctima; crear un mecanismo que permita la reapertura de investigaciones y procesos judiciales, incluso en los que ha operado la prescripción, cuando, en una sentencia de la Corte Interamericana determine la responsabilidad internacional del Estado, e indemnizar[432].

Honduras aceptó la responsabilidad por el asesinato del maestro y dirigente político comunista Deraes García, así como por la persecución y tortura de sus familiares. La Corte ordenó investigar, identificar, juzgar y sancionar a todos los responsables de su muerte y a todos los responsables de las demás violaciones de derechos humanos declaradas en la Sentencia; cerrar los expedientes policiales abiertos en contra de los familiares; brindar tratamiento médico a las víctimas; publicar la sentencia; adecuar el Código Penal vigente, e indemnizar[433].

En el caso "Habbal y otros vs. Argentina", la Corte rechazó responsabilizar al país por la anulación de la ciudadanía otorgada oportunamente a Raghda Habbal[434].

Ecuador reconoció su responsabilidad por la muerte de Walter Huacón Baidal y Mercedes Salazar Cueva a manos de la policía, al escapar de un operativo de tránsito. Se homologó el acuerdo alcanzado[435].

La Corte Interamericana declaró la responsabilidad de Ecuador por las irregularidades en las detenciones y los procesos judiciales que se siguieron contra Cortez ante la comisión de un presunto ilícito relacionado con la sustracción de un equipo de avión, y se lo obligó a indemnizar[436].

Antonio Aroca Palma fue asesinado por personal policial y, si bien primero fue declarado culpable, luego fue liberado por prescripción. La Corte responsabilizó a Ecuador; obligó al Estado a continuar con la investigación, señalando que es contrario a la Convención aplicar la prescripción para eximir responsabilidades en casos de graves violaciones a los derechos humanos, y lo condenó a brindar tratamiento médico a los familiares de la víctima e indemnizar[437].

[432] Corte IDH, 30/06/2022, "Sales Pimenta vs. Brasil" (arts. 5º, 8º y 25, CADH).

[433] Corte IDH, 25/8/2022, "Deras García y otros vs. Honduras" (arts. 4º, 5º, 7º, 8º, 11, 13, 16, 17, 19, 21, 22 y 25, CADH).

[434] Corte IDH, 31/8/2022, "Habbal y otros vs. Argentina".

[435] Corte IDH, 4/10/22, "Huacón Baidal y otros vs. Ecuador" (arts. 4º, 5º, 8º y 25, CADH).

[436] Corte IDH, 18/10/2022, "Cortez Espinoza vs. Ecuador" (arts. 5º, 7º y 8º, CADH).

[437] Corte IDH, 8/11/2022, "Aroca Palma y otros vs. Ecuador" (arts. 4º, 5º, 7º, 8º y 25, CADH).

En el caso "Leguizamón Zaván y otros", Paraguay fue condenado por el asesinato de este periodista, cuyo crimen permanece impune. Se ordenó crear un Grupo de Trabajo para establecer las circunstancias del homicidio; dar publicidad a la sentencia; crear un fondo destinado a la financiación de programas dirigidos a la prevención, protección y asistencia a periodistas víctimas de violencia, y se ordenó además el pago de indemnizaciones por daños materiales e inmateriales[438].

Argentina reconoció la responsabilidad por el fallecimiento de Cristina Brítez Arce, como consecuencia de la mala atención médica otorgada al atender su embarazo. La Corte declaró que fue la violencia obstétrica la que desencadenó su muerte y condenó al país a pagar a los hijos de la víctima tratamiento médico, publicar la sentencia, diseñar una campaña de difusión de los derechos relacionados con el embarazo e indemnizar[439].

La violación de Brisa, de dieciséis años, por parte de su primo diez años mayor, quedó impune como consecuencia de la anulación de diversos fallos judiciales, la fuga de su primo imputado y la demora en extraditarlo, que ocasionaron la prescripción de la acción penal. Por ello, Bolivia fue condenada a mantener abierto el proceso penal; determinar las responsabilidades de los funcionarias que contribuyeron a la revictimización; adecuar el ordenamiento jurídico interno de tal manera que la falta de consentimiento sea central y constitutiva del delito de violación, así como el tipo penal de estupro; visibilizar la violación sexual incestuosa; adecuar sus protocolos de investigación y actuación durante el proceso penal para casos de menores víctimas de violencia sexual; capacitar a funcionarios en temáticas de violencia sexual, e implementar campañas de concientización y educación en la materia[440].

b) *El margen de apreciación nacional.* Como lo expresamos en el apartado anterior, la Corte Interamericana de Derechos Humanos tuvo posturas cada vez más activas en sus decisiones, sosteniendo incluso que no solo deben ser acatadas por el país condenado, sino también por los demás países de la región sin reparo alguno.

Esta postura contrasta con las decisiones que adopta su par del viejo continente, el Tribunal Europeo de Derechos Humanos, que muchas

[438] Corte IDH, 15/11/2022, "Leguizamón Zaván y otros vs. Paraguay" (arts. 4°, 8°, 13 y 25, CADH).

[439] Corte IDH, 16/11/2022, "Brítez Arce y otros vs. Argentina" (arts. 4°, 5°, 8°, 19, 25 y 26, CADH).

[440] Corte IDH, 18/11/2022, "Angulo Losada vs. Bolivia" (arts. 5°, 8°, 11, 19, 24 y 25, CADH).

veces declina ejercer el control de convencionalidad basado en lo que se ha denominado la doctrina del "margen de apreciación nacional". Esta doctrina, de perfiles poco claros, que no solo no fue incluida en las cláusulas de la Convención Europea, sino que ni siquiera fue considerada en los trabajos preparatorios, fue elaborada por el Tribunal de Estrasburgo de manera "poco densa y susceptible de aplicaciones muy variadas si no contradictorias"[441], y tiene como epicentro la idea de que los Estados cuentan con un margen de regulación de los derechos que, en tanto no lo sobrepasen, inhiben la actuación del tribunal internacional, fruto de la subsidiariedad del derecho internacional, y, especialmente, de la diversidad cultural existente entre los distintos individuos que se encuentran en su ámbito de aplicación. Se postula en este sentido que un juez imbuido de la realidad local, cercano a las partes y que conoce sus "vivencias" está en mejores condiciones de fallar que un juez no influido por las circunstancias existentes y por tanto más ajeno a la situación fáctica imperante.

Se dice que esta doctrina "se presenta cuando no es posible verificar la existencia de consenso internacional respecto a la cuestión a resolver y, al mismo tiempo, cuando las circunstancias del caso ameritan una deferencia hacia las autoridades estatales para que interpreten el sentido dado a la norma internacional"[442].

Así formulada, y entendida como la adaptación de las normas contenidas en los tratados internacionales, de contornos poco precisos, a las circunstancias fácticas imperantes en cada país, esta doctrina no merecería mayores objeciones.

Sin embargo, en el continente europeo muchas veces se la ha aplicado de manera similar a las cuestiones políticas no justiciables en Argentina, y fue utilizada de forma discrecional, dejando indefensos y sin claras respuestas a quienes acudían en búsqueda de tutela, y provocando así una notoria injusticia[443].

[441] García Roca, *La muy discrecional doctrina del margen de apreciación nacional según el Tribunal Europeo de Derechos Humanos: soberanía e integración*, "Teoría y Realidad Constitucional,", nº 20, 2007, p. 122.

[442] López Alfonsín, *La doctrina del margen de apreciación nacional. Su recepción en el Sistema Europeo de Derechos Humanos, en el Sistema Interamericano de Derechos Humanos y en Argentina, en relación con los derechos económicos, sociales y culturales*, "Lex", vol. 15, nº 19, 2017, p. 69.

[443] Las críticas que hemos efectuados a la doctrina de las cuestiones políticas no justiciables son aplicables aquí. Ver nuestro trabajo *Organización constitucional del poder*, t. 1, p. 115 y siguientes.

Cabe preguntarse entonces si la doctrina del margen de apreciación nacional, tal como se aplica en el Tribunal Europeo de Derechos Humanos, se debe transpolar a la Corte Interamericana de Derechos Humanos.

Mientras algunos autores postulan que, ante "la posible inexistencia de una solución absoluta, el margen de apreciación nacional viene a ser ese espacio o válvula de escape en la cual se le da un determinado peso a la posición estatal, en cuanto a la apreciación del interés nacional preponderante que influye en la interpretación, delimitación, restricción y protección de un derecho convencional"[444], otros advierten que la "aplicación irrestricta de la doctrina del margen de apreciación nacional podría provocar que un mismo derecho humano no tenga la misma profundidad o extensión en todos los lugares, sino distintas modalidades e intensidades, circunstancia que afectaría la universalidad de ese derecho y autorizaría interpretaciones desigualitarias del mismo"[445].

La Corte Interamericana de Derechos Humanos no ha aplicado esta doctrina[446], al menos de la forma que la concibe el Tribunal Europeo[447],

[444] López Alfonsín, *La doctrina del margen de apreciación nacional. Su recepción en el Sistema Europeo de Derechos Humanos, en el Sistema Interamericano de Derechos Humanos y en Argentina, en relación con los derechos económicos, sociales y culturales*, "Lex", vol. 15, nº 19, 2017, p. 70.

[445] Sagüés, *Las relaciones entre los tribunales internacionales y los tribunales nacionales en materia de derechos humanos. Experiencias en Latinoamérica*, "Ius et Praxis", año 9, nº 1, 2003, p. 17. Sin perjuicio de lo afirmado, reconoce que los derechos no pueden ser juzgados en abstracto, puesto que existen marcos culturales y económicos que los circundan.

[446] En contra de esta postura algunos autores han entendido que la Corte Interamericana de Derechos Humanos aplicó la doctrina del margen de apreciación. Al respecto, Contreras manifiesta que existen dos casos donde se la ha utilizado: uno en la OC-4/84, donde la Corte admite que el Estado tiene un margen de apreciación para que el Estado pueda regular los modos de adquirir la nacionalidad, y otro en Corte IDH, 2/7/2004, "Herrera Ulloa vs. Costa Rica", donde señala que existe un margen acotado para cualquier restricción a la opinión pública, así como a la regulación de recursos judiciales (*Control de convencionalidad, deferencia internacional y discreción nacional en la jurisprudencia de la Corte Interamericana de Derechos Humanos*, "Ius et Praxis", año 20, nº 2, 2014, p. 235 a 274.

[447] Dirá al respecto García Roca que "el margen de apreciación nacional entraña tanto una cierta discrecionalidad de los Estados como una regla de decisión o, mejor aún, de no decisión que no es sino la otra cara de la misma moneda: el Tribunal Europeo puede no enjuiciar el asunto y ratificar la decisión nacional. Según tal doctrina, la Corte debe autolimitarse si la solución adoptada tiene la razonable apariencia del buen derecho en vez de sustituir al Estado demandado con sus propios puntos de vista" (*La muy discrecional doctrina del margen de apreciación nacional según el Tribunal Europeo de Derechos Humanos: soberanía e integración*, "Teoría y Realidad Constitucional", nº 20, 2007, p. 124).

como mecanismo de autorrestricción[448], pese a que sus fallos no siempre han sido pacíficamente obedecidos[449]. Existen algunas diferencias que deben marcarse con respecto a la situación europea y que justifican que aquí no se aplique esta doctrina.

En primer lugar, es muy diferente la cantidad de casos que resuelve uno y otro tribunal. Mientras que el Tribunal Europeo durante los años 2018 y 2019 sentenció 2739 y 2187 causas, respectivamente (en el mismo período declaró inadmisibles 40.022 –2018– y 38.480 causas–2019–), la Corte Interamericana de Derechos Humanos resolvió 22 causas en 2019 y la misma cantidad en 2018 (no se contabilizan aquí las interpretaciones ni las opiniones consultivas o las excepciones preliminares, sino aquellas en que se pronuncia sobre el fondo), en las que a su vez el afectado no puede presentar directamente el caso ante sus estrados, sino que debe denunciar ante la Comisión Interamericana y es ella la que decide someter el tema a la Corte.

Esta "selección" de expedientes hace que sea poco razonable la abstención en los casos que le toca decidir.

En segundo lugar, se ha observado que la Convención Americana "fue más precisa en cuanto a la enunciación de las obligaciones de respetar los derechos y libertades reconocidos en ella y garantizar su libre y pleno ejercicio a toda persona que esté sujeta a su jurisdicción, sin discriminación alguna'"[450], lo que disminuiría el margen de la Corte Interameri-

[448] En sentido coincidente se ha dicho que, "en todos estos casos que corresponden a materias donde podría tener un amplio espacio de aplicación la doctrina del 'margen de apreciación', la Corte IDH no renuncia a ser ella quien defina los aspectos normativos que sirven de base del ejercicio y goce de los derechos, así como de los elementos y la valoración de las restricciones de derechos, y no ha dejado esto a la definición nacional" (Nash Rojas, *La doctrina del margen de apreciación y su nula recepción en la jurisprudencia de la Corte Interamericana de Derechos Humanos*, "Anuario Colombiano de Derecho Internacional", vol. 11, 2018, p. 81).

[449] Sagüés recuerda la declaración de inejecutabilidad por resolución del Consejo Supremo de Justicia Militar del Perú, del 11 de junio de 1999, en el caso "Castillo Petruzzi y otros", fallado por la Corte Interamericana de Derechos Humanos; a los tres días fue la Corte Suprema de Justicia del Perú la que declaró inejecutable una decisión del máximo tribunal interamericano, esta vez el fallo "Loayza Tamayo" (ambos casos fueron posteriormente cumplidos, cuando Fujimori fue destituido). En "Fontevecchia", como se desarrolló en el § 6, también la Corte Suprema argentina puso reparos en la forma de cumplir lo decidido.

[450] López Alfonsín, *La doctrina del margen de apreciación nacional. Su recepción en el Sistema Europeo de Derechos Humanos, en el Sistema Interamericano de Derechos Humanos y en Argentina, en relación con los derechos económicos, sociales y culturales*, "Lex", vol. 15, nº 19, 2017, p. 58.

cana de Derechos Humanos para aplicar esta doctrina, al menos como lo hace su par de Europa.

A nuestro modo de ver, la doctrina del "margen de apreciación nacional" entendida como una autorrestricción al ejercicio del control de convencionalidad de los derechos humanos no es viable, en cuanto genera indefensión, inseguridad, desigualdad en el tratamiento y una notable injusticia, que precisamente el tribunal debe intentar remediar. Ello no implica que la Corte Interamericana de Derechos Humanos no deba reconocer que existen márgenes de discrecionalidad que la propia Convención Americana otorga a los Estados para que, según sus particularidades, legislen y apliquen sus cláusulas de la manera que, dadas sus características, resulte mejor para el cumplimiento de los fines procurados por la Convención.

Por ello, las doctrinas que establecen la obligatoriedad de seguir todos los precedentes de la Corte Interamericana de Derechos Humanos por parte de los tribunales nacionales, sin restricción alguna y sin importar a qué países resulta aplicable la sentencia ni qué circunstancias existentes se han tenido en cuenta, parece exagerada; tanto como aquellas que propugnan la autorrestricción de manera discrecional, por parte del tribunal interamericano, en los casos que le toca decidir.

Indudablemente, la tarea más ardua será la de alcanzar un adecuado equilibrio entre ambas corrientes que permita asegurar la efectividad de los derechos sin que se tornen una imposición que los desnaturalice.

§ 7. *Nuestra postura.* – La Constitución no solo tiene normas de redacción cerradas para resolver las situaciones que se presentan (es más, esta clase de normas, como sucede con el art. 43 de la Const. nacional, son las menos), sino que cuenta con normas abiertas y principios (muchos de los cuales, en situaciones concretas, resultan contradictorios entre sí), por lo cual, al operador, en su aplicación al caso concreto, no se le presenta una tarea sencilla.

El llamado principio de no contradicción a nivel constitucional no resulta válido, dado que la no contradicción está prevista al final del camino, por parte del ordenamiento jurídico, al dar una respuesta única. Pero ello no implica que las normas fundamentales no prevean derechos que tengan sus puntos de colisión en abstracto[451].

[451] Esta postura tiene sus críticos. En una posición contraria podemos encontrar a Toller, quien entiende que ello no es lógicamente posible y que los casos se deben resolver "usando la lógica de lo razonable" ["La doctrina de los conflictos de derechos", en Alexy - Alonso - Rabbi-Baldi Cabanillas (coords.), *Argumentación, derechos humanos y justicia,* p. 397]. En similar sentido, Cianciardo, *El ejercicio regular de los derechos.*

Como un claro ejemplo de ello podemos mencionar el art. 75, inc. 2, de la Const. nacional en cuanto establece que la distribución de coparticipación entre Nación y provincias será equitativa y solidaria, siendo que ambos principios no solo son diferentes, sino que son fundamentalmente opuestos.

Más allá de la teoría del derecho a la que se adscriba, el gran debate al que actualmente asistimos está relacionado con la preferencia de la Constitución o de la legislación ordinaria, bajo el pretexto de la preferencia de la discreción del juez o del legislador.

Este debate sigue más vigente que nunca en América Latina en general y en Argentina en particular. Ello se debe no solo a la jerarquización de los tratados internacionales, que se ha producido con la modificación del art. 75, inc. 22, de la Const. nacional en 1994, sino también al reconocimiento que el Código Civil y Comercial, sancionado en 2015, les otorga a la Constitución y a los tratados.

Así, el propio legislador dice que deben prevalecer los principios constitucionales; incluso utiliza normas abiertas en muchos casos, dejando un mayor margen de discrecionalidad al operador.

La postura opuesta, es decir la aplicación de la norma detallista, particularmente en Argentina, tiene la desventaja de que no solo se le suele dar preeminencia a la legislación por sobre la Constitución, sino también a las disposiciones emanadas de los poderes ejecutivos, tanto nacionales como provinciales, por sobre la carta magna. El conflicto, que viene desde el origen de nuestra organización, tiene su causa en un derecho constitucional de raíz estadounidense y un derecho administrativo de raíz francesa[452], y ha sido vivido trágicamente y sigue generando importantes desencuentros en la actualidad.

Aunque la tendencia empieza a revertirse, nuestras universidades educan principalmente en un derecho positivo que parece resolverlo todo mediante la normación, muchas veces sin criterios claros no solo en cuanto a normas y principios constitucionales en juego, sino también en cuanto a objetivos perseguidos y competencias de los órganos para llevarlos adelante.

Esas normas emanadas de órganos electivos, pese a los defectos mencionados, intentan legitimarse por el hecho de ser emitidas por funcionarios que tienen origen eleccionario. En el fondo impera el criterio de que la mayoría legitima cualquier afectación constitucional.

[452] Ver, al respecto, Toricelli, *Organización constitucional del poder*, t. 2, especialmente p. 142 y siguientes.

Se pregona, en tal sentido, que el juez debe interpretar la norma, que no es el juez exégeta del derecho francés, pero se afirma que ese margen de discrecionalidad debe ser acotado, lo que se produce al acudir a ficciones basadas en supuestos principios que no solo no son fundantes del sistema, sino que no tienen base alguna en normas constitucionales o que posean su jerarquía, como cuando se habla del principio de ejecutoriedad de los actos de la Administración pública o de sus prerrogativas extraordinarias, que resultan tan extraños a nuestro ordenamiento constitucional como el críquet a nuestras prácticas deportivas.

También hemos elevado a la categoría de "principio" que "la declaración de inconstitucionalidad de un acto de los poderes constituidos ya presenta suma gravedad institucional y debe ser considerada como ultima ratio del ordenamiento jurídico"[453] (volveremos sobre el tema en § 31 a 34).

Vemos, entonces, cómo, para justificar las decisiones de los órganos políticos, incluso los mismos jueces "inventaron" máximas que no tienen anclaje en nuestro ordenamiento. Ello sin considerar la doctrina creada sobre las cuestiones políticas no justiciables.

Entendemos que actualmente se va produciendo una ruptura con algunos de esos viejos criterios[454]. El neoconstitucionalismo, así como doctrinas similares, han efectuado importantes contribuciones.

Son válidas las críticas en cuanto, mediante aplicaciones exageradas de estas corrientes, se permite que el juez no deduzca el derecho, sino que lo base en su sola voluntad, aun cuando lo haga con argumentos.

No debemos olvidar que también los legisladores, incluso los poderes ejecutivos, crean muchas normas basadas en su sola voluntad o en las conveniencias del momento, sin respetar el orden superior que fija la Constitución y los derechos humanos fundamentales que, tanto en ella como en los tratados jerarquizados, se plasman.

Es bueno recurrir a viejas doctrinas para buscar conciliar posiciones que parecen irreductibles. Si el derecho es norma, pero también conducta y valores, nada de ello puede ser ajeno al legislador cuando dicta la ley, al Ejecutivo cuando decreta y a los jueces cuando resuelven las controversias que les son sometidas a su conocimiento.

El parlamento, cuando dicta la ley, no puede eludir las pautas constitucionales (ni las normas, sean estas abiertas o bien definidas, ni los

[453] CSJN, *Fallos*, 340:257.

[454] La reducción de las materias en las que el Poder Judicial se abstenía de actuar bajo la invocación de "cuestiones políticas no justiciables" es más que considerable. Ver su evolución en Toricelli, *Organización constitucional del poder*, t. 1, p. 98 y siguientes.

principios fundantes que ella evidencia) y, aun cuando el legislador no tiene por qué ser un especialista en derecho (la Constitución no lo exige y es bueno que no lo haga), sí tiene que contar con asesores calificados que le indiquen cuál es el margen que la carta magna le otorga para normar[455].

El juez, cuando ejerce el control en el caso concreto, no puede ni debe basarse en su sola voluntad, pero debe tener perfectamente en claro hasta dónde llegan las competencias del órgano que controla y cuándo se invaden derechos y principios que la Constitución ha sustraído de los órganos políticos porque protegen los derechos fundamentales de las personas humanas.

Inspirados en doctrinas que, a nuestro entender, no dicen lo que se les atribuye, vemos cómo muchas veces se declaran inconstitucionales normas que no son del agrado de las partes a quienes les son aplicables, así como de los órganos que las controlan, pero que, lejos de tal situación, son posibilidades que caen en el margen con que cuenta el legislador. Tal es lo que sucede cuando el legislador opta por fijar un tiempo mínimo para permitir que se divorcien quienes han contraído matrimonio, en lugar de habilitar el divorcio de manera inmediata, o cuando decide que no se podrá afectar la legítima en más de un 20 o 30 % del valor total del patrimonio, en lugar de permitir la libre disposición de los bienes.

Podemos tener preferencia por una u otra opción, pero la Constitución no ha fijado ninguna, dejando entonces al órgano competente para normar (en este caso, el Congreso de la Nación) la opción de su consideración; sin perjuicio de la crítica que pueda hacerse sobre si la legislación vigente representa o no la mejor opción.

Ello no significa que el margen de discrecionalidad que deja la Constitución para interpretar sus cláusulas sea infinito. Es necesario que lo comprendan todos los operadores; pero es fundamental que el órgano controlante, en el caso argentino el Poder Judicial, tenga la capacidad necesaria para ello.

Son falaces las argumentaciones que hablan de una mayor democratización en tanto los órganos integrados por funcionarios elegidos popu-

[455] Así como quien desea construir una casa no tiene que ser ingeniero civil o arquitecto, pero una vez diseñado su proyecto necesita de estos profesionales para darle la mejor forma, cumplir con las estipulaciones reglamentarias y los cálculos necesarios para que no se derrumbe, así también los parlamentos y los ejecutivos necesitan contar con especialistas que les indiquen qué y cómo normar, más allá de que será el funcionario elegido quien marcará el rumbo, como el propietario el que elegirá que tipo de casa quiere.

larmente tienen una mayor legitimidad que el juez para decidir cómo se interpreta la Constitución.

Más allá del aspecto técnico (que el juez haya estudiado y aplique constantemente el derecho) y de la innegable necesidad de contar con un órgano controlante de las normas emitidas que posea la última palabra, precisamente, el ámbito donde se desenvuelve el juez, especialmente en el sistema de control de constitucionalidad difuso, es el más democrático.

Sin entrar en discusión aquí sobre la relación del elector y el elegido, así como si los poderes políticos verdaderamente responden a la inquietud de los electores[456], el proceso judicial permite que quien se encuentra afectado en su derecho por una norma pueda discutir su validez constitucional argumentando por qué entiende que es inválida, en qué afecta sus derechos; mientras que su contrincante, precisamente quien obtiene una beneficio de esa norma, la puede defender con todas sus argumentaciones.

Y de todo ello, un juez primero, otros después, y probablemente otros más en diversas instancias tengan la oportunidad de decidir si esa norma resulta o no válida, al menos para quien así lo plantea.

El juez no invalida el funcionamiento de los demás poderes políticos cuando recepta un reclamo; simplemente encuadra la conducta de los órganos estatales dentro de sus atribuciones, sobre la base de los pedidos que hicieron las partes para que sus derechos no se encuentren vulnerados por una decisión de turno.

[456] Con criterio que compartimos, dice BOBBIO que, "en comparación con la democracia de inspiración roussoniana, en efecto, la participación popular en los Estados democráticos reales está en crisis, al menos por tres razones: *a*) la participación se resuelve, en la mejor de las hipótesis en la formación de la voluntad de la mayoría parlamentaria, pero el Parlamento no es ya, en la sociedad industrial avanzada, el centro de poder real, siendo, a menudo, una cámara de registro de decisiones acordadas en otro lugar; *b*) incluso si el Parlamento fuese todavía el centro del poder real, la participación popular se limita, en intervalos más o menos largos, a dar la propia legitimación a una clase política restringida que tiende a la autoconservación, y que es cada vez menos representativa; *c*) incluso en el restringido ámbito de una elección, una *tantum* sin responsabilidad política directa, la participación esta distorsionada, o manipulada, por la propaganda de las potentes organizaciones religiosas, de partidos, sindicatos, etcétera. La participación democrática debería ser eficaz, directa y libre: la participación popular en las democracias incluso más progresistas no es ni eficaz, ni directa, ni libre. De la suma de estos tres defectos de participación popular nace la razón más grave de la crisis, esto es, la apatía política, el fenómeno tanta veces observado y condenado de la despolitización de las masas en los Estados dominados por los grandes aparatos de partido. La democracia roussoniana o es participante o no es nada" (*El tiempo de los derechos*, p. 194 y 195).

Por ello, como se verá en el capítulo siguiente, el rol del juez en esta revalorización del constitucionalismo es fundamental. De su adecuado criterio, de que sepa mantenerse en su ámbito de competencias, sin buscar protagonismo, pero sin ceder a la omnipotencia del "representante" de la mayoría que, circunstancialmente, tiene el poder, depende el buen funcionamiento del Estado constitucional y la concreción de los derechos humanos fundamentales.

Capítulo II

EL ROL DEL JUEZ EN EL CONSTITUCIONALISMO

A) Consideraciones generales

§ 8. *Introducción.* – Con el apogeo de las tesis que ven en el constitucionalismo el límite a la actuación de los distintos órganos del Estado, cobra nueva intensidad una discusión que viene de larga data, la legitimidad de los jueces para el ejercicio del control de constitucionalidad –en la actualidad también de convencionalidad– y especialmente para la protección de los derechos humanos[1].

El llamado argumento contramayoritario cuestiona por qué el Poder Judicial[2], cuyos integrantes serían menos democráticos que los integrantes de los otros dos poderes del Estado, pueden controlar sus actos.

Este planteo parte de dos supuestos –a nuestro entender erróneos–: que democracia es igual a elección popular, y por tanto un juez no electo de ese modo no tiene legitimidad democrática, y que los ór-

[1] El ejercicio del control de constitucionalidad, al menos en el régimen argentino, lleva implícito también el de convencionalidad –por imperio del art. 75, inc. 22, de la Const. nacional–, y tiene como principal objetivo la protección de los derechos humanos que se encuentran plasmados tanto en las constituciones como en los tratados internacionales cuyas normas priman sobre las leyes internas y los actos del Poder Ejecutivo.

[2] Aunque el argumento contramayoritario tiene su nacimiento en Estados Unidos de América, como cuestionamiento del control de constitucionalidad judicial difuso, sus críticas también resultan aplicables a los tribunales constitucionales existentes en los sistemas de control constitucional concentrado, como ocurre con los modelos europeos (ver, al respecto, Toricelli, *El sistema de control constitucional argentino*).

ganos de elección popular no pueden tener ningún control que no sea el del electorado[3].

Actualmente, no solo los tribunales nacionales son cuestionados en dicha facultad, también se discute la legitimidad de los tribunales internacionales al respecto.

Resulta necesario, en consecuencia, analizar particularmente qué entendemos por democracia y cómo este concepto implica el ejercicio del control de constitucionalidad, cuáles son las condiciones que se deben cumplir para garantizar el carácter democrático del juez, tanto a nivel nacional como internacional, y si ello ocurre en el sistema difuso.

§ 9. ***Una aproximación al concepto de democracia.*** – El concepto de *democracia* no es pacífico, ni siquiera en lo que se refiere a su ubicación como forma de Estado, dado que muchos autores la consideraban, especialmente en la Antigüedad[4], como una forma de gobierno, y esa postura subsiste en nuestros días[5]. Compartimos el punto de vista que al respecto enseñaba Bidart Campos, para quien se trata de una forma de Estado, por implicar "un estilo de vida, un modo de ser del régimen estatal en sí mismo, una política favorable al hombre y a su libertad personal"[6].

La democracia refiere a la relación existente entre aquellos elementos que componen el Estado; en el caso, poder y población. Este régimen, que permite la participación ciudadana en la toma de decisiones,

[3] Al respecto se ha dicho que "si es que efectivamente tenemos razones para criticar el actual funcionamiento de los órganos políticos, tales razones no nos permiten, de por sí, defender el rol de los jueces en el reemplazo de aquellos, del mismo modo en que no tendríamos razones para proponer, en reemplazo de un parlamento en crisis, la autoridad incuestionada de un dictador o un grupo cualquiera de reyes filósofos" (Gargarella, *La dificultad de defender el control judicial de las leyes*, "Isonomía", nº 6, 1997, p. 62).

[4] Los antiguos clasificaban las formas de gobierno según la cantidad de los que tenían el poder y lo bien o mal que lo ejercieran. Aunque no todos los autores utilizaron la expresión "democracia" de la misma manera, dado que algunos la consideraban dentro de las formas "buenas", mientras que otros la consideraban dentro de las formas "degeneradas", había consenso en que se trataba del gobierno de muchos.

[5] Fayt afirmaba categóricamente que "la democracia no es una forma de Estado [...] No hay duda de que la democracia como forma de gobierno y como régimen o doctrina política influye en la configuración de la organización política, pero no en grado tal como para alterar la relación funcional de la estructura de la forma política" (*Derecho político*, t. I, p. 364).

[6] Bidart Campos, *Derecho político*, p. 393.

requiere como elementos indispensables para su configuración el reconocimiento de libertades y el respeto por las diferencias.

No todos los regímenes así llamados son igualmente democráticos. Mientras mayores sean el plexo de derechos y la tolerancia, habrá mejores posibilidades de participación comunitaria (en realidad, si ello no está presente, por más que existan comicios, no hay democracia posible por ausencia de verdaderas opciones).

La democracia ideal es aquella en donde, además de asegurarse las libertades, toda la población participa en la toma de decisiones de los asuntos públicos. Sin embargo, esta variante es actualmente impracticable[7] e, incluso, desaconsejable[8].

No todo puede ser sometido al criterio de la mayoría. El reconocimiento de derechos inalienables del hombre trasciende la voluntad popular.

Incluso podemos ver cómo las complejidades técnicas existentes, así como la necesidad de celeridad en la toma de decisiones, hacen que los parlamentos cedan en los debates y resignen sus funciones en manos de poderes ejecutivos, que hacen por sí leyes o que, bajo la amenaza permanente de la desintegración social, imponen votaciones urgentes que impiden conocer, de antemano, los aciertos o inconvenientes de las medidas adoptadas.

Lo llamativo es que no se cuestione la legitimidad democrática de un parlamento que dicta leyes contrarias a la carta magna o ejecutivos que usurpan funciones que las constituciones reservan para otros órganos, y sí se cuestione la legitimidad de los jueces para realizar el ejercicio del control.

Como bien apunta BIANCHI, lo primero que debemos considerar en el análisis de la legitimidad de los jueces es si podemos prescindir del control de constitucionalidad[9], y como la respuesta negativa se impone y los intentos de autocontrol[10] o de creación de órganos especiales, que pueden ser susceptibles de las mismas críticas que el judicial, no han dado resul-

[7] Decía ROUSSEAU que "si hubiera un pueblo de dioses, se gobernaría democráticamente. Un gobierno tan perfecto no conviene a los hombres" (*El contrato social*, p. 122).

[8] Sobre la ampliación del espacio limitado de la democracia, ver BOBBIO, *El futuro de la democracia*, p. 21 y siguientes.

[9] BIANCHI, *La legitimidad en el ejercicio del control de constitucionalidad (apuntes en relación a los magistrados judiciales y a los tribunales administrativos)*, "Derecho Administrativo", 2001, p. 38 a 127.

[10] El autocontrol es lo mismo que la ausencia de control, y se sabe que el poder que no tiene control tiende a extralimitarse, máxime por estas latitudes.

tados satisfactorios, es indudable que debemos analizar si estos ataques contra la institución en general y contra su funcionamiento en particular tienen un verdadero asidero.

§ 10. *La legitimidad democrática de los jueces.* – Si concluimos que no hemos descubierto aún un mejor sistema de control de constitucionalidad que el judicial, que es imprescindible el control para el adecuado funcionamiento de los derechos humanos y que la Constitución es norma ineludible para todos los poderes de Estado, cabe indagar si los jueces tienen legitimidad democrática y, en su caso, qué se las otorga.

Más allá de las doctrinas que lo niegan porque no tienen origen popular y periódico, y lo democrático es solamente lo votado, dentro de los que adherimos a un concepto de democracia más amplia, existen diversos argumentos que justifican el ejercicio del control de constitucionalidad por parte de los jueces, tanto en instancias nacionales como internacionales, sea mediante un sistema que admita que todos los jueces la ejercen (control difuso) o que esta potestad se concentre en órganos especializados con exclusividad[11].

En tal sentido se ha dicho que "la justicia constitucional es legítima cuando menos porque *1*) protege (o debe proteger) derechos de las minorías al interpretar y aplicar preceptos constitucionales que inclusive las mayorías han dejado fuera de la arena política; *2*) tutela derechos procedimentales y sustantivos que conforman la esencia del régimen democrático, y finalmente porque *3*) la justicia constitucional da su significado verdadero a la palabra Constitución"[12].

En el mismo sentido, Zaffaroni expresaba que no puede afirmarse que "por no proceder los jueces de elección popular, no están legitimados democráticamente para ejercer el control de constitucionalidad de las leyes y, por ende, con ese argumento, se quiere consagrar la dictadura de la

[11] Es importante consignar que en Latinoamérica existe una tendencia mayoritaria al control combinado. Hay algunos países que tienen un control de constitucionalidad concentrado, como Bolivia, Paraguay, Uruguay, Panamá y Costa Rica. Argentina es prácticamente el único país latinoamericano que mantiene el sistema de control difuso puro, como Estados Unidos de América, mientras que la mayoría permite que algún tribunal en particular cuente con especiales atribuciones de control y los jueces puedan declarar la invalidez de una norma en los casos concretos que tienen en juzgamiento.

[12] Rivera León, *Jurisdicción constitucional: ecos del argumento contramayoritario*, "Cuestiones Constitucionales", nº 22, ene.-jul. 2010, p. 260.

mayoría parlamentaria coyuntural y degradar la Constitución a una mera expresión de deseos.

Una institución no es democrática únicamente por provenir de elección popular, ni todo lo que proviene de ese origen es necesariamente 'aristocrático'. Una institución es democrática cuando es funcional para el sistema democrático, es decir, cuando es necesaria para su continuidad, como sucede con el judicial. Cuando se dice que el Poder Judicial tiene legitimidad constitucional pero no legitimidad democrática, se ignora su funcionalidad democrática"[13].

Compartimos el criterio de que la funcionalidad democrática del juez la otorga la tutela de los derechos humanos, por lo que resulta importante analizar qué condiciones deben cumplirse para que dicha funcionalidad sea tal.

B) La funcionalidad democrática del Poder Judicial

§ 11. *Introducción.* – Como expresamos, para que un juez tenga legitimidad democrática tiene que poseer funcionalidad democrática, y esa funcionalidad se obtiene mediante un adecuado ejercicio de su función de control de constitucionalidad de los actos estatales; es decir, mediante un efectivo ejercicio de aplicación de los derechos humanos fundamentales.

Ahora bien, no todos los poderes judiciales, ni todos sus integrantes, cumplen adecuadamente esa funcionalidad. Para que ello se dé es necesario que se cumplan determinadas garantías y condiciones que permitirán, sin perjuicio de que toda institución está formada por hombres, un más adecuado desempeño de su función.

En los siguientes apartados analizaremos estructuras y condiciones que, a nuestro entender, resultan más adecuadas para la funcionalidad democrática del juez.

§ 12. ***Organización del sistema de control.*** – No da lo mismo un sistema de protección de derechos humanos ejercido por un tribunal único con capacidad de invalidar toda norma que se le oponga que la posi-

[13] Zaffaroni, *Estructuras judiciales*, p. 41.

bilidad de todos los jueces, en las causas que les toca decidir, de ejercer dicho control.

Esto no pasó inadvertido a la Corte Interamericana de Derechos Humanos, la cual estableció, en "Trabajadores cesados del Congreso"[14], la obligación de todo tribunal de proteger los derechos humanos, debiendo contar con la facultad de declarar no solo la invalidez constitucional de una norma, sino también su inconvencionalidad[15]. Por ello, los sistemas de control difuso o combinado parecen más adecuados.

Existen dos razones más que justifican la existencia de diversos tribunales en pos de asegurar la protección de los derechos humanos.

Una es que la concentración del control de constitucionalidad en un órgano "facilita" la presión que los poderes controlados pueden ejercer sobre el controlante. No es lo mismo la designación de cinco o quince jueces que de cientos, como tampoco es igual desacreditar o influir un solo tribunal que hacerlo con cientos.

Máxime en Latinoamérica, donde existe una tendencia excesiva a franquear el sistema de división de poderes y a poner en tela de juicio la conveniencia de cualquier sistema de control, así como la idoneidad y legitimidad de los controlantes.

La segunda razón es que los sistemas difusos y combinados, al permitir que todos los jueces ejerzan el control, aseguran al individuo un mayor acceso a la protección de los derechos humanos. Resulta más dificultoso para el justiciable acceder a una jurisdicción constitucional concentrada que a una difusa.

[14] Corte IDH, 24/11/2006, "Trabajadores cesados del Congreso (Aguado Alfaro y otros) vs. Perú", párr. 128. Al respecto expresó que, "cuando un Estado ha ratificado un tratado internacional como la Convención Americana, sus jueces también están sometidos a ella, lo que les obliga a velar porque el efecto útil de la Convención no se vea mermado o anulado por la aplicación de leyes contrarias a sus disposiciones, objeto y fin. En otras palabras, los órganos del Poder Judicial deben ejercer no solo un control de constitucionalidad, sino también 'de convencionalidad' *ex officio* entre las normas internas y la Convención Americana, evidentemente en el marco de sus respectivas competencias y de las regulaciones procesales correspondientes".

[15] No nos estamos manifestando aquí favorables a un seguimiento incondicionado de las decisiones de la Corte Interamericana de Derechos Humanos, que incluso pueda modificar los sistemas de control de constitucionalidad vigente en los distintos países (tomemos el ejemplo de los países latinoamericanos que optaron por el control concentrado –como Panamá, Costa Rica, Uruguay o Paraguay, para nombrar algunos– y aunque no nos parezca la mejor opción, no significa que no sea una opción válida, dado que el poder constituyente tiene toda la amplitud de elegir); solo remarcamos la importancia que le otorga el máximo tribunal en materia de derechos humanos en el sistema americano.

La distancia, la cantidad de causas con capacidad de resolver, la celeridad y el entendimiento de los problemas cotidianos mejoran notablemente la funcionalidad del Poder Judicial. La gente puede acudir al juez de su cercanía, y no que le sea impuesto un tribunal único centralizado en la capital del país.

Este tribunal no es tan cercano a los ámbitos del poder político y encuentra, en los hechos de la causa, un material que le resulta imprescindible para la aplicación del derecho vigente, especialmente el de rango constitucional, que tutela los derechos humanos fundamentales.

§ 13. ***Procedimientos de selección***. – Los procedimientos de selección tienen una influencia directa sobre la legitimidad democrática, dado que, en la medida en que se escojan los mejores, aseguran la verdadera funcionalidad.

Para quienes confunden democracia con votación, solo el juez elegido popularmente cumpliría el requisito de ser democrático. Sin embargo, a nuestro modo de ver, precisamente este juez es quien menos cumple con la funcionalidad democrática y su legitimidad es la más escasa. Ello porque los magistrados cumplen una función técnica que requiere un grado de conocimiento específico que ha hecho que este poder sea reservado exclusivamente a los profesionales del derecho.

Existen, en el derecho comparado, diversos sistemas de selección de jueces. Con ciertas variantes, los más comunes son los de elección popular, cooptación y designación por parte de los poderes ejecutivos.

El sistema de elección popular, que no contó con mayores adeptos, se utilizó en algunos Estados de los Estados Unidos de América, así como en ciertos tribunales de la desaparecida Unión Soviética. El principal cuestionamiento pasa por las dificultades del electorado de conocer calidades técnicas y personales de los candidatos a ocupar cargos, lo que dificulta tremendamente la capacidad de elegir al más adecuado. Además, al ser los jueces los garantes de los derechos de las minorías, dejar sometido a decisión mayoritaria esa protección puede tornarse desaconsejable.

Si los jueces dependieran de los partidos para su postulación, el interrogante sería cómo aseguraríamos su independencia, cuando precisamente uno de los cuestionamientos a los parlamentos actuales es su íntima vinculación con el partido gobernante al que pertenecen.

Bolivia, que ejerce el control de constitucionalidad de manera concentrada mediante el Tribunal Constitucional Plurinacional, elige a sus siete miembros titulares y a los siete suplentes mediante elección popular y al menos dos de estos magistrados deben provenir del sistema indígena originario campesino. Son elegidos por seis años y no tienen reelección inmediata, pero sí pueden volver a ser nuevamente elegidos.

Para su designación, la Asamblea Legislativa convoca un proceso de selección donde los candidatos deben cumplir los requisitos exigidos por la ley. Por dos tercios de votos, la Asamblea preselecciona veintiocho postulantes, de los cuales la mitad deben ser mujeres.

Los candidatos tienen prohibido hacer campaña; es el órgano electoral el que tiene que dar a conocer sus méritos. Los siete candidatos más votados son titulares, y los siete que les siguen, suplentes. No pueden ejercer la abogacía, cargos públicos ni la docencia universitaria.

Se trata de asegurar que el magistrado no incurra en los vicios que antes endilgáramos a este sistema, y para hacerlo reduce el cupo de los elegibles por preselección del parlamento, pero en la práctica se ha criticado que, aun así, le resulta muy difícil al ciudadano conocer los méritos de los candidatos para estar en verdaderas condiciones de elegir.

Como lo expresamos, se trata de seleccionar a un técnico, y el procedimiento de selección popular no es adecuado para conocer las condiciones de idoneidad de un juez.

Diariamente elegimos profesionales para que nos asistan: abogados, si consideramos afectado algún derecho o tenemos que defender una posición; médicos, si tenemos un problema de salud; contadores, si tenemos que efectuar una presentación de impuestos; ingenieros o arquitectos, si deseamos construir o remodelar una propiedad, entre muchos otros. En cada elección nos manejamos por criterios muy diversos, entre los que podríamos mencionar las referencias que nos brinda una tercera persona; el conocimiento previo que podamos tener del profesional, incluso fuera de su ámbito de actuación; el hecho de que cuente con importantes antecedentes, o incluso lo elegimos porque aparece en alguna cartilla o publicidad.

Solo una vez que hemos recibido asistencia estamos en condiciones de valorar su actuación, pese a lo cual lejos estamos de poder decidir si es mejor o no que otros profesionales del mismo ramo.

No se trata de elegir un proyecto, como presenta un candidato a presidente o legislador, sino de elegir un técnico. Y uno que asegure la vigencia de los derechos fundamentales, aun cuando lo que decida en los casos concretos no sea de nuestro agrado.

Si además el juez tiene que revalidar su cargo ante el electorado, las decisiones que adopte estarán muchas veces teñidas de la opinión pública mayoritaria, que no necesariamente coincide con los derechos de las minorías que debe tutelar.

En este caso, uno de los fundamentos de los derechos humanos, que, según FERRAJOLI[16], se encuentra en la protección del más débil, difícilmente pueda ser cumplido, pues si el juez está sometido al criterio de la mayoría, al igual que los demás poderes estatales, nada asegura un verdadero sistema de control, y mucho menos de protección de estos derechos, por lo que su funcionalidad democrática no se encuentra presente.

El sistema de cooptación, donde el propio Poder Judicial es el encargado de designar a sus pares, también se ha mostrado inconveniente por la ausencia de renovación que suele tener el cuerpo, al existir una clara preferencia en la selección de aquellos candidatos que se encuentran desempeñándose dentro del órgano, en desmedro de los abogados de la matrícula.

Claro que los procedimientos de selección de magistrados por parte de los otros poderes del Estado, sin más aditamento que la sola discrecionalidad de uno o varios poseedores, tampoco cumple adecuadamente con la funcionalidad pretendida o, si la cumple, dependerá de la idiosincrasia propia de electores y elegidos.

El método de la designación por el Poder Ejecutivo utilizado por los Estados Unidos de América fue al que la Constitución argentina de 1853 adhirió. Con la reforma de 1994, este sistema sufrió una profunda transformación, dado que, si bien sigue siendo el presidente –con acuerdo del Senado– quien los designa, se encuentra limitado a una terna de candidatos que eleva el Consejo de la Magistratura.

Así, por ejemplo, en Inglaterra o Estados Unidos de América se suelen elegir para jueces a abogados con una importante trayectoria, que culminarán su carrera en un cargo judicial sin que, una vez designados, cambien de cargo o tengan acceso a una carrera judicial que genera dependencia del controlado[17].

[16] FERRAJOLI, *Los fundamentos de los derechos fundamentales*, p. 315.

[17] La existencia de una carrera judicial no es de por sí inadecuada, si por ella se entiende que el juez antes ha pasado por distintos empleos dentro del Poder Judicial. Pero si por carrera judicial se entiende que el juez de segunda instancia tiene que haber pasado antes por la primera instancia, y no se comprende que, aun cuando una jurisdicción pueda ser revisora de otra, no se trata de una relación jerárquica, sino solo funcional, estamos ante un inadecuado sistema de organización. Y ello ocurre en Argentina, donde el juez

Brasil ha mostrado un sistema superador que le ha dado buenos resultados –aun cuando no perfecto, claro está– y que incluso llega a enjuiciar los más altos cargos del poder político.

Para el ingreso ha fijado que se realice un concurso público de pruebas y títulos, con la participación de la Orden de los Abogados de Brasil en todas sus fases, atendiéndose, en las nominaciones, al orden de clasificación. Y si bien es un sistema de ascenso por carrera, también las condiciones para ascender están claramente fijadas por la Constitución sobre la base de concursos y adecuado funcionamiento (art. 93, Constitución de Brasil).

Por ello, resulta conveniente la selección de jueces por verdaderos concursos en donde se midan los antecedentes del candidato a juez y donde también se evalúen sus conocimientos.

La evaluación de antecedentes tiene que ser previamente tasada (para evitar discrecionalidades), pero debe también medir la contracción del aspirante al trabajo, lo que surge de sus antecedentes profesionales y no solo académicos.

La prueba de oposición debe medir los conocimientos adecuados para desempeñar la función, que difícilmente puedan calificarse en un examen de carrera de grado, donde se le otorga un tiempo limitado de horas para resolver una situación que, en la práctica, le llevaría semanas de análisis.

Debe tenerse en cuenta, además, lo que Vigo llama las idoneidades judiciales, que son variadas y que comprenden, entre otras, la psicológica, la gerencial, la jurídica y la ética[18].

El equilibrio psicológico es indispensable para soportar las presiones a las que se encuentra sometido, y no solo por tener que controlar poderes políticos, sino porque por sus manos pasa el efectivo cumplimiento de los derechos humanos de las partes que en él han confiado para dirimir sus controversias.

---

de segunda instancia tiene una especie de relación jerárquica que se da incluso en cierto ejercicio de superintendencia, además de percibir una mayor remuneración. Este yerro en la organización judicial tiene una repercusión directa en el funcionamiento, dado que jueces ya designados vuelven a postularse para ocupar cargos de "mayor jerarquía", desatendiendo sus labores cuando la selección requiere rendir exámenes para los que deben preparase utilizando el tiempo de su actividad, así como en la independencia, al necesitar la designación de parte del poder político al que se encuentran controlando.

[18] Vigo, *Del Estado de derecho legal al Estado de derecho constitucional*, "Cuestiones de Derecho Procesal", 2012, p. 83.

La capacidad gerencial es imprescindible porque el juez no solo dicta sentencia, sino que tiene a su cargo el manejo de recursos y personal para poder prestar un adecuado servicio. No basta que la sentencia sea justa; debe haber ordenado todo un proceso y haber logrado una tramitación dentro de un plazo razonable, para lo que será imprescindible que se valga de colaboradores eficientes que permitan arribar a una solución en el menor tiempo posible.

La idoneidad jurídica es aún más importante que en el modelo positivista, porque ahora es insuficiente que el juez conozca el derecho legal que pueda subsumirse al caso, sino que, cuando se confrontan derechos legales con derechos constitucionales, debe conocer sus alcances (así como el de los tratados), poder aplicarlos razonablemente y saber argumentar adecuadamente el porqué de su elección, achicando el margen de discrecionalidad.

Debe contar con idoneidad ética, pues no puede confiarse la protección de los derechos a quien no es honesto, imparcial y responsable.

También será muy importante la existencia de un jurado altamente capacitado, con conocimiento de cuáles son las funciones que debe cumplir el Poder Judicial y que posea las cualidades que se exigen para ser juez, dado que no puede calificar quien no conoce o carece de las competencias que evalúa.

Mientras mejor sea la selección de magistrados, mayor será su funcionalidad democrática. Pero la sola designación es insuficiente para lograr el equilibrio pretendido y por ello se han otorgado a los jueces distintas garantías, tanto colectivas como individuales, con el fin de asegurar su independencia e imparcialidad; las dos más importantes son la estabilidad en el cargo y la intangibilidad de las remuneraciones.

Si bien ya nos hemos ocupado con anterioridad de ellas y allí remitimos[19], es importante aquí hacer unas breves consideraciones.

§ 14. *Garantías reconocidas a sus integrantes.* – Las garantías que se reconocen a los integrantes del Poder Judicial buscan asegurar la imparcialidad del juzgador a fin de que sus decisiones no estén condicionadas por los poderes a los que debe controlar, por otros magistrados, ni por ninguna clase de poder fáctico.

[19] Para una mayor ampliación del tema, ver Toricelli, *Organización constitucional del poder*, t. 2, p. 95 y siguientes.

Si bien los procedimientos de designación, de sanción y de remoción juegan un papel importante en estos ámbitos, son las garantías el mayor reaseguro al respecto. Los dos ejes principales sobre los que se asienta esta independencia están basados en la estabilidad y en la intangibilidad.

a) *Estabilidad.* Uno de los aspectos que genera controversias doctrinales es si un juez, en un régimen republicano, debe tener estabilidad en su cargo o si este debe ser de renovación periódica.

En el derecho comparado aparecen distintos sistemas. Vemos cómo muchos magistrados de tribunales constitucionales, como es el caso de Bolivia[20], mantienen sus cargos durante un período de tiempo (que puede ir desde unos pocos años –cuatro– hasta superar la decena y media de años) y luego deben cesar o bien tienen posibilidades de ser reelegidos. Hay casos, como el de Guatemala[21], donde los jueces deben renovar sus cargos periódicamente.

Sin embargo, aun cuando parezca un contrasentido, la democracia, y su subespecie la república, tienen mayores posibilidades de realización cuando al juez se le concede la garantía de estabilidad. Ello es así porque la estabilidad asegura que el magistrado no quede sujeto al designio de otro poder o sector que precisamente debe controlar.

El modelo de estabilidad absoluta que adoptó Estados Unidos de América fue seguido por distintas constituciones. Brasil, por ejemplo, en su art. 95, expresa: "Los jueces gozan de las siguientes garantías: *I.* carácter vitalicio, que, en el primer grado, solo será adquirido después de dos años de ejercicio, dependiendo la pérdida del cargo en ese período de decisión del tribunal al que el juez estuviera vinculado y, en los demás casos, de sentencia judicial firme; *II.* inamovilidad, salvo por motivo de interés público, de conformidad con el art. 93, VIII".

[20] La Constitución boliviana, en su art. 200, referido al Tribunal Constitucional Plurinacional establece: "El tiempo de ejercicio, la permanencia y la cesación en el cargo establecidos para las magistradas y los magistrados del Tribunal Supremo de Justicia será de aplicación a los miembros del Tribunal Constitucional Plurinacional"; el art. 183, apdo. I, dispone: "Las magistradas y los magistrados, no podrán ser reelegidas ni reelegidos. Su período de mandato será de seis años".

[21] El art. 208 de la Const. de Guatemala dispone: "Los magistrados, cualquiera que sea su categoría, y los jueces de primera instancia, durarán en sus funciones cinco años, pudiendo ser reelectos los primeros y nombrados nuevamente los segundos. Durante ese período no podrán ser removidos ni suspendidos, sino en los casos y con las formalidades que disponga la ley". Los miembros de la Corte de Constitucionalidad duran cinco años, según lo establece el art. 269.

La Constitución argentina establece que los jueces duran en su cargo mientras dure su buena conducta (art. 110). Pero esta inamovilidad sufrió sus embates en los últimos tiempos; normativamente mediante la pretensión de disminuir el alcance de la garantía colocando topes de edad, y fácticamente con la designación de jueces transitorios.

Al comentar una cláusula de la Constitución de Nueva York, que adoptaba como límite de edad del magistrado los setenta años, los autores de *El Federalista* sostenían que "han de ser muy pocos los que no reprueben esta disposición en la actualidad. No hay empleo con relación al cual resulte menos oportuno que el de los jueces. Las facultades de discurrir y de comparar se conservan intactas bastante después de esa edad en los hombres que le alcanzan, y cuando además de esta circunstancia consideramos que pocos hombres sobreviven a su vigor intelectual y lo improbable que sería el que una proporción importante y más o menos numerosa de la judicatura estuviera simultáneamente en la situación descripta, estaremos dispuestos a convenir en que las limitaciones de este género son muy poco recomendables. En una república donde no abundan las fortunas y las pensiones no son convenientes, el quitar a los hombres de los cargos en que sirvieron a su país larga y fielmente, y de los que depende para su subsistencia, a una edad demasiado avanzada para que puedan buscar alguna otra ocupación que les permita vivir, debe justificarse desde el punto de vista humanitario con algún pretexto más plausible que el derivado del peligro imaginario de una judicatura inhabilitada por la edad"[22].

También la Corte Suprema argentina entendió que, cuando se deja en manos de otros poderes la disposición del cargo judicial, la cláusula que así lo establece es contraria a los principios constitucionales. Ello lo sostuvo en la causa "Iribarren"[23], que versaba sobre el alcance que posee el art. 88 de la Const. de la Provincia de Santa Fe[24], entendiendo que la Constitución nacional fija una garantía mínima en cuanto a la estabilidad de los magistrados que no puede ser soslayada por las provincias.

Pese a ello, la estabilidad se modificó con el tercer párrafo del inc. 4 del art. 99 de la Const. nacional, al disponer: "*Un nuevo nombramiento,*

[22] Hamilton - Madison - Jay, *El Federalista*, p. 337 y 338.

[23] CSJN, 22/6/1999, "Iribarren, Casiano R. c/Santa Fe, provincia de s/acción declarativa", *Fallos*, 322:1253.

[24] El art. 88 de la Const. santafesina dispone: "Los magistrados y funcionarios del Ministerio Público son inamovibles mientras conserven su idoneidad física, intelectual y moral y el buen desempeño de sus funciones. Cesa su inamovilidad a los sesenta y cinco años de edad si están en condiciones de obtener jubilación ordinaria".

precedido de igual acuerdo, será necesario para mantener en el cargo a cualquier de esos magistrados, una vez que cumplan la edad de setenta y cinco años. Todos los nombramientos de magistrados cuya edad sea la indicada o mayor se harán por cinco años, y podrán ser repetidos indefinidamente, por el mismo trámite".

Este artículo se complementa con la cláusula transitoria undécima, que establece: "*La caducidad de los nombramientos y la duración limitada previstas en el art. 99, inc. 4, entrarán en vigencia a los cinco años de la sanción de esta reforma constitucional*".

Su redacción presenta varias objeciones.

En primer lugar, establece un sistema que afecta enormemente la independencia de los jueces, al dejar su continuidad en el cargo a las vicisitudes de decisiones políticas, dependiendo de la voluntad del Poder Ejecutivo de turno enviar o no sus pliegos para nuevo acuerdo.

Hay diversas maneras de garantizar la independencia del Poder Judicial en cuanto a la estabilidad en el cargo. No todas ellas son igualmente eficaces.

Establecer que el magistrado durará una determinada cantidad de años en su cargo y que luego cesará sin posibilidad de renovación alguna no afecta la independencia del juez, aunque las desventajas que la inestabilidad genera hacen que dicha fórmula no sea la más aconsejable, a menos que se asegure un sistema de pensión adecuado.

Si bien no vulnera la referida garantía de independencia hacer cesar automáticamente a un magistrado cuando alcance una edad determinada, siempre que tenga asegurada su subsistencia en condiciones equivalentes a las que tiene como activo, ello es claramente discriminatorio, dado que no le permite a una persona ocupar su cargo en razón de su edad, sin importar su idoneidad para desempeñarlo ni el tiempo que lleva en él.

Por el contrario, resultan perjudiciales a la independencia los mecanismos que dejan en manos de otro poder –generalmente el Ejecutivo– el arbitrio para decidir la continuidad o no de los jueces en sus funciones, como ocurre en este caso.

Lo segundo que merece criticarse de la norma es qué sucede cuando el magistrado cumple los setenta y cinco años, dado que no surge con claridad si automáticamente pierde su cargo, a menos que lo nombre el Poder Ejecutivo, o si continúa hasta que se designe un nuevo sucesor. La norma parece inclinarse por la primera de las opciones expuestas.

Un tercer aspecto que genera controversias es si esta norma es aplicable a los magistrados que ingresaron al Poder Judicial antes de la reforma.

Importantes voces se alzaron contra esta posibilidad[25], que a nuestro entender no tiene anclaje constitucional.

Por último, se discute si la Convención contaba con la habilitación suficiente para introducir esta modificación.

El tribunal cimero se pronunció al respecto en la causa "Fayt", declarando la nulidad del párrafo referido. Aunque la cláusula afecta la garantía de independencia del Poder Judicial, el argumento de la Corte Suprema se centró en la ausencia de habilitación[26].

Si bien la solución fue dada a un caso concreto, la norma no tuvo aplicación alguna; ningún magistrado de más de setenta y cinco años fue cesado ni sometido a nuevo acuerdo. Pese a ello hubo un cambio de criterio, aun con disidencias, en la causa "Schiffrin"[27].

En dicho precedente, el voto de la mayoría fue integrado (en forma concurrente) por los doctores ROSATTI, MAQUEDA y LORENZETTI. En disidencia votó ROSENKRANTZ y, si bien la doctora HIGHTON DE NOLASCO no votó, es indudable el sentido de su opinión dado que había iniciado una acción judicial planteando la invalidez de dicha norma, que fue acogida favorablemente en instancias inferiores y pasó en autoridad de cosa juzgada.

Se entendió que el tema se encontraba habilitado para su tratamiento por la Convención, por lo que no hubo exceso de esta al incorporarlo, y que la Constitución consagraba el derecho a la estabilidad, pero no a la perpetuidad, motivo por el cual el cese a los setenta y cinco años era una opción posible.

No compartimos el criterio sentado.

En primer lugar, porque la habilitación de una reforma constitucional, máxime cuando se modifican, y más para su disminución, garantías constitucionales, no puede ser implícita. Y en la reforma de 1994 no se consignó expresamente que la estabilidad en el cargo del juez mientras dure su buena conducta se encontraba habilitada para ser reformada, ni por medio del art. 110 ni por medio de ningún otro.

Además, la Constitución nacional, en el art. 110, eligió el mejor sistema de independencia, por cuanto consagra una estabilidad que solo puede ser dejada sin efecto por el mal desempeño o la comisión de delitos.

25 JIMÉNEZ, *Derecho constitucional argentino*, t. I, p. 313.

26 CSJN, *Fallos*, 322:1609.

27 CSJN, *Fallos*, 340:257.

Por ello, el tercer párrafo del inc. 4 del art. 99 debe ser suprimido en una futura reforma constitucional.

Si se piensa que los cargos de los magistrados no deben ser vitalicios, se debe fijar un plazo, su cese de pleno derecho y sin posibilidad alguna de nueva designación una vez superado este; claro que con el reaseguro de una pensión adecuada, que garantice el nivel de vida que el cargo le otorga.

El derecho a la estabilidad comprende también la prerrogativa del juez de no ser ascendido ni trasladado sin su consentimiento, a menos que ese traslado sea debido a un cambio de sede del tribunal en el que se desempeña y dentro de un radio razonable[28].

Otra forma en la que se ha vulnerado, en el orden federal, la estabilidad de los magistrados es mediante la designación de los jueces subrogantes.

La Constitución previó la designación de jueces en comisión. Así, el Poder Ejecutivo puede llenar provisionalmente aquellos cargos que requieren acuerdo del Senado[29], como ocurre con los jueces.

Se buscó dar una continuidad a las designaciones para que no existan cargos vacantes, especialmente si se tiene en cuenta que originariamente el período legislativo era de cinco meses y existían, por la lentitud de las comunicaciones, enormes dificultades para reunir a los legisladores. La designación en comisión afecta la garantía de estabilidad del juez, quien debe dejar el cargo en caso de no conseguir el acuerdo antes de la finalización de la siguiente legislatura.

Aunque una importante doctrina y la mayoría de los integrantes de la Corte Suprema entendieron que las vacantes se podían producir tanto durante el período en que el Senado estuviera en funciones como fuera de él[30], a nuestro entender la Constitución no quiso darle al Poder Ejecutivo la posibilidad de burlar el acuerdo senatorial por medio de los hechos consumados, como resulta de la puesta en funcionamiento de un juez,

[28] Sagüés, *Elementos de derecho constitucional*, t. 1, p. 654.

[29] El art. 99, inc. 19, de la Const. nacional dispone que el presidente puede "*llenar las vacantes de los empleos, que requieran el acuerdo del Senado, y que ocurran durante su receso, por medio de nombramientos en comisión que expirarán al fin de la próxima legislatura*".

[30] Tanto Sagüés (*Elementos de derecho constitucional*, t. 1, p. 648) como Bidart Campos (*Tratado elemental de derecho constitucional argentino*, t. II-B, p. 334) participan del criterio de que no importa en qué tiempo se produzca la vacante, sino cuándo la cubre el Ejecutivo. Así también lo entendió la Corte Suprema en la res. 1494, del 23/11/1990, con disidencia del doctor Belluscio.

sino que priorizó cubrir cargos con celeridad, en el momento mismo en que se producían las vacantes, previendo la posibilidad de que el Congreso se encontrara en receso.

Por ello, si la vacante se produce en actividad del parlamento, no cabe esperar a su receso para designar un juez en comisión.

Hasta no tener el acuerdo senatorial, el juez ostenta su cargo provisionalmente. No puede ser cesado por el Poder Ejecutivo, pero sí por el Senado, si antes de la finalización del año legislativo le niega expresamente el acuerdo, o por silencio, una vez terminado el período de tiempo referido.

En la actualidad no tiene sentido la aplicación de esta norma, que tampoco es demasiado utilizada. Cuando se trata de jueces inferiores a la Corte Suprema, el Consejo de la Magistratura tarda meses o hasta años en elevar la terna al Ejecutivo, que también se toma un tiempo considerable para enviar los pliegos al Senado, dado que muchas veces los elegidos no son de su agrado.

En esta lamentable realidad fáctica es un despropósito proceder a la designación de un juez en comisión mediante la denominación de juez subrogante. Es que la designación de conjueces no magistrados y de jueces subrogantes conspira contra las garantías judiciales.

El juez está obligado a no participar en aquellas causas donde pueda verse afectada su imparcialidad por tener relación con alguna de las partes o un interés particular en el resultado del pleito. Una vez agotado el reemplazo con magistrados de otro turno o competencia material, se recurre a la designación de una lista de conjueces formada por abogados de la matrícula que reúnan las condiciones para ser miembros de los tribunales que les toca suplir.

Estos conjueces no tienen ninguna de las garantías fundamentales que requiere la Constitución para preservar el adecuado funcionamiento del servicio de justicia, dado que –si bien se remunera su labor en el orden federal, no ocurre lo mismo en algunos sistemas provinciales, como en el santafesino– no gozan ni de las garantías de estabilidad en el cargo ni de las incompatibilidades necesarias para lograr un adecuado equilibrio en el desarrollo de su tarea.

Aunque vemos que hay serias dificultades para llenar estas vacancias, especialmente en lugares donde los fueros están conformados por pocos magistrados, se deben buscar soluciones que otorguen mayores garantías a los justiciables, como recurrir a magistrados de otras competencias territoriales o a jueces pertenecientes a otras jurisdicciones que cuenten con las garantías que requiere la Constitución.

Pero más controvertido aún resulta el cubrimiento de vacancias mediante los denominados "jueces subrogantes", cuya principal característica es que son designados sin cumplir con todos los requisitos constitucionales en cuanto a forma de selección y carentes de la garantía de estabilidad.

Estas designaciones fueron declaradas inconstitucionales, primero en el caso "Rosza"[31] y luego, ante la implementación de un nuevo sistema, más cuestionable aún, en la causa "Uriarte"[32].

Más allá de los argumentos esgrimidos[33], los jueces subrogantes, cuando no se trata de magistrados en actividad o pasividad, no cuentan con uno de los pilares que aseguran su independencia, como lo es precisamente la estabilidad.

Un juez que tiene todas las incompatibilidades que establecen los regímenes respectivos y que dura en el cargo un plazo de un año o menos es susceptible de ceder a presiones externas para asegurar su continuidad o prepararse para el desempeño de actividades futuras.

Por ello, los regímenes que no aseguran la estabilidad de los magistrados no cumplen con la funcionalidad democrática pretendida.

b) *Intangibilidad de las remuneraciones.* Otro de los aspectos importantes es reconocer la intangibilidad de las remuneraciones de los jueces.

En tal sentido, diversas constituciones han reconocido esta garantía. Así, el art. 95 de la Const. de Brasil, en su apdo. III, reconoce como garantía de los jueces la "irreductibilidad del salario, excepto lo dispuesto en los arts. 37, X y XI, 39, § 4º, 150, II, 153, III, y 153, § 2º, I".

En Argentina, el art. 110 de la Const. nacional establece: "*Los jueces de la Corte Suprema y de los tribunales inferiores de la Nación conservarán sus empleos mientras dure su buena conducta, y recibirán por sus servicios una compensación que determinará la ley, y que no podrá ser disminuida en manera alguna, mientras permaneciesen en sus funciones*".

Esta garantía tiene como finalidad asegurar un nivel acorde de remuneración en los magistrados y que dicho nivel se mantenga a lo largo

[31] CSJN, 23/5/2007, "Rosza, Carlos A., y otro s/recurso de casación", *Fallos*, 330:2361.

[32] CSJN, 4/11/2015, "Uriarte, Rodolfo M., y otro c/Consejo de la Magistratura de la Nación s/acción mere declarativa de inconstitucionalidad", *Fallos*, 338:1216.

[33] Para una ampliación del tema, ver Toricelli, *Organización constitucional del poder*, t. 2, p. 138 y siguientes.

del tiempo, a fin de evitar que esté ocupado en asuntos domésticos o que pueda peligrar su honestidad en función de no tener satisfechas sus necesidades básicas, acorde con la función que desempeña[34].

Esta estabilidad, como bien lo sostenía EKMEKDJIAN, implica que "debe mantenerse incólume la cantidad de bienes y servicios que el titular puede adquirir con su remuneración"[35].

Desde hace unos años genera controversia el alcance del impuesto a las ganancias sobre el salario de los magistrado; importantes voces, incluso defensoras de la intangibilidad de las remuneraciones, propugnaron su pago[36].

Ello ha traído propuestas de soluciones de las más variadas e incluso disparatadas, como es la obligación de tributar de quienes fueron nombrados a partir de cierta fecha y de no hacerlo quienes fueron designados con anterioridad, pese a que cumplen idéntica tarea y bajo la misma Constitución. Se generó así una tremenda desigualdad entre dos jueces que cumplen la misma tarea por el simple hecho de haber sido designados en distintos momentos y, como la incidencia del tributo es del 35 % del salario, la desproporción es totalmente irrazonable.

Estos conflictos no sucedieron en el derecho comparado. En Estados Unidos de América el impuesto a las ganancias se aplicó, desde siempre, y a todos. En Brasil, los principios constitucionales hacen que la intangibilidad no se encuentre afectada por el pago de tributos generales.

Aun cuando siempre hemos sido contrarios a la aplicación del impuesto a las ganancias en el salario de los jueces[37], para Argentina esa interpretación no resulta inadecuada. Solo que, en este país, el impuesto a las ganancias fue aplicado por etapas, incluyendo cada vez más agentes.

Ello generó que el propio Congreso eximiera, entre muchos otros, a los jueces de su tributación, por lo que su aplicación posterior provoca una disminución en el salario –salvo que se compense el monto a pagar–,

[34] No debe olvidarse que, junto con esta garantía, se han establecido fuertes incompatibilidades (que hacen también a la independencia), que no permiten la actividad profesional, el desempeño de empleos públicos o privados (con excepción de la docencia universitaria), ni el ejercicio del comercio como profesión habitual (ver, en tal sentido, PALACIO, *Derecho procesal civil*, t. II, p. 190 y siguientes). Este autor propone, con buen criterio, limitar también el ejercicio de la docencia universitaria a fin de que no afecte el desempeño del cargo.

[35] EKMEKDJIAN, *Tratado de derecho constitucional*, t. IV, p. 257.

[36] Ver BIDART CAMPOS, *Compendio de derecho constitucional*, p. 375.

[37] Ver TORICELLI, *Organización constitucional del poder*, t. 2, p. 117 y siguientes.

que será de detracción específica para este sector, vulnerando así la garantía referida.

No debe olvidarse, como bien advertían los autores de *El Federalista*, que la garantía procura que el magistrado no sufra disminución alguna de su salario con posterioridad a su ingreso, con lo que la incorporación posterior del impuesto a las ganancias sobre dicha remuneración afecta de manera inconstitucional la referida garantía.

Este modo de asegurar la independencia debe ser cuidadosamente equilibrado. Si a los jueces no se les permite ejercer ninguna función remunerada –dado que se encuentran limitados a la docencia universitaria, la que no suele ser bien paga–, es lógico que como contrapartida el salario sea digno y no pueda ser disminuido por ninguna causa, ni directa ni indirectamente.

Ahora bien, que se trate de un salario digno no significa que este deba ser excesivo, porque, cuando ello ocurre o cuando se cuenta con prerrogativas que son incompatibles con las funciones que una magistratura debe poseer en un régimen republicano (p.ej., cuando el juez tiene un chofer personal, sustentado por el Estado, para trasladarse de su domicilio particular a la sede del tribunal donde cumple su función), se pierde la esencia de la función y se aleja al funcionario de la realidad cotidiana de los habitantes cuyos derechos debe tutelar.

Un ingreso excesivo es tan perjudicial para el desempeño de la función como un ingreso escaso. Solo el equilibrio asegura la funcionalidad democrática.

§ 15. ***Forma de cumplir sus funciones.*** – Como se dijo acertadamente, "independencia, imparcialidad y experiencia legal de los jueces no son solo requisitos bajo el Estado de derecho o el imperio de la ley, también son necesidades democráticas"[38].

La forma de constitución del tribunal, la designación de sus miembros, las garantías reconocidas a sus componentes, como hemos analizado, son fundamentales para dicha misión. Pero muchas veces no alcanzan.

Es importante complementarlas con medidas que eviten tentaciones y faciliten la conexión entre los tribunales y los individuos que buscan la protección de sus derechos fundamentales. Dentro de estas medidas aparecen en un primer orden los principios de transparencia, la resolución de lo pretendido en un plazo razonable y la fundamentación de las decisiones.

[38] Von Bogdandy - Venzke, *¿En nombre de quién?*, p. 227.

a) *Transparencia.* Como en todo acto de gobierno, también en el Poder Judicial es necesaria la transparencia de los procesos judiciales.

Hubo autores que propusieron que, en pos de cumplir con dicha transparencia, los debates para adoptar una decisión en determinado sentido fueran públicos. Esta solución no solo no parece la más adecuada, sino que en ciertos supuestos es impracticable, tal como ocurre cuando se trata de un tribunal unipersonal.

La transparencia se encuentra en la publicidad no solo de los procesos, sino también de las distintas actuaciones judiciales, incluso del conocimiento que, con anterioridad, las partes puedan tener de los criterios imperantes en los distintos tribunales.

La tecnología posibilita publicar las sentencias y que estas resulten accesibles a todos los justiciables. Además de su publicación, es importante su clasificación, dado que la cantidad de material existente puede impedir el conocimiento de los criterios que se quieren adoptar.

Se ha defendido muchas veces el proceso oral como aquel que garantiza mayormente la transparencia. No concordamos con esta postura, dado que nada mejor que lo escrito para evidenciar los sucesos; no se puede discutir, en dichos casos, si algo existió o no, o si se dijo o no.

Salvo en determinados y escasos procesos resonantes, la oralidad no asegura que el público se interese en asistir a las audiencias ni que el magistrado presente escuche lo que se está esgrimiendo. Claro que ello no significa que no tenga que existir una inmediación del magistrado con la causa y dar la posibilidad de oír a las partes damnificadas y a testigos de manera verbal y presencial.

La combinación de ciertas partes del proceso llevadas adelante en forma oral con otras donde quede constancia escritural es el mejor reaseguro de la transparencia. Ello ayuda a acercar al justiciable al órgano protector de los derechos humanos.

b) *El plazo razonable.* García de Enterría afirmaba que el Tribunal de Justicia de la Comunidad Europea, en la sentencia "Factortame", del 19 de junio de 1990, había expresado un nuevo principio general del derecho que indicaba que "la necesidad del proceso para obtener razón no debe convertirse en un daño para quien tiene la razón"[39].

Resulta que, en muchas ocasiones, los años que suele llevar el debate hace que a quienes consiguen la razón en su pretensión de poco o nada les sirva haberla obtenido.

[39] García de Enterría, *La batalla por las medidas cautelares*, p. 335.

La principal preocupación sobre la duración de los juicios suele verse reflejada en el ámbito penal, porque se trata de una afectación mayúscula, que alcanza al imputado no solo cuando se ve privado de libertad mientras no se tiene aún certeza de su culpabilidad o inocencia, sino también por tener que soportar un proceso durante muchos años, con la incertidumbre que ello genera. Y por la misma razón y el interés público comprometido, afecta a la sociedad en su conjunto, que pretende una decisión que reconozca la inocencia o culpabilidad de las personas en la comisión del delito.

No por ello deja de interesar la demora en la efectivización de los demás derechos humanos, incluso de los patrimoniales.

Quien debe ser sometido a un tratamiento médico, sea para mejorar su salud y obtener un nivel de vida digno, o, peor aún, quien necesita atención para salvar su vida, no puede esperar los años que demora un proceso, sino que debe obtener una respuesta inmediata.

También la restitución de menores requiere una definición sin dilaciones. Resulta perjudicial para el niño que se ordene su devolución varios años después, cuando se desacostumbró a su lugar de origen y convivencia con uno de los progenitores y se ha adaptado a un nuevo lugar, del que ahora deberá desprenderse nuevamente. Una muestra de ello es el fallo resuelto por la Corte Suprema argentina en la causa "Wilner c/ Osswald", donde, pese a la celeridad impresa por los distintos tribunales, la orden de restitución por parte de la Corte nacional fue emitida el 14 de junio de 1995, aun cuando el pedido ante el juez local había sido presentado el 21 de marzo de 1994 por parte de la autoridad central de la República Argentina[40]. El cambio de ambiente de la niña (de cuatro años al momento del origen del pleito) durante esos quince meses generó disidencias en el seno del máximo tribunal sobre cuál era el interés superior del niño, lo que no hubiese ocurrido si la causa se resolvía en treinta o cuarenta días.

Las cuestiones patrimoniales no son ajenas a esta situación, máxime cuando alguna de las partes se encuentra en una condición verdaderamente desventajosa.

Tomemos el caso de los trabajadores. Cuando un obrero es despedido y no se le abona su correspondiente indemnización, tiene que someterse a un largo proceso, de varios años, para poder efectivizar su acreencia. Pero el trabajador necesita dicha indemnización para asegurar su subsistencia, máxime si el mercado laboral no le permite una inmedia-

[40] CSJN, 14/6/1995, "Wilner, Eduardo M. c/Osswald, María G.", *Fallos*, 318:1269.

ta reinserción. Esta necesidad, sumada a la demora excesiva del pleito, fuerza a que el actor deba aceptar indemnizaciones por valores mucho menores a los que tiene derecho; de esta manera se afecta severamente el sentido de haber alcanzado justicia.

Ello se agrava aún más en los reclamos jubilatorios, con haberes sistemáticamente mal liquidados, juicios que demoran años cuando los criterios son unánimes y, precisamente, con un simple programa de computación, cargando los datos respectivos, se puede determinar el monto exacto que debería abonarse. No solo demora años el pleito, sino que la efectivización posterior requiere de cálculos que son efectuados por la propia demandada, en los tiempos que ella dispone, y su pago también se retrasa por años, según la disponibilidad presupuestaria que fije el propio Estado y la forma en que determine su pago.

Aun cuando jubilados o trabajadores pueden resultar más afectados por sus necesidades alimentarias, todo acreedor se encuentra en una situación de verdadero perjuicio frente a su deudor, máxime en épocas donde la alta inflación existente y su no reconocimiento por parte de los tribunales, sumados al otorgamiento de tasas de interés que no reponen ni siquiera el valor del dinero originario (ni hablar de la privación por su uso), hacen que la sentencia que se dicte tiempo después resulte insuficiente.

Para peor, si ese acreedor lo es del Estado argentino, tendrá que prolongar su derecho a la percepción del crédito varios años más, porque, una vez obtenida la sentencia, después de tramitar con largos plazos, tendrá que esperar la asignación presupuestaria que al respecto se haga.

Estos ejemplos demuestran que los procesos requieren un ajuste importante para poder adecuarse a las necesidades actuales.

En este aspecto es importante la simplificación de los procesos, que el debate sea accesible a todos y que las estructuras de los tribunales no se encuentren abarrotadas de expedientes que impidan, tanto al magistrado como a sus auxiliares, realizar su labor con la premura que la sociedad actual demanda.

La funcionalidad democrática implica que el proceso se despoje de ritualismos innecesarios y que los tribunales otorguen una respuesta en un tiempo breve.

c) *Adecuada fundamentación.* Otro aspecto importante en la democratización de la función judicial es la adecuada fundamentación[41]. La

[41] El Código Civil y Comercial argentino, en su art. 3º, destaca su importancia al imponer: "*El juez debe resolver los asuntos que sean sometidos a su jurisdicción mediante una decisión razonablemente fundada*".

Corte Suprema argentina remarcó esta necesidad al entender que "los jueces deben exponer, de la manera más clara posible, el modo en que argumentan para llegar a su decisión. Ello aumenta la persuasión, contribuye a la transparencia y fortalece el debate democrático"[42].

La Corte Interamericana también lo hizo al decir que "el deber de motivación es una de las debidas garantías incluidas en dicho artículo para salvaguardar el derecho al debido proceso. En este sentido, el deber de motivar las resoluciones es una garantía vinculada a la recta administración de justicia, que le garantiza a los ciudadanos el derecho a ser juzgados por las razones que el derecho otorga, a la vez que brinda credibilidad a las decisiones judiciales en una sociedad democrática. En virtud de lo anterior, las decisiones que adopten los órganos internos de los Estados que puedan afectar derechos humanos deben de estar motivadas, de lo contrario serían decisiones arbitrarias. La motivación de un fallo debe permitir conocer cuáles son los hechos, motivos y normas en las que se basó el órgano que lo dictó para tomar su decisión de modo que se pueda desechar cualquier indicio de arbitrariedad, a la vez que les demuestra a las partes que estas han sido oídas en el marco del proceso. Además, debe mostrar que han sido debidamente tomados en cuenta los alegatos de las partes y que el conjunto de pruebas ha sido analizado"[43].

Si bien determinar cuándo ello ocurre no es una tarea sencilla, hay métodos y pautas que pueden ayudar.

No se trata aquí de analizar la teoría de la argumentación jurídica, que presenta diversas posiciones y que tiene variados y muy buenos trabajos que escapan al objetivo y contenido de esta obra[44]. Solo nos limitaremos a presentar unas pocas pautas que pueden ayudar a construir la adecuada fundamentación de una decisión judicial.

Para fundamentar una decisión se requiere argumentar, dar argumentos. Según el *Diccionario de la lengua española*, en la acepción que aquí nos interesa, el argumento es el "razonamiento para probar o demostrar una proposición, o para convencer de lo que se afirma o se niega".

[42] CSJN, 29/10/2013, "Grupo Clarín SA y otros c/Poder Ejecutivo nacional y otro s/acción meramente declarativa", *Fallos*, 336:1774.

[43] Corte IDH, 31/8/2022, "Habbal y otros vs. Argentina", párr. 94.

[44] Para un análisis profundo del tema, ver ALEXY, *Teoría de la argumentación jurídica*; CHAUMET, *Argumentación*; ATIENZA, *Las razones del derecho. Sobre la justificación de las decisiones judiciales*, "Isonomía", nº 1, 1994, p. 52 a 69, entre otros.

Cabe preguntarse si una sentencia puede convencer a las partes de aquello que se decidió. Es probable que no; que al menos una de las partes no obtenga satisfacción no solo porque tenía una expectativa distinta a la resolución adoptada, sino porque tiene una distinta forma de concebir el derecho; sin embargo, ello no quita el deber de adecuada fundamentación, que es lo que precisamente legitima la decisión judicial y, con ello, la funcionalidad misma del sistema.

Como expresamos, es probable que una de las partes no quede conforme con lo decidido ni con lo argumentado para esa decisión; el problema es cuando ni siquiera quien obtiene lo que busca en el juicio se encuentra conforme con los fundamentos dados a esa decisión. Supongamos que un tribunal de segunda instancia confirma la sentencia de su antecesor, no por los fundamentos que este había brindado, ni al otorgarse nuevos argumentos, sino porque dice que la perdidosa cumplió voluntariamente la sentencia, cuando en realidad el cumplimiento se debía a la obligación que la vencida tenía de hacerlo por el efecto no suspensivo de la apelación concedida.

En dicho supuesto, típico de sentencia arbitraria, ninguna de las partes estará conforme. Ni quien perdió ni quien ganó, porque este último precisamente sabe que, aun cuando finalmente pueda obtener una sentencia favorable, su caso seguirá ante las instancias extraordinarias, la decisión se anulará, deberá hacerse cargo de las costas que el error del tribunal causó y la decisión judicial, aun cuando le resulte favorable, demorará un largo tiempo más.

Por ello es importante que el juez funde adecuadamente sus sentencias no solo para convencer, sino incluso para permitir conocer cuáles fueron las motivaciones que lo llevaron a adoptar dicha decisión; que no se trató de un simple error ni de un desconocimiento de los hechos de la causa o del derecho aplicable.

Adecuada no quiere decir excesiva. No se trata de que las resoluciones judiciales tengan páginas y páginas de expresiones que muchas veces son inconducentes y esconden más de lo que dicen; se trata simplemente de que quien acude en tutela de sus derechos conozca por cuáles motivos se le deniega o concede una pretensión.

Claro está, esos motivos deben tener un sustento real. Hay oportunidades en las que la sentencia puede tener solo aparentemente una adecuada fundamentación.

La utilización de silogismo hace ver, en principio, que la sentencia ha cumplido con los cánones de la lógica y por tanto resulta razonable[45]. Pero ello no siempre es así[46]. La construcción silogística "todos los hombres son mortales; Juan es un hombre y por tanto Juan es mortal" cumple con la lógica y resulta indiscutible en la medida en que todos sus postulados sean ciertos. Si resulta que Juan no es un hombre, sino un muñeco, toda la construcción se derriba.

Ello suele suceder en el armado de muchas sentencias donde, por ejemplo, se invoca que todos los trabajadores despedidos tienen derecho a indemnización, que Pedro es un trabajador despedido y por tanto tiene derecho a ser indemnizado. Pero lo que no se tuvo en cuenta en el caso es que precisamente Pedro había renunciado y no había sido despedido.

No se trata de abandonar la construcción silogística, sino de ser precisos en los análisis que conllevan ambas premisas, una dada por los hechos probados en la causa y la otra por el derecho aplicable.

Claro que la construcción de cada premisa tendrá una mayor o menor necesidad de desarrollo según la complejidad que se presente. Al respecto es importante distinguir entre la complejidad fáctica que presentan algunos casos y la complejidad jurídica, sin perjuicio de que hay casos que son complejos en ambos aspectos y que requerirán un análisis detallado de ambas partes de la premisa.

Un caso generará complejidad fáctica cuando para su resolución lo importante sea determinar cómo sucedieron los hechos, pero, una vez fijados, el encuadramiento jurídico no presentará mayores dificultades y ello permitirá fácilmente acceder a la resolución del caso. Si dos automovilistas chocaron en una esquina con semáforo, cuando este funcionaba perfectamente, la atribución de responsabilidad no generará ninguna dificultad en la medida en que se pueda demostrar cuál de los dos fue el que infringió la señal que le imponía detenerse.

En supuestos así, le corresponderá al tribunal efectuar un desarrollo exhaustivo de los elementos probatorios que se han arrimado a la causa, evaluarlos, darles su alcance y sentido para decir por qué atribuye la responsabilidad a uno u otro conductor. El encuadre jurídico no tendrá mayores inconvenientes y no será necesario un análisis tan desarrollado porque esa premisa se fundamenta de manera más sencilla por sí misma.

[45] ALEXY distingue entre la justificación interna –donde se trata de determinar si una afirmación normativa se puede derivar de las premisas que se hacen valer– y la justificación externa –donde se busca demostrar la veracidad del contenido de las premisas– (*Teoría de la argumentación jurídica*).

[46] Ver las críticas efectuadas por ATIENZA, *Para una teoría de la argumentación jurídica*, "Doxa. Cuadernos de Filosofía del Derecho", nº 8, 1990, p. 39 a 61.

Un caso, en cambio, presenta complejidad jurídica cuando su solución muestra distintas alternativas y su resultado varía según el criterio jurídico de quien decide. Esta complejidad puede ser mayor o menor según que la solución a dar presente una mayor o menor controversia.

Hay aspectos de muy baja complejidad. Ante un trabajador que, según la ley de contrato de trabajo, tiene derecho a quince días de licencia, pero que, según el régimen especial para su actividad, tiene treinta días de licencia, el juez resolverá la controversia aplicando la ley especial. La complejidad es baja, dado que el magistrado solo deberá explicitar lo que prevé el régimen general y que, por aplicación del principio de especialidad, entiende que le corresponden los treinta días de licencia.

Algo similar ocurre cuando existe una ley posterior, incompatible con la anterior, pero que por mala técnica legislativa no se ha derogado expresamente sino tácitamente y el juez debe explicitar su incompatibilidad. También cuando una norma superior debe ser aplicada dejando de lado una norma inferior.

Pero otros supuestos son mucho más difíciles de decidir y, por tanto, requieren una argumentación mayor para conocer con precisión por qué se arribó a dicha solución. No podemos soslayar que nos encontramos en una ciencia social que aún no coincide en el objeto de investigación, dado que ante la pregunta acerca de qué es derecho hay decenas de respuestas posibles. Las distintas teorías sobre el derecho van a traer aparejadas distintas respuestas no solo a la solución del caso, sino al método con que el caso va a ser observado.

Por ello es importante que el juez deje en claro cuál es su posicionamiento, lo que no significa que deba necesariamente encasillarse en una teoría del derecho determinada, pero sí que explicite algunos de los principales caracteres que tiene en cuenta a la hora de decidir.

Resulta esclarecedor en tal sentido que de la sentencia surja la importancia que tiene la Constitución, o bien la preponderancia de la ley, el valor que asigna a sus precedentes, así como a los de los tribunales superiores; los métodos de interpretación que utiliza, la manera en que resuelve los conflictos de normas, cómo entiende se deben aplicar los principios, cuáles son y de dónde provienen[47]. Claro que cada caso ten-

[47] Una de las críticas que se hacen al constitucionalismo (más precisamente, al neoconstitucionalismo) es la existencia de principios que no tienen anclaje más que en el puro voluntarismo de quien lo cita. Esa crítica es plenamente valedera en nuestro país, donde incluso se han citado, como fundamento de resoluciones judiciales, principios tales como los del "derecho constitucional de familia" o del "derecho procesal constitucional

drá la particularidad de presentar mayor o menor dificultad jurídica, y por ende mayor desarrollo, pero es importante un posicionamiento jurídico, aunque sea mínimo, aun en casos cuya resolución no genere mayores controversias.

Hay situaciones donde la controversia es mayor porque lo que está en juego no es la aplicación de una norma cerrada o regla[48], sino de normas abiertas y de principios[49].

Tomemos el caso del pastelero que se niega a realizar la torta de casamiento de una pareja del mismo sexo porque solo realiza tortas para matrimonios heterosexuales. Lo controvertido, en este caso, no son los hechos, dado que el pastelero no niega que se rehúsa a prestar el servicio en razón de la preferencia sexual de los contrayentes, sino que la dificultad se encuentra en la aplicación del derecho en juego. ¿Debe prevalecer el principio de libertad contractual del pastelero o el principio de igualdad de trato a la pareja homosexual?[50].

Aquí los hechos no demandarán mayor desarrollo explicativo, pero sí deberá el juez, ante la ausencia de una regla que defina el caso y la existencia de principios aplicables, analizar cuál de ellos prevalece. No solo será importante la argumentación, sino también la postura que tenga

de familia". No solo se trata de materias carentes de toda autonomía –ni siquiera científica propia– (hablamos de derecho constitucional de familia como forma de referirnos a aquellos aspectos del derecho constitucional que tienen incidencia en la manera o con los límites que pueden regular las relaciones de familia) y por tanto carentes de toda clase de principios, sino de ramas que en algunos casos no existen (no se puede hablar de un derecho procesal constitucional de familia porque aún estamos debatiendo la autonomía, aunque sea científica, del derecho procesal constitucional). Expresiones de esta naturaleza son demostrativas de puro voluntarismo y de un claro desconocimiento del ordenamiento jurídico, lo que invalida toda clase de fundamentación.

[48] Usamos la expresión "regla" en el sentido que lo hace ALEXY, es decir, como "normas que solo pueden ser cumplidas o no" (*Teoría de los derechos fundamentales*, p. 87); es decir, "normas que requieren algo definitivamente. Son mandatos. Su forma de aplicación es la subsunción. Si una regla es válida, y si se cumplen sus condiciones de aplicación, es requerido de modo definitivo que exactamente lo que esta demanda, sea hecho. Si esto es realizado, la regla se cumple; si no, la regla no se cumple" ["¿Cómo proteger los derechos humanos? Proporcionalidad y racionalidad", en ALEXY - ALONSO - RABBI-BALDI CABANILLAS (coords.), *Argumentación, derechos humanos y justicia*, p. 27].

[49] Aquí utilizamos la expresión "principio" con un alcance muy distinto al que le otorga ALEXY (ver, al respecto, § 31).

[50] No es este el lugar para analizar las soluciones posibles a estos casos; aquí simplemente se quiere resaltar la necesidad de argumentación. Analizaremos este y otros supuestos con mayor detenimiento al tratar los conflictos de derechos en el § 36, d, donde remitimos.

el magistrado al respecto en cuanto a dónde encuentra los principios y qué papeles cumplen, a qué otras fuentes recurre y la trascendencia que esa solución pueda presentar al conjunto de la sociedad.

En estos supuestos el juez deberá ahondar en los pasos y herramientas utilizados para comprobar los criterios de validez del ordenamiento jurídico, aplicables al caso, que deben cumplirse. Y nos referimos fundamentalmente a los criterios de interpretación de la ley, así como a la utilización de jurisprudencia y doctrina.

No debemos olvidar que la obligación de una adecuada fundamentación es una exigencia constitucional y convencional que ha sido resaltada por la propia Corte Interamericana de Derechos Humanos. Al respecto, afirmó que, para dicho tribunal, "una exposición clara de una decisión constituye parte esencial de una correcta motivación de una resolución judicial, entendida como 'la justificación razonada que permite llegar a una conclusión'. En este sentido, la Corte ha considerado que el deber de motivar las resoluciones es una garantía vinculada con la correcta administración de justicia, que otorga credibilidad de las decisiones jurídicas en el marco de una sociedad democrática. Por ello, las decisiones que adopten los órganos internos que puedan afectar derechos humanos deben estar debidamente fundamentadas, pues de lo contrario serían decisiones arbitrarias. En este sentido, la argumentación de un fallo y de ciertos actos administrativos deben permitir conocer cuáles fueron los hechos, motivos y normas en que se basó la autoridad para tomar su decisión. Además, debe mostrar que han sido debidamente tomados en cuenta los alegatos de las partes y que el conjunto de pruebas ha sido analizado. Por todo ello, el deber de motivación es una de las 'debidas garantías' incluidas en el art. 8.1 para salvaguardar el derecho a un debido proceso, no solo del imputado sino, en casos como el presente, también de los familiares de la presunta víctima en relación con sus derechos de acceso a la justicia y a conocer la verdad, en relación con el art. 25 de la Convención"[51].

Siempre debemos tener en cuenta, como señala Atienza, que argumentar es una actividad compleja, donde "se necesita además producir razones en favor de lo que decimos, mostrar qué razones son pertinentes y por qué, rebatir otras razones que justificarían una conclusión distinta, etcétera"[52].

[51] Corte IDH, 17/11/2015, "García Ibarra y otros vs. Ecuador", párr. 151.

[52] Atienza, *Las razones del derecho. Sobre la justificación de las decisiones judiciales*, "Isonomía", nº 1, 1994, p. 58.

Por ello, en esta tarea de argumentar, se debe evidenciar el método de interpretación utilizado y la influencia que tanto la jurisprudencia como la doctrina tienen en la decisión adoptada.

1) *Interpretación de la norma.* Para quienes entendemos que interpretar significa desentrañar el sentido de algo[53] (sean palabras, conductas, etc.), toda norma, por más clara que parezca su redacción, necesita ser interpretada. No deja de resultar un inconveniente, para la mayor seguridad que se busca en la argumentación, que no exista un acuerdo sobre el significado y valor de los métodos de interpretación, y ni siquiera sobre la función de dicha tarea[54].

Si bien es un problema de teoría general del derecho, donde la doctrina tiene un peso trascendente en la demostración de la conveniencia o inconveniencia de ciertos métodos, también de ellos se han ocupado la Corte Suprema argentina y la legislación.

Al respecto, la Corte nacional "ha sostenido que es principio básico de la hermenéutica atender en la interpretación de las leyes, al contexto general de ellas y a los fines que las informan (causa 'Carlos J. Outon y otros', del 29 de marzo de 1967, *Fallos*, 267:215); y que, en la interpretación de la ley no debe prescindirse de las consecuencias que se derivan de cada criterio, pues ellas constituyen uno de los índices más seguros para verificar su razonabilidad y su coherencia con el sistema en que está engarzada la norma (causa B.389.XXXV 'Bustos, Vicente A. c/Banco Central de la República Argentina s/cobro de pesos', del 9 de agosto de 2001, *Fallos*, 324:2107). También ha dicho que la hermenéutica de las normas constitucionales y legales no puede ser realizada por el intérprete en un estado de indiferencia respecto del resultado, y sin tener en cuenta el contexto social en que tal resultado fue previsto originariamente y habrá de ser aplicado al tiempo de la emisión del fallo judicial (causa S.351. XXXV 'Sosa, Marcelo C. s/recurso extraordinario', del 9 de agosto de 2001, *Fallos*, 324:2153)"[55].

Por su parte, el Código Civil y Comercial, expresa en su art. 2º: "Interpretación. *La ley debe ser interpretada teniendo en cuenta sus pala-*

[53] Ver, en este sentido, Vigo, *Interpretación constitucional*, p. 13.

[54] Sagüés señala que mientras para la doctrina tradicional la interpretación implicaba el trabajo de hallar o encontrar algo preexistente, posiciones más actuales –aunque no carentes de controversias– entienden que interpretar significa construir un producto, realizar una tarea creativa y muy activa (*Derecho constitucional*, t. 1, p. 149).

[55] CSJN, 20/5/2008, "Obra Social para la Actividad Docente (Osplad) c/Catamarca, provincia de s/acción declarativa de inconstitucionalidad", *Fallos*, 331:1262.

bras, sus finalidades, las leyes análogas, las disposiciones que surgen de los tratados sobre derechos humanos, los principios y los valores jurídicos, de modo coherente con todo el ordenamiento".

Sobre la forma en que entendemos debe llevarse adelante la interpretación, máxime cuando están en juego normas constitucionales, ya nos hemos expresado en otro trabajo, al que remitimos[56]. Interesa aquí hacer un breve panorama de los distintos métodos de interpretación que se proponen doctrinalmente.

Más allá de la diferencia terminológica que presentan los métodos de interpretación, los dividiremos en: *a*) gramático o semántico; *b*) voluntarista o genético; *c*) sistemático, y *d*) finalista o teleológico. Finalmente, analizaremos las discusiones que se generan en la aplicación de estos métodos, especialmente en materia constitucional, sobre las que se han denominado las posiciones originalistas y la constitución viviente.

a) El método gramatical, literal o semántico atiende al texto de la norma (sea legal o constitucional), el que debe ser considerado según el uso corriente que se les otorga a las expresiones, auxiliándose el intérprete con diccionarios (comunes o técnicos). Este método suele resultar insuficiente cuando las normas son imprecisas o vagas; también presenta la dificultad de definir si los términos deben ser aplicados con el significado actual o con el significado que tenían al momento de su redacción (como se verá más adelante).

b) El método voluntarista, histórico o genético intenta desentrañar la voluntad del legislador. El inconveniente que presenta este método es la gran dificultad que implica encontrar la voluntad del legislador, dado que una norma es votada por decenas o centenas de representantes que no siempre coinciden en el alcance que ella tiene, según la redacción dada. Ello sucede, por ejemplo, con el art. 43 de la Const. nacional, donde incluso convencionales constituyentes que votaron la norma la entendieron de un modo diferente al expresado por el miembro informante en el recinto[57].

56 Toricelli, *Organización constitucional del poder*, t. 1, p. 30 a 33.

57 Mientras el convencional Díaz, como miembro informante por el dictamen de la mayoría, entendió al amparo como proceso subsidiario (Convención Nacional Constituyente de 1994, "Diario de Sesiones de la Convención Nacional Constituyente", art. 43 de la Const. nacional, p. 4049), Quiroga Lavié, que también fue convencional constituyente y que votó la misma norma, dijo que "cuando la Constitución dice que la acción de amparo es expedita y rápida [...] siempre que no exista otro medio judicial más idóneo, no quiere decir que la idoneidad del proceso judicial pueda ser un juicio más lento, como lo es nuestra jurisdicción ordinaria, sino más rápido aún que el trámite legal de la acción de amparo.

A todo ello se suman las pocas constancias que muchas veces suele haber en la génesis de una norma (quién la diseñó, qué objetivos buscaba, qué modificaciones se le hicieron en su trayectoria y por qué).

También aquí se presentan dos variantes: la de quienes entienden que la voluntad es de la norma, no de las personas que la sancionaron, y las que tienen en consideración a su redactor. Uno u otro criterio hará variar el resultado, dado que en el primer caso habrá una interpretación que tendrá en cuenta los objetivos generales buscados y su adecuación a las circunstancias actuales.

Este método complementa la interpretación gramatical, pero nunca puede sustituir la letra de la ley cuando ella es clara, fundamentalmente porque todos los destinatarios conocen lo que las normas dicen, pero solo unos pocos pueden encontrar un sentido que resulta harto controvertido[58].

c) El método sistemático parte de que la norma debe ser interpretada, en primer lugar, dentro del contexto en que se encuentra (ubicación dentro de la ley, tratado, Constitución, etc.) y, en general, dentro de todo el ordenamiento jurídico. La norma debe ser relacionada de manera lógica y teleológica con las demás normas, objetivos y principios, de manera de llegar a una interpretación razonable. Este método tiene el inconveniente de que aumenta el margen de discrecionalidad de quien la interpreta.

d) El método finalista o teleológico tiene en cuenta los objetivos que se propone la norma, por lo que de ella deduce criterios y a partir de allí evalúa consecuencias. También es un método que otorga un importante grado de discrecionalidad al intérprete.

e) Más allá de la utilización de estos métodos, la discusión actual, especialmente en la aplicación de las normas constitucionales, pasa por dos posturas opuestas: la que sostiene que las constituciones son creaciones vivientes, que deben ser entendidas sobre la base de las necesidades y consideraciones actuales, y la originalista, que postula que el texto siempre debe ser considerado bajo los criterios imperantes al momento de su sanción.

Y esto no debe ser probado por el accionante. Si tiene conocimiento de que hay una vía procesal más rápida (idónea) que el amparo, solicitará su utilización por el juez interviniente, y este la aceptará o no. Y podrá hacerlo de oficio, obviamente" (*Actualidad en la jurisprudencia sobre amparo*, *LL*, 1996-E-1057).

58 En contra, Sagüés afirma que, "de registrarse fehacientemente esa voluntad normativa, parece (en principio) sensato hacerla predominar sobre la letra de la norma" (*Derecho constitucional*, t. 1, p. 164).

Sobre la Constitución viviente, SAGÜÉS expresa que se trata de una concepción más moderna y polémica, en la que interpretar no busca tanto averiguar el sentido de la norma, sino construir un producto, realizando una tarea activa y creativa, donde se debe ser fiel a las ideas de la sociedad actual[59].

Un exponente de esta corriente es RONALD DWORKIN, quien propone que en las interpretaciones se aplique el significado actual. Para ello ejemplifica diciendo que "los miembros de una comunidad que dan instrucciones o establecen estándares en nombre de la equidad pueden estar haciendo dos cosas diferentes. Primero, es posible que estén apelando al concepto de equidad, simplemente al dar instrucciones a otros para que actúen con equidad; en ese caso, delegan en aquellos a quienes instruyen la responsabilidad de desarrollar y aplicar su propia concepción de la equidad en la medida en que se planteen casos controvertibles. Esto, por cierto, no es lo mismo que concederles la discreción de actuar como quieran; aquí se establece un estándar que ellos deben tratar de cumplir (y pueden fallar), porque se supone que una concepción es superior a otra. El hombre que apela de esta manera al concepto puede tener su propia concepción, tal como yo la tenía cuando dije a mis hijos que actuasen con equidad; pero sostiene esa concepción solo como su propia teoría de cómo se debe satisfacer el estándar que él estableció, de modo que cuando cambia su teoría, no ha cambiado dicho estándar.

Por otra parte, los miembros de la comunidad pueden estar formulando una determinada concepción de la equidad; es lo que yo habría hecho si, por ejemplo, hubiera enumerado mis deseos con respecto a ejemplos controvertibles o si, cosa aún menos probable, hubiera especificado alguna teoría de la equidad controvertida y explícita, como si hubiera dicho que los casos difíciles habían de decidirse aplicando la ética utilitarista de JEREMY BENTHAM. La diferencia no es simplemente una diferencia en el detalle de las instrucciones que se han dado, sino en el tipo de instrucciones que se han dado. Cuando apelo al concepto de equidad, apelo a lo que significa equidad, y no doy especial importancia a mis opiniones al respecto. Cuando formulo una concepción de la equidad, especifico lo que yo entiendo por equidad y, por consiguiente, mi opinión es lo esencial del asunto. Cuando apelo a la equidad, planteo un problema moral; cuando formulo mi concepción de la equidad, intento resolverlo"[60].

[59] SAGÜÉS, *Derecho constitucional*, t. 1, p. 149 y 150.

[60] DWORKIN, *Los derechos en serio*, p. 214 y 215.

En una postura opuesta se presenta el originalismo. Para esta corriente, dice el profesor SOLUM, "el significado del texto constitucional es su significado público: el significado común u ordinario que las palabras tenían para el público al momento en que cada disposición de la Constitución fue redactada y ratificada"[61]. Explica que al originalismo no le interesa cómo pensaba el constituyente, sino el significado de las palabras en la época en que se redactó la norma, sin considerar los cambios que tiene el lenguaje, lo que no implica que no se adecuen nuevas situaciones cuando las expresiones, por su amplitud, las contienen (ejemplifica en tal sentido que, aun cuando un Estado no haya existido al momento en que se asignaron dos senadores por cada uno, no significa que no le correspondan; o que la libertad de expresión es tal, sea por la prensa o por internet, pese a que la red no había sido creada al momento de redactar la cláusula).

Afirma que la alternativa a un juez originalista es la de un "juez que crea que tiene libertad para hacer caso omiso del texto constitucional en nombre de sus propias creencias acerca de lo que la Constitución debería decir cuando cambian las circunstancias y los valores"[62].

Ambas corrientes tienen sus ventajas e inconvenientes. El originalismo busca una mayor seguridad jurídica, pero no siempre la logra; en primer lugar, porque, incluso al recurrir al significado que las expresiones tenían al momento de la redacción original, se puede caer en posturas diversas o puede volverse, especialmente cuando las constituciones son muy antiguas, una muy difícil tarea acertar sobre ellas. En segundo lugar, porque esta supuesta neutralidad ideológica y política que pregona en la interpretación de la norma, donde actúan personas impregnadas de sus propios subjetivismos, es realmente una falacia imposible de conseguir. En tercer lugar, porque se presentan otros conflictos, como las contradicciones normativas de las cuales las constituciones no están exentas, que son de imposible resolución.

Ello no desvaloriza las críticas que se le efectúan al método de la constitución viviente, especialmente cuando este se independiza totalmente de la cláusula normativa y se basa en el puro voluntarismo del juzgador.

La búsqueda del equilibrio entre la aplicación de los diversos métodos, si bien es una tarea difícil de conseguir, debe ser el camino del intérprete, máxime cuando debe decidir sobre los derechos de terceras

[61] SOLUM, *¿Qué es el originalismo?*, *LL*, supl. "Constitucional", nº 6, sept. 2019, p. 5.

[62] SOLUM, *¿Qué es el originalismo?*, *LL*, supl. "Constitucional", nº 6, sept. 2019, p. 6.

personas, que, en ciertas ocasiones, podrán incluso determinar su desenvolvimiento futuro.

2) *La jurisprudencia*. Aun en los sistemas de cuño continental europeo, el valor de los precedentes ha tenido una gran importancia. Y no solo los precedentes de las cortes nacionales[63] o tribunales internacionales como la Corte Interamericana de Derechos Humanos, sino que incluso tribunales de alzada de otras jurisdicciones suelen ser referidos para apoyar la autoridad de una resolución.

Claro que no es el sistema del *common law*, basado en la doctrina del *stare decisis*[64], pero los fundamentos que allí se conjugan para su aplicación resultan plenamente válidos. El fundamento de este sistema es el de tratar como iguales a los que están en iguales condiciones, por lo que, dentro de una misma circunscripción jurisdiccional, todos los tribunales están obligados a respetar las decisiones de aquellos que tienen jerarquía superior, aun cuando no estén de acuerdo con lo allí decidido, a menos que sean puestas fuera de vigencia por una decisión posterior del tribunal que la emitió, por uno superior o por la ley. Por su parte, las decisiones de los tribunales inferiores tienen una especie de autoridad de persuasión[65].

A salvo, entonces, la diferencia, la utilización de precedentes resulta una importante fuente de argumentación de la decisión judicial. Pero aquí también se deben efectuar ciertas precisiones, para que la invocación de otras decisiones judiciales no se haga libremente, sin consideración a las similitudes y diferencias que los casos presentan.

Un defecto habitual en la construcción de muchas decisiones judiciales es precisamente que se refieren a la autoridad de otros fallos, pero no se tienen en cuenta las diferencias fácticas entre ambos y, en ciertas ocasiones, ni siquiera se transcribe la argumentación jurídica allí esbozada, sino que se cita la reseña efectuada por un tercero del precedente utilizado como modelo. El valor de lo argumentado puede servir parcialmente como referencia doctrinal o como criterio propio, pero está lejos de ser la utilización de un precedente análogo (el análisis de los fallos referenciados muchas veces demuestra que la cita servía más como un

[63] Sobre el deber de seguimiento de las decisiones de la Corte Suprema argentina y su alcance, ver Toricelli, *Organización constitucional del poder*, t. 1, p. 176 y siguientes.

[64] La expresión *stare decisis* proviene del latín *stare decisis et non quieta movere*, que significa "estar a lo decidido y no perturbar lo que está firme".

[65] Para un mayor estudio del tema, ver Rojas Amandi, *Las fuentes del derecho en el sistema jurídico angloamericano*.

argumento contrario a lo que se quería sostener que como una defensa de la posición esgrimida).

El precedente entonces resulta aplicable cuando los hechos son idénticos, lo que nunca ocurre. Por ello es importante determinar cuáles son las similitudes que justifican la argumentación basada en otra decisión judicial.

Así, un juez, en el sistema continental, si basa su decisión en otro precedente –y no solo lo utiliza como doctrina que complementa lo argumentado–, debe analizar las cuestiones de hecho de ambos casos y poner de resalto las diferencias y similitudes que le permiten seguir los criterios que, en los aspectos principales, sentó el precedente utilizado como fundamento[66]. Si se le expone la analogía de un fallo de la Corte nacional o de la Corte Interamericana de Derechos Humanos y entiende que debe apartarse de él, es importante que argumente por qué entiende que el criterio no resulta válido, y no simplemente que ignore lo sostenido en la causa por el justiciable, soslayando así un argumento de peso invocado por una de las partes (en Argentina, el juez puede apartarse de las decisiones tomadas por la Corte Suprema aun en casos idénticos, pero es importante que fundamente con argumentos no considerados oportunamente por qué la decisión debe ser distinta).

3) *La doctrina*. También la doctrina cumple un rol trascendente en la argumentación, precisamente porque corresponden a los juristas no solo el estudio y la descripción en abstracto del derecho válido, sino también proponer soluciones para la resolución de casos complejos, así como efectuar las críticas al sistema que permiten su evolución. Los autores no cuentan con el mismo prestigio fruto de sus capacidades, trabajos, inclinaciones ideológicas y comportamiento éticos.

Cuando sus opiniones son desinteresadas y especialmente cuando se crean escuelas o existe reiteración de coincidencias en la forma de solución de las causas, la doctrina se torna un apoyo muy importante al magistrado para fundamentar su caso.

Hay tribunales que utilizan criterios de estilo, como, por ejemplo, la Corte nacional, que no cita autores argentinos vivos, aun cuando muchas opiniones o incluso críticas a sus decisiones son luego plasmadas en pre-

[66] En los fallos se diferencia el *holding*, es decir, aquellos argumentos que son centrales para definir la causa, del *obiter dictum* o "a mayor abundamiento", donde el tribunal expone argumentos a modo de docencia más que de decisión. Solo los primeros son los que sirven como sostén de la sentencia, sin perjuicio del valor persuasivo que puedan tener las demás expresiones.

cedentes posteriores. Referir a una doctrina sin citar a su autor resulta imperdonable en el plano académico, aunque puede ser admitido en un máximo tribunal, como es la Corte Suprema, para que no sea referente de los demás tribunales. Fuera del máximo tribunal, la ausencia de referencias doctrinales quita peso a la argumentación de la sentencia.

4) *Utilización del lenguaje.* Un aspecto que no puede soslayarse es la necesidad de utilizar un lenguaje claro que no recurra a clichés.

Redacciones rebuscadas, extensas, transcripciones de fallos o artículos doctrinales que nada tienen que ver con la solución de la causa; escritos circulares donde las ideas nunca se terminan y se repiten en medio de otras ideas sin solución de continuidad; frases que son propias del sentenciante, pero que resultan extrañas a sus destinatarios[67], o que dan lugar a doble sentido deben ser evitadas, dado que poco ayudan a una adecuada fundamentación.

Otro de los defectos es la utilización de clichés, muchas veces disfrazados de principios, que son reiterados sin ninguna relación con las circunstancias de la causa. Así, por ejemplo, es común sostener que se rechaza una demanda porque la declaración de inconstitucionalidad es la *ultima ratio* del ordenamiento jurídico, utilizando la expresión como una especie de principio general del derecho pese a que no tiene basamento legal alguno –incluso en la actualidad se contrapone a las premisas que el legislador estableció en el art. 1° del Cód. Civil y Comercial– y mucho menos constitucional; que solamente se aplica para salvar una norma, dándole una interpretación que se aleja de su método gramatical, en pos de su adecuación forzada a una norma superior.

Otro de los vicios que suele estar presente en la resolución de tribunales superiores es cuando, luego de relatar detalladamente los argumentos expuestos por el impugnante, se afirma que "no rebatió adecuadamente los fundamentos de la instancia anterior", o que "no expresó agravios adecuadamente", sin decir en dónde se encuentra la falla de su presentación. Estos clichés muchas veces son contradictorios, dado que en ciertas oportunidades se rechazan recursos por sostener que el impugnante no mantuvo la disconformidad con los argumentos de los jueces inferiores, mientras que en otros se rechazan los planteos porque los fundamentos son "meras reiteraciones" de agravios expuestos por el impugnante en instancias anteriores, aun cuando esos argumentos nunca fueron analizados por ninguno de los tribunales por donde circuló el expediente.

[67] Como, por ejemplo, hablar de "discusiones gaseosas", expresión utilizada en Argentina por algún magistrado del fuero laboral de la ciudad de Rosario.

De estos lugares comunes a los que se recurre, así como de otros que podemos observar en la práctica forense, indudablemente el que más atenta contra el deber de adecuada fundamentación es el de sostener que el tribunal no debe seguir en todos los argumentos a las partes para sostener su sentencia. Se elude aquí la esencia de la fundamentación, que consiste, precisamente, en argumentar sobre los hechos y el derecho que las partes han entendido aplicables a la causa.

Llevemos estas afirmaciones al plano de la argumentación no jurídica. Imaginémonos una discusión entre dos candidatos a ocupar un cargo político, donde a uno de ellos, por pertenecer al oficialismo, se le endilgan cinco defectos de gestión de los cuales él responde solo uno –el que le resulta más sencillo rebatir– y ante la insistencia de su interlocutor dice que con ello es suficiente para demostrar la adecuada gestión. ¿Convence de esa manera a los ciudadanos que deben optar por él?

Como venimos expresando, el hecho de que un juez no deba su cargo al apoyo de la ciudadanía que es destinataria de la norma que emite hace precisamente que su deber de fundamentar sea mayor aún, porque solo el convencimiento sobre las razones que lo llevaron a decidir de la forma en que lo hizo le concede su legitimidad democrática.

§ 16. ***Procedimientos de remoción.*** – Otro de los inconvenientes que suelen presentarse en la funcionalidad democrática del Poder Judicial es el sistema de remoción de magistrados. El sistema no puede ser muy pesado porque impide remover a quienes no se desempeñan adecuadamente; pero tampoco puede ser muy laxo porque se afectará la garantía de estabilidad.

Es muy difícil tasar anticipadamente las infracciones que pueden dar lugar a la sanción de un magistrado, especialmente porque en derecho, donde la gran mayoría de los temas resultan altamente opinables, medir el contenido de una sentencia puede atentar contra la independencia judicial. Es indudable la necesidad de fijar un mínimo de condiciones en cuanto a la forma y celeridad de llevar las causas; la presencia diaria en su despacho; los tiempos no solo de los dictados de sentencias, sino también de los distintos proveídos, y el grado de fundamentación de sus decisiones.

Todo ello debe hacerse ante órganos técnicos y plurales, que, al igual que los jueces, no solo estén altamente capacitados, sino que también provengan de extracciones distintas para evitar la partidización política de la decisión.

En Argentina las experiencias no fueron buenas.

La destitución por juicio político de los jueces federales, donde se requería que dos tercios de la Cámara de Diputados emitiera la acusación y que por dos tercios del Senado se produjera la destitución, no dio resultados, asegurando la inamovilidad de los jueces pese a la existencia de conductas altamente reprochables. Tampoco la creación del *jury* de enjuiciamiento ha dado grandes resultados, aun cuando mejoró el sistema anterior.

Los defectos que tiene es que no tasa las infracciones, sino que se remite a la existencia de delitos o "mal desempeño", lo que deja el juzgamiento a un arbitrio muy grande y a la aplicación de criterios no necesariamente jurídicos. Además, no existe una integración constitucional, sino que se difiere a la ley, diciendo que estará integrada por legisladores, magistrados y abogados de la matrícula, lo cual ha generado abusos en la integración, dado que, de una composición original de tres jueces, tres legisladores y tres abogados se pasó a una integración de dos jueces, un abogado y cuatro legisladores, requiriéndose una mayoría de dos tercios para lograr la destitución.

El sistema no resulta ser el más adecuado.

C) Funcionalidad democrática de los tribunales internacionales de protección de los derechos humanos

§ 17. *Introducción.* – A la par que se cuestiona la legitimidad democrática de los jueces nacionales, también se cuestiona la legitimidad democrática de los jueces internacionales. Nos interesa especialmente analizar la legitimidad democrática de la Corte Interamericana de Derechos Humanos, sometida a los mismos estándares que hemos tenido en consideración al analizar los jueces nacionales encargados de esa misma protección.

Para ello nos ocuparemos, en primer lugar, de cuál es la verdadera función que cumple este tribunal y la forma de desarrollarla.

§ 18. *Funciones.* – Se ha dicho con acierto que las cortes internacionales – y la Corte Interamericana de Derechos Humanos no escapa a tal situación– son multifuncionales porque cuando deciden un caso generan diversas consecuencias[68]. Entre dichas consecuencias podríamos decir que la Corte IDH: *a*) soluciona un caso concreto; *b*) da una interpretación y precisión sobre un tratado de derechos humanos, y *c*) ejerce funciones de corte de constitucionalidad.

No todas las funciones tienen la misma trascendencia; por ello es importante analizar cada supuesto.

a) *Solución del caso concreto.* La solución de los casos concretos que son sometidos a su consideración ha sido uno de los fines que inspiraron la competencia de la Corte IDH. Ello se plasma claramente en los diversos artículos que la regulan, especialmente los arts. 62, inc. 3, 63 y 66 a 69 de la CADH.

Sin embargo, este fin no es el principal ni ha obtenido los resultados deseados. Aun cuando estamos fuera de investigaciones estadísticas que puedan dar una proyección más exacta, es importante considerar algunos números.

En Argentina, en la provincia de Santa Fe, durante períodos anteriores a 2018 habían ingresado un promedio aproximado de 460.000 causas al año. Claro que no todo se resuelve por medio de sentencias, dado que cuando vemos la cantidad emitida el número se reduce considerablemente, promediando las 40.000 sentencias anuales[69].

No se trata del universo total de juicios y sentencias en la provincia, dado que también existen causas que tramitan ante la justicia federal, aun cuando considerablemente menores en número.

La Corte Suprema argentina, como máximo tribunal encargado del control de constitucionalidad y convencionalidad, es decir, de protector final de los derechos humanos, resuelve aproximadamente 6000 causas anuales[70].

Por el contrario, la Corte IDH durante el año 2022 dictó 24 sentencias de fondo y 16 medidas provisionales; durante el 2021, también 24 sentencia y 22 medidas provisionales; durante el 2020, 19 sentencia y 25 medidas; durante el 2019 resolvió 20 casos y 19 medidas provisionales;

[68] Von Bogdandy - Venzke, *¿En nombre de quién?*, p. 19.

[69] Estos datos pueden obtenerse de la página del Poder Judicial santafesino, https://www.justiciasantafe.gov.ar/, tomándose la referencia del año 2017.

[70] Si bien son muchas más las causas que resuelve la Corte Suprema, no puede obviarse que aplica el art. 280 del Cód. Proc. Civil y Com. de la Nación, que permite desechar un caso sin dar fundamento alguno por considerarlo insustancial, con lo que no está otorgando una verdadera resolución. Ver las estadísticas de casos resueltos en https://www.csjn.gov.ar/transparencia/datos-estadisticos (las aquí volcadas datan del año 2017).

durante el 2018 fueron 19 casos y 19 medidas; durante el 2017 sentenció 10 casos y 22 medidas provisionales; durante el 2016 resolvió 21 casos y 12 medidas provisionales, y durante el 2015 fueron 18 los casos contenciosos y 21 las medidas provisionales[71].

Argentina, particularmente, ha tenido un par de decenas de casos de trámite ante los estrados de la Corte IDH desde su incorporación en el año 1984.

Vemos entonces que la protección individual de los derechos humanos no es precisamente la principal función de la Corte Suprema y ello se debe a diversas causas.

Conspira contra el sistema el elevado costo que representa litigar primero en la Comisión, con sede en Washington, y luego en la Corte IDH (si se logró acceder a ella), con sede en San José de Costa Rica.

El tiempo es otro factor que conspira contra el funcionamiento del tribunal (las decisiones adoptadas se producen varios años después; por eso quien se ve privado injustamente de su libertad no obtiene una tutela efectiva y, al ser escasas y tardías las reparaciones pecuniarias, tampoco se incentiva la iniciación de tales medidas). Como agudamente señala FARFÁN[72], el proceso comienza en la Comisión, que demora entre seis y siete años[73], a los que hay que adicionarles otros dos años hasta la decisión de la Corte IDH.

La escasa posibilidad de éxito, en cuanto al acceso a la Corte Interamericana, también representa una traba importante. Del universo de denuncias presentadas, la mitad o menos son tramitadas por la Comisión, reduciéndose considerablemente el número de ellas que llega a la Corte IDH[74].

A todas estas dificultades se suma que, aun ganando el caso, las reparaciones ordenadas por el tribunal interamericano muchas veces

[71] Desde su creación y hasta 2017 resolvió 337 casos contenciosos y 589 medidas provisionales. Los datos pueden verse en www.corteidh.or.cr/cf/jurisprudencia2.

[72] FARFÁN, *La crisis del Sistema Interamericano de Derechos Humanos a la luz de algunos estándares internacionales en materia judicial*, *LL*, 2017-A-866.

[73] Aproximadamente demanda cuatro años la etapa que va desde la presentación hasta la admisibilidad, dos años para el informe y algunos meses para decidir si el caso se lleva o no a la Corte (FARFÁN, *La crisis del Sistema Interamericano de Derechos Humanos a la luz de algunos estándares internacionales en materia judicial*, *LL*, 2017-A-866).

[74] FARFÁN indica que, en 2015, "la Comisión decidió no abrir a trámite 876 peticiones sobre un promedio de entre 1500 y 2000 peticiones que se presentan anualmente" (*La crisis del Sistema Interamericano de Derechos Humanos a la luz de algunos estándares internacionales en materia judicial*, *LL*, 2017-A-866).

resultan insuficientes para compensar los perjuicios efectivamente sufridos.

Cabe compartir las observaciones de Bobbio en cuanto "en el actual sistema internacional faltan algunas condiciones necesarias para que pueda producirse la transformación de los derechos en sentido débil en derechos en sentido fuerte: *a*) que el reconocimiento y la protección de las pretensiones o exigencias contenidas en las declaraciones provenientes de órganos u organismos del sistema internacional sean considerados condiciones necesarias para la pertenencia de un Estado a la comunidad internacional; *b*) la falta, en el sistema internacional, de un poder común suficientemente fuerte como para prevenir o reprimir las violaciones de los derechos declarados"[75].

En este aspecto, no existe una verdadera funcionalidad democrática del tribunal internacional más importante de protección de los derechos humanos en el sistema interamericano. El sistema debería ampliarse considerablemente, como sucede con el Tribunal Europeo de Derechos Humanos.

b) *Interpretación y precisión sobre los tratados de derechos humanos.* Las normas de los pactos de protección internacional (así como las normas constitucionales), si bien son operativas en su gran mayoría, no dejan de ser normas abiertas que permiten al operador (sea el juez que la aplica o el legislador cuando las reglamenta) un gran margen de discrecionalidad. Ese margen es franqueado, frecuentemente, por sus aplicadores, desvirtuando el derecho reconocido en los tratados.

Aquí es donde la Corte Interamericana de Derechos Humanos juega un papel más que importante, al precisar el alcance de las cláusulas en discusión. Existen fallos de gran trascendencia, entre los que podríamos nombrar "Barrios Altos", "Almonacid Arellano" y especialmente "La última tentación de Cristo", donde se han fijado interpretaciones que juegan como verdaderos límites al poder estatal e incluso se ha impuesto la modificación de una norma de la propia Constitución de Chile.

Sin embargo, en otros casos como "Fontevecchia", se trató simplemente de un análisis de hechos que, si bien sirve para satisfacer la situación del damnificado concreto, no genera una importante doctrina sobre el alcance del derecho convencional. Por ello, al ser pocos los casos que resuelve el tribunal, es importante que escoja adecuadamente en cuáles habrá de expedirse, teniendo en cuenta los diversos derechos que los tra-

[75] Bobbio, *El tiempo de los derechos*, p. 126 y 127.

tados reconocen, no solo en cuanto a libertad corporal, sino también en cuanto a derechos sociales, en los que la Corte IDH no ha mostrado un gran desarrollo.

c) *Tribunal constitucional.* La Corte IDH tiene, indudablemente, funciones constitucionales[76], lo que justifica su legitimidad democrática.

No puede negarse el paralelismo existente entre el derecho constitucional y los tratados de derechos humanos en cuanto a la fundamentalidad de los derechos que amparan y a los mecanismos más complejos que presenta un tratado de estas características para ser modificado. De hecho, la rigidez de estos tratados para su denuncia hace que el apartamiento unilateral de un Estado sea inviable, aun cuando internamente exista un importante consenso para ello.

En este rol de tribunal constitucional tampoco puede perderse de vista que, en el sistema interamericano, existen países con realidades muy diversas. Ello ha ocasionado que, en materia de derechos económicos y sociales, la jurisprudencia haya sido muy limitada.

Por ello, parece más adecuado que se diferencie qué criterios de las sentencias de la Corte IDH deben ser seguidos por todos los Estados y cuáles solo por los que fueron parte; para el resto de los países que integran el sistema serán simplemente una guía. Claro que todo seguimiento a países que no fueron parte no puede estar condicionado más que a un seguimiento de tipo moral o institucional, porque no existe normativa alguna en los tratados que imponga que las interpretaciones allí adoptadas sean de cumplimiento ineludible, en casos análogos, que incluso resulta muy difícil que se presenten, por las distintas realidades existentes en los Estados miembros.

§ 19. *Necesidad de reformular su rol.* – El rol de la Corte IDH es trascendente por el aporte que brinda al sistema interamericano, principalmente como tribunal constitucional porque brinda una mirada situada desde fuera de los Estados y sin que pueda ser condicionada por los gobernantes de turno. Ello, de por sí, justifica su legitimidad democrática.

Aunque es indudable que se requieren importantes ajustes para que el sistema funcione más adecuadamente. Estos deben ir en concordancia con lo que se pide para los tribunales nacionales en tanto garantes de la efectivización de los derechos humanos.

[76] En el mismo sentido, Von Bogdandy - Venzke, *¿En nombre de quién?*, p. 189.

Dichos ajustes están relacionados principalmente con los procedimientos de selección, las garantías de funcionamiento, la forma de funcionamiento y la remoción.

a) ***Procedimientos de selección.*** Uno de los aspectos a mejorar es el sistema de selección, aun cuando la elección que hasta el momento se ha efectuado de los distintos magistrados que han integrado la Corte IDH no merezca mayores reproches.

Es indudable que el sistema presenta una gran discrecionalidad. Aunque el art. 52 de la CADH exige que la elección se realice "*entre juristas de la más alta autoridad moral, de reconocida competencia en materia de derechos humanos*", no se fija concurso alguno para determinar tales calidades.

El art. 53 establece que cada Estado puede proponer hasta tres candidatos y son elegidos por mayoría absoluta de votos de los Estados parte, en votación secreta. Si bien la necesidad de contar con el respaldo de la mayoría de los Estados otorga ciertas garantías, mucho mejor resultaría si los elegidos superasen instancias de concursos.

Estos concursos, aun cuando sean solo de antecedentes, deberían tener puntajes previos para las distintas calidades y permitir que sean conocidos por las distintas organizaciones y juristas destacados. Ello podría ser una mejora considerable en la transparencia del sistema de designación.

b) ***Garantías de funcionamiento.*** El sistema de garantías de funcionamiento tiene un tratamiento escaso e inadecuado. Es escaso porque se limita a reconocer las garantías e inmunidades de los agentes diplomáticos, además de la inmunidad de opinión por los votos y opiniones emitidos en el ejercicio de su función, y es inadecuado porque deja librado al estatuto las incompatibilidades, así como el pago de sus haberes.

En cuanto a incompatibilidades, la Convención Americana sobre Derechos Humanos considera tales las actividades que puedan afectar su independencia o imparcialidad, pero deja librada tal situación a lo que defina el Estatuto. Por su parte, el Estatuto de la Corte IDH no da mayores precisiones; solo dispone, en su art. 18: "*1.* Es incompatible el ejercicio del cargo de juez de la Corte Interamericana de Derechos Humanos con el de los cargos y actividades siguientes:

a) los de miembros o altos funcionarios del Poder Ejecutivo; quedan exceptuados los cargos que no impliquen subordinación jerárquica ordinaria, así como los de agentes diplomáticos que no sean jefes de misión ante la OEA o ante cualquiera de sus Estados miembros;

b) los de funcionarios de organismos internacionales;

c) cualesquiera otros cargos y actividades que impidan a los jueces cumplir sus obligaciones, o que afecten su independencia, imparcialidad, la dignidad o prestigio de su cargo".

No se define entonces si los jueces de la Corte IDH pueden ser también magistrados judiciales en sus propios Estados, si pueden seguir ejerciendo la abogacía o si pueden trabajar en relación de dependencia en empresas, todo lo cual parece no tener incompatibilidad, aun cuando ello choca con los más elementales criterios de funcionalidad. Esta ausencia de incompatibilidades estrictas nace como consecuencia de no exigirles a los jueces dedicación exclusiva, como debería demandar una carga de tanta trascendencia en la protección de los derechos humanos.

En cuanto a la duración en el cargo, no parece totalmente conveniente que se establezcan renovaciones en sus mandatos. A diferencia de lo que ocurre con los jueces nacionales, resulta más adecuado limitar su tiempo en la función a un plazo fijo, como el de seis años que se encuentra fijado, o incluso a unos pocos años más; pero que su renovación dependa de la decisión de los mismos Estados que deben controlar resulta un contrasentido.

Para mejorar la funcionalidad sería conveniente concursar al candidato, fijar un sistema salarial acorde con la importancia de la magistratura y exigir una dedicación de tiempo completo, incompatible con cualquier otra actividad que no sea la académica, pero de forma aislada, y, claro, sin posibilidad de reelección ni nueva designación, una vez vencido su mandato.

c) *Forma de funcionamiento.* La forma de funcionamiento presenta cuatro grandes núcleos a considerar: el paso previo por la Comisión, la forma de trabajo de los jueces, la estructura con la que se desempeñan y la presencia del tribunal en los países miembros. Veamos cada aspecto en particular.

1) *Paso previo por la Comisión Interamericana de Derechos Humanos.* El paso obligado por la Comisión también ocurrió en el Tribunal Europeo de Derechos Humanos. Allí, las personas afectadas debían acudir a la Comisión que, en caso de encontrar vulnerado los derechos en cuestión, y si no existía acuerdo con el Estado, llevaban el caso ante el Tribunal Europeo de Derechos Humanos.

Con la entrada del Protocolo II en 1998, se suprimió la Comisión y se constituyó al tribunal como una institución permanente a la que podían acudir directamente los individuos, lo que aumentó enormemente la cantidad de casos que llegaron a sus estrados. El Tribunal Europeo pasó de 837 casos desde sus orígenes hasta 1997, a 888 casos para el año 2001 y a partir del año 2006 más de 1000 casos anuales. La cantidad de demandas fue mucho mayor ya que, para 2014, las nuevas demandas habían alcanzado las 56.250 y había un total de casos pendientes de 69.900[77].

Estos números contrastan con los cerca de 500 casos contenciosos que ha resuelto la Corte IDH desde su creación hasta el año 2022. El hecho de que no pueda ser el particular sino por medio de la Comisión el que accede a sus estrados le resta funcionalidad y legitimidad democrática al sistema interamericano.

Ello sumado a las deficiencias que presenta la Comisión en su funcionamiento. Entre ellas se han señalado la falta de transparencia, dado que en la práctica no es posible encontrar registro de causas iniciadas ni de cuáles son las temáticas denunciadas; la discrecionalidad de los comisionados para decidir, por medio del *per saltum*, la celeridad o no de una causa; la discrecionalidad para decidir la publicación del informe definitivo del art. 51 de la CADH, y la discrecionalidad en la decisión de enviar o no un caso a la Corte IDH[78].

2) *Forma de trabajo.* La forma de trabajo también atenta contra el adecuado funcionamiento del sistema.

Los jueces no tienen funciones permanentes –que sí tienen las secretarías y las relatorías–, sino que se reúnen en sesiones ordinarias cada tres meses. Ello es un déficit que comienza en el tratado, sigue en el Estatuto y se confirma en el Reglamento de la propia Corte IDH.

El art. 16, apdo. 1, del Estatuto dispone que los jueces "estarán a disposición de la Corte, y deberán trasladarse a la sede de esta o al lugar en que realice sus sesiones, cuantas veces y por el tiempo que sean necesarios conforme al Reglamento", mientras que el art. 22 establece: "*1.* La Corte celebrará sesiones ordinarias y extraordinarias.

2. Los períodos ordinarios de sesiones serán determinados reglamentariamente por la Corte.

3. Los períodos extraordinarios de sesiones serán convocados por el presidente o a solicitud de la mayoría de los jueces".

Los arts. 11 a 13 del Reglamento repiten lo mismo sin ampliar, en forma permanente, el trabajo de los jueces.

[77] Von Bogdandy - Venzke, *¿En nombre de quién?*, p. 102.

[78] Farfán, *La crisis del Sistema Interamericano de Derechos Humanos a la luz de algunos estándares internacionales en materia judicial*, *LL*, 2017-A-866.

Esta intermitencia en la función disminuye considerablemente la capacidad de trabajo, no superando así los veintiún casos contenciosos al año. Y no solo ello, sino que también hace que las causas tramiten por varios años, generando que al momento de la sentencia se haya perdido la garantía de su cumplimiento en un plazo razonable, pese a ser este uno de los derechos jurisdiccionales más importantes de los reconocidos en los tratados de derechos humanos.

3) *Estructura de trabajo.* Tampoco la estructura de trabajo es la adecuada. La existencia de pasantes que no solo no son remunerados, sino que además tampoco perciben viáticos, hace que gran parte del personal sea transitorio, dure unos pocos meses y regrese a su país de origen.

El máximo tribunal de garantías en derechos humanos en la región tiene que contar con un mayor presupuesto, una estructura de personal permanente y bien remunerado, que asegure la calidad y continuidad de la trascendente labor que tiene en materia de derechos humanos.

4) *Presencia "in loco".* Si bien se establece la posibilidad de que la Corte IDH sesione en diversos países, más allá de tener su sede en Costa Rica, ello no sucede. Y esto trae varios inconvenientes.

En primer lugar, si la Corte Interamericana se trasladara con mayor frecuencia a los países de la región, ello le daría una mayor publicidad y permitiría así que más interesados procuraran alcanzar sus estrados.

Además, tener presencia en los distintos países permitiría a los magistrados tomar un conocimiento más cabal de las realidades imperantes y con ello estar en mejores condiciones de juzgar las violaciones que son llevadas a sus estrados.

Finalmente, abarataría los costos, al posibilitar que las partes asistan a audiencias en lugares cercanos a su domicilio sin tener que realizar importantes traslados. Si bien ciertas testimoniales se realizan en los países de origen con certificación de notario, no se realizan ante los propios jueces de la causa.

Todo ello mejoraría enormemente su funcionalidad.

5) *Remoción.* Las medidas disciplinarias, incluso la remoción, son decididas en la Asamblea General de la ONU y para llevarlas adelante se deberá contar con una mayoría de dos tercios de los votos de los Estados firmantes del Pacto, lo que hace engorroso todo proceso disciplinario. Este procedimiento debería ser reemplazado por un sistema que, al asegurar las garantías de imparcialidad, tenga una mayor agilidad en su funcionamiento.

D) Decisiones de la jurisdicción constitucional

§ 20. *Introducción.* – Las decisiones adoptadas por los magistrados de los tribunales constitucionales varían según el sistema imperante, e, incluso, dentro del mismo sistema, de acuerdo con las características particulares que cada uno puede presentar. No es lo mismo, claro está, lo resuelto por un tribunal con jurisdicción concentrada que lo decidido por un juez del sistema difuso o dentro de un sistema combinado.

Sin perjuicio de ello y de la imprecisión que se obtendrá por no basar el análisis solo en el sistema argentino, aun cuando existan importantes referencias a este, se estudiarán aquí dos aspectos principales: los tipos de sentencias y los efectos que estas producen.

§ 21. *Tipos de decisiones.* – Las magistraturas constitucionales, independientemente del sistema de control que se utilice, se pronuncian por medio de sentencias. Claro que no son iguales las sentencias en un sistema de control judicial difuso que en uno concentrado o en un órgano político[79], aunque sus estructuras no suelen tener grandes diferencias.

Sin perjuicio de ello, las clasificaciones tradicionales en materia de sentencias judiciales suelen ser insuficientes en su aplicación a las magistraturas constitucionales, incluso en los sistemas judiciales difusos. Por ello se suelen clasificar en sentencias clásicas o típicas y sentencias atípicas.

a) *Sentencia clásica.* Es sentencia clásica o típica aquella que rechaza el planteo de inconstitucionalidad o bien lo acoge, declarando la invalidez de la norma cuestionada. Si el planteo se admite, la sentencia se limitará, sobre la base de lo pretendido en el proceso (sea este meramente declarativo o de condena), a dejar sin efecto la normativa en cuestión o a imponer al demandado una obligación de hacer, dar o abstenerse.

[79] Así, por ejemplo, el Consejo Constitucional francés en su decisorio se limita a decir si la norma cuestionada es o no acorde a la Constitución. En caso de declarar la inconstitucionalidad de la norma, establece desde cuándo entra en vigor dicha sentencia (p.ej., en la sentencia 2018-744 QPC, de noviembre de 2018, donde entiende inconstitucional el régimen de detención preventiva de menores de edad –en rigor el Consejo se limita a declarar inválidos párrafos y expresiones precisas de las normas cuestionadas–, resuelve que la declaración de inconstitucionalidad comenzará a regir desde la publicación de la sentencia y será aplicable a todas las instancia en las que no haya recaído sentencia firme en dicha fecha).

Estas decisiones han sido clasificadas teniendo en cuenta la naturaleza de la pretensión que configura el objeto de la demanda en sentencias de conocimiento o declarativas y sentencias de ejecución[80].

Dada la naturaleza de los procesos constitucionales, nos interesan aquí las sentencias declarativas, que pueden subclasificarse en meramente declarativas, de condena y constitutivas o determinativas.

La sentencia meramente declarativa es aquella en que el magistrado se limita a dar certeza sobre la existencia o inexistencia del derecho discutido. Fija el alcance de la relación jurídica y allí termina su pronunciamiento. No impone ninguna obligación de dar, hacer o abstenerse, aun cuando ella pueda estar implícita en el derecho declarado. Así, por ejemplo, la sentencia que decide la inconstitucionalidad de una norma que prohíbe a los habitantes congregarse, pero sin ordenar al gobierno que se abstenga de impedirles la reunión planificada, es meramente declarativa.

En la sentencia de condena existe una declaración previa del magistrado sobre la relación jurídica en discusión, pero no se limita a declarar el derecho, sino que además obliga a una de las partes a dar, hacer o abstenerse. Tomando el ejemplo anterior podríamos agregar que, además de declarar la inconstitucionalidad de la norma, el juzgador ordena al poder público que se abstenga de llevar adelante cualquier acto que obstruya la reunión pretendida.

En las sentencias constitutivas, además de las declaraciones referidas, se fija un estado jurídico. Tal sería el caso si se declara inconstitucional la prohibición de una persona de modificar su sexo según su autopercepción y allí se fija su nuevo sexo.

Todas estas sentencias pueden tener efectos solo en el caso concreto (admitiendo la invalidez exclusivamente para la parte que demandó) o *erga omnes* (dejando sin efecto, de manera general, la norma cuestionada); pueden admitir esa inconstitucionalidad desde el origen, desde un momento determinado, sea a partir del dictado de la sentencia o incluso hacia el futuro; pero esto es parte de los efectos, que se verán en el parágrafo siguiente, y no cambia el tipo de decisión.

Aun cuando esta clase de resoluciones agrupa la mayor parte de los pronunciamientos en la justicia constitucional, junto a estas sentencias clásicas, típicas o tradicionales aparecen nuevas variantes o sentencias atípicas.

[80] Para una ampliación del tema, aun cuando el enfoque es parcialmente distinto, ver PALACIO, *Derecho procesal civil*, t. I, p. 304 y ss., y t. V, p. 399. También, ALVARADO VELLOSO, *Introducción al estudio del derecho procesal. Primera parte.*

b) *Sentencias atípicas.* En las sentencias atípicas, además de admitirse o rechazarse la pretensión principal, se imponen comportamientos o se fijan pautas, que trascienden lo discutido, a los sujetos involucrados y principalmente se refieren a la forma de imponer obligaciones a los demás poderes del Estado.

Los autores han efectuado distintas clasificaciones al respecto.

1) *La doctrina.* El desarrollo doctrinal de este tema presenta algunas variantes entre los distintos juristas, a veces influidas por los sistemas de control de constitucionalidad imperantes, así como por las expresiones utilizadas por los órganos que lo ejercen.

La clasificación de las sentencias atípicas propuesta por Sagüés es en interpretativas y manipulativas[81].

Las sentencias interpretativas son aquellas que entienden de determinadas forma una regla jurídica infraconstitucional para hacerla conforme a la Constitución. Estas sentencias las subclasifica en admisorias (cuando aceptan el planteo de inconstitucionalidad) o desestimatorias (cuando lo rechazan).

Las sentencias manipulativas son aquellas en que los magistrados elaboran un producto nuevo, sea porque añaden algo al texto legal para hacerlo compatible con la Constitución (variante aditiva), porque eliminan un tramo de la norma (sustractiva) o porque reemplazan la norma por otra (sustitutiva).

Luego se expresa sobre las sentencias exhortativas, a las que considera como una variable de las manipulativas, aunque con una cierta autonomía. En estas decisiones, ante una norma inconstitucional, se le exige al Poder Legislativo la sanción de un nuevo texto conforme a los criterios constitucionales fijados. Subclasifica estas resoluciones en de delegación (sienta las bases para que el Legislativo dicte la norma), de inconstitucionalidad simple (pide al Legislativo que cambie la norma, pero no la invalida hasta tanto este no lo haga) y por constitucionalidad endeble o precaria (básicamente estima la norma constitucional, pero pide modificaciones en el entendimiento de que pronto dejará de serlo)[82].

Como podemos ver, este prestigioso constitucionalista utiliza dos criterios para la clasificación de las sentencias: uno donde tiene en cuenta la forma en que la magistratura constitucional llega a la conclusión que llega (sentencias interpretativas y sentencias manipulativas, cada una con

[81] Sagüés, *Derecho constitucional*, t. 1, p. 506 y siguientes.

[82] Sagüés, *Derecho constitucional*, t. 1, p. 508 a 512.

sus variantes) y otro donde considera el tipo de pronunciamientos emitidos (sentencias exhortativas y sus variables).

Por su parte, LANDA hace una doble clasificación en sentencias de aplicación o interpretación, y en sentencias estimatorias o desestimatorias[83].

Sobre el primer grupo, afirma que esta clasificación, que ha seguido en algún momento el Tribunal Constitucional peruano, no presenta mayor utilidad, por cuanto sentencias de aplicación serían las que "aplican" las normas constitucionales en un caso concreto, mientras que las de interpretación determinan el alcance y sentido de las normas constitucionales, llenan lagunas y forjan precedentes.

A su vez, en el segundo grupo, subclasifica las sentencias en estimatorias y desestimatorias. Las sentencias estimatorias las subdivide en: *a*) sentencias de simple anulación; *b*) interpretativas en sentido estricto; *c*) interpretativas-normativas; *d*) reductoras; *e*) aditivas; *f*) sustitutivas, y *g*) interpretativas-normativas diferidas.

La sentencia de simple anulación consiste en dejar sin efecto una parte o la totalidad de la norma impugnada.

La interpretativa en sentido estricto es aquella donde se declara la inconstitucionalidad de una interpretación errónea efectuada por algún operador judicial. Como ejemplo de esta clase de sentencias ubica la del Tribunal Constitucional del Perú que entendió constitucional la ley de planificación familiar que consideraba la esterilización como un método de planificación familiar en tanto este fuese reversible[84].

Las sentencias interpretativas-normativas se producen cuando, detectada una inconstitucionalidad normativa, el tribunal recorta una parte de la norma o bien le hace un añadido que modifica su alcance. Pone como ejemplo el caso en que el Tribunal Constitucional del Perú interpretó que los cinco requisitos exigidos para otorgar la pensión al varón, ante el fallecimiento de su cónyuge, debían ser entendidos como alternativos (sustituyendo la "y" por la "o"), para así igualar los derechos del hombre y de la mujer.

Las reductoras son aquellas decisiones donde se ordena inaplicar parte del contenido normativo cuestionado en relación con algunos de los supuestos contemplados genéricamente, o bien en las consecuencias jurí-

[83] LANDA, "Las sentencias atípicas en la jurisdicción constitucional latinoamericana", en VON BOGDANDY - FERRER MAC-GREGOR - MORALES ANTONIAZZI (coords.), *La justicia constitucional y su internacionalización*, t. I, p. 599 a 621.

[84] TConst Perú, 28/4/1997, sentencia 0014-1996-AI/TC.

dicas preestablecidas. Ejemplifica con la sentencia del Tribunal Supremo de Justicia de Venezuela que consideró inválida una norma legal tributaria sobre el impuesto a la renta en tanto el trabajador debía tributar sobre todas las percepciones vinculadas a la relación laboral y no solo sobre el salario percibido, fallando que debía pagar según el criterio fijado[85].

Las sentencias aditivas son las que agregan parte de la disposición normativa porque esta es inconstitucional por omitir prever ciertos supuestos. Tienen su aplicación principalmente para remediar vulneraciones a la igualdad, como la sentencia del Tribunal Constitucional de Bolivia que incorporó a los varones al derecho de pensión que solo tenían las mujeres[86].

Las sustitutivas son aquellas en las que se reemplaza parte del contenido normativo, como ocurre cuando se declara la reviviscencia de las normas vigentes con anterioridad a la declaración de inconstitucionalidad.

Las interpretativas-normativas diferidas (que también denomina exhortativas) son aquellas donde no se invalida la norma directamente, sino que se le requiere al Legislativo que reemplace la ley por una que cumpla los parámetros constitucionales, como ocurrió en el caso "Rosza", en Argentina, referido a jueces subrogantes (ver § 22, b, 6). Entiende que estas decisiones pueden ser obligatorias –como en el ejemplo descripto– o sin efectos vinculantes (como cuando se exhorta a cumplir ciertas pautas).

En cuanto a las sentencias desestimatorias, es decir, aquellas que rechazan la inconstitucionalidad planteada, las subclasifica en desestimación por rechazo simple y desestimación por sentido interpretativo.

Entiende Nogueira Alcalá que las sentencias atípicas posibilitan la intervención positiva (y no solo la invalidación) en la norma y se justifica por el principio de conservación de las decisiones legislativas, otorgando certeza jurídica y aplicación uniforme del derecho. Clasifica estas sentencias en: *a*) de interpretación conforme a la Constitución; *b*) aditivas; *c*) sustitutivas; *d*) exhortativas; *e*) prospectivas, y *f*) sobre omisiones legislativas[87].

Las sentencias de interpretación conforme provienen de la jurisprudencia de la Corte Constitucional italiana y consisten en darle un sentido de interpretación a la norma, descartando los demás, y permitiendo salvaguardarla de su invalidez. Ejemplifica, entre otros casos, con la

85 TSJ Venezuela, Sala Constitucional, 27/2/2007, sentencia 301.

86 TConst Bolivia, 3/7/2003, sentencia 0062/2003.

87 Nogueira Alcalá, *Consideraciones sobre las sentencias de los tribunales constitucionales y sus efectos en América del Sur*, "Ius et Praxis", año 10, nº 1, 2004, p. 113 a 158.

sentencia de la Corte Constitucional de Colombia, que, ante el planteo de invalidez de la ley que declaraba inembargable los recursos del presupuesto, mantuvo la validez de la norma, pero admitió que esa inembargabilidad no alcanzaba a las obligaciones laborales del Estado[88].

En las sentencias aditivas se incorpora un nuevo elemento a la norma para que asuma un supuesto de hecho no contemplado originalmente y es posible solo cuando no hay diversas opciones para conformarse a la Constitución.

Entre varios ejemplos, menciona la sentencia de la Corte Constitucional de Colombia que agrega a la norma que sanciona a quienes no presenten la declaración jurada de rentas en tiempo que debe otorgarse al contribuyente la posibilidad de acreditar que ello se debió a caso fortuito o fuerza mayor[89].

Las sentencias sustitutivas son aquellas en las que se invalida una norma por inconstitucional y se reemplaza por otra que crea el órgano de control. La Corte Constitucional colombiana declaró inconstitucional la ley que precisaba los casos en los que podía otorgar efecto retroactivo a sus sentencias y decidió que era solo ella la que lo podía determinar, a falta de estipulación constitucional[90].

Las sentencias exhortativas son las que van desde un simple consejo o directrices al legislador para que regule una materia determinada, como ocurrió, entre otros casos, con la sentencia del Tribunal Constitucional peruano que exhortó al Congreso a reformar la Constitución en su art. 100 por entender que interfería con la independencia y autonomía de los poderes públicos[91].

Las sentencias prospectivas son las que modulan sus efectos en el tiempo al determinar que los efectos se producirán en el futuro y otorgar un tiempo al legislador para adecuar el ordenamiento.

Las sentencias sobre omisiones legislativas son las que tienen en cuenta el incumplimiento del deber de normar por parte del parlamento. El jurista chileno reconoce que pueden coincidir con las sentencias aditivas, y señala como ejemplo la sentencia del Tribunal Constitucional Federal alemán del 29 de enero de 1969[92], que consideró incumplido el

[88] CConst Colombia, 1º/10/1992, sentencia C-546/92.

[89] CConst Colombia, 5/12/1996, sentencia C-690/96.

[90] CConst Colombia, 25/3/1993, sentencia C-113/93.

[91] TConst Perú, 1/12/2003, expte. 0006-2003-AI/TC.

[92] Citada por BAZÁN, "Un sendero que merece ser transitado: el control de la inconstitucionalidad omisiva" en BAZÁN (coord.), *Desafíos del control de constitucionalidad*, p. 196, nota 37.

art. 6.5 de la Const. alemana, que impone a la legislación asegurar las mismas condiciones al desarrollo físico moral y social a los hijos naturales y a los legítimos, haciendo aplicable directamente la normativa constitucional.

En cambio, HERNÁNDEZ VALLE no utiliza la expresión sentencias atípicas, sino que clasifica las decisiones de la jurisdicción constitucional en estimatorias de inconstitucionalidad y desestimatorias de inconstitucionalidad[93]. Las sentencias estimatorias las divide en: *a*) exhortativas; *b*) de inconstitucionalidad simple (totales o parciales); *c*) interpretativas; *d*) aditivas o por omisión, y *e*) sustitutivas.

Las sentencias exhortativas, enseña, están previstas en la legislación alemana y austríaca; consisten en otorgarle un plazo al legislador para que reforme la normativa cuestionada y, si no lo hace, será anulada automáticamente.

Las sentencias de inconstitucionalidad simple declaran inválido un artículo o un párrafo de una norma (cuando son parciales), dejando el resto del texto vigente, o bien declaran la inconstitucionalidad total del texto normativo.

En las sentencias interpretativas, la invalidez puede provenir de la errónea aplicación de una norma en un caso concreto o por los efectos de la norma.

Las sentencias aditivas, explica el profesor costarricense, se producen en dos hipótesis: cuando se viola el principio de igualdad (el juez otorga los mismos derechos a quien está desigualado) o cuando se vulnera la irretroactividad de normas y actos públicos (crea una norma para dejar a salvo los derechos adquiridos).

Las sentencias sustitutivas (que también denomina manipulativas) son las que introducen nuevas normas en el ordenamiento o ponen en vigor normas derogadas.

En cuanto a las sentencias desestimatorias, es decir aquellas que rechazan la inconstitucionalidad planteada, las clasifica en simples (cuando se limitan a decir que el acto o norma impugnados no son inconstitucionales) y en interpretativas o de interpretación conforme (donde se declara la imposibilidad de interpretar una norma en un sentido determinado como inconstitucional, a la vez que se indica la forma correcta en la que debe interpretarse).

[93] HERNÁNDEZ VALLE, "Los poderes del juez constitucional", en Instituto de Investigaciones Jurídicas - Centro de Estudios Constitucionales México-Centroamérica, *Justicia constitucional comparada*, p. 41 a 50.

2) *Nuestro criterio.* A fin de seguir el criterio clasificatorio utilizado en las sentencias típicas[94], es decir, por la clase de pronunciamiento, consideramos las sentencias atípicas como aquellas donde la magistratura constitucional no solo invalida una norma, sino que además crea un régimen jurídico, sea de manera directa, fijando qué debe hacerse, o de manera indirecta, ordenando a los demás poderes legislar bajo los criterios fijados o invitándolos a seguir ciertas pautas[95].

Así, clasificaremos estas sentencias atípicas en sentencias de legislación directa y sentencias de legislación indirecta, y dentro de este último grupo podemos encontrar las compulsivas y las inductivas.

Son sentencias de legislación directa aquellas en que el órgano encargado del control establece el régimen jurídico aplicable, sea mediante la fijación de una regla o por la reposición de un régimen normativo derogado[96].

El primer supuesto lo encontramos en aquellas decisiones donde el controlante ordena cómo deberán efectivizarse ciertos derechos. Aunque es muy frecuente en derechos económicos, sociales y culturales, no es exclusivo de ellos.

[94] No puede soslayarse que, en el sistema de control judicial difuso, al tener que resolver el caso particular, los tribunales tienen un margen significativamente mayor que aquel con el que cuentan sus pares en los sistemas concentrados y, por ello, el concepto de sentencia atípica no es tan coincidente. Dado que la jurisdicción concentrada tiene como principal objetivo derogar una norma, y no crear una solución, cuando ello sucede la decisión puede catalogarse como atípica, como ocurre cuando, por ejemplo, debe adicionar al hombre al beneficiario con derecho a pensión en aquellos supuestos donde la ley solo admite a la mujer; situación que no crea inconvenientes en el sistema difuso, donde, precisamente, para un hombre en concreto se pide el reconocimiento del derecho a pensión, el cual efectiviza el juez al considerar que la norma es arbitrariamente desigual.

[95] Respecto de los mandatos dirigidos a la Administración, Lorenzetti señala que el tribunal puede ordenar "según un modelo orientado a los resultados o bien a los procedimientos. En el primero se respeta la discrecionalidad propia de la Administración en la definición de cuáles son los medios más apropiados para aplicar en el caso, mientras que en el segundo el Poder Judicial avanza y los define por sí mismo" (*Justicia colectiva*, p. 253).

[96] Esta postura no era considerada válida para la Corte Suprema argentina, la cual sostenía que "no existen derechos adquiridos al mantenimiento de las leyes o de reglamentaciones y que no es pertinente la impugnación de inconstitucionalidad cuando el fin con que se la persigue es el restablecimiento de un régimen normativo derogado, lo que es de incumbencia del legislador" (CSJN, 16/2/1999, "De Anso, Alberto F. c/INPS - Caja Nacional de Previsión para el Personal del Estado y Servicios Públicos s/reajustes por movilidad", *Fallos*, 322:158).

La Corte Suprema argentina lo ha aplicado en precedentes como "Sánchez"[97], donde fijó el índice de movilidad, o al reconocer la operatividad del derecho a la vivienda digna[98].

En el segundo supuesto, el tribunal no solo declara que el régimen sancionado es inválido, sino que ordena que se siga con el régimen anterior. Ello puede verse claramente en pronunciamientos como "Rizzo", donde la Corte Suprema argentina declaró la inconstitucionalidad de diversos artículos de la ley que modificaba la integración y representación de los integrantes del Consejo de la Magistratura, pero atento a que esa declaración de inconstitucionalidad vaciaba la posibilidad de integrar el Consejo, decidió restablecer la vigencia del régimen que había sido derogado[99]; lo mismo ocurrió en el precedente "Colegio de Abogados de la Ciudad de Buenos Aires"[100].

[97] CSJN, 17/5/2005, "Sánchez, María del C. c/Anses s/reajustes varios", *Fallos*, 328:1602. En la parte pertinente del resuelvo expresó que se decide "disponer que se mantenga el ajuste por movilidad hasta el 30 de marzo de 1995, según las variaciones registradas en el índice del nivel general de remuneraciones".

[98] CSJN, 24/4/2012, "Q. C., S. Y. c/Gobierno de la Ciudad de Buenos Aires s/amparo", *Fallos*, 335:452. Si bien el fallo deja la búsqueda de ciertas soluciones al Poder Ejecutivo de la ciudad de Buenos Aires, impone conductas. En tal sentido ordenó: "*1*) Intervenga con los equipos de asistencia social y salud con los que cuenta para asegurar que el niño disponga de la atención y el cuidado que su estado de discapacidad requiere y provea a la actora del asesoramiento y la orientación necesarios para la solución de las causas de su problemática habitacional en los términos de la res. 1554/2008 del Ministerio de Desarrollo Social de la Ciudad Autónoma de Buenos Aires. *2*) Garantice a la actora, aun en forma no definitiva, un alojamiento con condiciones edilicias adecuadas a la patología que presenta el niño, sin perjuicio de contemplar su inclusión en algún programa de vivienda en curso o futuro para la solución permanente de la situación de excepcional necesidad planteada".

[99] CSJN, 18/6/2013, "Rizzo, Jorge G. (apoderado Lista 3 Gente de Derecho) s/acción de amparo c/Poder Ejecutivo nacional, ley 26.855, medida cautelar", *Fallos*, 336:760. El resuelvo del mencionado precedente consta de seis apartados. En el primero se declara la inconstitucionalidad de los arts. 2º, 4º, 18 y 30 de la ley 26.855, del decr. 577/2013, mientras que en el segundo se declara "la inaplicabilidad de las modificaciones introducidas por la ley 26.855 con relación al *quorum* previsto en el art. 7º, al régimen de mayorías la composición de las comisiones del Consejo de la Magistratura: de conformidad con lo previsto en el art. 29 de dicha ley". Hasta allí estamos ante una sentencia clásica o típica, pero en el tercer apartado se decide disponer que "en los puntos regidos por las normas declaradas inconstitucionales e inaplicables, mantendrá su vigencia el régimen anterior previsto en las leyes 24.937 y sus modificatorias 24.939 y 26.080", lo que convierte el fallo en una sentencia de legislación directa.

[100] CSJN, 16/12/2021, "Colegio de Abogados de la Ciudad de Buenos Aires y otro c/EN - ley 26.080 - dto. 816/99 y otros s/proceso de conocimiento", *Fallos*, 344:3636. Además de declarar la inconstitucionalidad de la composición del Consejo de la Magis-

En las sentencias de legislación indirecta, el tribunal no fija una regla, sino que establece pautas y requiere de los órganos encargados de normar que lo hagan según las pautas que el controlante fijó[101].

En algunos casos se establece una orden directa, de cumplimiento ineludible para los demás poderes (pese a que la orden es de cumplimiento ineludible, los poderes políticos no siempre lo hacen), como lo hizo la Corte Suprema argentina en "Mignone"[102] (estamos aquí ante una sentencia compulsiva), o en la primera resolución que emitió en el precedente "Badaro"[103]; mientras que en otros supuestos se incita a los poderes correspondientes a seguir los criterios fijados[104].

---

tratura, se ordenó al Congreso legislar en el sentido ordenado en el fallo; pero se previó que, mientras no lo hiciera, se volviera a la composición fijada por la primera ley (derogada hacía más de quince años). En el punto III del resolutorio se estableció: "Ordenar al Consejo de la Magistratura que, dentro del plazo máximo de ciento veinte días corridos contados desde la notificación de la presente sentencia, disponga lo necesario para la integración del órgano, en los términos de los arts. 2° y 10 de la ley 24.937 (texto según ley 24.939). Transcurrido dicho plazo sin que se haya completado la integración mencionada, los actos dictados por el Consejo de la Magistratura serán nulos. Desde la notificación de la sentencia y hasta tanto el Consejo cumpla con este mandato o hasta el vencimiento del plazo de ciento veinte días corridos referido, lo que ocurra primero, regirá el sistema de la ley 26.080".

[101] El precedente "Colegio de Abogados de la Ciudad de Buenos Aires" antes referido comienza como una sentencia de legislación indirecta, solo que mientras ello no ocurriera se restableció el régimen anterior.

[102] CSJN, *Fallos*, 325:524. Allí decidió: "Reconocer un derecho, pero negarle un remedio apropiado equivale a desconocerlo. En consecuencia, corresponde urgir al Poder Legislativo y al Poder Ejecutivo a que adopten las medidas necesarias para hacer efectivo el derecho a votar de los detenidos no condenados y en este marco, esta Corte considera prudente disponer que este derecho sea implementado por las autoridades competentes dentro del plazo de seis meses".

[103] CSJN, *Fallos*, 329:3089, donde dijo que, "en las condiciones reseñadas y habida cuenta de las relaciones que deben existir entre los departamentos de Estado, corresponde llevar a conocimiento de las autoridades que tienen asignadas las atribuciones para efectuar las correcciones necesarias que la omisión de disponer un ajuste por movilidad en el beneficio del actor ha llevado a privarlo de un derecho conferido por la ley fundamental. Por tal causa, debe diferirse el pronunciamiento sobre el período cuestionado por un plazo que resulte suficiente para el dictado de las disposiciones pertinentes" (consid. 19), y decidió en el resuelvo "comunicar al Poder Ejecutivo nacional y al Congreso de la Nación el contenido de esta sentencia a fin de que, en un plazo razonable, adopten las medidas a las que se alude en los considerandos".

[104] Ello puede verse claramente en CSJN, 13/3/2012, "F., A. L. s/medida autosatisfactiva", *Fallos*, 335:197, donde se discutía la interpretación de un artículo del Código Penal referido a la punibilidad del aborto. El fallo confirma lo decidido en la instancia anterior, que había considerado que el aborto no era punible por ser consecuencia de una

§ 22. *Efectos.* – En cuanto a los efectos que el sistema de control de constitucionalidad puede generar, también se han practicado diversas clasificaciones. De ellas seguiremos la propuesta por Sagüés[105], aunque con algunas modificaciones.

Así, un sistema de control puede tener efecto decisorio o no decisorio. A su vez, si los efectos son decisorios, estos pueden tener una cuádruple subclasificación: según los individuos a los que alcancen, al caso concreto, generales o combinados; según el momento en que produzcan los efectos, pueden ser anulatorios, derogatorios o hacia el futuro; según la permanencia de ellos, provisorios o definitivos; según el momento en que se produzca el control, pueden ser preventivos o reparadores.

Analizaremos cada uno de ellos.

a) *Efectos no decisorios.* En estos modelos estamos en presencia de un sistema en donde el controlante no obliga con sus decisiones. Así, declarada la inconstitucionalidad de una norma, esta sigue siendo aplicable, a menos que el órgano que la dictó decida inaplicarla[106].

Se trata de simples consejos, sin fuerza vinculante. Como ejemplos de estos sistemas se cita al Tribunal Constitucional de Polonia, creado en 1985, dado que sus decisiones eran revisadas por el propio Parlamento[107].

No es una consecuencia lógica de un sistema de control y por ello es muy excepcional encontrarlo.

b) *Efectos decisorios.* Los sistemas de control, en su gran mayoría, otorgan fuerza vinculante a las decisiones adoptadas por el órgano a

---

violación. Además de confirmar el fallo, en los siguientes apartados "exhorta" a las diversas autoridades a seguir los criterios fijados, aun cuando no fueron parte del juicio. Así, expresó: "*2*) Exhortar a las autoridades nacionales, provinciales y de la Ciudad Autónoma de Buenos Aires, con competencia en la materia, a implementar y hacer operativos, mediante normas del más alto nivel, en los términos aquí sentados, protocolos hospitalarios para la concreta atención de los abortos no punibles y para la asistencia integral de toda víctima de violencia sexual. *3*) Exhortar al Poder Judicial nacional y a los poderes judiciales provinciales y de la Ciudad Autónoma de Buenos Aires a abstenerse de judicializar el acceso a los abortos no punibles previstos legalmente".

[105] Sagüés clasifica los sistemas según sus efectos en no decisorios y decisorios, y dentro de este último hace una triple clasificación en efectos para el caso concreto, efectos *erga omnes* o sistemas intermedios (*Derecho constitucional*, t. 1, p. 499 y siguientes).

[106] No debe confundirse el efecto no decisorio con el preventivo del sistema francés, que si bien opera antes de que la norma ingrese en el ordenamiento, no por ello deja de ser vinculante, dado que la ley no puede ser sancionada si no se acata la decisión del Consejo Constitucional.

[107] Sagüés, *Derecho constitucional*, t. 1, p. 500.

cargo de su ejercicio. Pero el alcance de esta decisión puede variar de régimen en régimen.

En una primera subclasificación, las decisiones pueden limitar su alcance solo a las partes en disputa, pueden extenderse a todos los afectados por la norma o pueden tener un efecto combinado donde según cómo se desenvuelva la actuación del órgano la decisión la inaplica al caso concreto o se expande al resto de la comunidad.

En una segunda subclasificación el tiempo a partir del cual queda sin efecto una norma puede variar entre aquellas decisiones de tipo anulatorio, que la privan de efecto desde sus orígenes (*ex tunc*); derogatorio, en tanto la norma considerada inconstitucional no puede ser aplicada desde dicho momento y hacia adelante, pero no se la priva de los efectos ya cumplidos (*ex nunc*), o hacia el futuro, donde se declara que la inconstitucionalidad de la norma se producirá en tanto se mantenga en el ordenamiento en un tiempo próximo.

Una tercera subclasificación se basa en la permanencia de la declaración de inconstitucionalidad, si esta invalidez es inmodificable (definitiva) o puede cambiar con el cambio de ciertas circunstancias (provisional).

La cuarta subclasificación tiene en cuenta el momento en que se produce el control, si es antes de que la norma ingrese en el ordenamiento (preventivo) o con posterioridad (reparador).

1) *Para el caso concreto.* La decisión de efecto *inter partes* o para el caso concreto es propia del sistema judicial difuso, aun cuando no exclusiva de este, dado que también se suele aplicar en sistemas de control combinado e incluso en algunos concentrados[108].

Más allá de que el sistema difuso puede contener decisiones cuyo alcance supere a las partes en juego[109], el efecto *inter partes* tiene que ver

[108] Uruguay tiene un sistema de jurisdicción concentrada en manos de la Suprema Corte; sin embargo, el art. 259 de la Const. uruguaya dispone: "El fallo de la Suprema Corte de Justicia se referirá exclusivamente al caso concreto y solo tendrá efecto en los procedimientos en que se haya pronunciado". Algo semejante ocurre en Paraguay, cuyo control está en manos de la Sala Constitucional de la Corte Suprema. El inc. 1 del art. 260 establece que le corresponde "conocer y resolver sobre la inconstitucionalidad de las leyes y de otros instrumentos normativos, declarando la inaplicabilidad de las disposiciones contrarias a la Constitución en cada caso concreto y en fallo que solo tendrá efecto con relación a ese caso".

[109] Ello suele encontrarse previsto en la defensa de derechos de incidencia colectiva. Así, por ejemplo, el art. 54 de la ley de defensa del consumidor, en Argentina, en la parte pertinente prevé: "La sentencia que haga lugar a la pretensión hará cosa juzgada para el demandado y para todos los consumidores o usuarios que se encuentren en simi-

con la lógica de su funcionamiento. En este sistema la persona afectada pide la restauración de su derecho, lo hace frente a un juez, confrontando a quien se beneficia por el régimen que precisamente el afectado considera que lesiona sus derechos. En ese debate es lógico que la declaración de inconstitucionalidad solo alcance a quienes participaron y no extienda sus efectos más allá de la situación particular, donde incluso hay características propias que pueden diferenciar el caso de otros similares.

Ello no quita que se suelan aplicar mecanismos que intenten expandir los efectos a fin de obtener resultados similares ante planteos similares, pero dejando a salvo las particulares circunstancias que puedan tener las partes en un juicio[110], o bien en sistemas del *common law*, como el estadounidense, donde los precedentes tienen una incidencia mayor en casos análogos.

2) *De alcance general.* La decisión de alcance general o efecto *erga omnes* elimina del ordenamiento la norma declarada inconstitucional. Es característica de los sistemas de control concentrado, aun cuando no exclusiva de este ni todos los sistemas concentrados producen este efecto general.

Así, entre aquellos ordenamientos que lo prevén expresamente[111], el art. 164 de la Const. española establece que las sentencias del Tribunal

---

lares condiciones, excepto de aquellos que manifiesten su voluntad en contrario previo a la sentencia en los términos y condiciones que el magistrado disponga.

Si la cuestión tuviese contenido patrimonial establecerá las pautas para la reparación económica o el procedimiento para su determinación sobre la base del principio de reparación integral. Si se trata de la restitución de sumas de dinero se hará por los mismos medios que fueron percibidas; de no ser ello posible, mediante sistemas que permitan que los afectados puedan acceder a la reparación y, si no pudieran ser individualizados, el juez fijará la manera en que el resarcimiento sea instrumentado, en la forma que más beneficie al grupo afectado. Si se trata de daños diferenciados para cada consumidor o usuario, de ser factible se establecerán grupos o clases de cada uno de ellos y, por vía incidental, podrán éstos estimar y demandar la indemnización particular que les corresponda".

De manera similar, el segundo párrafo del art. 33 de la ley 25.675 de protección ambiental dispone: "La sentencia hará cosa juzgada y tendrá efecto *erga omnes*, a excepción de que la acción sea rechazada, aunque sea parcialmente, por cuestiones probatorias".

[110] En ese sentido, algunos ordenamientos, como el argentino, han previsto la existencia de fallos plenos cuyas decisiones obligan a los tribunales de su instancia e instancias menores, o el deber institucional de seguir los criterios de la Corte Suprema de Justicia de la Nación (para una ampliación del tema ver nuestro trabajo Toricelli, *Organización constitucional del poder*, t. 1, p. 176 y siguientes).

[111] En muchos casos, el efecto general no proviene de la Constitución, ni siquiera de la ley, sino que es una directriz jurisprudencial, como ocurre, por ejemplo, en Panamá,

Constitucional que "declaren la inconstitucionalidad de una ley o de una norma con fuerza de ley y todas las que no se limiten a la estimación subjetiva de un derecho, tienen plenos efectos frente a todos". En sentido similar el art. 203 de la Const. de Bolivia dice: "Las decisiones y sentencias del Tribunal Constitucional Plurinacional son de carácter vinculante y de cumplimiento obligatorio, y contra ellas no cabe recurso ordinario ulterior alguno".

El efecto general del alcance de la decisión de los tribunales constitucionales no siempre está previsto en la propia Constitución, tal como ocurre en Panamá.

No existe, por el contrario, ningún sistema judicial difuso que pueda tener tal efecto, sin perjuicio de situaciones particulares que pueden dar lugar a sistemas combinados, como se verá en el próximo apartado. Es que el funcionamiento del sistema difuso, donde todo juez, en el caso que le toca decidir, puede declarar la invalidez de una norma, hace que resulte impensada la posibilidad de que esa norma sea eliminada del ordenamiento.

El sistema *erga omnes* tiene la ventaja de ser igualitario, pero la desventaja de que, aun cuando se trate de un tribunal constitucional, invalida por completo lo decidido por el parlamento. Y no siempre resulta sencillo descalificar la decisión adoptada por un órgano elegido popularmente.

Incluso esas decisiones generales pueden provocar un sismo importante en el desenvolvimiento del Estado, que no suele ocurrir en el sistema de efecto *inter partes*. Así, por ejemplo, la devolución de los ahorros bancarios en moneda extranjera en Argentina fue posible en un sistema de aplicación particular, pero hubiese sido muy improbable en uno general, donde se habría habilitado la devolución del dinero para todos y en el mismo momento, provocando una importante corrida bancaria que hubiese imposibilitado efectivizar el derecho[112].

Tampoco en este sistema se tiene en cuenta la particular afectación que una norma puede provocar en un caso concreto, atendiendo las circunstancias especiales de este.

así como el control de constitucionalidad difuso en Estados Unidos de América o Argentina fue creado pretorianamente.

[112] Recordemos que el gobierno había dicta una normativa que inmovilizaba los ahorros en moneda extranjera, autorizando solo su circulación dentro del sistema, pero convertidos a moneda local a un valor muy inferior al de mercado. El sistema difuso posibilitó que aquellos que se sintieron más afectados reclamaran (muchos decidieron optar por las posibilidades que otorgaba el sistema, como la adquisición de bienes o la transformación en bonos), obteniendo resoluciones favorables en distintos momentos y permitiendo efectivizar su derecho sin producir un quiebre al sistema financiero.

3) *Combinados.* Los efectos combinados se producen cuando las decisiones que declaran la inconstitucionalidad de una norma, según las circunstancias, tienen efecto para el caso concreto o de manera general.

Aun cuando son propios de los sistemas de control de constitucionalidad combinados (aquellos donde el control lo ejerce tanto la judicatura en general como un tribunal constitucional en particular)[113], no es exclusivo de ellos, encontrándose en jurisdicciones concentradas[114] y difusas[115].

En el caso de Colombia, el ejercicio de control en abstracto da lugar a una declaración de inconstitucionalidad con efectos generales mientras que en la vía incidental o de excepción de inconstitucionalidad el efecto es *inter partes*[116]. Al respecto, la propia Corte Constitucional

[113] Para una ampliación del tema ver Toricelli, *El sistema de control constitucional argentino*, p. 35 a 73.

[114] En España, el proceso de amparo es un mecanismo de control de constitucionalidad al proteger los derechos fundamentales que tiene alcance particular. Ver Gimeno Sendra - Garberí Llobregat, *Los procesos de amparo (ordinario, constitucional e internacional)*.

[115] Así, por ejemplo, en Argentina, donde el sistema de inconstitucionalidad tiene consecuencias para el caso concreto, existen jurisdicciones locales que prevén una posibilidad más amplia de efectos. En tal sentido, el art. 113 de la Const. de la Ciudad Autónoma de Buenos Aires dice que es competencia del Tribunal Superior conocer originaria y exclusivamente "en las acciones declarativas contra la validez de leyes, decretos y cualquier otra norma de carácter general emanada de las autoridades de la Ciudad, contrarias a la Constitución nacional o a esta Constitución. La declaración de inconstitucionalidad hace perder vigencia a la norma salvo que se trate de una ley y la Legislatura la ratifique dentro de los tres meses de la sentencia declarativa por mayoría de los dos tercios de los miembros presentes. La ratificación de la Legislatura no altera sus efectos en el caso concreto ni impide el posterior control difuso de constitucionalidad ejercido por todos los jueces y por el Tribunal Superior".

En la provincia de Río Negro, el art. 208 de su Constitución dice: "Cuando el Superior Tribunal de Justicia, en juicio contencioso, declara por unanimidad y por tercera vez la inconstitucionalidad de un precepto materia de litigio contenido en una norma provincial o municipal puede, en resolución expresa dictada por separado, declarar abrogada la vigencia de la norma inconstitucional que deja de ser obligatoria a partir de su publicación oficial.

Si la regla en cuestión fuere una ley, el Superior Tribunal de Justicia debe dirigirse a la legislatura a fin de que proceda a eliminar su oposición con la norma superior. Se produce la derogación automática de no adoptarse aquella decisión en el término de seis meses de recibida la comunicación del Superior Tribunal de Justicia quien ordena la publicación del fallo".

[116] Se ha dicho que "la excepción de inconstitucionalidad no es una declaratoria de inconstitucionalidad. No trae consigo consecuencias en abstracto. Se trata de control de constitucionalidad concreto y sus efectos son *inter partes*, pues la norma inaplicada sigue vigente para los demás casos. Sin embargo, es posible hablar de efectos *inter pa-*

ha entendido que el efecto de su sentencia es variable: "Generalmente, los efectos de las providencias de la Corte Constitucional son diversos en cada tipo de control constitucional. Usualmente, los efectos son *erga omnes* y pro-futuro cuando controla normas en abstracto; son *inter partes* cuando decide sobre una tutela; son *inter partes* cuando aplica de manera preferente la Constitución en el curso de un proceso concreto; y son *erga omnes* cuando controla el ejercicio de los mecanismos de participación ciudadana. Sin embargo, no siempre el efecto de las providencias de la Corte han de ser los anteriormente señalados. De conformidad con la jurisprudencia de esta corporación, la Corte Constitucional puede modular los efectos de sus sentencias. Dentro de las múltiples alternativas disponibles, la Corte puede decidir cuál es el efecto que mejor protege los derechos constitucionales y garantiza la integridad y supremacía de la Constitución. Así lo ha hecho esta corporación cuando ejerce un control abstracto de normas, al fijar, por ejemplo, los efectos retroactivos o diferidos de las sentencias correspondientes"[117].

Dentro de los sistemas combinados, México prevé el control difuso en el art. 103 de la Constitución, mientras el art. 105 se refiere al control concentrado a cargo de la Suprema Corte, donde, según las acciones, así como la mayoría que se alcance para la declaración de inconstitucionalidad, el efecto es solo entre las partes o se extiende de manera general[118].

Perú, por su parte, reconoce el control difuso en el art. 138 de su carta magna, mientras que en el art. 204 le otorga efecto general

res, es decir, que quienes estén en una situación similar tienen derecho a ser tratados de manera analógica, cuando la autoridad que ordena la inaplicación de la norma es la Corte Constitucional, y concurran cinco condiciones fácticas" [Mendieta González - Tobón Tobón, *El (des)control de constitucionalidad en Colombia*, "Estudios Constitucionales", vol. 16, nº 2, 2018, p. 78].

[117] CConst Colombia, 19/3/2002, sentencia T-203/02, citada en Mendieta González - Tobón Tobón, *El (des)control de constitucionalidad en Colombia*, "Estudios Constitucionales", vol. 16, nº 2, 2018, p. 65 y 66.

[118] Los dos últimos párrafos del apdo. I del art. 105 de la Const. mexicana dicen: "Siempre que las controversias versen sobre disposiciones generales de las entidades federativas, de los municipios o de las demarcaciones territoriales de la ciudad de México impugnadas por la Federación; de los municipios o de las demarcaciones territoriales de la ciudad de México impugnadas por las entidades federativas, o en los casos a que se refieren los incs. *c*, *h*, *k* y *l* anteriores, y la resolución de la Suprema Corte de Justicia de la Nación las declare inválidas, dicha resolución tendrá efectos generales cuando hubiere sido aprobada por una mayoría de por lo menos ocho votos.

En los demás casos, las resoluciones de la Suprema Corte de Justicia tendrán efectos únicamente respecto de las partes en la controversia".

a la decisión del Tribunal Constitucional en acciones de inconstitucionalidad[119].

También en Guatemala los arts. 204 y 266 de la Constitución prevén el control difuso, con alcance particular, mientras que el art. 267 regula las acciones de inconstitucionalidad ante la Corte de Constitucionalidad[120], y es la ley de amparo, exhibición personal y de constitucionalidad la que prevé el efecto general[121].

4) *Anulatorios.* Las decisiones de efectos anulatorios privan de toda consecuencia a la norma que ha sido declarada inconstitucional. Son características de los sistemas de control judicial difuso, donde la sentencia "declara" o reconoce una inconstitucionalidad preexistente.

Así, la norma inválida queda privada de todo efecto desde sus orígenes y por tanto las relaciones jurídicas que fueron establecidas por su consecuencia deben retrotraerse (p.ej., si una ley impositiva se declara inconstitucional, los pagos efectuados hasta entonces son de ningún valor y deben restituirse como consecuencia de haber sido hechos sin causa).

Más difícil resulta encontrar el efecto anulatorio en un sistema de control concentrado de efectos generales, dadas las consecuencias, especialmente cuando se cumplieron prestaciones por las partes y por largo tiempo.

[119] El art. 204 de la Const. del Perú, en su primera parte, dispone: "La sentencia del Tribunal que declara la inconstitucionalidad de una norma se publica en el diario oficial. Al día siguiente de la publicación, dicha norma queda sin efecto".

[120] Constitución de Guatemala: "*Art. 204. – Condiciones esenciales de la administración de justicia.* Los tribunales de justicia en toda resolución o sentencia observarán obligadamente el principio de que la Constitución de la República prevalece sobre cualquier ley o tratado".

"*Art. 266. – Inconstitucionalidad de las leyes en casos concretos.* En casos concretos, en todo proceso de cualquier competencia o jurisdicción, en cualquier instancia y en casación y hasta antes de dictarse sentencia, las partes podrán plantear como acción, excepción o incidente, la inconstitucionalidad total o parcial de una ley. El tribunal deberá pronunciarse al respecto.

Art. 267. – Inconstitucionalidad de las leyes de carácter general. Las acciones en contra de leyes, reglamentos o disposiciones de carácter general que contengan vicio parcial o total de inconstitucionalidad, se plantearán directamente ante el Tribunal o Corte de Constitucionalidad".

[121] La ley de amparo, exhibición personal y de constitucionalidad de Guatemala, en su art. 140, expresa: "Cuando la sentencia de la Corte de Constitucionalidad declare la inconstitucionalidad total de una ley, reglamento o disposición de carácter general, estas quedarán sin vigencia; y si la inconstitucionalidad fuere parcial, quedará sin vigencia en la parte que se declare inconstitucional. En ambos casos dejarán de surtir efecto desde el día siguiente al de la publicación del fallo en el Diario Oficial".

Aun cuando, como lo expresamos, es característico del sistema difuso y especialmente en la resolución para el caso concreto, no siempre ello es así, dado que aparecen alternativas donde la inconstitucionalidad no es un vicio de origen, sino sobreviniente[122], transformándose la sentencia de declarativa en constitutiva.

5) *Derogatorios.* En los sistemas de efectos derogatorios, la norma queda sin aplicación, sea para el caso particular, o de manera general, desde el momento en que el órgano controlante así lo decide. Como consecuencia de ello, los efectos y relaciones ya consolidados hasta el momento de su declaración no se retrotraen, de la misma manera que sucede cuando el Congreso deroga una ley.

Hay constituciones que prevén expresamente el efecto derogatorio y no anulatorio de las decisiones del órgano de control, especialmente cuando se trata de un tribunal constitucional con efecto general, como ocurre con la Constitución del Perú que en su art. 204 dispone: "No tiene efecto retroactivo la sentencia del tribunal que declara inconstitucional, en todo o en parte, una norma legal". En otras ocasiones ha sido la práctica jurisprudencial la que ha reconocido el efecto *ex nunc* o derogatorio de las decisiones generales de declaración de inconstitucionalidad, como ocurre en Panamá[123]. En otros supuestos, como en España, las normas no lo fijan expresamente y ha quedado en manos del Tribunal Constitucional definir, en cada caso, si se trata de una declaración con carácter nulificante o simplemente con efecto *ex nunc*[124].

También hay supuestos donde la ley y su interpretación jurisprudencial han fijado el efecto derogatorio[125]. Así ocurre en Guatemala,

[122] Sobre la inconstitucionalidad sobreviniente volveremos en el próximo apartado. Para ampliar puede verse Toricelli, *Organización constitucional del poder*, t. 1, p. 182.

[123] Indica Rodríguez Robles que "cuando el *thema decidendum* hace referencia a normas o actos de contenido general o abstracto, la sentencia constitucional tendrá efectos *ex nunc*", ello por sentencia del pleno de la Corte Suprema de Justicia del 8 de agosto de 1995" ["La jurisdicción constitucional en la República de Panamá (necesidad de un Código Procesal Constitucional)", en Ferrer Mac-Gregor - Zaldívar Lelo de Larrea (coords.), *La ciencia del derecho procesal constitucional*, t. III, p. 427].

[124] Ver García Martínez, *El recurso de inconstitucionalidad*, p. 230 y siguientes.

[125] Ver CConst Guatemala, 23/9/2008, expte. 1800-2008, donde sostuvo que "la declaratoria que pronuncia este tribunal respecto de la inconstitucionalidad de una o varia leyes, que las hace expulsar del ordenamiento jurídico vigente, cobra efectos *ex nunc*, es decir, hacia el futuro, desde la publicación del auto o de la sentencia respectiva en el Diario Oficial, de forma tal que [...] provoca idénticos efectos a la derogatoria que causa una disposición que en ese sentido emita el Congreso de la República; se incluyen en esos

donde la ley de amparo, exhibición personal y de constitucionalidad ha previsto el efecto derogatorio desde el momento en que se publica la sentencia, a menos que se haya dictado una medida cautelar de suspensión de la ley[126], pues es desde ese momento que la ley pierde vigencia.

Hay situaciones donde, a fin de salvaguardar derechos, tribunales constitucionales de efecto general han procurado distinguir la inaplicación de la norma declarada inconstitucional según la situación en que se encuentren los involucrados. En tal sentido, la Corte Constitucional de Colombia, ante la declaración de inconstitucionalidad de una ley que otorgaba mejores condiciones a quienes cursaban el bachillerato en el servicio militar, para acceder a educación superior, dijo que, "en ejercicio de su competencia para definir los efectos de sus sentencias, en esta oportunidad considera la Corte procedente ordenar que la declaratoria de inexequibilidad de la norma acusada surta efecto desde el momento de su notificación, de tal manera que los bachilleres que hubiesen culminado el servicio militar antes de ese momento, pueden obtener el beneficio otorgado por dicha norma. Sin embargo, el beneficio no será otorgado a los

---

efectos el dejar vigente hacia el pasado las previsiones que reguló la normativa expulsada, incluido aquel por el cual en su oportunidad derogó la preceptiva que le hubiera sido precedente; se relaciona aquí, para mejor intelección del fenómeno temporal descripto, la postura que ha asumido este tribunal en anteriores fallos, en los que ha dejado expresada la tesis según la cual la preceptiva que haya sido dejada sin vigor por efectos de la declaratoria de inconstitucionalidad que hubiere sido pronunciada, pueda adquirir efectos ultraactivos; esto es cuando los sujetos a los que se dirigió actualizaron durante su vigencia (por el tiempo que esta hubiere prevalecido) el supuesto de hecho que esa determinada norma establecía y provocaron con su conducta la positivación de la consecuencia jurídica que le era correspondiente a ese supuesto, de tal manera que aun cuando esa norma hubiere perdido vigencia, los objetivos para los cuales fue creada permanecen, en ese caso, en el tiempo, hasta que se agote el supuesto de hecho actualizado; se incluye ahí la aplicación de la norma derogada al caso concreto; el fenómeno descripto, se comprende, preserva la seguridad y la certeza jurídicas que son inherentes a los actos del poder público, debido a que, si ocurriera una situación contraria a la reseñada, es decir, que la derogatoria por el vicio de nulidad que afecta a la norma que hiciera perder sus efectos jurídicos desde el momento en el que la misma adquirió vigencia, provocaría un caos de impredecibles consecuencias, habida cuenta que, si así se regulara, por una lógica inadecuada, deberían eliminarse la totalidad de los efectos o los actos que quedaron producidos o consumados a la luz de esa norma mientras estuvo presente en el ordenamiento jurídico prevaleciente [...] Criterio sustentado por esta Corte en sentencia de 20 de marzo de 2006, dictada dentro del expediente dos mil setecientos treinta y siete-dos mil cuatro (2737-2004)".

[126] El art. 141 de la ley de amparo, exhibición personal y de constitucionalidad de Guatemala dispone: "*Efectos del fallo en caso de suspensión provisional.* Cuando se hubiere acordado la suspensión provisional conforme al art. 138, los efectos del fallo se retrotraerán a la fecha en que se publicó la suspensión".

bachilleres que, al momento de la notificación de la sentencia, no hayan comenzado la prestación del servicio militar"[127].

Pese a que se trata de un supuesto de excepción, fundamentalmente de creación pretoriana, también en el sistema jurisdiccional difuso de Argentina existen decisiones con efecto *ex nunc*.

La Corte Suprema argentina no solo les ha dado un carácter *ex nunc* a sus sentencias cuando consideró que se estaba ante una inconstitucionalidad sobreviniente[128], sino que también lo hizo cuando, como consecuencia de un criterio jurisprudencial propio, la sentencia tenía incidencia directa en causas análogas, especialmente en materia procesal relativa a la posibilidad de llegar a sus estrados.

El tema fue tratado expresamente en "Tellez", con motivo del precedente "Strada", donde se estableció que por "tribunal superior de la causa, debe entenderse, en el ámbito local, la Corte provincial"[129]. Al respecto, sostuvo que "no escapa al juicio del tribunal, que la aplicación en el tiempo de los nuevos criterios asentados, ha de ser presidida por una especial prudencia con el objeto de que los logros propuestos no se vean malogrados en ese trance.

En mérito de ello, es necesario fijar la 'línea divisoria' que bosquejaba Benjamín N. Cardozo, para el obrar de la nueva jurisprudencia, apoyándola en razones de conveniencia, de utilidad y en los más hondos sentimientos de justicia. En tal necesidad entraría, a su vez, la de fijar el preciso momento en que dicho cambio comience a operar. En este sentido, se exhiben como puntos de referencia orientadores, las reflexiones formuladas por la Corte Suprema en casos vinculados con el tema en estudio. De tal suerte es apropiado, en segundo término, reiterar el rumbo trazado por el tribunal, de acuerdo con el cual, dada la naturaleza de la materia de que se trata, la autoridad institucional del precedente 'Strada',

[127] CConst Colombia, 23/1/1996, "Demanda de inconstitucionalidad contra el art. 40, literal *b*, de la ley 48 de 1993", sentencia C-022/96. En el apdo. 2 de su resuelvo determinó: "Disponer que los efectos de la presente sentencia se producirán a partir del momento de la notificación de la misma. En consecuencia, los bachilleres que hayan culminado el servicio militar antes de ese momento y los que aún se hallen prestándolo, tienen derecho a recibir el beneficio previsto en dicha disposición. Por el contrario, los bachilleres que al momento de la notificación de la presente providencia no hayan comenzado la prestación del servicio militar, no serán beneficiarios de la prerrogativa prevista en la norma objeto de la presente declaratoria de inexequibilidad".

[128] Doctrina sentada a partir del precedente de *Fallos*, 308:2268.

[129] La aplicación retroactiva de esta doctrina dejaba en verdadera indefensión a los litigantes que, siguiendo el tradicional criterio del máximo tribunal, accedían a su sede sin necesidad de interponer recursos de inconstitucionalidad locales.

deberá comenzar a regir para el futuro. Como consecuencia de estos desarrollos, corresponde declarar que las nuevas pautas jurisprudenciales contenidas *in re*, 'Strada', solo habrán de ser puestas en juego respecto de las apelaciones extraordinarias federales dirigidas contra sentencias notificadas con posterioridad a ese precedente"[130].

El mismo criterio se reiteró en "Itzcovich", donde dijo "que la autoridad institucional de este fallo no afectará el tratamiento del presente y de otros recursos ordinarios que a la fecha estén en condiciones de ser interpuestos para ante este tribunal, toda vez que no ha de privarse de validez a los actos procesales cumplidos ni dejarse sin efecto lo actuado de conformidad con las leyes en vigor (cfr. doctr. de *Fallos*, 319:2151 –'Barry'– y sus citas). Ello es así toda vez que la aplicación en el tiempo de los nuevos criterios ha de ser presidida por una especial prudencia con el objeto de que los logros propuestos no se vean malogrados en ese trance. En mérito de ello, es necesario fijar la línea divisoria para el obrar de la nueva jurisprudencia, apoyándola en razones de conveniencia, utilidad y en los más hondos sentimientos de justicia, necesidad que entraña, a su vez, la de fijar el preciso momento en que dicho cambio comience a operar (cfr. causa 'Tellez', *Fallos*, 308:552). Las razones biológicas o económicas que le imprimen una especial naturaleza a esta clase de causas no autorizan a someter a los litigantes a una suerte de retrogradación del proceso que esta Corte ya conjuró en el precedente 'Barry' citado. De tal modo, las causas en las que haya sido notificada la sentencia de Cámara con anterioridad al momento en que el presente pronunciamiento quede firme, continuarán su trámite con arreglo a la norma cuya inconstitucionalidad aquí se dispone"[131].

Claro que en el sistema judicial difuso de control de constitucionalidad el efecto derogatorio es la excepción y no la regla.

6) *Hacia el futuro.* Una situación particular y, por cierto, excepcional es la de la inconstitucionalidad hacia el futuro.

El tema fue analizado por distintos tratadistas, como el jurista mexicano Fix-Zamudio al estudiar el comportamiento del Tribunal Constitucional Federal alemán. Alertaba al respecto que ello ocurría "en varios fallos del propio Tribunal en los cuales declaró que las disposiciones legislativas cuestionadas debían estimarse conforme a la ley fundamental en ese momento, pero que en el futuro podían ser consideradas inconstitucionales si en un plazo razonable el organismo le-

[130] CSJN, 15/4/1986, "Tellez, María E. c/Bagala SA", *Fallos*, 308:552.

[131] CSJN, 29/3/2005, "Itzcovich, Mabel c/Anses s/reajuste", *Fallos*, 328:566.

gislativo competente no modificaba o reformaba dichos preceptos impugnados"[132].

Una situación semejante del Tribunal Constitucional de Austria fue relatada por BIDART CAMPOS, al expresar que "conviene tomar en cuenta otra situación intermedia, cuando el órgano de la jurisdicción constitucional emite su pronunciamiento de inconstitucionalidad con efecto diferido, o sea, para producir la anulación de la ley no inmediatamente sino a partir de un plazo determinado. Es la denominada 'sentencia pro futuro', de la que dio ejemplo el Tribunal Constitucional de Austria cuando el 19 de diciembre de 1972 anuló normas legales disponiendo que la eficacia de la anulación regiría a contar del 30 de noviembre de 1973. Hablamos en el caso de modalidad intermedia porque, por un lado, se deja tiempo al legislador para que remedie el defecto de inconstitucionalidad en la ley, evitando –según como sea el caso, los inconvenientes que puede acarrear la anulación judicial inmediata o repentina–; y, por otro lado, se da oportunidad para reconstruir el vacío normativo que es producto de la anulación, de forma compatible con la Constitución: o sea, superando la ya aludida inconstitucionalidad a raíz de la cual la anulación se declara en la sentencia"[133].

Por su parte, SAGÜÉS recuerda un ejemplo similar, fallado por la Corte Suprema de Minnesota, en los Estados Unidos de América, donde si bien el tribunal no declaró la inconstitucionalidad de un tributo, atento a los perjuicios que esta decisión acarrearía (se habían comenzado obras públicas y comprometido crédito), especificó que, si se reiteraba en un período fiscal posterior, se proclamaría su inconstitucionalidad[134].

En Argentina, la Corte Suprema ha declarado la inconstitucionalidad de normas en el caso concreto, pero difiriendo sus efectos hacia el futuro.

Con motivo de la designación de jueces subrogantes por parte del Consejo de la Magistratura, con base en la res. 76/2004, el tribunal cimero entendió que no se cumplía con los requisitos del juez natural y, si bien declaró su inconstitucionalidad, resolvió que "los jueces subrogantes cuya designación haya sido efectuada sobra la base del régimen que aquí se declara inconstitucional, continuarán en el ejercicio de su cargo y su actuación jurisdiccional será considerada válida hasta que cesen las razones que originaron su nombramiento o hasta que sean reemplazados

[132] FIX-ZAMUDIO, *Los tribunales constitucionales y los derechos humanos*, p. 73.

[133] BIDART CAMPOS, *El derecho de la Constitución y su fuerza normativa*, p. 396 y 397.

[134] SAGÜÉS, *Los principios específicos del derecho constitucional*, p. 34.

o ratificados mediante un procedimiento constitucionalmente válido, según las pautas fijadas en el presente. En ningún caso dichos subrogantes podrán continuar en funciones más allá del término de un año, contado a partir de la notificación de este pronunciamiento, lapso durante el cual el Congreso y el Poder Ejecutivo, en ejercicio de sus atribuciones, procedan a establecer un sistema definitivo sobre la materia en debate con estricta observancia de los parámetros constitucionales ya examinados"[135].

Lo mismo ocurrió en "Uriarte"[136], donde también se discutió la validez de un régimen de subrogancia de jueces, dictado a los pocos años del caso "Rosza". La solución es cuestionable. Una norma es acorde a la Constitución o no lo es, pero no se puede sostener que no lo será –por lo menos de eso no puede haber seguridad alguna, porque un cambio de la Constitución o de la situación fáctica no se puede prever con semejante certeza–. El único supuesto que encuadra en estas situaciones es aquel en que la nueva Constitución establece un período de *vacatio legis*; fuera de este caso, no parece viable la declaración de inconstitucionalidad para el futuro. Y, en la particular situación de la Argentina, donde no existe una verdadera convicción sobre la necesidad de cumplir con las normas constitucionales, la inconveniencia del mencionado efecto surge evidente, a poco que se analice que precisamente se reiteró en idéntico supuesto.

7) *Provisorios*. Aunque no es muy común que se presente, en ciertas ocasiones, la decisión adoptada por el órgano controlante no es definitiva, sino que puede ser dejada sin efecto incluso por el propio órgano cuya norma ha sido declarada inconstitucional. Como veíamos al analizar los sistemas de efectos combinados, el art. 113 de la Const. de la Ciudad Autónoma de Buenos Aires prevé que la sentencia deroga la ley, salvo que esta sea ratificada dentro de los tres meses por la Legislatura (si bien, para el caso concreto, se mantiene la declaración de inconstitucionalidad, el efecto abrogatorio se encuentra condicionado a la decisión de la Legislatura).

8) *Definitivos*. Una de las cualidades que poseen las decisiones judiciales cuando ya no son revisables y lo decidido no puede ser modificado es el carácter de cosa juzgada. Cuando esa inimpugnabilidad opera dentro del mismo proceso, se habla de "cosa juzgada formal"; cuando además lo discutido es insusceptible de ser cuestionado en otro proceso judicial, la sentencia adquiere la calidad de "cosa juzgada material".

[135] CSJN, *Fallos*, 330:2361.

[136] CSJN, *Fallos*, 338:1216.

La cosa juzgada constitucional fue definida por SAGÜÉS como "el efecto que pueda tener una sentencia dictada en materia constitucional, mediante un proceso constitucional, por un órgano jurisdiccional de la magistratura constitucional". Su característica distintiva se encuentra en su especificidad. Con relación a la cosa juzgada material constitucional, enseña que "es necesario que las partes no puedan reabrir entre ellas ese debate constitucional en otro pleito", y que su finalidad es "concluir un conflicto en aras de la seguridad jurídica"[137].

Esta especificidad de la cosa juzgada ha sido trasladada también al sistema de jurisdicción concentrada, aunque no necesariamente con la misma fuerza.

En la Constitución Española, el art. 164, apdo. 1, establece: "Las sentencias del Tribunal Constitucional se publicarán en el boletín oficial del Estado con los votos particulares, si los hubiere. Tienen el valor de cosa juzgada a partir del día siguiente de su publicación y no cabe recurso alguno contra ellas. Las que declaren la inconstitucionalidad de una ley o de una norma con fuerza de ley y todas las que no se limiten a la estimación subjetiva de un derecho, tienen plenos efectos frente a todos".

Ahora bien, cabe preguntarse si ese carácter de cosa juzgada es material o simplemente formal.

Entiende GARCÍA MARTÍNEZ que "pese a los términos de los arts. 164 de la Const. española y 38.1 de la ley orgánica del Tribunal Constitucional, el concepto procesal de cosa juzgada no tiene plena aplicación en las sentencias de los procesos directos de constitucionalidad, toda vez que de ellas no puede predicarse su valor de cosa juzgada más que en sentido formal.

El sentido material de la cosa juzgada no puede aplicarse propiamente a las sentencias estimatorias, ya que aunque tienen el efecto de no admitir el replanteamiento de la cuestión por ninguna vía, ello es producto no tanto de su valor de cosa juzgada cuanto de los efectos *erga omnes* de la sentencia, que ha excluido a la norma recurrida del ordenamiento jurídico.

Las sentencias desestimatorias, recaídas en un proceso directo de inconstitucionalidad, sea por razones de forma o de fondo, no impiden un nuevo planteamiento procesal sobre la constitucionalidad de la norma respecto de la que se pronuncia dicha sentencia, que, aunque sea por la vía incidental, dan lugar a un proceso de inconstitucionalidad en el que ya no juegan los plazos de interposición del recurso"[138].

137 SAGÜÉS, *Cosa juzgada constitucional. Modelos y correcciones*, *LL*, 1995-E-1064.

138 GARCÍA MARTÍNEZ, *El recurso de inconstitucionalidad*, p. 228 y 229.

En los sistemas de control judicial difuso, al ser el efecto *inter partes*, el alcance de la cosa juzgada es más intenso. La Corte Suprema argentina ha dicho en diversas oportunidades "que el respeto a la cosa juzgada es uno de los pilares fundamentales sobre los que se asienta nuestro régimen constitucional y por ello no es susceptible de alteraciones ni aun por vía de la invocación de leyes de orden público, porque la estabilidad de las decisiones jurisdiccionales tiene igual carácter y constituye un presupuesto ineludible de la seguridad jurídica; la autoridad de la sentencia debe ser inviolable tanto con respecto a la determinación imperativa del derecho sobre el cual requirió pronunciamiento judicial, cuanto en orden a la eficacia ejecutiva de este último"[139].

Pese a ello, esta inmutabilidad, entendida otrora de manera absoluta, aunque excepcionalmente, ha dejado de ser tal. Se ha considerado al respecto que, en aquellos supuestos en que nos encontramos con una parodia de proceso o de sentencia, por graves vicios que generan una notoria injusticia, es posible, mediante un proceso de conocimiento posterior, rever lo decidido.

Así, ante la presencia de lo que se ha dado en llamar cosa juzgada írrita o fraudulenta, la seguridad jurídica cede ante la injusticia notoria.

La Corte Suprema argentina dejó sin efectos sentencias pasadas en autoridad de cosa juzgada. Así, en "Villareal c/Onetto", ante la demanda por cobro de diferencias salariales, la actora obtiene sentencia favorable en un primer juicio que tramita con la declaración de rebeldía del demandado. Posteriormente, y por otros períodos, inicia una nueva acción, y aunque el demandado contesta y aporta prueba, no es tenida en cuenta, extendiéndole los efectos de la rebeldía del proceso anterior, ante lo cual se abrió el recurso extraordinario para acceder a la Corte y se revocó la sentencia de la Cámara, en el entendimiento de que "la institución de la cosa juzgada, como todas las instituciones legales, debe organizarse sobre bases compatibles con los derechos y garantías constitucionales y no es dudoso que en los supuestos en que, con seriedad, se la impugnara como contraria a ella, el recurso ante esta Corte sería procedente.

Que, sin duda para la validez de la cosa juzgada se requiere su compatibilidad con la garantía de la defensa en juicio. Por esa razón como enseña la teoría procesal no a toda sentencia judicial puede reconocérsele fuerza de resolución inmutable, sino solo a aquellas que han sido precedi-

[139] CSJN, 3/7/2007, "Bonino, Rodolfo c/Anses s/reajustes varios", *Fallos*, 330: 2964. Esta doctrina es reiteración de *Fallos*, 184:137; 209:303 y 405; 235:171 y 512; 243:306 y 467; 259:289; 266:167; 271:388; 307:1289 y 1709; 311:495, 651 y 2058; 312:122, entre muchos otros.

das de un proceso contradictorio, en que el vencido haya tenido adecuada y sustancial oportunidad de audiencia y prueba"[140].

Posteriormente, dijo que "corresponde todavía señalar que la admisión genérica, en el ordenamiento jurídico argentino, de la institución de la cosa juzgada, no significa que no pueda condicionarse su reconocimiento a la inexistencia de dolo en la causa en que se ha expedido la sentencia. Esta posibilidad, que subyace a los principios que sustentan el recurso de revisión, es valedera también para desconocer eficacia final a la sentencia dictada en juicio en que se ha incurrido en estafa procesal. La circunstancia que de esta manera se afecte la seguridad, propia de las sentencias firmes en el orden civil, debe ceder a la razón de justicia, que exige que el delito comprobado, no rinda beneficios. La garantía de que esta ineludible exigencia no degenera en incertidumbre del comercio jurídico, debe buscarse en la responsabilidad de la magistratura penal y en la sanción ejemplar a quienes recurran, sin derecho, a la vía criminal"[141].

En "Campbell Davidson", con sustento en la doctrina anterior, se dejó sin efecto una sentencia pasada en autoridad de cosa juzgada, incoada mediante una pretensión autónoma de nulidad, que, luego de ser acogida en primera instancia y revocada por la Cámara de Apelaciones, fue admitida por el máximo tribunal. La nulidad de sentencia fue requerida porque, durante la tramitación del juicio originario, el interventor del Poder Judicial había removido a ciertos magistrados y presionado a otros para que se fijara una suma irrisoria como precio por la expropiación de un inmueble del actor, quien, a su vez, por amenazas del gobernador, debió desistir del recurso extraordinario.

Normalizada la situación institucional, se inició la pretensión autónoma de nulidad de sentencia, donde –al entender del alto tribunal– el desistimiento anterior no constituyó un obstáculo para su procedencia, atento a las particulares circunstancias de la causa. En dicha oportunidad, el procurador general Marquardt sostuvo que "es verdad que la autoridad de la cosa juzgada es uno de los pilares fundamentales en que se asienta la seguridad jurídica, pero no es menos cierto que la institución de aquella supone la existencia de un juicio regular fallado libremente por los jueces, pues no puede convertirse en inmutable una decisión que derive de un proceso no dotado de ciertas elementales garantías de justi-

[140] CSJN, 5/6/1957, "Villareal de Rodríguez, Manuela c/Onetto, Domingo s/salarios", *Fallos*, 238:19.

[141] CSJN, 23/11/1962, "Tiblod, José; Suárez Bidondo, Horacio; Suárez Bidondo, Gregorio s/defraudación en grado de tentativa", *Fallos*, 254:320.

cia. Es decir, no puede invocarse la cosa juzgada cuando no ha existido un auténtico y verdadero proceso judicial, ni puede aceptarse que, habiendo sido establecida dicha institución para asegurar derechos legítimamente adquiridos, cubra también aquellos supuestos en los que se reconozca que ha mediado solo un remedo de juicio, y que este ha sido resuelto por los jueces obedeciendo órdenes impartidas por el Poder Ejecutivo".

Por su parte, el máximo tribunal entendió que "no puede caber duda sobre la necesidad de tener por verdadero lo que decide una sentencia, después de haberse dado oportunidad a las partes para ejercer sus defensas e interponer los recursos del caso. Con mayor razón si dejaron voluntariamente de valerse de estos. La seguridad jurídica así lo exige, imponiendo, como se dice en el fallo en recurso, el sacrificio de algún interés personal conculcado a la necesidad de que las controversias entre particulares o de estos con el Estado terminen con el fallo judicial.

Que, sin embargo, es conocido el principio conforme con el cual son revisables las sentencias fraudulentas o dictadas en virtud de cohecho, violencia u otra maquinación.

Que el *a quo* no ha hecho el examen de la abundante prueba producida por la actora para justificar la verdad de sus asertos porque, como se ha dicho, partió de la base incontrovertible de la inmutabilidad absoluta de las sentencias pasadas en autoridad de cosa juzgada. Pero, como bien lo expresa el precedente dictamen del procurador general, no puede invocarse tal principio cuando no ha existido un auténtico y verdadero proceso judicial, ni puede aceptarse que, habiendo sido establecida la institución de la cosa juzgada para asegurar derechos legítimamente adquiridos, cubra también aquellos supuestos en los que se reconoce que ha mediado solo un remedo de juicio que concluye con una resolución dictada en obediencia de órdenes impartidas por el Poder Ejecutivo, provincial o nacional"[142].

Más lejos llegó el tribunal cimero en "Mazzeo", donde entendió que la cosa juzgada cede ante la comisión de delitos de lesa humanidad. Al respecto, sostuvo "que así los principios que, en el ámbito nacional, se utilizan habitualmente para justificar el instituto de la cosa juzgada y *non bis in idem* no resultan aplicables respecto de este tipo de delitos contra la humanidad, porque 'los instrumentos internacionales que establecen esta categoría de delitos, así como el consiguiente deber para los Estados de individualizar y enjuiciar a los responsables, no contemplan, y por

[142] CSJN, 19/2/1971, "Campbell Davidson, Juan C. c/provincia de Bs. As.", *Fallos*, 279:54.

ende no admiten, que esta obligación cese por el transcurso del tiempo, amnistías o cualquier otro tipo de medidas que disuelvan la posibilidad de reproche'"[143].

9) *Preventivos.* Según el momento en que se efectúe el control, estamos ante un control preventivo cuando este es llevado a cabo antes de que la norma ingrese en el ordenamiento jurídico.

Es lo que ocurre con el Consejo Constitucional francés, por lo menos hasta la reforma constitucional de 2008[144]. La actuación de este órgano se desarrolla en abstracto y antes de que la ley sea promulgada, características estas impuestas como consecuencia del fin primitivo del Consejo de controlar que el Congreso no se aparte de sus facultades constitucionales.

El Consejo revisa todas las leyes orgánicas que se emiten y los reglamentos de las asambleas parlamentarias, de oficio y antes de su promulgación. Respecto de las leyes de derecho común, su control solo se ejerce cuando es incitado por sujeto legitimado; es decir, por el jefe de Estado, el primer ministro, los presidentes de las Cámaras, sesenta diputados o sesenta senadores, pero también de manera preventiva.

Otros sistemas también regulan un funcionamiento preventivo, aun cuando reducido a ciertos cuerpos normativos, especialmente tratados internacionales. Es el caso de Guatemala, donde entre las competencias de la Corte de Constitucionalidad se establece la siguiente función: "Emitir opinión sobre la constitucionalidad de los tratados, convenios y proyectos de ley, a solicitud de cualquiera de los organismos del Estado" (art. 272, inc. *e*, Const. de Guatemala).

En Panamá se admite el control preventivo en proyectos de leyes y en defectos formales de reforma constitucional, pero solo el presidente de la República lo puede requerir[145].

[143] CSJN, *Fallos*, 330:3248.

[144] En el año 2008, como consecuencia del nuevo art. 61.1 se instaló la cuestión prioritaria de constitucionalidad, que fue reglamentada y puesta en funcionamiento en 2010. A partir de entonces, los jueces de la causa, cuando sea necesario decidir sobre la inconstitucionalidad de una norma para sentenciar, elevan el expediente al superior (Corte de Casación o Consejo de Estado), a fin de que este órgano decida si encuentra mérito para que el Consejo Constitucional se expida sobre la validez de la norma, como ocurre en el sistema español, también con carácter general. Para una ampliación del tema, ver Bianchi, *La separación de poderes*.

[145] Rodríguez Robles, "La jurisdicción constitucional en la República de Panamá (necesidad de un Código Procesal Constitucional)", en Ferrer Mac-Gregor - Zaldívar Lelo de Larrea (coords.), *La ciencia del derecho procesal constitucional*, t. III, p. 426.

No debe confundirse el control preventivo aquí referido, que ocurre antes de la sanción de una norma y resulta contradictorio con la lógica de funcionamiento de un sistema judicial difuso, con el que se puede ejercer de manera anticipada a la afectación del derecho, pero siempre con posterioridad al dictado de las normas.

Así, por ejemplo, en Argentina es viable la procedencia de la acción meramente declarativa de inconstitucionalidad dentro del marco de un caso concreto, con partes adversas, antes de producida la lesión, pero cuando la norma está vigente (aunque sin aplicación efectiva) o en un proceso como el amparo donde se permite accionar ante la amenaza de lesión.

10) *Reparadores.* En los sistemas reparadores el control se ejerce una vez que la norma ya está en vigencia, independientemente de que haya casos, como se expresó en el apartado anterior, en donde el control se efectúa (o, al menos, el proceso comienza) antes de que la norma cause una lesión en los derechos del destinatario. Es lo que ocurre en la gran mayoría de los sistemas de control.

Capítulo III

EVOLUCIÓN, CLASIFICACIÓN Y DENOMINACIÓN

§ 23. *El proceso de evolución de los derechos en el tiempo.* – El reconocimiento de los derechos humanos, tal como lo concebimos en la actualidad, ha sido la consecuencia de múltiples factores que se han desarrollado a lo largo del tiempo, y que, como bien reseña Peces-Barba Martínez, tienen su origen en la modernidad[1].

Entre los diversos factores podemos encontrar los cambios en el sistema económico, en el poder político, en las ideas, en las creencias, en el desarrollo de las ciencias, en el sistema de derechos. Todos ellos tendrán una influencia recíproca que irá conformando la evolución de los derechos fundamentales.

El avance del capitalismo traerá el ascenso de una nueva clase social, la burguesía, que reclamará para sí nuevos derechos que permitan desarrollar el sistema de producción conforme a reglas claras y preestablecidas, que garanticen el libre comercio y limiten el arbitrio del gobernante.

A nivel político, la organización sufrirá profundas transformaciones mediante la creación de una nueva entidad, el Estado, que, por oposición a los poderes medievales, desmembrados en pequeños feudos, unificará el poder que garantice el orden y la seguridad de las transacciones. Este nuevo Estado tendrá el monopolio del uso de la fuerza, así como de la producción de normas y tendrá una relación directa con sus súbditos (más adelante ciudadanos), sin intermediación de cuerpos o estamentos, como ocurría en la Edad Media.

[1] Para un estudio más profundo del tema, ver Peces-Barba Martínez, *Curso de derechos fundamentales*, p. 113 y siguientes.

También habrá un cambio ideológico con la aparición del humanismo y de la reforma protestante. Ambas concepciones, al decir de Peces-Barba Martínez, conducirán a la "ordenación jurídica de la sociedad, a la creación de un ámbito de autonomía, una libertad negativa" en la que los demás, incluso el Estado, no deben interferir[2].

Estas ideas vendrán de la mano de las libertades civiles, imprescindibles para evitar el ahogo del Estado absolutista y poder desarrollar la autonomía puesta al servicio de la economía de mercado y el libre comercio. Paulatinamente, se incorporarán los derechos políticos de la burguesía. Ya no será Dios el eje del universo, sino el propio hombre, que desarrollará su conocimiento por medio de la observación y la razón, abandonando la explicación de la naturaleza basada en verdades reveladas; esto traerá aparejada una mayor tolerancia hacia las ideas y sentimientos de los demás hombres.

Este ser humano, que es el centro, tiene que ser reconocido en su dignidad, y la educación cumplirá un rol trascendente al respecto.

Las creencias religiosas no se encuentran ajenas a esta situación. Se producirá una secularización que alcanzará a todas las manifestaciones humanas, no solo al reconocer al hombre como el centro y admitir la razón por sobre la verdad revelada, sino al posibilitar que el arte, la educación, la cultura, la ciencia, no sean monopolizados ni dirigidos solo por la fe.

Como se ha dicho: "Dios no es puesto todavía en entredicho, pero la teología interesa muchos menos y se indagan las causas naturales de las cosas, las técnicas científico-naturales o las técnicas políticas. Dios es el creador del mecanismo, el gran relojero, y eso no se discute en las ínfimas minorías todavía, pero la maquinaria, el reloj del universo, se puede analizar autónomamente, y en eso consiste, en gran parte, el proceso de secularización"[3].

La ciencia comienza a observar la naturaleza y descubrir sus leyes de manera racional y el derecho no es ajeno a esta perspectiva; así, el derecho ideal o el derecho justo será el derecho racional, producido por el poder político.

Aun cuando tendrá una fuerte influencia del iusnaturalismo de base racionalista, el poder político comenzará a dictar normas generales y abstractas que formarán el derecho positivo.

[2] Peces-Barba Martínez, *Curso de derechos fundamentales*, p. 124.

[3] Peces-Barba Martínez, *Curso de derechos fundamentales*, p. 128.

La justificación del poder estatal no es ajena a estas transformaciones, dado que ya no se basará en el origen divino del gobernante, sino en la idea de pacto social o contractualismo.

Precisamente son los derechos los que cumplen la función legitimadora, dado que el objetivo de este poder, o el consenso para otorgarlo, se basa en el hecho de garantizar a los hombres el reconocimiento de sus derechos naturales.

Mediante el pacto se ceden las libertades naturales en pos de vivir en sociedad, pero se exige el reconocimiento de derechos que aseguren la convivencia y que, a su vez, limiten al gobernante en su actuación.

El nacimiento de estos derechos se irá desarrollando mediante la doctrina del derecho natural, de connotaciones netamente metafísicas, que tendrá una importante transformación en el cambio de denominación a derechos del hombre.

Explica BOBBIO que "el reconocimiento de los derechos del hombre se produce cuando este se extiende de la esfera de las relaciones de poder entre príncipe y súbditos, y nacen así los llamados derechos públicos subjetivos, que caracterizan al Estado de derecho. Es con el nacimiento del Estado de derecho con lo que se da el paso final del punto de vista del príncipe a los ciudadanos. En el Estado despótico los individuos aislados tienen solo deberes y no derechos. En el Estado absoluto los individuos ostentan en la relación con el soberano derechos privados. En el Estado de derecho el individuo tiene frente al Estado no solo derechos privados, sino también derechos públicos. El Estado de derecho es el Estado de los ciudadanos"[4].

Estos derechos del hombre tendrán su impulso a nivel internacional en dos momentos clave. El primero con la protección de los derechos de la minoría, consagrado en el Tratado de Versalles de 1918, a cargo de la Sociedad de las Naciones. Ante su fracaso, causado fundamentalmente por la aparición del nazismo y los movimientos que lo acompañaron, con los atroces genocidios ocurridos durante su época, resurge la idea de los derechos humanos que representan principios éticos fundamentales y deben ser reconocidos y protegidos internacionalmente.

Se plasma, por primera vez, la expresión derechos humanos en el art. 68 de la Carta de las Naciones Unidas, en donde se faculta al Consejo Económico Social a establecer comisiones para "la promoción de los derechos humanos"[5].

[4] BOBBIO, *El tiempo de los derechos*, p. 109.

[5] Ver SPECTOR, *La filosofía de los derechos humanos*, "Isonomía", nº 15, 2001.

Tres declaraciones internacionales serán las actas de nacimiento internacional de los derechos humanos: la Declaración Americana de los Derechos y Deberes del Hombre, de 1948; la Declaración Universal de Derechos Humanos, de 1948, y la Convención Europea de Derechos Humanos, de 1950.

Además del progreso en esta línea de internacionalización y de positivación-secularización, también surge una evolución que Bobbio denomina de especificación, a la que caracteriza como "el paso gradual, pero siempre muy acentuado, hacia una ulterior determinación de los sujetos titulares de derechos [...] Esta especificación se ha producido bien respecto al género, bien respecto a las distintas fases de la vida, bien teniendo en cuenta la diferencia entre estado normal y estados excepcionales en la existencia humana. Respecto del género, se ha venido reconociendo progresivamente las diferencias específicas de la mujer respecto al hombre. En atención a las varias fases de la vida, se han venido diferenciando, poco a poco, los derechos de la infancia y de la ancianidad de aquellos del hombre adulto. Respecto a los estados normales o excepcionales, se ha subrayado la exigencia de reconocer derechos especiales a los enfermos, a los incapacitados [...]

Extendiendo la mirada más allá de nuestro tiempo, se vislumbra la extensión de la esfera del derecho a la vida de las generaciones futuras, cuya supervivencia está amenazada por el crecimiento desmesurado de las armas cada vez más destructivas, y a sujetos nuevos, como animales"[6].

Como bien apunta el citado jurista, cuando se pasa del plano ideal al real surge la dificultad de la protección de estos derechos, dado que, "a medida que las pretensiones aumentan, su satisfacción resulta siempre más difícil. Los derechos sociales, como bien es sabido, son más difíciles de proteger que los derechos de libertad. Todos sabemos bien, por otra parte, que la protección internacional es más difícil que la del derecho interno, en particular en un Estado de derecho"[7].

a) *Etapas.* El proceso de evolución de los derechos en el tiempo suele ser clasificado por los autores en distintas etapas o "generaciones", y aun cuando esta clasificación pueda ser cuestionada por su falta de precisión, suele resultar esclarecedora para analizar lo sucedido a grandes rasgos.

[6] Bobbio, *El tiempo de los derechos*, p. 109 y 110.

[7] Bobbio, *El tiempo de los derechos*, p. 111.

La primera de ellas, correspondiente al constitucionalismo liberal, buscó un abstencionismo del Estado al obligar a este a no inmiscuirse, impedir su goce o interferir en su ejercicio. Su misión central era abstenerse de actuar y asegurar el orden para que los particulares pudieran desarrollarse según su capacidad.

Apunta CARBONELL que para la teoría liberal "el individuo disfruta de una esfera propia en la que el Estado, entendido según la experiencia histórica como la mayor amenaza para los derechos, no puede entrar. Se trata de un ámbito vital anterior al Estado, no constituido por ninguna norma jurídica, el ordenamiento lo único que puede hacer es reconocer los alcances de esa esfera preexistente. Los derechos de libertad se entienden también como normas que distribuyen competencias entre el Estado y los individuos, señalando en cada caso lo que puede y lo que no puede hacer"[8].

Este reconocimiento originó los llamados "derechos civiles", que se positivizaron por medio del derecho a la libertad ambulatoria, la igualdad formal y la propiedad, entendida como derecho del individuo que puede alcanzarla por sus propios medios, sin interferencia ni colaboración del Estado.

Este Estado abstencionista se limitó a dar seguridad para que el individuo pudiera desarrollarse según su capacidad. Los derechos solo eran oponibles frente al Estado, no frente a los demás particulares.

Esta primera etapa tuvo su acta de nacimiento con la Declaración de los Derechos del Hombre y del Ciudadano de 1789. A diferencia de lo ocurrido en Filadelfia dos años antes, en Francia la Revolución emitió un documento de declaración de principios basado en el reconocimiento de derechos (que todos, especialmente los poseedores del poder, debían respetar), y no solo en una división de las funciones estatales en distintos órganos.

Constaba de un Preámbulo y diecisiete artículos.

En el Preámbulo se proclamó que "la ignorancia, el olvido o el desprecio de los derechos del hombre son las únicas causas de los males públicos y de la corrupción de los gobiernos", por lo cual se decide declarar "los derechos naturales, inalienables y sagrados del hombre".

El art. 3° reconoció la residencia de la soberanía en la nación[9], desplazándola de su antiguo poseedor, el monarca.

[8] CARBONELL, "¿Se pueden hacer valer los derechos fundamentales frente a particulares?", en GARCÍA RAMÍREZ (coord.), *Estudios jurídicos en homenaje a Olga Islas de González Mariscal*, p. 202.

[9] Utilizó una expresión ambigua para los autores de la época, dado que, por ejemplo, ROUSSEAU consideraba que el soberano estaba formado por los particulares (*El con-*

En el art. 1º se proclamó la igualdad ante la ley y libertad de todos los hombres, terminado así con la existencia de clases privilegiadas.

Esta igualdad formal, aun cuando en la actualidad se encuentra modificada, fue un verdadero avance para su época y tuvo una irradiación trascendente sobre todo el derecho constitucional occidental.

Además, se reconocieron estos derechos por el hecho de ser persona, sin necesidad de mérito o condición alguna[10].

El art. 2º reconoció como derechos naturales e imprescriptibles del hombre la libertad, la propiedad, la seguridad y la resistencia a la opresión. Estos derechos, con excepción de la resistencia a la opresión, tuvieron un desarrollo más amplio en los siguientes articulados.

Así, en el art. 4º se limitó la libertad a "poder hacer todo lo que no dañe a los demás", fijando que la determinación de los límites se hace por ley.

Pero ya en el art. 5º se fijó un límite a la ley[11] al decir: "La ley solo puede prohibir las acciones perjudiciales para la sociedad. Todo lo que no está prohibido por la ley no puede ser impedido, y nadie puede ser obligado a hacer lo que aquella no ordena".

A su vez, los arts. 10 y 11 trataron libertades específicas como las de opinión, religiosa y de expresión. El art. 10 prescribió: "Nadie debe ser inquietado por sus opiniones, incluso religiosas, en tanto que su manifestación no altere el orden público establecido por la ley". A su vez, el art. 11 estipuló: "La libre comunicación de los pensamientos y de las opiniones es uno de los derechos más preciados del hombre; todo ciudadano puede, por tanto, hablar, escribir e imprimir libremente, salvo la responsabilidad que el abuso de esta libertad produzca en los casos determinados por la ley".

Con la preocupación por escindir la ley de la voluntad del monarca, el art. 6º expresó: "La ley es la expresión de la voluntad general. Todos los ciudadanos tienen un derecho de participar personalmente o por medio de sus representantes en su formación. Debe ser la misma para todos, tanto si protege como si castiga. Todos los ciudadanos, al ser iguales ante ella, son igualmente admisibles a todas las dignidades, puestos y

---

trato social, cap. VII), mientras que para Sieyès esta soberanía residía en la asamblea representante de los ciudadanos.

[10] Carbonell, *En los orígenes del Estado constitucional*, p. 72.

[11] Esta norma restringió la limitante de la libertad, resaltando la importancia que tuvo este principio para la Revolución Francesa.

empleos públicos, según su capacidad y sin otra distinción que la de sus virtudes y la de sus talentos".

Los arts. 7° a 9° otorgaron garantías en materia penal al disponer el art. 7°: "Ninguna persona puede ser acusada, detenida ni encarcelada sino en los casos determinados por la ley y según las formas prescriptas en ella. Los que solicitan, facilitan, ejecutan o hacen ejecutar órdenes arbitrarias deben ser castigados; pero todo ciudadano llamado o requerido en virtud de lo establecido en la ley debe obedecer inmediatamente: se hace culpable por la resistencia". A continuación, el art. 8° dispuso: "La ley no debe establecer más que penas estrictas y evidentemente necesarias, y nadie puede ser castigados sino en virtud de una ley establecida y promulgada con anterioridad al delito y legalmente aplicada". Luego el art. 9° prescribió: "Toda persona, siendo presumida inocente hasta que sea declarada culpable, si se juzga indispensable su detención, la ley debe reprimir severamente todo rigor que no sea necesario para el aseguramiento de su persona".

Más adelante, el art. 12 estipuló: "La garantía de los derechos del hombre y del ciudadano necesita una fuerza pública. Esta fuerza se instituye, por tanto, para beneficio de todos y no para la utilidad particular de aquellos que la tienen a su cargo". Agregó el art. 13: "Para el mantenimiento de la fuerza pública y para los gastos de administración es indispensable una contribución común: debe ser igualmente repartida entre todos los ciudadanos en razón a sus posibilidades".

El art. 14 dispuso que todos los ciudadanos "tienen el derecho de verificar por sí mismo o por sus representantes la necesidad de la contribución pública, de aceptarla libremente, de vigilar su empleo y de determinar la cuota, la base, la recaudación y la duración"; mientras que el art. 15 estableció que la sociedad "tiene el derecho de pedir cuentas a todo agente público sobre su administración".

El art. 16 hizo una nueva declaración de principios: "Toda sociedad en la que no esté asegurada la garantía de los derechos ni determinada la separación de poderes, no tiene Constitución".

Finalmente, el art. 17 desarrolló el derecho de propiedad reconocido en el art. 2° al decir: "Siendo la propiedad un derecho inviolable y sagrado, nadie puede ser privado de ella sino cuando la necesidad pública, legalmente constatada, lo exige claramente y con la condición de una indemnización justa y previa". En la asamblea que dio origen a esta Declaración se rechazaron propuestas para el desarrollo de derechos sociales (como la asistencia a los indigentes), y se aprobó una moción en la que se encomendó un trabajo para la redacción de una constitución[12].

Claro que todas estas libertades, que constituyeron un verdadero avance respecto de los anteriores regímenes monárquicos, con el advenimiento de la Revolución Industrial y con la falta de consideración sobre los sectores mayoritarios que no tenían acceso a una propiedad ni a condiciones mínimas de dignidad, generaron situaciones de extrema injusticia, provocando movimientos sociales que dieron origen a lo que se conoce como la segunda generación de derechos.

Para posibilitar el transcurso o evolución a esa segunda etapa, mucho influyeron el derecho de asociación y el sufragio universal.

El derecho de asociación permitió la formación de partidos políticos y asociaciones sindicales, además de agrupaciones con diversos fines (tales como culturales y deportivos). Se formaron sindicatos de trabajadores y partidos que los representaran.

Esa posibilidad se sumó a la ampliación de los votantes, donde el voto universal –aun con grandes limitaciones, como la ausencia de participación de las mujeres– fue desplazando al sufragio censitario, especialmente al basado en razones económicas y educativas[13].

Así apareció la segunda generación de derechos (plasmada en las constituciones de Querétaro de 1917 y Weimar de 1919, y tuvo su reconocimiento en Argentina en la Constitución de 1949), donde se avanzó en un doble sentido: por un lado, el reconocimiento de nuevos derechos (los derechos sociales), y, por otro, la posibilidad de exigir los derechos constitucionales no solo frente al Estado, sino también frente a los particulares.

En cuanto a la redacción, estos derechos sociales tuvieron enunciados mucho más extensos y no siempre mediante cláusulas operativas, sino que generalmente se dejó su efectivización a las leyes reglamentarias[14].

Ideológicamente, se pasó de un Estado abstencionista a uno prestatario, donde ya no bastaba con reconocer libertad a la ciudadanía para

[12] Carbonell, *En los orígenes del Estado constitucional*, p. 110.

[13] Peces-Barba Martínez, *Curso de derechos fundamentales*, p. 169.

[14] Bobbio realiza una aguda crítica a la formulación de los derechos sociales en la Constitución italiana, cuestionando que pueda hablarse de verdaderos derechos, al preguntarse qué género de derecho son en tanto son derechos "cuyo reconocimiento y cuya efectiva protección son reenviados *sine die* y confiados a la voluntad de los sujetos cuya obligación de realizar el programa es solamente una obligación moral o, como máximo, política" (*El tiempo de los derechos*, p. 123).

que, según sus capacidades, pudiera desarrollarse, sino que era precisamente el Estado el que brindaba las oportunidades para que los individuos pudieran efectivizar sus derechos. Esto dio nuevo contenido a viejos derechos.

Así, mientras el derecho de aprender en la primera generación se satisfizo con la abstención del Estado, en esta segunda exigió que ese mismo Estado brindara instituciones educativas para que sus habitantes pudieran instruirse.

El principio de igualdad ya no fue considerado de manera meramente formal, sino que se requirió la igualdad de oportunidades, donde el Estado debía remover los obstáculos de orden económico y social para alcanzar una igualdad real.

La propiedad no se consideró solo en su carácter individual, sino también en su función social (no podía ahora ser desnaturalizada ni se podía disponer de ella según el antojo del titular, sino que debía servir al bien común).

Junto a los derechos individuales aparecieron los reconocimientos por pertenencia a sectores, sobre todo de trabajadores (obreros, campesinos, etc.), y el reconocimiento de sindicatos.

La Constitución de Querétaro de 1917 condensó fundamentalmente en tres artículos (arts. 27, 28 y 123) estos derechos sociales. Son artículos excesivamente detallistas, más propio de una ley que de una Constitución.

Así, el art. 27 reguló la propiedad. Contaba inicialmente con seis extensos párrafos, de los cuales el tercero prescribía: "La Nación tendrá en todo tiempo el derecho de imponer a la propiedad privada las modalidades que dicte el interés público, así como el de regular el aprovechamiento de los elementos naturales susceptibles de apropiación, para hacer una distribución equitativa de la riqueza pública y para cuidar de su conservación. Con este objeto se dictarán las medidas necesarias para el fraccionamiento de los latifundios; para el desarrollo de la pequeña propiedad; para la creación de nuevos centros de población agrícola con las tierras y aguas que les sean indispensables; para el fomento de la agricultura y para evitar la destrucción de los elementos naturales y los daños que la propiedad pueda sufrir en perjuicio de la sociedad".

Luego de ello reguló la capacidad para adquirir las tierras, en siete apartados; seguidamente trató el tema de la ocupación, fijándole pautas a la ley, declaró nulas ciertas normas que privaron de su tierra a los dueños, así como las acciones judiciales a llevarse adelante para efectivizar estas normas. Seguidamente, previó las pautas a seguir tanto por el Congreso como por las legislaturas para llevar adelante el fraccionamiento de las propiedades, en seis apartados. Finalmente, declaró revisables todos los contratos y concesiones efectuados por gobiernos anteriores. Y todo ello lo hizo en un solo artículo.

El art. 28, aunque menos extenso, tenía cuatro largos párrafos, que buscaban evitar los monopolios, considerando que no constituyen monopolios "las asociaciones de trabajadores formadas para proteger sus propios intereses".

El art. 123 se asemejó más a un Código Laboral que a una norma constitucional, regulando detalladamente los derechos laborales en treinta apartados, de los cuales uno de ello, el XVII, contaba ocho subincisos.

La Constitución de Weimar fue más precisa y no tan detallista al reglamentar derechos sociales.

En la Sección II reguló la vida social, protegiendo no ya al individuo en su condición de tal, sino como integrante de grupos como la familia o la juventud. En tal sentido el art. 119 decía: "El matrimonio, fundamento de la vida familiar y de la conservación y aumento de la nación, queda bajo la protección especial de la Constitución. Se basa en la igualdad jurídica de los dos sexos. Incumbe al Estado y a los municipios mirar por la pureza, sanidad y mejoramiento de la familia. Las familias numerosas tienen derecho a medidas de protección compensadoras. La maternidad tiene derecho a la protección y auxilio del Estado". El art. 122, en su primera parte, estableció: "La juventud será protegida contra la explotación, así como contra el abandono moral, espiritual o físico".

En la Sección IV se ocupó de la educación, pero ya no simplemente como el derecho de aprender según los propios medios, sino como la obligación del Estado de suministrar tal posibilidad. El art. 145, por ejemplo, disponía: "Existe una obligación general escolar. Para cumplirla existe, en primer término, la escuela pública primaria, con ocho años como mínimo de estudios, y después, la escuela complementaria de perfeccionamiento hasta los diez y ocho años de edad cumplidos. En las escuelas primarias y complementarias son gratuitos la enseñanza y los medios de estudio". En esta sección llegó aún más lejos al consagrar derechos de tercera generación, protegiendo el patrimonio cultural. En ese sentido, el art. 150 establecía: "Los monumentos del arte, la historia y la naturaleza gozan de la protección y auxilios del Estado. Al Imperio corresponde impedir la emigración al extranjero del patrimonio artístico nacional".

A este Estado social no le era ajena la vida económica, y en la Sección V, art. 151, estableció: "La organización de la vida económica debe responder a principios de justicia, con la aspiración de asegurar a todos una existencia digna del hombre. Dentro de estos límites, se reconoce al individuo la libertad económica". También en el primer párrafo del art. 155 consagró: "El reparto y utilización del suelo serán vigilados por el Estado en forma que se impida el abuso y se tienda a proporcionar a todo alemán una morada sana y a todas las familias alemanas, especialmente a las de numerosa prole, una morada y un patrimonio económico que responda a sus necesidades".

En esta misma sección reconoció al trabajador al proclamar que el trabajo "gozará de la protección especial del Imperio. Se establecerá en todo el Imperio un derecho obrero uniforme" (art. 157), protegiéndolo para atender "a la conservación de la salud y de la capacidad para el trabajo, a la protección de la maternidad y a la previsión de las consecuencias económicas de la vejez, la enfermedad y las vicisitudes de la vida, el Imperio creará un amplio sistema de seguros, con el concurso efectivo de los interesados" (art. 161). Incluso resaltó la dignidad del trabajo, mediante una cláusula declarativa en la cual dispuso: "El Imperio luchará por obtener una reglamentación internacional de las relaciones jurídicas de los trabajadores, con objeto de asegurar a toda la clase obrera de la humanidad, un *minimum* general de derechos sociales" (art. 162).

El constitucionalismo social tiene la desventaja de que solo con las normas no alcanza, pues resulta necesaria la presencia de "políticas efectivas que permitan cumplir las obligaciones de dar y hacer en favor de aquellos mismos derechos"[15].

Muchas veces se alega que efectivizar los derechos de libertad de la primera generación es más sencillo porque al Estado le basta con abstenerse de dañar, sin tener que realizar erogaciones para cumplirlos. Sin embargo, la verdadera razón que facilita el mayor cumplimiento de los derechos de la primera generación es que precisamente la clase social que los exige asumió el poder, a diferencia de lo ocurrido con los derechos sociales.

Todos los derechos, incluso los de libertad, tienen su costo. Efectivizarlos requiere poner en movimiento toda la maquinaria estatal. Se ha sostenido con acierto que "el libre acceso al Poder Judicial y la apertura a apelaciones son el punto culminante de la construcción del Estado liberal. Y sus gastos operativos se pagan con ingresos fiscales canalizados con éxito hacia los tribunales y sus funcionarios; el Poder Judicial no puede expresar esos ingresos por sí mismo [...] ningún Poder

[15] Bidart Campos, *Teoría general de los derechos humanos*, p. 331.

Judicial que funcione bien es financieramente independiente"[16], ni es bueno que lo sea.

Los derechos requieren "poner en movimiento la maquinaria coercitiva y correctiva de la autoridad pública. El funcionamiento de esa maquinaria es costoso, y los contribuyentes tienen que afrontar esos costos. En este sentido, como en muchos otros, hasta los derechos aparentemente negativos son en realidad beneficios que provee el Estado"[17].

Ni qué decir cuando lo que se protege es la libertad negativa de la propiedad privada, donde los costos son aún mayores[18].

Todos los derechos tienen costos, pero no puede discutirse que, a mayor reconocimiento y efectivización, mayor y mejor ha sido el desarrollo de la humanidad. Por ello, estos derechos tienen que ser considerados tan válidos y exigibles como los de la primera generación.

Aparece, en la actualidad, una tercera etapa de los derechos que se caracteriza por su reconocimiento comunitario, no bien definida aún en cuanto a los derechos involucrados y en plena evolución. Estos derechos se conocen como derechos colectivos o de pertenencia difusa.

Se afirma así la necesidad de protección ambiental, no solo para el presente, sino también para generaciones futuras; los derechos de los consumidores; el derecho a la paz, y a la calidad de vida.

A la vez que aparecen estos derechos, los derechos individuales y sociales también viven modificaciones, tanto en la ampliación de la tutela como de sus propios contenidos. Se desarrollan los derechos específicos, de carácter individual, pero por la pertenencia a un sector desaventa-

[16] HOLMES - SUNSTEIN, *El costo de los derechos*, p. 65.

[17] HOLMES - SUNSTEIN, *El costo de los derechos*, p. 66.

[18] Al respecto dirán HOLMES y SUNSTEIN que "la propiedad es una relación social legalmente construida, un conjunto de reglas de acceso y de exclusión creadas por los poderes Legislativo y Judicial y dotada de protección judicial. Sin un gobierno capaz de dictar esas reglas y obligarnos a cumplirlas, no tendríamos derecho a usar, disfrutar, destruir o disponer de las cosas que poseemos. Esto es evidente en el caso de los derechos sobre propiedad intangibles (como cuentas bancarias, acciones bursátiles o marcas registradas), porque el derecho a esa propiedad no puede afirmarse tomando posesión física de ella sino pura y exclusivamente mediante una acción legal. Pero es también ciertos para las propiedades tangibles. Si los agentes de la fuerza policial no están de su lado, usted no podrá ejercer su derecho a entrar en su propia casa y hacer uso de sus instalaciones. Los derechos de propiedad tienen sentido si las autoridades públicas emplean la coerción para excluir a los no propietarios [...] Además, en la medida en que los mercados presuponen un sistema confiable de registro que protege los títulos contra los interminables desafíos, los derechos de propiedad presuponen al mismo tiempo la existencia de muchos empleados públicos" (*El costo de los derechos*, p. 81).

jado, sea naturalmente (niños, ancianos, personas con capacidades disminuidas) o culturalmente (mujeres, indígenas, minorías).

Las etapas de desarrollo de los derechos se corresponden también con una evolución en el ejercicio del poder que, desde un primer Estado de derecho, progresa hacia un Estado social de derecho, avanzando en la actualidad al Estado constitucional de derecho.

Apunta FERRAJOLI que "el constitucionalismo, tal como resulta de la positivización de los derechos fundamentales como límites y vínculos sustanciales a la legislación positiva, corresponde a una segunda revolución en la naturaleza del derecho [...] si la primera revolución se expresó mediante la afirmación de la omnipotencia del legislador, es decir del principio de mera legalidad (o de legalidad formal) como norma de reconocimiento de la existencia de las normas, esta segunda revolución se ha realizado con la afirmación del que podemos llamar principio de estricta legalidad (o de legalidad sustancial). O sea, con el sometimiento también de la ley a vínculos ya no solo formales sino sustanciales impuestos por los principios y los derechos fundamentales contenidos en las constituciones [...] en un ordenamiento dotado de Constitución rígida, para que una norma sea válida además de vigente no basta que haya sido emanada con las formas predispuestas para su producción, sino que es también necesario que sus contenidos sustanciales respeten los principios y los derechos fundamentales establecidos en la Constitución"[19].

Como en toda clasificación, encorsetar la evolución de los derechos en etapas sacrifica en precisión lo que gana en comprensión. Pero, sobre todo, como con agudeza apunta PÉREZ LUÑO, "la concepción generacional de los derechos humanos implica, más bien, reconocer que el catálogo de las libertades nunca será una obra cerrada y acabada. Una sociedad libre y democrática deberá mostrarse siempre sensible y abierta a la aparición de nuevas necesidades, que fundamentan nuevos derechos"[20].

Conocer su evolución ayuda a buscar su meta final, aun cuando esta resulte inalcanzable por ser su objetivo el logro de una sociedad de personas libres, iguales y plenas.

b) *EVOLUCIÓN EN ARGENTINA.* En Argentina se han vivido las tres etapas, y en la Constitución actualmente vigente pueden verse plasmadas todas ellas.

[19] FERRAJOLI, *Los fundamentos de los derechos fundamentales*, p. 53.

[20] PÉREZ LUÑO, *Lecciones de filosofía del derecho*, p. 313.

La Constitución de 1853 era predominantemente liberal en el reconocimiento de los derechos fundamentales.

Se basó en una concepción negativa de la libertad, estructurada sobre un individualismo incondicionado. Reconoció una amplísima zona de libre juego de la actividad individual, limitándose la actividad del Estado.

El derecho de propiedad se consagró negativamente, prohibiéndose su privación; el de seguridad se formuló como el derecho a no ser acusado, detenido ni juzgado sino en los casos previstos en la ley, y la libertad se entendió como el derecho a no hacer lo que la ley no ordena, con el límite de prohibir solo las acciones nocivas para la sociedad[21].

La igualdad era meramente formal y existía el reconocimiento de las libertades de expresión, de reunión, de asociación y trabajo, entendidas como la obligación de los terceros, principalmente el Estado, de no obstruir su desarrollo. En el orden económico, esta ideología se tradujo en la libre competencia.

Algunas de sus cláusulas presentan una redacción muy similar a la Declaración francesa de 1789.

En tal sentido, el art. 5º de la Declaración prescribía que la ley "solo puede prohibir las acciones perjudiciales para la sociedad. Todo lo que no está prohibido por la ley no puede ser impedido, y nadie puede ser obligado a hacer lo que aquella no ordena". El art. 19 de la Const. nacional, en su segunda parte, establece: "*Ningún habitante de la Nación será obligado a hacer lo que no manda la ley, ni privado de lo que ella no prohíbe*".

Con la reforma de 1949 el reconocimiento de derechos se desenvolvió dentro de las variantes del Estado de bienestar, con fuertes proclamaciones de derechos sociales.

El Estado tomó un rol activo y, junto con los derechos individuales establecidos especialmente –aunque no con exclusividad– en el Capítulo II, se reconoció una serie de derechos por pertenencia a grupos. En el Capítulo III, titulado "Derechos del trabajador, de la familia, de la ancianidad y de la educación y la cultura", se reconoció un amplio catálogo de derechos sociales, en una única norma, el art. 37. Este artículo se encontraba dividido en cuatro partes, de las cuales la primera, dedicada al trabajador, se subdividió en diez incisos (que son verdaderos artículos cada uno); la segunda, referida a la familia, en cuatro; la tercera, dedicada a la ancianidad, en diez, y la última, dedicada a la educación y la cultura, en siete incisos.

[21] Sánchez Agesta, *Principios de teoría política*, p. 550.

"*Art. 37* - Declárense los siguientes derechos especiales.

I. Del trabajador

1. Derecho de trabajar. El trabajo es el medio indispensable para satisfacer las necesidades espirituales y materiales del individuo y de la comunidad, la causa de todas las conquistas de la civilización y el fundamento de la prosperidad general; de ahí que el derecho de trabajar debe ser protegido por la sociedad, considerándolo con la dignidad que merece y proveyendo ocupación a quien lo necesite.

2. Derecho a una retribución justa. Siendo la riqueza, la renta y el interés del capital frutos exclusivos del trabajo humano, la comunidad debe organizar y reactivar las fuentes de producción en forma de posibilitar y garantizar al trabajador una retribución moral y material que satisfaga sus necesidades vitales y sea compensatoria del rendimiento obtenido y del esfuerzo realizado.

3. Derecho a la capacitación. El mejoramiento de la condición humana y la preeminencia de los valores del espíritu imponen la necesidad de propiciar la elevación de la cultura y la aptitud profesional, procurando que todas las inteligencias puedan orientarse hacia todas las direcciones del conocimiento, e incumbe a la sociedad estimular el esfuerzo individual proporcionando los medios para que, en igualdad de oportunidades, todo individuo pueda ejercitar el derecho a aprender y perfeccionarse.

4. Derecho a condiciones dignas de trabajo. La consideración debida al ser humano, la importancia que el trabajo reviste como función social y el respeto recíproco entre los factores concurrentes de la producción, consagran el derecho de los individuos a exigir condiciones dignas y justas para el desarrollo de su actividad y la obligación de la sociedad de velar por la estricta observancia de los preceptos que las instituyen y reglamentan.

5. Derecho a la preservación de la salud. El cuidado de la salud física y moral de los individuos debe ser una preocupación primordial y constante de la sociedad, a la que corresponde velar para que el régimen de trabajo reúna requisitos adecuados de higiene y seguridad, no exceda las posibilidades normales del esfuerzo y posibilite la debida oportunidad de recuperación por el reposo.

6. Derecho al bienestar. El derecho de los trabajadores al bienestar, cuya expresión mínima se concreta en la posibilidad de disponer de vivienda, indumentaria y alimentación adecuadas, de satisfacer sin angustias sus necesidades y las de su familia en forma que les permita trabajar con satisfacción, descansar libres de preocupaciones y gozar mesuradamente de expansiones espirituales y materiales, impone la necesidad social de elevar el nivel de vida y de trabajo con los recursos directos e indirectos que permita el desenvolvimiento económico.

7. Derecho a la seguridad social. El derecho de los individuos a ser amparados en los casos de disminución, suspensión o pérdida de su capacidad para el trabajo promueve la obligación de la sociedad de tomar unilateralmente a su cargo las prestaciones correspondientes o de promover regímenes de ayuda mutua obligatoria destinados, unos y otros, a cubrir o complementar las insuficiencias o inaptitudes propias de ciertos períodos de la vida o las que resulten de infortunios provenientes de riesgos eventuales.

8. Derecho a la protección de su familia. La protección de la familia responde a un natural designio del individuo, desde que en ella generan sus más elevados sentimientos afectivos y todo empeño tendiente a su bienestar debe ser estimulado y favorecido por la comunidad como el modo más indicado de propender al mejoramiento del género humano y a la consolidación de principios espirituales y morales que constituyen la esencia de la convivencia social.

9. Derecho al mejoramiento económico. La capacidad productora y el empeño de superación hallan un natural incentivo en las posibilidades de mejoramiento económico, por lo que la sociedad debe apoyar y favorecer las iniciativas de los individuos tendientes a ese fin, y estimular la formación y utilización de capitales, en cuanto constituyan elementos activos de la producción y contribuyan a la prosperidad general.

10. Derecho a la defensa de los intereses profesionales. El derecho de agremiarse libremente y de participar en otras actividades lícitas tendientes a la defensa de los intereses profesionales, constituyen atribuciones esenciales de los trabajadores, que la sociedad debe respetar y proteger, asegurando su libre ejercicio y reprimiendo todo acto que pueda dificultarlo o impedirlo.

II. De la familia

La familia, como núcleo primario y fundamental de la sociedad, será objeto de preferente protección por parte del Estado, el que reconoce sus derechos en lo que respecta a su constitución, defensa y cumplimento de sus fines.

1. El Estado protege el matrimonio, garantiza la igualdad jurídica de los cónyuges y la patria potestad.

2. El Estado formará la unidad económica familiar, de conformidad con lo que una ley especial establezca.

3. El Estado garantiza el bien de familia conforme a lo que una ley especial determine.

4. La atención y asistencia de la madre y del niño gozarán de la especial y privilegiada consideración del Estado.

III. De la ancianidad

1. Derecho a la asistencia. Todo anciano tiene derecho a su protección integral, por cuenta y cargo de su familia. En caso de desamparo, corresponde al Estado proveer a dicha protección, ya sea en forma directa o por intermedio de los institutos y fundaciones creados, o que se crearen con ese fin, sin perjuicio de la subrogación del Estado o de dichos institutos, para demandar a los familiares remisos y solventes los aportes correspondientes.

2. Derecho a la vivienda. El derecho a un albergue higiénico, con un mínimo de comodidades hogareñas es inherente a la condición humana.

3. Derecho a la alimentación. La alimentación sana, y adecuada a la edad y estado físico de cada uno, debe ser contemplada en forma particular.

4. Derecho al vestido. El vestido decoroso y apropiado al clima complementa el derecho anterior.

5. Derecho al cuidado de la salud física. El cuidado de la salud física de los ancianos ha de ser preocupación especialísima y permanente.

6. Derecho al cuidado de la salud moral. Debe asegurarse el libre ejercicio de las expansiones espirituales, concordes con la moral y el culto.

7. Derecho al esparcimiento. Ha de reconocerse a la ancianidad el derecho de gozar mesuradamente de un mínimo de entretenimientos para que pueda sobrellevar con satisfacción sus horas de espera.

8. Derecho al trabajo. Cuando el Estado y condiciones lo permitan, la ocupación por medio de la laborterapia productiva ha de ser facilitada. Se evitará así la disminución de la personalidad.

9. Derecho a la tranquilidad. Gozar de tranquilidad, libre de angustias y preocupaciones, en los años últimos de existencia, es patrimonio del anciano.

10. Derecho al respeto. La ancianidad tiene derecho al respeto y consideración de sus semejantes.

IV. De la educación y la cultura

La educación y la instrucción corresponden a la familia y a los establecimientos particulares y oficiales que colaboren con ella, conforme a lo que establezcan las leyes. Para ese fin, el Estado creará escuelas de primera enseñanza, secundaria, técnico-profesionales, universidades y academias.

1. La enseñanza tenderá al desarrollo del vigor físico de los jóvenes, al perfeccionamiento de sus facultades intelectuales y de sus potencias sociales, a su capacitación profesional, así como a la formación del carácter y el cultivo integral de todas las virtudes personales, familiares y cívicas.

2. La enseñanza primaria elemental es obligatoria y será gratuita en las escuelas del Estado. La enseñanza primaria en las escuelas rurales tenderá a inculcar en el niño el amor a la vida del campo, a orientarlo hacia la capacitación profesional en las faenas rurales y a formar la mujer para las tareas domésticas campesinas. El Estado creará, con ese fin, los institutos necesarios para preparar un magisterio especializado.

3. La orientación profesional de los jóvenes, concebida como un complemento de la acción de instruir y educar, es una función social que el Estado ampara y fomenta mediante instituciones que guíen a los jóvenes hacia las actividades para las que posean naturales aptitudes y capacidad, con el fin de que la adecuada elección profesional redunde en beneficio suyo y de la sociedad.

4. El Estado encomienda a las universidades la enseñanza en el grado superior, que prepare a la juventud para el cultivo de las ciencias al servicio de los fines espirituales y del engrandecimiento de la Nación y para el ejercicio de las profesiones y de las artes técnicas en función del bien de la colectividad. Las universidades tienen el derecho de gobernarse con autonomía, dentro de los límites establecidos por una ley especial que reglamentará su organización y funcionamiento.

Una ley dividirá el territorio nacional en regiones universitarias, dentro de cada una de las cuales ejercerá sus funciones la respectiva universidad. Cada una de las universidades, además de organizar los conocimientos universales cuya enseñanza le incumbe, tenderá a profundizar el estudio de la literatura, historia y folklore de su zona de influencia cultural, así como a promover las artes técnicas y las ciencias aplicadas con vistas a la explotación de las riquezas y al incremento de las actividades económicas regionales.

Las universidades establecerán cursos obligatorios y comunes destinados a los estudiantes de todas las facultades para su formación política, con el propósito de que cada alumno conozca la esencia de lo argentino, la realidad espiritual, económica, social y política de su país, la evolución y la misión histórica de la República Argentina, y para que adquiera conciencia de la responsabilidad que debe asumir en la empresa de lograr y afianzar los fines reconocidos y fijados en esta Constitución.

5. El Estado protege y fomenta el desarrollo de las ciencias y de las bellas artes, cuyo ejercicio es libre; aunque ello no excluye los deberes sociales de los artistas y hombres de ciencia. Corresponde a las academias la docencia de la cultura y de las investigaciones científicas postuniversitarias, para cuya función tienen el derecho de darse un ordenamiento autónomo dentro de los límites establecidos por una ley especial que las reglamente.

6. Los alumnos capaces y meritorios tienen el derecho de alcanzar los más altos grados de instrucción. El Estado asegura el ejercicio de este derecho mediante becas, asignaciones a la familia y otras providencias que se conferirán por concurso entre los alumnos de todas las escuelas.

7. Las riquezas artísticas e históricas, así como el paisaje natural cualquiera que sea su propietario, forman parte del patrimonio cultural de la Nación y estarán bajo la tutela del Estado, que puede decretar las expropiaciones necesarias para su defensa y prohibir la exportación o enajenación de los tesoros artísticos. El Estado organizará un registro de la riqueza artística e histórica que asegure su custodia y atienda a su conservación".

En el capítulo IV se reguló la función social de la propiedad, el capital y la actividad económica. Claro que, para asegurar estos objetivos, el Estado tomó un rol intervencionista. El art. 38 decía, en su primera parte: "La propiedad privada tiene una función social y, en consecuencia, estará sometida a las obligaciones que establezca la ley con fines de bien común. Incumbe al Estado fiscalizar la distribución y la utilización del campo o intervenir con el objeto de desarrollar e incrementar su rendimiento en interés de la comunidad, y procurar a cada labriego o familia labriega la posibilidad de convertirse en propietario de la tierra que cultiva". A continuación, el art. 39 indicaba: "El capital debe estar al servicio de la economía nacional y tener como principal objeto el bienestar social. Sus diversas formas de explotación no pueden contrariar los fines de beneficio común del pueblo argentino".

La Constitución actual, especialmente con la reforma de 1994, basada en la redacción de 1853-1860 (con la incorporación del art. 14 bis, en el año 1957), incluye nuevos reconocimientos sociales, así como la existencia de derechos de tercera generación; estas cláusulas conviven con los derechos propios del liberalismo individualista previstos en la primera parte de la carta magna.

El art. 42 referido a la protección del ambiente, con las garantías jurisdiccionales reconocidas en el art. 43, entre otros, es una muestra de normas que determinan derechos de pertenencia difusa, a lo que se agrega un reconocimiento más activo del principio de igualdad mediante el establecimiento de medidas positivas en beneficio de sectores relegados socialmente, como las mujeres, y el reconocimiento de minorías, como las comunidades originarias.

Más allá de los errores que a esta Constitución se le puedan endilgar, es indudable que se encuentra imbuida de un espíritu democrático e integrador.

§ 24. *Conceptos de teoría constitucional de los derechos.* – Muchas veces la comunicación se hace compleja porque se utilizan las mismas denominaciones para mencionar cosas distintas o se mencionan las mismas cosas con diferentes denominaciones. Los distintos autores suelen dar un alcance propio a los diversos institutos, los que también van mudando con el paso del tiempo.

Aquí haremos un repaso de las principales denominaciones utilizadas en esta materia. Entre los principales conceptos utilizados vemos que se habla de derechos naturales, derechos morales, derechos subjetivos públicos, declaraciones de derechos, libertades (positivas y negativas), derechos de prestación, derechos humanos, derechos fundamentales, garantías, entre otros (también la expresión principios tiene un vasto alcance y diversas acepciones; dada su importancia para esta materia, se analizará separadamente en § 31 y siguientes).

Analicemos algunos de ellos.

a) *Derechos naturales*. La expresión derechos naturales es un antecedente de los actuales derechos humanos, solo que con un alcance y significación diferentes. Por derechos naturales se entiende aquellos que pertenecen a la persona humana, independientemente del reconocimiento o no que de ellos haga el Estado, porque, aunque tienen dimensión jurídica, son previos al poder y al derecho positivo.

Estos derechos existen desde siempre y son descubiertos por la razón en la naturaleza humana. Por ser derechos extrapositivos representan un límite al poder, incluso al poder soberano.

Expresa Prieto Sanchís que el "iusnaturalismo es aquella ideología que sostiene –cómo pueda sostenerlo es cuestión aparte– la existencia de unos superiores principios de justicia más o menos objetivos y cognoscibles a los cuales debe ajustarse el derecho positivo, de modo que el legislador o el poder político no son libres para imponer cualesquiera normas jurídicas; en suma, que la voluntad de los hombres no es la fuente última de normatividad"[22].

Dentro de las corrientes que han sustentado al derecho natural, existen diversas posiciones sobre la noción de naturaleza. Pérez Luño afirma que estas nociones pueden agruparse en tres líneas fundamentales: "*1*) La idea de naturaleza como creación divina y del derecho natural como expresión revelada de la voluntad del Creador en el ámbito de las relaciones sociales; *2*) la naturaleza como cosmos, es decir, como las leyes que rigen el mundo físico del que forman parte los hombres, que se hallan sujetos a su legalidad a través de sus instintos y necesidades naturales; *3*) la naturaleza como razón, como cualidad específica del ser humano que le permite establecer autónomamente sus normas básicas de convivencia", y concluye que la idea básica de estas corrientes es "la de subordinar la obediencia al derecho posi-

[22] Prieto Sanchís, *Justicia constitucional y derechos fundamentales*, p. 24.

tivo, y al poder del que esta emana, a su conformidad con el derecho natural"[23].

b) *Derechos morales.* La expresión derechos morales ha sido desarrollada fundamentalmente por Dworkin y puede considerarse como una variable del derecho natural, con diferente denominación.

Este filósofo del derecho señala que el derecho moral "es una clase especial (en el sentido de restringida) de juicio referente a lo que está bien o está mal que hagan los gobiernos.

Además, esta manera de considerar los derechos evita algunos de los enigmas notorios asociados con el concepto. Nos permite decir, sin riesgo de que produzca extrañeza, que la fuerza y el carácter de los derechos pueden variar de un caso a otro y de un momento a otro de la historia. Si pensamos en los derechos como cosas, estas metamorfosis parecen extrañas, pero estamos acostumbrados a la idea de que los juicios morales referentes a lo que está bien o está mal son complejos y resultan afectados por consideraciones que son relativas y cambiantes [...]

Nuestro sistema constitucional descansa sobre una determinada teoría moral, a saber, que los hombres tienen derechos morales en contra del Estado. Las cláusulas difíciles del *bill of rights*, como las cláusulas de igual protección y de proceso debido, deben ser entendidas como apelaciones a conceptos morales, más bien que como el establecimiento de determinadas concepciones; por consiguiente, un tribunal que asuma la carga de aplicar plenamente tales cláusulas como derecho debe ser un tribunal activista, en el sentido de que debe estar preparado para formular y resolver cuestiones de moralidad política [...]

El derecho constitucional no podrá hacer auténticos avances mientras no aísle el problema de los derechos en contra del Estado y no haga de él parte de su programa. Ello requiere una fusión del derecho constitucional y la teoría de la ética, una vinculación que, por increíble que parezca, todavía está por establecerse"[24].

La notable influencia de este autor hizo que la expresión se popularizara no solo en estudiosos de habla inglesa, sino también de habla hispana.

c) *Derechos subjetivos públicos.* Esta expresión es una especificación del derecho subjetivo y proviene de la escuela de derecho

[23] Pérez Luño, *Lecciones de filosofía del derecho*, p. 226.

[24] Dworkin, *Los derechos en serio*, p. 219 y 233.

público alemán del siglo XIX. Derecho subjetivo remite a que el titular es un sujeto, una persona humana, pero, como se trata de una connotación netamente privatista, se le agregó la expresión público a fin de considerarlos válidos contra el Estado y no contra los demás particulares.

Al decir de PECES-BARBA MARTÍNEZ, "son la versión positivista de los derechos naturales amparados ambos en el mismo marco cultural antropocéntrico, aunque este segundo término, probablemente por ser un cultismo jurídico, alcanzó menor extensión en su uso como lenguaje natural [...] este término circunscribe a los derechos como límites al poder y solo esgrimibles, por consiguiente, ante los poderes, autoridades y funcionarios, pero no en las relaciones entre particulares"[25].

Este carácter del derecho subjetivo público de ser oponible solo frente al Estado, y por ello tratarse de una categoría superada, fue reconocido por BIDART CAMPOS al expresar que para lograr la plenitud de los derechos sociales "se ha operado otro tránsito, desde los clásicos derechos públicos subjetivos en los que el Estado era único sujeto pasivo (gravado con un deber de omisión), hasta los derechos que (aun en el campo socioeconómico y cultural, siempre perfilados dentro de aquella categoría) se han vuelto ambivalentes, porque además del sujeto pasivo Estado son oponibles a los demás particulares, que quedan situados también como sujetos pasivos, a veces hasta con obligaciones positivas de dar o de hacer (p.ej., la de pagar el salario justo y suficiente, la de brindar condiciones dignas de trabajo, etcétera)"[26].

d) *DECLARACIONES DE DERECHOS.* Con esta expresión se alude a que los derechos son expresados o explicitados especialmente en un texto escrito. Se emparenta con el concepto de la positivización de los derechos.

En los albores del constitucionalismo, mientras que en la Francia revolucionaria los derechos eran "declarados", en Estados Unidos de América se entendió que, al ser ellos inherentes a la naturaleza humana, no resultaba necesaria su expresión escrita.

Al respecto se dijo que "la declaración –o el reconocimiento declarativo– se formula por escrito en la Constitución para definir a los derechos como derechos del hombre en el Estado"[27].

[25] PECES-BARBA MARTÍNEZ, *Curso de derechos fundamentales*, p. 27 y 8.

[26] BIDART CAMPOS, *Teoría general de los derechos humanos*, p. 332.

[27] BIDART CAMPOS, *Teoría general de los derechos humanos*, p. 317.

La primera parte de la Constitución argentina de 1853 titula el Capítulo Primero "Declaraciones, derechos y garantías". Con mejor técnica, el título del Capítulo Segundo, incorporado por la reforma de 1994, es "Nuevos derechos y garantías".

La declaración es una manifestación o proclamación y como tal abarca tanto principios como derechos y garantías. Hubiese sido más correcto hablar de declaraciones de derechos y garantías, dado que ambos se declaran.

Por ello es criticable el nombre del título, por abarcar género y especies, más allá de que no trae consecuencia perjudicial alguna. En diversos artículos, sobre todo en su redacción originaria, la Constitución sacrificó precisión por la utilización de un lenguaje más floreado (como cuando utilizó como sinónimos nacional y ciudadano), mientras que en otros buscó dar más énfasis a ciertas expresiones o bien no cercenar la amplitud del reconocimiento.

Estas declaraciones no se formulan, actualmente, solo en las normas constitucionales. También el derecho internacional humanitario ha enriquecido el catálogo de derechos con declaraciones efectuadas en instrumentos a los que van adhiriendo los diversos Estados. A dichas declaraciones, cada día, se les reconoce mayor fuerza normativa.

e) *Libertades.* Otro término utilizado al estudiar los derechos humanos fundamentales es el de libertades. Ha sido mayormente empleado por la doctrina francesa; muchas veces ha tenido desarrollo en sus universidades con el aditamento de "públicas".

En el campo de los derechos del individuo, implica un recorte sobre la concepción actual, dado que estas libertades no abarcan los derechos de participación política ni, mucho menos, los derechos sociales de prestación. Se corresponden al constitucionalismo burgués decimonónico.

Actualmente se utiliza esta expresión con aditamentos. Así, se distingue entre la libertad "de" y la libertad "para", identificando la primera con los derechos a los que la persona puede gozar por sí misma por estar en posesión y donde solo se tiene que garantizar su no turbación, y la segunda donde el sujeto pasivo tienen que facilitar, mediante el cumplimiento de una obligación de dar, la posibilidad de acceso o la prestación requerida[28].

La expresión de libertades como derechos que más frecuentemente se utiliza es la de libertades negativas y libertades positivas.

[28] Bidart Campos, *Teoría general de los derechos humanos*, p. 23.

A la libertad negativa se la ha considerado como aquella en la cual su titular "tiene la posibilidad de obrar o de no obrar, sin ser obligado a ello o sin que se lo impidan otros sujetos". Esta libertad comprende "tanto la ausencia de impedimento, es decir, la posibilidad de hacer, cuanto la ausencia de constricción, es decir, la posibilidad de no hacer. Se considera que goza de situación de libertad tanto aquel que puede expresar las propias opiniones sin incurrir en los rigores de la censura, como el que queda exento del servicio militar (p.ej., allí donde la objeción de conciencia está reconocida): el primero puede obrar porque no hay ninguna norma que prohíba la acción que él considera deseable, el segundo puede no obrar porque no hay ninguna norma que imponga la acción que él considera no deseable [...] consiste en hacer (o no hacer) todo lo que las leyes, entendidas en sentido lato, y no solo en sentido técnico jurídico, permiten, o bien prohíben (y que, en cuanto tales, permiten no hacer"[29].

A la libertad positiva se la definió como "la situación en la que un sujeto tiene la posibilidad de orientar su voluntad hacia un objetivo, de tomar decisiones, sin verse determinado por la voluntad de otro. Esta forma de libertad se llama también autodeterminación o, de manera más apropiada, autonomía"[30].

Al aclarar estas dos expresiones, Bobbio concluye que, antes que hablar de libertad negativa y positiva, "sería más apropiado hablar de libertad de obrar y libertad de querer, entendiendo por la primera la acción no impedida y no constreñida, y por la segunda voluntad no heterodeterminada o autodeterminada"[31].

f) *Derechos de prestación.* A diferencia de los derechos de libertad, que permiten al individuo pensar, querer o actuar, sin la interferencia de terceros, los derechos de prestación implican que su obligado deba realizar acciones positivas a fin de satisfacerlos. Si bien muchos de los derechos económico-sociales encuadran en esta categoría, no es exclusiva de ellos.

No deben confundirse derechos sociales con derechos de prestación, porque muchos de los primeros también se satisfacen con una abstención, como el derecho de manifestación o de asociación (este último, al menos en la parte de afiliarse o no afiliarse a la organización sindical que represente a cada individuo).

[29] Bobbio, *Igualdad y libertad*, p. 97 a 99.

[30] Bobbio, *Igualdad y libertad*, p. 100.

[31] Bobbio, *Igualdad y libertad*, p. 103.

Los derechos de prestación implican una obligación de dar o de hacer del sujeto pasivo. Configura tanto un derecho de prestación el tener que otorgar una cobertura de salud y hacerse cargo de los costos de internación o tratamiento de la persona como el tener que legislar a fin de regular la composición de un órgano estatal o proceder a la designación de un funcionario.

g) *Garantías.* La palabra garantías se ha reservado para los mecanismos de protección de los derechos[32]. Los derechos utilizan las garantías como mecanismos protectores que permiten asegurarlos y viabilizarlos en caso de incumplimiento.

Mientras los derechos son facultades o prerrogativas reconocidas a las personas[33], las garantías son las atribuciones, también reconocidas a las personas, que buscan efectivizar principios y derechos.

Todos los derechos son ambivalentes o bifrontes; es decir, se hacen valer tanto ante el Estado como ante las demás personas. En cambio, solo algunas garantías tienen estas características, dado que las garantías jurisdiccionales solo pueden hacerse valer frente al Estado.

En la doctrina, Bidart Campos las entendía como "la cobertura coactiva o coercible de los derechos constitucionalmente declarados. Son garantías la propia seguridad que implica la escritura formal de la propia Constitución, su supremacía, su rigidez, la división de poderes, el control de constitucionalidad, las vías procesales comunes (incluyendo las recursivas, y entre estas, las que consisten en recursos de inconstitucionalidad), las vías procesales sumarias y sumarísimas, y entre todas, el hábeas corpus y el amparo, con cualquier denominación que sea propia de cada ordenamiento jurídico. En ese plexo, la posibilidad de coacción y coerción luce claramente en las vías de acceso a la jurisdicción con todos sus matices, y especialmente en las de hábeas corpus y de amparo"[34].

[32] Peces-Barba Martínez las define como "un conjunto coherente de mecanismos de defensa, que no se agotan en el ámbito de cada país sino que tienen su continuación en otros, a través de diferentes instancias supranacionales" (*Curso de derechos fundamentales*, p. 502).

[33] Bidart Campos, *Tratado elemental de derecho constitucional argentino*, t. I-A, p. 753. Este autor definía los derechos como prerrogativas reconocidas fundamentalmente a los hombres (seres humanos). Preferimos la expresión "persona" por ser más amplia, dado que además de la persona humana se reconoce derechos también a las personas jurídicas (incluso un precedente de la Cámara de Casación Penal, no exento de controversias, en el año 2014 reconoció derechos a un gorila como persona no humana, concediéndole un hábeas corpus).

[34] Bidart Campos, *Teoría general de los derechos humanos*, p. 345.

Las garantías pueden subclasificarse en garantías en sentido amplio y garantías jurisdiccionales[35].

En el primer grupo se trata de derechos que procuran proteger otros derechos o bienes necesarios para asegurarlos, y principalmente refuerzan el derecho que se busca proteger, por lo que son oponibles frente a todos. Tal es lo que ocurre con el derecho a réplica, que en sí es un derecho que tiene la persona a desmentir y aclarar informaciones inexactas vertidas sobre ella, pero que protege su derecho al honor, así como el derecho de la sociedad a la veracidad de la información. Dentro de este grupo de garantías encontramos las de funcionamiento, como las acordadas a los órganos del Estado como cuerpo e individualmente a sus integrantes[36], con el objetivo de asegurar su funcionamiento sin interferencias, para lograr el fin republicano de la división de poderes, que a su vez protege los derechos de la ciudadanía[37].

[35] Una clasificación distinta es propuesta por Rentería Díaz, quien siguiendo a Ferrajoli las clasifica en garantías primarias y garantías secundarias. Sostiene que "la garantía primaria consiste en el hecho de prohibir todas aquellas acciones que constituyan una violación del derecho, así como en establecer un determinado comportamiento como obligatorio para que el derecho se cumpla. Prohibir el asesinato, por un lado, constituye una garantía primaria del derecho a la vida y a la integridad física; por el otro, establecer el carácter de obligatoriedad de la educación (cuando menos elemental) constituye también una garantía primaria para el derecho a la educación, pues instituye el deber del Estado de construir escuelas, pagar profesores, distribuir libros, etcétera. Mientras que la garantía secundaria consiste en la previsión (y en la concreta aplicación) de determinadas sanciones que intervienen cuando la garantía primaria no se obtiene; por ejemplo, cuando alguien, a pesar de la prohibición, asesina a una persona, se le debe conminar la sanción respectiva como medida para reforzar la garantía primaria" (*Derechos humanos. Justificación y garantías*, "Isonomía", nº 28, abr. 2008, p. 105).

[36] Cada uno de los poderes del Estado cuenta con dichas garantías, las cuales fueron estudiadas al analizar los distintos órganos del Estado argentino en Toricelli, *Organización constitucional del poder.*

[37] Otros autores han hablado de garantías institucionales en sentido similar al aquí empleado de garantías de funcionamiento (ver Bidart Campos, *Tratado elemental de derecho constitucional argentino*, t. I-A, p. 799 a 801). García Toma caracteriza las garantías institucionales como "la exigencia constitucional de que el Estado cumpla un deber positivo de protección de determinadas instituciones jurídicas consagradas en el texto supra. Mediante estas garantías institucionales se consolida la eficacia normativa de un complejo normativo sistematizado; ello implica rebasar la mera protección abstracta o las simples prohibiciones al Estado, para ascender a la exigencia de una determinada conducta por parte del cuerpo político en cuanto al aseguramiento concreto y tangible de los valores, principios, consecuencias jurídicas y finalidades coexistencias contenidas en dicho complejo normativo" (*Los derechos fundamentales en el Perú*, p. 35).

Por su parte, las garantías jurisdiccionales solo son oponibles frente al poder encargado de efectivizar los derechos vulnerados. En todo sistema se ejercen ante el Poder Judicial, aun cuando en aquellos sistemas que tienen un órgano de control político (como el Consejo Constitucional francés) también ante él se hacen valer[38]. Aparecen acciones específicas como el amparo, el hábeas corpus, el hábeas data, las acciones de inconstitucionalidad, los recursos de inconstitucionalidad, pero también las acciones ordinarias que se utilizan en el resguardo de derechos (aun cuando no constituya un proceso constitucional en sí, no puede desconocerse que quien reclama 0sea alimentos, ajuste salarial, etc.– está ejerciendo una garantía jurisdiccional).

h) *Otras denominaciones.* Además de las expresiones analizadas, y principalmente de derechos humanos y derechos fundamentales, que serán estudiadas en el parágrafo siguiente con mayor detenimiento, surgen otras denominaciones utilizadas de manera similar, como derechos del hombre (puede verse en la Declaración francesa de 1789 y que, en ese momento no representaba la especie humana, sino precisamente el género masculino, que era el único titular) o derechos individuales (que aun cuando no tenían una carga tan específica de género, implican un recorte de los derechos actuales en tanto referidos a los derechos de libertad de la primera generación)[39].

§ 25. ***Derechos humanos y derechos fundamentales. Principales distinciones.*** – Las expresiones derechos humanos y derechos fundamentales han sido reiteradamente utilizadas como expresiones similares, sin perjuicio de la connotación que cada autor les haya dado. Mientras la doctrina europea utiliza mayormente la expresión derechos fundamentales, los internacionalistas, basados en la denominación otorgada por los pactos, se refieren a derechos humanos.

Para Ferrajoli, "son derechos fundamentales todos aquellos derechos subjetivos que corresponden universalmente a todos los seres humanos en cuanto dotados del estatus de personas, de ciudadanos o personas con capacitad de obrar; entendiendo por derecho subjetivo cualquier

[38] Cabe recordar que en estos casos la garantía es más débil, dado que dependerá de la concepción del tribunal de trámite de la causa (y especialmente de su superior en el caso francés) el someter a control una norma considerada inconstitucional. Ello también ocurre en los sistemas concentrados de elevación del caso, como en España, Panamá o Bolivia, para nombrar solo algunos.

[39] Ver Bidart Campos, *Teoría general de los derechos humanos*, p. 156 y siguientes.

expectativa positiva (de prestaciones) o negativa (de no sufrir lesiones) adscripta a un sujeto por una norma jurídica positiva, como presupuesto de su idoneidad para ser titular de situaciones jurídicos y/o autor de los actos que son ejercicio de estas'"[40].

Enseñaba Bidart Campos que los derechos de la persona humana eran denominados originalmente derechos individuales y que actualmente han pasado a denominarse derechos humanos; mientras que los derechos fundamentales, por lo menos en versiones contemporáneas, han reservado esa denominación para una categoría especial de derechos. También afirmaba que estas categorías se obtendrían sobre la base de dos posiciones distintas, o bien en que la fundamentalidad es ontológica o constitutiva, o bien que ella está dada por un sistema de protección judicial especial que tutela estos derechos de manera más intensa[41].

Por su parte, Sagüés no utiliza la expresión derechos fundamentales, sino principalmente derechos humanos, al entender por tales los que son esenciales para la vida y desarrollo de la persona, y que han tomado auge con su internacionalización; mientras que los derechos constitucionales son los derechos personales que no necesariamente coinciden con los primeros[42].

A su vez, Gil Domínguez se refiere a derechos fundamentales como aquellos que expresa o implícitamente han sido constitucionalizados, mientras que derechos humanos serían los establecidos en instrumentos internacionales o normas *ius cogens*[43].

Entiende García Toma que la expresión derechos humanos viene del ámbito internacional, pero que la expresión es errada, dado que los únicos sujetos titulares de derechos son los humanos, no las plantas ni los animales. Prefiere la expresión derechos fundamentales, a los que define como "aquella parte de los derechos humanos que se encuentran garantizados y tutelados expresa o implícitamente por el ordenamiento constitucional de un Estado en particular"[44]. En referencia específica al caso del Perú, dice que la diferencia terminológica no existe, por cuanto en la Constitución "se usa indistintamente las expresiones derechos humanos, derechos fundamentales y hasta derechos constitucionales", y con

[40] Ferrajoli, *Los fundamentos de los derechos fundamentales*, p. 19.

[41] Bidart Campos, *Tratado elemental de derecho constitucional argentino*, t. I-A, p. 723 y siguientes.

[42] Sagüés, *Elementos de derecho constitucional*, t. 2, p. 276.

[43] Gil Domínguez, *Neoconstitucionalismo y derechos colectivos*, p. 46.

[44] García Toma, *Los derechos fundamentales en el Perú*, p. 27.

cita de CASTILLO CÓRDOVA afirma que "los vocablos derechos humanos, derechos fundamentales y derechos constitucionales son expresiones que en el ordenamiento jurídico peruano pueden emplearse indistintamente para referirse a los derechos de la persona en cuanto persona y al margen de supuestos grados de fundamentalidad y del nivel internacional o solo nacional en el que ocurre el reconocimiento jurídico"[45].

Otros autores tienen una concepción distinta y entienden por derechos humanos los derechos innatos a la persona, independientemente del reconocimiento que haga el ordenamiento; mientras los fundamentales son estos derechos cuando han sido positivizados. Se ha expresado al respecto que "no cabe identificar sin más derechos humanos y derechos fundamentales, porque el iusracionalismo y el positivismo, aun pudiendo coincidir en una idea común (el individuo y su dignidad), son modelos que se construyen de manera muy diferente. Puede decirse en una primera aproximación y en términos harto generales que el modelo positivista transforma los derechos humanos en derechos fundamentales. Los incorpora como un elemento esencial del sistema jurídico, que los reconoce y garantiza con la fuerza irresistible del único derecho válido, el derecho positivo, es decir, los respalda con el uso lícito de la fuerza física que ostenta en monopolio el Estado"[46].

Vemos entonces que la distinción no es ontológica, sino que se basa en la elección propia de cada autor.

Es cierto que se mencionan cada vez más los derechos humanos y que esta expresión tiene su base en el propio derecho internacional, dado que son los tratados de protección de la persona humana los que han originado que así se llame a las normas de protección allí establecidas, que, con mayor o menor extensión, se asemejan al plexo de derechos que suelen reconocer las constituciones de Estados democráticos.

Como todos los derechos son humanos[47], preferimos la expresión derechos fundamentales, o bien su aditamento, para hablar de aquellos de-

[45] GARCÍA TOMA, *Los derechos fundamentales en el Perú*, p. 28.

[46] BASTIDA - VILLAVERDE - REQUEJO - PRESNO - ALÁEZ - SARASOLA, *Teoría general de los derechos fundamentales en la Constitución española de 1978*, p. 14.

[47] Se dijo al respecto que "los animales –o la naturaleza en sí misma, o la madre tierra– no son personas, sino elementos que requieren una debida tutela, no siempre o no solo con miras a la subsistencia humana, sino aun de sí mismos, y aunque no brinden un provecho directo o práctico o de utilidad biológica para el hombre (matar una vaca, un cerdo o un pollo, o un pez, es una operación necesaria para la subsistencia humana, como sucede por otras razones con la eliminación de bacterias o virus riesgosos o agresivos, o la de ciertas alimañas peligrosas, o la de mosquitos transmisores de enfer-

rechos reconocidos en la Constitución y tratados internacionales de protección de la persona humana, más allá de que a lo largo de la obra utilicemos indistintamente cualquiera de las tres denominaciones (derechos humanos fundamentales, derechos fundamentales o derechos humanos).

Lo que les da el carácter de fundamentales a estos derechos no es solo la jerarquía reconocida a la Constitución o a los tratados internacionales donde se encuentran expresados, sino principalmente que hacen a la dignidad de la persona y por tanto su reconocimiento resulta esencial para puntualizar que estamos en presencia de un Estado constitucional de derecho[48].

§ 26. *Características de los derechos humanos fundamentales.* – No existe un consenso generalizado sobre las características que presentan estos derechos, que tienen un tratamiento diferenciado según el enfoque que les brinde cada autor. En tal sentido, Alexy habla de universalidad, validez moral, fundamentalidad, prioridad y abstracción; Carpizo menciona universalidad, historicidad, progresividad, aspecto protector, indivisibilidad y eficacia directa; Manili entiende que sus características son ser innatos o inherentes, necesarios, inalienables, imprescriptibles, oponibles *erga omnes*, universales, indivisibles e interdependientes[49]; Bidart Campos afirmaba que "*a*) en la doctrina de los derechos humanos subyace una exigencia ideal; *b*) la formulación de los derechos humanos se postula como universalmente válida; *c*) los derechos humanos son superiores y anteriores al Estado y, por eso mismo, inalienables e imprescriptibles, y *d*) los derechos humanos significan una estimativa axiológica en virtud del valor justicia, que se impone al Estado y al derecho positivo"[50];

---

medades endémicas, como lo vivencia el planeta en estos tiempos). Si fueran personas, sería delito.

Resguardar especies de riesgo de extinción, sancionar el maltrato o la crueldad con animales domésticos o salvajes (como se predica, actualmente, con las fiestas taurinas, las jineteadas, la exhibición de animales en los circos o zoológicos, o la caza de especies salvajes por el puro placer de matarlos) es un imperativo ético para el ser humano" (Saux, *Personificación de los animales. Debate necesario sobre el alcance de las categorías jurídicas*, *LL*, 2016-B-1020).

[48] Häberle dice que los elementos necesarios para hablar de un Estado constitucional son la dignidad humana como premisa, el principio de soberanía popular, la Constitución como contrato; el principio de la división de los poderes; los principios del Estado de derecho y el Estado social; las garantías de los derechos fundamentales; la independencia de la jurisdicción, etc. (*El Estado constitucional*, p. 81).

[49] Manili, *El bloque de constitucionalidad*, p. 37 a 43.

[50] Bidart Campos, *Teoría general de los derechos humanos*, p. 30.

mientras, otros autores no detallan todas sus características más allá del análisis que al respecto efectúan.

A su turno, ciertos ordenamientos han reconocido principios de derechos humanos, tal como ocurre con el tercer párrafo del art. 1º de la Const. de México, que dispone: "Todas las autoridades, en el ámbito de sus competencias, tienen la obligación de promover, respetar, proteger y garantizar los derechos humanos de conformidad con los principios de universalidad, interdependencia, indivisibilidad y progresividad. En consecuencia, el Estado deberá prevenir, investigar, sancionar y reparar las violaciones a los derechos humanos, en los términos que establezca la ley".

Nos enfocaremos aquí en el análisis de las características que consideramos más destacables.

a) *Universalidad.* Existe un gran consenso sobre la universalidad de estos derechos, pero cuando se realiza un análisis acerca de qué significa esa universalidad los alcances de la expresión varían.

Para Alexy esta universalidad debe distinguirse en cuanto a la titularidad en el derecho y a la obligación de respetarlo.

En la titularidad del derecho entiende que quedan incluidos todos los seres humanos (pero no así quienes no gozan de la cualidad de humanidad como animales, grupos, Estados, etc.), sin perjuicio de reconocer que algunos no pueden ejercerlo, por ser derechos específicos. Al respecto expresa que "solo el indigente puede exigir asistencia para sí mismo, solo el niño, una educación y solo el amenazado, una protección [...] son derechos que corresponden a todos sin necesidad de ser adquiridos".

En cuanto a los obligados, a los que denomina destinatarios, considera que son derechos frente a todos (Estados, grupos, etc.), y no solo ejercitables ante otros seres humanos. Y aquí realiza una segunda diferenciación entre los que denomina derechos humanos absolutos y relativos. Afirma que los "derechos humanos absolutos son derechos que tienen todos frente a todos los seres humanos, grupos y Estado. El derecho a la vida es un ejemplo. Los derechos humanos relativos son derechos que tienen todos frente a, por lo menos, un ser humano, un grupo o un Estado. Un ejemplo de un derecho humano relativo frente al Estado es el derecho al voto. Todos los ciudadanos de todos los Estados tienen este derecho frente a su Estado. Como ejemplo de un derecho humano relativo frente a un grupo, puede ser mencionado el derecho de todos los niños a recibir asistencia y educación por parte de sus familias"[51].

[51] Alexy, *La institucionalización de los derechos humanos en el Estado constitucional democrático*, "Derechos y Libertades", año 5, nº 8, 2000, p. 24 a 26.

Entiende Peces-Barba Martínez que bajo esta característica se dicen al menos tres cosas diferentes. Así, desde "el plano racional por universalidad hacemos referencia a una titularidad de los derechos que se adscriben a todos los seres humanos [...] Si nos situamos en el plano temporal, la universalidad de los derechos supone que tienen un carácter racional y abstracto al margen del tiempo y válidos para cualquier momento de la historia. Si, por fin nos situamos en el plano espacial, por universalidad entendemos la extensión de la cultura de los derechos humanos a todas las sociedades políticas sin excepción"[52].

Este catedrático español, luego de efectuar críticas a esta forma de ver la universalidad de los derechos, propone no identificar generalización con universalidad, dado que se distinguen derechos de nacionales y extranjeros, en tanto el concepto de dignidad fue modificado a lo largo de las sociedades y el tiempo, y en cuanto a lo inconcluso del derecho internacional. Afirma que lo universal es la "moralidad básica de los derechos más que los derechos mismos", y que el hecho de que "los derechos humanos son un concepto histórico, no es incompatible con la universalidad de la moralidad básica de la dignidad humana". En lo referido a lo espacial expresa que el "derecho internacional de los derechos humanos no debe encontrar dificultades teóricas para propugnar su generalización a todos los Estados, tanto en su sistema interno, como en el sistema jurídico internacional. Sus problemas vienen de cómo alcanzar un auténtico cosmopolitismo jurídico, sin monopolio efectivo de la fuerza legítima, en un auténtico estado de naturaleza entre los Estados. También encontrará dificultad en la escasez, en la deuda o en el control de la producción de los países ricos respecto a los pobres, en la desigualdad y en la pobreza de las personas y también de muchos Estados. Creo que con estos matices la defensa teórica de la universalidad de los derechos está ganada y nadie tiene buenas razones que oponer desde las teorías nacionalistas o el relativismo cultural"[53].

Para Carpizo la "universalidad significa que todo ser humano posee una serie de derechos con independencia del país en que haya nacido o habite. Es el sentido de la Declaración Universal de Derechos Humanos y de los pactos de la ONU, de 1966", sin perjuicio de que esta característica "no implica uniformidad, debido a que el constituyente no puede descuidar factores extrajurídicos como son, entre otros: la evolución política, la cultura, la idiosincrasia, las características y particularidades de esa

[52] Peces-Barba Martínez, *Curso de derechos fundamentales*, p. 299.

[53] Peces-Barba Martínez, *Curso de derechos fundamentales*, p. 302 a 313.

nación; o sea, existe un 'margen de apreciación nacional'"[54]. Entiende que la historicidad no es opuesta sino complementaria de este requisito, y que se refiere a tres aspectos diversos: "*a*) la evolución de la civilización; *b*) nuevos problemas, necesidades y retos, y *c*) el contexto social y cultural de cada país"[55].

Según Pérez Luño, "el rasgo principal que marca el origen de los derechos humanos en la modernidad es precisamente el de su carácter universal; el de ser facultades que deben reconocerse a todos los hombres sin exclusión. Conviene insistir en este aspecto, porque derechos, en su acepción de estatus o situaciones activas de libertad, poder, pretensión o inmunidad han existido desde las culturas más remotas, pero como atributo de solo alguno de los miembros de la comunidad. El gran invento jurídico-político de la modernidad reside, precisamente, en haber ampliado la titularidad de las posiciones jurídicas activas, o sea, de los derechos a todos los hombres; y, en consecuencia, de haber formulado el concepto de los derechos humanos. Por ello, los derechos humanos o son universales o no son. No son derechos humanos, podrán ser derechos de grupos, de entidades o de determinadas personas, pero no derechos que se atribuyan a la humanidad en su conjunto. La exigencia de universalidad, en definitiva, es una condición necesaria e indispensable para el reconocimiento de unos derechos inherentes a todos los seres humanos, más allá de cualquier exclusión y más allá de cualquier discriminación"[56].

Enseñaba Bidart Campos que "la universalidad de los derechos humanos no ofrece inconveniente con alguna módica corrección conceptual. Que son universales quiere significar que le son debidos al hombre –a cada uno y a todos–, pero conforme a la situación histórica, temporal, y espacial que rodea a la convivencia de esos hombres en ese Estado. La exigencia del valor no traza límites sectoriales, ni en cuanto a espacios territoriales, ni en cuanto a ámbitos humanos; pero se acomoda a los ambientes históricos que se circunscriben geográfica y poblacionalmente.

[54] Carpizo, *Los derechos humanos: naturaleza, denominación y características*, "Cuestiones Constitucionales", nº 25, jul.-dic. 2011, p. 17 y 18. Sin perjuicio de lo afirmado, entiende que existen límites a este margen de apreciación nacional, ejemplificando que hay actos inadmisibles como "la práctica de la mutilación de los genitales femeninos en muchos países islámicos o, para no ir tan lejos, el trato discriminatorio y denigratorio que sufren las mujeres indígenas mexicanas en muchas de sus comunidades. En estos casos no se pueden alegar costumbres, usos o aspectos culturales" (p. 21).

[55] Carpizo, *Los derechos humanos: naturaleza, denominación y características*, "Cuestiones Constitucionales", nº 25, jul.-dic. 2011, p. 19.

[56] Pérez Luño, *Lecciones de filosofía del derecho*, p. 309 y 310.

El modo de realización de los derechos exigidos por el valor es, por propia naturaleza y vocación de encarnadura histórica del mismo valor, variable y dependiente de las situaciones sociopolítico-jurídicas.

La universalidad se entronca, además, con la igualdad de todos los hombres en cualquier tiempo y lugar, pero salvada idéntica conexión del valor con las circunstancias históricas [...]

Aunque parezca posiblemente un mal juego de palabras, los mismos derechos humanos que se predican como universales, eternos, supratemporales, etc.; pueden adquirir, y adquieren, diversos y distintos modos de plasmación en cada situación histórica, en cada época, en cada lugar, en cada Estado, para cada sociedad, para cada cultura. Las valoraciones sociales, las representaciones colectivas, las creencias, las ideas, y todo lo que compone y conforma eso que DUVERGER llama el conjunto o complejo cultural de cada sociedad, no son ahistóricos, ni atemporales, ni extraespaciales, sino todo lo contrario"[57].

Para GARCÍA RAMÍREZ la universalidad implica que "nadie debiera quedar excluido de los beneficios que entrañan los derechos humanos, y más estrictamente, nadie debiera hallarse al margen de las garantías jurisdiccionales y no jurisdiccionales que significan el medio precioso para la exigencia, la consolidación o la recuperación de esos derechos. A esto corresponde la idea de la universalidad de las cartas de derechos –declaraciones y pactos– y de las jurisdicciones contenciosas creadas a la luz de aquellas. Bajo el mismo concepto se inscribe el regionalismo –europeo, americano, africano–, que ha dado grandes pasos adelante"[58].

Advierte JALIL que los derechos humanos solo han representado, en muchos casos, a una parte de la cultura universal, la denominada "occidental", por lo que, "al pretender que solamente los valores de una cultura sean considerados como universales, se favorecen procesos de hegemonía o dominación", y concluye que la "universalidad de los derechos humanos no implicaría una práctica totalizadora que neutraliza las diferencias y excluya la posibilidad de sostener distintas ideas sobre la vida digna. Visto de este modo, el principio de universalidad provocaría un proceso de 'contaminación', 'nutrición' y renovación de los derechos fundamentales producto de su propia expansión a diferentes culturas"[59].

[57] BIDART CAMPOS, *Teoría general de los derechos humanos*, p. 34 y 35.

[58] GARCÍA RAMÍREZ, *Los derechos humanos y la jurisdicción interamericana*, p. 34.

[59] JALIL, *Los tratados de derechos humanos y su armonía con otros derechos*, "Ideas & Derecho", nº 10, 2014, p. 68 y 69.

La Declaración y Programa de Acción de Viena de 1993, expresó, en la última oración del primer párrafo del art. 1º: "El carácter universal de estos derechos y libertades no admite dudas". Agregó en su párrafo tercero: "Los derechos humanos y las libertades fundamentales son patrimonio innato de todos los seres humanos; su promoción y protección es responsabilidad primordial de los gobiernos".

El alcance de la universalidad es reafirmado, aun cuando menguado, en el art. 5º al decir: "Todos los derechos humanos son universales, indivisibles e interdependientes y están relacionados entre sí. La comunidad internacional debe tratar los derechos humanos en forma global y de manera justa y equitativa, en pie de igualdad y dándoles a todos el mismo peso. Debe tenerse en cuenta la importancia de las particularidades nacionales y regionales, así como de los diversos patrimonios históricos, culturales y religiosos, pero los Estados tienen el deber, sean cuales fueren sus sistemas políticos, económicos y culturales, de promover y proteger todos los derechos humanos y las libertades fundamentales".

Al comentar estas cláusulas, VILLÁN DURÁN entiende que, si bien el universalismo triunfó sobre los particularismos, debe distinguirse entre el núcleo duro de normas de *ius cogens*, que debe ser aplicado por todo Estado y en todo momento, y el resto de las normas, que permiten la adaptación a las circunstancias particulares de cada Estado [60].

A nuestro modo de ver, si la universalidad espacial significa que el conjunto de las naciones imponga, a través del derecho internacional de los derechos humanos, límites a regímenes dictatoriales que avasallan los derechos de su población, estamos ampliamente de acuerdo con este proceso de universalidad; si, en cambio, se entiende la imposición de una cultura determinada sobre sociedades construidas con bases diferentes y creencias diferentes, en tanto esas creencias sean libremente asumidas por todos y no impuestas a los más débiles, tenemos nuestras reservas.

Así como el sistema va incluyendo a sectores desaventajados por cultura o condición (mujeres, indígenas, niños, ancianos), así también debe aceptar las diferencias que cada sociedad posee.

[60] Entiende que integran este núcleo duro aquellas normas que no pueden ser suspendidas en ningún caso, según lo establece el art. 4.2 del Pacto Internacional de Derechos Civiles y Políticos, a las que cabría agregar toda norma aceptada por la comunidad de Estados en su conjunto (VILLÁN DURÁN, "Significado y alcance de la universalidad de los derechos humanos en la Declaración de Viena", en Instituto Interamericano de Derechos Humanos, *Estudios básicos de derechos humanos*, t. II, p. 331 a 376).

En nuestro concepto, la universalidad significa que son derechos destinados a la inclusión de todos[61] y no de algunos; aunque solo algunos los necesitarán para alcanzar el fin de una vida digna, según el propio proyecto de vida.

Por ello, en el reconocimiento de estos derechos, no todos podrán gozarlos ni exigirlos, dependiendo esto de la condición en la que se encuentren, pero estarán disponible precisamente para aquellos seres humanos que los requieran. El derecho a la asistencia del Estado no podrá ser exigido por quien ostenta una sólida posición económica, así como el indigente no podrá gozar del derecho a la propiedad, el niño no podrá gozar de los derechos de la mujer, como la mujer no podrá exigir los derechos del niño; pero lo importante es que todos los seres humanos estarán protegidos en pos de lograr una vida digna[62].

En este sentido, se reafirma la universalidad de los derechos humanos, con las variantes propias de cada sociedad y de cada persona, que permita incluir a todos. Claro que en estas variantes no puede admitirse que, so pretexto de pertenencias a culturas diferentes, se apliquen torturas contra sus habitantes, o una porción de ellos, cuando ejercen sus liber-

[61] Cuando se menciona a los titulares, se incluyen solo las personas humanas. No significa ello que el derecho positivo no debe reconocer derechos a las personas jurídicas (lo cual resulta además conveniente), sino que estos derechos están otorgados a los seres humanos. Con claridad lo expresó la Corte IDH al decir: "Si bien el sujeto del derecho al honor o a la reputación en este caso se trata de las Fuerzas Armadas, no de una persona física, y por ende no está protegido por la Convención, la protección del derecho al honor o a la reputación en sí es considerada en la Convención como una de las finalidades legítimas para justificar una restricción al derecho a la libertad de expresión. En este sentido, el tribunal reitera que al realizar un análisis sobre la legitimidad del fin señalado en el presente caso (la protección del derecho al honor o reputación de las Fuerzas Armadas), no se pretende determinar si efectivamente las Fuerzas Armadas tienen o no un 'derecho' al honor o reputación, sino que se analiza si dicho fin sería legítimo para efectos de la restricción del derecho a la libertad de expresión que la Convención reconoce al señor Usón Ramírez" (Corte IDH, 20/11/2009, "Usón Ramírez vs. Venezuela", párr. 63).

[62] Bidart Campos, que utilizaba una denominación más antigua para referirse a los derechos humanos y los llamaba derechos del "hombre", decía que hay "derechos del hombre que se concretan según la situación personal que inviste o en que se encuentra el hombre. Así, hay derechos del hombre que se titularizan en la mujer cuando está embarazada, o es madre. Pero en ese caso, la mujer titulariza tales derechos porque estos son del hombre (en femenino), y porque la mujer pertenece a la especie humana. Se habla, asimismo, de derechos del trabajador –por ejemplo–, como se habla de derechos del niño, o del anciano. Pero trabajador, niño, anciano, no son más que situaciones en que se halla o puede hallarse el hombre, y mejor aún si se entiende que son derechos del hombre en función del trabajo que realiza o de la edad en que se encuentra (niñez, ancianidad)" (*Teoría general de los derechos humanos*, p. 370 y 371).

tades[63], o se los someta a condiciones que ofenden groseramente la dignidad de una persona.

b) *Progresividad.* La idea de la progresividad de los derechos humanos fundamentales proviene de las concepciones iusnaturalistas, aun cuando actualmente las supera. En tal sentido, planteaba Bidart Campos que "el derecho natural crece por adición, pero no disminuye por sustracción. La historicidad de los derechos, o el derecho natural de contenido progresivo –y hasta variable– no convalida retrocesos; superada la esclavitud, no podríamos regresar a ella; alcanzados los derechos sociales y económicos, no podríamos quedarnos únicamente con los viejos derechos clásicamente denominados civiles; reconocida ampliamente –hasta en la doctrina social de la Iglesia– la libertad religiosa, no podríamos restaurar la Inquisición"[64].

Esta característica, señala Carpizo, implica que "su concepción y protección nacional, regional e internacional se va ampliando irreversiblemente, tanto en lo que se refiere al número y contenido de ellos como a la eficacia de su control", en cuanto a los derechos implica que una vez reconocidos no es posible desconocerlos, lo que "permite que se incorporen nuevos derechos humanos a la Constitución, que se precisen y amplíen los ya reconocidos, que se eliminen o atemperen limitaciones, que se establezcan nuevas prohibiciones o límites al legislador, que se creen nuevas garantías procesales para su protección o que se perfeccionen las existentes, que se ratifiquen instrumentos internacionales que amplían la defensa de los derechos, pero una vez reconocidos, tal acción es irreversible porque, como con toda precisión se ha asentado, sería un contrasentido, un absurdo que 'lo que hoy se reconoce como un atributo inherente a la persona, mañana pudiera dejar de serlo por una decisión gubernamental'"[65].

1) *Caracterización.* La progresividad, en materia de derechos humanos fundamentales debe ser entendida en un doble sentido, desde el aspecto fáctico y desde el normativo. En cuanto al primero, implica que las conductas gubernamentales se encaminen a brindar las condiciones

[63] En tal sentido no es admisible una ley que aplique penas de amputación, lapidación o flagelación, ni que castigue a quien no usa determinada vestimenta o necesite el consentimiento de otra persona, siendo mayor de edad, para elegir con quién casarse o salir del país.

[64] Bidart Campos, *Teoría general de los derechos humanos*, p. 122.

[65] Carpizo, *Los derechos humanos: naturaleza, denominación y características*, "Cuestiones Constitucionales", nº 25, jul.-dic. 2011, p. 21 y 22.

necesarias para el efectivo cumplimiento de los derechos, remover los obstáculos que lo impiden o dificultan y no crear nuevas trabas. Así, por ejemplo, el no capacitar adecuadamente a los agentes de seguridad en la forma de llevar adelante los procedimientos, el no contar con la infraestructura adecuada en los organismos judiciales encargados del control de constitucionalidad o el exigir ritualismos innecesarios para logar la tutela de los derechos son situaciones prácticas que no se condicen con el principio de progresividad.

El segundo aspecto implica que, normativamente, no se deroguen derechos que han sido consagrados. Esta derogación no solo sucede expresamente, sino que también ocurre cuando, mediante interpretaciones mezquinas y desnaturalizantes, se tornan irreconocibles los derechos establecidos y quedan cáscaras vacías sin contenido alguno.

Diversas constituciones han consagrado este principio. Así, el art. 13.I de la carta boliviana dice: "Los derechos reconocidos por esta Constitución son inviolables, universales, interdependientes, indivisibles y progresivos. El Estado tiene el deber de promoverlos, protegerlos y respetarlos". También lo contempla la Constitución mexicana en su art. 1º.

El mayor desarrollo en cuanto a la doctrina de progresividad y, su contracara, la no regresividad, ha ocurrido en el campo de los derechos económicos, sociales y culturales.

El art. 26 de la Convención Americana sobre Derechos Humanos establece: "*Los Estados partes se comprometen a adoptar providencias, tanto a nivel interno como mediante la cooperación internacional, especialmente económica y técnica, para lograr progresivamente la plena efectividad de los derechos que se derivan de las normas económicas, sociales y sobre educación, ciencia y cultura, contenidas en la Carta de la Organización de los Estados Americanos, reformada por el Protocolo de Buenos Aires, en la medida de los recursos disponibles, por vía legislativa u otros medios apropiados*".

En el mismo sentido, el art. 2º, párr. 1, del Pacto Internacional de Derechos Económicos, Sociales y Culturales establece: "*Cada uno de los Estados partes en el presente Pacto se compromete a adoptar medidas, tanto por separado como mediante la asistencia y la cooperación internacionales, especialmente económicas y técnicas hasta el máximo de los recursos de que disponga, para lograr progresivamente, por todos los medios apropiados, inclusive en particular la adopción de medidas legislativas, la plena efectividad de los derechos aquí reconocidos*".

Esta característica ha sido reconocida por la Corte Suprema argentina al decir que "el principio de progresividad [...] impone que todas las medidas estatales de carácter deliberadamente regresivo en materia de derechos humanos [...] requieran la consideración 'más cuidadosa', y deban justificarse plenamente, v.gr., con referencia a la totalidad de los derechos previstos en el PIDESC y en el contexto del aprovechamiento pleno del máximo de los recursos de que el Estado disponga"[66]. También afirmó que "el decidido impulso hacia la progresividad en la plena efectividad de los derechos humanos que reconocen, propia de todos los textos internacionales antes aludidos y muy especialmente del PIDESC (art. 2.1), sumado al principio *pro homine*, connatural con estos documentos, determina que el intérprete deba escoger, si la norma lo posibilita, el resultado que proteja en mayor medida a la persona humana", y agrega que "esta pauta se impone aun con mayor vigor, cuando su aplicación no entrañe colisión alguna del derecho humano, así interpretado, con otros valores, principios, atribuciones o derechos constitucionales"[67].

De la obligación de progresividad en la efectivización de los derechos se desprende, como lógica consecuencia, la idea de no regresividad.

En el ámbito de estos derechos sociales se ha discutido qué implica esta no regresividad. Al respecto, Courtis entiende que ella se produce cuando se aplica un derecho menor del que se había alcanzado con anterioridad[68].

Este autor afirma que, cuando se trata de comparación entre normas, se aplicará la que sea más favorable al derecho; pero, cuando se trata de la aplicación de cuerpos normativos o regímenes, se puede optar por el criterio de la acumulación o del conglobamiento. En el criterio de la acumulación se compara norma por norma de los diversos regímenes y se aplica la norma más favorable de cada uno, independientemente de a cuál pertenezca. En el criterio del conglobamiento se toma en cuenta el régimen más favorable, pero lo aplica en su conjunto, aun cuando una norma en particular pueda ser menos favorable.

Como criterio intermedio aparece el conglobamiento por instituciones, donde se evalúan las instituciones que posee cada régimen y se opta por la más favorable en su aplicación.

[66] CSJN, 18/6/2013, "Asociación de Trabajadores del Estado s/acción de inconstitucionalidad", *Fallos*, 336:672, consid. 9°.

[67] CSJN, 9/9/2014, "Ledesma, Florencio c/Citrus Batalla SA s/sumarísimo", L.253.XLV.

[68] Courtis, "La prohibición de regresividad en materia de derechos sociales: apuntes introductorios", en Courtis (comp.), *Ni un paso atrás*, p. 42 y siguientes.

En cada sistema existen beneficios y desventajas. Mientras el conglobamiento tiene la ventaja de aplicar un sistema como un todo coherente, pero la desventaja de ser contrario a los criterios de control de constitucionalidad, que invalidan no el régimen en su conjunto, sino la norma específica, el sistema de acumulación tiene las ventajas e inconvenientes contrarios, por lo que propone la aplicación del conglobamiento por instituciones.

La solución propuesta parece la más adecuada, especialmente cuando se traslada al campo de los derechos humanos en general. Tomemos como ejemplo la acción de amparo en Argentina, que posee regulación tanto en los aspectos de protección del derecho (requisitos de admisibilidad) como en el trámite, todo lo cual configurara un sistema.

Cuando analizamos la viabilidad del amparo, debe considerarse que tanto la Constitución nacional como las provinciales suelen regular la admisibilidad; pero que también lo hacen la ley nacional y muchas leyes provinciales, a la par que prevén el trámite procesal aplicable (forma de presentación de la demanda, juzgado competente, plazos para contestar, impugnar, etcétera). Así, una ley como la 16.986, que regula el amparo a nivel nacional, debe confrontarse con el art. 43 de la Const. nacional argentina, siendo esta última norma mucho más favorable a la persona en cuanto a los requisitos de admisibilidad.

Si tomáramos el régimen del conglobamiento, deberíamos desechar la ley 16.986 en su totalidad, y por tanto buscar una norma que regule el trámite del amparo, dado que el art. 43 no lo hace (tampoco le corresponde por ser una norma constitucional). Si tomáramos el régimen de acumulación, deberíamos analizar cada uno de los requisitos propios del amparo y "concretar" una nueva norma con lo mejor de cada una.

Al optar por el régimen del conglobamiento por instituciones, aplicaremos el art. 43 de la Const. nacional para analizar la admisibilidad del amparo y utilizaremos la ley 16.986 para su trámite, sin perjuicio de las inconstitucionalidades específicas que puedan existir en ella, en cuanto resulta contradictoria con la lógica fijada en la norma constitucional[69].

[69] En el caso de la ley 16.986, más allá de no ser aplicable ninguno de sus requisitos de admisibilidad por estar estos regulados en el art. 43 de la Const. nacional en su totalidad, existen normas relativas al trámite que también resultan inconstitucionales, como establecer el efecto suspensivo de la apelación de una medida cautelar o sobre la sentencia, cuando se hace lugar al amparo, dado que dicho art. 43 fija que el trámite será expedito y rápido.

2) *Criterios de la Corte Interamericana de Derechos Humanos.* Respecto de la progresividad de los derechos, la Corte Interamericana de Derechos Humanos ha desarrollado sus criterios fundamentalmente en el área de los derechos sociales, y, si bien se efectuaron avances, e incluso se efectivizaron algunos de los derechos reclamados, el fundamento ha dejado un sabor amargo y ha recibido críticas en tal sentido por la falta de contundencia[70].

En el precedente "Cinco pensionistas", el tribunal entendió que "los derechos económicos, sociales y culturales tienen una dimensión tanto individual como colectiva. Su desarrollo progresivo, sobre el cual ya se ha pronunciado el Comité de Derechos Económicos, Sociales y Culturales de las Naciones Unidas, se debe medir, en el criterio de este tribunal, en función de la creciente cobertura de los derechos económicos, sociales y culturales en general, y del derecho a la seguridad social y a la pensión en particular, sobre el conjunto de la población, teniendo presentes los imperativos de la equidad social, y no en función de las circunstancias de un muy limitado grupo de pensionistas no necesariamente representativos de la situación general prevaleciente"[71].

Por ello, en su resolución no se pronunció sobre el desarrollo de los derechos sociales porque entendió que el reclamo de los actores debía ser resuelto sobre la base del derecho de propiedad.

En posteriores fallos, aun cuando su doctrina se fue morigerando, no fue contundente sobre esta progresividad en situaciones individuales concretas, sino que incluso reconoció la posibilidad de disminuirlos en casos especiales.

El caso "Acevedo Buendía" representa un leve avance porque la Corte IDH hizo lugar al planteo de los pensionistas reclamantes, al considerar afectados los derechos reconocidos en los arts. 25 y 21 de la CADH, y se expresó sobre la no regresividad en materia de derechos. Al respecto, dijo: "El tribunal observa que el desarrollo progresivo de los derechos económicos, sociales y culturales ha sido materia de pronunciamiento por parte del Comité de Derechos Económicos, Sociales y Culturales de las Naciones Unidas, en el sentido de que la plena efectividad de aquellos 'no podrá lograrse en un breve período de tiempo' y que, en esa medida, 'requiere un dispositivo de flexibilidad necesaria que refleje las

[70] Ver Courtis, "Desarrollo progresivo", en Steiner - Uribe (eds.), *Convención Americana sobre Derechos Humanos.*

[71] Corte IDH, 28/2/2003, "'Cinco pensionistas' vs. Perú", párr. 147.

realidades del mundo [...] y las dificultades que implica para cada país el asegurar [dicha] efectividad'.. En el marco de dicha flexibilidad en cuanto a plazo y modalidades, el Estado tendrá esencialmente, aunque no exclusivamente, una obligación de hacer, es decir, de adoptar providencias y brindar los medios y elementos necesarios para responder a las exigencias de efectividad de los derechos involucrados, siempre en la medida de los recursos económicos y financieros de que disponga para el cumplimiento del respectivo compromiso internacional adquirido. Así, la implementación progresiva de dichas medidas podrá ser objeto de rendición de cuentas y, de ser el caso, el cumplimiento del respectivo compromiso adquirido por el Estado podrá ser exigido ante las instancias llamadas a resolver eventuales violaciones a los derechos humanos.

Como correlato de lo anterior, se desprende un deber –si bien condicionado– de no regresividad, que no siempre deberá ser entendido como una prohibición de medidas que restrinjan el ejercicio de un derecho. Al respecto, el Comité de Derechos Económicos, Sociales y Culturales de las Naciones Unidas ha señalado que 'las medidas de carácter deliberadamente regresivo en este aspecto requerirán la consideración más cuidadosa y deberán justificarse plenamente por referencia a la totalidad de los derechos previstos en el Pacto [Internacional de Derechos Económicos, Sociales y Culturales] y en el contexto del aprovechamiento pleno del máximo de los recursos de que [el Estado] disponga'. En la misma línea, la Comisión Interamericana ha considerado que para evaluar si una medida regresiva es compatible con la Convención Americana, se deberá 'determinar si se encuentra justificada por razones de suficiente peso'. Por todo lo expuesto, cabe afirmar que la regresividad resulta justiciable cuando de derechos económicos, sociales y culturales se trate"[72].

En "Abrill Alosilla y otros" los funcionarios del Servicio de Agua Potable y Alcantarillado de Lima plantearon que la disminución de sus salarios no debía ser retroactiva; si bien la Corte IDH hizo lugar a su planteo, se basó en el derecho de propiedad[73].

En el caso "Lagos del Campo" la Corte Interamericana condenó al Estado por violación del art. 26 de la CADH, pero no lo hizo por la existencia o no de regresividad en materia de derechos sociales, sino por su

[72] Corte IDH, 1/7/2009, "Acevedo Buendía y otros ('Cesantes y jubilados de la Contraloría') vs. Perú", párrs. 102 y 103.

[73] Corte IDH, 4/3/2011, "Abrill Alosilla y otros vs. Perú".

incumplimiento[74]. Lo mismo ocurrió en "Trabajadores cesados de Petroperú y otros"[75].

En "Asociación Nacional de Cesantes y Jubilados de la Superintendencia Nacional de Administración Tributaria (Ancejub-Sunat)" afirmó que "como lo ha reiterado en su jurisprudencia reciente, la Corte considera que la naturaleza y alcance de las obligaciones que derivan de la protección de la seguridad social, incluyen aspectos que tienen una exigibilidad inmediata, así como aspectos que tienen un carácter progresivo. Al respecto, la Corte recuerda que, en relación con los primeros (obligaciones de exigibilidad inmediata), los Estados deberán adoptar medidas eficaces a fin de garantizar el acceso sin discriminación a las prestaciones reconocidas para el derecho a la seguridad social, garantizar la igualdad de derechos entre hombres y mujeres, entre otros. Respecto a los segundos (obligaciones de carácter progresivo), la realización progresiva significa que los Estados parte tienen la obligación concreta y constante de avanzar lo más expedita y eficazmente posible hacia la plena efectividad de dicho derecho, en la medida de sus recursos disponibles, por vía legislativa u otros medios apropiados. Asimismo, se impone la obligación de no regresividad frente a la realización de los derechos alcanzados. En virtud de lo anterior, las obligaciones convencionales de respeto y garantía, así como de adopción de medidas de derecho interno (arts. 1.1 y 2), resultan fundamentales para alcanzar su efectividad"[76].

Proclamó así el principio de no regresividad en materia de derechos económicos, sociales y culturales, extendiendo su aplicación a los demás derechos humanos fundamentales consagrados, pero no fue contundente en explicitar cómo determinadas medidas concretas vulneran este principio.

c) *Fundamentalidad.* Los derechos humanos son fundamentales y no solo porque son indisponibles o inalienables, ni tampoco porque estén contenidos en el vértice del ordenamiento jurídico, es decir, porque los reconozca la Constitución y los tratados internacionales. El carácter de fundamentalidad está otorgado porque son necesarios para dotar al ser humano de su dignidad.

[74] Corte IDH, 31/8/2017, "Lagos del Campo vs. Perú".

[75] Corte IDH, 23/11/2017, "Trabajadores cesados de Petroperú y otros vs. Perú".

[76] Corte IDH, 21/11/2019, "Asociación Nacional de Cesantes y Jubilados de la Superintendencia Nacional de Administración Tributaria (Ancejub-Sunat) vs. Perú", párr. 173. Criterio también reiterado, entre otros, en Corte IDH, 8/3/2018, "Poblete Vilches y otros vs. Chile", párr. 104; íd., 22/11/2019, "Hernández vs. Argentina", párr. 81.

Los derechos humanos no pueden ser objeto de renuncia ni enajenados, más allá de que puedan no ser ejercidos por su titular por un período de tiempo más o menos prolongado. Nadie puede renunciar ni vender su libertad y quedar sometido a esclavitud, aun cuando por un período de tiempo pueda aceptar, o verse forzado a aceptar, situaciones que impliquen fuertes restricciones sin hacer valer su derecho o sin encontrar los mecanismos para ello.

Esto hace que resulte inadecuada la jurisprudencia que ha considerado que una libertad puede ser objeto de renuncia contractual, al decir que "la posibilidad de ser arrestado por faltas disciplinarias es consecuencia de la relación contractual que fue aceptada libre y voluntariamente por García al momento de su ingreso en las Fuerzas Armadas, circunstancia que implica necesariamente la aceptación y sujeción a las leyes que la gobiernan a partir de ese acto jurídico"[77], dado que un adecuado entendimiento de este principio exige que "la renuncia a las garantías constitucionales solo es admisible cuando están en juego derechos de contenido patrimonial y no aquellos vinculados directamente con el estatuto personal de la libertad"[78].

Tampoco se puede entender que todo derecho constitucional, o reconocido en un tratado internacional, posea esta característica, porque cuando no se cubren necesidades o satisfacciones básicas del ser humano, sino que se reconocen prerrogativas que responden a intereses ajenos a la dignidad humana, no podemos hablar de fundamentalidad. Así, el derecho de portación de armas, que reconocen algunas constituciones, indudablemente no contiene el carácter de fundamental, aun cuando tenga rango constitucional[79].

Es la conjunción de sus condiciones, de indisponibilidad, inalienabilidad, su ubicación en el vértice del ordenamiento jurídico y su realización del principio de dignidad humana lo que confiere a los derechos humanos esta característica.

En tal sentido, se dijo que la fundamentalidad concierne al objeto de los derechos, porque se trata de la protección y satisfacción de intereses y

[77] CSJN, 29/6/1989, "Coronel José L. García s/hábeas corpus", *Fallos*, 312:1082, consid. 7°.

[78] CSJN, *Fallos*, 322:1253. Para una ampliación del tema, ver TORICELLI, *Organización constitucional del poder*, t. 1, p. 152 a 162.

[79] Por ejemplo, el art. 38 de la Const. de Guatemala dispone: "Se reconoce el derecho de tenencia de armas de uso personal, no prohibidas por la ley, en el lugar de habitación. No habrá obligación de entregarlas, salvo en los casos que fuera ordenado por juez competente".

necesidades fundamentales, lo que significa que "su no satisfacción significa la muerte o padecimiento grave, o bien toca el núcleo esencial de la autonomía"[80].

d) *Exigibilidad.* Que los derechos humanos son exigibles no cabe duda, porque, si no tienen esa condición, no son derechos. El aspecto a dilucidar es la determinación del alcance que tiene esa exigibilidad.

En una primera etapa estos derechos eran exigibles únicamente frente al Estado. Los llamados "derechos subjetivos públicos" solo podían hacerse valer ante el propio Estado; pero actualmente la situación es diferente.

Los derechos constitucionales son ejercidos *erga omnes*, oponibles también frente a los particulares, aun cuando no todos los regímenes así lo reconozcan[81].

Al respecto, la Corte Suprema argentina ha sostenido: "Nada hay en la letra ni en el espíritu de la Constitución que permita afirmar que la protección de los llamados derechos humanos –porque son los derechos esenciales del hombre– esté circunscripta a los ataques que provengan solo de la autoridad. Nada hay, tampoco, que autorice la afirmación de que el ataque ilegítimo, grave y manifiesto contra cualquiera de los derechos que integran la libertad *lato sensu* carezca de la protección constitucional adecuada por la sola circunstancia de que ese ataque emane de otros particulares o de grupos organizados de individuos"[82].

Sin embargo, cabe aclarar que no todos los derechos son oponibles ante todos ni con la misma intensidad[83]. Si nos referimos a las garantías jurisdiccionales, ellas solo son ejercitables frente al Estado.

80 Alexy, *La institucionalización de los derechos humanos en el Estado constitucional democrático*, "Derechos y Libertades", año 5, nº 8, 2000, p. 28.

81 Ver, al respecto, el trabajo de Carbonell, "¿Se pueden hacer valer los derechos fundamentales frente a particulares?", en García Ramírez (coord.), *Estudios jurídicos en homenaje a Olga Islas de González Mariscal*, p. 219, donde plantea que, "en México, la jurisprudencia tradicional ha establecido muy pocos criterios interpretativos en los que reconozcan los efectos horizontales de los derechos fundamentales".

82 CSJN, 20/5/2014, "Sisnero, Mirtha G., y otros c/Taldelva SRL y otros s/amparo", *Fallos*, 337:611, consid. 3º. También, doctrina del caso "Kot", *Fallos*, 241:291.

83 En CSJN, 7/12/2010, "Álvarez, Maximiliano c/Cencosud SA", *Fallos*, 333:2306, la Corte nacional, en relación con el principio de igualdad, sostuvo que acarrea "obligaciones *erga omnes* de protección que vinculan a todos los Estados y a los particulares. Respecto de los primeros, dichas obligaciones, así como les imponen un deber de abstenerse de realizar acciones que de cualquier manera vayan dirigidas, directa o indirectamente, a crear situaciones de discriminación *de iure* o *de facto*, también les exigen la adopción de

Más allá de las garantías, un mismo derecho puede tener distintos obligados. Así, el derecho a la salud impondrá la obligación tanto del Estado como de los particulares de no dañarme; pero le impondrá a la obra social a la que se aporta que otorgue el cumplimiento debido. Aquí, si bien todos son obligados, la obligación activa de la medicina contratada es mayor, incluso, que la del propio Estado, y muy diferente a la de los demás particulares que solo tienen una obligación de no hacer o, más precisamente, de no dañar.

El derecho a un salario mínimo es una obligación activa del empleador para el cual el trabajador desempeña su tarea, sin que los demás particulares o el Estado se encuentren alcanzados por ella.

Por esto, aunque tanto el Estado como los particulares pueden ser sujetos pasivos de la obligación, habrá que analizar la configuración del derecho en juego, en cada caso particular y para cada régimen en especial, para descubrir el alcance de las distintas obligaciones que puede traer aparejado. En este aspecto, no solo es importante la claridad de las normas para definir la prestación activa que los distintos obligados puedan tener[84], sino también las consideraciones y prácticas sociales, así como los demás principios que sustentan el sistema.

A modo de ejemplo, vemos que el art. 14 de la Const. nacional reconoce el derecho de aprender, cuyo contenido no puede considerarse, como en 1853, satisfecho con el abstencionismo del Estado. No queda duda alguna de que ese derecho implica la obligación activa del Estado de contar con instituciones educativas (reconocerlas, controlarlas, sostenerlas, crearlas). Tampoco resulta cuestionable que este derecho traiga consigo el deber de aprender, por el propio desarrollo de la persona e incluso por el beneficio de la sociedad, aunque resulta más complejo determinar quiénes y cómo deben cumplirlo.

---

medidas positivas para revertir o cambiar situaciones discriminatorias existentes en sus sociedades, lo cual implica, *inter alia*, el ejercicio de un deber especial de protección con respecto a actuaciones y prácticas de terceros que, bajo su tolerancia o aquiescencia, creen, mantengan o favorezcan las situaciones discriminatorias. Esta última perspectiva, también se basa en que los Estados son los que determinan su ordenamiento jurídico, el cual regula las relaciones entre particulares y, por ende, el derecho privado, de manera que deben también velar para que en esas relaciones se respeten los derechos humanos, ya que de lo contrario el Estado resultaría responsable de la violación de los derechos, y en un grado tanto más grave en la medida en que ese incumplimiento viola normas 'perentorias' del derecho internacional de los derechos humanos" (consid. 4°)

[84] Ver, en este sentido, Bidart Campos, *Teoría general de los derechos humanos*, p. 365.

En tal sentido, el art. 28 de la Convención sobre los Derechos del Niño les impone a los Estados implantar una educación primaria obligatoria, fomentar la enseñanza secundaria y hacer accesible a todos la enseñanza superior. Pero no basta con que exista educación primaria y que los niños tengan el derecho-deber de aprender, alguien tiene que ser obligado a garantizar la asistencia a la escuela; el problema es quién, ¿todas las personas cercanas al menor?, ¿los adultos que los asisten?, ¿sus hermanos mayores?

La propia Convención sobre los Derechos del Niño resuelve el obligado al expresar, en el art. 18, párr. 1 *in fine*: "*Incumbirá a los padres o, en su caso, a los representantes legales la responsabilidad primordial de la crianza y el desarrollo del niño*".

Otras situaciones no son tan claras. Así, por ejemplo, cuando una norma reconoce el derecho a la "asistencia letrada" (como lo hace la Constitución española en el art. 24.2), ¿implica el deber del Estado de suministrar un abogado?; ¿implica el deber del abogado de aceptar la defensa, más allá del abono de sus honorarios?, o ¿el derecho simplemente se satisface con darle la oportunidad a su destinatario de contar con asistencia en la medida que se la pueda procurar?

Las prácticas jurisprudenciales, así como los criterios doctrinales, serán importantes para precisar el alcance de derechos y, especialmente, sus obligados cuando la norma fundamental no los haya definido con precisión. Ello surgirá del juego de las otras normas fundamentales que prevea el ordenamiento.

Cabe destacar que todos los derechos son exigibles; no serán válidas las posturas que entienden que los derechos sociales no lo son. En este sentido es interesante la distinción que efectuó la Corte Suprema argentina cuando le tocó resolver un planteo sobre vivienda digna.

Allí sostuvo que "la primera característica de esos derechos y deberes es que no son meras declaraciones, sino normas jurídicas operativas con vocación de efectividad.

Esta Corte en reiteradas oportunidades ha sostenido que la Constitución nacional en cuanto norma jurídica reconoce derechos humanos para que estos resulten efectivos y no ilusorios, pues el llamado a reglamentarlos no puede obrar con otra finalidad que no sea la de darles todo el contenido que aquella les asigne; precisamente por ello, toda norma que debe 'garantizar el pleno goce y ejercicio de los derechos reconocidos por esta Constitución y por los tratados internacionales vigentes sobre derechos humanos' (*Fallos*, 327:3677; 332: 2043) y 'garantizar', significa 'mucho más que abstenerse sencillamente de adoptar medidas que pudieran tener repercusiones negativas', según indica en su observación general nº 5 el Comité de Derechos Económicos, Sociales y Culturales, que constituye el intérprete autorizado del Pacto homónimo en el plano internacional y cuya interpretación debe ser tenida en cuenta ya que comprende las 'condiciones de vigencia' de este instrumento que posee jerarquía constitucional en los términos del art. 75, inc. 22, de la Const. nacional (*Fallos*, 332:709).

Que el segundo aspecto que cabe considerar es que la mencionada operatividad tiene un carácter derivado en la medida en que se consagran obligaciones de hacer a cargo del Estado.

Este grado de operatividad significa que, en principio, su implementación requiere de una ley del Congreso o de una decisión del Poder Ejecutivo que provoque su implementación. Ello es así porque existe la necesidad de valorar de modo general otros derechos, como por ejemplo la salud, las prestaciones jubilatorias, los salarios, y otros, así como los recursos necesarios. En estos supuestos hay una relación compleja entre el titular de la pretensión, el legitimado pasivo directo que es el Estado y el legitimado pasivo indirecto que es el resto de la comunidad que, en definitiva, soporta la carga y reclama de otros derechos. Por esta razón, esta Corte no desconoce las facultades que la Constitución le asigna tanto al Poder Ejecutivo como al Poder Legislativo locales, en el ámbito de sus respectivas competencias, para implementar los programas o alternativas destinadas a hacer operativo el derecho a la vivienda y al hábitat adecuado. Es incuestionable que no es función de la jurisdicción determinar qué planes concretos debe desarrollar el gobierno.

Que todo ello significa que las normas mencionadas no consagran una operatividad directa, en el sentido de que, en principio, todos los ciudadanos puedan solicitar la provisión de una vivienda por la vía judicial.

Que la tercera característica de los derechos fundamentales que consagran obligaciones de hacer a cargo del Estado con operatividad derivada, es que están sujetos al control de razonabilidad por parte del Poder Judicial"[85].

Por su parte, la Corte Interamericana de Derechos Humanos consideró pertinente "recordar la interdependencia existente entre los derechos civiles y políticos y los económicos, sociales y culturales, ya que deben ser entendidos integralmente como derechos humanos, sin jerarquía entre

[85] CSJN, *Fallos*, 335:452.

sí y exigibles en todos los casos ante aquellas autoridades que resulten competentes para ello"[86].

§ 27. *Clasificación.* – Las clasificaciones de los derechos no son uniformes, poseen un amplio margen de arbitrio, pero resultan útiles para una mejor comprensión de la materia en estudio. Entre las más difundidas están las que consideran el tiempo o evolución, su configuración o naturaleza, su forma de enunciación, la materia que reconocen, etcétera. Analizaremos las más utilizadas.

a) *Cronología.* Según su evolución en el tiempo, los derechos han sido clasificados como de primera, segunda o tercera generación, correspondiéndose a las distintas etapas del constitucionalismo[87].

Los derechos de primera generación son los vinculados al constitucionalismo liberal; están constituidos por los derechos de libertad y la participación política, claro que no de toda la sociedad, sino fundamentalmente de la burguesía. Se incluyen aquí derechos como la libertad ambulatoria, la igualdad formal ante la ley, la propiedad y, con las restricciones respectivas, la participación política.

Los derechos de segunda generación se corresponden al constitucionalismo social y se vinculan con las conquistas obtenidas por los trabajadores. Se reconocen así derechos como los de agremiación, de trabajo, de la seguridad social; estos derechos no se satisfacen con la simple abstención del Estado, sino que requieren prestaciones activas, no solo de este, sino también de privados que cumplen roles de empleadores. Actualmente a estos derechos, con nuevos perfiles, se los conoce como derechos económicos, sociales y culturales.

Los derechos de tercera generación, más allá de los nuevos alcances otorgados a ciertos derechos, así como los derechos especializados (del niño, de la mujer, de la ancianidad) también se caracterizan por ser derechos en ciertas ocasiones difusos en cuanto a su titularidad (los relativos al ambiente) y, en otras, por ser derechos de grupos (como el derecho de las comunidades indígenas a la propiedad colectiva de las tierras que ancestralmente ocupan, a la paz, a la autodeterminación de los pueblos).

[86] Corte IDH, 1/7/2009, "Acevedo Buendía y otros ('Cesantes y jubilados de la Contraloría') vs. Perú", párr. 101.

[87] Ver, entre otros, Sagüés, *Derecho constitucional*, t. 3, p. 48 y 49; García Toma, *Los derechos fundamentales en el Perú*, p. 43 a 45.

b) *Configuración.* Teniendo en cuenta la forma en que esos derechos deben ser reconocidos y ejercidos, es decir, qué puede exigir su titular y cómo deben comportarse los obligados, se clasifican en derechos de libertad o no interferencia, derechos de participación, derechos-deberes y derechos de prestación.

Los primeros están constituidos por aquellos derechos en los que el obligado cumple con la no interferencia; suponen la protección de la persona frente a los terceros, creándole un ámbito reservado. Se satisfacen con permitirle al beneficiario hacer algo que no está prohibido (p.ej., se le permite comerciar), o con no imponerle conductas o actos determinados (no se lo obliga a asociarse).

Los derechos de participación, conocidos también como derechos políticos, requieren la creación de las condiciones necesarias para que su destinatario pueda acceder a esa formación de la voluntad general, sea decidiendo, sea formando los órganos que tomarán las decisiones. Suponen la creación de condiciones que permitan ejercitarlos (como convocar a elecciones, organizar padrones, no interferir en las decisiones, etcétera).

Los derechos-deberes se caracterizan porque, a la vez que confieren una potestad al individuo, le imponen una carga en vista del interés social en juego. Entre ellos podemos encontrar el sufragio (cuando se impone de manera obligatoria), la educación básica (donde, además de proveer las condiciones para poder estudiar, se obliga a ello en beneficio de la colectividad y su desarrollo) o el cuidado de la salud ante afecciones contagiosas.

Los derechos de prestación otorgan a su titular facultades de reclamar el cumplimiento de una obligación determinada (tal como ocurre con la facultad de exigir a una prestadora de salud que cubra un tratamiento médico, al Estado que me brinde educación o a un empleador que me abone el salario). Suponen una acción positiva del obligado a su cumplimiento.

c) *Enunciación.* Cuando lo que se considera es la forma en que se describen o se plasman estos derechos, estamos ante la presencia de derechos expresos (también llamados explícitos) o implícitos.

Los derechos expresos son los enunciados, en forma escrita, en el texto constitucional o normativo que los contiene. En cambio, los derechos implícitos son aquellos que no surgen del texto escrito, pero se deducen, sea de su enunciación, de los principios que surgen del ordenamiento o incluso de la propia naturaleza humana en la que se encuentran inmersos.

Los denomina Sagüés derechos inferidos o subderechos, porque, aunque tienen rango constitucional, provienen de los derechos explícitos.

Decía Bidart Campos "que del lenguaje normativo de la Constitución se puede inferir que el plexo de derechos no queda cerrado ni agotado en su declaración o enumeración expresa, es decir que estas no son taxativas, y que fuera de cada una y de todas las normas referentes a derechos, la Constitución da cabida a otros implícitos tanto en su orden normológico cuanto en su sistema de valores, en su ideología, en su filosofía, o acaso también en su tradición histórica"[88].

Las constituciones suelen admitirlos de manera expresa. El art. 33 de la Const. nacional argentina dispone: "*Las declaraciones, derechos y garantías que enumera la Constitución no serán entendidos como negación de otros derechos y garantías no enumerados; pero que nacen del principio de la soberanía del pueblo y de la forma republicana de gobierno*"[89]. También lo hacen la Constitución de Guatemala, en su art. 44, que establece que los derechos y garantías que otorga la Constitución "no excluyen otros que, aunque no figuren expresamente en ella, son inherentes a la persona humana"; la de Panamá, en su art. 17, párr. 2°, al contemplar que los derechos y garantías que consagra esta Constitución "deben considerarse como mínimos y no excluyentes de otros que incidan sobre los derechos fundamentales y la dignidad de la persona", o la de Bolivia, que expresa, en su art. 13, párr. II, que los derechos que proclama esta Constitución "no serán entendidos como negación de otros derechos no enunciados", por mencionar algunos ejemplos.

Aunque no es tan frecuente en los tratados internacionales de derechos humanos, el art. 29, inc. *c*, de la CADH establece que ninguna disposición de esa Convención puede ser interpretada en el sentido de "*excluir otros derechos y garantías que son inherentes al ser humano o que se derivan de la forma democrática representativa de gobierno*".

[88] Bidart Campos, *Teoría general de los derechos humanos*, p. 372.

[89] Sagüés ha diferenciado estos derechos no enumerados de los implícitos o, como él los denomina, inferidos, entendiendo que los previstos en el art. 33 de la Const. nacional argentina son derechos naturales y constituyen la "garantía o antídoto más valioso de la Constitución contra cualquier iniciativa totalitaria negatoria de derechos del hombre" (*Derecho constitucional*, t. 3, p. 54). Bidart Campos decía que el "art. 33, y en los que con similar alcance encontramos en el derecho comparado, la Constitución nos advierte que los derechos y garantías no se agotan en la lista de los que el articulado constitucional enumera en el texto, y deja abierto un espacio en su textura para reconocer y proteger todos los plus de derechos, libertades y garantías que hagan falta y sea necesario, a medida que en el transcurso del tiempo histórico van apareciendo nuevas necesidades humanas y sociales, nuevas pretensiones colectivas, nuevas valoraciones, y transformaciones de toda índole en lo social, cultural, económico y político. Esto es lo que permite ir deparando acogida a derechos nuevos y a contenidos nuevos en derechos viejos" (*Tratado elemental de derecho constitucional argentino*, t. I-A, p. 721).

En aplicación de esta cláusula, la Corte Interamericana de Derechos Humanos utilizó derechos reconocidos en otros tratados internacionales como aplicables en el sistema interamericano, al expresar que "indudablemente una fuente de referencia importante, en atención al art. 29, *c*, de la Convención Americana y al *corpus iuris* del derecho internacional de los derechos humanos, lo constituye la Convención sobre los Derechos del Niño, instrumento internacional que reconoció el derecho a la identidad de manera expresa"[90].

d) ***Materia.*** Según el contenido o el bien por proteger se han propuesto diversas clasificaciones que varían acorde con el autor que los estudie y el ordenamiento en el que se encuentran inmersos.

Los diferencia Sagüés en dos grandes ramas, derechos civiles y derechos políticos[91]. Dentro de los derechos civiles ubica: *1*) los *personalísimos*, a los que define como derechos de la persona en sí misma, en cuanto ser humano y por su condición de tal (en este sector agrupa los derechos a la vida, a nacer, a la calidad de vida, a la dignidad, al honor, a la integridad física, al nombre, a la salud, a la nacionalidad, a practicar culto y a la intimidad); *2*) los *generales*, relacionados con el desenvolvimiento de la vida en sociedad (incluye los derechos a enseñar y aprender; a participar en la educación, con acceso gratuito y equitativo en la oficial; a la igualdad; a la libertad física –salir, entrar y permanecer en el territorio–; a la seguridad; a la libertad de expresión; a asociarse; a peticionar a las autoridades; a formular objeción de conciencia; a casarse y divorciarse); *3*) los *específicos*, otorgados a grupos considerados vulnerables (mujeres, niños, ancianos, discapacitados, indígenas); *4*) los *económico-sociales*, referidos al patrimonio, al trabajo y la seguridad social (derecho a trabajar y ejercer industria lícita; a la protección en el trabajo; a la protección personal de los trabajadores; a navegar y comerciar; a la titularidad, uso y disposición de la propiedad; a la libre creación y circulación de las obras del autor; a participar en la dirección y ganancias de las empresas; a organizarse sindicalmente; el derecho de los gremios a concertar convenios colectivos, decretar huelgas, recurrir a la conciliación y el arbitraje; a la estabilidad y otras garantías de los representantes gremiales, para ejercer su cargo; al seguro social obligatorio, jubilaciones y pensiones móviles, y acceso a una vivienda digna; a la protección integral, compensación económica familiar y tutela del bien de familia), y *5*) los *derechos y garantías procesales y penales*, referidos a la condición

[90] Corte IDH, 31/8/2011, "Contreras y otros vs. El Salvador", párr. 112.

[91] Sagüés, *Derecho constitucional*, t. 3, p. 61 a 63.

del hombre como parte de un proceso (derecho al debido proceso; juicio previo a una sanción penal; a ser juzgado por jueces naturales; a no ser obligado a declarar contra sí mismo ni sometido a tormentos y azotes; a no ser arrestado sin orden escrita de autoridad competente; a defenderse en juicio; a obtener una sentencia pronta y razonable; a ser juzgado por jurados; a que no se imponga la pena de muerte por causas políticas; a que las cárceles sean sanas y limpias, etcétera). A los derechos políticos los considera anexos a la participación en la vida estatal (menciona aquí los derechos a sufragar, elegir diputados y senadores, presidente y vicepresidente y constituyentes; a formar partidos políticos; de resistencia a la opresión, y de iniciativa popular de leyes).

Clasifica FERNÁNDEZ SEGADO los derechos en siete categorías, las que titula derechos de la persona: *1*) en su *dimensión vital* (incluye el derecho a la vida y a la integridad física y moral); *2*) como *ser libre* (los subclasifica en inherentes a la autonomía personal –honor, intimidad, inviolabilidad del domicilio, etc.–; a libertad y seguridad personal –garantías judiciales, *non bis in idem*, hábeas corpus, etc.–; a la jurisdicción –tutela judicial efectiva, derecho de defensa, etc.–, y a las garantías constitucionales del proceso penal –juez, presunción de inocencia, debido proceso, entre otros–); *3*) como *ser espiritual* (libertad ideológica, religiosa y de culto; derecho a la objeción de conciencia; libertad de expresión e información; derecho a la educación y libertad de enseñanza); *4*) como *ser social* (derechos de reunión y asociación); *5*) como *miembro de una comunidad política* (derechos de participar en los asuntos públicos, de acceder a cargos y funciones públicas; de peticionar); *6*) como *trabajador* (derechos al trabajo y a la libre elección de oficio o profesión; a la libertad sindical; a la huelga; a la negociación colectiva), y *7*) como *miembro de una colectividad socioeconómica* (propiedad privada, fundación y derechos sociales proclamados como principios)[92].

A su turno, TORRES DEL MORAL habla de presupuestos para el disfrute y ejercicio de los derechos (incluye aquí el derecho a la vida, la nacionalidad y la mayoría de edad)[93], y luego los divide en derechos civiles individuales, libertades públicas, derechos políticos, derechos de prestación, y principios rectores de la política social y económica[94].

[92] FERNÁNDEZ SEGADO, *El sistema constitucional español*, p. 172 a 178.

[93] No compartimos la opinión de que para disfrutar de un derecho se debe ser nacional o contar con mayoría de edad.

[94] TORRES DEL MORAL, *Principios de derecho constitucional español*, t. 1, p. 350 a 354.

Propone PECES-BARBA MARTÍNEZ una quíntuple clasificación[95], dividiéndolos en derechos personalísimos; derechos en sociedad, comunicación y participación; derechos políticos; derechos de seguridad jurídica, y derechos económicos, sociales y culturales.

Entiende que los derechos personalísimos eran llamados antiguamente, aunque con menor precisión, derechos individuales, y que son los que protegen a la persona en sí misma, independientemente de su vida social y de sus relaciones. Incluye en este grupo el derecho a la vida, a la integridad física y moral, la libertad ideológica y religiosa, el derecho al honor y a la propia imagen, así como el derecho a la objeción de conciencia.

Los derechos de sociedad, comunicación y participación (también llamados derechos civiles o libertades públicas) son los que protegen a la persona en el ámbito de la sociedad civil, favoreciendo sus relaciones sociales. Se agrupan en derechos de igualdad y no discriminación, libertad de cultos, inviolabilidad del domicilio y las comunicaciones, libertad de residencia y circulación; de expresión e información, el derecho a la creación literaria, científica y artística, la libertad de cátedra, la libertad de enseñanza, el derecho de reunión y de manifestación y el derecho de asociación.

Los derechos políticos son los que permiten participar en la formación de la voluntad estatal, así como en la configuración de los órganos y poderes. Abarcan el derecho a votar, a intervenir en los asuntos públicos y a acceder a cargos y funciones públicas.

Los derechos de seguridad jurídica buscan reforzar la libertad, precisamente otorgando previsibilidad. Enumera las garantías en caso de detención, el derecho a la asistencia letrada, el derecho a obtener la tutela efectiva de los jueces y tribunales.

Por último, sostiene que los derechos económicos, sociales y culturales son los que protegen o permiten crear las condiciones en esas dimensiones para favorecer y hacer posible el desarrollo de la personalidad. Entiende que no todos son derechos de crédito o prestación, dado que en algunos casos solo protegen los beneficios de los que se goza (como el derecho de propiedad), aun cuando en muchos se busca crear nuevos beneficios (educación, sanidad, seguridad social, vivienda).

En general, las declaraciones y los tratados de derechos humanos no suelen efectuar una clasificación de los derechos; solo algunos se dividen

[95] PECES-BARBA MARTÍNEZ, *Curso de derechos fundamentales*, p. 453 a 458.

en partes (que no siempre suelen estar tituladas), además de artículos. En tal sentido, la Declaración Universal de Derechos Humanos formula su enunciado en treinta artículos, sin división de partes o capítulos; mientras la Declaración Americana de los Derechos y Deberes del Hombre se divide en dos capítulos, el primero, que abarca los arts. I a XXVIII, se refiere a los derechos, mientras que el segundo, denominado "Deberes", incluye los arts. XXIX a XXXVIII.

Los tratados de protección de ciertas materias de derechos, como el Pacto Internacional de Derechos Económicos, Sociales y Culturales o el Pacto Internacional de Derechos Civiles y Políticos, no toman en cuenta, lógicamente, criterio clasificatorio por contenido, pero tampoco adoptan ningún otro criterio. Lo mismo hacen los tratados de protección de sectores específicos, como la Convención sobre la Eliminación de todas las Formas de Discriminación contra la Mujer, la Convención sobre los Derechos del Niño, la Convención sobre los Derechos de las Personas con Discapacidad o la Convención Interamericana sobre la Protección de los Derechos Humanos de las Personas Mayores.

Una excepción, en cuanto a la organización de la normativa del tratado, la constituye la Convención Americana sobre Derechos Humanos al dividir su articulado en tres partes. La Parte I, titulada de los "Deberes de los Estados y derechos protegidos", está subdividida en cinco capítulos; el Capítulo I, "Enumeración de deberes", ocupa dos artículos; el Capítulo II, "Derechos civiles y políticos", abarca los arts. 3° a 25[96]; el Capítulo III, "Derechos económicos, sociales y culturales", solo contiene el art. 26; el Capítulo IV, "Suspensión de garantías, interpretación y aplicación", los arts. 27 a 31, y el Capítulo V, "Deberes de las personas", integrado por el art. 32.

Las otras partes del Pacto se refieren a "Medios de la protección" (Parte II) y "Disposiciones generales y transitorias" (Parte III).

[96] Cada artículo refiere a un derecho a saber: art. 3°, derecho al reconocimiento de la personalidad jurídica; art. 4°, derecho a la vida; art. 5°, derecho a la integridad personal; art. 6°, prohibición de la esclavitud y servidumbre; art. 7°, derecho a la libertad personal; art. 8°, garantías judiciales; art. 9°, principio de legalidad y de retroactividad; art. 10, derecho a indemnización; art. 11, protección de la honra y de la dignidad; art. 12, libertad de conciencia y de religión; art. 13, libertad de pensamiento y de expresión; art. 14, derecho de rectificación o respuesta; art. 15, derecho de reunión; art. 16, libertad de asociación; art. 17, protección a la familia; art. 18, derecho al nombre; art. 19, derechos del niño; art. 20, derecho a la nacionalidad; art. 21, derecho a la propiedad privada; art. 22, derecho de circulación y de residencia; art. 23, derechos políticos; art. 24 igualdad ante la ley, y art. 25, protección judicial.

En las cartas constitucionales, según las declaraciones de derechos, podemos encontrar aquellas que no los clasifican, especialmente las constituciones más antiguas, como la Constitución argentina, que se divide en dos capítulos, el primero titulado "Declaraciones, derechos y garantías"[97] y el segundo "Nuevos derechos y garantías"[98]; otras que hacen una más prolija clasificación, como ocurre en Guatemala[99], Colombia[100], Brasil[101] y Bolivia[102], o aquellas que realizan un agrupamiento, pero sin

[97] Este capítulo ocupa los arts. 1° a 35, pero no todos son relativos a derechos, dado que aquí también se establece la forma de gobierno (art. 1°), la capital de la República (art. 2°), la intervención federal (art. 6°), y las denominaciones del Estado argentino (art. 35), entre otras normas ajenas a los derechos humanos en sentido estricto.

[98] Son derechos que se incorporaron en la reforma constitucional de 1994; pero no los únicos, dado que otros fueron enumerados en las atribuciones del Congreso, donde además se jerarquizaron constitucionalmente ciertos tratados de derechos humanos, ampliando así considerablemente los derechos fundamentales enumerados (art. 75 inc. 22).

[99] En la Constitución de Guatemala los derechos ocupan dos títulos, el primero denominado "La persona humana, fines y deberes del Estado", con dos artículos, y el segundo, "Derechos humanos", dividido en cuatro capítulos, Capítulo I, "Derechos individuales" (del art. 3° al 46); Capítulo II, "Derechos sociales" (del art. 37 al 134, dividido en diez secciones, a saber: familia; cultura; comunidades indígenas; educación; universidades; deporte; salud, seguridad y asistencia social; trabajo; trabajadores del Estado, y régimen económico y social); Capítulo III, "Deberes y derechos cívicos y políticos", y Capítulo IV, "Limitación a los derechos constitucionales".

[100] En la Constitución de Colombia los cuatro primeros títulos son: Título I, "De los principios fundamentales" (arts. 1° a 10); Título II, "De los derechos, las garantías y los deberes", dividido en cinco capítulos, Capítulo 1, "De los derechos fundamentales" (arts. 11 a 41); Capítulo 2, "De los derechos sociales, económicos y culturales" (arts. 42 a 77); Capítulo 3, "De los derechos colectivos y del ambiente" (arts. 78 a 82); Capítulo 4, "De la protección y aplicación de los derechos" (art. 83 a 94), y Capítulo 5, "De los deberes y obligaciones" (art. 95); Título III, "De los habitantes y del territorio", y Título IV, "De la participación democrática y de los partidos políticos".

[101] La Constitución de Brasil de 1988 divide los derechos principalmente en cuatro capítulos, denominados "De los derechos y deberes individuales y colectivos", "De los derechos sociales", "De la nacionalidad" y "De los derechos políticos".

[102] El Título II de la Constitución de Bolivia, denominado "Derechos fundamentales y garantías" (donde no solo no se incluyen los deberes, sino tampoco las garantías jurisdiccionales, plasmadas en otros títulos), se encuentra dividido en: Capítulo 1°, "Disposiciones generales" (arts. 13 y 14); Capítulo 2°, "Derechos fundamentales" (arts. 15 a 20); Capítulo 3°, "Derechos civiles y políticos" (subdividido en Sección I, "Derechos civiles", arts. 21 a 25, y Sección II, "Derechos políticos", arts. 26 a 29); Capítulo 4°, "Derechos de las naciones y pueblos indígena originarios campesinos" (arts. 30 a 32); Capítulo 5°, "Derechos sociales y económicos" (dividido en Sección I, "Derecho al medio ambiente", arts. 33 y 34; Sección II, "Derecho a la salud y a la seguridad social", arts. 35 a 45; Sección III, "Derecho al trabajo y al empleo", arts. 46 a 55; Sección IV, "Derecho a la propiedad",

tantas distinciones materiales, como ocurre en Panamá[103], entre otros ejemplos.

§ 28. ***Finalidad de los derechos humanos fundamentales.*** – La finalidad última del reconocimiento de los derechos humanos fundamentales es lograr una vida digna para toda persona humana, sin distinción alguna[104].

Para lograrla se acude a distintos medios, entre los que se destacan: *a*) otorgar derechos a todos en su condición de seres humanos; *b*) reconocer derechos específicos a ciertos sectores (en función de particularidades propias que los colocan en desventajas respecto de otros y les dificultan alcanzar en plenitud una existencia digna), y *c*) utilizar mecanismos de protección, principalmente a cargo de los Estados, pero también en el ámbito internacional.

Necesitan del Estado para su efectivización, pero a su vez legitiman y determinan a un Estado en particular, el Estado constitucional de derecho, al que lo configuran precisamente por su carácter limitante del poder, y no solo del poder estatal.

Con criterio que compartimos, Bidart Campos afirmaba que estos derechos cumplen una doble función. Esta es, "por un lado, la limitación del Estado y del poder, que encuentran una valla en los derechos

---

arts. 56 y 57; Sección V, "Derechos de la niñez, adolescencia y juventud", arts. 58 a 61; Sección VI, "Derechos de las familias", arts. 62 a 66; Sección VII, "Derechos de las personas adultas mayores", arts. 67 a 69; Sección VIII, "Derechos de las personas con discapacidad", arts. 70 a 72; Sección IX, "Derechos de las personas privadas de libertad", arts. 73 y 74, y Sección X, "Derechos de las usuarias y los usuarios y de las consumidoras y los consumidores", arts. 75 y 76); Capítulo 6º, "Educación, interculturalidad y derechos culturales" (dividido en Sección I, "Educación", arts. 77 a 90; Sección II, "Educación superior", arts. 91 a 97; Sección III, "Culturas", arts. 98 a 102; Sección IV, "Ciencia, tecnología e investigación", art. 103, y Sección V, "Deporte y recreación", arts. 104 y 105), y Capítulo 7º, "Comunicación social" (arts. 106 y 107).

[103] La Constitución de Panamá se ocupa de los derechos en el Título III, "Derechos y deberes individuales y sociales" (arts. 17 a 130) y en el Título IV, "Derechos políticos" (arts. 131 a 145), donde incluye la regulación del Tribunal Electoral.

[104] Peces-Barba Martínez no se refiere a finalidad, sino a funciones de los derechos fundamentales; a su entender, son dos las principales, sea que se las considere desde un punto de vista objetivo o subjetivo. Desde un punto de vista objetivo, aclara, "son una prolongación de la norma básica material de identificación de normas, cuya raíz son los valores superiores del art. 1.1 de la Constitución en el caso español [...] Por otro lado, desde un punto de vista subjetivo, los derechos fundamentales recogen, en normas positivas, pretensiones morales justificadas de los individuos y de los grupos, en forma de derechos subjetivos, libertades, potestades e inmunidades" (*Curso de derechos fundamentales*, p. 415).

del hombre, a los cuales deben prestarles reconocimiento y garantía; por otro lado, una especial forma de legitimación, propia de la democracia, que pone al Estado al servicio de la persona humana para abastecerle sus necesidades, la primera de las cuales es la necesidad de vivir en libertad y en condiciones que faciliten el desarrollo de su personalidad [...] los derechos humanos traducen, expresan y manifiestan un sistema cultural de valores y bienes que componen el estatus material de la persona humana. Y a ello añadiríamos que tal sistema cultural, una vez plasmado constitucionalmente, se expande a todo el orden jurídico del Estado y le sirve de guía para la interpretación"[105].

Agregaba además que "los propios derechos, como una función más, aunque parezca paradójico, convalidan las limitaciones razonables que se imponen a algunos de sus titulares para acrecer la capacidad de ejercicio en otros que la tienen disminuida o impedida por causas ajenas a su voluntad, e imposibles de superar con el esfuerzo o los recursos personales. Si con una imagen circular tuviéramos que rodear la serie de funciones que sumariamente hemos descripto, seguramente diríamos que los derechos humanos son la *condicio sine qua non* para que los hombres participen en libertad razonablemente igualitaria de los provechos del bien común público"[106].

Como bien apuntaba Bobbio, ciertos derechos que en algún momento fueron considerados fundamentales e, incluso, ilimitables en la actualidad no lo son, y el reconocimiento de nuevos derechos suele implicar la pérdida de derechos de otros. Decía el jurista italiano: "No se puede afirmar un nuevo derecho en favor de una categoría de personas sin suprimir algún viejo derecho, del que se beneficiaban otras categorías de personas: el reconocimiento del derecho a no ser mantenidos como esclavos implica la eliminación del derecho a poseer los esclavos; el reconocimiento del derecho a no ser torturados implica la supresión del derecho a torturar"[107].

Aunque compartimos la afirmación, no lo hacemos con las ejemplificaciones, dado que no puede considerarse, al menos en un sentido mínimo de justicia, que alguien pueda tener derecho a mantener esclavos (mucho menos que exista un derecho a "torturar"), pero no desconocemos que, desde el derecho positivo, el ejemplo de Bobbio es innegable[108].

105 Bidart Campos, *Teoría general de los derechos humanos*, p. 61.

106 Bidart Campos, *Teoría general de los derechos humanos*, p. 63.

107 Bobbio, *El tiempo de los derechos*, p. 58.

108 Más allá de la ejemplificación desde el derecho positivo, lo que planteaba Bobbio era que en dichos casos resulta evidente y no necesita justificación la supresión del derecho, pero que, en otros supuestos, la elección puede ser más compleja.

Tal vez lograr el equilibrio de reconocer nuevos derechos para algunos con la disminución de derechos o la carga de obligaciones para otros sea una de las mayores dificultades que encuentra el devenir de los derechos humanos fundamentales.

§ 29. ***Fundamento.*** – El fundamento de los derechos humanos fundamentales tiene no solo un tratamiento diverso en los diferentes autores, por su propia concepción, sino incluso porque no todos hablan del fundamento en general, sino de cada uno de los derechos en particular.

A nuestro entender, el análisis pasa por responder qué es lo que justifica el reconocimiento de los derechos humanos, y también aquí las respuestas varían entre quienes entienden que la fundamentación no es posible porque los derechos humanos son ficciones; quienes entienden que no es necesaria por su evidencia, por lo profundamente arraigados a la cultura o incluso por su dificultad para obtenerla[109], y quienes entienden que es necesario obtenerla[110].

En defensa de la necesidad de una fundamentación, Pérez Luño señala que "los derechos humanos son respuestas a determinadas agresiones e injusticias perpetradas contra la humanidad. En la denuncia y en la creación de un clima reivindicativo frente a esos abusos, las emociones, los sentimientos y las formas de expresión narrativa de los mismos han jugado un papel histórico incuestionable. Pero lo que ha permitido traducir ese cúmulo, muchas veces impreciso y confuso, de sentimientos en derecho, o sea, lo que ha permitido formalizar los sentimientos morales en instituciones jurídico-políticas ha sido, precisamente, la fundamentación racional. Los derechos humanos son el fundamento del Estado de derecho y para serlo precisan hallarse bien fundamentados. La función legitimadora de los sistemas democráticos, que compete a los derechos humanos, se vería gravemente comprometida si el significado y el

[109] Bobbio afirma que el hecho de "que exista una crisis de fundamentos es innegable. Es necesario ser consciente de ella, pero no intentar superarla buscando otro fundamento absoluto para sustituir el perdido. Nuestra tarea, hoy, es mucho más modesta, pero también más difícil. No se trata de encontrar el fundamento absoluto –empresa sublime pero desesperada–, sino, cada vez, los varios fundamentos posibles. Sin embargo, también esta investigación de los fundamentos posibles –empresa legítima y no destinada como la otra al fracaso– no tendrá ninguna importancia histórica si no es acompañada del estudio de las condiciones, de los medios y de las situaciones en las que este o aquel derecho puede ser realizado" (*El tiempo de los derechos*, p. 61 y 62).

[110] Ver Spector, *La filosofía de los derechos humanos*, "Isonomía", nº 15, 2001, p. 33.

alcance de tales derechos fuera fruto de argumentaciones frívolas ligeras o de meras ironías ocurrentes"[111].

Se preguntaba Bidart Campos si el fundamento de los derechos se encuentra en el Estado o fuera de él, y entendía que "son muchísimos los filósofos que, sin enrolarse en ninguna de las versiones iusnaturalistas, se apresuran a contestar que ese fundamento esta fuera del Estado. ¿Dónde?

Aquí aparecen las divergencias, los iusnaturalistas no hallan dificultad en situarlo en el derecho natural ontológico, en el llamado orden natural, o hasta en el orbe de los valores. Todos ellos comulgan en una doctrina común: el fundamento está fuera del Estado, y es jurídico.

Los que claramente, o dudosamente, no son iusnaturalistas –al menos en el estilo clásico– recurren a fundamentos fuera del Estado, de diversos tipos; ese fundamento puede ser la ética, o la naturaleza del hombre en un sentido subjetivista e inmanente, o una idea de derecho, o los valores históricamente relativizados y hasta –quizás– un derecho natural deontológico"[112].

Para Ferrajoli el tema puede abordarse desde diversas ópticas: "*a*) la razón o fundamento teórico; *b*) la fuente o fundamento jurídico; *c*) la justificación o fundamento axiológico; *d*) el origen o fundamento histórico o sociológico", pero aclara que "el verdadero problema, de carácter filosófico-político o de teoría de la justicia, es el fundamento axiológico de los derechos fundamentales. La cuestión es la clásica de carácter ético político expresada en la pregunta ¿qué derechos deben ser (o es justo o está justificado que sean) tutelados como fundamentales?". A ello responde que "es posible identificar cuatro criterios axiológicos, todos ellos referidos al valor de la persona humana asumida como fin y nunca como medio.

El primero de estos criterios es el nexo entre derechos fundamentales e igualdad [...] El segundo criterio, en conexión con el primero, es el del nexo entre derechos fundamentales y democracia [...] El tercer criterio es el del nexo entre derechos fundamentales y paz [...] El cuarto criterio es el papel de los derechos fundamentales como leyes del más débil. Con esta base, todos los derechos fundamentales –del derecho a la vida a los derechos de libertad y los derechos sociales– pueden ser definidos, en el plano axiológico, como leyes del más débil en alternativa a la ley del más fuerte que imperaría en su ausencia: de quien es más fuerte físicamente como en el estado de naturaleza hobbesiano; de quien

[111] Pérez Luño, *Lecciones de filosofía del derecho*, p. 310.

[112] Bidart Campos, *Teoría general de los derechos humanos*, p. 95.

es más fuerte políticamente, como en el estado absoluto; de quien es más fuerte económica y socialmente, como en el mercado capitalista"[113].

Resulta difícil explicar el fundamento de los derechos humanos en el Estado mismo, precisamente cuando, como dijimos, estos derechos son el fundamento del Estado constitucional de derecho. Ello no implica desconocer la importancia que tiene el hecho de que el Estado, especialmente por medio del derecho constitucional, y los Estados, a partir de sus relaciones internacionales, den acogida y recepción a estos derechos, sea porque provienen de un orden natural y superior, descubierto por la razón, o de principios morales y de justicia, o bien de convencionalismos entre lo que entendemos que es y debe ser justo. Porque, como bien se dijo, lo más importante, en la actualidad, cuando estos derechos son una realidad innegable, no es tanto justificarlos, sino protegerlos; no es un problema filosófico, sino político[114].

§ 30. *Las normas constitucionales.* – Las terminologías en nuestra materia tienen diversos alcances. A fin de comprender qué decimos cuanto utilizamos ciertas expresiones, corresponde aclarar que cuando hablamos de derechos hablamos de prerrogativas, facultades o atribuciones reconocidas a las personas; cuando hablamos de normas nos referimos a cláusulas que, mayormente, reglan conductas[115]. Si bien existen diversas clases de normas, aquí se utiliza la expresión como norma jurídica, es decir como regla de conducta reconocida por el Estado.

Un derecho puede estar reconocido en una o varias normas (el derecho de propiedad se encuentra reconocido en el art. 17 de la Const. nacional, pero también existen disposiciones de rango menor que lo regulan, como el Código Civil y Comercial –arts. 1941 y ss., entre muchas otras–); puede surgir del conflicto entre estas normas (vale como ejemplo el derecho al amparo en Argentina, que surge de la ponderación del art. 43 de la Const. nacional y los arts. 1° y 2° de ley 16.986); una norma puede contener varios derechos (el art. 14 de la Const. nacional, que reconoce los derechos de trabajar y ejercer toda industria lícita; de navegar y de comerciar, y de peticionar a las autoridades); incluso el derecho puede provenir no solo de una o varios normas, sino también de usos, costum-

[113] Ferrajoli, *Los fundamentos de los derechos fundamentales*, p. 314 y siguientes.

[114] Bobbio, *El tiempo de los derechos*, p. 61.

[115] Aun cuando son pocas, existen cláusulas constitucionales que no reglan conductas, como, por ejemplo, cuando fijan los nombres del Estado, tal como ocurre con el art. 35 de la Const. nacional.

bres y criterios jurisprudenciales, o de principios superiores que sustentan el ordenamiento jurídico (nos ocuparemos de ellos en § 31 y siguientes). A su vez, una norma no solo contiene derechos, también puede contener principios o establecer obligaciones.

Una norma tiene un enunciado normativo, es decir, está redactada de una manera determinada, pero podría estar redactada de otra forma sin alterar su contenido. Tal es el caso del art. 76 de la Const. nacional en cuanto establece: "*Se prohíbe la delegación legislativa en el Poder Ejecutivo, salvo en materias determinadas de administración o de emergencia pública*", pero podría haber dicho "solo se permitirá la delegación legislativa en el Poder Ejecutivo en materias determinadas de administración o de emergencias públicas". En ambos supuestos hay distintas redacciones, pero el mismo contenido normativo.

Con el alcance aquí expresado, la norma es derecho positivo del Estado.

Las normas admiten diversas clasificaciones[116], según el sistema al que pertenecen, su fuente, su ámbito espacial, temporal, material o personal de validez, según su jerarquía, etcétera[117]. En lo que aquí interesa, analizaremos las normas según su exigibilidad (operativas, programáticas, declarativas u optativas) y según la forma de reglar (abiertas o cerradas, reglamentables o no reglamentables).

a) *Según su exigibilidad.* Según su exigibilidad, las normas admiten una cuádruple clasificación en operativas, programáticas, declarativas y permisivas; las dos primeras son las más utilizadas y las que mayor importancia revisten, por lo que nos centraremos en ellas.

Se entiende por *normas operativas* aquellas que resultan autosuficientes o autoaplicativas; es decir, las que por su naturaleza y formulación son directa e inmediatamente aplicables, sin necesidad de reglamentación alguna, aun cuando puedan tenerla.

Las *normas programáticas* son las que proponen un programa y, por ende, son incompletas, dado que requieren una reglamentación ulterior

[116] Peces-Barba Martínez hace una cuádruple clasificación de las normas de derechos fundamentales: las que regulan la producción de derechos; las que establecen poderes para acceder a la titularidad de un derecho; las que fijan los contenidos de los derechos y los comportamientos que se pueden realizar sobre la base de esos contenidos, y las que regulan las garantías de los derechos (*Curso de derechos fundamentales*, p. 370 y siguientes).

[117] Al respecto, Vanossi clasificaba las normas, además de en operativas o no operativas, en normas de contenido y normas de conducta (considerando su destino inmediato o próximo), y en normas imperativas o facultativas (*Teoría constitucional*, t. II, p. 2).

que les permita desenvolverse. Aunque el programa propuesto no se encuentre completo, la dirección señalada, tanto a los poderes públicos como a los particulares, es de cumplimiento ineludible. Una cláusula constitucional puede resultar programática porque de su propia redacción surgen sus carencias (p.ej., el art. 114 de la Const. nacional, en cuanto establece pautas generales, pero deja sujeto a la ley la forma específica de su regulación) o porque reconoce un derecho, pero sujetándolo a la ley que lo reglamente (tal es el caso del derecho de rectificación o respuesta, reconocido por el art. 14 de la CADH, en tanto establece que será ejercido "*en las condiciones que establezca la ley*"). Las primeras pueden considerarse "normas programáticas por naturaleza", mientras que las segundas lo son "por disposición normativa".

Las *normas declarativas* son aquellas que se agotan en una mera proclamación, las cuales, si bien no se reducen a una mera expresión de deseo, tampoco implican el reconocimiento de derechos a los particulares, ni imponen deberes específicos –como el de normar– a los órganos del Estado, fijando solamente un camino que no puede ser desandado por los operadores del derecho (tal es el caso de la disposición transitoria primera, incorporada por la reforma de 1994, que expresa: "*La Nación Argentina ratifica su legítima e imprescriptible soberanía sobre las islas Malvinas, Georgias del Sur y Sandwich del Sur*").

Por su parte, las *normas permisivas* no imponen un marco de acción específico, sino que dan opción para desenvolverse de una manera o de otra. Esa libertad no puede ser obstruida, porque entonces se configuraría una violación de la norma constitucional, pero en la opción de tomar por alguno de los caminos posibles o no elegir ninguno no se afecta la supremacía. Encontramos ejemplos de estas cláusulas en el art. 64 de la Const. nacional, en cuanto expresa que "*un número menor podrá compeler a los miembros ausentes a que concurran a las sesiones*", o en el art. 20, al disponer que "*obtienen nacionalización residiendo dos años continuos en la Nación; pero la autoridad puede acortar este término*", entendiendo que lo que caracteriza a este tipo de normas es la utilización del verbo "poder", confiriendo así una competencia de uso potestativo[118].

Mientras que mayormente no se discutió la aplicación directa de las normas operativas, no sucedió lo mismo con las programáticas, a las que se entendió como meras directrices o normas bajo condición suspensiva[119], por lo que su aplicación se dejó condicionada a la regulación específica

[118] BIDART CAMPOS, *El derecho de la Constitución y su fuerza normativa*, p. 215 y 216.

[119] VANOSSI, *Teoría constitucional*, t. II, p. 2.

por parte de los poderes políticos. Ese carácter o condición se les atribuyó a los derechos sociales, especialmente cuando se referían a prestaciones.

Respecto de la distancia entre el reconocimiento del derecho y la efectivización de las normas, Bobbio planteaba que sucede "en mayor medida propiamente en el campo de los derechos sociales. Tanto que en nuestra Constitución las normas que se refieren a derechos sociales han sido llamadas púdicamente programáticas. ¿Nos hemos preguntado alguna vez qué género de normas son estas que no mandan o prohíben o permiten *hic et nunc*, pero mandan, prohíben, permiten en un futuro impreciso y sin una cadencia taxativa? Y, sobre todo, ¿no nos hemos preguntado nunca qué género de derechos son aquellos que estas normas definen? Un derecho cuyo reconocimiento y cuya efectiva protección son reenviados *sine die* y confiados a la voluntad de los sujetos cuya obligación de realizar el programa es solamente una obligación moral, o, como máximo, política, ¿pueden todavía llamarse correctamente derechos? ¿La diferencia entre estos pretendidos derechos y los derechos propiamente dichos no es lo suficientemente grande como para hacer impropio o, por lo menos, poco útil el uso de la misma palabra para designar a unos y a otros? Además de todo, la gran mayoría de normas sobre derechos del hombre, que emanan de órganos internacionales, no son siquiera normas programáticas como lo son las normas de una constitución nacional relativas a los derechos sociales"[120].

Es que no parece lógico entender que no resulta directamente aplicable una norma que dice que los trabajadores "tendrán derecho a que se prevean y garanticen los medios proporcionados a sus necesidades vitales en caso de infortunio, enfermedad, invalidez y ancianidad y desempleo involuntario" (art. 38, párr. 2º, Const. de Italia), mientras que sí se considera aplicable aquella que dice que el domicilio "es inviolable" (art. 14, párr. 1º); o que se considere que debe ser reglamentada para su concreción la cláusula que reconoce "*el acceso a una vivienda digna*" (art. 14 bis *in fine*, Const. nacional), pero que resulta directamente aplicable el derecho de "*navegar y comerciar*" (art. 14, Const. nacional).

Aun cuando no en todos los sistemas, la jurisprudencia muestra una mayor apertura a la efectivización de los derechos sociales.

En Argentina, un precedente de suma importancia en cuanto a la operatividad de normas lo constituye el caso "Ekmedkjián c/Sofovich"[121], donde el Congreso argentino no había dictado reglamentación alguna res-

[120] Bobbio, *El tiempo de los derechos*, p. 122 y 123.

[121] CSJN, *Fallos*, 315:1492.

pecto al derecho a réplica contemplado en el art. 14 de la CADH, que dispone: "*Toda persona afectada por informaciones inexactas o agraviantes [...] tiene derecho a efectuar por el mismo órgano de difusión su rectificación o respuesta en las condiciones que establezca la ley*".

Allí dijo la Corte Suprema que "la violación de un tratado internacional puede acaecer tanto por el establecimiento de normas internas que prescriban una conducta manifiestamente contraria, cuanto por la omisión de establecer disposiciones que hagan posible su cumplimiento" (consid. 16), y agregó que "una norma es operativa cuando está dirigida a una situación de la realidad en la que puede operar inmediatamente, sin necesidad de instituciones que deba establecer el Congreso" (consid. 20).

Aun cuando los criterios sentados fueron más que plausibles, el máximo tribunal recortó la efectividad de los derechos al efectuar una interpretación inadecuada con relación a enunciados normativos. Afirmó que "la interpretación textual según la cual toda persona 'tiene derecho a' despeja la duda sobre la existencia de la alegada operatividad. No sucede lo mismo en otros artículos en los que se establece que 'la ley debe reconocer' (art. 17[122]) o estará prohibido por la ley (art. 13, 5[123])" (consid. 20).

Cuando la norma impone el deber de legislar en su enunciado normativo, no difiere como regla de conducta a cuando reconoce el derecho conforme la reglamentación o cuando permite reglamentar un derecho. No cabe duda de que, en los distintos supuestos analizados, se reconoce el derecho de rectificación, el derecho de los niños a tener iguales derechos sin importar su filiación o la prohibición de efectuar propaganda y apología de la guerra y el odio.

La Corte Suprema argentina avanzó en el reconocimiento de los derechos sociales, aun cuando reconoció una operatividad derivada al efectivizar el derecho a la vivienda digna[124].

A su turno, la Corte Interamericana de Derechos Humanos no hizo distingos entre la operatividad de las normas que contemplan distintas clases de derechos, diciendo que los derechos civiles y políticos y los económicos, sociales y culturales "deben ser entendidos integralmente

[122] El art. 17, inc. 5, del Pacto de San José de Costa Rica establece: "*La ley debe reconocer iguales derechos tanto a los hijos nacidos fuera del matrimonio como a los nacidos dentro del mismo*".

[123] El art. 13, inc. 5, del Pacto de San José de Costa Rica dispone: "*Estará prohibida por la ley toda propaganda en favor de la guerra y toda apología del odio nacional, racial o religioso que constituyan incitaciones a la violencia*".

[124] CSJN, *Fallos*, 335:452.

como derechos humanos, sin jerarquía entre sí y exigibles en todos los casos ante aquellas autoridades que resulten competentes para ello"[125].

Sí, en cambio, el máximo tribunal interamericano distingue entre normas que establecen obligaciones de exigibilidad inmediata y aquellas que establecen un carácter progresivo. Al respecto, dijo que, "en relación con las primeras (obligaciones de exigibilidad inmediata), los Estados deberán adoptar medidas eficaces a fin de garantizar el acceso sin discriminación a las prestaciones reconocidas para el derecho a la salud. Respecto de las segundas (obligaciones de carácter progresivo), la realización progresiva significa que los Estados partes tienen la obligación concreta y constante de avanzar lo más expedita y eficazmente posible hacia la plena efectividad de dicho derecho, en la medida de sus recursos disponibles, por vía legislativa u otros medios apropiados"[126].

Las constituciones se han encaminado hacia el reconocimiento de la operatividad de las normas. El art. 1º, apdo. 3, de la Const. alemana, antecediendo el catálogo de derechos, dice: "Los siguientes derechos fundamentales vinculan a los poderes Legislativo, Ejecutivo y Judicial como derecho directamente aplicable". En similar sentido, luego de reconocer derechos enumerados y no enumerados[127], la Constitución de la Provincia de Salta, en el art. 16, párr. 3º, dispone: "Tales derechos tienen plena operatividad, sin que su ejercicio pueda ser menoscabado por ausencia o insuficiencia de reglamentación".

b) *Según la forma de reglar.* Según la manera en que se describen los derechos, las normas pueden ser abiertas, cuando establecen estándares amplios, o cerradas, cuando describen reglas de conducta con precisión[128].

125 Corte IDH, 1/7/2009, "Acevedo Buendía y otros ('Cesantes y jubilados de la Contraloría') vs. Perú", párr. 101.

126 Corte IDH, 23/8/2018, "Cuscul Pivaral vs. Guatemala", párr. 98. Doctrina también del caso Corte IDH, 8/3/2018, "Poblete Vilches y otros vs. Chile", párr. 104.

127 El art. 16 de la Const. salteña dispone: "Todos los habitantes gozan de los derechos y garantías consagrados por esta Constitución de conformidad con las leyes que reglamenten razonablemente su ejercicio. Los principios, declaraciones, derechos y garantías contenidos en ella no pueden ser alterados por disposición alguna.

Tales enunciaciones no son negatorias de otros derechos y garantías no enumerados, pero que nacen de la libertad, igualdad y dignidad de la persona humana, de los requerimientos de la justicia social, de los principios de la democracia social de derecho, de la soberanía del pueblo y de la forma republicana de gobierno".

128 No ingresamos aquí a valorar si las normas de derechos humanos fundamentales deben ser escuetas o detallistas porque nos parece que depende de las circunstancias propias de cada régimen e, incluso, de cada derecho. Algunos autores han manifestado preferencias, como Bidart Campos, para quien "el detallismo, el elevado número de ar-

A su vez, según la posibilidad o negación que al respecto se establezca, las cláusulas pueden ser reglamentables, cuando admiten que la legislación pueda precisar contenidos, o no reglamentables, en caso de que no lo admitan.

Sostiene DWORKIN que algunas cláusulas constitucionales "asumen la forma de normas bastante precisas, como la que exige el juicio por jurados en las causas criminales federales, o quizá la que prohíbe al Congreso nacional limitar la libertad de expresión. Pero otras restricciones toman la forma de estándares a los que con frecuencia se considera vagos, como puede serlo la estipulación de que el gobierno no negará a los hombres el debido proceso jurídico o la igual protección de las leyes"[129].

Las constituciones más modernas suelen tener una tendencia a otorgar mayor desarrollo a sus cláusulas, a diferencia de las más antiguas, donde las expresiones son genéricas, especialmente en el reconocimiento de libertades[130].

En el art. 14 de la Const. nacional, cuyo texto corresponde a 1853, se reconocían varios derechos en una sola cláusula. Este artículo dispone: "*Todos los habitantes de la Nación gozan de los siguientes derechos conforme a las leyes que reglamenten su ejercicio; a saber: de trabajar y ejercer toda industria lícita; de navegar y comerciar; de peticionar a las autoridades; de entrar, permanecer, transitar y salir del territorio argentino; de publicar sus ideas por la prensa sin censura previa; de*

---

tículos y de incisos, la inflación normológica, y el intento de preverlo todo y con el mayor casuismo en el texto constitucional, conspiran contra la claridad y precisión de él, contra la naturaleza genérica y abierta que han de tener sus normas (lo cual, dicho sea de paso, no contradice a la claridad y pureza de las formulaciones gramaticales) y contra la perdurabilidad que, al menos en su tronco fundamental, ha de tener la Constitución" (*Teoría general de los derechos humanos*, p. 374).

[129] DWORKIN, *Los derechos en serio*, p. 211.

[130] BIDART CAMPOS decía que "los clásicos derechos civiles pudieron –y pueden–ser formulados gramaticalmente en normas breves y reducidas. Cuando fundamentalmente traducen libertades cuyo ejercicio y goce se satisfacen con la sola omisión de daño, impedimento o injerencia por parte del sujeto pasivo, basta declarar el derecho para que con facilidad y rapidez se comprenda cuál es la obligación correlativa, y cuál el sujeto pasivo que debe cumplir (negativamente, o sea, mediante un deber de abstención –no hacer–). Esto no sufre escollo si a la altura de nuestro tiempo, ese sujeto pasivo es tanto el Estado como los particulares. La cuestión se complica, sobre todo en el constitucionalismo social, cuando con él se incorporan al ordenamiento constitucional muchos derechos que, en reciprocidad, encuentran –o pueden encontrar– multiplicidad de obligaciones (algunas análogas a las recién descriptas, o sea de abstención, pero otras de índole positiva, que implican prestaciones de dar o de hacer). Aquí el lenguaje normativo exige una gran claridad, para que con precisión suficiente se pueda saber quién es el sujeto pasivo de cada clase de obligación, y cuál es el débito correspondiente" (*Teoría general de los derechos humanos*, p. 365).

usar y disponer de su propiedad; de asociarse con fines útiles; de profesar libremente su culto; de enseñar y aprender".

Puede verse allí cómo el constitucionalismo decimonónico, nutrido principalmente de corrientes iusnaturalistas, dejaba un amplio margen tanto para la actuación del Congreso como para la interpretación que pudieran otorgarles los jueces a las cláusulas constitucionales. Eran constituciones más cortas y menos detallistas, especialmente con relación a las que actualmente vemos en Latinoamérica[131], donde las normas precisan con mayor detalle los derechos reconocidos[132].

Las normas abiertas no responden al esquema condicional de los enunciados jurídicos clásicos[133], donde, al verificarse determinados supuestos de hecho, deben aplicarse las consecuencias previstas[134]. Esta

[131] Tal es el caso de la Constitución de Bolivia, donde los derechos, además de ser desarrollados en más de cien artículos (sin contar las garantías jurisdiccionales), estos a su vez están compuestos por varios incisos.

[132] Si comparamos el principio de igualdad, precisamente uno de los más complejos en desarrollar por la infinita cantidad de variables existentes, vemos cómo la Constitución argentina, en su redacción originaria, le dedica solo el art. 16, donde expresa: "*La Nación Argentina no admite prerrogativas de sangre, ni de nacimiento: no hay en ella fueros personales ni títulos de nobleza. Todos sus habitantes son iguales ante la ley, y admisibles en los empleos sin otra condición que la idoneidad. La igualdad es la base del impuesto y de las cargas públicas*". En cambio, el art. 13 de la Const. de Colombia dice: "Todas las personas nacen libres e iguales ante la ley, recibirán la misma protección y trato de las autoridades y gozarán de los mismos derechos, libertades y oportunidades sin ninguna discriminación por razones de sexo, raza, origen nacional o familiar, lengua, religión, opinión política o filosófica.

El Estado promoverá las condiciones para que la igualdad sea real y efectiva y adoptará medidas en favor de grupos discriminados o marginados.

El Estado protegerá especialmente a aquellas personas que por su condición económica, física o mental, se encuentren en circunstancia de debilidad manifiesta y sancionará los abusos o maltratos que contra ellas se cometan".

[133] No es lo mismo expresar que el dueño "*puede excluir a extraños del uso, goce o disposición de la cosa, remover por propia autoridad los objetos puestos en ella, y encerrar sus inmuebles con muros, cercos o fosos, sujetándose a las normas locales*" (art. 1944, Cód. Civil y Comercial argentino) que decir: "*La propiedad es inviolable*" (art. 17, Const. nacional).

[134] Alexy denomina las normas abiertas "principios", y llama "reglas" a las que describen hechos y asignan consecuencias jurídicas. Dice que "las reglas son normas que requieren algo definitivamente. Son mandatos. Su forma de aplicación es la subsunción. Si una regla es válida, y se cumplen sus condiciones de aplicación, es requerido de modo definitivo que exactamente lo que esta demanda sea hecho" ["¿Cómo proteger los derechos humanos? Proporcionalidad y racionalidad", en Alexy - Alonso - Rabbi-Baldi Cabanillas (coords.), *Argumentación, derechos humanos y justicia*, p. 27]. Volveremos sobre el tema de los principios en el § 31 y siguientes.

estructura abierta deja un marco de posibilidades muy amplio en su concreción[135], que no resulta fácil de determinar.

Los métodos tradicionales de interpretación suelen ser insuficientes e, incluso, pueden resultar inadecuados. DWORKIN plantea que es un error acudir a la voluntad de quienes redactaron estas normas abiertas, porque "si quienes promulgaron las cláusulas amplias hubieran tenido la intención de formular concepciones particulares, habrían encontrado el tipo de lenguaje que convencionalmente se usa para hacerlo; es decir, habrían presentado teorías particulares de los conceptos en cuestión"[136]. En esta línea de pensamiento, SAGÜÉS afirma que las cláusulas abiertas conducen "al activismo judicial, recreador de derechos, y aplicadas prudentemente permiten una flexibilización y modernización de textos constitucionales antiguos, como el estadounidense y el argentino, que de otro modo (es decir, de efectivizarse solo como lo pensó el constituyente histórico) resultarían reliquias jurídico-políticas antes que instrumentos de gobierno"[137].

Estas normas abiertas plantean varios interrogantes. En primer lugar, si el Poder Legislativo es apto para completarlas y, en su caso, con qué alcance; en segundo lugar, cómo deben aplicarlas los jueces y, en su caso, cómo limitar la actuación del parlamento.

Respecto del primer planteo, es decir a la aptitud del parlamento para reglar los derechos fundamentales reconocidos mediante cláusulas abiertas, es importante analizar qué expresa la norma en el caso concreto. Se presentan aquí cuatro posibilidades: aquellos supuestos donde se prohíbe reglamentar, aquellos en los que se prevé la reglamentación, aquellos que exigen la reglamentación y aquellos en los que nada se regula.

Existen artículos que tienen una prohibición expresa de ser reglamentados, por lo que en tal caso el Congreso no puede emitir disposición alguna y toda aplicación queda sujeta al órgano que ejerce el control de constitucionalidad. Es lo que ocurre con el art. 32 de la Const. nacional, que dispone: "*El Congreso federal no dictará leyes que restrinjan la libertad de imprenta o establezcan sobre ella la jurisdicción federal*". También, la primera parte del art. 35 de la Const. de Guatemala: "Es libre la emisión del pensamiento por cualesquiera medios de difusión, sin censura ni licencia previa. Este derecho constitucional no podrá ser restringido por ley o disposición gubernamental alguna". Asimismo, el

[135] BASTIDA - VILLAVERDE - REQUEJO - PRESNO - ALÁEZ - SARASOLA, *Teoría general de los derechos fundamentales en la Constitución española de 1978*, p. 48.

[136] DWORKIN, *Los derechos en serio*, p. 216.

[137] SAGÜÉS, *Derecho constitucional*, t. 3, p. 52.

art. 87 de la Const. de la Provincia de Salta, que consagra la garantía del amparo y en su párrafo final establece: "Son nulas y sin valor alguno las normas de cualquier naturaleza que reglamenten la procedencia y requisitos de esta acción"[138].

Existen otras cláusulas que contemplan su reglamentación y, aun cuando el derecho es operativo *per se*, su dictado es conveniente para garantizar su efectividad. Ello ocurre con el art. 14 de la Const. nacional, que dice que todos los habitantes gozan de derechos como asociarse con fines útiles "*conforme a las leyes que reglamenten su ejercicio*". En su reglamentación, la ley creará las condiciones necesarias para un adecuado ejercicio, como contemplar registros, inscripciones, funciones, tiempo de duración de las asociaciones, etcétera.

En esta tarea reglamentaria no debe perderse de vista que el núcleo del derecho no puede ser alterado; son los pormenores necesarios para su efectivización los que les corresponde al Congreso tratar, contando además con una limitada facultad para precisar los contornos de su núcleo. En esta situación se encuentra el art. 4º, apdo. 3, de la Const. alemana, que consagra la libertad de creencia, conciencia y confesión al expresar que nadie "podrá ser obligado, contra su conciencia, a realizar el servicio militar con armas. La regulación se hará por una ley federal", o el art. 12a, apdo. 2, de la misma Constitución en cuanto dice: "Quien por razones de conciencia rehúse el servicio militar con las armas, puede ser obligado a prestar un servicio sustitutorio. La duración del servicio sustitutorio no podrá superar a la del servicio militar. Las modalidades serán reguladas por una ley que no podrá restringir la libertad de decidir de acuerdo con la propia conciencia y que debe prever también la posibilidad de prestar un servicio sustitutorio que, en ningún caso, esté vinculado con unidades de las Fuerzas Armadas y del Cuerpo Federal de Protección de las Fronteras"(en este supuesto la cláusula constitucional es aún más precisa al definir las facultades con que cuenta el Congreso para reglar).

En el tercer supuesto, la norma fundamental deja a la ley un espacio de actuación a fin de completar el derecho reconocido, permitiendo integrarlo con las disposiciones legislativas. Es lo que ocurre con cláusulas como las establecidas en el art. 5º, apdo. 2, de la Const. alemana, que, luego de reconocer la libertad de opinión, dispone: "Toda persona tiene el dere-

[138] Más allá de que no se trata de una norma abierta, dado que el art. 87 de la Const. salteña es una norma cerrada, es indudable que no se puede prever todo lo atinente al trámite de este proceso constitucional, que debe ser resuelto, en el caso concreto, por el juez que le toca entender.

cho a la vida y a la integridad física. La libertad de la persona es inviolable. Estos derechos solo podrán ser restringidos en virtud de una ley".

El cuarto supuesto es aquel donde la cláusula constitucional nada prevé, con lo que surge el interrogante de hasta qué punto puede ser reglamentada por el Congreso[139]. Tampoco en estos casos se puede negar al Poder Legislativo su atribución de reglar la vida social, pero sin imponer restricciones que alteren, de manera alguna, el derecho reconocido[140].

Cuando el art. 17 de la Const. de la Nación Argentina dice que la propiedad es inviolable, no excluye que el Congreso pueda decir cómo se adquiere o se pierde el dominio de una cosa mueble o inmueble; o si ellas deben o no ser registrables; o qué derechos económicos y por cuántos años se posee sobre la propiedad intelectual, o qué sanciones se aplican a quienes se apropien ilegítimamente de los bienes ajenos. Lo que el parlamento no puede es decir que la propiedad es inviolable, salvo situaciones de crisis, o por un período de cinco años, o mientras dure la buena conducta de su titular; porque en estos casos no se limita a reglar la vida social o a precisar las condiciones necesarias para el mejor ejercicio del derecho, sino precisamente a alterarlo, en su esencia, con excepciones no previstas ni queridas en la configuración del derecho.

Estas consideraciones efectuadas respecto de cláusulas abiertas se tornan mucho más exigentes cuando hablamos de cláusulas cerradas o, como dice ALEXY, de reglas.

Tomemos como ejemplo lo que sucede con el primer párrafo del art. 43 de la Const. nacional en cuanto reconoce la garantía de amparo. La norma dispone: "*Toda persona puede interponer acción expedita y rápida de amparo, siempre que no exista otro medio judicial más idóneo, contra todo acto u omisión de autoridades públicas o de particulares, que en forma actual o inminente lesione, restrinja, altere o amenace, con arbitrariedad o ilegalidad manifiesta, derechos y garantías reconocidos por esta Constitución, un tratado o una ley. En el caso, el juez*

[139] La Constitución alemana parece no admitir dicha reglamentación, al disponer, en el art. 19, apdo. 1: "Cuando de acuerdo con la presente ley fundamental un derecho fundamental pueda ser restringido por ley o en virtud de una ley, esta debe tener carácter general y no estar limitada al caso individual. Además, la ley debe mencionar el derecho fundamental indicando el artículo correspondiente".

[140] Sobre el contenido esencial de los derechos, el apdo. 2 del art. 19 de la Const. alemana expresa: "En ningún caso un derecho fundamental podrá ser afectado en su contenido esencial". No resulta claro determinar cuál es ese contenido esencial que cada derecho posee, si debe buscarse en los criterios doctrinarios o en las prácticas judiciales, y cabe reconocer que no siempre es constante ni hay coincidencias sobre su alcance (ver, al respecto, IBARLUCÍA, *Sobre el contenido esencial de los derechos constitucionales*, *LL*, 2016-F-834).

podrá declarar la inconstitucionalidad de la norma en que se funde el acto u omisión lesiva".

En todo proceso constitucional como el aquí referido deben distinguirse dos aspectos: las condiciones de procedencia y el trámite. Respecto de las condiciones de procedencia, las exigencias están claramente detalladas en la norma al establecer que será admisible cuando se lesionen derechos reconocidos en la Constitución, un tratado o una ley; al exigir que la lesión sea actual o inminente (no agotada); al pedir que la decisión que causó la lesión sea manifiestamente arbitraria o manifiestamente ilegal, y al reconocer que puede provenir tanto del Estado como de particulares.

Sobre las condiciones allí contempladas no pueden agregarse requisitos, como en los hechos sucede con la ley 16.986, que somete el derecho de amparo a un plazo de caducidad de quince días de conocido el acto lesivo; plazo que la norma constitucional no estableció ni autorizó a reglamentar.

Sobre el trámite, en cambio, la cláusula es abierta, dado que solo exige que se trate de una acción, y que sea expedita y rápida. Fija así el marco de actuación, por lo que el legislador no puede establecer traslados de quince días hábiles o exigir ritos que desnaturalicen el proceso, pero sí podrá reglar que con la demanda se ofrezca la prueba, que exista o no un memorial voluntario para quien no apela o que la expresión de agravios se concrete al momento mismo de apelar[141].

Encauzar las facultades legislativas respecto de los derechos fundamentales es una labor que debe ser internalizada primero por los integrantes del parlamento y luego por los encargados del ejercicio del control de constitucionalidad.

[141] En el caso particular de la regulación del amparo en Argentina por el decr. ley 16.986, ninguna de las condiciones se cumple, dado que fija requisitos de admisibilidad que son más gravosos que los establecidos por la Constitución: no cumplen el principio de mejor derecho o *pro homine*, ni con el trámite expedito y rápido al fijar un efecto suspensivo en las impugnaciones que impide el cumplimiento de la decisión judicial hasta que la sentencia no se encuentre firme y consentida.

Capítulo IV

PRINCIPIOS

§ 31. *Consideraciones doctrinales.* – Uno de los aspectos que genera grandes controversias es el alcance de la expresión principios; de qué hablamos cuando nos referimos a los principios constitucionales en materia de derechos humanos, y cuáles son.

Estos interrogantes encontrarán casi tantas respuestas como autores traten el tema.

Para Atienza y Ruiz Manero, los criterios sobre el alcance de esta expresión, en el ámbito jurídico, pueden clasificarse en ocho sentidos diferentes. Así, nos hablan de principio como:

a) Norma muy general (p.ej., decir "las obligaciones que nacen de los contratos tienen fuerza de ley entre las partes contratantes y deben cumplirse al tenor de ellos").

b) Norma redactada en términos vagos o abiertos (como decir "la ley no ampara el abuso del derecho").

c) Norma programática o directriz (como "los poderes públicos garantizarán la defensa de los consumidores y usuarios, protegiendo, mediante procedimientos eficaces, la seguridad, la salud y los legítimos intereses económicos de ellos").

d) Norma que expresa valores superiores de un ordenamiento jurídico (como "el reconocimiento de la igualdad, la libertad o la dignidad de la persona").

e) Norma especialmente importante, aunque no muy general (como decir que la Corte Suprema es la intérprete final de la Constitución).

f) Norma de elevada jerarquía (p.ej., todas las normas constitucionales).

g) Norma dirigida a los órganos de aplicación y que señala cómo aplicar o seleccionar la norma aplicable, interpretarla, etc. (como el art. 1º del Cód. Civil y Comercial en cuanto expresa: "*Los casos que este Código rige deben ser resueltos según las leyes que resulten aplicables, conforme con la Constitución nacional y los tratados de derechos humanos en los que la República sea parte. A tal efecto, se tendrá en cuenta la finalidad de la norma. Los usos, prácticas y costumbres son vinculantes cuando las leyes o los interesados se refieren a ellos o en situaciones no regladas legalmente, siempre que no sean contrarios a derecho*").

h) Como enunciado o máxima de la ciencia jurídica, que permite la sistematización del ordenamiento jurídico o de un sector de este (como ocurre con los arts. 31 o 75, inc. 22, de la Const. nacional, en cuanto regulan las relaciones jerárquicas)[1].

Si comenzamos por el análisis lingüístico, vemos que el *Diccionario de la lengua española* brinda varios significados del término "principio". Uno de ellos lo considera como "base, origen, razón fundamental sobre la cual se procede discurriendo en cualquier materia", y otro como "norma o idea fundamental que rige el pensamiento o la conducta". En el caso específico del principio de derecho, lo define como "norma no legal supletoria de ella y constituida por doctrina o aforismos que gozan de general y constante aceptación de jurisconsultos y tribunales".

Si simplificamos y recurrimos a su significado más generalizado, podemos decir que los principios son utilizados sobre la base de tres acepciones: como el fundamento u origen de un sistema, que condiciona el desenvolvimiento de las normas; como pauta supletoria que sirve para completar la interpretación o aplicación de una norma, y como norma vaga e imprecisa que para su aplicación requiere una técnica especial no solo de interpretación, sino también de comparación con normas de similares características. Analizaremos cómo los autores se sitúan en alguna de estas posiciones.

a) *LOS PRINCIPIOS COMO NORMAS QUE FUNDAMENTAN EL SISTEMA.* Entre los defensores de esta postura podemos encontrar principalmente autores enrolados en el iusnaturalismo, en sus diversas variantes (o que al menos le otorgan una gran preponderancia al valor justicia). Así, CIURO CALDANI afirma que, "tal como lo concebimos, los principios quedan en

[1] ATIENZA - RUIZ MANERO, *Sobre principios y reglas*, "Doxa. Cuadernos de Filosofía del Derecho", nº 10, 1991, p. 103 a 105.

un nivel distinto y de cierto modo superior a las meras exteriorizaciones positivas (de modo principal, las normas). Los principios son mojones que al fin vale por lo que hay antes y después. La noción de principio tiende a expresar un comienzo y, de cierta manera, el principio es creador. Puede decirse que en los principios llega expresarse el pensamiento jurídico latente"[2].

Entiende SAGÜÉS por principio constitucional la idea-fuerza o idea-directiva, diciendo que "el papel de los principios constitucionales es orientativo de la gestión del constituyente y del operador de la Constitución (jefe de Estado, legislador, juez, ministro, etc.) y también del doctrinario", que "no son normas jurídicas, pero sí deben inspirar a los preceptos de la Constitución, a sus normas reglamentarias, a las sentencias judiciales y, en general, al comportamiento de los ejecutores de la Constitución"[3].

Para ETO CRUZ los principios constitucionales tienen cuatro notas distintivas: *1*) son directrices generales incorporadas a la Constitución; *2*) poseen un valor jurídico directo o indirecto; *3*) integran la esencia de la Constitución, y *4*) constituyen la aspiración y el límite infranqueable de la legislación ordinaria en cualquier materia que se pretenda regular[4].

Aun cuando su opinión puede resultar ambigua en la clasificación sobre el concepto que le otorga a la expresión principios, e importantes autores consideran que sus criterios han dado origen a las teorías que especialmente ALEXY continuó desarrollando, entendemos que DWORKIN es otro autor que considera el principio como norma basal.

Enseñaba que principio es un "estándar que ha de ser observado, no porque favorezca o asegure una situación económica, política o social que se considera deseable, sino porque es una exigencia de la justicia, la equidad, o alguna otra dimensión de la moralidad"[5]. En su ejemplo remarcaba cómo, pese a que la situación encuadraba en una norma, no se reconocía el derecho de la persona porque existía un principio de justicia que impedía que alguien se beneficiara de su propio ilícito.

2 CIURO CALDANI, "Principios y valores en el derecho constitucional", en BIDART CAMPOS - GIL DOMÍNGUEZ (coords.), *Los valores en la Constitución argentina*, p. 39.

3 SAGÜÉS, *Teoría de la Constitución*, p. 87 y 88.

4 ETO CRUZ, *Los principios rectores del sistema de jurisdicción constitucional en República Dominicana*, en "Revista Dominicana de Derecho Procesal Constitucional", año 3, nº 3, 2018, p. 158 y 159.

5 DWORKIN, *Los derechos en serio*, p. 72.

b) *Los principios como normas supletorias.* En esta segunda concepción, es decir, como norma supletoria, podemos encontrar autores de la talla de Kant. Para este reconocido filósofo un principio es una "norma no legal supletoria de ella y constituida por doctrina o aforismos que gozan de general y constante aceptación de jurisconsultos y tribunales"[6].

También es la acepción que había recogido el Código Civil argentino, actualmente sin vigencia, en su art. 16 al establecer: "Si una cuestión civil no puede resolverse, ni por las palabras, ni por el espíritu de la ley, se atenderá a los principios de leyes análogas; y si aún la cuestión fuere dudosa, se resolverá por los principios generales del derecho, teniendo en consideración las circunstancias del caso".

c) *Los principios como normas abiertas.* Un concepto distinto de las acepciones arriba analizadas de la voz principios es utilizado por Alexy y ha sido seguido por muchos autores que se enrolan en el neoconstitucionalismo. Dada la influencia que este jurista tiene no solo en Argentina, sino en distintos países latinoamericanos, no podemos dejar de analizar su definición.

Para Alexy los principios son "mandatos de optimización" y como tales "demandan que algo sea realizado en la mayor extensión posible dadas las posibilidades jurídicas y fácticas". Estas posibilidades jurídicas son determinadas por la existencia de principios opuestos y por tanto los principios son un requerimiento *prima facie*[7].

Este autor diferencia los principios de las reglas, entendiendo por estas últimas "normas que requieren algo definitivamente"; es decir, mandatos. Mientras la regla se caracteriza por la subsunción, el principio debe ser ponderado.

En definitiva, para el jurista alemán las reglas son normas completas, mientras que los principios son normas vagas cuya aplicación al caso concreto dependerá del análisis que al respecto haga el juez cuando le toque decidir un conflicto que se haya generado.

En este mismo sentido, Prieto Sanchís nos dice que "las pautas normativas que suelen recibir el nombre de principios, como la libertad o la igualdad, estaban y siguen estando presente en las leyes en forma de apelación al orden público, a la moralidad, a la equidad, etc.; y no creo

[6] Kant, *Principios metafísicos del derecho*, p. 40.

[7] Alexy, "¿Cómo proteger los derechos humanos? Proporcionalidad y racionalidad", en Alexy - Alonso - Rabbi-Baldi Cabanillas (coords.), *Argumentación, derechos humanos y justicia*, p. 27.

que a primera vista se adivinen diferencias en la forma de aplicación de todas estas pautas. De manera que, si cabe hablar de alguna peculiaridad de la interpretación constitucional, la diferencia sería más de carácter cuantitativo que cualitativo: las constituciones parecen presentar en mayor medida que las leyes un género de normas, que suelen llamarse principios y que requieren el empleo de ciertas herramientas interpretativas. El estudio de una de estas herramientas nos conducirá luego al último de los rasgos enunciados: más ponderación que subsunción [...] Pero, en este sentido, la presencia de normas sustantivas en la Constitución ha venido a imprimir una mayor determinación frente al legislador, pues, por mucho que los principios y derechos suelen calificarse de vagos, inconcretos o porosos, lo cierto es que ofrecen pautas o estándares normativos allí donde antes solo existía la discrecionalidad o el arbitrio político"[8].

Sostienen Atienza y Ruiz Manero que en el razonamiento jurídico los principios son menos que las reglas en cuanto no presentan sus ventajas porque "no permiten ahorrar tiempo a la hora de decidir un curso de acción", dado que, si la regla es aceptada, entonces se "evita tener que entrar en un proceso de ponderaciones de razones en pro y en contra; la regla opera, por tanto, como un elemento que reduce la complejidad de los procesos de argumentación"; pero los principios también son más que las reglas, en cuanto, al estar enunciados "en términos más generales, entran también en juego en un mayor número de situaciones; esto es, al tener un mayor poder explicativo que las reglas, tienen también un mayor alcance justificatorio. Por otro lado, la menor fuerza de los principios en cuanto premisas del razonamiento práctico va aparejada a una mayor fuerza expansiva"[9].

Dentro de esta corriente, aunque con matices propios, puede encontrarse a Ferrajoli, quien diferencia entre principios directivos y principios regulativos o imperativos.

Los principios directivos, al decir del jurista italiano, "enuncian valores y directivas de carácter político, cuya observancia o inobservancia no es fácil identificar", que se caracterizan como "expectativas genéricas e indeterminadas, no de hechos sino de resultados"[10]. Encuentra estos principios en el art. 1° de la Const. italiana cuando dice que Italia es una

[8] Prieto Sanchís, *Justicia constitucional y derechos fundamentales*, p. 130 y 131.

[9] Atienza - Ruiz Manero, *Sobre principios y reglas*, "Doxa. Cuadernos de Filosofía del Derecho", n° 10, 1991, p. 116.

[10] Ferrajoli, *Constitucionalismo principialista y constitucionalismo garantista*, "Doxa", n° 34, 2011, p. 37.

República democrática, fundada en el trabajo; o en el art. 9º, que expresa: "La República promoverá el desarrollo de la cultura y la investigación científica y técnica. Tutelará el paisaje y el patrimonio histórico y artístico de la Nación".

Respecto de ellos, coincide con ALEXY en cuanto los considera mandatos de optimización, "caracterizados por el hecho que pueden ser cumplidos en diferentes grados por carecer de supuestos de hecho que hagan concebible su inobservancia". Señala que los derechos sociales ocupan un lugar intermedio entre los principios directivos y los regulativos, dado que "imponen al legislador la producción de leyes de actuación que introduzcan sus garantías primarias –como las normas sobre la escuela pública, el servicio sanitario gratuito y similares–, obviamente sin poder precisar sus formas, la calidad ni el grado de protección: principios regulativos inderogables, por tanto, en lo que se refiere al margen de su actuación legislativa, pero al mismo tiempo directivos en lo que se refiere al *quomodo* y al *quantum*, es decir, las formas y la medida de la actuación misma"[11].

Los principios regulativos o imperativos, como igualdad y libertad, son inderogables y expresan "expectativas específicas y determinadas, a los que corresponden límites o vínculos, es decir garantías, consistentes en las correspondientes prohibiciones de lesión y obligaciones de prestación. Consisten en normas simplemente formuladas de manera diversa a las reglas: con referencia a su respeto y no –como ocurre con las reglas– a su violación y a su consiguiente aplicación. Prueba de ellos es que también las reglas, incluso las penales –a las que se exige la máxima taxatividad–, cuando son observadas, son también consideradas como principios, que no se aplican, sino que se respetan: por ejemplo, la observancia de las normas sobre el homicidio, las lesiones personales o el hurto, equivale al respeto de los principios de la vida, la integridad personal y la propiedad privada. Se puede incluso afirmar que detrás de cada regla hay también un principio: hasta detrás de la prohibición de estacionamiento de los vehículos o detrás de la obligación de frenar ante el semáforo rojo, hay principios como los de la seguridad y la mayor eficiencia y racionalidad del tráfico rodado. A la inversa, también los principios regulativos, cuando son violados, se presentan como reglas, que no se respetan sino que se aplican: por ejemplo, el principio constitucional de igualdad, cuando es violado, se manifiesta, en relación con

[11] FERRAJOLI, *Constitucionalismo principialista y constitucionalismo garantista*, "Doxa", nº 34, 2011, p. 38.

sus violaciones, como regla: precisamente la que prohíbe las discriminaciones. Y estas son seguramente supuestos típicos de la correspondiente prohibición, cuya comprobación no consiste en una ponderación, sino en una subsunción. Incluso principios tan vagos e imprecisos como la dignidad de la persona o los de taxatividad o lesividad propios del derecho penal, cuando son violados por comportamientos lesivos de la dignidad o por leyes penales que prevén como delitos hechos inciertos o inofensivos, se manifiestan como reglas, cuya violación es subsumida en estas, de modo similar a lo que sucede con cualquier acto ilícito o inválido; y lo opinable de la subsunción no depende, en estos casos, de la formulación de las respectivas normas en principios, sino solo –tal como ocurre también con las reglas– del uso de palabras vagas o imprecisas, como dignidad, certeza y lesividad".

Finaliza diciendo que "la diferencia entre la mayor parte de los principios y las reglas es de carácter no estructural, sino poco más que de estilo. La formulación de muchas normas constitucionales –y, en particular de los derechos fundamentales– en forma de principios, no es solo un hecho de énfasis retórico, sino que tiene una indudable relevancia política: en primer lugar porque los principios enuncian expresamente y, por ello, solemnemente, los valores éticos-políticos que proclaman, en relación con los cuales las reglas son opacas; y en segundo lugar, y sobre todo, porque aquellos, cuando enuncian derechos, sirven para explicitar la titularidad de las normas constitucionales que confieren derechos a las personas o los ciudadanos y, de ahí, la colocación de estos en posición supra-ordenada al artificio jurídico, como titulares de otros tantos fragmentos de la soberanía popular"[12].

d) *Nuestra concepción de los principios.* En nuestra concepción existen dos clases de principios, aquellos que dan fundamento al sistema, y aquellos que corrigen estructuras jurídicas.

Los principios que son la base o fundamento del sistema son superiores a las normas y los derechos que consagran; cumplen una función legitimadora del sistema. Si las normas y los derechos que en ellas se consagran no cumplen con los estándares fijados por los principios, esas normas no son válidas.

Estos principios son también aspiraciones ideales que se procura alcanzar en la mayor medida y que tienen cierta variabilidad según los

[12] Ferrajoli, *Constitucionalismo principialista y constitucionalismo garantista*, "Doxa", nº 34, 2011, p. 38 y 39.

valores que cada sociedad va descubriendo y asumiendo. Aun cuando inalcanzables en su máxima expresión, su búsqueda es la guía que legitima el sistema. Son mensajes prescriptivos dirigidos no solo a los gobernantes, sino también a la sociedad que los acoge.

Este es el alcance que, a nuestro modo de ver, tiene la expresión principios utilizada en la Constitución nacional, como ocurre con el art. 5º cuando habla de "*los principios, declaraciones y garantías de la Constitución nacional*" que deben seguir las provincias al dictar su Constitución; el art. 27 cuando indica que los tratados con potencia extranjera deberán estar "*en conformidad con los principios de derecho público establecidos en esta Constitución*", o el art. 28 que dispone: "*Los principios, garantías y derechos reconocidos en los anteriores artículos, no podrán ser alterados por las leyes que reglamenten su ejercicio*", lo cual nunca puede entenderse como norma supletoria de interpretación.

El art. 33, al contemplar el principio de soberanía del pueblo, así como el 37, al referirse al principio de soberanía popular; el 75, inc. 12, al regular la nacionalidad conforme al principio de nacionalidad natural y por opción; los principios de gratuidad y equidad de la educación pública del inc. 19 del art. 75, o la mención de los principios del derecho internacional de la disposición transitoria primera son una muestra de que la voz principio se utiliza en sentido de esencialidad, aun cuando en estos casos también puede interpretarse, como lo hace ALEXY, como mandato de optimización.

La Corte Suprema no siempre fue unívoca en el alcance dado al término, pero, especialmente en el último tiempo, ha entendido los principios como ideas directrices que incluso pueden descalificar una normativa por inconstitucional cuando se apartan de ellos.

En tal sentido, sostuvo que el instituto de la delegación es de interpretación restrictiva "en tanto se está haciendo excepción a los principios constitucionales de legalidad y división de poderes"[13]. También declaró la inconstitucionalidad del art. 92 de la ley 11.683 en tanto permitía al agente fiscal disponer embargos, inhibiciones o cualquier otra medida sobre bienes y cuentas del deudor, porque tales atribuciones vulneraban los principios de división de poderes, tutela judicial efectiva y de defensa en juicio[14].

[13] CSJN, 3/7/2012, "YPF SA c/Esso SAPA s/proceso de conocimiento", *Fallos*, 335:1227.

[14] CSJN, 15/6/2010, "Administración Federal de Ingresos Públicos c/Intercorp SRL s/ejecución fiscal", *Fallos*, 333: 935, consid. 12.

Incluso en "Fontevecchia" dejó sin efecto una decisión de la Corte Interamericana de Derechos Humanos que le imponía revocar una sentencia propia, por vulnerar los principios de derecho público de nuestra Constitución. Al respecto, sostuvo en el consid. 16 que "dejar sin efecto la sentencia de esta Corte pasada en autoridad de cosa juzgada es uno de los supuestos en los que la restitución resulta jurídicamente imposible a la luz de los principios fundamentales del derecho público argentino. Desde esta perspectiva constitucional, el art. 27 de la carta magna prescribe 'el Gobierno federal está obligado a afianzar sus relaciones de paz y comercio con las potencias extranjeras por medio de tratados que estén en conformidad con los principios de derecho público establecidos en esta Constitución'. Estos principios reseñados se traducen en el modo en que deben ser interpretadas las obligaciones asumidas por el Estado argentino. El constituyente ha consagrado en el art. 27 una esfera de reserva soberana, delimitada por los principios de derecho público establecidos en la Constitución nacional, a los cuales los tratados internacionales deben ajustarse y con los cuales deben guardar conformidad (*Fallos*, 316:1669; entre otros)", y agregó en el consid. 17 que "entre dichos principios inconmovibles se encuentra, sin duda alguna, el carácter de esta Corte como órgano supremo y cabeza del Poder Judicial, conforme surge del art. 108 de la Const. nacional (*Fallos*, 256:114; 289:193; 318:986; 319:1973; 328:2429; 329:3235, 5913; 330:49, 251; 338:1575; entre muchos otros). Revocar la sentencia firme dictada por este tribunal implica privarlo de su carácter de órgano supremo del Poder Judicial argentino y sustituirlo por un tribunal internacional, en clara transgresión a los arts. 27 y 108 de la Const. nacional"[15].

Este sentido de superioridad que ostentan algunos principios no significa que siempre una norma deba ser descalificada por un principio, dado que en general este buscará, más que descalificar, corregir la dirección de aquella o desplazarla en su aplicación concreta. Incluso algunos principios tienen ese fin específico, como sucede con los principios correctores.

La mayor dificultad que presentan estos principios es la de su determinación, dado que muchas veces están basados en el puro voluntarismo de aquel que los invoca, si tener asidero alguno en el ordenamiento jurídico que los alberga[16].

[15] CSJN, *Fallos*, 340:47.

[16] Hemos visto fallos que desconocían la aplicación de normas concretas sin más invocación que la de principios, y muchas veces inexistentes, como, por ejemplo, situacio-

El segundo grupo de principios, es decir, aquellos que vienen a provocar ciertos cambios en las estructuras del ordenamiento jurídico, los denominaremos principios correctores. Si bien no tienen la fundamentalidad de los otros, resultan de gran importancia y han tenido mucho desarrollo en el último tiempo, no solo en aquellos países que los consagran constitucionalmente, sino también por su reconocimiento en los tratados de derechos humanos y la jerarquía constitucional que muchos países les han dado a dichos tratados[17].

Atento a la función e importancia que tienen los principios, antes de ingresar a su enunciación y análisis, cabe preguntarse cómo se diferencian de las declaraciones, derechos y garantías, así como de otros estándares que suelen denominarse principios, pero que carecen de todo otro sustento que no sea la simple reiteración a lo largo del tiempo.

§ 32. ***Diferenciación.*** – El principio es un enunciado en abstracto que complementa y optimiza a la norma en su alcance, interpretación y aplicación concreta, pero que no puede concebirse por sí solo, sino con relación a un contenido o situación específica. Así, por ejemplo, la libertad es una enunciación genérica que necesita concretarse en una situación específica, como la libertad de expresarse o de moverse; la igualdad es una aspiración que se concreta en los hechos, dando un claro sentido de justicia o injusticia, así como ocurre con la razonabilidad; el principio de dignidad se entremezcla y les da un contenido o alcance distinto al derecho a la vida o a ciertos derechos patrimoniales, entre otros.

Planteaba Bidart Campos que "el plexo de derecho, coordinado con los valores y principios constitucionales, revista una función de integración e interpretación de todo el orden jurídico, no solo en su nivel constitucional, sino también en el infraconstitucional"[18].

Estos principios se manifiestan no solo en el reconocimiento de un derecho, sino también –y especialmente, cabe decir– en su aplicación con-

---

nes en las que se invocan "principios del derecho procesal constitucional de familia", que no solo no son principios reconocibles, sino que ni siquiera existe un derecho procesal constitucional de familia.

[17] Más allá de la jerarquía constitucional expresada con contundencia en algunos textos constitucionales, como en el art. 75, inc. 22, de la Const. nacional; el art. 13 de la Const. de Bolivia, o el art. 23 de la Const. venezolana, mayoritariamente los tribunales encargados del ejercicio del control de constitucionalidad han reconocido la existencia de un bloque de constitucionalidad integrado por normas de la Constitución y de los tratados de derechos humanos suscriptos por los propios países.

[18] Bidart Campos, *Teoría general de los derechos humanos*, p. 396.

creta. Las normas otorgan potestades al individuo que no pueden contrariar los objetivos que los principios tienen en consideración. Si lo hacen, esos enunciados normativos, aunque puedan ser fijados por el Estado, no son válidos. Y no porque exista una supranormatividad, sino porque estos principios son la piedra basal del sistema.

Claro que la aplicación de una norma a la luz de los diversos principios hará necesaria su ponderación, pues, como dice ALEXY[19], no siempre se podrán cumplir en su totalidad, dado que, en ciertas ocasiones, pueden tener que ser sacrificados parcialmente para conseguir que el sistema funcione. Así, por ejemplo, un semáforo que se pone en rojo nos ordena detenernos, sacrificando así nuestro principio de libertad, pero permitiendo el cumplimiento de diversos derechos de todos, inclusos los nuestros, dado que la razonabilidad de la medida, en cuanto otorga previsibilidad al tránsito y mayores garantías de evitar daños en la vida, la salud y los bienes de las personas involucradas, justifica la restricción.

No deben confundirse estos principios con meras ficciones o estándares vacíos, que muchas veces han sido creados doctrinal o jurisprudencialmente y que se han repetido, a lo largo de décadas, como máximas incontrovertibles, pero sin sustento en norma alguna del ordenamiento.

Al respecto se han expresado máximas como aquella que dice que la declaración de inconstitucionalidad es un acto de suma gravedad que debe considerarse como la *ultima ratio* del orden jurídico. Así lo sostiene la Corte Suprema en diversos precedentes, al expresar que "la declaración de inconstitucionalidad constituye la *ultima ratio* del orden jurídico, a la que solo cabe acudir cuando no existe otro modo de salvaguardar algún derecho o garantía amparado por la Constitución, si no es a costa de remover el obstáculo que representan normas de inferior jerarquía"[20]. Esta máxima la aplicó, por ejemplo, para rechazar el planteo de inconstitucionalidad efectuado contra la ley *de facto* 21.400[21], que había

[19] Como hemos aclarado, ALEXY le otorga un alcance distinto a la expresión "principios", pero sus criterios de aplicación resultan válidos también con el alcance aquí dado a esta terminología.

[20] CSJN, 29/4/1993, "Iachemet, María L. c/Armada Argentina s/pensión", *Fallos*, 316:779.

[21] Esta pseudoley había sido dictada en agosto de 1976, a menos de cinco meses del golpe militar, por el gobierno *de facto*, en ausencia del Congreso –claro está– y con una Constitución inaplicada en la mayor parte de su articulado. Pese a ello, se mantenía la ficción de la existencia de derechos consagrados por la Constitución, aunque se admitía su suspensión por normas *de facto*, con invocación de estas máximas. La Corte resolvió el caso cuando el gobierno *de facto* seguía en el poder.

suspendido el derecho a huelga, permitiendo así el despido de quien ejerció su derecho constitucional[22].

Otra expresión de estas características ha sido la de reconocer la presunción de legitimidad de los actos estatales para justificar también groseras arbitrariedades, dándole entidad a normas que no cumplían ni con los derechos ni con los principios constitucionales. Se dijo que "las leyes debidamente promulgadas y sancionadas, esto es, dictadas de acuerdo con los mecanismos previstos en la ley fundamental, gozan de una presunción de legitimidad que opera plenamente"[23]. Lo llamativo es que el acto cuestionado en su constitucionalidad era el art. 38 del decr. ley 6582/1958 dictado por un gobierno *de facto*, en ejercicio del Poder Legislativo (suprimido por la fuerza), en evidente contradicción con las previsiones constitucionales.

Estas máximas no se desprenden de artículo alguno de la Constitución, ni mucho menos se encuentran expresadas en normas de los tratados internacionales, pero se repiten como verdades absolutas, aun cuando carecen de todo fundamento y, para peor, se invocan para desconocer derechos fundamentales en juego.

§ 33. ***Enumeración.*** – Hacer un catálogo de los principios es una tarea siempre imprecisa, porque existirá subjetividad en quien lo redacte (como existe subjetividad en toda obra humana) y porque el paso del tiempo y los cambios sociales permiten descubrir nuevos y distintos principios.

Existen diversas clasificaciones que se refieren a principios generales del derecho y principios generales del derecho constitucional, como la de Alice, quien menciona una veintena de principios del derecho constitucional con despliegue de varios subprincipios cada uno[24].

Por su parte, Sagüés habla de principios generales (del derecho), principios particulares (de toda una rama del derecho, como el derecho constitucional) y principios locales (de una rama del derecho en particular (v.gr., del derecho constitucional argentino)[25].

[22] CSJN, 21/10/1980, "Esteban, Ricardo H. c/Metal Madera SRL s/cobro de haberes", *Fallos*, 302:1149.

[23] CSJN, 14/5/1991, "Pupelis, María C., y otros s/robo con armas", *Fallos*, 314:424, consid. 4°.

[24] Alice, "Los principios generales del derecho constitucional argentino", en Bidart Campos - Gil Domínguez (coords.), *Los valores en la Constitución argentina*, p. 68 y siguientes.

[25] Sagüés, *Teoría de la Constitución*, p. 88.

Sin perjuicio de las consideraciones efectuadas, nos interesa aquí mencionar los principios del constitucionalismo que se relacionan con el plexo de derechos dentro de un Estado constitucional. Estos principios, a nuestro entender, son los de dignidad humana, de libertad, de igualdad, de legalidad y de razonabilidad.

Los tratados de derechos humanos han incorporado otros principios, que en este caso son principios correctores, como son el *pro homine*, interés superior del niño, *favor debilis* y *pro actione*.

a) *El principio de dignidad.* El principio de dignidad, así como el significado de la palabra, no solo han tenido alcances muy diversos a lo largo del tiempo, sino que también su imprecisión ha dificultado encontrar criterios uniformes que permitieran un desarrollo más preciso.

Aun cuando siempre tuvo una valoración positiva, antiguamente la dignidad estaba asociada a una cierta jerarquía de la persona en la sociedad; era precisamente un elemento de diferenciación, de superioridad, con el que contaban unos pocos[26].

En la actualidad, en cambio, se entiende como un atributo humano que no puede arrebatarse ni enajenarse, que corresponde a todo ser humano por su condición de tal, independiente de los méritos realizados y al que todos estamos obligados a respetar. Ello es así porque "frente a la pretensión del colectivismo totalitario o incluso del individualismo radical característico del liberalismo clásico, se parte de la comprensión del hombre como 'medida de todo el derecho'. Así, desde este punto de vista, la recepción de la noción de dignidad con vocación de efectividad supone 'un punto medio' entre estas concepciones ideológicas, y una cierta participación en las distintas concepciones históricas de dignidad"[27].

Más allá de lo expresado, como se analizará seguidamente, resulta difícil precisarlo, aspirando simplemente a estudiar las consideraciones que, respecto de este principio, se van vertiendo.

1) *Criterios doctrinales.* Se ha apuntado con acierto que la dignidad ha sido considerada por algunos como un derecho[28] y por otros (entre los que nos incluimos) como un principio (dado que se manifiesta en to-

[26] Ver Beltrán, *La dignidad humana: entre el derecho y la moral*, "Doxa. Cuadernos de Filosofía del Derecho", edición especial, Homenaje a Francisco Laporta y Liborio L. Hierro, 2017, p. 74.

[27] Oehling de los Reyes, *El concepto constitucional de dignidad de la persona: forma de comprensión y modelos predominantes de recepción en la Europa continental*, "Revista Española de Derecho Constitucional", nº 91, ene.-abr. 2011, p. 138.

[28] En tal sentido Sagüés, *Elementos de derecho constitucional*, t. 2, p. 341.

dos los derechos), e incluso como la fuente de donde emanan los demás derechos personales[29].

Definir la dignidad humana no es tarea sencilla.

Si buscamos el significado de digno en el *Diccionario de la lengua española*, vamos a encontrar, en su primera acepción, "merecedor de algo"; también otra significación es "de calidad aceptable".

Decía KANT que en "el reino de los fines todo tiene o un precio o una dignidad. Aquello que tiene precio puede ser sustituido por algo equivalente, en cambio, lo que se halla por encima de todo precio y, por tanto, no admite nada equivalente, eso tiene una dignidad.

Lo que se refiere a las inclinaciones y necesidades del hombre tiene un precio comercial, lo que, sin suponer una necesidad, se conforma a cierto gusto, es decir, a una satisfacción producida por el simple juego, sin fin alguno, de nuestras facultades, tiene un precio de afecto; pero aquello que constituye la condición para que algo sea fin en sí mismo, eso no tiene meramente valor relativo o precio, sino un valor interno, esto es, dignidad"[30].

Entiende SODERO que el concepto de dignidad humana se vincula "con las ideas de autodeterminación en la elección del bien personal, del libre desarrollo de la personalidad y con la fórmula kantiana del fin en sí mismo. Las teorías no positivistas hablan de ella como un principio que no describe primariamente un derecho humano específico, sino que más bien contiene una fundamentación para los derechos humanos"[31]. Agrega este iusfilósofo santafesino que "los derechos humanos no pueden dejarse simplemente en manos de las concepciones morales personales de los ciudadanos y que una diferencia fundamental existe entre la pregunta de cómo quiero vivir –que se responde con la concepción moral personal– y la pregunta de cómo queremos vivir, cuya respuesta es una concepción moral pública"[32].

Por su parte, BIDART CAMPOS entendía que la dignidad es inherente al hombre, "a su ser, a su esencia, a su naturaleza", y que de ella "se des-

[29] BIDART CAMPOS, *Tratado elemental de derecho constitucional argentino*, t. I-B, p. 284.

[30] KANT, *Fundamentación de la metafísica de las costumbres*, p. 47 y 48.

[31] SODERO, "Concepto de derecho, moral y dignidad en Robert Alexy", en ALEXY - ALONSO - RABBI-BALDI CABANILLAS (coords.), *Argumentación, derechos humanos y justicia*, p. 97 y 98.

[32] SODERO, "Concepto de derecho, moral y dignidad en Robert Alexy", en ALEXY - ALONSO - RABBI-BALDI CABANILLAS (coords.), *Argumentación, derechos humanos y justicia*, p. 101.

prenden todos los derechos, en cuanto son necesarios para que el hombre desarrolle su personalidad integralmente. El derecho a ser hombre es el derecho que engloba a todos los demás en el derecho a ser reconocido y a vivir en y con la dignidad propia de la persona humana"[33]. Expresaba que la dignidad se refleja en: "*a*) la racionalidad humana; *b*) la superioridad del hombre sobre los otros seres terrenos (animales, vegetales, minerales, etc.), y *c*) la pura intelectualidad (como capacidad de compresión directa de las cosas sin que a ello estorbe la materialidad de ellas)", y que este principio traerá como consecuencia la inviolabilidad e ininterferibilidad por terceros de la órbita de la intimidad o privacidad; preservará la moral autorreferente (lo que solo se refiere a sí mismo sin afectar a terceros); dará curso al desarrollo individual del propio plan de vida (en la medida en que sea autorreferente y no afecte a los otros –más allá de que les resulte incómodo o lo consideren desvalioso–); acuñará el principio de que solamente bienes sociales realmente tales convalidan la injerencia del Estado o de los demás hombres en todos los aspectos anteriormente mencionados. Concluía el referido tratadista que la dignidad personal y sus secuelas de inviolabilidad, intimidad, autonomía y libertad solo admiten la limitación que la convivencia social y su solidaridad reportan a cada persona por la circunstancia de compartir con otras la vida en sociedad. Y afirmaba: "La esfera de dignidad de cada uno debe entenderse, éticamente, en un mundo de reciprocidad, porque cada quien inviste la suya"[34].

Para Cianciardo, "la expresión dignidad alude a la eminencia del ser humano, a su grandeza, y su traducción inmediata ha sido históricamente una exigencia de respeto incondicionado, como fin en sí mismo, según la expresión kantiana. Si el respeto no es incondicionado, no se hablará de dignidad, sino de valor (relativo). La dignidad supone, pues, un valor absoluto no sometido a condición. Negar la pretensión del otro, no tenerla en cuenta, significa no respetarlo, o –lo que es lo mismo–, sujetar el respeto del otro al albur de una adhesión voluntaria de su parte al criterio propio"[35].

La conceptualizaba Ekmekdjian, en sentido amplio, como el "valor esencial, fundamento de todos los demás valores y, por ello, de todos los derechos individuales", y en sentido restringido como "el derecho que tie-

[33] Bidart Campos, *Teoría general de los derechos humanos*, p. 74.

[34] Bidart Campos, *Teoría general de los derechos humanos*, p. 76 a 78.

[35] Cianciardo, "Doctrina del doble efecto y fundamentación de los derechos humanos. Una aproximación desde el principio de proporcionalidad", en Alexy - Alonso - Rabbi-Baldi Cabanillas (coords.), *Argumentación, derechos humanos y justicia*, p. 331.

ne todo hombre a ser respetado como tal, es decir, como ser humano con todos los atributos de su humanidad [...] a ser considerado como un fin en sí mismo, y no como un medio o instrumento de los otros hombres"[36].

Plantea HÄBERLE que, de las diversas cláusulas constitucionales sobre la dignidad humana, se llega a percibir entre líneas que "están referidas a una concepción culturalmente específica de la dignidad humana", lo que plantea la cuestión de la dependencia cultural, dice, y sobre todo religiosa, de las concepciones de la dignidad humana. Aun cuando este autor hace un encomiable esfuerzo por demostrar que podría haber un concepto general de dignidad humana válido para todas las culturas[37], resultará difícil concebirlo de tal manera.

Al citar a EUSEBIO FERNÁNDEZ, GHERSI entiende que la idea del reconocimiento de los derechos fundamentales está íntimamente ligada a la idea de dignidad humana, y que al mismo tiempo estos reconocimientos son las condiciones del desarrollo de esa idea de dignidad[38].

Entienden MENDIETA GONZÁLEZ y TOBÓN que, en "el sistema normativo colombiano, a diferencia del alemán, la dignidad humana no es un derecho fundamental, sino que es la fuente de todos los derechos, pues en todos y en cada uno de los derechos, con distintos niveles de intensidad, se manifiesta un núcleo de existencia humana derivado de la dignidad"[39].

Expresan ARCARO CONCI y NOVAES CAVALCANTI que "el principio de dignidad humana se impone como núcleo básico e informador del ordenamiento jurídico brasileño, como criterio y parámetro de valoración a fin de orientar la interpretación y comprensión del sistema constitucional instaurado en 1988. La dignidad humana y los derechos fundamentales van a constituir los principios constitucionales que incorporan las exigencias de justicia y los valores éticos, confiriendo soporte axiológico a todo el sistema jurídico brasileño". Agregan que "los objetivos de la República previstos en el art. 3° de la Constitución pueden ser entendidos como verdaderas premisas necesarias para el pleno respeto a la dignidad humana. Todos ellos –construir una sociedad libre, justa y solidaria;

[36] EKMEKDJIAN, "El valor dignidad y la teoría del orden jerárquico de los derechos individuales", en BIDART CAMPOS - GIL DOMÍNGUEZ (coords.), *Los valores en la Constitución argentina*, p. 15. Para una mayor precisión del concepto, sería adecuado definir cuándo un ser humano no es respetado como tal y si ese alcance puede ser delimitado para toda sociedad, al menos en la actualidad.

[37] HÄBERLE, *El Estado constitucional*, p. 289 y siguientes.

[38] GHERSI, *La dignidad como principio general del derecho*, *LL*, 2014-D-1054.

[39] MENDIETA GONZÁLEZ - TOBÓN, *La dignidad humana y el Estado social y democrático de derecho: el caso colombiano*, "RECHTD", vol. 10, n° 3, 2018, p. 283.

erradicar la pobreza y la marginalidad; la reducción de las desigualdades sociales y regionales; la promoción de todos, sin preconceptos ni discriminación; garantizando el desenvolvimiento nacional– están intrínsecamente vinculados a la dignidad humana. La persona en su dignidad es un valor supremo que da unidad a todo el sistema'"[40].

2) *Tratamiento normativo.* Las diversas constituciones, de una u otra manera, tiene en consideración el principio de dignidad humana.

No por casualidad, la Alemania de la posguerra reconoció expresamente el principio de dignidad. El art. 1.1. de su Constitución dice: "La dignidad humana es intangible. Respetarla y protegerla es obligación de todo poder público".

El art. 10, apdo. 1, de la Const. de España declara: "La dignidad de la persona, los derechos inviolables que le son inherentes, el libre desarrollo de la personalidad, el respeto a la ley y a los derechos de los demás son fundamento del orden político y de la paz social". El art. 1º de la Const. de Portugal dice: "Portugal es una República soberana, basada en la dignidad de la persona humana y en la voluntad popular y empeñada en la transformación en una sociedad sin clases". A su turno, el art. 1º, apdo. III, de la Const. de Brasil dice que entre los fundamentos del Estado se encuentra "la dignidad de la persona humana".

La Constitución de Colombia, en su art. 1º, referido a los "principios fundamentales" dice: "Colombia es un Estado social de derecho, organizado en forma de república unitaria, descentralizada, con autonomía de sus entidades territoriales, democrática, participativa y pluralista, fundada en el respeto de la dignidad humana, en el trabajo y la solidaridad de las personas que la integran y en la prevalencia del interés general".

También el art. 9º, apdo. 2, de la Const. de Bolivia reconoce el principio de dignidad al garantizar "el bienestar, el desarrollo, la seguridad y la protección e igual dignidad de las personas, las naciones, los pueblos y las comunidades, y fomentar el respeto mutuo y el diálogo intracultural, intercultural y plurilingüe". En su art. 22 consagra: "La dignidad y la libertad de la persona son inviolables. Respetarlas y protegerlas es deber primordial del Estado".

La Constitución argentina no tiene una cláusula expresa que reconozca el principio de dignidad, por lo que se entiende que ella forma par-

[40] Arcaro Conci - Novaes Cavalcanti, "A Constituição como sistema normativo aberto: a cooperação entre instituções internacionais e domésticas na aplicação da dignidade humana e do critério pro persona", en Arcaro Conci - Figueiredo (coords.), *30 anos da Constituição*, p. 309 a 311.

te de sus implicitudes. Sí, en cambio, en diversos artículos, todos ellos introducidos con posterioridad al ciclo 1853 con su reforma de 1860, se señala su aplicación en situaciones concretas.

La expresión digno se utiliza en solo dos artículos, el 14 bis, cuando establece que las leyes deberán asegurar al trabajador "*condiciones dignas*" y que la ley establecerá "*el acceso a una vivienda digna*", y el art. 42, cuando reconoce a los consumidores el derecho "*a condiciones de trato equitativo y digno*"[41].

En otros artículos utiliza expresiones que pueden considerarse comparables a dignidad, como al hablar de desarrollo humano. Al respecto, en el art. 41 reconoce la necesidad de preservación del medio ambiente "*apto para el desarrollo humano*"; en el inc. 17 del art. 75 impone la obligación de entregar a las comunidades originarias tierras "*aptas y suficientes para el desarrollo humano*", mientras que en el inc. 19 del mismo artículo fija entre las atribuciones del Congreso proveer "*lo conducente al desarrollo humano*", reiterando la expresión en el art. 125 al otorgar a las provincias poderes concurrentes en la promoción del progreso económico y "*el desarrollo humano*".

En el art. 29 utiliza la expresión "*honor*" como sinónimo de dignidad al prohibir la concesión de facultades extraordinarias a un gobernante, dejando en sus manos el honor, o bien podría decirse, la dignidad, de los argentinos.

Por su parte, el art. 33, al indicar que las declaraciones, derechos y garantías enumerados no pueden ser considerados como negación de otros derechos o garantías no enumerados, es indudable que está dando un claro anclaje al principio de dignidad.

El principio de dignidad se encuentra inmerso en los diversos tratados internacionales que en la actualidad cuentan con jerarquía constitucional en Argentina y que son considerados como parte del bloque de constitucionalidad en diversos países del continente. Existen menciones expresas tanto en sus consideraciones generales como en el cuerpo de su articulado.

Así, la Declaración Americana de los Derechos y Deberes del Hombre comienza en sus consideraciones diciendo que "*los pueblos americanos han dignificado la persona humana*" y en su Preámbulo afirma: "*Todos los hombres nacen libres e iguales en dignidad y derechos*". En

[41] Cabe recordar que el art. 14 bis se incorporó a la Constitución nacional en 1957, mientras que el art. 42, que protege a los consumidores, debe su redacción a la reforma de 1994.

su articulado hace referencia explícita –e implícita, claro está– a la dignidad al reconocer el "*derecho al trabajo en condiciones dignas*" (art. XIV) y el "*derecho a la propiedad privada correspondiente a las necesidades esenciales de una vida decorosa, que contribuya a mantener la dignidad de la persona y del hogar*" (art. XXIII).

La Declaración Universal de Derechos Humanos, en su Preámbulo afirma que "*la libertad, la justicia y la paz en el mundo tienen por base el reconocimiento de la dignidad intrínseca y de los derechos iguales e inalienables de todos los miembros de la familia humana*", y sostiene más adelante que "*los pueblos de las Naciones Unidas han reafirmado en la carta su fe en los derechos fundamentales del hombre, en la dignidad y el valor de la persona humana y en la igualdad de derechos de hombres y mujeres*". En el art. 1º consagra: "*Todos los seres humanos nacen libres e iguales en dignidad y derechos*"; en el art. 22 dice que toda persona tiene la potestad de "*la satisfacción de los derechos económicos, sociales y culturales, indispensables a su dignidad y el libre desarrollo de su personalidad*"; mientras que en el art. 23.3 reconoce al trabajador el derecho a una remuneración que "*le asegure, así como a su familia, una existencia conforme a la dignidad humana*".

El Pacto Internacional de Derechos Económicos, Sociales y Culturales expresa en sus consideraciones preliminares que "*la libertad, la justicia y la paz en el mundo tienen por base el reconocimiento de la dignidad inherente a todos los miembros de la familia humana y de sus derechos iguales e inalienables.*

Reconociendo que estos derechos se derivan de la dignidad inherente a la persona humana". A su vez, en su art. 7º exige que en materia laboral se garantice un salario que asegure al trabajador: "*Condiciones de existencia dignas para ellos y para sus familias conforme a las disposiciones del presente Pacto*". Agrega en el art. 13 que "*la educación debe orientarse hacia el pleno desarrollo de la personalidad humana y del sentido de su dignidad y debe fortalecer el respeto por los derechos humanos y las libertades fundamentales*".

También el Pacto Internacional de Derechos Civiles y Políticos tiene las mismas consideraciones preliminares que su similar de Derechos Económicos, Sociales y Culturales. Además, en su art. 10 establece: "*Toda persona privada de libertad será tratada humanamente y con el respeto debido a la dignidad inherente al ser humano*".

La Convención Internacional sobre la Eliminación de todas las Formas de Discriminación Racial comienza reconociendo los principios de la dignidad y la igualdad inherentes a todos los seres humanos, y agrega que "*todos los seres humanos nacen libres e iguales en dignidad y derechos*". Continúa expresando la necesidad de eliminar de forma rápida en todas las partes del mundo la discriminación racial en todas sus formas y manifestaciones y asegurar la comprensión y el respeto de la dignidad de la persona humana.

La Convención Americana sobre Derechos Humanos (Pacto de San José de Costa Rica) impone, en su art. 5º: "*Toda persona privada de libertad será tratada con el respeto debido a la dignidad inherente al ser humano*". A continuación, en su art. 6º, determina que "*el trabajo forzoso no debe afectar a la dignidad ni a la capacidad física o intelectual del recluido*". En el art. 11 reconoce que "*toda persona tiene derecho al respeto de su honra y al reconocimiento de su dignidad*".

La Convención sobre la Eliminación de Todas las Formas de Discriminación contra la Mujer reafirma "*la fe en los derechos fundamentales del hombre, en la dignidad y el valor de la persona humana y en la igualdad de los derechos del hombre y la mujer*", a lo que agrega que "*todos los seres humanos nacen libres e iguales en dignidad y derechos*", y recuerda que "*la discriminación contra la mujer viola los principios de la igualdad de derechos y del respeto de la dignidad humana*".

La Convención contra la Tortura y otros Tratos o Penas Crueles, Inhumanos o Degradantes declara en sus considerandos que los "*derechos emanan de la dignidad inherente de la persona humana*".

La Convención sobre los Derechos del Niño reafirma la dignidad en su Preámbulo, en idéntica fórmula que el Pacto Internacional de Derechos Económicos, Sociales y Culturales y los demás instrumentos que lo igualan, y agrega que el niño debe ser educado "*en un espíritu de paz, dignidad, tolerancia, libertad, igualdad y solidaridad*". En el art. 23 se establece que se deberá reconocer "*que el niño mental o físicamente impedido deberá disfrutar de una vida plena y decente en condiciones que aseguren su dignidad*"; en el art. 28 se impone que los Estados partes "*adoptarán cuantas medidas sean adecuadas para velar por que la disciplina escolar se administre de modo compatible con la dignidad humana del niño*", y el art. 37 ordena que todo niño privado de libertad "*sea tratado con la humanidad y el respeto que merece la dignidad inherente a la persona humana, y de manera que se tengan en cuenta las necesidades de las personas de su edad*". Además, el art. 40 dice: "*Los Estados partes reconocen el derecho de todo niño de quien se alegue que ha infringido las leyes penales o a quien se acuse o declare culpable de haber infringido esas leyes a ser tratado de manera acorde con el fomento de su sentido de la dignidad*".

En los considerandos de la Convención Interamericana sobre Desaparición Forzada de Personas se expresa que "*la desaparición forzada de personas constituye una afrenta a la conciencia del hemisferio y una grave ofensa de naturaleza odiosa a la dignidad intrínseca de la persona humana*".

También la Convención sobre los Derechos de las Personas con Discapacidad reafirma que se encuentra entre sus objetivos "*promover y proteger los derechos y la dignidad de las personas con discapacidad*", lo que reitera en su Preámbulo, donde expresa que "*una convención internacional amplia e integral para promover y proteger los derechos y la dignidad de las personas con discapacidad contribuirá significativamente a paliar la profunda desventaja social de las personas con discapacidad*". En su art. 1° señala: "*El propósito de la presente Convención es promover, proteger y asegurar el goce pleno y en condiciones de igualdad de todos los derechos humanos y libertades fundamentales por todas las personas con discapacidad, y promover el respeto de su dignidad inherente*". El art. 3° establece entre sus principios el respeto de la dignidad inherente, la autonomía individual, incluida la libertad de tomar las propias decisiones, y la independencia de las personas.

Los únicos tratados que han sido incorporados con jerarquía constitucional en el ordenamiento argentino y no mencionan expresamente el principio de dignidad son la Convención sobre la Prevención y la Sanción del Delito de Genocidio y la Convención sobre la Imprescriptibilidad de los Crímenes de Guerra y de los Crímenes de Lesa Humanidad.

3) *Jurisprudencia.* Diversos tribunales se han ocupado del reconocimiento del principio de dignidad humana. Al respecto, la Corte de Constitucionalidad de Guatemala sostuvo que la Constitución guatemalteca incorporó el bloque de constitucionalidad "como un conjunto de normas internacionales referidas a derechos inherentes a la persona, incluyendo todas aquellas libertades y facultades que aunque no figuren en su texto formal, responda directamente al concepto de dignidad de la persona, pues el derecho por ser dinámico, tiene reglas y principios que están evolucionando y cuya integración con esta figura permite su interpretación como derechos propios del ser humano"[42].

La Corte Suprema argentina ha mencionado en diversos casos el principio de dignidad, sin fijar estándares precisos sobre su alcance ni ceñirlo a una materia en particular.

[42] CConst Guatemala, 17/7/2012, expte. 1822-2011, *Gaceta*, 105.

Así, por ejemplo, en su relación con la libertad de prensa y el honor de las personas aludidas entendió que, "si no es dudoso que debe evitarse la obstrucción o entorpecimiento de la prensa libre y de sus funciones esenciales (*Fallos*, 257:308), no puede considerarse tal la exigencia de que su desenvolvimiento resulte veraz, prudente y compatible con el resguardo de la dignidad individual de los ciudadanos, impidiendo la propalación de imputaciones falsas que puedan dañarla injustificadamente; proceder que solo traduce un distorsionado enfoque del ejercicio de la importante función que compete a los medios de comunicación social tal cual debe desarrollarse en la sociedad contemporánea. Ello no implica imponer a los responsables –como ya se ha señalado en la causa 'Campillay, Julio C. c/La Razón, Crónica y Diario Popular s/daños y perjuicios'– el deber de verificar en cada supuesto la exactitud de una noticia sino de adecuar, primeramente, la información a los datos suministrados por la propia realidad –lo que no ocurrió en el *sub examine*–, máxime cuando se trata de noticias con evidente potencialidad calumniosa o difamatoria, y, en todo caso, difundir el informe 'atribuyendo directamente su contenido a la fuente, utilizando un tiempo de verbo potencial o guardando en reserva la identidad de los implicados en el hecho ilícito'"[43].

Posteriormente, sostuvo que calificar a una persona, aun cuando sea un funcionario, de detestable, constituye una expresión insultante "que excede los límites del derecho de crítica y a la libertad de expresión por parte del demandado, ofendiendo la dignidad"[44].

Aun antes de la reforma constitucional y de la jerarquización de los tratados internacionales, mencionó la dignidad como un principio implícito. En los autos "Sejean" sostuvo que "nuestra Constitución nacional no enumera la totalidad de los derechos que ampara; coherentemente su art. 33 expresa: 'Las declaraciones, derechos y garantías que enumera la Constitución no serán entendidos como negación de otros derechos y garantías no enumerados, pero que nacen del principio de la soberanía del pueblo y de la forma republicana de gobierno'. Entre los derechos así amparados se halla, evidentemente, el derecho a la dignidad humana.

Que hace esta dignidad que las necesidades del hombre sean satisfechas con decoro, lo que en la faz jurídica implica que la ley las reconozca, en tanto su satisfacción no viole los límites del art. 19 de la Const. nacio-

[43] CSJN, 12/3/1987, "Costa, Héctor R. c/MCBA y otros", *Fallos*, 310:523, consid. 9º.

[44] CSJN, 14/8/2013, "Canicoba Corral, Rodolfo A. c/Acevedo, Sergio E., y otros s/daños y perjuicios", *Fallos*, 336:1148.

nal, es decir no ofendan el orden y a la moral pública, ni perjudiquen [...] un tercero, de modo tal que puedan conducir a la realización personal, posibilidad que por otra parte es requisito de una sociedad sana'"[45].

También la Corte Suprema analizó cómo juega el derecho a la vida con el principio de dignidad. Sostuvo en tal sentido que "la dignidad que le asiste por el simple hecho de ser humano, reconocida en distintas normas convencionales, se desprende el principio de inviolabilidad de las personas que proscribe tratarlo con base en consideraciones utilitarias.

Es justamente por ello que goza tanto del derecho a la autodeterminación de decidir cesar un tratamiento médico como también, en sentido opuesto, a recibir las necesarias prestaciones de salud y a que se respete su vida, en tanto primer derecho de la persona humana que resulta reconocido y garantizado por la Constitución nacional'"[46].

Consideró afectado el principio de dignidad cuando se impone a una mujer que sufre una violación llevar adelante un embarazo. Entendió al respecto que "de la dignidad de las personas, reconocida en varias normas convencionales [...] se desprende el principio que las consagra como un fin en sí mismas y proscribe que sean tratadas utilitariamente. Este principio de inviolabilidad de las personas impone rechazar la exégesis restrictiva de la norma según la cual esta solo contempla, como un supuesto de aborto no punible, al practicado respecto de un embarazo que es la consecuencia de una violación a una incapaz mental. En efecto, la pretensión de exigir, a toda otra víctima de un delito sexual, llevar a término un embarazo, que es la consecuencia de un ataque contra sus derechos más fundamentales, resulta, a todas luces, desproporcionada y contraria al postulado, derivado del mencionado principio, que impide exigirle a las personas que realicen, en beneficio de otras o de un bien colectivo, sacrificios de envergadura imposible de conmensurar'"[47].

En materia de derechos sociales, también entendió aplicable el principio de dignidad.

En ese sentido, expresó que no mantener la relación entre los aportes y los haberes de pasividad afecta dicho principio, al sostener que "la necesidad de mantener una proporción justa y razonable entre el haber de pasividad y la situación de los activos, es consecuencia del carácter integral que reconoce la ley suprema a todos los beneficios de la seguridad

[45] CSJN, *Fallos*, 308:2268, consids. 7° y 8°.

[46] CSJN, 7/7/2015, "D., M. A. s/declaración de incapacidad", *Fallos*, 338:556, consid. 24.

[47] CSJN, *Fallos*, 335:197, consid. 16.

social y de la íntima vinculación que guardan las prestaciones aseguradas al trabajador con aquellas de naturaleza previsional, que son financiadas primordialmente con los aportes efectuados durante el servicio. Los derechos a una retribución justa y a un salario mínimo vital y móvil –dirigidos a garantizar alimentación y vivienda, educación, asistencia sanitaria y, en definitiva, una vida digna– encuentran su correlato en las jubilaciones y pensiones móviles que deben ser garantizadas a los trabajadores cuando entran en pasividad"[48].

También entendió que se afectaba el derecho a una vida digna cuando no se atendía adecuadamente la salud de la población, al señalar que "las razones dadas para suspender la asistencia al paciente y hacer recaer esa responsabilidad en la obra social o en la autoridad pública local, resultaban incompatibles con las obligaciones primarias puestas a cargo del Estado nacional como garante del sistema de salud y que el acto atacado lesionaba los derechos a la vida, a la dignidad personal y al bienestar general protegidos por el Preámbulo y por los arts. 33 y 42 de la Const. nacional, la Convención Americana sobre Derechos Humanos, el Pacto Internacional de Derechos Económicos, Sociales y Culturales y el Pacto Internacional de Derechos Civiles y Políticos"[49].

En un planteo en el que una madre con su hijo discapacitado en situación de desamparo requirió el acceso a una vivienda en condiciones mínimas para su desarrollo, aun cuando no se explayó sobre la relación entre la vivienda y la dignidad humana, la Corte Suprema efectivizó el derecho, al mencionar además que "el sistema de fuentes aplicable al caso está conformado por la Constitución nacional, los tratados internacionales mencionados, la Constitución de la Ciudad Autónoma de Buenos Aires y la legislación local dictada en consecuencia. De dicho sistema se desprende el reconocimiento de un derecho de acceso a una vivienda digna y el deber de protección de sectores especialmente vulnerables como las personas con discapacidad y los niños en situación de desamparo, de modo que corresponde a esta Corte establecer el alcance de dichos preceptos en relación al caso"[50].

En el ámbito laboral resaltó que "todo lo atinente al salario supera los límites del 'llamado' mercado de trabajo o, mejor dicho, somete a este a las exigencias superiores de la protección de la dignidad de la persona y

[48] CSJN, *Fallos*, 328:1602, consid. 5º.

[49] CSJN, 24/10/2000, "Campodónico de Beviacqua, Ana C. c/Ministerio de Salud y Acción Social - Secretaría de Programas de Salud y Banco de Drogas Neoplásicas", *Fallos*, 323:3229, consid. 5º.

[50] CSJN, *Fallos*, 335:452, especialmente consid. 9º.

del bien común [...] Solo es calificable de 'trabajo digno', el que respeta los derechos fundamentales de la persona humana, así como los derechos de los trabajadores en lo relativo a condiciones de remuneración"[51].

En "Ledesma", la Corte Suprema entendió que la dignidad es el fundamento de los demás principios, incluso el de igualdad, al sostener que "el acto discriminatorio ofende nada menos que el fundamento definitivo de los derechos humanos: la dignidad de la persona, al renegar de uno de los caracteres ínsitos de esta: la igualdad en dignidad de todos y cada uno de los seres humanos, de la cual deriva, precisamente, el principio de igualdad y prohibición de toda discriminación, destinado a proteger en la existencia dicha igualdad en esencia, intrínseca o inherente a aquellos"[52].

No tuvo el mismo énfasis puesto en este principio en "Arancibia Clavel", pese a discutirse una materia relacionada con delitos de lesa humanidad. Allí, solo el voto del doctor Maqueda se refiere al principio[53].

Posteriormente, en "Simón"[54] y "Mazzeo", la Corte Suprema, en el voto principal, hizo una mención del principio, aun cuando sin un desarrollo exhaustivo para el caso en cuestión. Dijo al respecto que "estas declaraciones importaron el reconocimiento de los derechos preexistentes de los hombres a no ser objeto de persecuciones por el Estado. Esta necesaria protección de los derechos humanos, a la que se han comprometido los Estados de la comunidad universal, no se sustenta en ninguna teoría jurídica excluyente. En realidad, sus postulados sostienen que hay principios que determinan la justicia de las instituciones sociales y establecen parámetros de virtud personal que son universalmente válidos, independientemente de su reconocimiento efectivo por ciertos órganos o individuos, lo cual no implica optar por excluyentes visiones iusnaturalistas o positivistas. La universalidad de tales derechos no depende pues de un sistema positivo o de su sustento en un derecho natural fuera del derecho positivo [...]

Esta concepción del derecho internacional procura excluir ciertos actos criminales del ejercicio legítimo de las funciones estatales [...] y se fundamenta, esencialmente, en la necesaria protección de la dignidad misma del hombre que es reconocida en la declaración mencionada y que

[51] CSJN, 1/9/2009, "Pérez, Aníbal R. c/Disco SA", *Fallos*, 332:2043.

[52] CSJN, 9/9/2014, "Ledesma, Florencio c/Citrus Batalla SA s/sumarísimo", L.263.XLV.

[53] CSJN, 24/8/2004, "Arancibia Clavel, Enrique L., y otros s/homicidio calificado y asociación y otros –causa 259–", *Fallos*, 327:3312, voto del doctor Maqueda, consid. 14.

[54] CSJN, *Fallos*, 328:2056, especialmente consid. 27.

no se presenta exclusivamente a través del proceso de codificación de un sistema de derecho positivo tipificado en el ámbito internacional. [...]

Que ya en el caso 'Barrios Altos' la Corte IDH consideró inadmisibles las disposiciones de amnistía, las disposiciones de prescripción y el establecimiento de excluyentes de responsabilidad que pretendan impedir la investigación y sanción de los responsables de las violaciones graves de los derechos humanos tales como la tortura, las ejecuciones sumarias, extralegales o arbitrarias y las desapariciones forzadas, todas ellas prohibidas por contravenir derechos inderogables reconocidos por el derecho internacional de los derechos humanos' [...]. Por su parte, el doctor García Ramírez, en su voto concurrente, señaló que las 'disposiciones de olvido y perdón no pueden poner a cubierto las más severas violaciones a los derechos humanos' (párr. 11).

En este mismo sentido, pero más enfáticamente, en el caso 'Almonacid', la Corte Interamericana señaló que los crímenes de lesa humanidad son serios actos de violencia que dañan a los seres humanos al golpear lo más esencial para ellos: su vida, su libertad, su bienestar físico, su salud y/o su dignidad. Son actos inhumanos que por su extensión y gravedad van más allá de los límites de lo tolerable para la comunidad internacional, la que debe necesariamente exigir su castigo. Agregó que, por ello, los crímenes de guerra y los crímenes de lesa humanidad, dondequiera y cualquiera que sea la fecha en que se hayan cometido, serán objeto de una investigación, y las personas contra las que existan pruebas de culpabilidad en la comisión de tales crímenes serán buscadas, detenidas, enjuiciadas y, en caso de ser declaradas culpables, castigadas"[55].

El Tribunal Constitucional Federal alemán ha tenido un interesante desarrollo sobre la dignidad aplicada como principio, tal como aquí se concibe, al expresar que "no solo es un derecho fundamental individual, sino que concreta todos los demás derechos fundamentales"[56].

Al decir de Mendieta González y Tobón, la Corte Constitucional colombiana "concluye que el referente concreto de la dignidad humana está vinculado con tres ámbitos exclusivos de la persona natural: la autonomía individual (materializada en la posibilidad de elegir un proyecto de vida y de determinarse según esa elección), unas condiciones de vida cualificadas (referidas a las circunstancias materiales necesarias para desarrollar

[55] CSJN, *Fallos*, 330:3248.

[56] BVerfGE 93, 266 (293); BVerfGE 6, 32 (36/41); BVerfGE 45, 187 (227), citados por Oehling de los Reyes, *El concepto constitucional de dignidad de la persona: forma de comprensión y modelos predominantes de recepción en la Europa continental*, "Revista Española de Derecho Constitucional", nº 91, ene.-abr. 2011, p. 152.

el proyecto de vida) y la intangibilidad del cuerpo y del espíritu (entendida como integridad física y espiritual, presupuesto para la realización del proyecto de vida)"; no obstante, señalan que en su sentencia T-881 del año 2002 dijo que "estos lineamientos no representan de manera alguna una postura definitiva y restringida del objeto protegido, del mandato de acción, de las razones normativas, o de la configuración de los límites de la dignidad humana, de tal forma que el énfasis o el acento que resulte puesto en uno de los sentidos expresados para efectos de la argumentación y en general de la solución jurídico-constitucional de los casos concretos, no implica la negación o la pérdida de validez de los demás, incluso de los que no aparecen relacionados en el mencionado fallo"[57].

La Corte Interamericana de Derechos Humanos no ha sido ajena a su reconocimiento y, aun cuando no siempre le dio un desarrollo preciso, dejó pautas claras en aplicaciones puntuales.

Se refirió a este principio de forma genérica para señalar el deber de los Estados de respetarlo sosteniendo que el "ejercicio de la función pública tiene unos límites que derivan de que los derechos humanos son atributos inherentes a la dignidad humana y, en consecuencia, superiores al poder del Estado"[58]. También dijo que "la evolución de este ámbito del derecho internacional ha desarrollado ciertos límites a la aplicación de las políticas migratorias que imponen un apego estricto a las garantías del debido proceso y al respeto de la dignidad humana, cualquiera que sea la condición jurídica del migrante"[59].

En otros precedentes puntualizó situaciones que se consideran violatorias del principio de dignidad, como la desaparición forzada de personas, al decir que la "práctica de desapariciones, a más de violar directamente numerosas disposiciones de la Convención, como las señaladas, significa una ruptura radical de este tratado, en cuanto implica el craso abandono de los valores que emanan de la dignidad humana y de los principios que más profundamente fundamentan el sistema interamericano y la misma Convención"[60]; la condición de apátrida, al estimar "que la falta del reconocimiento de la personalidad jurídica lesiona la dignidad huma-

[57] Mendieta González - Tobón, *La dignidad humana y el Estado social y democrático de derecho: el caso colombiano*, "RECHTD", vol. 10, nº 3, 2018, p. 283.

[58] Corte IDH, 20/1/1989, "Godínez Cruz vs. Honduras", párr. 174.

[59] Corte IDH, 23/11/2010, "Vélez Loor vs. Panamá", párr. 100. Doctrina reiterada en Corte IDH, 24/10/2012, "Nadege Dorzema y otros vs. República Dominicana", párr. 154, entre otros.

[60] Corte IDH, 29/7/1988, "Velásquez Rodríguez vs. Honduras", párr. 158, entre muchos otros.

na, ya que niega de forma absoluta su condición de sujeto de derechos y hace al individuo vulnerable frente a la no observancia de sus derechos por el Estado o por particulares"[61], y el no garantizar el derecho a la propiedad comunitaria de las tierras que habitan las comunidades indígenas, al entender que ese "hecho ha afectado el derecho a una vida digna de los miembros de la Comunidad, ya que los ha privado de la posibilidad de acceder a sus medios de subsistencia tradicionales, así como del uso y disfrute de los recursos naturales necesarios para la obtención de agua limpia y para la práctica de la medicina tradicional de prevención y cura de enfermedades"[62].

También estimó que viola el principio de dignidad la privación de libertad con aislamiento prolongado e incomunicación coactiva[63], o el no garantizarle al recluso la salvaguarda de su salud y bienestar, además de "que la manera y el método de privación de libertad no exceda el nivel inevitable de sufrimiento inherente a la detención"[64]; también afirmó que el "uso de la fuerza que no sea estrictamente necesario por el propio comportamiento de la persona detenida constituye un atentado a la dignidad humana"[65], y lo es también someter a una persona a desnudez forzada durante un tiempo prolongado[66]. Expresó que "el Estado debe

[61] Corte IDH, 8/9/2005, "Niñas Yean y Bosico vs. República Dominicana", párr. 179.

[62] Corte IDH, 17/6/2005, "Comunidad Indígena Yakye Axa vs. Paraguay", párr. 168.

[63] Doctrina de los casos Corte IDH, 27/11/2003, "Maritza Urrutia vs. Guatemala", párr. 87; íd., 25/11/2000, "Bámaca Velásquez vs. Guatemala", párr. 150; íd., 18/8/2000, "Cantoral Benavides vs. Perú", párr. 83; íd., 21/11/2007, "Chaparro Álvarez y Lapo Íñiguez vs. Ecuador" párr. 171, entre otros.

[64] Corte IDH, 20/11/2007, "Boyce y otros vs. Barbados", párr. 88; también doctrina de los casos Corte IDH, 2/9/2004, "'Instituto de Reeducación del Menor' vs. Paraguay", párr. 154; íd., 5/7/2006, "Montero Aranguren y otros (Retén de Catia) vs. Venezuela", párr. 86; íd., 1/2/2006, "López Álvarez vs. Honduras", párr. 104. Son considerados sufrimientos indignos el hacinamiento, el tener que excretar en presencia de otros prisioneros, el no poseer condiciones mínimas de higiene, la ausencia total de privacidad, la desnudez forzada, la deficiencia de ejercicio o la imposibilidad de interactuar con familiares y amigos.

[65] Corte IDH, 24/11/2011, "Familia Barrios vs. Venezuela", párr. 52; también doctrina de casos Corte IDH, 17/9/1997, "Loayza Tamayo vs. Perú", párr. 57; íd., 26/11/2010, "Cabrera García y Montiel Flores vs. México", párr. 133.

[66] Corte IDH, 25/11/2006, "Penal Miguel Castro Castro vs. Perú", párr. 305, donde dijo: "La Corte considera que todos los internos que fueron sometidos durante ese prolongado período a la referida desnudez forzada fueron víctimas de un trato violatorio de su dignidad personal". A esto agregó: "En relación con lo anterior, es preciso enfatizar que dicha desnudez forzada tuvo características especialmente graves para las seis mujeres internas que se ha acreditado que fueron sometidas a ese trato. Asimismo, durante

asegurar que toda persona privada de su libertad viva en condiciones compatibles con su dignidad humana, entre las que se encuentren, *inter alia*: *a*) celdas ventiladas y con acceso a luz natural; *b*) acceso a sanitarios y duchas limpias y con suficiente privacidad; *c*) alimentación de buena calidad, cuyo valor nutritivo sea suficiente para el mantenimiento de la salud y fuerza de la persona privada de libertad; y *d*) atención en salud necesaria, adecuada, digna y oportuna"[67], y consideró que privar a una persona del idioma materno cuando representa un elemento de identidad afecta la dignidad personal como miembro de la comunidad[68].

En cuanto a la televisación de una condena de muerte, sostuvo que "la publicidad de la ejecución de los señores Girón y Castillo a través de los medios televisivos es incompatible con la dignidad humana, por constituirse como un trato degradante, toda vez, que las presuntas víctimas del presente caso fueron tratados como objetos para ejemplificar, a través de su ejecución, que determinadas conductas eran rechazadas por la sociedad"[69].

Más ampliamente, consideró que el derecho a la identidad que comprende, entre otros atributos, el derecho al nombre, a la nacionalidad, a las relaciones familiares, es consustancial a la dignidad humana[70]. Así mismo entendió: "La protección a la vida privada abarca una serie de factores relacionados con la dignidad del individuo, incluyendo, por ejemplo, la capacidad para desarrollar la propia personalidad y as-

todo el tiempo que permanecieron en este lugar a las internas no se les permitió asearse y, en algunos casos, para utilizar los servicios sanitarios debían hacerlo acompañadas de un guardia armado quien no les permitía cerrar la puerta y las apuntaba con el arma mientras hacían sus necesidades fisiológicas [...]. El Tribunal estima que esas mujeres, además de recibir un trato violatorio de su dignidad personal, también fueron víctimas de violencia sexual, ya que estuvieron desnudas y cubiertas con tan solo una sábana, estando rodeadas de hombres armados, quienes aparentemente eran miembros de las fuerzas de seguridad del Estado. Lo que califica este tratamiento de violencia sexual es que las mujeres fueron constantemente observadas por hombres. La Corte, siguiendo la línea de la jurisprudencia internacional y tomando en cuenta lo dispuesto en la Convención para Prevenir, Sancionar y Erradicar la Violencia contra la Mujer, considera que la violencia sexual se configura con acciones de naturaleza sexual que se cometen en una persona sin su consentimiento, que además de comprender la invasión física del cuerpo humano, pueden incluir actos que no involucren penetración o incluso contacto físico alguno" (párr. 306).

[67] Corte IDH, 26/6/2012, "Díaz Peña vs. Venezuela", párr. 154 *in fine*.

[68] Corte IDH, 1/2/2006, "López Álvarez vs. Honduras", párr. 169.

[69] Corte IDH, 15/10/2019, "Girón y otro vs. Guatemala", párr. 87.

[70] Corte IDH, 31/8/2011, "Contreras y otros vs. El Salvador", especialmente párr. 112.

piraciones, determinar su propia identidad y definir sus propias relaciones personales"[71].

También consideró que el trato desigual afecta la dignidad, al decir que "la noción de igualdad se desprende directamente de la unidad de naturaleza del género humano y es inseparable de la dignidad esencial de la persona, frente a la cual es incompatible toda situación que, por considerar superior a un determinado grupo, conduzca a tratarlo con privilegio; o que, a la inversa, por considerarlo inferior, lo trate con hostilidad o de cualquier forma lo discrimine del goce de derechos que sí se reconocen a quienes no se consideran incursos en tal situación"[72].

4) *Consideraciones finales.* Como hemos visto, es indudable que resulta una tarea imposible precisar el significado del principio de dignidad; pero, además de imposible, inconveniente también.

Todo principio fundamental es amplio y mudable, y más aún el de dignidad. Más allá de lo expuesto, se pueden realizar algunas aproximaciones.

No se trata de un principio inmutable, válido para todo tiempo y para toda cultura, y aun cuando su significado no puede cambiar según las modas existentes, los valores de una sociedad férreamente incorporados tendrán un papel decisivo.

¿Es indigno que las mujeres y los hombres estén desigualados en derecho y que las primeras deban someterse a estos últimos? En nuestra concepción occidental solo se admite una respuesta afirmativa; pero no es lo que ocurre en ciertas comunidades musulmanas y en los Estados teocráticos que se basan en postulados islámicos.

¿Es indigno comer ciertos animales como la vaca o el cerdo? También acá habrá concepciones ideológicas que digan que sí, mientras un occidentalismo cristiano, ateo o agnóstico dará una respuesta negativa, salvo en ciertos sectores que, aun dentro de este grupo, no admiten la ingesta de seres vivos.

Incluso el concepto de dignidad varía muchas veces no solo entre las distintas culturas, sino entre los distintos sectores de una misma cultura. Así, en ciertas creencias puede resultar indignante recibir una transfusión sanguínea que salvaría la vida.

También la libertad jugará un rol esencial.

[71] Corte IDH, 28/11/2012, "Artavia Murillo y otros ('fecundación *in vitro*') vs. Costa Rica", párr. 143.

[72] Corte IDH, 19/11/2015, "Velásquez Paiz y otros vs. Guatemala", párr. 173.

Hay actos que en determinados contextos son plausibles y en otros afectan claramente la dignidad de las personas que participan. Nada hay más digno que el acto sexual libre y consentido, que además del disfrute permite la perpetuación de la especie. Y pocas cosas (o tal vez ninguna) resultan más indignas que la realización forzada de dicho acto.

¿Y qué pasa cuando este se realiza como consecuencia de un intercambio económico? Aquí el factor cultural jugará un rol trascendente, dado que aquellas sociedades que consideran que no todo está en el comercio y que el cuerpo humano no puede ser un objeto de lucro verán esa actividad indigna; a diferencia de otras sociedades donde el consentimiento obtenido por medio del dinero es tan válido como el expresado por el libre deseo de la persona sin condicionamiento alguno.

Para muchas comunidades indígenas la relación que las une con la tierra no es una relación de propiedad, como lo concibe la cultura occidental, y resulta tan indigna su venta para las primeros como resulta indigna la venta de un órgano del cuerpo humano para la segunda.

Una situación particular que merece destacarse como ejemplo ha sido el denominado "lanzamiento de enanos", práctica iniciada en Estados Unidos de América en la década del 80 del siglo anterior, que consiste en proveer de protección a quien será arrojado hacia una red o colchoneta en bares y discotecas, y que se ha extendido a diversos países, entre ellos a Francia. Diversas ciudades de este país (como Morsang-sur-Orge o Aix-en-Provence) decidieron prohibir la práctica por considerarla indigna, lo que motivó que Manuel Wackenheim, un francés que sufría de enanismo, cuestionara lo decidido por considerar que afectaba su posibilidad de trabajar, su libertad y el principio de igualdad. Obtuvo resultado favorable en el Tribunal Administrativo, pero el Consejo de Estado dio por válida la prohibición, por lo que Wackenheim recurrió al Comité de Derechos Humanos (CCPR, por sus siglas en inglés), que confirmó lo decidido en la instancia anterior[73].

Cabe considerar que el Comité no indicó que la actividad era indigna y por tanto debía prohibirse, sino que la prohibición por indignidad decidida por los gobiernos locales de Francia era plenamente válida. Incluso remarcó que el hecho de que existieran otras actividades que no estaban prohibidas, pero que podrían estarlo eventualmente por motivos análogos a los que justificaban la prohibición del "lanzamiento de enanos", no justificaba conferir a esta prohibición carácter discriminatorio puesto que se basó en criterios objetivos y razonables.

[73] CCPR, 26/7/2002, "Manuel Wackenheim v. France", comunicación 854/1999, UN Doc. CCPR/C/75/D/854/1999 (2002).

Como vimos, la jurisprudencia consideró indigna básicamente toda afectación importante de los derechos humanos fundamentales. Más allá de los catálogos de situaciones concretas que podamos enunciar, solo en las aplicaciones puntuales, de una persona con sus convicciones y en una sociedad determinada, podrá concretarse el principio de dignidad[74].

Por todo ello, el principio de dignidad no podrá formularse en un enunciado específico, sino que se deberán tener en cuenta pautas que, con un amplio margen de discrecionalidad, permitan al intérprete, en cada caso concreto, determinar cuándo la aplicación de una norma, o su negación, pueden afectarlo.

b) *Principio de libertad.* La idea de libertad fue evolucionando como todo el desarrollo de los derechos humanos fundamentales.

En sus orígenes, la libertad se concibe como una posibilidad de hacer o no cosas no prohibidas. Todo lo no regulado (que era la regla) quedaba en el ámbito de actuación privada sin la interferencia de terceros, principalmente del Estado. A esta garantía de no injerencia o libertad negativa también se la conoce como libertad de los antiguos[75].

En un segundo momento, esa libertad de no obstrucción se transforma en una libertad de autonomía, en cuanto, además del no impedimento, implica darse normas por sí mismo. Se dirá que "sobre la base de este concepto de libertad como autonomía nace la teoría de la libertad política como desarrollo de la libertad civil, o de la forma democrática de gobierno como desarrollo e integración de la forma pura y originariamente liberal"[76].

En la tercera etapa se comprende que no basta con tener la potestad; es necesario contar con las condiciones mínimas que aseguren que esa libertad pueda ser gozada.

1) *Doctrina.* También determinar el alcance y contenido del principio de libertad presenta suma complejidad, por ser amplio e indefinido como todo principio.

[74] En el mismo sentido, Rabbi-Baldi Cabanillas dice que el "contenido de la dignidad humana se llena (o mejor, se nutre) de las particularidades de cada situación concreta en las que la razonabilidad práctica despliega su papel decisivo, poniendo en correspondencia y por tanto, balanceando, como pide Alexy, los factores empíricos, normativos y el elenco de argumentos; es decir, de razones y contra razones justificantes que hacen a la esencia de la proporcionalidad y que cooperan en orden a arribar a soluciones razonables; esto es, justas" ["El principio de proporcionalidad, la dignidad humana y la jurisprudencia de la Corte Suprema. Un análisis desde la perspectiva de Robert Alexy", en Alexy - Alonso - Rabbi-Baldi Cabanillas (coords.), *Argumentación, derechos humanos y justicia*, p. 254].

[75] Ver, al respecto, Pérez Luño, *Lecciones de filosofía del derecho.*

[76] Bobbio, *El tiempo de los derechos*, p. 43.

Luego de reconocer tal dificultad, Bobbio expresa que existen dos significados de libertad, la "negativa" y la "positiva". Dice que "por libertad negativa se entiende, en el lenguaje político, la situación en la cual un sujeto tiene la posibilidad de obrar o de no obrar, sin ser obligado a ello o sin que se lo impidan otros sujetos", que "comprende tanto la ausencia de impedimento, es decir, la posibilidad de hacer, cuanto la ausencia de constricción, es decir la posibilidad de no hacer". Ejemplifica diciendo que goza de situación de libertad tanto quien puede expresar las propias opiniones sin incurrir en los rigores de la censura como el que queda exento del servicio militar.

A la libertad positiva, que también llama autodeterminación o autonomía, la define el jurista italiano como "la situación en la que un sujeto tiene la posibilidad de orientar su voluntad hacia un objetivo, de tomar decisiones, sin verse determinado por la voluntad de otros"[77].

Clasifica Carbonell la libertad negativa entendiendo que "puede ser pre-jurídica o bien puede ser jurídica; es del primer tipo cuando una determinada conducta no está jurídicamente regulada, es decir, cuando el derecho no la toma en cuenta y, en esa virtud, puede ser libremente realizada o no realizada por una persona. La libertad negativa es jurídica cuando el ordenamiento le asegura a una persona la posibilidad de realizar una conducta sin interferencias y sin constricciones"[78].

Afirma Alexy que "el concepto de libertad es uno de los conceptos prácticos más fundamentales y, a la vez, menos claros. Su ámbito de aplicación parece ser casi ilimitado. Casi todo aquellos que desde algún punto de vista es considerado como bueno o deseable es vinculado con él"[79]. Agrega que "la libertad positiva y la negativa se diferencia solo porque en la libertad positiva el objeto de la libertad es exactamente una acción mientras que en la libertad negativa consiste en una alternativa de acción. Estos conceptos de la libertad positiva y negativa no coinciden en todos los aspectos con el uso habitual del lenguaje. El concepto de libertad negativa aquí acuñado es más amplio y el de libertad positiva más estrecho que el habitual"[80].

Este jurista alemán también diferencia entre libertades no protegidas y libertades protegidas. Las primeras responden a permisiones, pudiendo estar permitido un hacer o un omitir; las libertades protegidas,

[77] Bobbio, *Igualdad y libertad*, p. 100.

[78] Carbonell, *En los orígenes del Estado constitucional.*

[79] Alexy, *Teoría de los derechos fundamentales*, p. 210.

[80] Alexy, *Teoría de los derechos fundamentales*, p. 215.

a diferencia de las anteriores, incluyen aseguramiento a través de normas y derechos que la protejan[81].

Irá Bidart Campos un paso más allá en la concepción de la libertad positiva, al plantearse si alcanza la libertad negativa o libertad de, entendiendo que ella era insuficiente. Planteaba al respecto que "hay hombres que no han accedido, y lo peor es que con su propio esfuerzo y con los condicionamientos negativo de todo tipo tampoco pueden acceder, a la disponibilidad y al disfrute de su libertad en el mundo político-jurídico. Tendrán seguramente, a mano su libertad negativa o libertad de, porque ni el Estado ni los particulares se la entorpece, pero les falta la libertad para, la libertad positiva. Y les falta porque con la sola libertad negativa no alcanzan –por ejemplo– a educarse, a acceder a un trabajo suficientemente remunerado, a una vivienda digna, a atender su salud, y a muchas cosas más"[82].

Continúa expresando que, con "tal perspectiva, la libertad integral del hombre en el Estado se presenta como un estatus holgado de disponibilidades para disfrutarla en toda la gama de los derechos personales, tanto de aquellos accesibles sin el concurso de prestaciones positivas (y solo con la abstención de los sujetos pasivos) como de los otros que requieren que los sujetos pasivos den o hagan algo a favor del titular [...] la libertad (especialmente la positiva o libertad para) bien puede llamarse liberación, porque es remoción de estorbos, estrecheces, estrangulamiento y opresiones que la cercenan, la discapacitan, la obstruyen y la aminoran"[83].

Más acá en el tiempo y con especial referencia a la Constitución argentina, dirá que "el deber ser ideal del valor justicia exige adjudicar al hombre suficiente espacio de libertad jurídicamente relevante. En fórmula primaria y básica la justicia exige dotar a la persona de una esfera de libertad tan amplia como sea necesaria para desarrollar su personalidad. Es el principio elemental del humanismo personalista.

Hablamos de libertad jurídicamente relevante. Ello quiere decir que no se trata de una mera libertad de hecho, sino una libertad que el derecho reconoce y que, dentro del mundo jurídico, queda protegida y reconocida como para poder surtir efectos jurídicos. De nada vale –por ejemplo– que yo pueda casarme, si el matrimonio no es reconocido como acto jurídico que produce efectos jurídicos. Esa sería una mera libertad de hecho o jurídicamente irrelevante. Al contrario, la libertad jurídica

[81] Alexy, *Teoría de los derechos fundamentales*, p. 219 y 224.

[82] Bidart Campos, *Teoría general de los derechos humanos*, p. 182.

[83] Bidart Campos, *Teoría general de los derechos humanos*, p. 184.

atribuida al hombre aparece como verdadero derecho subjetivo. Con el ejercicio de esa libertad jurídica, lo que yo hago u omito bajo su protección es capaz de producir efectos jurídicos, o sea, efectos que el derecho recoge en su ámbito". Continúa luego afirmando que en "nuestra Constitución la libertad merece tenerse como un valor y como un principio general: el valor libertad y el principio libertad"[84].

Sostenía Peces-Barba Martínez que "la libertad es una condición imprescindible para la acción, que permite alcanzar a cada individuo los objetivos y fines morales que persiga, y que son la expresión de la dignidad humana, de su consideración como fin en sí, como algo valioso", y aclaraba que "la libertad como fundamento de los derechos humanos es consecuencia de la existencia de mecanismo de organización en la vida social que permitan al hombre buscar y, en su caso alcanzar, la autonomía, la independencia o la libertad moral, conseguir la comunicación que desee a través del lenguaje, y reflexionar sin trabas en la construcción de conceptos generales [...] La libertad es el referente central para fundamentar los derechos"[85].

Por su parte, Prieto Sanchís se plantea si los derechos "son categorías independientes entre sí o especificaciones de un principio/derecho general de libertad", y entiende que "el problema consiste en saber si la libertad jurídica es la regla o la excepción". A tal interrogante responde diciendo que, "si entendemos que la libertad jurídica no es más que la garantía institucional de la libertad natural y que, por tanto, existe una coincidencia entre los ámbitos protegidos por una y otra, parece claro que toda disposición o medida que interfiera en la libertad natural puede interpretarse también como una restricción o límite a la libertad jurídica. Si, por el contrario, suponemos que la libertad natural es algo separado de la libertad jurídica, de modo que solo algunas conductas encuentren respaldo o tipificación en esta última, entonces es evidente que las disposiciones que limitan aquella libertad natural no tienen que representar necesariamente un límite a la libertad jurídica y a los derechos fundamentales"[86].

Distingue Ferrajoli "las libertades en dos grandes clases: la 'libertad de' y la 'libertad para'; las libertades-inmunidades y las libertades-facultades. Entre las primeras se encuentran la libertad personal, las distintas formas de hábeas corpus, el derecho a la privacidad, la inviolabi-

[84] Bidart Campos, *Tratado elemental de derecho constitucional argentino*, t. I-B, p. 45 a 47.

[85] Peces-Barba Martínez, *Curso de derechos fundamentales*, p. 215 a 217.

[86] Prieto Sanchís, *Justicia constitucional y derechos fundamentales*, p. 250 y 251.

lidad del domicilio y de las comunicaciones privadas: en general todos los derechos de libertad consistentes únicamente en la inmunidad de interferencias o de violaciones de terceros. Entre las segundas se encuentran todos los derechos de libertad consistentes, además de en inmunidad de interferencias o impedimentos, también en *facultates agendi*, como la libertad de reunión, de asociación, de manifestación del pensamiento, de prensa"[87].

2) *Tratamiento normativo*. El principio de libertad fue uno de los pilares de la Revolución Francesa y se plasma fundamentalmente en dos artículos de la Declaración de 1789. El art. 4° dice que la libertad "consiste en poder hacer todo lo que no dañe a los demás. Así, el ejercicio de los derechos naturales de cada hombre no tiene más límites que los que aseguran a los demás miembros de la sociedad el goce de estos mismos derechos. Estos límites solo pueden ser determinados por la ley". A su turno, el art. 5° expresa: "La ley solo puede prohibir las acciones perjudiciales para la sociedad. Todo lo que no está prohibido por la ley no puede ser impedido, y nadie puede ser obligado a hacer lo que aquella no ordena".

La Constitución de Brasil reconoce la libertad como derecho en el primer párrafo de su art. 5°, sin perjuicio de las aplicaciones concretas que va enumerando en diversos incisos (entre otros, el inc. IV reconoce la libertad de pensamiento; el VI, la de conciencia, creencia y culto, y el XIII, la de trabajo). Dice el art. 5°: "Todos son iguales ante la ley, sin distinción de cualquier naturaleza, garantizándose a los brasileños y a los extranjeros residentes en el país la inviolabilidad del derecho a la vida, a la libertad, a la igualdad, a la seguridad y a la prioridad, en los siguientes términos". A su vez, la libertad negativa surge del inc. II de esta artículo, que establece: "Nadie está obligado a hacer o dejar de hacer alguna cosa sino en virtud de ley".

La Constitución alemana, en el apdo. 1 del art. 2°, consagra: "Toda persona tiene el derecho al libre desarrollo de su personalidad siempre que no viole los derechos de otros ni atente contra el orden constitucional o la ley moral". Agrega en el apdo. 2: "La libertad de la persona es inviolable".

A su turno, la Constitución española, más allá de las libertades particulares que reconoce, en la primera parte del inc. 1 del art. 17 dice: "Toda persona tiene derecho a la libertad y a la seguridad".

En la Constitución de Colombia, el principio es receptado en la primera parte del art. 13, que determina que todas las personas "nacen libres e iguales ante la ley, recibirán la misma protección y trato de las au-

[87] Ferrajoli, *Las libertades en el tiempo del neoliberalismo*, "Isonomía", n° 29, 2008, p. 83 y 84.

toridades y gozarán de los mismos derechos, libertades y oportunidades sin ninguna discriminación por razones de sexo, raza, origen nacional o familiar, lengua, religión, opinión política o filosófica", y en el art. 16, que establece que todas las personas "tienen derecho al libre desarrollo de su personalidad sin más limitaciones que las que imponen los derechos de los demás y el orden jurídico".

El art. 4° de la Const. de Guatemala, en la parte pertinente, expresa: "En Guatemala todos los seres humanos son libres". A continuación, el art. 5° establece: "Toda persona tiene derecho a hacer lo que la ley no prohíbe; no está obligada a acatar órdenes que no estén basadas en ley y emitidas conforme a ella".

En Bolivia, el art. 14, párr. IV, de la Constitución dispone que, en el ejercicio de los derechos, "nadie será obligado a hacer lo que la Constitución y las leyes no manden, ni a privarse de lo que estas no prohíban". El art. 22 establece: "La dignidad y la libertad de la persona son inviolables. Respetarlas y protegerlas es deber primordial del Estado". Luego, en el párr. I del art. 23 determina: "Toda persona tiene derecho a la libertad y seguridad personal. La libertad personal solo podrá ser restringida en los límites señalados por la ley, para asegurar el descubrimiento de la verdad histórica en la actuación de las instancias jurisdiccionales".

En la Constitución nacional, diversas normas se refieren a libertades particulares, pese a que no siempre mencionen dicha expresión. Su reconocimiento primordial se encuentra en el art. 19 en cuanto establece: "*Las acciones privadas de los hombres que de ningún modo ofendan al orden y a la moral pública, ni perjudiquen a un tercero, están solo reservadas a Dios, y exentas de la autoridad de los magistrados. Ningún habitante de la Nación será obligado a hacer lo que no manda la ley, ni privado de lo que ella no prohíbe*"; mientras que en el Preámbulo se anuncia que entre los objetivos de la Constitución se encuentra el de "*asegurar los beneficios de la libertad*".

También los tratados internacionales de derechos humanos reconocen, más allá de las libertades particulares (como pueden ser, entre otras, la de expresión, de culto o de locomoción), la libertad como principio.

El art. I de la Declaración Americana de los Derechos y Deberes del Hombre dice: "*Todo ser humano tiene derecho a la vida, a la libertad y a la integridad de su persona*"[88].

El art. 1° de la Declaración Universal de Derechos Humanos expresa que *todos los seres humanos "nacen libres e iguales en dignidad y dere-*

[88] Artículo tomado del art. 3° de la Declaración Universal de Derechos Humanos.

chos y, dotados como están de razón y conciencia, deben comportarse fraternalmente los unos con los otros", mientras que el art. 3° dispone que todo individuo "*tiene derecho a la vida, a la libertad y a la seguridad de su persona*".

También el art. 9°, párr. 1, primera parte, del Pacto Internacional de Derechos Civiles y Políticos consagra: "*Todo individuo tiene derecho a la libertad y a la seguridad personales*".

En similar redacción, dice el inc. 1 del art. 7° de la CADH: "*Toda persona tiene derecho a la libertad y a la seguridad personales*".

3) *Jurisprudencia.* La jurisprudencia de los diversos tribunales ha desarrollado la concepción del principio de libertad con variados alcances.

La Corte Suprema argentina ha destacado su importancia, incluso en situaciones de emergencia como consecuencia de la posibilidad de daños a la salud de terceros, como ocurrió con la pandemia del covid-19. Sostuvo que la libertad física "opera como un derecho basal, presupuesto para el ejercicio de otros derechos constitucionales, para cuya regulación el constituyente ha requerido el cumplimiento de exigencias específicas, aplicables incluso en emergencia. En esta inteligencia, las libertades civiles pueden estar sujetas a restricciones y a regulaciones, pero estas deben ser razonables en relación a su objeto y adoptadas en interés de la comunidad, pues no sería constitucionalmente válido si a través de disposiciones arbitrarias se pudiera subvertir la noción de esas libertades"[89].

En la misma lógica, puede decirse que ha priorizado la libertad en la autodeterminación de la persona, incluso sobre su propia vida. En la causa "Albarracini Nieves" dijo que "esta Corte ha dejado claramente establecido que el art. 19 de la ley fundamental otorga al individuo un ámbito de libertad en el cual este puede adoptar libremente las decisiones fundamentales acerca de su persona, sin interferencia alguna por parte del Estado o de los particulares, en tanto dichas decisiones no violen derechos de terceros [...]

En rigor, el derecho a la privacidad comprende no solo la esfera doméstica, el círculo familiar y de amistad, sino a otros aspectos de la personalidad espiritual o física de las personas tales como la integridad corporal o la imagen y nadie puede inmiscuirse en la vida privada de una persona ni violar áreas de su actividad no destinadas a ser difundidas, sin su consentimiento o el de sus familiares autorizados para ello y solo por ley podrá justificarse la intromisión, siempre que medie un interés supe-

[89] CSJN, 25/2/2021, "Petcoff Naidenoff, Luis s/incidente de inhibitoria", *Fallos*, 344:126, consid. 5°.

rior en resguardo de la libertad de los otros, la defensa de la sociedad, las buenas costumbres o la persecución del crimen".

También agregó que "el art. 19 concede a todos los hombres una prerrogativa según la cual pueden disponer de sus actos, de su obrar, de su propio cuerpo, de su propia vida, de cuanto les es propio. Ha ordenado la convivencia humana sobre la base de atribuir al individuo una esfera de señorío sujeta a su voluntad; y esta facultad de obrar válidamente libre de impedimentos conlleva la de reaccionar u oponerse a todo propósito, posibilidad o tentativa por enervar los límites de esa prerrogativa. En el caso, se trata del señorío a su propio cuerpo y en consecuencia, de un bien reconocido como de su pertenencia, garantizado por la declaración que contiene el art. 19 de la Const. nacional. La estructura sustancial de la norma constitucional está dada por el hombre, que despliega su vida en acciones a través de las cuales se expresa su obrar con libertad. De este modo, vida y libertad forman la infraestructura sobre la que se fundamenta la prerrogativa constitucional que consagra el art. 19 de la Const. nacional"[90].

Remarcó que "es nuestra propia Constitución la que reconoce los límites del Estado frente a la autonomía individual. El art. 19 establece la esfera en la que el Estado no puede intervenir. La combinación de este artículo con los combinados a la libertad de culto y a la libertad de conciencia no permiten dudar respecto del cuidado que los constituyentes pusieron en respetar la diversidad de pensamiento y no obligar a los ciudadanos a una uniformidad que no se condice con la filosofía liberal que orienta a nuestra norma fundamental"[91].

La Corte Interamericana de Derechos Humanos no fue ajena al reconocimiento de este principio.

En "Artavia Murillo" sostuvo que el art. 11 de la CADH "requiere la protección estatal de los individuos frente a las acciones arbitrarias de las instituciones estatales que afectan la vida privada y familiar. Prohíbe toda injerencia arbitraria o abusiva en la vida privada de las personas, enunciando diversos ámbitos de la misma como la vida privada de sus familias. En ese sentido, la Corte ha sostenido que el ámbito de la privacidad se caracteriza por quedar exento e inmune a las invasiones o agresiones abusivas o arbitrarias por parte de terceros o de la autoridad

[90] CSJN, 1/6/2012, "Albarracini Nieves, Jorge W. s/medidas precautorias", *Fallos*, 335:799. En el caso se le negó al actor, padre de un testigo de Jehová, la transfusión a su hijo, quien varios años antes había manifestado, ante escribano, su deseo de no recibirla.

[91] CSJN, 18/4/1989, "Portillo, Alfredo s/infr. art. 44 ley 17.531", *Fallos*, 312:496, consid. 16.

pública. Además, esta Corte ha interpretado en forma amplia el art. 7° de la Convención Americana al señalar que este incluye un concepto de libertad en un sentido extenso como la capacidad de hacer y no hacer todo lo que esté lícitamente permitido. En otras palabras, constituye el derecho de toda persona de organizar, con arreglo a la ley, su vida individual y social conforme a sus propias opciones y convicciones. La libertad, definida así, es un derecho humano básico, propio de los atributos de la persona, que se proyecta en toda la Convención Americana. Asimismo, la Corte ha resaltado el concepto de libertad y la posibilidad de todo ser humano de autodeterminarse y escoger libremente las opciones y circunstancias que le dan sentido a su existencia, conforme a sus propias opciones y convicciones"[92].

En reiteración de anteriores precedentes[93], en el caso "Yarce" dijo que en "su jurisprudencia la Corte ha indicado que 'el contenido esencial del art. 7° de la Convención Americana es la protección de la libertad del individuo contra toda interferencia arbitraria o ilegal del Estado'. Ha explicado también que dicha norma tiene dos tipos de regulaciones bien diferenciadas entre sí, una general y otra específica. La general se encuentra en el primer numeral: 'Toda persona tiene el derecho a la libertad y a la seguridad personales'. Mientras que la específica está compuesta por una serie de garantías que protegen el derecho a no ser privado de la libertad ilegalmente (art. 7.2) o arbitrariamente (art. 7.3), a conocer las razones de la detención y los cargos formulados en contra del detenido (art. 7.4), al control judicial de la privación de la libertad (art. 7.5) y a impugnar la legalidad de la detención (art. 7.6). Cualquier violación de los numerales 2 al 7 del art. 7° de la Convención acarreará necesariamente la violación del art. 7.1 de la misma"[94].

4) *Consideraciones finales.* Afirmar que la libertad es consustancial al ser humano es incontrovertible. Si una persona vive sola en el mundo, lo único que posee es su libertad. No podríamos hablar de la igualdad porque no habría otros humanos para compararse; mucho menos de la legalidad o la razonabilidad.

[92] Corte IDH, 28/11/2012, "Artavia Murillo y otros ('fecundación *in vitro*') vs. Costa Rica", párr. 142.

[93] Cfr. Corte IDH, 21/11/2007, "Chaparro Álvarez y Lapo Íñiguez vs. Ecuador", párrs. 51 y 54; íd., 20/11/2014, "Espinoza Gonzáles vs. Perú", párr. 106.

[94] Corte IDH, 22/11/2016, "Yarce y otras vs. Colombia", párr. 138; también, doctrina de Corte IDH, 2/9/2004, "'Instituto de Reeducación del Menor' vs. Paraguay", párr. 223; íd., 1/9/2016, "Herrera Espinoza y otros vs. Ecuador", párr. 131.

Pero hay más de una persona en el mundo; no vivimos solos sino en sociedad, inmersos en una organización política que precisamente nos puede facilitar el ejercicio de la libertad, incluso en mayor medida que si viviéramos en soledad (donde muchas veces no podríamos ejercer nuestra libertad por la propia existencia de peligros naturales que solos no podríamos vencer). Y, aunque parezca un contrasentido, nuestra libertad tiene que ser restringida para poder ser ejercida en mayor plenitud.

Si vivimos en el caos, si no contamos con las condiciones mínimas de alimentación, educación, vivienda, salud o seguridad, difícilmente podamos decir que estamos en condiciones de ejercer nuestra libertad. Todo ello justifica que debamos resignar, aun cuando de manera momentánea, nuestras libertades (como ocurre con la de circulación por la presencia de un semáforo, para evitar accidentes que afecten, de mayor manera, nuestro libre desplazamiento). También justifica que debamos ceder nuestra libertad ambulatoria cuando dañamos a los demás o que se nos confine en nuestros hogares cuando podemos propagar enfermedades que causarían graves consecuencias en la salud de los demás.

Más dudoso resulta que se restrinja nuestra libertad cuando la acción no produce otra consecuencia que el daño en los sentimientos de terceros y solo perjudica a quien la ejerce. Así, afecta la libertad que se imponga a una persona el sometimiento a una intervención quirúrgica necesaria para vivir, cuya no realización no propagará enfermedades en terceros, aun cuando es indudable que pueda dañarlos (como sucederá con los sentimientos de quienes la aman).

También resulta dudoso determinar si el sujeto puede ser obligado a concretarla en la medida en que su deceso deje en situación de indefensión a personas que, por su condición, no pueden valerse por sí mismas y no tienen otras opciones (p.ej., cuando es el único encargado de niños pequeños o de otra persona con sus capacidades disminuidas, que no pueden valerse por sí mismos ni existe otra persona o institución que pueda ocuparse de su atención).

Lo que no podemos perder de vista es que la libertad nos pertenece, nos es innata, y que las restricciones que a ella se establezcan no solo deben ser excepcionales y mínimas, sino fundamentalmente razonables, buscando asegurar el ejercicio de todas las demás libertades, no solo propias, sino también ajenas, y teniendo en cuenta, en todo momento, la necesidad de garantizar el proyecto de vida individual de cada ser humano que, sin afectar a terceros, le permita desenvolverse en su dignidad.

21. Toricelli, DHF.

Esa libertad debe ser accesible a todos, y no solo a quienes, por poseer mayores capacidades, o por haber nacido en el seno de una familia acomodada, puedan disfrutarla[95].

c) ***Principio de igualdad.*** El principio de igualdad ha tenido una mutación en el tiempo.

Proclamado por el constitucionalismo liberal, surge como una reacción a la existencia de clases privilegiadas que poseían especiales atributos por su origen o nacimiento. Esta igualdad tiene en consideración la máxima "todos los hombres son o nacen iguales".

Ya no serán catalogados según el estamento a que pertenezcan en "campesinos, burgueses o nobles" (como lo establecía el Código prusiano de 1794), sino en "ciudadanos" (como refiere el Código Napoleón).

Esta igualdad, conocida también como igualdad formal o igualdad ante la ley, se entiende presente en el punto de partida; para ella, en palabras de Torres del Moral, es una condición jurídica ya existente y operante[96].

Es la igualdad que consagra la Constitución argentina en el art. 16 al expresar: "*La Nación Argentina no admite prerrogativas de sangre, ni de nacimiento: no hay en ella fueros personales ni títulos de nobleza. Todos sus habitantes son iguales ante la ley*".

Apunta Sagüés que en esta postura el Estado "no tiene que actuar para procurar nivelar las desigualdades de hecho existentes en una sociedad, sino que debe aceptarlas como son y, precisamente, respetarlas"[97]. Supuestamente, se trata de un Estado abstencionista que aplica la ley de la misma forma, prohibiéndole robar pan tanto al rico que puede comprarlo como al pobre que sufre hambre.

Esta forma de concebir la igualdad es defendida bajo una supuesta mayor seguridad, al tratar a todos de la misma manera, sin distinguir clase, origen, nacimiento o raza. Pero la realidad dista mucho de ello.

En los hechos, como recuerda Fernández Segado, este principio era absorbido por el principio de legalidad en tanto eran iguales aquellos a

[95] Como bien señalaba Bidart Campos, la libertad sin igualdad era denunciada por Anatole France al ironizar que se trataba de la libertad, "de los pobres y de los ricos para mendigar, dormir bajo los puentes o albergarse en el Hotel Ritz", o como decir "que esa libertad sirve a los pobres para tener hambre y a los ricos para tener codicia" (*Teoría general de los derechos humanos*, p. 187).

[96] Torres del Moral, *Principios de derecho constitucional español*, t. 1, p. 369.

[97] Sagüés, *Derecho constitucional*, t. 3, p. 320.

quienes la ley trataba de forma igual[98]. Pero la ley no siempre trataba a todos de manera igualitaria, sino que cometía enormes injusticias.

No solo no otorgaba más a quienes menos tenían, para igualar en el punto de llegada, sino que incluso efectuaba distinciones absurdas que perjudicaban a unos por causas totalmente ajenas a sus conductas. Así, por ejemplo, el Código Civil de Argentina, en su versión originaria, contemplaba en el art. 342: "Los hijos adulterinos, incestuosos o sacrílegos no tienen, por las leyes, padre o madre ni parientes algunos por parte de padre o madre. No tienen derecho a hacer investigaciones judiciales sobre la paternidad o maternidad"; mientras que el art. 344 decía: "Los hijos adulterinos, incestuosos o sacrílegos no tienen ningún derecho en la sucesión del padre o de la madre, y recíprocamente los padres no tienen ningún derecho en la sucesión de dichos hijos, ni patria potestad ni autoridad para nombrarles tutores"[99].

Tratar de manera igual a quienes se encuentran en posiciones distintas o, peor aún, acentuar esas distinciones dándole más a quien se encuentra en una mejor posición hizo que este principio, tal como fue concebido por la burguesía durante la Revolución Francesa, haya sido cuestionado.

Así, el concepto de igualdad formal fue mutando por el de igualdad real de oportunidades, que se condice con el constitucionalismo social; implica el reconocimiento de los derechos sociales que, mediante la satisfacción de las necesidades básicas, permitan igualar las condiciones para el disfrute de todos los derechos fundamentales.

1) *Doctrina.* Si aproximarnos a los conceptos de los principios de dignidad y de libertad es complejo e impreciso, en el caso del principio de igualdad la tarea no es menos ardua y tampoco los criterios doctrinales son uniformes.

El *Diccionario de la lengua española*, entre sus acepciones, una dice que la igualdad es un "principio que reconoce la equiparación de todos los ciudadanos en derechos y obligaciones".

Luego de reconocer que la igualdad "tiene un significado emotivo positivo, es decir, designa algo que se desea", Bobbio afirmaba que presenta dificultades en su significado prescriptivo porque "decir que dos entes son iguales, sin otra significación, nada significa en el lenguaje po-

[98] Fernández Segado, *El sistema constitucional español*, p. 190.

[99] El Código Civil definía como hijo adulterino al nacido de dos personas que no podían contraer matrimonio por estar casada alguna de ellas; como incestuoso a aquel nacido de padres con impedimento de contraer matrimonio, y como sacrílego al hijo de religioso que tenía voto de castidad en la Iglesia católica.

lítico, si no se especifica de qué entes se trata y respecto a qué cosa son iguales, es decir, si no se está en condiciones de responder a dos preguntas *a*) ¿igualdad entre quiénes?, y *b*) ¿igualdad en qué?"[100].

Continuaba diciendo que la igualdad tiene que ver con la justicia en tanto la regla de justicia es aquella que exige que "se deben tratar a los iguales de modo igual y a los desiguales de modo desigual", y distinguía la igualdad jurídica, la igualdad frente a la ley, la igualdad de oportunidades y la igualdad de hecho al afirmar que "por igualdad jurídica se entiende habitualmente la igualdad en ese particular atributo que hace de todo miembro de un grupo social, también del infante, un sujeto jurídico, es decir, un sujeto dotado de capacidad jurídica. Mientras la igualdad en los derechos tiene un ámbito más vasto que la igualdad frente a la ley, la igualdad jurídica tiene un ámbito más restringido: el blanco polémico de la igualdad jurídica es la sociedad esclavista, es decir, la sociedad en la cual no todos sus miembros son personas jurídicas. En una sociedad de castas todos son sujetos de derechos, tienen capacidad jurídica, incluso aunque no todos sean iguales frente a la ley (en el sentido de que cada estamento está regulado por diversas leyes), y con mayor razón no todos sean iguales en los derechos fundamentales".

En cuanto a la igualdad de oportunidades, entendía que "apunta a situar a todos los miembros de una determinada sociedad en las condiciones de participación en la competición de la vida, o en la conquista de lo que es vitalmente más significativo, partiendo de posiciones iguales", no siendo superfluo "reclamar la atención sobre el hecho de que, precisamente el objeto de situar individuos desiguales por nacimiento en las mismas condiciones, de partida, puede ser necesario favorecer a los más desposeídos y desfavorecer a los más acomodados, es decir, introducir artificialmente, o bien imperativamente, discriminaciones de otro modo no existentes [...] de tal modo una desigualdad se convierte en instrumento de igualdad, por el simple motivo que corrige una desigualdad precedente; de modo que la nueva igualdad es el resultado de la nivelación de dos desigualdades". Finalmente, respecto de la igualdad de hecho dice que "es la igualdad respecto de los bienes materiales, o igualdad económica, viniéndose así a distinguir de la igualdad formal o jurídica, y de la igualdad de oportunidades o social. Sin embargo, no está nada claro, en cambio, incluso es asunto muy controvertido, cuáles sean las formas y los modos específicos con que se piensa que esta igualdad pueda pretenderse o llevarse a efecto"[101].

[100] Bobbio, *Igualdad y libertad*, p. 53 y 54.

[101] Bobbio, *Igualdad y libertad*, p. 76 y 78 a 80.

Afirma LAPORTA que "el principio de igualdad trata precisamente de establecer cuándo está justificado establecer diferencias en las consecuencias normativas y cuándo no está justificado. Al hacer esto, el principio de igualdad se despliega en un abanico de principios de segundo orden y de normas concretas que se ocupan de catalogar los rasgos que diferencian a los seres humanos, los rasgos distintivos, en función de su 'relevancia' o 'irrelevancia' como justificaciones de tratamiento diferenciado. De esos principios y normas los que más directa e intuitivamente parecen expresar la idea de igualdad son aquellos que se ocupan de la cancelación de ciertos rasgos distintivos como razones relevantes para diferenciar en el tratamiento normativo. Son aquellos que prohíben prever una consecuencia normativa en presencia del rasgo y una consecuencia normativa distinta en ausencia de él. Aunque los seres humanos se diferencien entre sí en virtud de ese rasgo, las consecuencias normativas previstas deben ser las mismas para todos ellos. Ejemplos típicos de esto son la cancelación de rasgos distintivos como la raza, el sexo, el estado social, las convicciones religiosas, etc., como rasgos relevantes para establecer diferencias en la atribución de derechos políticos". Continúa expresando que "el principio de igualdad opera cancelando a través de sus tentáculos normativos los rasgos 'irrelevantes', pero no cancela los rasgos relevantes. Es más, el principio de igualdad tiene como núcleo el señalar con nitidez la frontera entre la relevancia y la irrelevancia de los rasgos, pues precisamente porque prescribe que frente a rasgos irrelevantes no cabe hacer diferenciación, mantener el tratamiento normativo igual, es decir, no diferenciar, sería incorrecto. Podría decirse que tan contrario al principio es proponer diferentes consecuencias normativas en base a rasgos 'irrelevantes', como proponer la misma consecuencia normativa para dos supuestos ignorando la presencia de rasgos 'relevantes' en uno de ellos. Tan incorrecto es no conceder una medalla olímpica a un atleta negro por ser negro, como no concedérsela a un atleta blanco, aunque sea el vencedor"[102].

En esta línea puede verse a PERELMAN, para quien, "en la práctica, la regla de justicia exige que sean tratados de la misma manera no tanto seres idénticos –lo que sería un caso particular muy raro si no inexistente– sino seres considerados como esencialmente semejantes. Y entendemos como seres esencialmente semejantes seres entre los cuales no existen diferencias esenciales, diferencias que importen en la ocasión, y a las cuales se debe tener en cuenta"[103].

[102] LAPORTA, *El principio de igualdad: introducción a su análisis*, "Sistema", nº 67, 1985, p. 9 a 11.

[103] PERELMAN, *El ideal de racionalidad y la regla de justicia*, "Conjetural", nº 29, 1995, p. 92.

Decía Peces-Barba Martínez que la igualdad era un principio de organización y fundamento de los derechos y distinguía la igualdad ante la ley de la igualdad material. En cuanto a la primera, la entendía como una dimensión de la seguridad jurídica y la dividía en tres ámbitos: en primer lugar, "la igualdad como generalización, que expresa la superación del privilegio otorgado a un sector de ciudadanos y la construcción de las normas jurídicas como dirigidas a un abstracto *homo iurisdicus*"; en segundo término, "la igualdad de procedimiento o igualdad procesal que supone la existencia de un mismo procedimiento para todos, de unas reglas generales, previas e imparciales para resolver los conflictos, para llegar a la formación de la voluntad de los operadores jurídicos competente para resolver, con independencia de las personas o de los intereses que estén en juego en cada caso", y por último, la que definía como igualdad de trato formal y "que no supone el mantenimiento de la vieja regla de que hay que tratar igualmente a los iguales y desigualmente a los desiguales, sino un planteamiento más complejo que comprende además lo que podríamos llamar la igualdad como equiparación y como diferenciación". En cuanto a la igualdad material, afirma que no solo se sitúa en el ámbito jurídico "sino en el real de la sociedad, entran en juego dimensiones económicas y sociales –como la escasez– que obligan a plantearse el tema de los derechos fundados en la igualdad material no solo desde el punto de vista de su justicia y de su validez, sino de su eficacia", entendiendo que esta igualdad "no es tanto una igualdad en el punto de llegada, como dice Bobbio, frente a la igualdad formal que es un punto de partida, sino que es, parece, una igualdad para poder llegar a la meta, es decir, que facilita el esfuerzo de cada uno, haciéndolo posible, pero no lo sustituye"[104].

A su turno, Bidart Campos planteaba que "una sociedad desigualitaria no favorece a los derechos ni a su desarrollo, ni a su vigencia sociológica, ni a la funcionalidad de un sistema político en el que operen funcionalmente todos los otros factores y condicionamientos colaterales. ¿Y qué es una sociedad desigualitaria? ¿No lo es la que formalmente encuentra normas constitucionales que declaran la igualdad de todos los hombres? Esto no basta para tener como realmente igualitaria a una sociedad". Continuaba enseñando que una "sociedad es desigualitaria cuando la libertad real no está a disposición y al alcance de todos los hombres, ni cuando hay estratificaciones sociales muy endurecidas y rígidas que traban la movilidad social, ni cuando tiene poblaciones marginales en situación de miseria, pobreza irremediable, insalubridad, analfabe-

[104] Peces-Barba Martínez, *Curso de derechos fundamentales*, p. 283 a 290.

tismo, desculturalización, carencia de bienes elementales para sus necesidades, ni cuando falta totalmente la igualdad de oportunidades"[105].

Para FERRAJOLI, el principio de igualdad incluye "dos principios normativos diversos, entre sí complementarios y ambos esenciales en tanto fundamentos de la democracia: en primer lugar, el igual respeto y valor que debe ser asociado a todas las diferencias de identidad que hacen de cada persona un individuo diferente de todos los otros y de cada individuo una persona igual a todas las otras; en segundo lugar, el desvalor que, por el contrario, debe ser asociado a las desigualdades de carácter económico y material, las cuales no atañen a la identidad de las personas sino a sus condiciones desiguales de vida y que deben ser, por lo tanto, removidas o por lo menos reducidas". Distingue entre igualdad formal (a la que también denomina igualdad liberal) y sustancial (la llama también igualdad social), a saber: la "igualdad formal es por eso una igualdad en derechos de libertad que, en cuanto derechos al respeto de todas las diferencias de identidad, imponen, para su garantía, un paso atrás de la esfera pública, esto es, una prohibición de lesiones. La igualdad sustancial es, por el contrario, la igualdad en derechos sociales, que en cuanto derechos a la reducción de las desigualdades económicas y materiales imponen, para su garantía, un paso hacia adelante a la esfera pública, es decir, una obligación de prestaciones"[106].

También hay autores que han negado este principio de igualdad al afirmar: "*1*) que el valor atribuido a la igualdad no es un valor autónomo y distinto, sino, según los casos, el que corresponde a la justicia y a la libertad, y *2*) que los distintos valores expresados por las distintas igualdades son, también, los de la justicia y la libertad. Si esto puede mostrarse, quizá sería conveniente renunciar a emplear el término 'igualdad' a la hora de justificar axiológicamente normas, derechos o acciones, y usar en su lugar los términos 'justicia' o 'libertad'; o, por lo menos, habría que tomar conciencia de que los enunciados que apelan a la igualdad en realidad están apelando a la justicia o a la libertad"[107].

La importancia que tiene este principio como fundamento del sistema es puesta de manifiesto por VILLÁN DURÁN, quien sostiene: "No parece, pues, exagerado afirmar que la igualdad ante la ley, así como la no discriminación en el disfrute de los derechos humanos, son principios

[105] BIDART CAMPOS, *Teoría general de los derechos humanos*, p. 291 y 292.

[106] FERRAJOLI, *Igualdad, desarrollo económico y democracia*, "Isonomía", nº 49, 2019, p. 173 y 174.

[107] GARCÍA MANRIQUE, *La semántica confusa de la igualdad*, "Doxa. Cuadernos de Filosofía de Derecho", nº 33, 2010, p. 592.

estructurales del derecho internacional de los derechos humanos, porque son una consecuencia obligada de la afirmación de la dignidad de la persona humana como fundamento de los derechos humanos"[108].

2) *Tratamiento normativo.* Con diversos tratamientos, el principio de igualdad no fue ajeno a Constitución alguna. La Constitución nacional lo consagró originalmente en el art. 16.

La reforma constitucional de 1994 hizo nuevas consagraciones al reconocer legitimación al defensor del pueblo y a las asociaciones especiales "*contra cualquier forma de discriminación*" (art. 43); al imponer, entre las atribuciones del Congreso "*legislar y promover medidas de acción positiva que garanticen la igualdad real de oportunidades y de trato, y el pleno goce y ejercicio de los derechos reconocidos por esta Constitución y por los tratados internacionales vigentes sobre derechos humanos, en particular respecto de los niños, las mujeres, los ancianos y las personas con discapacidad*" (art. 75, inc. 23); al legislar en materia de educación a fin de promover "*la igualdad de oportunidades y posibilidades sin discriminación alguna*" (art. 75, inc. 19).

Por su parte, el art. 13 de la Const. de Colombia establece: "Todas las personas nacen libres e iguales ante la ley, recibirán la misma protección y trato de las autoridades y gozarán de los mismos derechos, libertades y oportunidades sin ninguna discriminación por razones de sexo, raza, origen nacional o familiar, lengua, religión, opinión política o filosófica.

El Estado promoverá las condiciones para que la igualdad sea real y efectiva y adoptará medidas en favor de grupos discriminados o marginados.

El Estado protegerá especialmente a aquellas personas que por su condición económica, física o mental, se encuentren en circunstancia de debilidad manifiesta y sancionará los abusos o maltratos que contra ellas se cometan".

En Bolivia, el principio es receptado en el art. 8º, apdo. II, según el cual el Estado "se sustenta en los valores de unidad, igualdad"; en el art. 14, apdo. II, que establece que el Estado "prohíbe y sanciona toda forma de discriminación fundada en razón de sexo, color, edad, orientación sexual, identidad de género, origen, cultura, nacionalidad, ciudadanía, idioma, credo religioso, ideología, filiación política o filosófica, estado civil, condición económica o social, tipo de ocupación, grado de instrucción, discapacidad,

[108] Villán Durán, "Significado y alcance de la universalidad de los derechos humanos en la Declaración de Viena", en Instituto Interamericano de Derechos Humanos, *Estudios básicos de derechos humanos*, t. II, p. 336.

embarazo, u otras que tengan por objetivo o resultado anular o menoscabar el reconocimiento, goce o ejercicio, en condiciones de igualdad, de los derechos de toda persona", y en el art. 14, III, que determina que el Estado "garantiza a todas las personas y colectividades, sin discriminación alguna, el libre y eficaz ejercicio de los derechos establecidos en esta Constitución, las leyes y los tratados internacionales de derechos humanos".

Los primeros párrafos del art. 4º de la Const. de Guatemala expresan: "En Guatemala todos los seres humanos son libres e iguales en dignidad y derechos. El hombre y la mujer, cualquiera que sea su estado civil, tienen iguales oportunidades y responsabilidades".

La Constitución de Brasil en su art. 5º determina: "Todos son iguales ante la ley, sin distinción de cualquier naturaliza, garantizándose a los brasileños y a los extranjeros residentes en el país la inviolabilidad del derecho a la vida, a la libertad, a la igualdad, a la seguridad y a la prioridad, en los siguientes términos:

I. El hombre y la mujer son iguales en derechos y obligaciones, en los términos de esta Constitución".

El art. 1º de la Const. de México, en su párrafo final, dispone: "Queda prohibida toda discriminación motivada por origen étnico o nacional, el género, la edad, las discapacidades, la condición social, las condiciones de salud, la religión, las opiniones, las preferencias sexuales, el estado civil o cualquier otra que atente contra la dignidad humana y tenga por objeto anular o menoscabar los derechos y libertades de las personas".

En Italia, el art. 3º de la Constitución, ubicado en el título "Los principios fundamentales", determina: "Todos los ciudadanos tendrán la misma dignidad social y serán iguales ante la ley, sin distinción de sexo, raza, lengua, religión, opiniones políticas ni circunstancias personas y sociales.

Constituye obligación de la República suprimir los obstáculos de orden económico y social que, limitando de hecho la libertad y la igualdad de los ciudadanos, impiden el pleno desarrollo de la persona humana y la participación efectiva de todos los trabajadores en la organización política, económica y social del país".

El apdo. 2 del art. 9º de la Const. española consigna: "Corresponde a los poderes públicos promover las condiciones para que la libertad y la igualdad del individuo y de los grupos en que se integra sean reales y efectivas; remover los obstáculos que impidan o dificulten su plenitud y facilitar la participación de todos los ciudadanos en la vida política, económica, cultural y social".

En Alemania, el reconocimiento de este principio se asienta en el art. 3° de la Constitución, que dispone: "*1.* Todas las personas son iguales ante la ley.

2. El hombre y la mujer gozan de los mismos derechos. El Estado promoverá la realización efectiva de la igualdad de derechos de las mujeres y los hombres e impulsará la eliminación de las desventajas existentes.

3. Nadie podrá ser perjudicado ni favorecido a causa de su sexo, su ascendencia, su raza, su idioma, su patria y su origen, sus creencias y sus concepciones religiosas o políticas. Nadie podrá ser perjudicado a causa de un impedimento físico o psíquico".

Los tratados internacionales no son ajenos a la recepción de este principio.

El art. II de la Declaración Americana de los Derechos y Deberes del Hombre dispone: "*Todas las personas son iguales ante la ley y tienen los derechos y deberes consagrados en esta declaración sin distinción de raza, sexo, idioma, credo ni otra alguna*".

La Declaración Universal de Derechos Humanos proclama en el art. 1°: "*Todos los seres humanos nacen libres e iguales en dignidad y derechos*". A continuación, en el art. 2° establece: "1. *Toda persona tiene los derechos y libertades proclamados en esta Declaración, sin distinción alguna de raza, color, sexo, idioma, religión, opinión política o de cualquier otra índole, origen nacional o social, posición económica, nacimiento o cualquier otra condición.*

2. *Además, no se hará distinción alguna fundada en la condición política, jurídica o internacional del país o territorio de cuya jurisdicción dependa una persona, tanto si se trata de un país independiente, como de un territorio bajo administración fiduciaria, no autónomo o sometido a cualquier otra limitación de soberanía*".

El Pacto Internacional de Derechos Económicos, Sociales y Culturales en el art. 2, párr. 2, determina: "*Los Estados partes en el presente Pacto se comprometen a garantizar el ejercicio de los derechos que en él se enuncian, sin discriminación alguna por motivos de raza, color, sexo, idioma, religión, opinión política o de otra índole, origen nacional o social, posición económica, nacimiento o cualquier otra condición social*".

El Pacto Internacional de Derechos Civiles y Políticos en su art. 2, párr. 1, expresa: "*Cada uno de los Estados partes en el presente Pacto se compromete a respetar y a garantizar a todos los individuos que se encuentren en su territorio y estén sujetos a su jurisdicción los derechos reconocidos en el presente Pacto, sin distinción alguna de raza, color, sexo, idioma, religión, opinión política o de otra índole, origen nacional o social, posición económica, nacimiento o cualquier otra condición social*"; mientras que en el art. 3º dice: "*Los Estados partes en el presente Pacto se comprometen a garantizar a hombres y mujeres la igualdad en el goce de todos los derechos civiles y políticos enunciados en el presente Pacto*"; esto sin perjuicio de la consagración del principio de igualdad en situaciones concretas como en los tribunales de justicia (art. 14).

La Convención Americana sobre Derechos Humanos en su art. 1º, inc. 1, estatuye: "*Los Estados partes en esta Convención se comprometen a respetar los derechos y libertades reconocidos en ella y a garantizar su libre y pleno ejercicio a toda persona que esté sujeta a su jurisdicción, sin discriminación alguna por motivos de raza, color, sexo, idioma, religión, opiniones políticas o de cualquier otra índole, origen nacional o social, posición económica, nacimiento o cualquier otra condición social*".

El art. 2º, párr. 1, de la Convención sobre los Derechos del Niño establece: "*Los Estados partes respetarán los derechos enunciados en la presente Convención y asegurarán su aplicación a cada niño sujeto a su jurisdicción, sin distinción alguna, independientemente de la raza, el color, el sexo, el idioma, la religión, la opinión política o de otra índole, el origen nacional, étnico o social, la posición económica, los impedimentos físicos, el nacimiento o cualquier otra condición del niño, de sus padres o de sus representantes legales*".

Finalmente, cabe mencionar la Convención sobre los Derechos de las Personas con Discapacidad, que en su art. 1º dispone que su propósito "*es promover, proteger y asegurar el goce pleno y en condiciones de igualdad de todos los derechos humanos y libertades fundamentales por todas las personas con discapacidad, y promover el respeto de su dignidad inherente*"; la Convención Internacional sobre la Eliminación de Todas las Formas de Discriminación Racial, y la Convención sobre la Eliminación de todas las Formas de Discriminación contra la Mujer, que consagran este principio y lo detallan para buscar su mayor efectividad.

3) *Jurisprudencia.* La Corte Constitucional de Colombia entendió que "hablar de igualdad o desigualdad, siguiendo alguna variante de la fórmula clásica (como la contenida en el art. 13 de la Const. Política), tiene sentido solo en la medida en que se respondan las siguientes tres preguntas: ¿igualdad entre quiénes?, ¿igualdad en qué?, ¿igualdad con base en qué criterio? Los sujetos pueden ser todos, muchos o pocos; los bienes a repartir pueden ser derechos, ventajas económicas, cargos, po-

der, etc.; los criterios pueden ser la necesidad, el mérito, la capacidad, la clase, el esfuerzo, etcétera"[109].

También especificó que corresponde "al juez hacer la ponderación entre el principio a la igualdad y el principio que entra en conflicto con él, y decidir sobre la prevalencia de uno de ellos en el caso concreto, a la luz del ordenamiento constitucional.

Por otra parte, el principio de igualdad puede ser descompuesto en dos principios parciales, que no son más que la clarificación analítica de la fórmula clásica enunciada y facilitan su aplicación:

a. 'Si no hay ninguna razón suficiente para la permisión de un tratamiento desigual, entonces está ordenado un tratamiento igual'.

b. 'Si hay una razón suficiente para ordenar un tratamiento desigual, entonces está ordenado un tratamiento desigual'.

Dos consecuencias se desprenden con claridad de esta enunciación del principio de igualdad: en primer lugar, la carga argumentativa está inclinada en favor de la igualdad, pues en todo caso la carga de la prueba pesa sobre quien pretende el establecimiento de un trato diferenciado. En otras palabras, quien establece o pretende establecer un trato discriminatorio, debe justificarlo.

En segundo lugar, el núcleo del principio de igualdad queda establecido en términos de la razón suficiente que justifique el trato desigual. El problema queda concentrado, entonces, en la justificación del trato desigual. El análisis de esta justificación ha sido decantado por esta Corte mediante la aplicación de un 'test de razonabilidad'".

Con posterioridad, la misma Corte Constitucional colombiana expresó: "La igualdad tiene un tripe rol en el ordenamiento constitucional: el de valor, el de principio y el de derecho. En tanto valor, la igualdad es una norma que establece fines, dirigidos a todas las autoridades creadoras del derecho y en especial al legislador; en tanto principio, la igualdad es una norma que establece un deber ser específico y, por tanto, se trata de una norma de mayor eficacia que debe ser aplicada de manera directa e inmediata por el legislador o por el juez; en tanto derecho, la igualdad es un derecho subjetivo que 'se concreta en deberes de abstención como la prohibición de la discriminación y en obligaciones de acción como la consagración de tratos favorables para los grupos que se encuentran en debilidad manifiesta. La correcta aplicación del derecho a la igualdad no solo supone la

[109] CConst Colombia, 23/1/1996, "Demanda de inconstitucionalidad contra el art. 40, literal *b*, de la ley 48 de 1993", sentencia C-022/96.

igualdad de trato respecto de los privilegios, oportunidades y cargas entre los iguales, sino también el tratamiento desigual entre supuestos disímiles'.

La igualdad se reconoce y regula en varios textos constitucionales, como en el Preámbulo, en los arts. 13, 42, 53, 70, 75 y 209. Esta múltiple presencia, como lo ha puesto de presente este tribunal, indica que la igualdad 'carece de un contenido material específico, es decir, a diferencia de otros principios constitucionales o derechos fundamentales, no protege ningún ámbito concreto de la esfera de la actividad humana sino que puede ser alegado ante cualquier trato diferenciado injustificado. De la ausencia de un contenido material específico se desprende la característica más importante de la igualdad: su carácter relacional'.

Dado su carácter relacional, en el contexto de la acción pública de inconstitucionalidad la igualdad requiere de una comparación entre dos regímenes jurídicos. Esta comparación no se extiende a todo el contenido del régimen, sino que se centra en los aspectos que son relevantes para analizar el trato diferente y su finalidad. El análisis de la igualdad da lugar a un juicio tripartito, pues involucra el examen del precepto demandado, la revisión del precepto respecto del cual se alega el trato diferenciado injustificado y la consideración del propio principio de igualdad. La complejidad de este juicio no puede reducirse a revisar la mera adecuación de la norma demandada y el precepto constitucional que sirve de parámetro, sino que requiere incluir también al otro régimen jurídico que hace las veces de término de la comparación. Ante tal dificultad este tribunal suele emplear herramientas metodológicas como el test de igualdad.

En tanto principio, la igualdad es una norma que establece un deber ser específico, aunque su contenido puede aplicarse a múltiples ámbitos del quehacer humano, y no solo a uno o a algunos de ellos. Este deber ser especifico, en su acepción de igualdad de trato, que es la relevante para el asunto *sub examine*, comporta dos mandatos: *i*) el de dar un mismo trato a supuestos de hecho equivalentes, siempre que no haya razones suficientes para darles un trato diferente; y *ii*) el de dar un trato desigual a supuestos de hecho diferentes.

A partir del grado de semejanza o de identidad, es posible precisar los dos mandatos antedichos en cuatro mandatos más específicos aún, a saber: *i*) el de dar el mismo trato a situaciones de hecho idénticas; *ii*) el de dar un trato diferente a situaciones de hecho que no tienen ningún elemento en común; *iii*) el de dar un trato paritario o semejante a situaciones de hecho que presenten similitudes y diferencias, cuando las primeras sean más relevantes que las segundas; y *iv*) el de dar un trato diferente a situaciones de hecho que presenten similitudes y diferencias, cuando las segundas sean más relevantes que las primeras"[110].

La Corte Suprema argentina ha tenido diversos pronunciamientos sobre la aplicación del principio de igualdad. En antigua jurisprudencia, reconocía un amplio margen de maniobra por parte del Congreso nacional, al entender que "la garantía del art. 16 de la Const. nacional no impone una rígida igualdad, pues entrega a la discreción y sabiduría del Poder Legislativo una amplia latitud para ordenar y agrupar, distinguiendo y clasificando los objetos de la legislación, siempre que las distinciones o clasificaciones se basen en diferencias razonables y no en propósitos de hostilidad contra determinadas clases o personas"[111].

Posteriormente sostuvo que "los principios de igualdad y de prohibición de toda discriminación resultan elementos estructurales del orden jurídico constitucional argentino e internacional"[112].

Con mayor énfasis y siguiendo la doctrina sentada por la Corte Interamericana de Derechos Humanos, dijo que "el principio de igualdad y prohibición de discriminación ha alcanzado, actualmente, un nivel de máxima consagración y entidad: pertenece al *ius cogens*, puesto que sobre él descansa todo el andamiaje jurídico del orden público nacional e internacional y es un principio fundamental que permea todo ordenamiento jurídico. Así, por su carácter imperativo, rige en el derecho internacional general, en cuanto es aplicable a todo Estado, ya sea a nivel internacional o en su ordenamiento interno, independientemente de que sea parte o no en determinado tratado internacional, por todos los actos jurídicos de cualquiera de sus poderes, e incluso de los particulares que actúen bajo su tolerancia, aquiescencia o negligencia", y agregó que el "ingreso del principio de igualdad y prohibición de discriminación al dominio del *ius cogens* revela, desde otra fuente, que este se emplaza en uno de los estándares más fundamentales de la comunidad internacional, produciendo, a su vez, un efecto disuasivo, por cuanto señala a todos los miembros de dicha comunidad y a los individuos sometidos a las jurisdicciones estatales, que el principio exhibe un valor"[113].

En "Ledesma" afirmó que "la proscripción de la discriminación no admite salvedades o ámbitos de tolerancia, que funcionarían como

[110] CConst Colombia, 16/9/2015, sentencia C-601/15, párrs. 4.5.1 a 4.5.5.

[111] CSJN, 14/6/1957, "García Monteavaro, Julio E. c/Amoroso y Pagano s/bonificación estatuto del periodista", *Fallos*, 238:60.

[112] CSJN, *Fallos*, 337:611, consid. 2º.

[113] CSJN, *Fallos*, 333:2306, consid. 4º.

'santuarios de infracciones': se reprueba en todos los casos"[114]. Sobre la aplicación en sí, entendió que la igualdad "consiste en aplicar la ley a todos los casos ocurrentes según sus diferencias constitutivas, de tal suerte que no es la igualdad absoluta o rígida, sino la igualdad para todos los casos idénticos, que importa la prohibición de establecer excepciones que excluyan a unos de lo que se concede a otros en idénticas circunstancias; pero no impide que el legislador establezca distinciones valederas entre supuestos que estime diferentes, en tanto aquellas no sean arbitrarias, es decir, que no obedezcan a propósitos de injusta persecución o indebido privilegio, sino a una objetiva razón de discriminación"[115].

En cuanto al significado actual, sostuvo que, en "el marco que plantea la Constitución de 1994, la igualdad debe ahora ser entendida no solo desde el punto de vista del principio de no discriminación, sino también desde una perspectiva estructural que tiene en cuenta al individuo en tanto integrante de un grupo. El análisis propuesto considera el contexto social en el que se aplican las disposiciones, las políticas públicas y las prácticas que de ellas se derivan, y de qué modo impactan en los grupos desaventajados, si es que efectivamente lo hacen"[116].

La Corte Interamericana de Derechos Humanos, como expresamos al transcribir la jurisprudencia de la Corte Suprema argentina que en ella se inspiró, fue concluyente en la consideración de este principio cuando entendió "que en la actual etapa de la evolución del derecho internacional, el principio fundamental de igualdad y no discriminación ha ingresado en el dominio del *ius cogens*. Sobre él descansa el andamiaje jurídico del orden público nacional e internacional y permean todo el ordenamiento jurídico", y que "la noción de igualdad se desprende directamente de la unidad de naturaleza del género humano y es inseparable de la dignidad esencial de la persona, frente a la cual es incompatible toda situación que, por considerar superior a un determinado grupo, conduzca a tratarlo con privilegio; o que, a la inversa, por considerarlo inferior, lo trate con hostilidad o de cualquier forma lo discrimine del goce de derechos que sí se reconocen a quienes no se consideran incursos en tal situación". Como consecuencia de ello, impuso a los Estados "abstenerse de realizar acciones que de cualquier manera vayan dirigidas, directa o indirectamente, a crear situaciones de discriminación *de iure* o *de facto*. Los Estados están obligados a adoptar medidas positivas para revertir o

[114] CSJN, L.263.XLV, consid. 5º.

[115] CSJN, *Fallos*, 314:424, consid. 9º.

[116] CSJN, 12/12/2017, "Castillo, Carina V., y otros c/provincia de Salta s/amparo", *Fallos*, 340:1795, consid. 18.

cambiar situaciones discriminatorias existentes en sus sociedades, en perjuicio de determinado grupo de personas. Esto implica el deber especial de protección que el Estado debe ejercer con respecto a actuaciones y prácticas de terceros que, bajo su tolerancia o aquiescencia, creen, mantengan o favorezcan las situaciones discriminatorias"[117].

Más allá del principio general, diferenció entre distinción y discriminación cuando dijo que "no toda distinción de trato puede considerarse ofensiva, por sí misma, de la dignidad humana. Asimismo, esta Corte ha distinguido entre distinciones y discriminaciones, de forma que las primeras constituyen diferencias compatibles con la Convención Americana por ser razonables, proporcionales y objetivas, mientras que las segundas constituyen diferencias arbitrarias que redundan en detrimento de los derechos humanos"[118]. También aclaró que "el derecho a la igualdad y no discriminación abarca dos concepciones: una concepción negativa relacionada con la prohibición de diferencias de trato arbitrarias, y una concepción positiva relacionada con la obligación de los Estados de crear condiciones de igualdad real frente a grupos que han sido históricamente excluidos o que se encuentran en mayor riesgo de ser discriminados. Asimismo, la Corte ha señalado que el derecho a la integridad física, psíquica y moral, consagrado en el art. 5.1 de la Convención Americana, no solo implica que el Estado debe respetarlo (obligación negativa), sino que, además, requiere que el Estado adopte todas las medidas apropiadas para garantizarlo (obligación positiva), en cumplimiento de su deber general establecido en el art. 1.1 de la Convención Americana"[119].

Sobre la interpretación de las normas convencionales entendió que el "art. 24 de la Convención Americana prohíbe la discriminación de derecho o de hecho, no solo en cuanto a los derechos consagrados en dicho tratado, sino en lo que respecta a todas las leyes que apruebe el Estado y a su aplicación. Es decir, no se limita a reiterar lo dispuesto en el art. 1.1 de la misma, respecto de la obligación de los Estados de respetar y garantizar, sin discriminación, los derechos reconocidos en dicho tratado, sino consagra un derecho que también acarrea obligaciones al Estado de respetar y garantizar el principio de igualdad y no discriminación en la salvaguardia de otros derechos y en toda la legislación interna que aprue-

[117] Corte IDH, 24/2/2012, "Atala Riffo y niñas vs. Chile", párrs. 79 y 80. También, doctrina del caso Corte IDH, 23/6/2005, "Yatama vs. Nicaragua", especialmente párrs. 184 y 185, entre muchos otros.

[118] Corte IDH, 6/8/2008, "Castañeda Gutman vs. Estados Unidos Mexicanos", párr. 211.

[119] Corte IDH, 31/8/2012, "Furlan y familiares vs. Argentina", párr. 267.

be, pues protege el derecho a la 'igual protección de la ley', de modo que veda también la discriminación derivada de una desigualdad proveniente de la ley interna o de su aplicación"[120].

Aclaró que en su jurisprudencia "ya ha considerado que el principio de igualdad ante la ley, igual protección ante la ley y no discriminación, ha ingresado, en la actual etapa de la evolución del derecho internacional, en el dominio del *ius cogens*. En consecuencia, los Estados no pueden discriminar o tolerar situaciones discriminatorias en perjuicio de los migrantes. Sin embargo, el Estado puede otorgar un trato distinto a los migrantes documentados con respecto de los migrantes indocumentados, o entre migrantes y nacionales, siempre y cuando este trato diferencial sea razonable, objetivo, proporcional, y no lesione los derechos humanos. Por consiguiente, los Estados tienen la obligación de no introducir en su ordenamiento jurídico regulaciones discriminatorias, eliminar las regulaciones de carácter discriminatorio, combatir las prácticas de este carácter y establecer normas y otras medidas que reconozcan y aseguren la efectiva igualdad ante la ley de todas las personas"[121].

4) *Algunas consideraciones*. Cuando hablamos de la igualdad surgen, como bien apunta Bobbio, dos interrogantes que tienen que ser respondidos: igualdad entre quiénes e igualdad en qué[122].

Si analizamos jurídicamente la definición del diccionario, vemos que habla de igualdad entre ciudadanos en derechos y obligaciones; pero a poco que se analice entendemos que ello no solo no se cumple, sino que es hasta positivo que no se cumpla.

Bajo esta definición no se afectaría el principio de igualdad si negamos derechos a los habitantes que no son ciudadanos. Así no vulneraría el derecho a la igualdad que a un extranjero con residencia laboral no se le pagase la misma remuneración por igual tarea.

También, bajo esta perspectiva, vulneraría este principio que solo a los varones de determinada edad se los obligara a armarse para defensa de la patria, pero no lo afectaría que solo quienes puedan pagar la tasa de justicia accedan a la jurisdicción, negándoles tal posibilidad a quienes no tienen los medios económicos.

Por ello, resulta más adecuado, cuando intentamos aproximarnos a la igualdad, considerarla un principio que trata de la misma manera a to-

[120] Corte IDH, 29/5/2014, "Norín Catrimán y otros (dirigentes, miembros y activistas del pueblo indígena mapuche) vs. Chile", párr. 199.

[121] Corte IDH, 23/11/2010, "Vélez Loor vs. Panamá", párr. 248.

[122] Bobbio, *Igualdad y libertad*.

dos los seres humanos que posean cualidades relevantes similares, en los casos y en los modos que ameriten tal identificación.

Más allá de esta aproximación, no resulta sencillo determinar cuáles son estas cualidades relevantes que deben ser consideradas para tratar a dos personas de la misma manera, porque la ausencia de toda pauta puede llevarnos a tener que discernir si estamos en presencia verdaderamente del principio de igualdad o si este es invocado precisamente para desigualar más aún.

La primera regla es no diferenciar; es decir, permitir participar a todos y solo cuando esta regla se encuentra satisfecha es cuando debemos comenzar a diferenciar. En esta diferenciación (o en el establecimiento de categorías) hay dos criterios fundamentales, necesidad y mérito, que deberán entrar en el análisis junto con la situación que se intenta reglar.

En tal sentido, cuando se quiere reglar un concurso de ingreso a un cargo público, donde constitucionalmente se exige la idoneidad como requisito, será el mérito la pauta a tener en cuenta. Resultará así válido que se exija un título habilitante para participar, que se evalúen antecedentes y que se examine a los concursantes, pero resultará inconstitucional que se diferencie entre hombres y mujeres; entre mayores o menores de cierta edad, o entre quienes tienen un color de piel más claro u oscuro.

El rasgo relevante por considerar guarda una relación directa con el derecho en juego y el objetivo pretendido.

Por el contrario, si, ante la presencia de recursos limitados, como siempre existen, tenemos que otorgar un subsidio de alimentos, el sistema diferenciador no puede ser el mérito obtenido (mayor nivel de capacitación o mejor rendimiento en un examen), sino, precisamente, quienes tengan mayor necesidad de recibir esos alimentos.

Claro que habrá situaciones donde, ante la escasez de recursos, se considerarán ambas pautas, como, por ejemplo, con el subsidio de estudios, donde primeramente se tendrán en cuenta necesidades (no puede presentarse a una beca quien puede perfectamente sostener el estudio por sus medios), pero, dentro del universo que las presente, se deberán tener en cuenta los méritos obtenidos para justificar la beca (materias aprobadas, calificaciones, etcétera).

Como explica Laporta, tiene que existir una relación causal, la que se produce cuando una situación es condición necesaria o suficiente para que se produzca ese otro estado de cosas[123].

[123] Laporta, *El principio de igualdad: introducción a su análisis*, "Sistema", nº 67, 1985, p. 9 a 11.

5) *Existencia de categorías sospechosas.* Actualmente se recurre a la invocación de categorías sospechosas a los efectos de determinar si una distinción es válida o no.

En un importante trabajo, Sánchez Caparrós compara los criterios utilizados por la jurisprudencia estadounidense, el Tribunal Europeo, la Corte IDH y la Corte Suprema argentina. Según su análisis, en el derecho jurisprudencial del país del norte se pueden clasificar las categorías en sospechosas (cuando las distinciones están basadas en la raza, el origen nacional o la condición de extranjero), cuasisospechosas (sexo y condición de hijo nacido fuera del matrimonio) y no sospechosas (la edad, la discapacidad mental, la condición socioeconómica y la orientación sexual)[124].

En cuanto al Tribunal Europeo, afirma que la diferencia de trato será admitida en tanto persiga un fin legítimo y sea razonablemente proporcional al objetivo propuesto, pero, cuando esa diferencia se asiente en alguno de los motivos previstos en el art. 14 la Convención Europea de Derechos Humanos (sexo, raza, color, lengua, religión, opiniones políticas u otras, origen nacional o social, pertenencia a una minoría nacional, fortuna, nacimiento), el Estado deberá dar una razón de mayor peso para que tal distinción sea válida[125].

En la Corte Interamericana de Derechos Humanos, según la doctrinaria, recién se comenzó a mencionar en precedentes del año 2012 y no ha sido muy frecuentemente utilizada[126], mientras que en Argentina puede entenderse que surge de algunos votos antes de 1990[127].

En definitiva, la existencia de estas categorías sospechosas incidiría en el control judicial que se realiza sobre un acto de distinción, pues, si la distinción está basada en alguno de los elementos diferenciadores que mencionan las normas de los tratados (p.ej., sexo, raza, color, lengua, religión, opiniones políticas u otras, origen nacional o social, pertenencia a una minoría nacional, fortuna, nacimiento), quienes las realicen deberán acreditar qué motivos fundados tuvieron para ello, pues en caso de que no lo hagan serían consideradas discriminaciones.

La presencia de estas categorías ha sido criticada por entrar en conflicto con las acciones positivas, mediante las cuales el Estado, para

[124] Sánchez Caparrós, *Categorías sospechosas*, p. 16 a 18. Reconoce la autora que la doctrina de dicho país ha remarcado el carácter ambiguo y poco preciso de esta teoría (p. 22).

[125] Sánchez Caparrós, *Categorías sospechosas*, p. 24.

[126] Sánchez Caparrós, *Categorías sospechosas*, p. 37 y siguientes.

[127] Sánchez Caparrós, *Categorías sospechosas*, p. 73 y siguientes.

ciertos sectores que se encuentran en desventaja, sea natural o culturalmente, adopta medidas a su favor que les permitan acceder al lugar del que tradicionalmente estuvieron excluidos[128], dado que, por ejemplo, toda medida a favor de las mujeres entraría en categoría sospechosa por efectuar una distinción basada en el sexo.

Pero no solo en estos supuestos la teoría de las categorías sospechosas hace agua, dado que a veces peca por exceso y otras por defecto.

Peca por exceso porque considera tal el origen nacional o el lugar de nacimiento, y todos los Estados tienen en cuenta tal distinción para otorgar o no el vínculo que lo une con una persona (la nacionalidad). Nadie cuestiona, al menos en la actualidad, que un Estado reconozca como propios a quienes han nacido bajo su territorio (más allá de los diversos criterios existentes), y a nadie se le ocurriría que existe la obligación de un Estado de otorgar el reconocimiento de la ciudadanía a una persona que nunca visitó el país y que nació en otro, donde también allí nacieron su ascendencia y descendencia. Es decir, una de las principales fuentes de atribución de derechos, como es la nacionalidad (hasta para entrar y permanecer en un país que no es el propio se tiene en cuenta el vínculo de nacionalidad)· no puede estar incluida en una categoría sospechosa; al menos de la forma genérica en que estas categorías se desarrollan (no es lo mismo, claro está, que, en ciertos aspectos, como en la remuneración que reciben dos trabajadores, se les abone distinto por su origen nacional; pero, en los más diversos ámbitos –hasta en derechos patrimoniales como puede ser el de poseer ciertas extensiones de tierra, medios de comunicación, etc.–, se han validado diferenciaciones basadas en la nacionalidad).

Pero también peca por defecto, porque, según los lugares y los tiempos, aparecen otras causales de discriminación, como ocurre con la edad, ciertas profesiones[129] o enfermedades, y por la invocación de categorías sospechosas se terminan convalidando discriminaciones que son totalmente irrazonables y que no encuadran en ninguna de las mencionadas en las normas internacionales.

Por ello, la razonabilidad de la situación concreta, basada en los criterios descriptos en los apartados anteriores, dará la mejor pauta para saber cuándo estamos ante una distinción válida y cuándo ante una discriminación.

[128] Ver la crítica efectuada por SABA, "El principio de igualdad en la Constitución nacional", en SABSAY (dir.) - MANILI (coord.), *Constitución de la Nación Argentina*, t. 1, p. 599 a 627.

[129] No podemos olvidar que, en las primeras épocas de la pandemia del covid-19, a la vez que se aplaudía el trabajo de médicos y enfermeros, se les pedía que no volvieran a sus hogares por miedo al contagio, y hasta se les negaba la atención en ciertos comercios.

d) *PRINCIPIO DE LEGALIDAD.* Este principio, que procuró dar previsibilidad a las acciones humanas y sus consecuencias, a fin de que no quedaran a merced del capricho de uno o de pocos, ha sufrido importantes transformaciones en los últimos años, que le otorgan un perfil más acabado y garantizan no solo el valor seguridad, sino también el valor justicia.

1) *TRATAMIENTO DOCTRINAL.* La doctrina ha reconocido la evolución que este principio ha sufrido en los últimos tiempos, entendiendo, en algunos casos, que esta transformación implica un cambio de paradigma.

Al respecto, FERRAJOLI afirma que la naturaleza del derecho tuvo dos grandes revoluciones: "si la primera revolución se expresó mediante la afirmación de la omnipotencia del legislador, es decir, del principio de mera legalidad (o de legalidad formal) como norma de reconocimiento de la existencia de las normas, esta segunda revolución se ha realizado con la afirmación del que podemos llamar principio de estricta legalidad (o de legalidad sustancial). O sea, con el sometimiento también de la ley a vínculos ya no solo formales sino sustanciales impuestos por los principios y los derechos fundamentales contenidos en las constituciones. Y si el principio de mera legalidad había producido la separación de la validez y de la justicia y el cese de la presunción de justicia del derecho vigente, el principio de estricta legalidad produce la separación de la validez y de la vigencia y la cesación de la presunción apriorística de validez del derecho existente. En efecto, en un ordenamiento dotado de Constitución rígida, para que una norma sea válida además de vigente, no basta que haya sido emanada con las formas predispuestas para su producción, sino que es también necesario que sus contenidos sustanciales respeten los principios y los derechos fundamentales establecidos en la Constitución [...] Este cambio de paradigma puede situarse históricamente en un momento determinado: el que siguió a la catástrofe de la Segunda Guerra Mundial y a la derrota del nazi-fascismo [...] Se redescubre, en suma –no solo en el plano estatal, sino también en el internacional–, el valor de la Constitución como conjunto de normas sustanciales dirigidas a garantizar la división de poderes y los derechos fundamentales de todos". Agrega también que "no solo la producción del derecho sino también las opciones desde las que esta se proyecta resultan también positivizadas mediante normas jurídicas, y también el legislador queda sometido a la ley. De este modo, se produce un cambio de naturaleza en la legalidad positiva del Estado constitucional de derecho. Esta ya no es solo (mera legalidad) condicionante, sino asimismo (estricta legalidad) condicionada por vínculos que son también sustanciales relativos a sus contenidos o significados"[130].

Al analizar la Constitución española, FERNÁNDEZ SEGADO entiende que el principio de legalidad "traduce jurídicamente el principio político de la primacía de la ley, del imperio de la ley, en cuando expresión de la voluntad popular", por lo cual, "todos los poderes públicos se encuentran sujetos a la ley, lo que no obsta para mantener que en un régimen constitucional, también el Poder Legislativo, del que aquella emana, está sujeto a la Constitución, en cuanto esta procede del poder constituyente, siendo misión del Tribunal Constitucional el velar por que se mantenga esa sujeción de la ley a la Constitución, que no es más que otra forma de sumisión a la voluntad popular, expresada esta vez como poder constituyente"[131].

Por su parte, SAGÜÉS se refiere al principio de legalidad cuando analiza la limitación de los derechos. Expresa que por el principio de legalidad "la reglamentación del derecho se debe instrumentar por ley, es decir, por el legislador, o por norma basada en ley (decreto reglamentario de ley; ordenanza municipal habilitada por una Constitución o ley provincial).

El postulado constitucional de legalidad tuvo su base ideológica en la necesidad de que el congreso o el Parlamento (que asumía históricamente la representación del tercer Estado o estado llano, y posteriormente también la del cuarto o proletariado), fuese el que consintiera las limitaciones a los derechos personales. Además, se intentó borrar al gobierno despótico o caprichoso, mediante la nomocracia, o gobierno de la ley (norma general sancionada por el parlamento), evitándose que por decretos emitidos por una persona (el jefe de Estado) se pudiesen afectar las libertades personales"[132].

Para BIDART CAMPOS este principio, vinculado con el propósito de seguridad, implicaba que la "referencia a la ley está muy lejos de significar que el constituyente ha convertido a la ley en árbitro último de lo que se puede mandar o prohibir, porque la Constitución es el primer árbitro en el reparto de los que se puede o debe hacer y de lo que no se puede hacer.

El principio de legalidad responde al concepto de despersonalización o impersonalidad del poder, y al de legitimidad racional. No se trata de que el poder no sea ejercido por hombres –lo cual es inevitable– sino de que esos hombres que ejercen el poder lo hagan ajustándose al

[130] FERRAJOLI, *Los fundamentos de los derechos fundamentales*, p. 53 a 55.

[131] FERNÁNDEZ SEGADO, *El sistema constitucional español*, p. 95 y 96.

[132] SAGÜÉS, *Derecho constitucional*, t. 3, p. 701.

orden jurídico establecido en las normas legales. De ahí el adagio de que no gobiernan los hombres sino la ley [...]

La cláusula que exige ley para mandar o prohibir no debe tomarse con tal rigor formal que solo reconozca como única fuente de las obligaciones aludidas en el art. 19 a la ley del Congreso. Podemos ser obligados a hacer o a abstenernos por cualquier norma jurídica inferior a la ley que constitucionalmente se apoye en la ley o esté habilitada por la Constitución o por la ley"[133].

2) *Tratamiento normativo.* Aun cuando el principio de legalidad constitucional lo encontramos en aquellas normas que refieren a la supremacía constitucional, que todos los ordenamientos poseen, como la Constitución argentina en los arts. 27, 28, 31 y 75, inc. 22 y 24[134]; la de Guatemala en los arts. 44, 46, 175 y 204; la de Panamá en los arts. 4º, 17 y 129; la de Colombia en los arts. 4º, 9º y 93, y la de España en los arts. 9º, 10, 93, 95 y 96, entre otros, aquí analizaremos el principio de legalidad infraconstitucional que reconocen las cartas magnas.

En Argentina, el principio general ha sido establecido en la parte final del art. 19 de la Const. nacional, que prevé que ningún habitante de la Nación "*será obligado a hacer lo que no manda la ley, ni privado de lo que ella no prohíbe*". Pero no termina allí, dado que otras cláusulas lo reafirman, como el art. 14, al disponer que todos los habitantes de la Nación "*gozan de los siguientes derechos conforme a las leyes que reglamenten su ejercicio*"; el art. 14 bis, que determina que el trabajo en sus diversas formas "*gozará de la protección de las leyes*"; el art. 15, en cuanto reconoce que será la ley la que fije las indemnizaciones por la abolición de la esclavitud; el art. 17, que establece que ningún habitante puede ser privado de su propiedad sino es por sentencia basada en ley, y en cuanto exige una ley para la declaración de utilidad pública, y el art. 18, en tanto expresa: "*Ningún habitante de la Nación puede ser penado sin juicio previo fundado en ley anterior al hecho del proceso*". Claro que, como advierte Sagüés, este principio ha sufrido serios embates como consecuencia de los decretos de necesidad y urgencia y de delegación legislativa.

El art. 5º de la Const. de Guatemala prevé el principio de legalidad, al disponer, en la parte pertinente: "Toda persona tiene derecho a hacer lo que la ley no prohíbe; no está obligada a acatar órdenes que no estén

[133] Bidart Campos, *Tratado elemental de derecho constitucional argentino*, t. I-A, p. 801 y 802.

[134] La supremacía constitucional ha sido tratada en Toricelli, *Organización constitucional del poder*, t. 1, p. 34 a 57.

basadas en ley y emitidas conforme a ella". También prevé aplicaciones particulares como las reguladas en los arts. 11, 26 y 28, entre otros.

En España, la Constitución, en el art. 9°, apdo. 3, dispone: "La Constitución garantiza el principio de legalidad, la jerarquía normativa, la publicidad de las normas, la irretroactividad de las disposiciones sancionadoras no favorables o restrictivas de derechos individuales, la seguridad jurídica, la responsabilidad y la interdicción de la arbitrariedad de los poderes públicos".

En la Constitución de Colombia, el principio de legalidad no ha sido regulado con la contundencia de las constituciones antes referidas, pero se desprende del art. 28, párr. 1°, que expresa: "Toda persona es libre. Nadie puede ser molestado en su persona o familia, ni reducido a prisión o arresto, ni detenido, ni su domicilio registrado, sino en virtud de mandamiento escrito de autoridad judicial competente, con las formalidades legales y por motivo previamente definido en la ley". Asimismo, del art. 29, párr. 2°, en tanto dice: "Nadie podrá ser juzgado sino conforme a leyes preexistentes al acto que se le imputa, ante juez o tribunal competente y con observancia de la plenitud de las formas propias de cada juicio". Otras normas lo prevén en aplicaciones particulares como los arts. 21, 23, 24, 26, 31, 37, 48, etcétera.

También en la Constitución alemana surge que los derechos nacen de la Constitución, y que solo la ley, en los casos en que se autoriza, puede regularlos (arts. 2°, apdo. 2, 4°, apdo. 3, 6°, apdo. 3, y 8°, apdo. 2, entre otros).

No todos los tratados le han dado la misma cabida al principio de legalidad ni el mismo alcance. La Convención Americana sobre Derechos Humanos lo ha impuesto para toda limitación autorizada, en el art. 30, al prescribir: "*Las restricciones permitidas, de acuerdo con esta Convención, al goce y ejercicio de los derechos y libertades reconocidas en la misma, no pueden ser aplicadas sino conforme a leyes que se dictaren por razones de interés general y con el propósito para el cual han sido establecidas*". También en el art. 9° lo fijó en materia penal: "*Nadie puede ser condenado por acciones u omisiones que en el momento de cometerse no fueran delictivas según el derecho aplicable. Tampoco se puede imponer pena más grave que la aplicable en el momento de la comisión del delito. Si con posterioridad a la comisión del delito la ley dispone la imposición de una pena más leve, el delincuente se beneficiará de ello*".

La Declaración Americana de los Derechos y Deberes del Hombre establece en el primer párrafo del art. XXV: "*Nadie puede ser privado de su libertad sino en los casos y según las formas establecidas por leyes preexistentes*". El art. 29.2 de la Declaración Universal de Derechos

Humanos dispone: "*En el ejercicio de sus derechos y en el disfrute de sus libertades, toda persona estará solamente sujeta a las limitaciones establecidas por la ley, con el único fin de asegurar el reconocimiento y el respeto de los derechos y libertades de los demás, y de satisfacer las justas exigencias de la moral, del orden público y del bienestar general en una sociedad democrática*", sin perjuicio de las estipulaciones particulares previstas en los arts. 11 y 12.

El Pacto Internacional de Derechos Económicos, Sociales y Culturales lo regula en el art. 4º, que determina: "*Los Estados partes en el presente pacto reconocen que, en el ejercicio de los derechos garantizados conforme al presente pacto por el Estado, este podrá someter tales derechos únicamente a limitaciones determinadas por ley, solo en la medida compatible con la naturaleza de esos derechos y con el exclusivo objeto de promover el bienestar general en una sociedad democrática*". Ello es así sin perjuicio de aplicaciones particulares como la prevista en el art. 8º, apdo. 1, incs. *a* y *d*.

El Pacto Internacional de Derechos Civiles y Políticos ha reconocido el principio de legalidad en aplicaciones concretas como en los arts. 12, párr. 3, 14, párr. 1, 17, párr. 2 o 22, párr. 2.

3) *Jurisprudencia.* Desde antiguo la Corte Suprema argentina ha sostenido que "la omisión de ley no ha podido ser suplida por el P. E. por más elevados o convenientes que hayan sido los móviles, desde que ningún habitante está obligado a hacer lo que la ley no manda, ni puede ser penado sin ley anterior al hecho (arts. 18 y 19, Const. nacional). Toda nuestra organización política y civil reposa en la ley. Los derechos y obligaciones de los habitantes, así como las penas de cualquier clase que sean, solo existen en virtud de sanciones legislativas y el Poder Ejecutivo no puede crearlas ni el Poder Judicial aplicarlas si falta la ley que las establezca"[135].

Aun cuando, en aplicación específica, en materia penal le reconoció el carácter de principio al expresar que "nadie está obligado a hacer lo que la ley no manda ni privado de lo que ella no prohíbe (art. 19 de la Constitución). De ahí nace la necesidad de que haya una ley que mande o prohíba una cosa, para que una persona pueda incurrir en falta por haber obrado u omitido obrar en determinado sentido", y concluyó que "es innegable la necesidad de mantener estrictamente la vigencia del principio *nullum crimen, nulla pœna sine lege*, contenido en la garantía consagrada por el art. 18 de la Constitución, no solo porque se trata de un

[135] CSJN, 3/9/1937, "Sucesión de Manuel Escudero c/Obras Sanitarias de la Nación", *Fallos*, 178:355, consid. 2º.

principio constitucional –y esta única consideración bastaría para aquel efecto– sino, también, porque es notorio que las modernas formas de autoritarismo o despotismo utilizan los edictos policiales como uno de los instrumentos más eficaces para la opresión de los ciudadanos y la restricción de las libertades públicas"[136]. Amplió posteriormente en el sentido de que, desde "el punto de vista material, el principio de legalidad establecido por el art. 18 de la Const. nacional, al exigir que la conducta y la sanción se encuentren prevista con anterioridad al hecho por una ley en sentido estricto, pone en cabeza exclusiva del Poder Legislativo la determinación de cuáles son los intereses que deben ser protegidos mediante amenaza penal del ataque que representan determinadas acciones, y en qué medida debe expresarse esa amenaza para garantizar una protección suficiente"[137].

También lo aplicó en materia tributaria cuando señaló que "resulta necesario recordar que el principio de legalidad o de reserva de la ley no es solo una expresión jurídico-formal de la tributación, sino que constituye una garantía sustancial en este campo, en la medida en que su esencia viene dada por la representatividad de los contribuyentes"[138].

La Corte Suprema argentina entendió que el principio de legalidad impone interpretar restrictivamente toda restricción de los derechos y extensivamente todo reconocimiento afirmando que del "principio de legalidad (art. 18, Const. nacional) se deriva la exigencia de resolver las dudas interpretativas en la forma más restrictiva dentro del límite semántico del texto legal, en consonancia con el principio político criminal que caracteriza al derecho penal como la *ultima ratio* del ordenamiento jurídico"[139].

Aun cuando sin decirlo expresamente, la Corte Suprema consagró el principio de legalidad constitucional en el precedente "Siri" (se admitió allí el amparo como garantía constitucional aun a falta de toda previsión legal), al entender que basta la comprobación de que un derecho constitucional ha sido afectado "para que la garantía constitucional invocada sea restablecida por los jueces en su integridad, sin que pueda alegarse en contrario la inexistencia de una ley que la reglamente: las garantías individuales existen y protegen a los individuos por el solo hecho de estar consagradas en la Constitución e independientemente de las leyes regla-

[136] CSJN, 17/5/1957, "Raúl O. Mouviel y otros s/desórdenes", *Fallos*, 237:636.

[137] CSJN, *Fallos*, 314:424, consid. 6º.

[138] CSJN, 9/5/2006, "Nación Administradora de Fondos de Jubilaciones y Pensiones SA c/Tucumán, provincia de s/acción declarativa", *Fallos*, 329:1554, consid. 10.

[139] CSJN, 3/5/2017, "Bignone, Reynaldo B., y otro s/recurso extraordinario", *Fallos*, 340:549, consid. 11.

mentarias, las cuales solo son requeridas para establecer en qué casos y con qué justificativos podrá procederse a su allanamiento y ocupación"[140]. Posteriormente, reafirmó que "los derechos individuales –especialmente aquellos que solo exigen una abstención de los poderes públicos y no la realización de conductas positivas por parte de aquellos– deben ser hechos valer obligatoriamente por los jueces en los casos concretos, sin importar que se encuentren incorporados o no a la legislación"[141].

La Corte Interamericana de Derechos Humanos también desarrolló una rica jurisprudencia sobre el tema. En cuanto al principio general sostuvo: "El primer paso para evaluar si una restricción a un derecho establecido en la Convención Americana es permitida a la luz de dicho tratado consiste en examinar si la medida limitativa cumple con el requisito de legalidad. Ello significa que las condiciones y circunstancias generales que autorizan una restricción al ejercicio de un derecho humano determinado deben estar claramente establecidas por ley. La norma que establece la restricción debe ser una ley en el sentido formal y material"[142].

En materia penal afirmó que el principio de legalidad "constituye uno de los elementos centrales de la persecución penal en una sociedad democrática al establecer que 'nadie puede ser condenado por acciones u omisiones que en el momento de cometerse no fueran delictivos según el derecho aplicable'. Dicho principio preside la actuación de todos los órganos del Estado, en sus respectivas competencias, particularmente cuando viene al caso el ejercicio del poder punitivo. En un Estado democrático y de derecho es preciso extremar las precauciones para que las sanciones penales se adopten con estricto respeto a los derechos básicos de las personas y previa una cuidadosa verificación de la efectiva existencia de la conducta ilícita.

Asimismo, la Corte ha sostenido que la calificación de un hecho como ilícito y la fijación de sus efectos jurídicos deben ser preexistentes a la conducta del sujeto al que se considera infractor. De lo contrario, los particulares no podrían orientar su comportamiento conforme a un orden jurídico vigente y cierto, en el que se expresan el reproche social y las consecuencias de este. El tribunal también ha indicado que el principio de irretroactividad tiene el sentido de impedir que una persona sea

[140] CSJN, 27/12/1957, "Siri, Ángel s/interpone recurso de hábeas corpus", *Fallos*, 239:459.

[141] CSJN, *Fallos*, 312:496, consid. 16.

[142] Corte IDH, 6/8/2008, "Castañeda Gutman vs. Estados Unidos Mexicanos", párr. 176.

penada por un hecho que cuando fue cometido no era delito o no era punible o perseguible"[143].

En "Baena" entendió que no solo las sanciones penales, sino también las administrativas debían ser fijadas por ley. Afirmó que "el art. 9° de la Convención es aplicable a la materia sancionatoria administrativa, además de serlo, evidentemente, a la penal. Los términos utilizados en dicho precepto parecen referirse exclusivamente a esta última. Sin embargo, es preciso tomar en cuenta que las sanciones administrativas son, como las penales, una expresión del poder punitivo del Estado y que tienen, en ocasiones, naturaleza similar a la de estas. Unas y otras implican menoscabo, privación o alteración de los derechos de las personas, como consecuencia de una conducta ilícita. Por lo tanto, en un sistema democrático es preciso extremar las precauciones para que dichas medidas se adopten con estricto respeto a los derechos básicos de las personas y previa una cuidadosa verificación de la efectiva existencia de la conducta ilícita. Asimismo, en aras de la seguridad jurídica es indispensable que la norma punitiva, sea penal o administrativa, exista y resulte conocida, o pueda serlo, antes de que ocurran la acción o la omisión que la contravienen y que se pretende sancionar. La calificación de un hecho como ilícito y la fijación de sus efectos jurídicos deben ser preexistentes a la conducta del sujeto al que se considera infractor. De lo contrario, los particulares no podrían orientar su comportamiento conforme a un orden jurídico vigente y cierto, en el que se expresan el reproche social y las consecuencias de este.

Estos son los fundamentos de los principios de legalidad y de irretroactividad desfavorable de una norma punitiva.

En suma, en un Estado de derecho, los principios de legalidad e irretroactividad presiden la actuación de todos los órganos del Estado, en sus respectivas competencias, particularmente cuando viene al caso el ejercicio del poder punitivo en el que se manifiesta, con máxima fuerza, una de las más graves e intensas funciones del Estado frente a los seres humanos: la represión"[144].

El criterio fue reiterado y aplicado, aunque con ciertas limitaciones, en sanciones disciplinarias, al entender que "la Corte considera que el principio de legalidad también tiene vigencia en materia disciplinaria, no obstante su alcance depende considerablemente de la materia regulada. La

[143] Corte IDH, 23/11/2012, "Mohamed vs. Argentina", párrs. 130 y 131; criterio reiterado, entre otros, en Corte IDH, 25/11/2013, "Familia Pacheco Tineo vs. Estado Plurinacional de Bolivia", párr. 235, e íd., 21/10/2016, "Pollo Rivera y otros vs. Perú", párr. 218.

[144] Corte IDH, 2/2/2001, "Baena Ricardo y otros vs. Panamá", párrs. 106 y 107.

precisión de una norma sancionatoria de naturaleza disciplinaria puede ser diferente a la requerida por el principio de legalidad en materia penal, por la naturaleza de los conflictos que cada una está destinada a resolver"[145].

Fuera de la materia sancionatoria, la Corte IDH también exigió que las restricciones a las libertades fueran concretadas mediante una ley, en forma clara y precisa. Dijo que se "destaca la importancia de la vigencia del principio de legalidad en el establecimiento de una restricción al derecho de salir del país en una sociedad democrática, dada la alta incidencia que dicha restricción tiene en el ejercicio de la libertad personal. Por ello, es necesario que el Estado defina de manera precisa y clara mediante una ley los supuestos excepcionales en los que puede proceder una medida como la restricción de salir del país. La falta de regulación legal impide la aplicación de tales restricciones, puesto que no se encontrará definido su propósito y los supuestos específicos en los cuales se hace indispensable aplicar la restricción para cumplir con alguno de los fines indicados en el art. 22.3 de la Convención, así como también impide al procesado presentar los alegatos que estime pertinentes sobre la imposición de tal medida. No obstante, cuando la restricción se encuentre contemplada por ley, su regulación debe carecer de ambigüedad de tal forma que no genere dudas en los encargados de aplicar la restricción permitiendo que actúen de manera arbitraria y discrecional realizando interpretaciones extensivas de la restricción, particularmente indeseable cuando se trata de medidas que afectan severamente bienes fundamentales, como la libertad"[146].

4) *Consideraciones finales.* El principio de legalidad exige que toda conducta prohibida o exigida lo sea por ley, tanto en sentido formal como en sentido material. La ley es la fuente para regular los derechos.

En la actualidad, no es la única ni la más importante. La ley tiene límites y esos límites los imponen los derechos humanos fundamentales, tanto los reconocidos en las constituciones como en los tratados.

Como expresa Prieto Sanchís, "un constitucionalismo como el actual, dotado de una gran densidad normativa a base de principios, derechos y directrices sustanciales dirigidas al legislador, no puede convivir con una concepción del derecho en la que la voluntad del legislador carece de límites"[147].

Esta transformación ha producido que el principio de legalidad, en su concepción actual, implique que las conductas deban ajustarse a la

[145] Corte IDH, 3/5/2016, "Maldonado Ordoñez vs. Guatemala", párr. 89.

[146] Corte IDH, 31/8/2004, "Ricardo Canese vs. Paraguay", párr. 125.

[147] Prieto Sanchís, *Justicia constitucional y derechos fundamentales*, p. 25.

ley previa, pero que esta ley sea acorde a las normas de mayor jerarquía, para lo cual el principio de razonabilidad jugará un papel trascendente, máxime considerando que las normas superiores suelen ser normas abiertas que presentan un gran marco de posibilidades. Fuera de la ley no existe facultad para establecer regulaciones, especialmente cuando estas implican restricciones en los derechos de los seres humanos.

e) *Principio de razonabilidad.* Cuando estudiamos el principio de razonabilidad no encontramos tanta dificultad en saber de qué estamos hablando. Lo razonable se equipara con lo justo, con lo legítimo; es lo que proviene de la deliberación, del análisis, y se opone a lo arbitrario, a lo ilegítimo, a lo injusto, al simple capricho.

Sin embargo, que exista un mayor consenso sobre el término no significa que no sea complejo determinar cuándo una norma, un acto o una conducta resultan razonables.

En toda decisión existe un margen de discrecionalidad, y es en ella donde la razonabilidad juega un papel preponderante. Hart se encargó de analizar esta relación, entendiendo que "la discrecionalidad ocupa un lugar intermedio entre las elecciones dictadas por el puro capricho personal o momentáneo y aquellas realizadas en aplicación de métodos claros para alcanzar objetivos definidos o para adecuarse a reglas cuya aplicación al caso concreto resulta evidente". En su explicación decía que en "la discrecionalidad no hay una opción claramente correcta o equivocada", sino distintos puntos de vista, "y aunque hay argumentos a favor de las opciones, ninguno es definitivo pese a su relevancia", y concluía que "la discrecionalidad es una esfera en la que los argumentos a favor de una decisión u otra pueden ser racionales sin ser definitivos"[148].

La dificultad será encontrar esos argumentos racionales.

1) *Criterios doctrinales.* Bidart Campos enseñaba que el "principio de razonabilidad no se limita a exigir que solo la ley sea razonable", sino que entendía que era mucho más amplio, que abarcaba la conducta de cada órgano de poder, así como los actos de particulares, y que la "razonabilidad consiste en una valoración axiológica de justicia, que nos muestra lo que se ajusta o es conforme a la justicia, lo que tiene razón suficiente"; agregaba que "el sentido común y el sentimiento racional de justicia de los hombres hacen posible vivenciar la razonabilidad, y su opuesto, la arbitrariedad. La constitución formal suministra criterios, princi-

[148] Hart, *Discrecionalidad*, "Doxa. Cuadernos de Filosofía del Derecho", nº 37, 2014, p. 92 y 98.

pios y valoraciones que, integrando su ideología y su sistema axiológico, permiten componer y descubrir en cada caso la regla de razonabilidad".

Finalmente, expresaba que la "razonabilidad técnica nos dirá si para determinado fin es conducente determinado medio (uno o varios); la racionalidad axiológica nos proporcionará un plexo de valores fundados en la justicia. Entonces, no habrá razonabilidad en sentido constitucional si solamente ocurre el aspecto técnico, aislado del aspecto axiológico"[149].

Analiza SAGÜÉS fundamentalmente la razonabilidad de las normas y exige requisitos negativos, que la norma no sea arbitraria, y positivos, donde deben superarse tres niveles, normativo, técnico y axiológico: *a*) la *razonabilidad normativa* "debe cuidar especialmente que las normas legales mantengan coherencia con las constitucionales, de suerte que su aplicación no resulte contradictoria con lo establecido en la Constitución nacional. Específicamente, pues, el contenido previsto por la ley reglamentaria debe coincidir con el marco de posibilidades regulatorias que brinda la Constitución"; *b*) la *razonabilidad técnica* "impone una apropiada adecuación entre los fines postulados por una ley y los medios que planifica para lograrlos", y es "irrazonable la ley cuando los medios que arbitra no se adecuan a los objetivos cuya realización procura o a los fines que requiere su sanción, o cuando no media correspondencia entre las obligaciones que impone y los propósitos que pretende alcanzar", y *c*) la *razonabilidad axiológica* exige "una cuota básica de justicia intrínseca en las normas, de tal modo que las notoriamente injustas resultan inconstitucionales"[150].

Otros autores han planteado que la razonabilidad exige "que la medida limitativa sea adecuada o idónea para la consecución del fin perseguido; que sea la mínima imprescindible para tal finalidad y que haya proporcionalidad entre el sacrificio exigido al derecho limitado por esa medida y el concreto derecho, bien o interés que se pretende proteger"[151].

Ha efectuado ALEXY un importante desarrollo del principio de razonabilidad, al que denomina de proporcionalidad, "conformado por tres subprincipios, los principios de idoneidad, de necesidad y de proporcionalidad en sentido estricto": *a*) el *subprincipio de idoneidad* "prohíbe la adopción de medios que obstruyan la realización de al menos un principio, sin promover algún principio u objetivo por el cual ha sido adoptado"; *b*)

[149] BIDART CAMPOS, *Tratado elemental de derecho constitucional argentino*, t. I-A, p. 805 y 806.

[150] SAGÜÉS, *Derecho constitucional*, t. 3, p. 702 a 704.

[151] BASTIDA - VILLAVERDE - REQUEJO - PRESNO - ALÁEZ - SARASOLA, *Teoría general de los derechos fundamentales en la Constitución española de 1978*, p. 42.

el *subprincipio de necesidad* "requiere que de dos medios para promover *P1* que son, a grandes rasgos, igualmente idóneos, aquel que interfiere menos intensamente con *P2* debe ser elegido. Si existe un medio que interfiere menos intensamente y es igualmente idóneo, una posición puede ser mejorada sin costo para la otra. Bajo esta condición, *P1* y *P2*, tomados en conjunto, requieren que el medio que interfiera menos intensamente sea aplicado", y *c*) el *subprincipio de proporcionalidad en sentido estricto*, la ponderación, es el corazón de la razonabilidad en este autor, al indicar "cuál es la optimización relativa a las posibilidades jurídicas". Así, cuanto "mayor es el grado de la no satisfacción, o de afectación, de uno de los principios, tanto mayor debe ser la importancia de la satisfacción del otro.

La ley de ponderación excluye, *inter alia*, una interferencia intensiva con el principio *P1*, que está justificada únicamente si se le asigna una baja importancia a la satisfacción del principio en colisión *P2*. Una solución como esa no sería una optimización de *P1* en conjunto con *P2*"[152].

Explica el jurista alemán que "los principios de idoneidad y de necesidad se refieren a la optimización respecto de las posibilidades fácticas. El principio de proporcionalidad en sentido estricto se refiere a la optimización respecto de las posibilidades jurídicas"[153].

2) *Normas.* El principio de razonabilidad no suele ser expresado en términos tan contundentes como la dignidad, la libertad o la igualdad, sino que suele inferirse de las expresiones vertidas en diversos artículos.

En Argentina, este principio se entendió ínsito en el art. 28 de la Const. nacional, que establece: "*Los principios, garantías y derechos reconocidos en los anteriores artículos, no podrán ser alterados por las leyes que reglamenten su ejercicio*". A partir de la reforma de 1994, también puede considerarse incluido en el art. 43 de la Constitución en tanto reconoce la garantía del amparo a toda lesión o amenaza de lesión a un derecho, efectuada con "*arbitrariedad o ilegalidad manifiesta*".

En la Constitución de Colombia también se entendió el principio incluido en el art. 4º en cuanto, en su primer párrafo, establece: "La Constitución es norma de normas. En todo caso de incompatibilidad entre la Constitución y la ley u otra norma jurídica, se aplicarán las disposiciones constitucionales".

[152] Alexy, "¿Cómo proteger los derechos humanos? Proporcionalidad y racionalidad", en Alexy - Alonso - Rabbi-Baldi Cabanillas (coords.), *Argumentación, derechos humanos y justicia*, p. 28 a 31.

[153] Alexy, *Los derechos fundamentales y el principio de proporcionalidad*, "Revista Española de Derecho Constitucional", nº 91, ene.-abr. 2011, p. 13.

En la Constitución brasileña este principio puede inferirse del art. 3º, apdo. I, en cuanto declara como objetivo "construir una sociedad libre, justa y solidaria"; así como en la de Bolivia puede extraerse del art. 9º, párr. I, en cuanto establece, entre los fines y funciones esenciales del Estado, constituir "una sociedad justa y armoniosa, cimentada en la descolonización, sin discriminación ni explotación, con plena justicia social, para consolidar las identidades plurinacionales".

En los pactos internacionales, el principio surge de normas específicas que protegen contra arbitrariedades, como el art. 9º de la Declaración Universal de Derechos Humanos, que dispone que nadie "*podrá ser arbitrariamente detenido, preso ni desterrado*"; el art. 12, que fija que nadie "*será objeto de injerencias arbitrarias en su vida privada, su familia, su domicilio o su correspondencia, ni de ataques a su honra o a su reputación. Toda persona tiene derecho a la protección de la ley contra tales injerencias o ataques*"; el art. 15.2, en cuanto establece que a nadie "*se privará arbitrariamente de su nacionalidad ni del derecho a cambiar de nacionalidad*"; el art. 17.2, que consagra que nadie "*será privado arbitrariamente de su propiedad*" o el art. 24, que determina: "*Toda persona tiene derecho al descanso, al disfrute del tiempo libre, a una limitación razonable de la duración del trabajo y a vacaciones periódicas pagadas*".

El Pacto de San José de Costa Rica también consagra el principio en diversos artículos, como el art. 7º, inc. 3, que dispone que nadie "*puede ser sometido a detención o encarcelamiento arbitrarios*"; el art. 7º, inc. 5, que establece que toda persona detenida o retenida "*debe ser llevada, sin demora, ante un juez u otro funcionario autorizado por la ley para ejercer funciones judiciales y tendrá derecho a ser juzgada dentro de un plazo razonable o a ser puesta en libertad, sin perjuicio de que continúe el proceso. Su libertad podrá estar condicionada a garantías que aseguren su comparecencia en el juicio*", y el art. 8º, inc. 1, que fija que toda persona "*tiene derecho a ser oída, con las debidas garantías y dentro de un plazo razonable, por un juez o tribunal competente, independiente e imparcial, establecido con anterioridad por la ley, en la sustanciación de cualquier acusación penal formulada contra ella, o para la determinación de sus derechos y obligaciones de orden civil, laboral, fiscal o de cualquier otro carácter*".

También lo consagra el Pacto Internacional de Derechos Civiles y Políticos en el art. 9º, párr. 1: "*Todo individuo tiene derecho a la libertad y a la seguridad personales. Nadie podrá ser sometido a detención o prisión arbitrarias. Nadie podrá ser privado de su libertad, salvo por las causas fijadas por ley y con arreglo al procedimiento establecido en esta*".

Asimismo, en el art. 9º, párr. 3: "*Toda persona detenida o presa a causa de una infracción penal será llevada sin demora ante un juez u otro funcionario autorizado por la ley para ejercer funciones judiciales, y tendrá derecho a ser juzgada dentro de un plazo razonable o a ser puesta en libertad. La prisión preventiva de las personas que hayan de ser juzgadas no debe ser la regla general, pero su libertad podrá estar subordinada a garantías que aseguren la comparecencia del acusado en el acto del juicio, o en cualquier otro momento de las diligencias procesales y, en su caso, para la ejecución del fallo*".

El Pacto Internacional de Derechos Económicos, Sociales y Culturales dispone en el art. 10, párr. 2, que se debe conceder especial protección "*a las madres durante un período de tiempo razonable antes y después del parto. Durante dicho período, a las madres que trabajen se les debe conceder licencia con remuneración o con prestaciones adecuadas de seguridad social*", mientras que el art. 14 establece: "*Todo Estado parte en el presente Pacto que, en el momento de hacerse parte en él, aún no haya podido instituir en su territorio metropolitano o en otros territorios sometidos a su jurisdicción la obligatoriedad y la gratuidad de la enseñanza primaria, se compromete a elaborar y adoptar, dentro de un plazo de dos años, un plan detallado de acción para la aplicación progresiva dentro de un número razonable de años fijado en el plan del principio de la enseñanza obligatoria y gratuita para todos*".

3) *Jurisprudencia*. La jurisprudencia de los tribunales no ha sido ajena al análisis de este principio y, más allá de la formulación en general, es importante corroborar el casuismo existente e, incluso, la conjugación con otros principios.

La Corte Constitucional de Colombia, al analizar la razonabilidad en un caso donde se cuestionaba la constitucionalidad de una ley por vulnerar el principio de igualdad, dijo que, "una vez que se ha determinado la existencia fáctica de un tratamiento desigual y la materia sobre la que él recae [...], el análisis del criterio de diferenciación se desarrolla en tres etapas, que componen el test de razonabilidad y que intentan determinar:

a) La existencia de un objetivo perseguido a través del establecimiento del trato desigual.

b) La validez de ese objetivo a la luz de la Constitución.

c) La razonabilidad del trato desigual, es decir, la relación de proporcionalidad entre ese trato y el fin perseguido.

El orden de estas etapas corresponde a necesidades no solo lógicas sino también metodológicas: el test del trato desigual pasa a una etapa subsiguiente solo si dicho trato sorteó con éxito la inmediatamente anterior. El primer paso no reviste mayor dificultad, como quiera que pueda llevarse a cabo a partir del solo examen de los hechos sometidos a la decisión del juez constitucional; se trata únicamente de la determinación del fin buscado por el trato desigual. El segundo paso, por el contrario, requiere una confrontación de los hechos con el texto constitucional, para establecer la validez del fin a la luz de los valores, principios y derechos consignados en este. Si el trato desigual persigue un objetivo, y este es constitucionalmente válido, el juez constitucional debe proceder al último paso del test, que examina la razonabilidad del trato diferenciado. Este es el punto más complejo de la evaluación, y su comprensión y aplicación satisfactoria dependen de un análisis (descomposición en partes) de su contenido.

La teoría jurídica alemana, partiendo de la jurisprudencia del Tribunal Constitucional Federal, ha mostrado cómo el concepto de razonabilidad puede ser aplicado satisfactoriamente solo si se concreta en otro más específico, el de proporcionalidad [...]

En el caso concreto del principio de igualdad, el concepto de proporcionalidad significa, por tanto, que un trato desigual no vulnera ese principio solo si se demuestra que es *1*) adecuado para el logro de un fin constitucionalmente válido; *2*) necesario, es decir, que no existe un medio menos oneroso, en términos del sacrificio de otros principios constitucionales, para alcanzar el fin; y *3*) proporcionado, esto es, que el trato desigual no sacrifica valores y principios (dentro de los cuales se encuentra el principio de igualdad) que tengan un mayor peso que el principio que se quiere satisfacer mediante dicho trato. Sobre este último punto, el de la proporcionalidad en sentido estricto, ha dicho la Corte en la sentencia T-422 de 1992: 'Los medios escogidos por el legislador no solo deben guardar proporcionalidad con los fines buscados por la norma, sino compartir su carácter de legitimidad. El principio de proporcionalidad busca que la medida no solo tenga fundamento legal, sino que sea aplicada de tal manera que los intereses jurídicos de otras personas o grupos no se vean afectados, o que ello suceda en grado mínimo'"[154].

La Corte Suprema argentina tiene una abundante jurisprudencia en materia de razonabilidad[155]. Desde antiguo ha sostenido que la "reglamentación legislativa no debe ser, desde luego, infundada o arbitraria

[154] CConst Colombia, 23/1/1996, "Demanda de inconstitucionalidad contra el art. 40, literal *b*, de la ley 48 de 1993", sentencia C-022/96.

[155] Puede verse una cita de fallos sobre razonabilidad en BIANCHI, *La separación de poderes*, p. 293.

sino razonable, es decir, justificada por los hechos y las circunstancias que le han dado origen y por la necesidad de salvaguardar el interés público comprometido, y proporcionado a los fines que se procura alcanzar con ella", por lo que al tribunal "solo incumbe pronunciarse acerca de la razonabilidad de los medios elegidos por el Congreso; es decir que solo debe examinar si son o no proporcionados a los fines que el legislador se propuso conseguir, y, en consecuencia, decidir si es o no admisible la consiguiente restricción de los derechos individuales afectados"[156].

En reiteradas ocasiones[157] expresó que, "si bien es cierto que la declaración de inconstitucionalidad de una disposición legal es un acto de suma trascendencia institucional y que el acierto o conveniencia de las soluciones legislativas no son puntos sobre los que quepa pronunciarse al Poder Judicial, no lo es menos que las leyes son susceptibles de cuestionamiento constitucional cuando resultan irrazonables, o sea, cuando los medios que arbitran no se adecuan a los fines cuya realización procuran, o cuando consagran una manifiesta iniquidad"[158].

Sobre las condiciones en abstracto para analizar la razonabilidad, sostuvo que esta debe ser "justificada por los hechos y las circunstancias que le han dado origen y por la necesidad de salvaguardar el interés público comprometido y proporcionado a los fines que se procura alcanzar, de tal modo de coordinar el interés privado con el público y los derechos individuales con el de la sociedad"[159].

En otro grupo de precedentes[160], vinculó la razonabilidad con las consecuencias que provienen de la interpretación; entendió que, "en la tarea de interpretar las leyes, además de dar pleno efecto a la intención del legislador, no debe prescindirse de las consecuencias que derivan de cada criterio, pues ellas constituyen uno de los índices más seguros para verificar su razonabilidad y su coherencia con el sistema en que está engarzada la norma", y concluyó que "no puede ser aceptada una pauta que quiebre la unidad del sistema"[161].

[156] CSJN, *Fallos*, 199:483.

[157] Doctrina de *Fallos*, 304:972; 305:159; 307:906; 308:418; 311:395, 460, 1435 y 2478, entre otros.

[158] CSJN, 10/10/1996, "Hussar, Otto c/Anses s/reajustes por movilidad", *Fallos*, 319:2215, consid. 39.

[159] CSJN, *Fallos*, 312:496, consid. 7°.

[160] *Fallos*, 303:917; 307:1018 y 2200.

[161] CSJN, 5/11/1996, "Bigma SRL c/Entel s/contrato administrativo", *Fallos*, 319:2594, consid. 8°.

Respecto de la razonabilidad en la aplicación de las penas, entendió que no podían medirse en comparación con la fijación para otros delitos, pero consideró que "la única interpretación posible es la que enjuicia la razonabilidad de la ley penal confrontándola con las normas de jerarquía constitucional que la fundan y limitan. De la confrontación de la norma legal con su correspondiente de la ley fundamental, surge, pues, como criterio que permite precisar los límites a considerar ante la invocación de falta de proporcionalidad entre la pena conminada y la ofensa cometida, el que se deriva de la propia naturaleza garantizadora del principio de la proporcionalidad de la pena, que opera únicamente para limitar los excesos del poder punitivo estatal respecto de eventuales transgresores a las leyes, y que determina que la proporcionalidad no puede resolverse en fórmulas matemáticas, sino que solo exige un mínimo de razonabilidad para que la conminación penal pueda ser aceptada en un Estado de derecho. En ese sentido son incompatibles con la Constitución las penas crueles o que consisten en mortificaciones mayores que aquellas que su naturaleza impone (art. 18, Const. nacional), y las que expresan una falta de correspondencia tan inconciliable entre el bien jurídico lesionado por el delito y la intensidad o extensión de la privación de bienes jurídicos del delincuente como consecuencia de la comisión de aquel, que resulta repugnante a la protección de la dignidad de la persona humana, centro sobre el que gira la orga nización de los derechos fundamentales de nuestro orden constitucional"[162].

Más cercana en el tiempo, y con motivo del aumento de tarifas, sostuvo que del "principio basal de la división de poderes se desprende la diferenciación de las potestades propias de los tres departamentos del Estado en la decisión de políticas públicas como las examinadas en la presente causa, es decir, entre lo que le incumbe al Congreso de la Nación, al Poder Ejecutivo nacional y, finalmente, lo que puede dirimir el Poder Judicial. Desde esta comprensión, le atañe al primero la adopción de las pautas propias de la política tributaria federal; al segundo, la implementación de la política energética, que abarca la fijación de las tarifas del servicio público; y, a la rama judicial, el control de la razonabilidad de tales decisiones y su conformidad con los derechos fundamentales reconocidos por la ley suprema de la Nación"; agregó que "debe distinguirse entre el ejercicio del control jurisdiccional de la legalidad, razonabilidad y proporcionalidad de las tarifas, y el ejercicio mismo de la potestad tarifaria, que no compete a los jueces, sino al poder administrador, al que no cabe sustituir en la determinación de políticas o criterios de oportuni-

[162] CSJN, *Fallos*, 314:424, consid. 8º.

dad o, menos aún, en la fijación o aprobación de tarifas por la prestación del servicio"[163].

Sostuvo también que "este tribunal estima necesario fijar los criterios rectores con relación a la razonabilidad de la política tarifaria a adoptarse respecto a servicios públicos esenciales, con la expectativa de que sean asumidos en el futuro para casos similares", y concluyó que "todo reajuste tarifario, con más razón frente a un retraso como el que nos ocupa, debe incorporar como condición de validez jurídica –conforme con la previsión constitucional que consagra el derecho de los usuarios a la protección de sus 'intereses económicos' (art. 42, Const. nacional)– el criterio de gradualidad, expresión concreta del principio de razonabilidad antes referido. En efecto, la aplicación de dicho criterio permitiría la recuperación del retraso invocado y, a la vez, favorecería la previsión de los usuarios dentro de la programación económica individual o familiar, elemento que ha merecido la oportuna ponderación de este tribunal (conf. arg. *Fallos*, 325:2059)"[164].

No fue ajena a sus estándares la aplicación del principio de razonabilidad al analizar el principio de igualdad. Referente a ello entendió que "para decidir si una diferencia de trato es ilegítima se analiza su mera razonabilidad; esto es, si la distinción persigue fines legítimos y constituye un medio adecuado para alcanzar esos fines. Sin embargo, cuando las diferencias de trato que surgen de las normas están basadas en categorías 'específicamente prohibidas' o 'sospechosas' corresponde aplicar un examen más riguroso, que parte de una presunción de invalidez. En estos casos, se invierte la carga de la prueba y es el demandado quien tiene que probar que la diferencia de trato se encuentra justificada por ser el medio menos restrictivo para cumplir un fin sustancial"[165].

La Corte Interamericana de Derechos Humanos también ha dado pautas sobre el principio de razonabilidad, al entender que, en una sociedad democrática, además del principio de legalidad, las restricciones deben cumplir con los requisitos de necesidad y proporcionalidad. En cuanto al requisito de necesidad lo entendió como los objetivos que se tienen en consideración y por los cuales se restringe un derecho. Sostuvo al respecto que "la primera decisión judicial en que no se autorizó al señor

[163] CSJN, 18/8/2016, "Centro de Estudios para la Promoción de la Igualdad y la Solidaridad y otros c/Ministerio de Energía y Minería s/amparo colectivo", *Fallos*, 339:1077, consids. 26 y 27.

[164] CSJN, *Fallos*, 339:1077, consids. 30 y 32.

[165] CSJN, 12/12/2017, "Castillo, Carina V., y otros c/provincia de Salta s/amparo", *Fallos*, 340:1795, consid. 19.

Canese a salir del país fue emitida el 29 de abril de 1994, aproximadamente un mes después de dictada la sentencia de primera instancia. La Corte observa que, con respecto al requisito de necesidad en una sociedad democrática, el Estado señaló que la restricción al derecho de circulación impuesta al señor Canese buscaba 'asegurar la sujeción del infractor al proceso', lo cual pareciera indicar que la restricción impuesta a la presunta víctima durante ocho años y casi cuatro meses se debió a que las autoridades judiciales estimaban que existía un peligro de fuga del señor Canese"[166].

Respecto de la proporcionalidad, haciendo suya la observación 27 del Comité de Derechos Humanos, sostuvo que las "medidas restrictivas deben ajustarse al principio de proporcionalidad; deben ser adecuadas para desempeñar su función protectora; deben ser el instrumento menos perturbador de los que permitan conseguir el resultado deseado, y deben guardar proporción con el interés que debe protegerse. El principio de proporcionalidad debe respetarse no solo en la ley que defina las restricciones sino también por las autoridades administrativas y judiciales que la apliquen. Los Estados deben garantizar que todo procedimiento relativo al ejercicio o restricción de esos derechos se lleve a cabo con celeridad y que se expliquen las razones de la aplicación de medidas restrictivas"; por ello, consideró que la restricción "al derecho a salir del país que se imponga en un proceso penal mediante una medida cautelar debe guardar proporcionalidad con el fin legítimo perseguido, de manera que se aplique solamente si no existe otro medio menos restrictivo y durante el tiempo estrictamente necesario para cumplir con su función"[167].

En otro precedente, donde la Corte IDH debió analizar una condena por injurias a la Fuerzas Armadas, ponderó el derecho a la libre crítica con el honor de la institución y entendió que para "efectuar esta ponderación se debe analizar *i*) el grado de afectación de uno de los bienes en juego, determinando si la intensidad de dicha afectación fue grave, intermedia o moderada; *ii*) la importancia de la satisfacción del bien contrario, y *iii*) si la satisfacción de este justifica la restricción del otro"[168].

En su aplicación con respecto al principio de igualdad, sostuvo que "los criterios de análisis para determinar si existió una violación al principio de igualdad y no discriminación en un caso en concreto pueden tener distinta intensidad, dependiendo de los motivos bajo los cuales existe

[166] Corte IDH, 31/8/2004, "Ricardo Canese vs. Paraguay", párr. 130. En el caso, la condena por el delito imputado preveía una pena máxima de prisión de veintidós meses y se le impidió salir del país por más de ocho años.

[167] Corte IDH, 31/8/2004, "Ricardo Canese vs. Paraguay", párrs. 132 y 133.

[168] Corte IDH, 20/11/2009, "Usón Ramírez vs. Venezuela", párr. 80.

una diferencia de trato. En este sentido, la Corte estima que, cuando se trata de una medida que establece un trato diferenciado en que está de por medio una de estas categorías, la Corte debe aplicar un escrutinio estricto que incorpora elementos especialmente exigentes en el análisis, esto es, que el trato diferente debe constituir una medida necesaria para alcanzar un objetivo convencionalmente imperioso. Así, en este tipo de examen, para analizar la idoneidad de la medida diferenciadora se exige que el fin que persigue no solo sea legítimo en el marco de la Convención, sino además imperioso. El medio escogido debe ser no solo adecuado y efectivamente conducente, sino también necesario, es decir, que no pueda ser reemplazado por un medio alternativo menos lesivo. Adicionalmente, se incluye la aplicación de un juicio de proporcionalidad en sentido estricto, conforme al cual los beneficios de adoptar la medida enjuiciada deben ser claramente superiores a las restricciones que ella impone a los principios convencionales afectados con la misma"[169].

4) *Consideraciones finales*. El principio de razonabilidad tiene una intensa articulación no solo con los demás principios (de los cuales también se alimenta), sino con todas las demás normas, tanto abiertas como cerradas, y, especialmente, cuando existe una confrontación entre los derechos por ellas reconocidos.

Razonable deriva del latín *rationabilis*, adjetivo que significa arreglado, justo, conforme a razón. La razonabilidad se corresponde con lo justo, con lo que permite deducirse del proceso de selección dado por la inteligencia humana, por la aplicación de la razón, y se opone a lo caprichoso y arbitrario.

La razonabilidad de una norma o de un precepto normativo no puede escindirse del caso concreto, dado que una norma puede ser razonable en una circunstancia determinada y no en otra. Así, en Argentina puede considerarse una restricción razonable que un club de fútbol impida que ingresen en sus instalaciones simpatizantes de un club rival con distintivos propios de este, lo que difícilmente pase tal examen en un país europeo, donde este deporte no genera tantas pasiones ni es excusa para la violencia.

Además, la razonabilidad no puede tampoco separarse de los demás principios que rigen un ordenamiento, sino que debe nutrirse de ellos para llegar a una solución adecuada. Y los preceptos legales, claro está, deben respetar dichos principios.

Lo primero que debe evaluarse es la validez del fin esgrimido. Cuando se legisla, siempre se esgrimen fines loables, pero lo malo es que muchas

[169] Corte IDH, 30/11/2016, "I. V. vs. Bolivia", párr. 241.

veces ello no es cierto[170] o el fin invocado no es posible de alcanzar (como si se pretende que los trabajadores sigan percibiendo sus salarios y mantengan sus empleos mientras se obliga a las empresas a cerrar), por lo que corresponde que, en primer lugar, se profundice el análisis de cuáles son los verdaderos objetivos buscados, dado que, si ello no ocurre, la norma es inválida.

Una vez comprobada la legitimidad del fin invocado, se deberá considerar que este principio requiere también una adecuación de los medios hacia los fines argumentados, lo que implica que, incluso para obtener un fin legítimo y posible, no se puede utilizar cualquier medio, sino precisamente aquel que en menor medida restrinja los derechos que debo afectar para alcanzarlo. Este análisis de adecuación tiene un doble estándar: por un lado, de aptitud o concordancia, y, por otro, de magnitud de la afectación.

El primer nivel de comprobación, es decir, el control de aptitud, debe corroborar que el medio sea idóneo para obtener el fin buscado (p.ej., si se pretende disminuir los accidentes de tránsito, no se puede restringir la libertad de prensa porque ello en nada contribuiría).

El segundo nivel, referido al control de la magnitud de la afectación, debe centrarse en verificar que no exista una forma menos dañina de restringir un derecho para alcanzar el fin procurado (p.ej., para evitar que la gente beba en exceso cuando tiene que conducir, no se puede directamente prohibir la venta de bebidas alcohólicas, pues no solo limitaría a quienes conducen, sino también a todas las demás personas).

Finalmente, si todo lo anterior se ha cumplido, deberá corroborarse que el fin procurado sea más valioso que los derechos que se han sacrificado. Así, por ejemplo, aun cuando la salud es un bien esencial, en pos de protegerla no se puede confinar a toda la ciudadanía y obligarla a permanecer aislada de manera permanente, para no arriesgarla, porque, al sacrificar todas sus libertades, e incluso su dignidad, y obligarla a llevar una vida de encierro, se causan daños mayores que los que afectan a la salud que intento proteger.

§ 34. ***Principios correctores.*** – Cuando analizamos la supremacía constitucional, dijimos que se trata de uno de los rasgos fundamentales y pilares sobre los que se asienta el constitucionalismo; sostuvimos

[170] Ello ocurre cuando se dice que se persigue un fin, pero el fin perseguido es otro. Así, por ejemplo, se han sancionado tributos con valor fijo para ciertos productos, como el tabaco, alegando que se buscaba cuidar la salud, pero en realidad procuraba asegurar un oligopolio de empresas multinacionales, o bien se decía que mediante el impuesto de valor fijo se protegía la salud porque menos gente accedía a fumar, con lo que parecía evidenciarse que solo importaba cuidar la salud de quienes menos recursos económicos tienen.

que actualmente una Constitución es suprema porque establece la relación jerárquica de las distintas normas que se aplican a un Estado y porque fija los procedimientos de su incorporación[171].

La jerarquización constitucional de ciertos tratados internacionales de derechos humanos, como ocurre en Argentina por imperio del art. 75 inc. 22 de la Const. nacional, trajo aparejadas divergencias interpretativas por las implicancias ideológicas que conlleva.

Incluso los criterios de los tribunales supremos fueron cambiantes[172]. La Corte Suprema argentina, en el juzgamiento de delitos de lesa humanidad se mostró proclive a un mayor reconocimiento del derecho internacional[173], dándoles un estatus superior a los tratados jerarquizados sobre la propia Constitución, postura que modificó en el caso "Fontevecchia"[174].

A nuestro criterio, la carta magna argentina mantiene la primacía del derecho constitucional, solo que reconoció, en igualdad de jerarquía, a los tratados de derechos humanos que enumeró, así como también a los que el legislador quiera reconocer en el futuro (como, de hecho, ya hizo).

Cuando se interpretan cláusulas de la Constitución y cláusulas de los tratados jerarquizados, es labor del intérprete, dentro de todas las posibilidades que la hermenéutica otorga, intentar armonizarlas. Sin embargo, cuando esta labor no resulta posible, prevalecerán los principios de la Constitución, porque así lo quiso el preconstituyente al sancionar con nulidad toda norma que vulnerara la habilitación concedida (art. 7º, ley 24.309) y, en especial, los artículos contenidos en la Primera Parte de la Constitución (art. 6º), entre los que se encuentra el art. 27, que solo admite los tratados cuyos principios de derecho público sean acordes a los de nuestra Constitución.

En cuanto a las demás normas, su ubicación jerárquica es harto compleja dado el esquema de división y descentralización del poder, donde pueden dictar normas los tres poderes constituidos del Estado central (Ejecutivo, Legislativo y Judicial), así como las provincias (y dentro de ellas los distintos poderes, así como los municipios).

[171] Toricelli, *Organización constitucional del poder*, t. 1, p. 34 y siguientes.

[172] Así, por ejemplo, la Corte de Constitucionalidad de Guatemala, en sentencia del 19/10/90, estableció que los "tratados prevalecen sobre las leyes pero no sobre la Constitución"; mientras que, en sentencia del 8/11/2016, reconoció la "existencia del bloque de constitucionalidad, dentro del que figura la Convención Americana sobre Derechos Humanos".

[173] CSJN, "Arancibia Clavel", *Fallos*, 327:3294; íd., "Simón", *Fallos*, 328:2056; íd., "Mazzeo", *Fallos*, 330:3248.

[174] CSJN, *Fallos*, 340:47.

Por ello, no puede hablarse estrictamente de escalas jerárquicas, aun cuando el art. 31 de la Const. nacional dice que ella, los tratados y las leyes de la Nación son superiores al ordenamiento provincial.

La Constitución nacional no ha establecido un orden jerárquico lineal, sino que fundamentalmente ha fijado competencias. Por ello, acudir a la figura de la "pirámide" resulta adecuado para resolver estas controversias, principalmente porque la pirámide tiene un vértice en común (en el que se encuentra el bloque de constitucionalidad formado por la Constitución y los tratados de derechos humanos que poseen jerarquía constitucional, y, por debajo de ellos, los demás tratados, sean bilaterales o de derecho común), y a partir de allí surgen las diversas caras (que representan las distintas competencias).

Si bien todas las demás normas deberán estar acordes con este vértice (bloque de constitucionalidad), al tratar distintas competencias no pueden compararse entre sí. No puede decirse que la ley sea superior a una Constitución provincial, ni que esta sea superior a la primera. Simplemente el constituyente les dio funciones diversas y quien respete dichas funciones estará dentro de su margen de actuación y no podrá ser invadido por otra normativa, pues, si eso ocurre, ella se torna inconstitucional.

Así, si una ley del Congreso fija el período de duración de un gobernador de provincia, prevalecerá la Constitución local, no porque sea superior, sino porque es una competencia que la Constitución nacional les ha asignado a las provincias y no se ha reservado para el gobierno central. A su turno, si una Constitución provincial regula el régimen de las obligaciones, será la ley la que prevalezca, por ser materia delegada. En ese entendimiento deben analizarse las distintas normas.

La ley solo es superior al decreto en tanto se trate de un decreto reglamentario de ella, porque, si estamos en presencia de un decreto autónomo, nos referimos a competencias que la Constitución le otorgó al presidente y no al Congreso (salvo, claro está, que sean competencias concurrentes). Si mediante una ley se nombra un ministro, se están invadiendo competencias y por lo tanto la designación válida será la que se efectúe por decreto.

Lo hasta aquí explicado no quita la existencia de una relación jerárquica dentro de la misma competencia. Así, el decreto será superior a la resolución de un ministro, que a su vez será superior a la disposición de un funcionario administrativo de tercer orden.

Toda esta relación jerárquica sufre modificaciones por la aparición de principios que, en cuanto a la interpretación de derechos humanos, hacen prevalecer criterios distintos a los de las fuentes referidas.

Estos principios provocan ciertos cambios en las estructuras del ordenamiento jurídico, influyendo o modificando la relación jerárquica, y se debe tener una especial consideración de ellos para la interpretación e integración de una norma por parte de los operadores. Han tenido un importante desarrollo en el último tiempo por su reconocimiento en los tratados de derechos humanos y la jerarquía constitucional que nuestro país les ha dado a dichos tratados.

Entre los principales podemos mencionar el *pro homine*, del que se desprenden los demás, como el *pro actione*, *favor debilis* e interés superior del niño. Merece también una muy especial atención el principio de no regresividad en derechos sociales.

a) *Principio "pro homine".* Uno de los principios correctores que más desarrollo ha tenido es indudablemente el principio *pro homine* o propersona. Analizaremos su desarrollo doctrinal, normativo y jurisprudencial, así como lo hemos realizado con los principios basales mencionados con anterioridad.

1) *Doctrina.* Al comentar este principio, García Toma afirma que "esta pauta basilar plantea que el hermeneuta debe acudir a la asignación de significados más extensiva o emplear la norma cuyas consecuencias jurídicas ofrezcan más amplitud en el reconocimiento de facultades o atribuciones cuando se trata de derechos fundamentales. En ese orden de ideas, dicha pauta genera que se interprete de manera más limitada una norma que establezca restricciones permanentes o suspensiones extraordinarias"[175].

Afirmaba Bidart Campos que este "principio indica que el intérprete y el operador han de buscar y aplicar la norma que en cada caso resulte más favorable para la persona humana, para su libertad y sus derechos, cualquiera sea la fuente que suministre esa norma –internacional o interna–"[176].

Para Pinto, el "principio *pro homine* es un criterio hermenéutico que informa todo el derecho de los derechos humanos, en virtud del cual se debe acudir a la norma más amplia, o a la interpretación más extensiva, cuando se trata de reconocer derechos protegidos e, inversamente, a la norma o a la interpretación más restringida cuando se trata de establecer restricciones permanentes al ejercicio de los derechos o su suspen-

175 García Toma, *Los derechos fundamentales en el Perú*, p. 54.

176 Bidart Campos, "Las fuentes del derecho constitucional y el principio *pro homine*", en Bidart Campos - Gil Domínguez (coords.), *El derecho constitucional del siglo xxi*, p. 13.

sión extraordinaria"[177]. Entiende que, por su aplicación como "criterio residual de interpretación, la vigencia simultánea en un Estado de diversas normas internacionales o internas con distinto nivel de exigencias al Estado, impone sumar acumulativamente todas ellas. Así, por ejemplo, debe extenderse la lista de derechos no suspendibles de modo de incluir a la totalidad de los mencionados en ese carácter por los distintos instrumentos y, al mismo tiempo, estarse al texto más restringido en cuanto a las posibilidades de declaración de tal estado de emergencia"[178].

2) *Tratamiento normativo.* Este principio no ha sido ajeno a los ordenamientos constitucionales, que en ocasiones lo consagran expresamente y en otras lo integran a partir del bloque de constitucionalidad.

En tal sentido, el art. 94 de la Const. de Colombia dice: "La enunciación de los derechos y garantías contenidos en la Constitución y en los convenios internacionales vigentes, no debe entenderse como negación de otros que, siendo inherentes a la persona humana, no figuren expresamente en ellos".

Por su parte, el art. 256 de la Const. de Bolivia dispone: "*I.* Los tratados e instrumentos internacionales en materia de derechos humanos que hayan sido firmados, ratificados o a los que se hubiera adherido el Estado, que declaren derechos más favorables a los contenidos en la Constitución, se aplicarán de manera preferente sobre esta.

II. Los derechos reconocidos en la Constitución serán interpretados de acuerdo a los tratados internacionales de derechos humanos cuando estos prevean normas más favorables".

A su vez, el art. 17, párr. 2º, de la Const. de Panamá establece: "Los derechos y garantías que consagra esta Constitución, deben considerarse como mínimos y no excluyentes de otros que incidan sobre los derechos fundamentales y la dignidad de la persona".

La Constitución de México lo reconoce en el art. 1º, párr. 2º, que dispone: "Las normas relativas a los derechos humanos se interpretarán de conformidad con esta Constitución y con los tratados internacionales de la materia favoreciendo en todo tiempo a las personas la protección más amplia".

[177] Pinto, "El principio *pro homine.* Criterios de hermenéutica y pautas para la regulación de los derechos humanos", en Abregú - Courtis (comps.), *La aplicación de los tratados sobre derechos humanos por los tribunales* locales, p. 163.

[178] Pinto, "El principio *pro homine.* Criterios de hermenéutica y pautas para la regulación de los derechos humanos", en Abregú - Courtis (comps.), *La aplicación de los tratados sobre derechos humanos por los tribunales* locales, p. 171.

El tema ha tenido un importante desarrollo en los tratados internacionales. Así, el art. 29 del Pacto de San José de Costa Rica establece: "*Ninguna disposición de la presente Convención puede ser interpretada en el sentido de:*

a) *permitir a alguno de los Estados partes, grupo o persona, suprimir el goce y ejercicio de los derechos y libertades reconocidos en la Convención o limitarlos en mayor medida que la prevista en ella;*

b) *limitar el goce y ejercicio de cualquier derecho o libertad que pueda estar reconocido de acuerdo con las leyes de cualquiera de los Estados partes o de acuerdo con otra convención en que sea parte uno de dichos Estados;*

c) *excluir otros derechos y garantías que son inherentes al ser humano o que se derivan de la forma democrática representativa de gobierno, y*

d) *excluir o limitar el efecto que puedan producir la Declaración Americana de Derechos y Deberes del Hombre y otros actos internacionales de la misma naturaleza*".

También el art. 5º del Pacto Internacional de Derechos Civiles y Políticos se pronuncia en el mismo sentido, al prever: "1. *Ninguna disposición del presente Pacto podrá ser interpretada en el sentido de conceder derecho alguno a un Estado, grupo o individuo para emprender actividades o realizar actos encaminados a la destrucción de cualquiera de los derechos y libertades reconocidos en el pacto o a su limitación en mayor medida que la prevista en él.*

2. *No podrá admitirse restricción o menoscabo de ninguno de los derechos humanos fundamentales reconocidos o vigentes en un Estado parte en virtud de leyes, convenciones, reglamentos o costumbres, so pretexto de que el presente pacto no los reconoce o los reconoce en menor grado*".

El art. 23 de la Convención sobre la Eliminación de todas las Formas de Discriminación contra la Mujer estatuye: "*Nada de lo dispuesto en la presente Convención afectará a disposición alguna que sea más conducente al logro de la igualdad entre hombres y mujeres y que pueda formar parte de:*

a) *La legislación de un Estado parte, o*

b) *Cualquier otra convención, tratado o acuerdo internacional vigente en ese Estado*".

También consagra este principio el art. 41 de la Convención sobre los Derechos del Niño, al expresar: "*Nada de lo dispuesto en la presente Convención afectará a las disposiciones que sean más conducentes a la realización de los derechos del niño y que puedan estar recogidas en:*

a) *El derecho de un Estado parte; o*

b) *El derecho internacional vigente con respecto a dicho Estado*".

El art. 5º del Pacto Internacional de Derechos Económicos, Sociales y Culturales establece: "*1. Ninguna disposición del presente pacto podrá ser interpretada en el sentido de reconocer derecho alguno a un Estado, grupo o individuo para emprender actividades o realizar actos encaminados a la destrucción de cualquiera de los derechos liberales reconocidos en el pacto o a su limitación en medida mayor que la prevista en él.*

2. No podrá admitirse restricción o menoscabo de ninguno de los derechos humanos fundamentales reconocidos o vigentes en un país en virtud de leyes, convenciones, reglamentos o costumbres, a pretexto de que el presente Pacto no los reconoce o los reconoce en menor grado".

El art. 4º, párr. 4, de la Convención sobre los Derechos de las Personas con Discapacidad consagra: "*Nada de lo dispuesto en la presente Convención afectará a las disposiciones que puedan facilitar, en mayor medida, el ejercicio de los derechos de las personas con discapacidad y que puedan figurar en la legislación de un Estado parte o en el derecho internacional en vigor en dicho Estado. No se restringirán ni derogarán ninguno de los derechos humanos y las libertades fundamentales reconocidos o existentes en los Estados partes en la presente Convención de conformidad con la ley, las convenciones y los convenios, los reglamentos o la costumbre con el pretexto de que en la presente Convención no se reconocen esos derechos o libertades o se reconocen en menor medida*".

3) *Criterios jurisprudenciales.* Los tribunales de justicia no han sido ajenos a la interpretación y aplicación de este principio.

Aun sin estar consagrado expresamente en la Constitución española, el Tribunal Constitucional lo admitió al entender que el "lugar privilegiado que en la economía general de nuestra Constitución ocupan los derechos fundamentales y libertades públicas que en ella se consagran, está fuera de toda duda. De ello resulta no solo la inconstitucionalidad de todos aquellos actos del poder, cualquiera que sea su naturaleza y rango, que los lesionen, sino también la necesidad, tantas veces proclamada por este tribunal, de interpretar la ley en la forma más favorable a la maximalización de su contenido"[179].

La Corte Constitucional de Colombia sostiene que el principio *pro homine* implica que "en la interpretación de las normas aplicables a los derechos humanos se debe privilegiar la hermenéutica que resulte menos restrictiva para el ejercicio de los mismos; este principio también es de-

[179] TConst España, 23/5/1985, sentencia 66/1985, *BOE*, nº 134, 5/6/1985.

nominado cláusula de favorabilidad en la interpretación de los derechos humanos"[180], y agrega que "el art. 93 constitucionaliza todos los tratados de derechos humanos referidos a derechos que ya aparecen en la carta y, en virtud de la regla hermenéutica sobre favorabilidad, el intérprete debe escoger y aplicar la regulación que sea más favorable a la vigencia de los derechos humanos. Y como es obvio, para ese ejercicio, debe tenerse en cuenta la jurisprudencia de las instancias internacionales, que constituye una pauta relevante para interpretar el alcance de esos tratados, tal y como la Corte Constitucional lo ha señalado"[181]. Sobre la situación de los desplazados, afirmó que "el concepto de desplazado no es un derecho o facultad sino una noción que describe una situación fáctica cambiante, de la cual se desprende la exigibilidad de derechos y garantías para el afectado y su núcleo familiar, y de ahí que deba ser entendida y aplicada de manera amplia con arreglo al principio *pro homine*, tal como lo recomiendan la jurisprudencia de esta corporación y los organismos internacionales, tomando en consideración, por lo menos tres elementos básicos identificados en los antecedentes reseñados: *i*) la coacción, que hace necesario el traslado, *ii*) la permanencia dentro de las fronteras de la propia nación y *iii*) la inminencia o efectiva ocurrencia de hechos que puedan propiciar desarraigo"[182].

En aplicación del principio como preferencia normativa, dijo que ella "ha hecho referencia a dicha cláusula de favorabilidad en la interpretación de los derechos humanos en relación con el entendimiento de los tratados de derechos humanos ratificados por Colombia y su aplicación frente a los mandatos constitucionales y ha señalado que frente a aquellos prevalecen las normas contenidas en la Constitución cuando ellas ofrecen mayores garantías de protección de los derechos de las personas"[183].

La Corte Suprema argentina comienza a reconocer este principio mucho antes de su consagración en el derecho positivo argentino a través de la incorporación de los tratados internacionales (que actualmente, además, cuentan con jerarquía constitucional), al reconocer el principio de favorabilidad en el precedente "Berçaitz"[184].

Particularmente, expresó que el "principio *pro homine*, connatural con estos documentos, determina que el intérprete deba escoger, si la nor-

[180] CConst Colombia, 15/3/2006, sentencia C-187/06

[181] CConst Colombia, 19/5/2010, sentencia C-376/10.

[182] CConst Colombia, 27/5/2009, sentencia C-372/09.

[183] CConst Colombia, 22/2/2005, sentencia C-148/05.

[184] CSJN, 3/9/1974, "Berçaitz, Miguel Á. s/jubilación", *Fallos*, 289:430. La reiteración del principio de favorabilidad fue expresada en CSJN, 2/10/1975, "Mazza, Próspero s/jubilación", *Fallos*, 293:26.

ma lo posibilita, el resultado que proteja en mayor medida a la persona humana. Y esta pauta se impone aún con mayor intensidad, cuando su aplicación no entrañe colisión alguna del derecho humano, así interpretado, con otros valores, principios, atribuciones o derechos constitucionales"[185]. También sostuvo que "el principio *pro homine* impone privilegiar la interpretación legal que más derechos acuerde al ser humano frente al poder estatal"[186].

Posteriormente, especificó que se trata de "un principio que informa todo el derecho de los derechos humanos y resulta connatural con el derecho internacional de los derechos humanos [...] Se trata, por cierto, del principio *pro homine* o pro persona, y en sus dos principales manifestaciones en materia de hermenéutica jurídica. Primeramente, la que exige adoptar pautas amplias para determinar el alcance de los derechos, libertades y garantías [...] Y, en segundo lugar, la que impone obrar en sentido inverso, vale decir, restrictivo, si de lo que se trata es de medir limitaciones a los mentados derechos, libertades y garantías, o la capacidad para imponerlas [...] Este último aspecto se explica, desde luego, pues en la protección de los derechos humanos está necesariamente comprendida la noción de la restricción al ejercicio del poder estatal. Se impone, en síntesis, escoger el resultado que proteja en mayor medida al ser humano, dentro de lo que las normas aplicables posibiliten"[187].

También la Corte Interamericana de Derechos Humanos se expidió sobre este principio y recordó "que la Corte en diversas ocasiones ha aplicado el principio de la norma más favorable para interpretar la Convención Americana, de manera que siempre se elija la alternativa más favorable para la tutela de los derechos protegidos por dicho tratado. Según lo ha establecido este tribunal, si a una situación son aplicables dos normas distintas, 'debe prevalecer la norma más favorable a la persona humana'"[188].

Posteriormente expresó: "A diferencia del Convenio Europeo para la Protección de los Derechos Humanos y de las Libertades Fundamentales, la Convención Americana no establece una limitación al ejercicio de la garantía establecida en el art. 7.5 de la Convención en base a las causas o circunstancias por las que la persona es retenida o detenida. Por lo tan-

[185] Doctrina sentada en CSJN, 3/5/2007, "Madorrán, Marta C. c/Administración Nacional de Aduanas s/reincorporación", *Fallos*, 330:1989, y reiterada en íd., 7/12/2010, "Álvarez, Maximiliano c/Cencosud SA", *Fallos*, 333:2306.

[186] CSJN, 23/4/2008, "Acosta, Alejandro E. s/infracción art. 14, 1º párrafo ley 23.737", *Fallos*, 331:858.

[187] CSJN, *Fallos*, 336:672, consid. 10.

[188] Corte IDH, 31/8/2004, "Ricardo Canese vs. Paraguay", párr. 181.

to, en virtud del principio *pro persona*, esta garantía debe ser satisfecha siempre que exista una retención o una detención de una persona a causa de su situación migratoria, conforme a los principios de control judicial e inmediación procesal"[189].

4) *Consideraciones finales.* Como se ha señalado, este principio tiene dos consecuencias: la primera es la preferencia interpretativa, que indica que las normas deben ser entendidas de la manera que mejor optimice los derechos (y, como lógica consecuencia, se debe interpretar restrictivamente toda limitación), y la segunda, la preferencia normativa, es decir, que se debe aplicar la norma, sin importar el ordenamiento del que provenga, que tutele de mejor manera el derecho.

Claro que este principio es aplicable en las relaciones entre la persona humana y el Estado, o entre el hombre y una persona jurídica, pero necesita correctores cuando los derechos se debaten entre dos personas humanas, dado que allí entrarán a jugar otros principios como el *favor debilis* o alguna de sus variantes (interés superior del niño, *in dubio pro operario*, etcétera).

Ello, claro está, cuando en el conflicto suscitado entre dos partes con derechos contrapuestos los principios fundamentales del sistema (dignidad, libertad, igualdad, razonabilidad y legalidad) no hayan otorgado una solución clara.

b) *Interés superior del niño.* El art. 3º, párr. 1, de la Convención sobre los Derechos del Niño establece: "*En todas las medidas concernientes a los niños que tomen las instituciones públicas o privadas de bienestar social, los tribunales, las autoridades administrativas o los órganos legislativos, una consideración primordial a que se atenderá será el interés superior del niño*".

La crítica que se le ha efectuado a esta norma es su tremenda imprecisión y su inadecuado uso. Al respecto, López-Contreras ha dicho que, en "los procesos de protección de la niñez y de la adolescencia, el principio de interés superior de los niños y niñas es el eje diamantino con el que se fundamentan todas y cada una de las decisiones judiciales, empero sin siquiera –en algunas ocasiones– poder definirlo y, en otras muchas, sin conocer a profundidad el significado y los alcances que debe ostentar dicho principio"[190].

[189] Corte IDH, 23/11/2010, "Vélez Loor vs. Panamá", párr. 107.

[190] López-Contreras, *Interés superior de los niños y niñas: definiciones y contenidos*, "Revista Latinoamericana de Ciencias Sociales, Niñez y Juventud", vol. 13, nº 1, 2015, p. 52.

Agrega el autor que "el interés superior de los niños y niñas se convierte en una frase trillada que se utiliza para resolver procesos de niñez; empero, no precisamente para resolverlos del modo que más convenga a los niños o niñas, sino que se resuelven con fundamento en criterio personalísimos, vagos e indeterminados, o con fundamentación en prácticas rutinarias, sin tomar en cuenta criterios científicos y académicos que expliquen los elementos del ISN [interés superior de los niños y niñas]"[191].

Al citar a la psicóloga Eva Giberti, LORA entiende que "lo 'mejor para el niño' es una expresión tan aparatosa, tan ineficaz y tramposa como la que afirma 'el interés superior del niño'. Lo mejor para el niño es una expresión que –aislada del texto de la CIDN–, otorga un grado de libertad desmesurada para quienes tienen que definir la entrega de un niño en adopción". Señala que, "para otros autores, si no se define el contenido de la expresión, las normas que la comprenden se convierten en eufemismos que legitiman, en la práctica, la aplicación de criterios tutelares proteccionistas. De esta manera se crean estereotipos que no solo no favorecen el ISN [interés superior del niño], sino que acentúan los rasgos de segregación y exclusión social"[192].

Al reconocer estas dificultades, se ha dicho que "el sinnúmero de posturas doctrinarias –y jurisprudenciales– que han elaborado en torno del concepto del interés superior del niño reflejan la dificultad que conllevan su determinación como principio que permita resolver los conflictos de derechos en los que resulten involucrados los niños, de manera cierta, única y previsible", por lo que se concluye que el interés superior del niño consiste en la plena satisfacción de sus derechos[193].

Varios autores han coincidido con este criterio. Así, JIMÉNEZ y MINELLA han dicho que "el interés superior del niño es la pura y simple satisfacción de sus derechos y garantías", precisando que "el interés superior del niño no debe ser realizado autoritariamente por alguien más en su nombre (juez, legislador o autoridad administrativa), sino articularse en el mandato de la Convención, que formula al principio como una ga-

[191] LÓPEZ-CONTRERAS, *Interés superior de los niños y niñas: definiciones y contenidos*, "Revista Latinoamericana de Ciencias Sociales, Niñez y Juventud", vol. 13, nº 1, 2015, p. 53.

[192] LORA, "Discurso jurídico sobre el interés superior del niño", en ORTEGA - SLAVIN (coords.), *Avances de investigación en derecho y ciencias sociales. X Jornadas de Investigadores y Becarios*, p. 479 a 488.

[193] GIL DOMÍNGUEZ - FAMÁ - HERRERA, *Derecho constitucional de familia*, t. II, p. 47 y 48.

rantía que hace a la vigencia de sus demás derechos, orientando el ejercicio del poder que la autoridad detenta"[194].

A su turno, en la observación general 14, el Comité de los Derechos del Niño (CRC, por sus siglas en inglés) de la ONU ha expresado: "El objetivo del concepto de interés superior del niño es garantizar el disfrute pleno y efectivo de todos los derechos reconocidos por la Convención y el desarrollo holístico del niño. El Comité ya ha señalado[195] que 'lo que a juicio de un adulto es el interés superior del niño no puede primar sobre la obligación de respetar todos los derechos del niño enunciados en la Convención'. Recuerda que en la Convención no hay una jerarquía de derechos; todos los derechos previstos responden al 'interés superior del niño' y ningún derecho debería verse perjudicado por una interpretación negativa del interés superior del niño"[196].

En la referida observación se resaltó que la expresión "interés superior" del niño abarca tres dimensiones: como derecho, como principio interpretativo y como norma de procedimiento.

Como derecho, en tanto se deben sopesar los distintos intereses en juego y dar prevalencia siempre a los del niño; como principio interpretativo, en tanto si una norma admite más de una interpretación se debe elegir la que satisfaga de manera más efectiva el interés de los niños, y como norma de procedimiento, en tanto se exige que las decisiones que se adopten estimen las posibles repercusiones, tanto positivas como negativas, sobre el niño.

La observación general 14 no otorga soluciones concretas en cada caso, al no decir qué es mejor para el niño en una situación específica y en un momento dado.

La jurisprudencia no ha sido ajena a la invocación de este principio, aun cuando no ha dado estándares precisos. La Corte Suprema argentina señaló que, "cuando se trata de resguardar el interés superior del niño, atañe a los jueces buscar soluciones que se avengan con la urgencia y la naturaleza de las pretensiones, encauzar los trámites por vías expeditivas y

[194] Jiménez - García Minella, "Los niños y adolescentes argentinos en el nuevo milenio y sus derechos constitucionales. ¿Interés superior del niño?", en Bidart Campos - Gil Domínguez (coords.), *El derecho constitucional del siglo xxi*, p. 74 y 82.

[195] CRC, observación general 13, 18/4/2011, derecho del niño a no ser objeto de ninguna forma de violencia, párr. 61.

[196] CRC, observación general 14, 29/5/2013, sobre el derecho del niño a que su interés superior sea una consideración primordial, párr. 4.

evitar que el rigor de las formas pueda conducir a la frustración de derechos que cuentan con particular tutela constitucional"[197].

También sostuvo que "la atención principal al interés superior del niño a que alude el precepto citado apunta a dos finalidades básicas, cuales son la de constituirse en pauta de decisión ante un conflicto de intereses, y la de ser un criterio para la intervención institucional destinada a proteger al menor. El principio, pues, proporciona un parámetro objetivo que permite resolver los problemas de los niños en el sentido de que la decisión se define por lo que resulta de mayor beneficio para ellos. De esta manera, frente a un presunto interés del adulto, se prioriza el del niño.

No solo esa norma contempla como valor preferente el interés superior del menor sino que él subyace en todo el plexo normativo de que se trata, y en el tema de autos aparece específicamente en el art. 21, párrafo introductorio, en el que se señala que compete al Estado cuidar que en los procesos de adopción aquel interés sea la consideración primordial.

El niño tiene pues, derecho a una protección especial cuya tutela debe prevalecer como factor primordial de toda relación judicial, de modo que, ante cualquier conflicto de intereses de igual rango, el interés moral y material de los menores debe tener prioridad sobre cualquier otra circunstancia que pueda presentarse en cada caso concreto"[198].

197 CSJN, 23/11/2004, "Maldonado, Sergio A. s/materia: previsional s/recurso de amparo", *Fallos*, 327:5210, consid. 9°. En el caso se invocó el principio para dejar sin efecto una sentencia que había rechazado la demanda porque se había modificado el pedido de asistencia para un menor, primero en Moscú y luego en Cuba.

198 CSJN, 2/8/2005, "S., s/adopción", *Fallos*, 328:2870, consid. 5°, donde entendió que "en la tarea de esclarecer el criterio rector del interés superior del menor debe tenerse en cuenta, en primer lugar, el derecho deber natural de los padres, reconocido legalmente en los arts. 264, 265 y 275 del Cód. Civil, de tener consigo al hijo y a criarlo, alimentarlo y educarlo conforme a su condición y fortuna, por lo que no puede gravitar para el otorgamiento de una adopción solamente la circunstancia de que el niño, en otro ambiente, pueda tener mejores medios o posibilidades que los que le pueden brindar sus progenitores para desarrollarse adecuada y felizmente.

En ese contexto, debe destacarse el derecho que tiene todo niño de vivir, de ser posible, con su familia biológica constituida por sus progenitores. Es axiológicamente deseable que la identidad filiatoria de una persona se sustente desde su presupuesto biológico en vínculos consolidados en relaciones parentales constituidas a partir de la procreación.

Sin perjuicio de ello, el concepto de identidad filiatoria no es necesariamente correlato del elemento puramente biológico determinado por aquella. De acuerdo con ello, la 'verdad biológica' no es un valor absoluto cuando se la relaciona con el interés superior del niño, pues la identidad filiatoria que se gesta a través de los vínculos creados por la adopción es también un dato con contenido axiológico que debe ser alentado por el derecho como tutela del interés superior del niño".

Este criterio fue reiterado en posteriores precedentes también relacionados con la adopción de menores dados en guarda; solo que allí quien había dado en guarda la adopción fue una menor, que luego se arrepintió, y la Corte Suprema aplicó el principio para sostener en la familia adoptiva a la niña que hacía diez años vivía con esta y había manifestado su voluntad de permanecer en ella[199].

Ante la negativa de los progenitores de vacunar a su hijo, la Corte Suprema entendió que "en determinados casos, el derecho a la privacidad familiar antes referido resulta permeable a la intervención del Estado en pos del interés superior del niño como sujeto vulnerable y necesitado de protección –art. 75, inc. 23, Const. nacional– tutelado por un régimen cuya nota característica es hacer prevalecer su interés por sobre todos los intereses en juego"; agregó que "la atención principal al interés superior del niño apunta a dos finalidades básicas, cuales son la de constituirse en pauta de decisión ante un conflicto de intereses, y la de ser un criterio para la intervención institucional destinada a proteger al menor. El principio pues, proporciona un parámetro objetivo que permite resolver los problemas de los niños en el sentido de que la decisión se define por lo que resulta de mayor beneficio para ellos. De esta manera, frente a un presunto interés del adulto –que en el caso se vería reflejado por la voluntad de los padres expresada en el sentido de que no se le proporcionen al menor las vacunas que forman parte del plan nacional de vacunación por su elección de preferencia por los paradigmas del modelo homeopático y ayurvédico–, se prioriza el del niño (*Fallos*, 328:2870 y 331:2047).

En tal sentido, se ha considerado que la regla jurídica del art. 3.1 de la Convención sobre los Derechos del Niño que ordena sobreponer el interés del niño a cualesquiera otras consideraciones tiene el efecto de separar conceptualmente aquel interés del niño como sujeto de derecho de los intereses de otros sujetos individuales o colectivos e, incluso, el de los propios padres, por más legítimos que estos resulten"[200].

En otro precedente, luego de reafirmar el interés del niño por sobre el de los adultos, la Corte Suprema expresó que "se ha señalado que al considerar y hacer prevalecer por sobre todos los intereses en juego, el del sujeto más vulnerable y necesitado de protección, los tribunales deben ser sumamente cautos en modificar situaciones de hecho respecto de

[199] CSJN, 27/11/2018, "S., M. A. s/art. 19 de la CIDN", *Fallos*, 341:1733, especialmente consid. 7º. Aun cuando la decisión resulta posible, es cuestionable que se invoque el interés superior del niño cuando también la madre es una niña.

[200] CSJN, 12/6/2012, "NN o U., V. s/protección y guarda de personas", *Fallos*, 335:888, consids. 15 y 18.

personas menores de edad y mantener, en consecuencia, aquellas condiciones de equilibrio que aparecen como más estables, evitando así nuevos conflictos cuyas consecuencias resultan impredecibles"[201].

El máximo tribunal argentino ha llegado a declarar la inconstitucionalidad de la ley de quiebras y ha otorgado un privilegio especial (no previsto en la ley), dando prioridad a la acreencia de un niño a ser percibida como consecuencia de una mala praxis médica que le ocasionó un gravísimo deterioro en su salud (le produjo una condición cuadripléjica irreversible desde su nacimiento). Si bien la decisión se sustentó en el interés superior del niño, también se invocó la Convención sobre los Derechos de las Personas con Discapacidad y el principio de dignidad humana[202].

La Corte Constitucional de Colombia dijo que los niños "no solo son sujetos de derechos, sino que sus derechos e intereses prevalecen en nuestro ordenamiento jurídico", aclarando que, "para establecer cómo se satisface el interés superior se deben hacer consideraciones de dos tipos: *i*) fácticas: referidas a las circunstancias específicas del caso en su totalidad; y *ii*) jurídicas: referidas a los parámetros y criterios establecidos por el ordenamiento jurídico para promover el bienestar de los niños". Sobre este asunto, la jurisprudencia constitucional ha sido consistente en señalar que "las autoridades administrativas y judiciales encargadas de determinar el contenido del interés superior de los niños en casos particulares cuentan con un margen de discrecionalidad importante para evaluar, en aplicación de las disposiciones jurídicas relevantes y en atención a las circunstancias fácticas de los menores de edad implicados, cuál es la solución que mejor satisface dicho interés". El tribunal fijó reglas a seguir, consistentes en: "*a*. Deber de garantizar el desarrollo integral del niño o la niña; *b*. Deber de garantizar las condiciones necesarias para el ejercicio pleno de los derechos del niño o la niña; *c*. Deber de proteger al niño o niña de riesgos prohibidos; *d*. Deber de equilibrar los derechos de los niños y los derechos de sus familiares, teniendo en cuenta que si se altera dicho equilibrio, debe adoptarse la decisión que mejor satisfaga los derechos de los niños; *e*. Deber de garantizar un ambiente familiar apto para el desarrollo del niño o la niña; *f*. Deber de justificar con razones de peso, la intervención del Estado en las relaciones materno filiales; *g*. Deber de evitar cambios desfavorables en las condiciones de las o los niños invo-

201 CSJN, 26/9/2012, "M. d. S., R. y otra s/ordinario s/nulidad de sentencia e impugnación declaratoria de herederos", *Fallos*, 335:1838, consid. 11.

202 CSJN, 26/3/2019, "Institutos Médicos Antártida s/quiebra s/inc. de verificación (R. A. F. y L. R. H. de F.)", *Fallos*, 342:459.

lucrados", pero reconoció que el operador cuenta con un amplio margen de discrecionalidad[203].

La Corte Interamericana de Derechos Humanos también ha dado algunas pautas sobre este principio. Refirió en este sentido que el Estado "debe respetar el derecho a la vida de toda persona bajo su jurisdicción, consagrado en el art. 4º de la Convención Americana. Esta obligación presenta modalidades especiales en el caso de los menores de edad, teniendo en cuenta las normas sobre protección a los niños establecidas en la Convención Americana y en la Convención sobre los Derechos del Niño. La condición de garante del Estado con respecto a este derecho, le obliga a prevenir situaciones que pudieran conducir, por acción u omisión, a la afectación de aquel", y agregó que en esta materia, "cuando se trata de la protección de los derechos del niño y de la adopción de medidas para lograr dicha protección, rige el principio del interés superior del niño, que se funda 'en la dignidad misma del ser humano, en las características propias de los niños y en la necesidad de propiciar el desarrollo de estos, con pleno aprovechamiento de sus potencialidades'"[204].

Plasmó la necesidad de cuidar el derecho a la vida de los menores en detención, vinculándolo a este principio, al decir que en materia "de derecho a la vida, cuando el Estado se encuentra en presencia de niños privados de libertad, como ocurre mayormente en el presente caso, tiene, además de las obligaciones señaladas para toda persona, una obligación adicional establecida en el art. 19 de la Convención Americana. Por una parte, debe asumir su posición especial de garante con mayor cuidado y responsabilidad, y debe tomar medidas especiales orientadas en el principio del interés superior del niño. Por otra, la protección de la vida del niño requiere que el Estado se preocupe particularmente de las circunstancias de la vida que llevará mientras se mantenga privado de libertad, puesto que ese derecho no se ha extinguido ni restringido por su situación de detención o prisión"[205].

Insistió en que "revisten especial gravedad los casos en que las víctimas de violaciones a los derechos humanos son niños. La prevalencia del interés superior del niño debe ser entendida como la necesidad de satisfacción de todos los derechos de los menores, que obliga al Estado e irradia efectos en la interpretación de todos los demás derechos de la

[203] CConst Colombia, 22/7/2014, sentencia T-551/14.

[204] Corte IDH, 8/7/2004, "Hermanos Gómez Paquiyauri vs. Perú", párrs. 124 y 163.

[205] Corte IDH, 2/9/2004, "'Instituto de Reeducación del Menor' vs. Paraguay", párr. 160.

Convención cuando el caso se refiera a menores de edad. Asimismo, el Estado debe prestar especial atención a las necesidades y los derechos de las presuntas víctimas en consideración a su condición de niñas, como mujeres que pertenecen a un grupo en una situación vulnerable"[206].

Remarcó que "la determinación del interés superior del niño, en casos de cuidado y custodia de menores de edad se debe hacer a partir de la evaluación de los comportamientos parentales específicos y su impacto negativo en el bienestar y desarrollo del niño según el caso, los daños o riesgos reales, probados y no especulativos o imaginarios, en el bienestar del niño. Por tanto, no pueden ser admisibles las especulaciones, presunciones, estereotipos o consideraciones generalizadas sobre características personales de los padres o preferencias culturales respecto a ciertos conceptos tradicionales de la familia.

Por otra parte, esta Corte también ha sostenido que en vista de la importancia de los intereses en cuestión, los procedimientos administrativos y judiciales que conciernen la protección de los derechos humanos de personas menores de edad, particularmente aquellos procesos judiciales relacionados con la adopción, la guarda y la custodia de niños y niñas que se encuentra en su primera infancia, deben ser manejados con una diligencia y celeridad excepcionales por parte de las autoridades"[207].

Advirtió que este principio no puede ser invocado sin un sólido sustento, dado que "la sola referencia al mismo sin probar, en concreto, los riesgos o daños que podrían conllevar la orientación sexual de la madre para las niñas, no puede servir de medida idónea para la restricción de un derecho protegido como el de poder ejercer todos los derechos humanos sin discriminación alguna por la orientación sexual de la persona. El interés superior del niño no puede ser utilizado para amparar la discriminación en contra de la madre o el padre por la orientación sexual de cualquiera de ellos. De este modo, el juzgador no puede tomar en consideración esta condición social como elemento para decidir sobre una tuición o custodia.

Una determinación a partir de presunciones infundadas y estereotipadas sobre la capacidad e idoneidad parental de poder garantizar y promover el bienestar y desarrollo del niño no es adecuada para garantizar el fin legítimo de proteger el interés superior del niño. La Corte considera que no son admisibles las consideraciones basadas en estereotipos por la orientación sexual, es decir, preconcepciones de los atributos, conductas o características poseídas por las personas homosexuales o el impacto

[206] Corte IDH, 8/9/2005, "Niñas Yean y Bosico vs. República Dominicana", párr. 134.

[207] Corte IDH, 27/4/2012, "Fornerón e hija vs. Argentina", párrs. 50 y 51.

que estos presuntamente puedan tener en las niñas y los niños". Agregó también que, "en cuanto al argumento de que el principio del interés superior del niño puede verse afectado por el riesgo de un rechazo por la sociedad, la Corte considera que un posible estigma social debido a la orientación sexual de la madre o el padre no puede considerarse un 'daño' válido a los efectos de la determinación del interés superior del niño. Si los jueces que analizan casos como el presente constatan la existencia de discriminación social es totalmente inadmisible legitimar esa discriminación con el argumento de proteger el interés superior del menor de edad. En el presente caso, el tribunal resalta que, además, la señora Atala no tenía por qué sufrir las consecuencias de que en su comunidad presuntamente las niñas podrían haber sido discriminadas debido a su orientación sexual"[208].

Enfatizó que "toda decisión estatal, social o familiar que involucre alguna limitación al ejercicio de cualquier derecho de un niño o una niña, debe tomar en cuenta el principio del interés superior del niño y ajustarse rigurosamente a las disposiciones que rigen esta materia. Respecto del interés superior del niño, la Corte reitera que este principio regulador de la normativa de los derechos del niño se funda en la dignidad misma del ser humano, en las características propias de las niñas y los niños, así como en la necesidad de propiciar el desarrollo de estos, con pleno aprovechamiento de sus potencialidades. En este sentido, es preciso ponderar no solo el requerimiento de medidas especiales, sino también las características particulares de la situación en la que se hallen el niño o la niña"[209].

En la casuística que puede presentarse es donde un principio tan amplio y generoso puede volverse peligroso en su aplicación.

Ni la observación ni la jurisprudencia de los máximos tribunales dan respuestas concretas, porque ellas son imposibles de determinar *a priori* y de manera general. Lo que resulta imprescindible tener en cuenta es que el interés superior del niño no pretende que la suerte de los menores corra según el criterio subjetivo del intérprete de turno, sea este funcionario administrativo o judicial, sino que busca el debido respeto de sus derechos, con el más amplio concepto posible, pero sin desvirtuar sus límites de manera discrecional.

Entender que el otorgamiento de una paternidad integrada por tres personas cumple más adecuadamente con este interés superior, cuando la

[208] Corte IDH, 24/2/2012, "Atala Riffo y niñas vs. Chile", párrs. 110, 111 y 121.

[209] Corte IDH, 25/11/2013, "Familia Pacheco Tineo vs. Estado Plurinacional de Bolivia", párr. 218.

ley establece que solo tienen que ser dos, o que estará en mejores condiciones con aquel progenitor que retuvo al niño que residía en el extranjero cuando este vino a visitarlo, cambiando así su residencia legal, lejos de respetar ese interés superior lo vulnera, dado que solo expresa el voluntarismo de quien decide, sin base en pauta objetiva alguna, a menos, claro está, que exista una vastísima fundamentación sustentada no en el criterio del juzgador, sino en las pruebas que se han aportado al expediente y que justifican, en la situación particular, optar por una decisión diferente.

Este principio está establecido para reafirmar el cumplimiento de los derechos de los niños, no para que los funcionarios de turno apliquen sus criterios personales sobre lo que consideran mejor o peor, al margen del ordenamiento jurídico.

c) *Otros principios correctores.* Como lo expresamos, el principio *pro homine* ha sido insuficiente para regular las relaciones en las que no estuviera involucrado el Estado, lo que ha dado lugar al nacimiento de otros principios (como el interés superior del niño antes desarrollado) que han venido a complementarlo. De ellos, el más importante es el principio *favor debilis*, del cual surgen aplicaciones particulares como el principio *pro operario.* Nos ocuparemos aquí de los principios *favor debilis* y *pro actione.*

1) *Principio "favor debilis".* Bidart Campos decía que el "*favor debilis* indica que en la interpretación de situaciones que comprometen derechos en conflicto es menester tomar muy en cuenta a la parte que, en relación con otra, se halla situada en inferioridad de condiciones o, dicho negativamente, no se encuentra en pie de igualdad con la otra"[210].

Este principio no ha tenido mayormente un tratamiento expreso, sino que ha sido aplicado a sectores en particular.

Al darle un reconocimiento amplio, el art. 13, párr. 3º, de la Const. de Colombia dice: "El Estado protegerá especialmente a aquellas personas que por su condición económica, física o mental, se encuentren en circunstancia de debilidad manifiesta y sancionará los abusos o maltratos que contra ellas se cometan".

En la Constitución argentina se consagró la necesidad de protecciones especiales, como la establecida en el inc. 23 del art. 75, cuando atribuye al Congreso: "*Legislar y promover medidas de acción positiva que garanticen la igualdad real de oportunidades y de trato, y el pleno goce y ejerci-*

[210] Bidart Campos, *Tratado elemental de derecho constitucional argentino*, t. I-A, p. 393

cio de los derechos reconocidos por esta Constitución y por los tratados internacionales vigentes sobre derechos humanos, en particular respecto de los niños, las mujeres, los ancianos y las personas con discapacidad.

Dictar un régimen de seguridad social especial e integral en protección del niño en situación de desamparo, desde el embarazo hasta la finalización del período de enseñanza elemental, y de la madre durante el embarazo y el tiempo de lactancia".

Más allá de las convenciones que protegen particularmente a los sectores considerados más débiles o desaventajados, como los niños, las mujeres, los ancianos y los discapacitados, el art. VII de la Declaración Americana de los Derechos y Deberes del Hombre dispone que "*Toda mujer en estado de gravidez o en época de lactancia, así como todo niño, tienen derecho a protección, cuidados y ayuda especial*". A su vez, el art. 10 del Pacto Internacional de Derechos Económicos, Sociales y Culturales, en los párrs. 2 y 3, establece: "2. *Se debe conceder especial protección a las madres durante un período de tiempo razonable antes y después del parto. Durante dicho período, a las madres que trabajen se les debe conceder licencia con remuneración o con prestaciones adecuadas de seguridad social.*

3. *Se deben adoptar medidas especiales de protección y asistencia en favor de todos los niños y adolescentes, sin discriminación alguna por razón de filiación o cualquier otra condición. Debe protegerse a los niños y adolescentes contra la explotación económica y social. Su empleo en trabajos nocivos para su moral y salud, o en los cuales peligre su vida o se corra el riesgo de perjudicar su desarrollo normal, será sancionado por la ley. Los Estados deben establecer también límites de edad por debajo de los cuales quede prohibido y sancionado por la ley el empleo a sueldo de mano de obra infantil*".

También la jurisprudencia lo ha reconocido. La Corte Suprema argentina entendió que "las disposiciones de la ley de defensa del consumidor debieron ser integradas en el análisis efectuado por la alzada en la inteligencia de que, ante la duda respecto a la forma en que debían ser articuladas con las normas prendarias debería primar la más favorable para el consumidor, como expresión del *favor debilis*"[211].

A su turno, la Corte Constitucional de Colombia señaló que "las medidas de protección a las mujeres víctimas de la violencia armonizan con el deber del Estado de proteger prioritariamente a las personas que se en-

[211] CSJN, 11/6/2019, "HSBC Bank Argentina SA c/Martínez, Ramón V. s/secuestro prendario", *Fallos*, 342:1004, consid. 6º.

cuentran en condiciones de debilidad (CP, art. 13), a fin de hacer efectivo el goce de los derechos constitucionales de estas poblaciones"[212].

Por su parte, la Corte Interamericana de Derechos Humanos "considera que toda persona que se encuentre en una situación de vulnerabilidad es titular de una protección especial, en razón de los deberes especiales cuyo cumplimiento por parte del Estado es necesario para satisfacer las obligaciones generales de respeto y garantía de los derechos humanos. La Corte reitera que no basta que los Estados se abstengan de violar los derechos, sino que es imperativa la adopción de medidas positivas, determinables en función de las particulares necesidades de protección del sujeto de derecho, ya sea por su condición personal o por la situación específica en que se encuentre, como la discapacidad"[213].

Este principio impone que en toda interpretación se tenga en cuenta la situación de debilidad, no para otorgar derechos sin más a quienes se encuentran en estas condiciones, sino para equilibrarla (como cuando se establece la carga dinámica de las pruebas y se exige a la empresa que ofreció un servicio que demuestre cuál fue el alcance de la oferta realizada), para elegir la normativa adecuada, o para resolver a favor del más débil cuando el conflicto no encuentra otra solución y sobre él ya se han aplicado los principios fundantes del sistema antes analizado.

2) *Principio "pro actione".* No escapó a Bidart Campos el análisis de este principio, al que concebía con rango constitucional, entendiendo que se adhiere al *pro homine* "para facilitar, hacer accesible y no obstruir el derecho a la tutela judicial efectiva". En cuanto a su contenido decía que "se trata de que, en cada caso y en cada proceso el tribunal requerido haga un juicio objetivo de verosimilitud en torno de la pretensión articulada y de la acción propuesta para ella, de forma que no se incurra en desmesuras como el rechazo *in limine litis* o la negatoria apresurada de la legitimación procesal del justiciable"[214].

El principio *pro actione*, también denominado de favorecimiento de la acción, se entiende inmerso en los arts. 8º y 25 de la CADH, que consagran la protección judicial.

El art. 8º establece en su inc. 1: "*Toda persona tiene derecho a ser oída, con las debidas garantías y dentro de un plazo razonable, por un*

[212] CConst Colombia, 4/9/1996, sentencia C-408/96.

[213] Corte IDH, 4/7/2006, "Ximenes Lopes vs. Brasil", párr. 103; doctrina sentada en Corte IDH, 29/3/2006, "Comunidad indígena Sawhoyamaxa vs. Paraguay", párr. 154, entre otros.

[214] Bidart Campos, *Tratado elemental de derecho constitucional argentino*, t. I-A, p. 392.

juez o tribunal competente, independiente e imparcial, establecido con anterioridad por la ley, en la sustanciación de cualquier acusación penal formulada contra ella, o para la determinación de sus derechos y obligaciones de orden civil, laboral, fiscal o de cualquier otro carácter".

Por su parte, el art. 25, mientras en su inc. 1 reconoce el derecho al amparo, en el inc. 2 prevé que "*los Estados partes se comprometen:*

a) *a garantizar que la autoridad competente prevista por el sistema legal del Estado decidirá sobre los derechos de toda persona que interponga tal recurso;*

b) *a desarrollar las posibilidades de recurso judicial, y*

c) *a garantizar el cumplimiento, por las autoridades competentes, de toda decisión en que se haya estimado procedente el recurso*".

Este principio ha tenido una importante recepción jurisprudencial. La Corte Constitucional de Colombia sostuvo que "la acción de inconstitucionalidad, dado su carácter público, está regida por el principio *pro actione* que obliga a no proceder con excesivo rigor al examinar el cumplimiento de los requisitos de la demanda, prefiriendo una decisión de fondo antes de la inhibitoria, pues esta última podría restringir el derecho de participación ciudadana y frustrar el acceso al recurso judicial efectivo ante la Corte, dando lugar a una suerte de denegación de justicia constitucional"[215].

La Corte Suprema argentina dejó sin efecto el rechazo del cuestionamiento de una cesantía porque el actor no había interpuesto el recurso de reconsideración en la reclamación administrativa, entendiendo que "el hecho de que al tiempo de interponerse la demanda no exigiera el *a quo* el cumplimiento previo de tal recaudo [...] torna improcedente el rechazo de aquella y de necesaria aplicación el principio rector en materia contencioso administrativa *in dubio pro actione*, dado que el actor podía razonablemente considerar que actuaba conforme a derecho"[216].

También se amparó en este principio para dejar sin efecto el rechazo por caducidad de la acción contencioso-administrativa que no se había iniciado pasados los treinta días de un reclamo que nunca obtuvo respuesta, a pesar de la presentación de sendos prontos despachos. Dijo al respecto que en "estas condiciones, la conclusión del *a quo* de considerar que se había operado el plazo de caducidad frente al silencio del Instituto de Previsión, constituye una decisión de injustificado rigor formal y comporta

[215] CConst Colombia, 27/5/2009, sentencia C-372/09.

[216] CSJN, 8/8/1989, "Guerrero, Luis R. c/Municipalidad de Córdoba", *Fallos*, 312:1306, consid. 6º; criterio reiterado en *Fallos*, 316:3231.

una inteligencia de las reglas aplicables contraria al principio *in dubio pro actione*, rector en la materia y destacado reiteradamente por esta Corte"[217].

En posteriores pronunciamientos, la Corte Suprema adhirió a los dictámenes del procurador general para viabilizar acciones judiciales basándose en este principio[218].

La Corte Interamericana de Derechos Humanos, en interpretación del art. 8º, inc. 1. de la CADH, sostuvo que esta disposición de la Convención "consagra el derecho de acceso a la justicia. De ella se desprende que los Estados no deben interponer trabas a las personas que acudan a los jueces o tribunales en busca de que sus derechos sean determinados o protegidos. Cualquier norma o medida del orden interno que imponga costos o dificulte de cualquier otra manera el acceso de los individuos a los tribunales, y que no esté justificada por las razonables necesidades de la propia administración de justicia, debe entenderse contraria al precitado art. 8.1 de la Convención", y agregó que "para que el Estado cumpla con lo dispuesto en el art. 25 de la Convención no basta con que los recursos existan formalmente, sino que los mismos deben tener efectividad, es decir, debe brindarse a la persona la posibilidad real de interponer un recurso que sea sencillo y rápido. Cualquier norma o medida que impida o dificulte hacer uso del recurso de que se trata constituye una violación del derecho al acceso a la justicia, bajo la modalidad consagrada en el art. 25 de la Convención Americana"[219].

Insistió en que el principio de tutela judicial efectiva "requiere que los procedimientos judiciales sean accesibles para las partes, sin obstáculos o demoras indebidas, a fin de que alcancen su objetivo de manera rápida, sencilla e integral. Para que un Estado cumpla con lo dispuesto en el art. 25 de la Convención, no basta con que los recursos existan formalmente, sino que es preciso que tengan efectividad en los términos del mismo, es decir, que den resultados o respuestas a las violaciones de derechos reconocidos, ya sea en la Convención, en la Constitución o en la ley y que el análisis por la autoridad competente no se reduzca a una mera formalidad, sino que examine las razones invocadas por el demandante y se manifieste expresamente sobre ellas"[220].

[217] CSJN, 4/11/1993, "Colegio Bioquímico del Chaco c/Instituto de Previsión Social de la Provincia del Chaco s/demanda contencioso-administrativa", *Fallos*, 316:2477, consid. 8º.

[218] CSJN, "Cocha", *Fallos*, 330:1389; íd., "Sefina SRL", *Fallos*, 326:4681.

[219] Corte IDH, 28/11/2002, "Cantos vs. Argentina", párrs. 50 y 52.

[220] Corte IDH, 8/2/2018, "San Miguel Sosa y otras vs. Venezuela", párr. 188.

Este principio, que no solo permite interpretar las normas procesales de la manera más favorable al acceso a la protección judicial de los derechos, especialmente cuando se presenten obstáculos que impiden la plena realización del derecho, sino que impone la concreción de mecanismos que aseguren una tutela efectiva, no debe considerarse como una firma en blanco que permita al magistrado apartarse de toda regla procesal, actuar oficiosamente según su parecer o fijar reglas de juego según su antojo.

Adecuadamente utilizado, garantiza la plena realización de los derechos, especialmente de aquellos que más dificultades presentan para reclamarlos. Su uso discrecional puede conducir a un tratamiento desigualitario de las partes con grave afectación de una de ellas.

No se trata de crear por el juez, en el caso concreto e intempestivamente, nuevas reglas de juego, sino de aplicarlas razonablemente sin recortes ritualistas, posibilitando la plena efectividad de los derechos de las partes contendientes.

Capítulo V

ASPECTOS COMPLEMENTARIOS

§ 35. *Derecho plural.* – La expresión derecho plural tiene una gran variedad de significados. Nos referiremos aquí a las distintas concepciones que sostienen que el Estado no es el único productor del derecho y que no debe tener su monopolio, contrariamente a los postulados que le dieron origen.

Al analizar los trabajos de Gurvitch[1], Bobbio entiende el pluralismo jurídico como una teoría que limita el poder del estatal, no "desde el exterior como la doctrina liberal, no lo divide en el interior como el constitucionalismo, no lo distribuye entre todos como la democracia, y no lo hace utópico hasta hacerlo morir como el marxismo". Para el pluralismo, "el Estado no es más que uno de los posibles ordenamientos jurídicos, entre los cuales el hombre desarrolla su vida social, precisamente es el ordenamiento jurídico de la sociedad política. Pero el hombre no es solamente un animal político, sino también económico, religioso, etc.; no es solamente consumidor, sino productor; no es solo miembro de una determinada nación, sino también de la humanidad. Toda actividad social del hombre que no sea actividad política se desarrolla, o se debería desarrollar, en sociedad distintas del Estado. Cada una de estas sociedades, en cuanto son un conjunto de actos humanos ordenados hacia un fin, tiene su organización, esto es, un complejo de normas que regulan

[1] Según Bobbio, en la concepción pluralista de Gurvitch se distinguían tres esferas de "derechos sociales": "las del productor (derechos al trabajo, derechos del trabajo, derecho de la libertad sindical), las del consumidor (derechos a la subsistencia, a la distribución de la riqueza, a la seguridad económica, a la gestión de los servicios, etc.) y las del ciudadano (derecho a la vida, a la educación, a la libertad de asociación, de profesión, etc.)" (*El tiempo de los derechos*, p. 34).

su estructura y dirigen los actos de los individuos que la forman; en una palabra, toda sociedad tiene su derecho"[2].

Así visto, es indudable que en toda comunidad existe una pluralidad de derechos, si entendemos por tales la idea que se representan las personas de lo que es derecho, independientemente de que tenga algún asidero en el ordenamiento jurídico estatal (si bien el derecho estatal se presume conocido por todos, esa máxima no es más que una ficción necesaria para su obligatoriedad, pero que no tiene un verdadero anclaje en la sociedad). Aun cuando en Argentina el Código Civil y Comercial establezca que la legítima no puede ser desconocida, muchas familias cumplen la voluntad de sus progenitores y admiten que la herencia se otorgue a alguno de los diversos hermanos (porque creen que es así, porque lo consideran justo, porque entienden que es derecho la voluntad de su titular o por cualquier motivo que tengan en su interior para acatar la decisión familiar). Lo mismo ocurre con la transmisión de la propiedad, donde en sectores de menores recursos la posesión se considera título suficiente y la transferencia se efectúa por su solo otorgamiento, sin que se firme acto solemne alguno ni se proceda a su inscripción registral (como lo exige el ordenamiento jurídico).

En los últimos tiempos, el pluralismo jurídico ha tomado variadas direcciones. Ha intentado ser una respuesta a la inserción del derecho internacional, especialmente de los derechos humanos, en el interior del Estado, y también ha tratado de resolver la presencia de comunidades heterogéneas que conviven en un mismo Estado.

Como respuesta a las relaciones entre el derecho internacional de los derechos humanos y los derechos fundamentales expresados en las constituciones de los Estados, entiende que estos distintos órdenes pueden generar diferentes soluciones para una misma cuestión, pero que no debe resolverse acudiendo a los criterios tradicionales de monismo y dualismo, sino integrando las distintas normativas, otorgando una protección multinivel y decidiendo siempre a favor de la persona humana mediante la aplicación de la norma más favorable a sus derechos[3].

En cuanto a la convivencia de distintos sectores en un mismo Estado, se ha ocupado del denominado "multiculturalismo", entendiendo como tal las diversidades culturales y étnicas existentes en los Estados

[2] Bobbio, *El tiempo de los derechos*, p. 29 y 30.

[3] Arcaro Conci - Gerber, "Direitos culturais e agrobiodiversidade: análise de caso a partir de uma perspectiva multinível", en Figueiredo - Arcaro Conci (coords.) - Gerber (org.), *Constitucionalismo multinível e pluralismo jurídico*, p. 143 a 176.

actuales[4]. Postula aquí, al decir de ARIAS MARÍN, "la necesidad de una política del reconocimiento capaz de generar una relación satisfactoria entre los criterios generales de la ciudadanía y los derechos particulares de la cultura específica a la que se pertenece"[5].

Entiende HABERMAS que ante las diferencias culturales se plantean dos soluciones: las liberales, que postulan un ordenamiento jurídico éticamente neutro que asegure a cada uno el disfrute de iguales oportunidades que le permitan seguir su propia concepción de lo bueno, o las comunitaristas, que cuestionan la neutralidad ética del derecho. Para él, "una teoría de los derechos correctamente entendida no es, de ninguna manera, ciega frente a las diferencias culturales", por lo que "una teoría de los derechos correctamente entendida reclama precisamente aquella política del reconocimiento que protege la integridad del individuo incluso en los contextos de vida que configuran su identidad"[6].

Aparece entonces el pluralismo jurídico con un "amplio rango de respuestas, que abarcan desde las interrelaciones entre sistemas jurídicos de tradición occidental y órdenes normativos indígenas; hasta el estudio de diferentes subsistemas jurídicos existentes en los países industriales"[7].

Aun cuando sus propuestas buscan dar un cauce al multiculturalismo, en ciertas ocasiones son incompatibles con la protección de los más débiles.

Para su estudio e influencia, especialmente en el reconocimiento de derechos fundamentales, se agrupará el pluralismo jurídico en dos ver-

[4] También aquí presenta sus variantes. KYMLICKA plantea que el término multiculturalismo tiene aplicaciones diferentes según los países, dado que en Canadá alude al derecho de los inmigrantes a expresar su identidad étnica sin temor a los prejuicios o a la discriminación; en Europa suele referir a los poderes compartidos entre las comunidades nacionales, mientras en Estados Unidos de América se suele usar para englobar las demandas de grupos socialmente marginados (*Ciudadanía multicultural*, p. 15). Este filósofo canadiense afirma también que el término multicultural, en algunos usos, involucra las distintas naciones (entendidas sociológicamente, como comunidad de intereses, idioma, cultura), los grupos étnicos (sectores provenientes de la inmigración) y sectores desaventajados históricamente como discapacitados, homosexuales, mujeres, obreros, ateos, etcétera. En general, incluso en el vocabulario de KYMLICKA, a este último sector se lo denomina minorías, y no subculturas.

[5] ARIAS MARÍN, "Claves críticas del multiculturalismo. Política de reconocimiento y ciudadanía multicultural", en ARIAS MARÍN (coord.), *Debate multicultural y derechos humanos*, p. 18.

[6] HABERMAS, *La inclusión del otro*, p. 194 y 195.

[7] IANNELLO, "Pluralismo jurídico", en FABRA ZAMORA - NÚÑEZ VAQUERO (coords.), *Enciclopedia de filosofía y teoría del derecho*, vol. 1, p. 770.

tientes principales: una de ellas llamada pluralismo jurídico comunitario, nuevo pluralismo jurídico o pluralismo jurídico en sentido estricto, y otra denominada pluralismo jurídico estatal, pluralismo jurídico clásico o pluralismo jurídico en sentido débil.

a) *Pluralismo jurídico comunitario.* Esta vertiente rechaza la idea del monopolio del derecho estatal, y entiende que coexisten, en un mismo ámbito temporal y espacial, diversos derechos, por lo que a una misma situación se deben aplicar diferentes reglas según las personas involucradas (p.ej., si los integrantes de un grupo cultural castigaran físicamente a uno de ellos por haber cometido una ofensa contra el honor, quedarían impunes porque sus convicciones jurídicas admiten tales procedimientos, mientras que, si en el mismo lugar el mismo hecho fuera realizado por personas ajenas a ese grupo, ello sería considerado delito).

Afirmaba Villoro que un "Estado plural supone tanto el derecho a la igualdad como el derecho a la diferencia. Igualdad no es uniformidad; igualdad es la capacidad de todos los individuos y grupos de elegir y realizar su plan de vida, conforme a sus propios valores, por diferentes que estos sean. En lugar de buscar la homogeneidad, respetar por igual las diferencias", y especificaba que el "reconocimiento del derecho a la diferencia de pueblos y minorías no es más que un elemento de un movimiento más general que favorece la creación de espacios sociales en que todos los grupos y comunidades puedan elegir sus formas de vida, en el interior del espacio unitario del Estado. Esto lo ha visto el movimiento zapatista de México al proclamar que su reivindicación de autonomía para los indígenas puede igualmente aplicarse a los pueblos, a los sindicatos, a los grupos sociales, a los grupos campesinos, a los gobiernos de los Estados, que son nominalmente libres y soberanos dentro de la Federación"[8].

Esta concepción, que rompe con los modelos clásicos de constitucionalismo liberal, y que en su versión más extrema no se condice con la universalidad de los derechos humanos, se ha visto también sometida a fuertes críticas. Luego de plantear que sus postulados son erróneos, Aguilar Rivera concluye que, más allá de la necesidad de refundación existente, la opción del Estado plural, "que se presenta como visionaria, nos llevaría hacia atrás: sería una regresión civilizatoria"[9].

[8] Villoro, *Estado plural, pluralidad de culturas*, p. 55 y 56.

[9] Aguilar Rivera, *El sonido y la furia: crítica de la persuasión multicultural*, "Isonomía", nº 12, abril 2000, p. 72. Aun cuando el autor se refiere a la situación particular de México, su opinión sobre el pluralismo jurídico tiene mayores alcances.

Este modelo de pluralismo exige el autogobierno de las comunidades culturales y la aplicación de su propio ordenamiento jurídico.

Un fiel reflejo de esta corriente puede observarse en la Constitución de Bolivia de 2009 a lo largo de todo su articulado, en las declaraciones generales, en el reconocimiento de los derechos y en la configuración del poder.

En su art. 1° declara que "se constituye en un Estado unitario social de derecho plurinacional comunitario, libre, independiente, soberano, democrático, intercultural, descentralizado y con autonomías[10]. Bolivia se funda en la pluralidad y el pluralismo político, económico, jurídico, cultural y lingüístico, dentro del proceso integrador del país". En el art. 2° reconoce la autonomía y autogobierno de los pueblos y naciones indígenas originarios, y en el art. 3° se refiere a su conformación multicultural. Además del castellano, reconoce otras treinta y seis lenguas oficiales (de las naciones y pueblos indígenas originarios) y establece que el gobierno central y las autonomías deben utilizar al menos dos lenguas, el castellano y otra mayoritaria en la región (art. 5°).

Entre los distintos derechos[11] que se les reconocen a las naciones y pueblos indígenas, en el Capítulo IV, el inc. 14 del párr. II del art. 30 otorga el derecho al ejercicio "de sus sistemas políticos, jurídicos y económicos acorde a su cosmovisión"; mientras el párr. I del art. 31 dispone: "Las naciones y pueblos indígena originarios en peligro de extinción, en situación de aislamiento voluntario y no contactados, serán protegidos y respetados en sus formas de vida individual y colectiva".

El art. 78, párr. II, indica que la educación "es intracultural, intercultural y plurilingüe en todo el sistema educativo"; mientras que el art. 80, párr. II, expresa que la educación "contribuirá al fortalecimiento de la unidad e identidad de todas y todos como parte del Estado plurinacional, así como a la identidad y desarrollo cultural de los miembros de cada nación o pueblo indígena originario campesino, y al entendimiento y enriquecimiento intercultural dentro del Estado". En el párr. I del art. 98 se

[10] El art. 272 de la Const. de Bolivia dice: "La autonomía implica la elección directa de sus autoridades por las ciudadanas y los ciudadanos, la administración de sus recursos económicos, y el ejercicio de las facultades legislativa, reglamentaria, fiscalizadora y ejecutiva, por sus órganos del gobierno autónomo en el ámbito de su jurisdicción y competencias y atribuciones".

[11] En el amplio catálogo de derechos protege también, de manera especial, a mujeres, niños, ancianos y discapacitados. Llamativamente, cuando regula la familia, habla del matrimonio y uniones convivenciales solo entre hombres y mujeres (arts. 63 y 64).

dice: "La diversidad cultural constituye la base esencial del Estado plurinacional comunitario. La interculturalidad es el instrumento para la cohesión y la convivencia armónica y equilibrada entre todos los pueblos y naciones. La interculturalidad tendrá lugar con respeto a las diferencias y en igualdad de condiciones".

En lo que se refiere a la composición del poder, el órgano legislativo está a cargo de la Asamblea Legislativa Plurinacional (bicameral), y para su integración, el art. 147 exige: "*I.* En la elección de asambleístas se garantizará la igual participación de hombres y mujeres. *II.* En la elección de asambleístas se garantizará la participación proporcional de las naciones y pueblos indígena originario campesinos. *III.* La ley determinará las circunscripciones especiales indígena originario campesinas, donde no deberán ser considerados como criterios condicionales la densidad poblacional, ni la continuidad geográfica".

En cuanto a la organización jurisdiccional, el art. 179, en sus dos primeros párrafos, dispone: "*I.* La función judicial es única. La jurisdicción ordinaria se ejerce por el Tribunal Supremo de Justicia, los tribunales departamentales de justicia, los tribunales de sentencia y los jueces; la jurisdicción agroambiental por el tribunal y jueces agroambientales; la jurisdicción indígena originaria campesina se ejerce por sus propias autoridades; existirán jurisdicciones especializadas reguladas por la ley. *II.* La jurisdicción ordinaria y la jurisdicción indígena originario campesina gozarán de igual jerarquía".

La designación de los integrantes del Tribunal Supremo de Justicia (que duran seis años sin posibilidad de ser reelegidos) se hace por elección, mediante sufragio universal, entre candidatos preseleccionados por la Asamblea Legislativa Plurinacional (art. 182). En la elección de los magistrados del Tribunal Agroambiental se establece que, en la preselección, "se garantizará la composición plural, considerando criterios de plurinacionalidad" (art. 187). Similar es la designación de los integrantes del Tribunal Constitucional Plurinacional en cuanto a sufragio, solo que aquí se contempla que serán "elegidos con criterios de plurinacionalidad, con representación del sistema ordinario y del sistema indígena originario campesino" (art. 197, párr. I).

El Capítulo IV, en los arts. 190 a 192, se ocupa de la jurisdicción indígena originaria campesina, que tiene la siguiente vigencia, según el art. 191, párr. II, "*1.* Están sujetos a esta jurisdicción los miembros de la nación o pueblo indígena originario campesino, sea que actúen como actores o demandado, denunciantes o querellantes, denunciados o imputados, recurrentes o recurridos.

2. Esta jurisdicción conoce los asuntos indígena originario campesinos de conformidad a lo establecido en una ley de deslinde jurisdiccional.

3. Esta jurisdicción se aplica a las relaciones y hechos jurídicos que se realizan o cuyos efectos se producen dentro de la jurisdicción de un pueblo indígena originario campesino".

En cuanto al órgano electoral, el Tribunal Supremo Electoral está compuesto por siete miembros, de los cuales al menos dos "serán de origen indígena originario campesino" (art. 206, párr. II).

Se permite que los pueblos indígenas elijan sus representantes políticos de acuerdo con sus formas propias (arts. 210 y 211).

La organización territorial se estructura sobre la división en departamentos, provincias, municipios y territorios indígena originario campesinos (art. 269). En todos los niveles se prevén asambleístas elegidos por las naciones indígenas, de conformidad con sus propias normas y procedimientos.

El art. 289 establece: "La autonomía indígena originaria campesina consiste en el autogobierno como ejercicio de la libre determinación de las naciones y los pueblos indígena originario campesinos, cuya población comparte territorio, cultura, historia, lenguas, y organización o instituciones jurídicas, políticas, sociales y económicas propias". Estas autonomías elaboran su Estatuto bajo sus normas y procedimientos (art. 292), y entre sus varias competencias se encuentra el ejercicio de la jurisdicción indígena originaria campesina para la aplicación de justicia y resolución de conflictos a través de normas y procedimientos propios (art. 304, párr. I, 8).

b) *Pluralismo jurídico estatal.* En una corriente más atenuada, el pluralismo jurídico estatal considera que la consagración de los derechos humanos fundamentales generales no resulta suficiente[12] y, por tanto, más que propugnar la ordenación social mediante el autodictado de derechos por los distintos grupos, propone alternativas de reconocimiento de derechos específicos para lograr su protección. Suelen aparecer tres variantes[13], sea mediante un reconocimiento atenuado de autogobierno, por asignación de cuotas de participación en la vida política, o bien mediante la consagración de derechos específicos.

[12] Aunque no resulten suficientes, las libertades (de asociación, de culto, de comercio, de expresión) son la base desde la que se construye el posterior reconocimiento de los derechos específicos.

[13] Ello no quita que un régimen pueda combinar más de una de las alternativas existentes (como puede ser otorgar autonomías locales, pero también fijar cuotas de participación política y reconocer derechos de grupos en desventaja).

Una primera posibilidad es el reconocimiento de ciertos derechos de autogobierno; claro que para ello es necesario que los grupos culturales estén unidos territorialmente. El Estado federal puede ser una alternativa, aunque dependerá del reconocimiento de las potestades que al respecto se le otorguen al ente territorial, y, obviamente, no todo Estado federal se basa en la existencia de grupos nacionales o comunidades inmigrantes.

Un ejemplo interesante lo constituye Ecuador que, a partir de la reforma constitucional de 2008, se proclamó como "un Estado constitucional de derechos y justicia, social, democrático, soberano, independiente, unitario, intercultural, plurinacional y laico" (art. 1°). Sin embargo, sus postulados no son tan amplios como los consagrados en el ordenamiento boliviano y se da un pluralismo débil.

Se reconoce el castellano, junto al *kichwa* y el *shuar*, como idiomas oficiales, así como los demás idiomas ancestrales (art. 2°), y, si bien se admite el derecho de toda persona a elegir y mantener su propia identidad cultural, se aclara que no se podrá invocar la cultura cuando se atente contra los derechos reconocidos en la Constitución (art. 21).

Se protege especialmente a personas desaventajadas como niños, ancianos, discapacitados, mujeres embarazadas, entre otros. Se reconoce a las comunidades indígenas y a sus miembros diversos derechos, como a su propia cultura, a la propiedad comunitaria de sus tierras, a conservar su propia forma de convivencia u organización social, incluso a crear y aplicar su propio derecho (sea o no consuetudinario), pero con el límite de no vulnerar derechos constitucionales, especialmente de mujeres, niños y adolescentes (art. 57, inc. 10).

A diferencia del sistema boliviano, la Constitución ecuatoriana no fija cupos ni otorga autonomía a las naciones indígenas, y, si bien admite la justicia indígena sobre la base de sus tradiciones ancestrales, exige participación y decisión de las mujeres y la limita al cumplimiento de los derechos humanos reconocidos en la Constitución o en los tratados[14].

[14] El art. 171 de la Const. de Ecuador dispone: "Las autoridades de las comunidades, pueblos y nacionalidades indígenas ejercerán funciones jurisdiccionales, con base en sus tradiciones ancestrales y su derecho propio, dentro de su ámbito territorial, con garantía de participación y decisión de las mujeres. Las autoridades aplicarán normas y procedimientos propios para la solución de sus conflictos internos, y que no sean contrarios a la Constitución y a los derechos humanos reconocidos en instrumentos internacionales. El Estado garantizará que las decisiones de la jurisdicción indígena sean respetadas por las instituciones y autoridades públicas. Dichas decisiones estarán sujetas al control de constitucionalidad. La ley establecerá los mecanismos de coordinación y cooperación entre la jurisdicción indígena y la jurisdicción ordinaria".

Sin llegar a constituir un Estado federal, España, sobre la base de su Estado unitario, ha reconocido un importante grado de autonomía a sus comunidades, donde la educación principal se lleva adelante en su propia lengua y no en la lengua castellana, pese a ser la oficial del reino. Al respecto, Torres del Moral habla de pluralismo autonómico, diciendo que es "al mismo tiempo, geohistórico, cultural, político y, en ocasiones, lingüístico. A él se refiere el Preámbulo de la Constitución cuando señala entre los objetivos de esta el de proteger a los pueblos de España en el ejercicio de sus culturas, tradiciones, lenguas e instituciones. Se ve reconocido como principio político fundamental en el art. 2° y desarrollado en el título VIII"[15].

Una segunda forma de protección resulta del reconocimiento de cuotas especiales de representación, como sucede con la existencia de cupos femeninos o representaciones fijas de determinados sectores, históricamente excluidos de la vida política.

En tal sentido, el segundo párrafo del art. 37 de la Const. nacional expresa: "*La igualdad real de oportunidades entre varones y mujeres para el acceso a cargos electivos y partidarios se garantizará por acciones positivas en la regulación de los partidos políticos y en el régimen electoral*". En la disposición transitoria segunda se reafirmó: "*Las acciones positivas a las que alude el art. 37 en su último párrafo no podrán ser inferiores a las vigentes al tiempo de sancionarse esta Constitución y durarán lo que la ley determine*"[16].

Un tercer reconocimiento está relacionado con la concesión de derechos específicos para minorías desaventajadas. Estos derechos han sido asignados tanto en función de grupo como de manera individual.

Los derechos otorgados en función de grupo se han vinculado a comunidades indígenas donde, más allá del derecho específico que a cada integrante le pueda corresponder, se otorgan derechos exigibles colectivamente por los miembros de esa comunidad.

El art. 75, inc. 17, de la Const. nacional otorga derechos que solo le pertenecen a la comunidad en su conjunto (reconocimiento de su personería

[15] Torres del Moral, *Principios de derecho constitucional español*, t. 1, p. 111.

[16] Al momento de la reforma constitucional, en Argentina se encontraba vigente la ley 24.012, del año 1991, que exigía que las listas se integraran con un mínimo del 30 % de mujeres con posibilidad de ser elegidas; la reglamentación efectuada por el decr. 1246/2000 y sus modificatorios estableció que, cuando se pusieran en juego hasta dos bancas, al menos un candidato debía ser mujer; si eran cuatro, al menos dos, y así sucesivamente. Mediante la ley 27.412, de diciembre de 2017, se estableció la paridad de género, intercalando mujeres y varones.

jurídica; posesión y propiedad comunitaria de la tierra, su no enajenabilidad e inembargabilidad; participación en la gestión de los recursos naturales e intereses); derechos individuales (como la educación bilingüe e intercultural), y derechos dobles, que están en cabeza tanto de la comunidad como de sus integrantes individualmente (como el respecto a la identidad).

Brasil, por medio del art. 231 de la Constitución, reconoce a los indios "su organización social, costumbres, lenguas, creencias tradicionales y los derechos originarios sobre las tierras que tradicionalmente ocupan", y a través de los siete incisos de la referida cláusula constitucional, desarrolla el carácter de esas tierras. También los reconoce, junto a sus comunidades y organizaciones como "partes legítimas para actuar en juicio en defensa de sus derechos e intereses" (art. 232).

En Rusia se ha considerado el derecho consuetudinario de pequeñas comunidades indígenas; en especial, en conflictos con "empresas mineras por algún territorio se puede apelar a las costumbres solo si la gente que vive en este se guía por ellas y pueden probarlo"[17].

La Constitución de Guatemala les dedica la Sección 3ª del Capítulo II del Título II a las comunidades indígenas, donde les "reconoce, respeta y promueve sus formas de vida, costumbres, tradiciones, formas de organización social, el uso del traje indígena en hombres y mujeres, idiomas y dialectos" (art. 66); protege la propiedad colectiva agraria de las tierras (art. 67), y se compromete a suministrar otras necesarias para su desarrollo (art. 68), así como a proteger a los trabajadores de la comunidad, especialmente en caso de ser trasladados (art. 69).

c) *El pluralismo jurídico en los tratados de derechos humanos.* Los tratados de derechos humanos, al postular su universalidad, si bien han reconocido derechos específicos, no han bregado por el pluralismo jurídico. Muchos instrumentos internacionales no dedican normas a las protecciones específicas; otros reconocen situaciones especiales, y un tercer grupo, propio de protecciones específicas, escasamente protege subgrupos en su interior.

Una protección más amplia se puede observar en la Convención sobre la Prevención y la Sanción del Delito de Genocidio, que define, en su art. II, el genocidio como matanza, lesión grave, sometimiento a condiciones de existencia que impliquen destrucción física, medidas destinadas a impedir

[17] Abrámova - Vershínina, "Las relaciones federativas en la Rusia contemporánea y los derechos de los pueblos indígenas: evolución y perspectiva", en Figueiredo - Arcaro Conci (coords.) - Gerber (org.), *Constitucionalismo multinível e pluralismo jurídico*, p. 195 y 196.

nacimientos o traslado por la fuerza de niños "*perpetrados con la intención de destruir total o parcialmente a un grupo nacional, étnico, racial o religioso*". Esta Convención protege a través de sanciones a quienes persigan a las minorías, pero no les otorga a estas un estatus especial.

El Pacto Internacional de Derechos Económicos, Sociales y Culturales, en su art. 1º, párr. 1, reconoce el derecho a la libre determinación de los pueblos al expresar: "*Todos los pueblos tienen el derecho de libre determinación. En virtud de este derecho establecen libremente su condición política y proveen asimismo a su desarrollo económico, social y cultural*". Esta fórmula es totalmente amplia y no ha servido de sustento para que comunidades indígenas obtuvieran reconocimiento de autonomía jurídico-política.

El Pacto Internacional de Derechos Civiles y Políticos, luego de consagrar el principio de igualdad en el art. 26, reconoce en el art. 27: "*En los Estados en que existan minorías étnicas, religiosas o lingüísticas, no se negará a las personas que pertenezcan a dichas minorías el derecho que les corresponde, en común con los demás miembros de su grupo, a tener su propia vida cultural, a profesar y practicar su propia religión y a emplear su propio idioma*".

La Convención Internacional sobre la Eliminación de todas las Formas de Discriminación Racial procura que los grupos minoritarios no sean excluidos, pero no trae aparejadas obligaciones de acciones positivas para lograr tal fin. Incluso en el art. 1º, párr. 4, expresa: "*Las medidas especiales adoptadas con el fin exclusivo de asegurar el adecuado progreso de ciertos grupos raciales o étnicos o de ciertas personas que requieran la protección que pueda ser necesaria con objeto de garantizarles, en condiciones de igualdad, el disfrute o ejercicio de los derechos humanos y de las libertades fundamentales no se considerarán como medidas de discriminación racial, siempre que no conduzcan, como consecuencia, al mantenimiento de derechos distintos para los diferentes grupos raciales y que no se mantengan en vigor después de alcanzados los objetivos para los cuales se tomaron*".

Existen, además, reconocimientos específicos a sectores desaventajados, como la Convención sobre los Derechos de las Personas con Discapacidad, la Convención sobre la Eliminación de todas las Formas de Discriminación contra la Mujer o la Convención sobre los Derechos del Niño[18], por nombrar algunos tratados.

[18] En la Convención sobre los Derechos del Niño se reconoce también a una minoría dentro de los niños, al consagrar en el art. 30: "*En los Estados en que existan mi-*

Una mención especial merece la Declaración de las Naciones Unidas sobre los Derechos de los Pueblos Indígenas, en la cual se define qué implica el derecho a la libre determinación. El art. 3° dice: "Los pueblos indígenas tienen derecho a la libre determinación. En virtud de ese derecho determinan libremente su condición política y persiguen libremente su desarrollo económico, social y cultural".

Los artículos siguientes son aún más específicos en el reconocimiento del autogobierno y su sistema de derechos. El art. 4° establece que los pueblos indígenas, "en ejercicio de su derecho a la libre determinación, tienen derecho a la autonomía o al autogobierno en las cuestiones relacionadas con sus asuntos internos y locales, así como a disponer de medios para financiar sus funciones autónomas", y el art. 5° que "tienen derecho a conservar y reforzar sus propias instituciones políticas, jurídicas, económicas, sociales y culturales, manteniendo a la vez su derecho a participar plenamente, si lo desean, en la vida política, económica, social y cultural del Estado".

El art. 34, a la vez que reafirma estas atribuciones, parece ponerles un límite, al expresar: "Los pueblos indígenas tienen derecho a promover, desarrollar y mantener sus estructuras institucionales y sus propias costumbres, espiritualidad, tradiciones, procedimientos, prácticas y, cuando existan, costumbres o sistemas jurídicos, de conformidad con las normas internacionales de derechos humanos".

Este amplio reconocimiento viene con estipulaciones sobre derechos individuales de sus integrantes. En especial, el art. 22 dispone: "*1.* En la aplicación de la presente Declaración se prestará particular atención a los derechos y necesidades especiales de los ancianos, las mujeres, los jóvenes, los niños y las personas con discapacidad indígenas. *2.* Los Estados adoptarán medidas, conjuntamente con los pueblos indígenas, para asegurar que las mujeres y los niños indígenas gocen de protección y garantías plenas contra todas las formas de violencia y discriminación".

El art. 24 reconoce el derecho a su propia medicina y prácticas médicas, pero también el derecho a todos los servicios de salud del Estado.

Finalmente, los arts. 44 a 46 limitan las prácticas cuando pueden vulnerar cualquiera de los derechos humanos fundamentales y no permiten afectar la integridad territorial de los Estados.

---

norías étnicas, religiosas o lingüísticas o personas de origen indígena, no se negará a un niño que pertenezca a tales minorías o que sea indígena el derecho que le corresponde, en común con los demás miembros de su grupo, tener su propia vida cultural, a profesar y practicar su propia religión, o a emplear su propio idioma".

d) *Tratamiento en la Corte Interamericana de Derechos Humanos.* Dentro del seno de la Corte Interamericana de Derechos Humanos los principales casos relacionados con el multiculturalismo se refieren a comunidades indígenas, tanto en aspectos relativos a la propiedad comunitaria de la tierra como en aspectos relacionados con la marginación social, la discriminación, la persecución y los genocidios cometidos contra sus integrantes. Si bien siempre tuvo una importante consideración por estos pueblos, desde comienzo de este siglo se observa en su jurisprudencia una mayor receptividad a sus costumbres en tanto sistema de derechos.

En la indemnización fijada en el caso "Aloeboetoe"[19], la Corte IDH tuvo que decidir quiénes iban a ser sus beneficiarios. La Comisión Interamericana de Derechos Humanos solicitaba que se aplicara el derecho de la tribu[20], mientras que el Estado de Surinam, si bien reconocía que los saramacas se regían por su propio derecho de familia, pretendía la aplicación del derecho nacional.

Se decidió aplicar los principios generales del derecho con el siguiente fundamento: "El convenio nº 169 de la OIT sobre pueblos indígenas y tribales en países independientes (1989) no ha sido aprobado por Suriname y en el derecho de gentes no existe ninguna norma convencional ni consuetudinaria que determine quiénes son los sucesores de una persona" (párr. 61).

Posteriormente, la Corte IDH comenzó a reconocer los derechos de las comunidades indígenas, cuando afirmó que "los restos mortales de una persona merecen ser tratados con respeto ante sus deudos, por la significación que tienen para estos. El respeto a dichos restos, observado en todas las culturas, asume una significación muy especial en la cultura maya, etnia mam, a la cual pertenecía el señor Efraín Bámaca Velásquez. Ya la Corte ha reconocido la importancia de tener en cuenta determinados aspectos de las costumbres de los pueblos indígenas en América para los efectos de la aplicación de la Convención Americana sobre Derechos

[19] Corte IDH, 10/9/1993, "Aloeboetoe y otros vs. Surinam" (sobre reparaciones y costas).

[20] La Comisión había probado que la estructura familiar de la tribu saramaca era matriarcal, con casos frecuentes de poligamia, y donde el principal conjunto de parientes sería el *bêè*, formado por todas las personas que descienden de una misma mujer. Este grupo era el que asumía la responsabilidad por los actos de sus miembros y cada uno de ellos era responsable ante el grupo en conjunto. Sobre esta base, la indemnización que debía pagarse por la persona asesinada se tendría que dar al *bêè* para que su representante la distribuyera entre sus miembros.

Humanos [...] Como se ha reiterado en la audiencia pública sobre reparaciones en este caso, para la cultura maya, etnia mam las honras fúnebres aseguran la posibilidad de un reencuentro entre las generaciones de los vivos, la persona fallecida y los antepasados muertos. Así, el ciclo entre la vida y la muerte se cierra con esas ceremonias fúnebres, permitiendo 'rendir respeto a Efraín, para tenerlo cerca y para devolverlo o llevarlo a convivir con los antepasados', así como para que las nuevas generaciones puedan compartir y aprender de lo que fue su vida, como es tradición en su cultura indígena"[21].

Ello fue reafirmado al ordenar a Nicaragua "crear un mecanismo efectivo de delimitación, demarcación y titulación de la propiedad de los miembros de la Comunidad Mayagna Awas Tingni, acorde con el derecho consuetudinario, valores, usos y costumbres de esta"[22]. Dijo al respecto que el "derecho consuetudinario de los pueblos indígenas debe ser tenido especialmente en cuenta, para los efectos de que se trata. Como producto de la costumbre, la posesión de la tierra debería bastar para que las comunidades indígenas que carezcan de un título real sobre la propiedad de la tierra obtengan el reconocimiento oficial de dicha propiedad y el consiguiente registro"[23].

e) *Otros tribunales.* Otros tribunales también se han ocupado del tema. Aun cuando el caso abordado no se refería a cuestiones que pudieran generar controversias de muy difícil resolución, la Corte Constitucional de Colombia efectuó importantes consideraciones sobre el multiculturalismo[24].

Consideró que existe una relación de contraste entre las cosmovisiones étnicas y culturales que ha sido abordada en función de tres modelos: "El primero de ellos fue el de la asimilación, conforme al cual la

[21] Corte IDH, 22/2/2002, "Bámaca Velásquez vs. Guatemala", párr. 81.

[22] Corte IDH, 31/8/2001, "Comunidad Mayagna (Sumo) Awas Tingni vs. Nicaragua", párr. 138.

[23] Corte IDH, 31/8/2001, "Comunidad Mayagna (Sumo) Awas Tingni vs. Nicaragua", párr. 151. Estas decisiones van en sintonía con el art. 40 de la Declaración de Naciones Unidas sobre los Derechos de los Pueblos Indígenas, que expresa: "Los pueblos indígenas tienen derecho a procedimientos equitativos y justos para el arreglo de conflictos y controversias con los Estados u otras partes, y a una pronta decisión sobre esas controversias, así como a una reparación efectiva de toda lesión de sus derechos individuales y colectivos. En esas decisiones se tendrán debidamente en consideración las costumbres, las tradiciones, las normas y los sistemas jurídicos de los pueblos indígenas interesados y las normas internacionales de derechos humanos".

[24] CConst Colombia, 14/7/2021, sentencia T-221/21.

heterogeneidad implicaba que los grupos minoritarios abandonaran las costumbres propias y se plegaran a las mayoritarias. El segundo, es conocido como el crisol de culturas, en el que las diferencias culturales se desvanecían con su intercambio, en la medida en que se propiciaban escenarios en los que las visiones se mezclaban, hasta conformar nuevas perspectivas culturales, distintas a las originarias. Estas dos formas de tratar la diferencia, se estructuraban en pro de la homogenización de las culturas y en función del esfuerzo del grupo minoritario por responder a un contexto marcado por las mayorías culturales, incluso con el sacrificio de sus particularidades.

Por el contrario el multiculturalismo, como el tercero de aquellos modelos, se caracteriza porque 'las diferentes culturas étnicas coexisten por separado en términos de igualdad, pero participan en la vida política y económica general de la sociedad', en conjunto. Esta visión implica que la identidad étnica ya no debe quedarse como un asunto privado, al que es posible renunciar (como en los paradigmas anteriores), sino como un elemento con la potencialidad de influir en la esfera de lo público, en la democracia y en la construcción del Estado, a partir del intercambio de dos o más cosmovisiones. La diferencia étnico-cultural entre los grupos minoritarios y la cultura mayoritaria, asumida a partir de esta última concepción deriva en una apuesta por la coexistencia respetuosa de varios esquemas culturales" (consid. 25).

El tribunal colombiano entendió que los arts. 7° y 70 de la Constitución reconocen y resguardan esa diversidad, lo que "significa aceptar, respetar y promover la variedad de cosmovisiones y la multiplicidad de formas de percibir, pensar y actuar en la sociedad" (consid. 26).

En su análisis expresó que esta normativa reconoce el derecho a la autonomía o autodeterminación de los pueblos tribales, el que "tiene tres ámbitos de protección interconectados y complementarios entre sí. El primero es el externo, en virtud del cual se reconoce el derecho de las comunidades, como sujetos colectivos, a participar en las decisiones que les afectan mediante la participación de la colectividad en igualdad de condiciones al resto de ciudadanos, o a través del ejercicio del derecho a la consulta previa o la necesidad de la obtención del consentimiento previo libre e informado, de conformidad con el nivel de impacto de la decisión o la medida que pueda afectarlo. El segundo es la participación política de las comunidades en el Congreso. El tercero es el ámbito interno, que implica la posibilidad de que dentro del grupo étnico surjan, se conserven o se modifiquen las formas de gobierno y la colectividad logre autodeterminar sus dinámicas sociales, políticas, económicas, culturales y espirituales.

Sobre esa base, al Estado le está vedado intervenir en las decisiones de los pueblos indígenas, so pena de anular su autonomía, su identidad cultural y, con ellas, el carácter plural y multicultural del Estado. Sin embargo, estas garantías constitucionales no pueden leerse como facultades absolutas y, en caso de conflicto con los derechos deben ser armonizadas y, en ocasiones, pueden ceder en relación con otras normas superiores" (consid. 30).

Aun cuando remarcó el reconocimiento de esta autonomía, la Corte Constitucional Colombiana entendió que ella no es absoluta, pero que "las restricciones a la autonomía solo pueden derivar de aquellas prácticas que hacen incompatibles ambos sistemas normativos, al ser intolerables de conformidad con el texto superior y con los derechos fundamentales que tienen carácter intangible. La Corte ha reconocido enfáticamente que existen visiones no admisibles, cuando está comprometido 'el derecho a la vida [...] las prohibiciones de la tortura [...] y la esclavitud [...] y [la] legalidad del procedimiento y de los delitos y de las penas'". Agregó que uno de los límites a esa autonomía lo representa "la contención del ejercicio arbitrario del poder", lo que se produce claramente cuando se vulnera "un núcleo duro de derechos humanos, junto con el principio de legalidad, y [...] los derechos fundamentales mínimos de convivencia, cuyo núcleo esencial debe mantenerse a salvo de actuaciones arbitrarias" (consid. 34).

El principal órgano de control constitucional colombiano concluyó que, si bien se debe estar por una mayor autonomía para resolver los conflictos internos, ella sede en situaciones especiales, como las que aquí se describieron.

f) *Algunas consideraciones.* El pluralismo jurídico presenta diferentes corrientes, con variados grados de identidad, por lo que considerarlo como una doctrina única no aporta en la construcción de sus postulados.

De las diversas críticas que se han efectuado a estas corrientes, alguna de las cuales ya hemos esbozado, una de las más severas es la que entiende que el reconocimiento de derechos específicos, por la pertenencia a un grupo desaventajado (sea este cultural –comunidades indígenas, mujeres– o natural –niños, ancianos–) retrotrae los avances del constitucionalismo a las épocas de los privilegios medievales, donde no existían derechos para todos, sino reconocimientos para algunos.

En un Estado constitucional, tal como lo concebimos actualmente, no resultan válidas estas críticas, en la medida en que estos derechos específicos tienen como base los derechos humanos fundamentales, a los que se agregan, en suma y no en intercambio, derechos de protección de sectores de mayor vulnerabilidad con el fin de alcanzar la igualdad real de oportunidades.

Cuando, en cambio, se anteponen derechos específicos o, peor aún, derechos que ejerce un "grupo" por sobre los derechos generales de los individuos, nos alejamos ya del Estado constitucional donde la dignidad humana es el centro, para valorar entidades abstractas por sobre las personas de carne y hueso, y ello, en lugar de incluir al "otro", termina excluyendo a muchos. En este sentido se ha planteado que "resulta contraproducente proteger derechos colectivos que amenazan valiosos derechos individuales dentro de los colectivos culturales, como, por ejemplo, permitir que los *amish* no escolaricen a sus hijos o que las jóvenes musulmanas no se puedan negar a aceptar los arreglos matrimoniales que les imponen sus familias. Negar los derechos individuales a favor de los colectivos con el argumento del derecho a la diferencia cultural, es abandonar a los individuos a merced de los grupos dominantes en el interior de sus respectivas comunidades"[25].

Si precisamente, como sostiene FERRAJOLI, uno de los fundamentos de los derechos fundamentales es la protección del más débil, esa protección no puede ser descuidada bajo la invocación de entes abstractos basados en creencias particulares que no todos los integrantes de los grupos comparten, especialmente cuando esas creencias los dañan o perjudican.

Ello nos lleva a preguntarnos si todas las minorías culturales deben ser reconocidas y, en su caso, con qué alcance. En este aspecto CARBONELL plantea que para que ese reconocimiento sea posible se debe tomar en cuenta la compatibilidad de sus prácticas y costumbres con los postulados de la democracia y la dignidad humana[26].

Uno de los grandes temas que debe resolver el Estado constitucional es precisamente el de la tolerancia, qué diferencia debe tolerarse y cuál es el límite. Cuando hablamos de tolerancia nos referimos a qué debemos aceptar de las creencias e ideologías del otro[27], es decir, de

[25] PUYOL, *Derechos humanos y multiculturalismo*, "Enrahonar", nº 40/41, 2008, p. 70

[26] CARBONELL, *Constitucionalismo, minorías y derechos*, "Isonomía", nº 12, abr. 2000, p. 111.

[27] Como señala BOBBIO, nos referimos a la tolerancia de las creencias y no a la aceptación del otro por sus diferencias físicas, sociales o sexuales, porque en estos casos estamos ante prejuicios claramente discriminatorios que no puede tener cabida alguna en la consagración de los derechos humanos fundamentales (*El tiempo de los derechos*, p. 243 y siguientes).

quien no participa de los valores ni del proyecto del Estado constitucional en el que se encuentra inmerso.

El primer planteo es si el límite debe estar en las ideas y su difusión o solamente en la acción. El derecho internacional de los derechos humanos se inclina a no aceptar, penalizando, claro está, ideas que atenten contra sus postulados.

Así lo hace el art. 4º, *a*, de la Convención Internacional sobre la Eliminación de todas las Formas de Discriminación Racial[28]. Lo que cabe preguntarse es si tratar las ideas del intolerante con intolerancia no significa volvernos intolerantes también. Corresponde evaluar si esas ideas aberrantes, que llevadas a la acción han causado tanto daño en la humanidad, es necesario penalizarlas o simplemente basta con exponerlas para que generen rechazo en la sociedad.

¿No será preferible que el intolerante quede expuesto en sus ideas, antes de que las difunda ocultamente y las lleve a la acción?, ¿o todavía los peligros de su difusión son considerables ante sociedades que van oscilando en sus consideraciones?

Resulta muy difícil responder con acierto y, sobre todo, con validez universal a estos planteos. Lo que debe quedar en claro es que solo las normas de derechos humanos fundamentales pueden decir qué limitar y con qué alcance en cuanto a la difusión de ideas, porque, cuando es la legislación ordinaria la que comienza a penar las ideas consideradas nocivas, la tolerancia pierde la batalla y el Estado constitucional se transforma en Estado policial y se pierden los beneficios de la libertad.

Cuando las ideas son llevadas a la acción o intervienen sobre terceros, los límites no son tan amplios. No nos resulta aceptable que en nombre de las diversas culturas o de la variación de creencias se someta a los sectores más vulnerables.

Cuando admitimos que una menor de nueve años pueda ser violada por el concubino de su madre por pertenecer a la comunidad indígena "Misión Wichi", simplemente porque existiría una presunta costumbre

[28] La Convención Internacional sobre la Eliminación de todas las Formas de Discriminación Racial, dispone en el art. 4º, *a*, entre otras medidas que deben tomar los Estados parte: "*Declararán como acto punible conforme a la ley toda difusión de ideas basadas en la superioridad o en el odio racial, toda incitación a la discriminación racial, así como todo acto de violencia o toda incitación a cometer tales actos contra cualquier raza o grupo de personas de otro color u origen étnico, y toda asistencia a las actividades racistas, incluida su financiación*".

que convalidaría las relaciones sexuales tempranas[29], ¿estamos realmente respetando la "cultura" de esa comunidad o estamos siendo indiferentes al abuso de integrantes de esa comunidad sobre otros integrantes más débiles?[30]. ¿Estamos revalorizando las diferencias o simplemente dejamos que el más fuerte se aproveche del más débil porque al pertenecer a otra cultura su dolor no nos alcanza? En nombre de la cultura, ¿vamos a permitir sacrificios humanos, como los practicados en la Antigüedad?

¿Debemos admitir la mutilación genital femenina[31], la imposición de matrimonios o los castigos corporales sobre las mujeres que deshonran a sus familias?

Así como hubo prácticas aberrantes en la sociedad occidental, reconocidas no solo en las costumbres, sino protegidas por el ordenamiento jurídico, como la esclavitud, existen prácticas aberrantes en comunidades no occidentales que tampoco pueden ser toleradas bajo la invocación del pluralismo cultural.

Como apunta PÉREZ LUÑO, "el pluralismo propio de los Estados de derecho y la tolerancia que inspiró la formación de los derechos humanos nos permiten que se afirme una única y omnicomprensiva doctrina filosófica o moral como fundamento de las instituciones jurídicas y políticas. En el Estado de derecho no cabe una tiranía de los valores, pero ello, no significa que se avenga con un relativismo político-cultural conducente a un nihilismo, una abstinencia o una disolución de los valores. Las sociedades democráticas poseen un ideario conformado por sus valores éticos, jurídicos y políticos y unas virtudes cívicas que garantizan su propia conservación"[32].

Respetar la lengua, las creencias que no dañan a terceros, la vestimenta, la relación con el ambiente son formas de incluir al otro en su consideración, como es y no como somos; pero admitir abusos en nom-

[29] Ese criterio fue sustentado por la mayoría de la Corte de Justicia de Salta en sentencia del 29 de junio de 2006, en un caso citado por IANNELLO, quien defendió esa decisión ["Pluralismo jurídico", en FABRA ZAMORA - NÚÑEZ VAQUERO (coords.), *Enciclopedia de filosofía y teoría del derecho*, vol. 1, p. 785].

[30] Debe remarcarse que fue la madre de la niña, que a su vez había quedado embarazada como consecuencia de la violación, la que efectuó la denuncia. El caso fue nuevamente juzgado y finalmente el acusado fue sentenciado a ocho años de prisión (luego de once años de trámite).

[31] Según Unicef, al menos doscientos millones de niñas y mujeres, de entre quince y treinta y nueve años, fueron sometidas a algunas de estas prácticas, que en Guinea y Somalia, para el año 2019, alcanzaban al 90 % de las mujeres.

[32] PÉREZ LUÑO, *Lecciones de filosofía del derecho*, p. 358.

bre de la cultura nos aleja de la evolución que con tanto tiempo y tanto sufrimiento logró el desarrollo de los derechos humanos fundamentales.

Hay aspectos donde las soluciones pueden presentar mayores complejidades para quienes no nos situamos en ninguno de los extremos, y ello ocurre cuando la conducta trae aparejado el incumplimiento de una obligación, y no solo una consecuencia a quien la practica. Analicemos algunos casos posibles, dividiéndolos en excepciones normativas que no dañan a terceros, sino a los propios intereses; incumplimiento de obligaciones generales en beneficio del conjunto de la sociedad o de terceros, e incumplimientos de obligaciones que afectan a menores.

1) *Excepciones normativas que no dañan a terceros.* Existen situaciones en que las creencias imponen la realización de una práctica de manera distinta a la regulada o llevada adelante de forma habitual, donde con pequeñas adaptaciones es posible satisfacer las necesidades del grupo minoritario sin generar perjuicios para terceros ni para la comunidad. Así ocurre, por ejemplo, con la posibilidad de adaptar normas de bromatología para faenar ciertos animales según los credos, modificar las leyes laborales en función de un cambio en el día de descanso (p.ej., permitir que adventistas o judíos no trabajen los sábados a la mañana, compensando, en el resto de los días, su jornada laboral), o bien reconocer como feriados los días festivos propios de religiones no mayoritarias[33].

Obstaculizar esas posibilidades es desconocer las diferencias culturales e imponer condiciones que generan o bien la exclusión, o bien la incorporación forzada, lo que no se condice con el pluralismo de valores que deben imperar en un Estado constitucional de derecho.

Dentro de estas excepciones deben considerarse también, y por tanto contemplarse, las situaciones de quienes se niegan a recibir transfusiones sanguíneas, por contradecir sus creencias, como ocurre con los testigos de Jehová, dado que su decisión, aun cuando pueda ser dolorosa para sus seres cercanos, se encuentra dentro de su ámbito de autonomía personal. Así lo entendió la Corte Suprema argentina, especialmente en "Albarracini Nieves", donde rechazó el pedido del padre de un testigo de Jehová que había manifestado, por escritura pública, años atrás, su intención

[33] En Argentina, la ley 24.571 contempla como días no laborales para todos los habitantes de la Nación que profesen la religión judía "los días de Año Nuevo judío (*Rosh Hashana*), dos días, el Día del Perdón (Iom Kipur), un día y de la Pascua judía (Pesaj), los dos primeros días y los dos últimos días", y la ley 24.757 declara día no laborable para todos los habitantes de la Nación que profesen la religión islámica "el día del 'Año Nuevo musulmán' (Hégira), el día posterior a la culminación del ayuno (*Id ai-Fitr*); y el día de la Fiesta del Sacrificio (*Id al-Adha*)".

de no recibir transfusiones, en el entendimiento de que "el art. 19 de la ley fundamental otorga al individuo un ámbito de libertad en el cual este puede adoptar libremente las decisiones fundamentales acerca de su persona, sin interferencia alguna por parte del Estado o de los particulares, en tanto dichas decisiones no violen derechos de terceros"[34].

2) *Incumplimiento de obligaciones generales.* Un aspecto de más difícil resolución ocurre en aquellos casos donde la ley impone obligaciones en beneficio de la comunidad o de terceros que ingresan en conflicto con las creencias de un colectivo.

Hay ocasiones donde la ley, bajo la figura de una cierta neutralidad, esconde una clara discriminación hacia ciertos sectores, en los que la obligación, aparentemente general, tiene una repercusión diferenciada. En tal sentido, cuando un país, bajo la invocación de neutralidad religiosa, impide tanto a la mujer islámica utilizar el velo como a la mujer cristiana portar un crucifijo, indudablemente que está afectando ostensiblemente la libertad de culto de la primera, más que la de la segunda, porque mientras el velo es una prenda de vestir que resulta necesaria para cumplir con un precepto religioso (como ocurre con el turbante para un *sikhs*), el crucifijo es un símbolo que identifica al cristiano pero cuya ausencia de portación no afecta ninguna obligación religiosa.

Someter a una persona a incumplir preceptos de su credo o privarla de un derecho (como el de estudiar) cuando no causa daño alguno a terceros hiere sensiblemente uno de los principios fundantes de los derechos humanos fundamentales, como es el principio de igualdad.

Existen otras obligaciones que ya no están impuestas solo para cumplir objetivos políticos y mudables de un Estado (como la neutralidad religiosa, que en ocasiones esconde un verdadero combate a las creencias), sino con miras a la preservación de derechos generales. Ello ocurre, por

[34] CSJN, 1/6/2012, "Albarracini Nieves, Jorge W. s/medidas precautorias", *Fallos*, 335:799, consid. 14. En el caso, el actor había manifestado que su hijo no siempre profesó dichas creencias, pero la Corte no entendió acreditado un cambio relevante en el comportamiento de este, quien además había plasmado su voluntad en escritura pública y no la había revocado. Concomitantemente con el fallo se publicó una modificación al art. 11 de la ley 26.529, que quedó redactado así: "Toda persona capaz mayor de edad puede disponer directivas anticipadas sobre su salud, pudiendo consentir o rechazar determinados tratamientos médicos, preventivos o paliativos, y decisiones relativas a su salud. Las directivas deberán ser aceptadas por el médico a cargo, salvo las que impliquen desarrollar prácticas eutanásicas, las que se tendrán como inexistentes.

La declaración de voluntad deberá formalizarse por escrito ante escribano público o juzgados de primera instancia, para lo cual se requerirá de la presencia de dos testigos. Dicha declaración podrá ser revocada en todo momento por quien la manifestó".

ejemplo, con el servicio militar obligatorio, impuesto para cumplir con el derecho a la seguridad de los habitantes contra injerencias externas.

El tema ha sido analizado básicamente como el derecho a la objeción de conciencia, que no solo interesa a quienes por razones de convicción se niegan a cumplir con el servicio militar, sino también a quienes no rinden honores a símbolos patrios o a los médicos que se niegan a practicar un aborto en aquellos casos donde se encuentra legalmente previsto.

Los tratados internacionales, si bien reconocen la libertad de creencias y de conciencia, no consagran expresamente la objeción de conciencia como derecho. El Pacto Internacional de Derechos Civiles y Políticos, en el art. 8º, párr. 3, inc. *c, ii*, solo menciona que los países pueden eximir del servicio militar por razones de conciencia, pero no impone tal deber legal.

El mayor inconveniente que presenta este tema es que, al subjetivarse la conciencia, corresponde preguntarnos cuándo resulta válida su invocación y cuándo no para incumplir un deber jurídico. Según la respuesta que otorguemos, las obligaciones jurídicas dependerían exclusivamente de la voluntad individual y ello no haría posible la vida en sociedad (imaginemos que se planteara la objeción de conciencia a pagar impuestos).

Hay ordenamientos que han previsto esa posibilidad para casos puntuales, como ocurre en España, donde el art. 30, apdo. 2, establece: "La ley fijará las obligaciones militares de los españoles y regulará, con las debidas garantías, la objeción de conciencia, así como las demás causas de exención del servicio militar obligatorio, pudiendo imponer, en su caso, una prestación social sustitutoria".

En Argentina, la Corte Suprema, luego de rechazarla en diversas oportunidades[35], le dio cabida en "Portillo"[36], al expresar que "la posible lesión a las legítimas creencias de un ciudadano, motivada por la obligación legal del servicio de armas, puede alcanzar no solo a aquellos que profesan un culto sino a quienes establezcan una determinada jerarquía

[35] CSJN, 26/10/1982, "Lopardo, Fernando G. s/insubordinación", *Fallos*, 304:1524. En esta causa, el actor, testigo de Jehová, había sido condenado a tres años de prisión por no cumplir el servicio militar obligatorio, y la Corte confirmó lo decidido.

[36] El actor se había negado, en este caso, a cumplir el servicio militar obligatorio, invocando objeción de conciencia, pese a que no profesaba como testigo de Jehová, sino como católico. La Corte confirmó la obligación de prestar el servicio, pero ordenó realizarlo sin empleo de armas.

entre sus valores éticos, adjudicando especialmente primacía al de no poner en riesgo la vida de un semejante. En tal sentido, el ámbito de posible violencia estatal al fuero interno se amplía en forma considerable, abarcando el sistema de valores no necesariamente religiosos en los que el sujeto basa su propio proyecto de vida"[37].

Remarcó también que, "en un sistema democrático como el nuestro, se impone al Estado una actitud imparcial frente a los gobernados, aun cuando estos profesen culto que la mayoría rechace [...] La libertad civil asentada por la Constitución se extiende a todos los seres humanos por su condición de tales, y no por la pertenencia a determinados grupos o por su profesión de fe respecto de ideales que puedan considerarse mayoritarios. La democracia, desde esta perspectiva, no es solo una forma de organización del poder, sino un orden social destinado a la realización de la plena personalidad del ser humano. De otro modo, no se habrían establecido derechos individuales para limitar anticipadamente la acción legislativa; por el contrario, se hubiera prescripto al legislador la promoción del bienestar de la mayoría, sin tener en consideración a las minorías. La garantía, de la igualdad ante la ley carecería de sentido e imperarían, sin control, los intereses mayoritarios, sin importar el contenido que tuviesen" (consid. 10).

Con el dictado de la ley 24.429 se dispuso que el servicio militar fuera voluntario, sin perjuicio de la posibilidad de convocar de manera compulsiva ante el no cubrimiento del cupo de soldados voluntarios requeridos (art. 19), admitiendo el reemplazo por el servicio social sustitutorio en caso de objeción de conciencia (art. 20).

Más allá del servicio militar o de la oposición a practicar un aborto, donde se impone la necesidad, al menos para quien así lo cree, de terminar o poner en riesgo la vida de un tercero, como bien afirma Prieto Sanchís, "bajo el paraguas de la libertad de conciencia podemos hacer muchas cosas, pero no todas"[38], y el límite muchas veces lo constituye la afectación, especialmente por acción, de los derechos de terceros.

Cuando ellos son puestos en riesgo, la objeción de conciencia parece encontrar un límite donde no puede prevalecer, más allá de que siempre deberá ponderarse, en el caso concreto y a la luz de los principios fundantes del sistema de derechos.

[37] CSJN, 18/4/1989, "Portillo, Alfredo s/infr. art. 44 ley 17.531", *Fallos*, 312:496, consid. 9º.

[38] Prieto Sanchís, *Libertad y objeción de conciencia*, "Persona y Derecho", nº 54, 2006, p. 262.

3) *Incumplimiento de derechos-deberes sobre menores.* Existe un tercer grupo de obligaciones que además implican derechos u otorgan beneficios sobre menores, en los cuales intervienen sus padres o los adultos que los tienen a su cuidado.

Entre estos supuestos podemos encontrar la escolarización de los niños o las transfusiones de sangre.

El derecho a que los niños sean educados en las creencias de sus padres ha sido reconocido expresamente. Pero hay comunidades, como la menonita o *amish*, que no participan de la vida del Estado en el que se asientan y donde los niños son educados dentro de su grupo, sin seguir ni la cantidad de años ni los programas o contenidos mínimos de la educación obligatoria.

La cuestión no es de sencilla resolución. Los niños van a ser formados en los valores de su cultura, van a tener roles asignados según sean mujeres u hombres, las primeras con menos posibilidades que los varones, y no van a contar con los beneficios que la cultura global, la educación y los avances tecnológicos traen aparejados. Aun cuando las chances de elegir un camino propio se reducen notablemente, en la medida en que las creencias del grupo no se modifiquen, no parece posible una solución diferente.

Distinto es lo que sucede con la posibilidad de que el padre decida, aun cuando el propio interesado lo manifieste, que un menor no reciba una transfusión sanguínea de la cual depende su vida. En estos casos, donde no existirán caminos alternativos, le corresponderá al Estado velar para que el niño conserve su derecho a la vida y, con ella, todos los demás derechos de los que podrá disponer en su adultez.

Como bien apunta Puyol, más allá de si consideramos que la cultura es elegida o está impuesta por las circunstancias, lo importante es hacer viable el principio de igualdad de oportunidades para todos; por ello, si "la creencia cultural de un individuo le coloca en situación de explotación o dominación ante otro individuo o ante algún grupo cultural, entonces deja de tener igualdad de oportunidades para llevar a cabo el modo de vida que puede llegar a elegir. Pero si vivir conforme a sus creencias no provoca explotación ni dominación –ni a él ni a los demás–, los resultados desiguales que su modo de vida pueda producir son bien legítimos"[39].

Como doctrina, el multiculturalismo tiene que servir para permitir el pleno ejercicio de los derechos y elecciones de vida de todos, y no,

[39] Puyol, *Derechos humanos y multiculturalismo*, "Enrahonar", nº 40/41, 2008, p. 78.

bajo la invocación de las diferencias, volverse una trampa sin escape de sometimiento y dominación para algunos.

§ 36. *LÍMITES A LOS DERECHOS.* – Cuando afirmamos que los derechos humanos en particular son limitados no estamos diciendo nada novedoso; no es concebible, en la vida en sociedad, entender que los derechos son absolutos. Lo que resulta más complejo es determinar el alcance de esos límites.

Los límites a los derechos constitucionales presentan aristas de las más variadas, como las restricciones o no que puedan imponer los órganos estatales; hasta dónde pueden alcanzar esas restricciones, si ellas pueden ser más severas en situaciones de emergencia, y cómo actúa la interacción con los derechos de los demás como límite al ejercicio del derecho propio.

En los próximos apartados se irán analizando cada una de estas situaciones: las facultades reglamentarias de los poderes constituidos, el contenido esencial de los derechos, las restricciones en emergencia y los conflictos de derechos.

a) *FACULTADES REGLAMENTARIAS DE LOS PODERES ESTATALES.* Si bien, como lo expresamos, los derechos constitucionales no son absolutos, han sido declarados con el fin de limitar el poder estatal. Como bien se ha apuntado, "la fuerza normativa de la Constitución impide que el legislador ordinario o cualquier otro poder público someta a debate lo que confieren los derechos constitucionales"[40].

Más allá de lo expresado, es indudable la potestad del parlamento de reglar las relaciones sociales (en el ejercicio de la facultad de normar, incluso cuenta con la de reconocer otros derechos humanos o de posibilitar la vida en sociedad), por lo que corresponde analizar hasta dónde pueden llegar esas atribuciones.

Al analizar los alcances de la Convención Americana sobre Derechos Humanos, FERRER MAC-GREGOR y PELAYO MÖLLER dicen que las restricciones son legítimas cuando, además de ser previstas por ley, tienen como objetivo el respeto a los derechos o a la reputación de los demás, la protección de la seguridad, el orden público, la salud o la moral pública, y deben ser necesarias y proporcionales en una sociedad democrática, lo que ocurre cuando están "orientadas a satisfacer un interés público imperativo"[41].

[40] PRIETO SANCHÍS, *Justicia constitucional y derechos fundamentales*, p. 218.

[41] FERRER MAC-GREGOR - PELAYO MÖLLER, en STEINER - URIBE (eds.), *Convención Americana sobre Derechos Humanos*, p. 732.

En una clasificación que no compartimos en su totalidad, PECES-BARBA MARTÍNEZ sostiene que los límites a los derechos fundamentales pueden provenir tanto del sistema jurídico en general (en ellos incluye la moralidad, los bienes constitucionales y el derecho ajeno) como del subsistema de derechos fundamentales, donde distingue entre límites generales y límites de cada derecho[42]. Los límites generales los entiende como límites formales o competenciales, provenientes de la autorización que otorga la Constitución al legislador o al juez[43]; mientras que los límites de cada derecho deben ser vistos en la regulación específica que se haga en el ordenamiento constitucional[44]. Finalmente, trata los límites, en el caso concreto, mediante el ejercicio del derecho, y esos límites estarían dados, a su entender, por el abuso del derecho y la buena fe.

Para analizar el límite a los derechos humanos fundamentales, debemos hacer un repaso por el tratamiento normativo que suele dárseles tanto en los tratados internacionales como en las constituciones; ver el alcance formal de dicha restricción; estudiar qué implica el contenido esencial de los derechos y si dicha doctrina resuelve el tema de los límites; estudiar si los límites se modifican en situaciones de emergencia, y abordar los conflictos entre derechos que puedan coincidir en una situación específica.

1) *TRATAMIENTO NORMATIVO.* Diversos pactos internacionales, así como cláusulas constitucionales, han reconocido o limitado el margen de regulación.

El art. 29.2 de la Declaración Universal de Derechos Humanos dispone: "*En el ejercicio de sus derechos y en el disfrute de sus libertades, toda persona estará solamente sujeta a las limitaciones establecidas por la ley, con el único fin de asegurar el reconocimiento y el respeto de los*

[42] PECES-BARBA MARTÍNEZ, *Curso de derechos fundamentales*, p. 587 a 609.

[43] En opinión que no compartimos, PECES-BARBA MARTÍNEZ afirma que la "habilitación a los jueces para limitar derechos fundamentales, es también una limitación general del subsistema aunque aparece, como unas habilitaciones específicas en derechos concretos. Es decir, que una decisión de limitación en casos concretos solo se puede producir por medio de una decisión judicial, lo cual convierte al juez en partícipe, mediador necesario y poder de decisión excluyente" (*Curso de derechos fundamentales*, p. 599). A nuestro entender, el juez no limita derechos, resuelve precisamente los conflictos generados entre partes contendientes.

[44] En tal sentido, PECES-BARBA MARTÍNEZ describe, como límite a la prohibición de la pena de muerte, la posibilidad de que la ley para militares la imponga en tiempo de guerra (art. 15, Const. española), o la posibilidad de restringir la libertad ideológica o religiosa para el mantenimiento del orden público (art. 16), entre otros supuestos (*Curso de derechos fundamentales*, p. 600 a 604).

derechos y libertades de los demás, y de satisfacer las justas exigencia de la moral, del orden público y del bienestar general en una sociedad democrática".

El art. 4º del Pacto Internacional de Derechos Económicos, Sociales y Culturales dice: "*Los Estados partes en el presente Pacto reconocen que, en el ejercicio de los derechos garantizados conforme al presente Pacto por el Estado, este podrá someter tales derechos únicamente a limitaciones determinadas por ley, solo en la medida compatible con la naturaleza de esos derechos y con el exclusivo objeto de promover el bienestar general en una sociedad democrática*".

El art. 30 del Pacto de San José de Costa Rica establece: "*Las restricciones permitidas, de acuerdo con esta Convención, al goce y ejercicio de los derechos y libertades reconocidos en la misma, no pueden ser aplicadas sino conforme a leyes que se dictaren por razones de interés general y con el propósito para el cual han sido establecidas*".

En las constituciones se han previsto diversas fórmulas. En algunas ocasiones, con regulaciones de manera genérica, sea prohibiendo o habilitando cierta regulación; en otras, mediante tratamiento en derechos o cláusulas particulares.

Como ejemplo de constituciones que prohíben la regulación vemos que en el art. 11.4 de la Const. de Ecuador de 2008, se prevé: "Ninguna norma jurídica podrá restringir el contenido de los derechos ni de las garantías constitucionales".

Una fórmula intermedia la constituye el art. 28 de la Const. nacional, al no permitir la afectación de los derechos constitucionales: "*Los principios, garantías y derechos reconocidos en los anteriores artículos, no podrán ser alterados por las leyes que reglamenten su ejercicio*". Esta redacción no puede ser entendida sino como limitante a la regulación de un derecho constitucional, o que posea su jerarquía, dado que otorgarle la comprensión contraria implicaría flexibilizar las normas constitucionales.

Ello sin perjuicio de prever la posibilidad de reglamentación de ciertos derechos, como la libre navegación de los ríos interiores (art. 26), la prohibición de exigir servicios personales (art. 17), el ejercicio de industria lícita, comercio, petición, tránsito, etc. (art. 14) y los mecanismos de democracia semidirecta (arts. 39 y 40), entre otros.

En Alemania, existe una prohibición genérica de la que surge la imposibilidad de limitar el derecho si la Constitución no lo establece expresamente. Al respecto, el art. 19 de su Constitución expresa: "*1)* Cuando de acuerdo con la presente ley fundamental un derecho fundamental pueda ser restringido por ley o en virtud de una ley, esta debe tener carácter general y no estar limitada al caso individual. Además, la ley debe mencionar el derecho fundamental indicando el artículo correspondiente.

2) En ningún caso un derecho fundamental podrá ser afectado en su contenido esencial".

Específicamente, la Constitución alemana autoriza la reglamentación de algunos derechos, como ocurre, por ejemplo, con el art. 2, inc. 2, que dispone que toda persona "tiene el derecho a la vida y a la integridad física. La libertad de la persona es inviolable. Estos derechos solo podrán ser restringidos en virtud de una ley", o el art. 14, inc. 1, que establece: "La propiedad y el derecho a la herencia están garantizados. Su contenido y sus límites serán determinados por las leyes".

En la Constitución española, por el contrario, se establece el criterio de autorización general a la ley para efectuar restricciones. Los derechos fundamentales se dividen en dos capítulos, el Segundo y el Tercero.

Respecto de los derechos del Capítulo Segundo, el art. 53, apdo. 1, dispone: "Los derechos y libertades reconocidos en el Capítulo Segundo del presente Título vinculan a todos los poderes públicos. Solo por ley, que en todo caso deberá respetar su contenido esencial, podrá regularse el ejercicio de tales derechos y libertades, que se tutelarán de acuerdo con lo previsto en el art. 161, *1*, *a*". Sin embargo, respecto de los derechos del Capítulo Tercero, no se los contempla como tales, sino como normas programáticas, según lo previsto por el art. 53, apdo. 3: "El reconocimiento, el respeto y la protección de los principios reconocidos en el Capítulo Tercero informarán la legislación positiva, la práctica judicial y la actuación de los poderes públicos. Solo podrán ser alegados ante la jurisdicción ordinaria de acuerdo con lo que dispongan las leyes que los desarrollen".

También sobre distintos derechos del Capítulo Segundo se especifican restricciones legales, como en el art. 16, apdo. 1, que determina que se garantiza "la libertad ideológica, religiosa y de culto de los individuos y las comunidades sin más limitación, en sus manifestaciones, que la necesaria para el mantenimiento del orden público protegido por la ley"; el art. 17, apdo. 1, que establece que toda persona "tiene derecho a la libertad y a la seguridad. Nadie puede ser privado de su libertad, sino con la observancia de lo establecido en este artículo y en los casos y en la forma previstos en la ley", y los arts. 21, apdo. 2, 33, apdo. 1, y 47, entre otros.

Otras constituciones no reconocen reglamentaciones genéricas, sino que las especifican en determinados artículos, como ocurre en la Constitución de Guatemala con el primer párrafo del art. 28, que prescribe que los habitantes de la República de Guatemala "tienen derecho a dirigir, individual o colectivamente, peticiones a la autoridad, la que está obligada a tramitarlas y deberá resolverlas conforme a la ley"; el segundo párrafo del art. 33, sobre el derecho de reunión, que determina que los derechos de reunión y de manifestación pública "no pueden ser restringidos, disminuidos o coartados; y la ley los regulará con el único objeto de garantizar el orden público", o la parte pertinente del art. 35, que establece: "Es libre la emisión del pensamiento por cualesquiera medios de difusión, sin censura ni licencia previa. Este derecho constitucional no podrá ser restringido por ley o disposición gubernamental alguna. Quien en uso de esta libertad faltare al respeto a la vida privada o a la moral, será responsable conforme a la ley". En otros artículos de la Constitución se hace referencia a la ley o el orden público, pero no existe una cláusula general en tal sentido. Cabe aclarar que, en materia de derechos, la Constitución de Guatemala está confeccionada con normas más desarrolladas o reglas de conducta.

Corresponderá, entonces, estarse a la regulación específica para ver si es posible o no reglamentar un derecho en particular (ver § 30, b) –sin perjuicio de la facultad genérica de normar–, máxime teniendo en cuenta que los derechos constitucionales no pueden prever los pormenores de su funcionamiento.

2) *Límite formal a la limitación.* Toda reglamentación a un derecho fundamental, sea limitándolo (en aquellos casos expresamente autorizados) o precisando su funcionamiento, solo puede ser efectuada por ley. El único poder habilitado en tal sentido es el Poder Legislativo.

Cabe preguntarse qué sucede con las limitaciones dispuestas por normas que no son leyes, como ocurre con las disposiciones legislativas emitidas por parte de un presidente cuando el mecanismo constitucional así lo permite.

Existen constituciones que, si bien autorizan el dictado de disposiciones de carácter legislativo por parte del Poder Ejecutivo, prohíben que ellas se refieran a derechos fundamentales. Tal es lo que ocurre en España, donde el art. 86, apdo. 1, dispone: "En caso de extraordinaria y urgente necesidad, el gobierno podrá dictar disposiciones legislativas provisionales que tomarán la forma de decretos-leyes y que no podrán afectar al ordenamiento de las instituciones básicas del Estado, a los derechos, deberes y libertades de los ciudadanos regulados en el Título I, al régimen de las comunidades autónomas ni al derecho electoral general"[45].

[45] El Título I de la Constitución española abarca los arts. 10 a 55 e incluye todo el plexo de derechos y garantías, dado que a partir de allí se regulan los poderes del Estado.

Lo mismo ocurre en Colombia, donde en estados de excepción el Poder Ejecutivo puede emitir decretos legislativos, pero por estos decretos "no podrán suspenderse los derechos humanos ni las libertades fundamentales. En todo caso se respetarán las reglas del derecho internacional humanitario. Una ley estatutaria regulará las facultades del gobierno durante los estados de excepción y establecerá los controles judiciales y las garantías para proteger los derechos, de conformidad con los tratados internacionales. Las medidas que se adopten deberán ser proporcionales a la gravedad de los hechos" (art. 214, numeral 2)[46].

Otras constituciones, en cambio, permiten la emisión de disposiciones legislativas por parte del Ejecutivo sin limitar las materias, o bien limitando un grupo pequeño de materias, pero sin impedir regular derechos fundamentales (más allá de los impedimentos que puedan provenir del derecho en sí o de la cláusula constitucional). Ello ocurre en Argentina, donde el art. 99 de la Const. nacional, que regula las atribuciones del presidente, en su inc. 3, dispone: "*El Poder Ejecutivo no podrá en ningún caso bajo pena de nulidad absoluta e insanable, emitir disposiciones de carácter legislativo.*

Solamente cuando circunstancias excepcionales hicieran imposible seguir los trámites ordinarios previstos por esta Constitución para la sanción de las leyes, y no se trate de normas que regulen materia penal, tributaria, electoral o de régimen de los partidos políticos, podrá dictar decretos por razones de necesidad y urgencia, los que serán decididos en acuerdo general de ministros que deberán refrendarlos, conjuntamente con el jefe de gabinete de ministros.

El jefe de gabinete de ministros personalmente y dentro de los diez días someterá la medida a consideración de la Comisión Bicameral Permanente, cuya composición deberá respetar la proporción de las representaciones políticas de cada Cámara. Esta comisión elevará su despacho en un plazo de diez días al plenario de cada Cámara para su expreso tratamiento, el que de inmediato considerarán las Cámaras. Una ley especial sancionada con la mayoría absoluta de la totalidad de los miembros de cada Cámara regulará el trámite y los alcances de la intervención del Congreso"[47].

[46] La ley estatutaria que regula las facultades del presidente es la ley 137, de 1994, que establece, en su art. 7°, que "las facultades del presidente no pueden rebasar el núcleo esencial del derecho fundamental que se limita", con lo que implícitamente admite la restricción de derechos fundamentales que la Constitución no permite.

[47] Sobre el alcance de estas facultades remitimos a TORICELLI, *Organización constitucional del poder*, t. 2, p. 54 y siguientes.

Cabe preguntarnos en estos casos si las restricciones a los derechos fundamentales, cuando se autoriza a la ley a efectuarlas, pueden ser llevadas adelante por decretos del Ejecutivo que tengan naturaleza legislativa.

Hay opiniones, tanto autorales como jurisprudenciales, que rechazan esta posibilidad.

Analizando el sistema español, PECES-BARBA MARTÍNEZ afirma que "el decreto legislativo y el decreto-ley tampoco son cauces jurídicos para establecer límites y la expresión 'solo por ley' del art. 53-1 no puede amparar su habilitación para estos supuestos. El decreto legislativo lo excluye para los supuestos en que el desarrollo del derecho exija ley orgánica (art. 82-1) y en cuanto a los decretos leyes se sostiene que no podrán afectar a los derechos, deberes y libertades regulados en el Título I'"[48].

También la jurisprudencia de la Corte Interamericana de Derechos Humanos fue contundente al sostener que "el primer paso para evaluar si una restricción a un derecho establecido en la Convención Americana es permitida a la luz de dicho tratado consiste en examinar si la medida limitativa cumple con el requisito de legalidad. Ello significa que las condiciones y circunstancias generales que autorizan una restricción al ejercicio de un derecho humano determinado deben estar claramente establecidas por ley. La norma que establece la restricción debe ser una ley en el sentido formal y material'"[49].

Una situación particular se produjo con el confinamiento dispuesto como consecuencia de la pandemia del covid-19, donde se tomaron medidas restrictivas de la libertad de una gran envergadura.

En la declaración 1/20, la Corte IDH, entre distintas consideraciones, expresó: "Todas aquellas medidas que los Estados adopten para hacer frente a esta pandemia y puedan afectar o restringir el goce y ejercicio de derechos humanos deben ser limitadas temporalmente, legales, ajustadas a los objetivos definidos conforme a criterios científicos, razonables, estrictamente necesarias y proporcionales, y acordes con los demás requisitos desarrollados en el derecho interamericano de los derechos humanos".

Sin embargo, ello no fue lo que sucedió en la práctica, puesto que distintos gobiernos restringieron los derechos fundamentales por medio de decretos.

[48] PECES-BARBA MARTÍNEZ, *Curso de derechos fundamentales*, p. 598.

[49] Corte IDH, 6/8/2008, "Castañeda Gutman vs. Estados Unidos Mexicanos", párr. 176.

Pese a la prohibición expresa de la Constitución de Colombia, relatan MENDIETA y TOBÓN TOBÓN que, para limitar derechos como la circulación, el culto o el comercio, entre otros, "el gobierno nacional está usando dos instrumentos normativos para enfrentar la crisis: por un lado, una emergencia sanitaria (poderes ordinarios) y, por el otro, dos estados de excepción de emergencia social, económica y ecológica (poderes extraordinarios). Con la primera está limitando derechos fundamentales y actividades que requerirían norma con fuerza de ley para su restricción; con los segundos se está ocupando especialmente de temas económicos", con lo cual, continúan diciendo que el gobierno nacional "expidió normas materialmente extraordinarias, pero con forma ordinaria. Así, disfrazó lo que deberían ser decretos legislativos como si fueran ordinarios. Esto significa que se ha enfrentado la mayor crisis social y económica en la historia del país con normas concebidas para la normalidad, como lo es el Código Nacional de Policía". Advierten además que "uno de los efectos más evidentes tiene que ver con el control de constitucionalidad, pues los decretos de estados de excepción o legislativos tienen control de constitucionalidad automático, integral y posterior a cargo de la Corte Constitucional. En cambio, los decretos ordinarios, como la declaratoria de emergencia sanitaria y los demás decretos dictados por el gobierno nacional con base en ella, tienen un control por vía de acción. La autoridad competente para conocer de ellos es el Consejo de Estado"[50].

En Argentina la situación no fue muy diferente, dado que las primeras restricciones generales fueron dictadas el 19 de marzo de 2020, mediante el decreto de necesidad y urgencia 297/2020, que preveía el 20 de marzo como día de iniciación de un aislamiento preventivo, con finalización el 31 de marzo (dicha finalización se fue prorrogando sucesivamente a lo largo de los meses con distintos alcances), e imponía a todos las personas permanecer en el domicilio donde se encontraran al momento de su dictado, aun cuando ese domicilio no fuera el propio (si una persona se encontraba fuera de su residencia habitual –p.ej., en un hotel–, por cualquier motivo que fuera, debía permanecer allí aun cuando estuviera alejada de su residencia, lugar de trabajo o familia, y contara con vehículo propio para trasladarse). La normativa solo permitía adquirir productos necesarios para la subsistencia mediante desplazamientos mínimos.

[50] MENDIETA - TOBÓN TOBÓN, *La pequeña dictadura del covid-19 en Colombia: uso y abuso de normas ordinarias y excepcionales para enfrentar la pandemia*, "Opinión Jurídica", vol. 19, nº 40, 2020, p. 250 y 251.

Todas estas restricciones fueron prorrogadas y modificadas por medio de decretos de necesidad y urgencia, algunos de los cuales fueron convalidados por el Congreso. Incluso, cuando el parlamento volvió a funcionar, no fue allí donde se debatió el alcance de las restricciones.

A nuestro entender, estas restricciones fueron altamente violatorias de derechos, y, sin entrar aquí en el análisis de su validez sustancial, solo podían ser reguladas por ley formal del Congreso, para dar cumplimiento al requisito de legalidad analizado en el § 33, d.

b) *Contenido esencial de los derechos.* Inspirada en normativas como el art. 19, inc. 2, de la Const. de Alemania, o el art. 53, apdo. 1, de la Const. española[51], la doctrina ha analizado el contenido esencial de los derechos humanos fundamentales como aquel núcleo que no puede ser alterado, porque su afectación desnaturalizaría el derecho en sí mismo. Este contenido esencial sería el límite en donde la facultad reglamentaria del Poder Legislativo no podría ingresar[52].

Aun cuando esta doctrina luce sumamente atractiva como límite a la facultad reglamentaria del Poder Legislativo, la falta de acuerdo entre qué implica este contenido esencial, sumada a la imprecisión del concepto, hace que sus aportes no sean del todo contundentes cuando se busca dar una respuesta precisa. Estas doctrinas se han clasificado en absolutas y relativas[53].

La teoría absoluta plantea la tesis de que todo derecho fundamental tiene un contenido o núcleo duro que no puede ser alterado; el derecho estaría integrado por círculos concéntricos, y el legislador puede afectar la periferia, pero no puede ingresar en su centro, que es precisamente donde se encuentra el contenido esencial.

Por el contrario, las teorías relativas no se refieren a un núcleo duro e inmutable, sino que entienden que el contenido esencial surge de la síntesis entre la composición de dos derechos que deben ser ponderados en la situación particular.

[51] También se ha discutido si el art. 28 de la Const. nacional refiere a ese contenido esencial. Si bien es cierto que no lo menciona, la norma cumple también una función limitadora del poder reglamentario del parlamento, al impedir que la ley altere el derecho con excepciones reglamentarias.

[52] Para Bidart Campos el contenido esencial tenía una doble implicancia: otorgar un mínimo de operatividad al derecho fundamental, aun cuando las normas que lo contengan no estén reglamentadas, y constituir un límite en cuanto ese contenido esencial no puede ser alterado por las leyes (*Tratado elemental de derecho constitucional argentino*, t. I-A, p. 730).

[53] Ibarlucía entiende que ambas teorías, al menos en Argentina, no son incompatibles (*Sobre el contenido esencial de los derechos constitucionales*, *LL*, 2016-F-834).

Las críticas que reciben las teorías objetivas se centran precisamente en la imposibilidad de determinar con antelación cuál es ese núcleo duro. ¿Surge del consenso doctrinal o jurisprudencial?, ¿debemos buscarlo en la voluntad del constituyente o en las prácticas sociales? y, cuando no podemos hallar una respuesta mayormente consensuada, ¿no existe contenido esencial?

Las críticas a las teorías relativas se basan en la subjetividad, en que el límite siempre quedará en manos del operador, especialmente de los tribunales constitucionales (sean jurisdicciones concentradas, difusas o combinadas), lo que puede llevar a la aniquilación de un derecho por la presencia de otro.

A fin de lograr una mayor protección, se ha propuesto aunar ambas doctrinas para lograr una doble barrera de protección en donde "toda limitación de un derecho fundamental debe estar justificada y además respetar su contenido esencial o, dicho de otro modo, aun cuando una disposición limitadora cuente a su favor con buenas razones, resultará ilegítima si llega a dañar el contenido mínimo o esencial del derecho"[54].

c) ***Restricciones en emergencia.*** Otro de los aspectos controversiales es la ampliación de las facultades, principalmente legislativas, para restringir derechos ante la presencia de emergencias. Tanto los tratados internacionales como las constituciones suelen prever estas posibilidades. Sin embargo, el tema genera importantes controversias sobre la determinación de cuándo verdaderamente estamos ante una situación de emergencia, así como sobre el alcance de las restricciones que allí se permiten.

Definir cuándo estamos ante una verdadera situación de emergencia no es una tarea sencilla. La emergencia supone la existencia de un estado de necesidad mayúscula y, como bien apunta Sagüés, no siempre es sencillo distinguir cuándo estamos ante un verdadero estado de necesidad o cuándo este es espurio[55].

A partir de la existencia de una verdadera necesidad, deberá analizarse qué derechos pueden restringirse, cuál es el órgano competente para hacerlo, la razonabilidad de las restricciones permitidas con el objetivo perseguido para superar la situación de emergencia, la limitación temporal de dichas restricciones y las facultades de los tribunales de justicia para controlar los desbordes que se puedan generar.

[54] Prieto Sanchís, *Justicia constitucional y derechos fundamentales*, p. 246.

[55] Sagüés, *Derecho constitucional*, t. 2, p. 702 y siguientes.

1) *Tratamiento normativo.* Diversas convenciones internacionales prevén la limitación extraordinaria de ciertos derechos en situaciones de emergencia.

El art. 27 del Pacto de San José de Costa Rica establece: "1. *En caso de guerra, de peligro público o de otra emergencia que amenace la independencia o seguridad del Estado parte, este podrá adoptar disposiciones que, en la medida y por el tiempo estrictamente limitados a las exigencias de la situación, suspendan las obligaciones contraídas en virtud de esta Convención, siempre que tales disposiciones no sean incompatibles con las demás obligaciones que les impone el derecho internacional y no entrañen discriminación alguna fundada en motivos de raza, color, sexo, idioma, religión u origen social.*

2. *La disposición precedente no autoriza la suspensión de los derechos determinados en los siguientes artículos: 3° (derecho al reconocimiento de la personalidad jurídica); 4° (derecho a la vida): 5° (derecho a la integridad personal); 6° (prohibición de la esclavitud y servidumbre); 9° (principio de legalidad y de retroactividad); 12 (libertad de conciencia y de religión); 17 (protección a la familia); 18 (derecho al nombre); 19 (derechos del niño); 20 (derecho a la nacionalidad), y 23 (derechos políticos), ni de las garantías judiciales indispensables para la protección de tales derechos.*

3. *Todo Estado parte que haga uso del derecho de suspensión deberá informar inmediatamente a los demás Estados partes en la presente Convención, por conducto del secretario general de la Organización de los Estados Americanos, de las disposiciones cuya aplicación haya suspendido de los motivos que hayan suscitado la suspensión y de la fecha en que haya dado por terminada tal suspensión*".

El art. 4° del Pacto Internacional de Derechos Civiles y Políticos expresa: "1. *En situaciones excepcionales que pongan en peligro la vida de la Nación y cuya existencia haya sido proclamada oficialmente, los Estados partes en el presente Pacto podrán adoptar disposiciones que en la medida estrictamente limitada a las exigencias de la situación, suspendan las obligaciones contraídas en virtud de este Pacto, siempre que tales disposiciones no sean incompatibles con las demás obligaciones que les impone el derecho internacional y no entrañen discriminación alguna fundada únicamente en motivos de raza, color, sexo, idioma, religión u origen social.*

2. *La disposición precedente no autoriza suspensión alguna de los arts. 6°, 7°, y 8° (párrs. 1 y 2), 11, 15, 16 y 18.*

3. *Todo Estado parte en el presente Pacto que haga uso del derecho de suspensión deberá informar inmediatamente a los demás Estados partes en el presente Pacto, por conducto del secretario general de las Naciones Unidas de las disposiciones cuya aplicación haya suspendido y de los motivos que hayan suscitado la suspensión. Se hará una nueva comunicación por el mismo conducto en la fecha en que haya dado por terminada tal suspensión*".

Las diversas constituciones también contemplan algunos estados de emergencia, como lo hacen las constituciones de España[56], Colombia[57], Bolivia[58], Brasil[59] y Guatemala[60], entre muchas otras.

En Argentina, la Constitución ha previsto en el art. 23 la declaración del estado de sitio: "*En caso de conmoción interior o de ataque exterior*

[56] La Constitución de España dispone en su art. 55: "*1.* Los derechos reconocidos en los arts. 17, 18, apdos. 2 y 3, arts. 19, 20, apdos. 1, *a* y *d*, y 5, arts. 21, 28, apdo. 2, y art. 37, apdo. 2, podrán ser suspendidos cuando se acuerde la declaración del estado de excepción o de sitio en los términos previstos en la Constitución. Se exceptúa de lo establecido anteriormente el apdo. 3 del art. 17 para el supuesto de declaración de estado de excepción. *2.* Una ley orgánica podrá determinar la forma y los casos en los que, de forma individual y con la necesaria intervención judicial y el adecuado control parlamentario, los derechos reconocidos en los arts. 17, apdo. 2, y 18, apdos. 2 y 3, pueden ser suspendidos para personas determinadas, en relación con las investigaciones correspondientes a la actuación de bandas armadas o elementos terroristas. La utilización injustificada o abusiva de las facultades reconocidas en dicha ley orgánica producirá responsabilidad penal, como violación de los derechos y libertades reconocidos por las leyes".

[57] La Constitución de Colombia regula ampliamente los estados de excepción en el Capítulo 6, arts. 212 a 215, mediante normas extensas y detalladas.

[58] La Constitución de Bolivia regula los estados de excepción en los arts. 137 a 140. Particularmente, el art. 137 expresa: "En caso de peligro para la seguridad del Estado, amenaza externa, conmoción interna o desastre natural, la presidenta o el presidente del Estado tendrá la potestad de declarar el estado de excepción, en todo o en la parte del territorio donde fuera necesario. La declaración del estado de excepción no podrá en ningún caso suspender las garantías de los derechos, ni los derechos fundamentales, el derecho al debido proceso, el derecho a la información y los derechos de las personas privadas de libertad".

[59] Los arts. 136 a 141 de la Const. de Brasil prevén lo que denominan "estado de defensa" y "estado de sitio".

[60] La Constitución de Guatemala prevé las emergencias en el Capítulo IV, arts. 138 y 139. El primer párrafo del art. 138 dice: "Es obligación del Estado y de las autoridades, mantener a los habitantes de la Nación, en el pleno goce de los derechos que la Constitución garantiza. Sin embargo, en caso de invasión del territorio, de perturbación grave de la paz, de actividades contra la seguridad del Estado o calamidad pública, podrá cesar la plena vigencia de los derechos a que se refieren los arts. 5º, 6º, 9º, 26, 33, primer párrafo del art. 35, segundo párrafo del art. 38 y segundo párrafo del art. 116".

que pongan en peligro el ejercicio de esta Constitución y de las autoridades creadas por ella, se declarará en estado de sitio la provincia o territorio en donde exista la perturbación del orden, quedando suspensas allí las garantías constitucionales. Pero durante esta suspensión no podrá el presidente de la República condenar por sí ni aplicar penas. Su poder se limitará en tal caso respecto de las personas, a arrestarlas o trasladarlas de un punto a otro de la Nación, si ellas no prefiriesen salir fuera del territorio argentino"[61].

Más allá de esta norma constitucional, especialmente por cuestiones económicas o sanitarias no previstas constitucionalmente, también se dictaron normas de emergencia que restringieron fuertemente los derechos personales.

La emergencia también se autoriza como mecanismo para permitir que el presidente de la República pueda emitir disposiciones de carácter legislativo, como lo prevé el art. 76 de la Const. nacional, al regular la delegación legislativa, o el art. 99, inc. 3, al autorizar el dictado de decretos de necesidad y urgencia.

2) *Opiniones doctrinales.* Las opiniones de los autores coinciden básicamente en el carácter restrictivo que deben poseer las emergencias y la necesidad de su control. Aparecen divergencias en cuanto al fundamento de los poderes que la emergencia otorga, los requisitos que deben cumplirse, las atribuciones que concede y la manera en que el control debe ser efectuado.

Entiende Sagüés que los estados de necesidad o emergencia pueden estar previstos constitucionalmente, o bien pueden hallarse fuera de la carta magna, lo que ocurre cuando "una auténtica situación de necesidad manda la adopción de una inevitable e imperiosa decisión, también de necesidad y esta no se halla prohibida o no está captada por la Constitución"[62].

A su modo de ver, hay dos variables legítimas de dispensa de la Constitución en estado de necesidad y ello ocurre cuando existe imposibilidad material de cumplimiento de la Constitución (como cuando en 1853 la Constitución argentina determinó que la ciudad de Buenos Aires era la capital de la República, pero el distrito se encontraba separado del resto de la confederación), o cuando se presenta una imposibilidad racional de cumplimiento (como ocurrió cuando en 1860 se modificó la Cons-

[61] Esta norma se complementa con el inc. 29 del art. 75 y con el inc. 16 del art. 99. Para una ampliación del tema, ver Toricelli, *Organización constitucional del poder,* t. 1, p. 438 y siguientes.

[62] Sagüés, *Derecho constitucional,* t. 2, p. 706.

titución para permitir la incorporación de la provincia de Buenos Aires al territorio nacional, pese a que la Constitución de 1853 no permitía su modificación por diez años).

Si bien reconoce la existencia de dictaduras militares, especialmente en Latinoamérica durante las décadas del 70 y 80 del siglo pasado, FIX-ZAMUDIO analiza los estados de necesidad dentro del régimen constitucional. Entiende que desde el retorno a la democracia "las situaciones de emergencia o de excepción se han establecido de acuerdo con los procedimientos prescriptos por los ordenamientos constitucionales, precisamente con el objeto de preservar el ordenamiento constitucional democrático. Este último aspecto, o sea, es el que se ha denominado gráficamente por la doctrina como dictadura constitucional, al recordar la experiencia republicana de Roma, en cuanto significa que las declaraciones de emergencia de acuerdo con la regulación constitucional, por medio del otorgamiento de facultades excepcionales, tanto al Legislativo y especialmente al Ejecutivo, con intervención del primero, de manera que se puede hacer frente de manera rápida y eficaz a las situaciones que ponen peligro al orden constitucional, pero las medidas adoptadas deben ser proporcionadas a la situación de emergencia y por el tiempo que dure la misma, es decir, que no puede prolongarse con posterioridad a la superación de la etapa de grave peligro, la que debe tener carácter excepcional"[63].

Las encuadraba BIDART CAMPOS dentro del marco constitucional al decir que, ante estas situaciones, "la pauta limitativa de los derechos se ajusta a lo que tiene señalado la jurisprudencia de la Corte: la emergencia no autoriza el ejercicio de poderes que la Constitución no acuerda a los órganos gubernamentales, pero proporciona ocasión para que los concedidos se empleen con un ejercicio pleno y a menudo distinto del ordinario"[64].

Al analizar el art. 27 del Pacto de San José de Costa Rica, RODRÍGUEZ HUERTA expresa que la "suspensión de garantías constituye una situación excepcional donde los Estados pueden establecer restricciones lícitas a los derechos y libertades que, en condiciones normales, están prohibidas o sometidas a requisitos más rigurosos. Sin embargo, la suspensión de garantías no implica la suspensión temporal del Estado de derecho"[65].

[63] FIX-ZAMUDIO, *Los estados de excepción y la defensa de la Constitución*, "Boletín Mexicano de Derecho Comparado", vol. 37, nº 111, 2004, p. 808.

[64] BIDART CAMPOS, *Compendio de derecho constitucional*, p. 202.

[65] RODRÍGUEZ HUERTA, en STEINER - URIBE (eds.), *Convención Americana sobre Derechos Humanos*, p. 679.

Los autores, situando la emergencia dentro del orden constitucional, analizan su procedencia sobre la base de los requisitos que los distintos ordenamientos o los tratados internacionales van fijando, aun cuando mayormente no se definen ni, mucho menos, se precisan las causales que autorizan esa declaración, dado que, si bien se invocan amenazas a la seguridad o al orden público, catástrofes, pandemias, desintegración social, etc., no queda en claro cuándo estamos ante un verdadero estado de necesidad que justifique la restricción de los derechos.

Doctrinalmente, la emergencia fue definida como una "situación fáctica excepcional que altera negativamente a la sociedad o alguno de sus sectores, impidiendo la concreción del bien común al desestabilizarla institucional, económica o socialmente [...] una circunstancia imprevisible o que siendo previsible es inevitable, de tal manera que ella podrá referirse a distintas materias"[66].

Distingue MIDÓN entre necesidad y estado de necesidad; define la primera como "todo aquello que hace falta, lo que con arreglo al curso normal de las cosas requiere el Estado para subsistir y realizar sus fines esenciales", mientras afirma que el estado de necesidad es "un acontecimiento que aunque pueda ser previsto resulta extraordinario"[67].

Expresa SAGÜÉS que para que el estado de necesidad sea legítimo se requiere una situación de necesidad (estado de situación donde exista un efectivo peligro para la supervivencia del sistema político o se genere caos social); la inevitable adopción de una medida apta para evitar ese estado de cosas; un sujeto necesitado (sea el Estado o la población), y el derecho de necesidad, al que define como "el conjunto de principios (y en su caso, de normas) que regulan la situación de necesidad, el sujeto necesitado y el contenido de la medida adoptada"[68].

Ahora bien, aun cuando mayoritariamente se entiende que las consecuencias de la emergencia son la ampliación de ciertas competencias del poder que provocan "limitaciones más severas que las habituales para los derechos, libertades y garantías"[69], quienes sostienen que existe un estado

[66] SALVADORES DE ARZUAGA, *Formulaciones, proposiciones y anotaciones para interpretar la delegación legislativa*, *LL*, 1997-A-997.

[67] MIDÓN, *Decretos de necesidad y urgencia*, p. 44. Este autor explica que el estado de necesidad se diferencia de la necesidad, "que es ordinaria, mientras esta última es permanente y regular, el primero es siempre transitorio y anómalo; en tanto para superar la necesidad basta con la legislación común, para conjurar el estado de necesidad es indispensable echar mano a remedios excepcionales".

[68] SAGÜÉS, *Derecho constitucional*, t. 2, p. 702.

[69] BIDART CAMPOS, *Compendio de derecho constitucional*, p. 203.

de necesidad más allá del derecho constitucional justifican en "el derecho natural de autoconservación de la sociedad y del Estado"[70] las decisiones adoptadas por fuera de los límites permitidos por los derechos fundamentales.

En cuanto al alcance del control que el órgano encargado debe ejercer sobre la declaración de emergencia, existe una tendencia, al menos en doctrina, a reconocer un control cada vez más amplio.

Decía Bidart Campos que, "desde nuestro punto de vista, ha de funcionar ampliamente el control judicial de constitucionalidad, tanto para verificar si realmente hay emergencia –o no–; si el instituto de emergencia que se halla en vigor se corresponde con las normas existentes en la constitución –o no–; y si las medidas adoptadas en consecuencia responden a los parámetros de razonabilidad y limitación que las justifican –o no–"[71].

Señalaba Fix-Zamudio que la "única manera efectiva de evitar la arbitrariedad en las declaraciones de emergencia y su aplicación, es su judicialización, la que se ha desarrollado con bastante lentitud, ya que por muchos años predominó el criterio tanto legislativo como jurisprudencial de que se trataba de cuestiones estrictamente políticas que no podían someterse al conocimiento de los organismos jurisdiccionales", e indicaba con agudeza, al referirse a los criterios imperantes en Argentina, que no puede sostenerse que los tribunales no estén facultados para conocer sobre el acierto, oportunidad o conveniencia de las medidas adoptadas, dado que ello "puede resultar contradictorio, pues estos factores no pueden excluirse totalmente del análisis judicial, ya que difícilmente puede el juez entrar al análisis de la inevitabilidad, del grado de lesión o del exceso si no analiza también lo relativo a la existencia o no de otros medios, y si los hay, cuanto más dañosos al sistema pudieran serlo, pero siempre de acuerdo con la evaluación de los aspectos señalados como componentes necesarios del estado de necesidad, en su conceptualización jurídico-política"[72].

Postulan Bianchi y Sacristán la insuficiencia de que la judicatura solo controle la adecuación de medios a fines sin verificar la legitimidad en sí del fin invocado por el legislador ni la conveniencia de los medios elegidos por este. Afirman que este control "es insuficiente, pues

[70] Sagüés, *Derecho constitucional*, t. 2, p. 708.

[71] Bidart Campos, *Compendio de derecho constitucional*, p. 203.

[72] Fix-Zamudio, *Los estados de excepción y la defensa de la Constitución*, "Boletín Mexicano de Derecho Comparado", vol. 37, nº 111, 2004, p. 812 y 817.

el control de razonabilidad posee, al menos, tres aspectos: *i*) determinar a quién corresponde la carga de la prueba; *ii*) ser una manda dirigida a los órganos estatales; *iii*) estar inescindiblemente ligado a la proporcionalidad", y que "cuando se efectúa judicialmente este leve control de adecuación, nos encontramos: *a*) con que al legislador, para cumplir con la manda de actuación razonable, le basta con enunciar, teóricamente, un fin muy elevado para que cualquier medio resulte ser proporcional y adecuado para su consecución; y *b*) la carga de la prueba sobre la falta de razonabilidad de la norma siempre recae en quien la alega, con lo que el Estado estará, en general, eximido de tener que justificar la razonabilidad de la medida, salvo que se esté ante una de las denominadas 'categorías sospechosas', que son muy excepcionales"[73].

3) *Jurisprudencia.* Los criterios de los tribunales argentinos con referencia a las declaraciones de emergencia han sido generalmente convalidatorios, y, aun cuando se admitió la revisión, en el caso concreto, de las medidas específicamente adoptadas, siempre negaron el control de la invocación genérica del estado de necesidad alegado, incluso cuando la ley lo autorizó. Un precedente donde ello quedó manifiesto ocurrió con motivo del dictado de la ley 23.098, que permite al juez del hábeas corpus no solo revisar la correlación entre la orden de privación de libertad y la situación que dio origen al estado de sitio, sino fundamentalmente la legitimidad de la declaración en sí. A pesar del reconocimiento de esa atribución, el máximo tribunal mantuvo su tradicional criterio, expresando que "el examen de razonabilidad puede abarcar un doble aspecto: *a*) la relación entre la garantía afectada y el estado de conmoción interior, y *b*) la verificación de si el acto de la autoridad guarda proporción con los fines perseguidos mediante la declaración del estado de sitio. Evidentemente, el art. 4º, inc. 2, de la ley 23.098, alude al segundo de dichos sentidos de la expresión control de razonabilidad. Empero, es de advertir que la jurisprudencia de la Corte que admite el control de razonabilidad de las medidas de arresto fundadas en el estado de sitio lo hace a título excepcional y limitada a los supuestos de arbitrariedad en el ejercicio de las facultades pertinentes"[74].

Ante el dictado de disposiciones legislativas por parte del Poder Ejecutivo, la Corte Suprema tuvo algunas pinceladas de un control más

[73] Bianchi - Sacristán, *Salud versus libertad personal: ¿es esa la cuestión? (un reexamen del control de razonabilidad a propósito del covid-19)*, "Revista de Derecho Administrativo", nº 6, jun. 2020.

[74] CSJN, 3/12/1985, "Granada, Jorge H. s/recurso de hábeas corpus en su favor", *Fallos*, 307:2284.

amplio, pero no siempre lo sostuvo en el tiempo. Dijo que "las razones dadas por el Poder Ejecutivo ingresan en el campo de la conveniencia u oportunidad para establecer una regulación específica sobre las actividades mencionadas, que constituye 'en lo esencial' materia propia del poder de policía cuyo ejercicio compete al legislador; mas no se advierte en qué consiste la alegada 'urgencia para resolver sobre el particular', o de qué modo 'la seguridad de la comunidad' podría verse afectada si no se instituyera un régimen que, entre otros requisitos, excluye a las cooperativas como personas jurídicas idóneas para la prestación de tales actividades. En suma, la mera referencia a una situación de urgencia que habría determinado la 'imperiosa' necesidad de sancionar el decreto en cuestión, constituye una afirmación dogmática e insuficiente como tal para justificar por sí la emisión de disposiciones de carácter legislativo en los términos del art. 99, inc. 3, de la Const. nacional" [75].

En la misma línea afirmó que, "como puede observarse, la ley fundamental consagra una limitación a las facultades del Poder Ejecutivo con la innegable finalidad de resguardar el principio de división de poderes. Únicamente en situaciones de grave trastorno que amenacen la existencia, la seguridad o el orden público o económico, que deben ser conjuradas sin dilaciones puede el Poder Ejecutivo nacional dictar normas que de suyo integran las atribuciones del Congreso, siempre y cuando sea imposible a este dar respuesta a las circunstancias de excepción. En consecuencia, el ejercicio de la prerrogativa en examen está sujeto a reglas específicas que exigen un estado de excepción y el impedimento de recurrir al sistema normal de formación y sanción de las leyes y contemplan, además, una intervención posterior del Poder Legislativo.

Que, en este contexto, se advierte con claridad que no se encuentran satisfechos los recaudos constitucionales para el dictado del decreto impugnado. En efecto, en los considerandos del decr. 925/1996 se expresa que la situación financiera por la que atraviesa el instituto 'exige la adopción de drásticas medidas a fin de optimizar la aplicación de los recursos, seleccionando las herramientas adecuadas para lograr una mayor eficiencia, eficacia y transparencia en la gestión' y que con el objeto de realizar un control más efectivo en las erogaciones del instituto 'resulta necesario establecer un relevamiento y control de todas las deudas y créditos que este mantenga con los terceros' así como 'lograr un instituto moderno y

[75] CSJN, 1/9/2003, "Cooperativa de Trabajo Fast Limitada c/Estado nacional (dto. 1002/99)", *Fallos*, 326:3180.

eficiente' para lo cual es necesario efectuar una 'reorganización integral, produciendo cambios en su estructura orgánica'. Ello no alcanza para poner en evidencia que concurrieron al momento del dictado del decreto impugnado las excepcionales circunstancias que la mayoría de esta Corte tuvo en mira al decidir en el caso registrado en *Fallos*, 313:1513, como por ejemplo, el descalabro económico generalizado y el aseguramiento de la continuidad y supervivencia de la unión nacional. La referencia a la situación de crisis que atraviesa dicho instituto resulta insuficiente para justificar una situación de grave riesgo social que el Congreso no pueda remediar por los cauces ordinarios que la Constitución prevé, máxime cuando la medida se adoptó durante el período de sesiones ordinarias.

Que, por otra parte, la situación de crisis del instituto demandado y la afirmación de que es necesario tomar drásticas medidas, por crítica que sea, no deja de ser la crisis de un sector, por lo que en modo alguno justifica que el Poder Ejecutivo nacional ejerza una facultad extraordinaria y cuyo fundamento de hecho está dado por una situación de necesidad y emergencia que comprometa a la sociedad en su conjunto"[76].

En materia de emergencias económicas, la Corte Suprema argentina tuvo una posición benevolente y convalidatoria de los distintos regímenes que se fueron dictando, como ocurrió en "Peralta", donde, entre diversas consideraciones, afirmó que, cuando "una situación de crisis o de necesidad pública exige la adopción de medidas tendientes a salvaguardar los intereses generales, se puede 'sin violar ni suprimir las garantías que protegen los derechos patrimoniales, postergar, dentro de límites razonables, el cumplimiento de obligaciones emanadas de derechos adquiridos'. No se trata de reconocer grados de omnipotencia al legislador ni de excluirlo del control de constitucionalidad, sino de no privar al Estado de las medidas de gobierno que conceptualice útiles para llevar un alivio a la comunidad"[77]. Aun en precedentes donde efectivizó el derecho en juego, reafirmó que "las razones de oportunidad, mérito o conveniencia tenidas en cuenta por los otros poderes del Estado para adoptar decisiones que les son propias no están sujetas al control judicial"[78].

[76] CSJN, 7/12/2004,"Leguizamón Romero, Abel, y otra c/ISSJ y P s/ordinario", *Fallos*, 327:5559.

[77] CSJN, 27/12/1990, "Peralta, Luis A. c/Estado nacional s/amparo", *Fallos*, 313:1513, consid. 37.

[78] CSJN, 1/2/2002, "Banco de Galicia y Bs. As. s/solicita intervención urgente en autos: 'Smith, Carlos A. c/Poder Ejecutivo nacional o Estado nacional s/sumarísimo'", *Fallos*, 325:28, consid. 8°.

En Colombia, la Corte Constitucional entiende que debe realizar un control sobre los decretos declaratorios de dichos estados de emergencia, "verificando el cumplimiento tanto de los requisitos de forma como de los requisitos materiales trazados por la Constitución"[79].

Afirmó que "en virtud del art. 215 superior, según ha sido interpretado por la jurisprudencia constitucional, los decretos declaratorios de estados de emergencia deben cumplir los siguientes requisitos de índole formal: *a*) haber sido firmados por el presidente de la República y todos los ministros de su gabinete; *b*) estar motivados; *c*) establecer claramente su duración; *d*) determinar con precisión su ámbito territorial de aplicación; *e*) haber sido notificada su adopción a los organismos internacionales competentes; *f*) estar reunido el Congreso, o en caso de no estarlo, habérsele convocado para los diez días siguientes al vencimiento del estado de emergencia; y *g*) haber sido remitido a la Corte Constitucional al día siguiente de su adopción para revisión automática de constitucionalidad".

En cuanto a los requisitos sustanciales, remarcó que "la jurisprudencia constitucional ha elaborado y aplicado un test que contiene los distintos requisitos materiales o sustantivos que han de cumplir los decretos declaratorios de un estado de emergencia, y que se sintetiza así: *a*) el estado de emergencia debe cumplir con su presupuesto fáctico, es decir, debe responder a hechos sobrevinientes y extraordinarios que alteren el orden económico, social o ecológico y sean distintos a los que constituirían estados de guerra exterior o conmoción interior; el presupuesto fáctico se desagrega, a la vez, en tres componentes: *i*) el juicio de realidad de los hechos invocados, *ii*) el juicio de identidad de dichos hechos como constitutivos de un estado de emergencia, y *iii*) el juicio de sobreviniencia de tales hechos; *b*) debe cumplir con un presupuesto valorativo, consistente en que la alteración o amenaza de alteración del orden económico, social o ecológico debe ser grave y actual o inminente; y *c*) debe satisfacer un juicio de necesidad, es decir, basarse en la insuficiencia de los medios ordinarios estatales para conjurar la crisis correspondiente, y la correspondiente necesidad de apelar a medidas extraordinarias o excepcionales en cabeza del Ejecutivo.

Adicionalmente, en virtud de mandatos expresos de la Constitución y de obligaciones internacionales del Estado desarrolladas en la ley estatutaria de estados de excepción, los decretos declaratorios de estados de emergencia deben cumplir con una serie de prohibiciones, a saber, *d*) no pueden suspender los derechos humanos o libertades fundamentales, ni li-

[79] CConst Colombia, 28/10/2015, sentencia C-670/15.

mitar aquellos que no son susceptibles de limitación ni siquiera durante los estados de emergencia, y deben cumplir con las reglas constitucionales e internacionales aplicables a las hipótesis de limitación legítima de derechos constitucionales; *e*) no pueden interrumpir el normal funcionamiento de las ramas del poder público; y *f*) no pueden suprimir ni modificar los organismos ni las funciones básicas de acusación y juzgamiento".

La Corte Constitucional colombiana divide su análisis en presupuestos fácticos y presupuestos valorativos. Entre los presupuestos fácticos analiza: *a*) el juicio de realidad de los hechos invocados (consiste en la determinación "de que los hechos que dan lugar a la declaratoria de emergencia efectivamente existieron"); *b*) el juicio de identidad de los hechos invocados (lleva a verificar que "los hechos invocados como sustento de la declaratoria del estado de emergencia efectivamente corresponden a aquellos que la Constitución previó como detonantes específicos de esta modalidad de estado de excepción"), y *c*) el juicio de sobreviniencia de los hechos invocados (este análisis "exige que los hechos invocados tengan un carácter repentino, inesperado, imprevisto, anormal o extraordinario"). En los presupuestos valorativos evalúa: *a*) el juicio de gravedad de la afectación (evalúa los efectos, impactos y consecuencias que las medidas generan en los derechos de la sociedad colombiana en términos económicos, sociales o ecológicos; se trata de un análisis, al decir del tribunal, "de alto contenido valorativo"), y *b*) el juicio de necesidad de las medidas extraordinarias (esta evaluación se refiere a la "determinación de si las atribuciones ordinarias con las que cuentan las autoridades estatales resultan insuficientes para hacer frente a las circunstancias detonantes de la crisis, y por ende se hace necesario recurrir a las atribuciones extraordinarias propias de un estado de excepción constitucional").

La Corte Interamericana de Derechos Humanos también se mostró proclive a un amplio control de las emergencias cuando sostuvo que "habida cuenta de que el art. 27.1 contempla distintas situaciones y dado, además, que las medidas que se adopten en cualquiera de estas emergencias deben ser ajustadas a 'las exigencias de la situación', resulta claro que lo permisible en unas de ellas podría no serlo en otras. La juridicidad de las medidas que se adopten para enfrentar cada una de las situaciones especiales a que se refiere el art. 27.1 dependerá, entonces, del carácter, intensidad, profundidad y particular contexto de la emergencia, así como de la proporcionalidad y razonabilidad que guarden las medidas adoptadas respecto de ella.

En el mismo sentido, la Corte Europea de Derechos Humanos ha manifestado que para que se justifique un estado de excepción es necesario: *a*) que exista una situación excepcional de crisis o emergencia; *b*) que esta afecte a toda la población, y *c*) que constituya una amenaza a la vida organizada de la sociedad.

Es obligación del Estado determinar las razones y motivos que llevan a las autoridades internas a declarar un estado de emergencia y corresponde a estas ejercer el adecuado y efectivo control de esa situación y que la suspensión declarada se encuentre, conforme a la Convención, 'en la medida y por el tiempo estrictamente limitados a las exigencias de la situación'. Los Estados no gozan de una discrecionalidad ilimitada y corresponderá a los órganos del sistema interamericano, en el marco de sus respectivas competencias, ejercer ese control en forma subsidiaria y complementaria. En este caso, la Corte analiza la conformidad de los actos estatales en el marco de las obligaciones consagradas en el art. 27 de la Convención, en relación con las otras disposiciones de la Convención objeto de la controversia"[80].

4) *Nuestra opinión.* Las declaraciones de emergencia pueden darse fuera o dentro del marco de la Constitución. Cuando se realizan fuera de los cánones constitucionales son inadmisibles, porque no puede haber emergencia que justifique apartarse de la Constitución.

Aunque se declaren según las previsiones constitucionales, no dejan de ser un mal que necesariamente causará daños colaterales.

América Latina las ha padecido y los argentinos hemos vivido constantemente bajo su sombra. En el ámbito nacional nos hemos acostumbrados a que la legislación de emergencia, cuya esencia es el carácter transitorio, ha sido implantada en forma permanente o con una duración tan prolongada que difícilmente pueda distinguirse de la primera.

Baste recordar la distribución impositiva efectuada por la Constitución, donde la Nación solo podía imponer contribuciones directas por tiempo determinado (antiguo art. 67, inc. 2, Const. nacional). El actual

[80] Corte IDH, 4/7/2007, "Zambrano Vélez y otros vs. Ecuador", párrs. 45 a 47. En la situación particular expuso que "las autoridades estatales consideraron que existía 'un grave estado de conmoción interna [en] el territorio nacional y, especialmente en las ciudades de Quito y Guayaquil', como consecuencia de 'hechos de vandalismo, atentados contra la integridad física de las personas y considerables perjuicios a la propiedad pública y privada', que requería la adopción de medidas excepcionales. Sin embargo, del análisis del mencionado decr. 86, la Corte observa que este no fijó un límite espacial definido. Por el contrario, dispuso 'la intervención de las Fuerzas Armadas en todo el territorio nacional, como medio de precautelar la seguridad de las personas y de los bienes públicos y privados' [...]. En tales términos, el decreto tampoco determinó un límite temporal para la intervención militar, que permitiera saber la duración de la misma, ni estableció los derechos que serían suspendidos, es decir, el alcance material de la suspensión" (párr. 48).

impuesto a las ganancias –sancionado originariamente como impuesto a los réditos– fue establecido por el Congreso nacional en 1932 y desde entonces ha sido el Estado federal el que lo ha regulado.

No hablemos de los gobiernos *de facto*, que no solo destrozaron la aplicación de la parte orgánica de la Constitución, sino que además vulneraron los derechos fundamentales de la peor manera imaginable.

En materia económica, las llamadas leyes de emergencia cubrieron distintos ámbitos de la vida argentina. Así, por ejemplo, el régimen de locaciones urbanas fue alcanzado por dicha normativa entre 1921 y 1925; posteriormente, la emergencia se restauró en 1943 y duró hasta 1979; se prolongó por más de treinta y seis años una situación que, *prima facie*, debía tener un carácter netamente transitorio, suscitando, en consecuencia, serios cuestionamientos a su legitimidad[81].

Los regímenes de consolidación de deudas, que por sucesivas prórrogas llegaban a una duración cercana a los veinte años; la aplicación del desagio; el cambio de los depósitos por bonos con una espera de diez años para recuperar el capital (plan Bonex); el corralito financiero (posiblemente la afectación patrimonial más grande a nivel mundial, donde no solo se inmovilizaban los depósitos bancarios, sino que se transformaban de dólares a pesos con una detracción que, según la variación del valor de la moneda, llegaba al 65 % del valor depositado)[82]; las reiteradas renegociaciones de la deuda y la quita a los bonos, y la renegociación frecuente de contratos son algunos de los "permanentes" estados "transitorios" de emergencia que hemos vivido.

Ni mencionar la cantidad de decretos de necesidad y urgencia dictados por los distintos Ejecutivos que comandaron el país desde su consagración constitucional a la actualidad; o los decretos como consecuencia de delegaciones legislativas.

Cuando los estados de necesidad se vuelven cotidianos, las restricciones a los derechos fundamentales se vuelven permanentes y el Estado constitucional comienza a padecer importantes grietas.

Por ello es primordial que, ante el permanente desborde de los poderes políticos, sean los órganos encargados del control de constitucionalidad los que pongan coto a tales desmesuras. Y más cuando el sistema de control es difuso, por lo que cada afectado deberá reclamar individualmente sus derechos conculcados.

[81] Ver, al respecto, BORDA, *Tratado*, t. I, p. 769.

[82] Para un relato más completo de estas medidas, ver TORICELLI, *Navegando entre la política y el derecho. A propósito del caso "San Luis"*, "Zeus", t. 92, nº 94, 2003.

En el análisis de razonabilidad, lo primero que deberá evaluarse es si los derechos que son limitados o suspendidos no se encuentran dentro de aquellos prohibidos, sea por las normas constitucionales o por los tratados de derechos humanos que el país suscribió (como ocurre con el art. 27 de la CADH o el art. 4º del Pacto Internacional de Derechos Civiles y Políticos).

El controlante, aun cuando deba expedirse en un caso individual, no puede dejar de corroborar las razones que se tuvieron en consideración al declarar la emergencia; es decir, no puede soslayar los motivos que los órganos políticos tuvieron en cuenta para decir que nos encontramos en una situación de emergencia que amerita restringir derechos. Así, por ejemplo, declarado el estado de sitio en Argentina por conmoción interior, le corresponde a la judicatura –tal como lo dice la ley de hábeas corpus, que erróneamente interpretó la Corte en "Granada"– decidir si los hechos existentes realmente ocasionan una conmoción suficiente para poner en peligro a las autoridades o a la Constitución –como exige la norma constitucional–[83].

Superado este primer análisis, deberá evaluar si las restricciones propuestas son limitadas en el tiempo[84] o en el ámbito geográfico[85], e idóneas para superar la emergencia declarada.

Si los anteriores requisitos se encuentran cumplidos, corresponderá estudiar posibles alternativas que puedan lograr los mismos resultados con menores restricciones, y, solo si ello no es posible, rechazar el planteo de invalidez formulado. No puede dejar de considerarse que, en todos los estadios, quien propone la restricción es quien debe demostrar su razonabilidad, por ser precisamente la excepción y no la regla.

[83] Por ello, le corresponderá al declarante efectuar un análisis detallado de la situación y justificar el porqué del dictado de la medida de emergencia adoptada, con referencias concretas y circunstanciadas que demuestren la verdadera existencia de una situación excepcional que no puede ser resuelta mediante las vías normales de regulación.

[84] Aun cuando muchas cláusulas constitucionales no limiten temporalmente la situación de emergencia, esta restricción es connatural a su declaración (en caso contrario, no es emergencia, sino normalidad), y esta limitación en el tiempo no puede ser indefinida. Es cierto que es muy difícil establecer *a priori* el tiempo para resolver una emergencia (especialmente porque estas pueden ser de distinta naturaleza –económicas, naturales, sociales, etc.–), pero, cuando se renuevan periódicamente o superan el lustro, no pueden considerarse verdaderos estados de necesidad.

[85] La limitación geográfica tendrá que ver con los alcances del estado de necesidad que generó la emergencia. Un levantamiento armado limitado a un sector territorial de un país no justifica la declaración de emergencia en todo el territorio, máxime si este es amplio y no resulta sencillo que se expanda a todos sus rincones.

d) *Conflicto entre derechos.* El límite de un derecho está configurado por el reconocimiento del derecho ajeno. Salvo excepciones, los derechos fundamentales entran en concurrencia con otros derechos, dado que no es posible "instituir un derecho a favor de una categoría de personas sin suprimir un derecho de otras categorías de personas"[86].

El ordenamiento jurídico tiene diversas formas de resolver el conflicto entre normas. Tenemos, así, el criterio de la primacía, donde en caso de colisión entre unas y otras se prefiere a las de mayor rango (con la excepción de las que otorguen mejor derecho, cuando ello es aplicable); el criterio competencial, donde la norma dictada por el órgano que no está autorizado para ello cede ante la autorizada; el criterio temporal, donde la norma posterior deroga a la anterior[87], y el criterio de especificidad, donde la norma específica prevalece sobre la general, entre otros.

Todos estos criterios suelen resultar insuficientes cuando estamos en presencia de derechos humanos fundamentales, máxime cuando provienen de la misma fuente, especialmente si tenemos en cuenta que estos derechos suelen estar contenidos en cláusulas abiertas, que fijan principios generales y que permiten un amplio margen legislativo de regulación e interpretación, lo que muchas veces ocasiona que entren en conflicto.

El art. XXVIII de la Declaración Americana de los Derechos y Deberes del Hombre dice que "*Los derechos de cada hombre están limitados por los derechos de los demás, por la seguridad de todos y por las justas exigencias del bienestar general y del desenvolvimiento democrático*". A su vez, el art. 29.3 de la Declaración Universal de Derechos Humanos prescribe: "*Estos derechos y libertades no podrán, en ningún caso, ser ejercidos en oposición a los propósitos y principios de las Naciones Unidas*".

Las posturas sobre los conflictos de derechos fundamentales han sido analizadas bajo tres criterios distintos: los que sostienen la jerarquización de los distintos derechos; los que niegan la existencia de los conflictos, y los que postulan la necesidad de ponderación o articulación en cada caso particular.

Analizaremos cada una de estas posiciones.

86 Bobbio, *El tiempo de los derechos*, p. 79.

87 Este criterio es aplicable a las leyes y demás normas inferiores, no así a las normas constitucionales, donde el criterio válido es solo el competencial, dado que, si la norma posterior se introduce sin habilitación previa de la norma que reemplaza, carece de validez.

1) *Jerarquización de los derechos.* Una importante doctrina ha sostenido que los derechos, como resguardan valores, tienen un distinto grado de importancia. Estas doctrinas se han apoyado o bien en la distinta protección que los ordenamientos otorgan a los derechos (como cuando impiden la suspensión de algunos de ellos o les otorgan mecanismos especiales de garantías a unos que no les adjudican a otros), o bien en la distinta valoración que consideran aplicable.

Entendía Bidart Campos que "los derechos en sí mismos no se hallan ontológicamente en el mismo plano: los hay superiores e inferiores. El derecho a la vida se sitúa en un plano más alto que el derecho a la huelga, para dar solo un ejemplo"[88]. Distinguía entre normas y derechos, diciendo que en la Constitución argentina "todas sus normas –en cuanto normas– son iguales y tienen idéntica jerarquía", pero los "derechos no son todos iguales. Tampoco los valores, bienes y necesidades a que ellos se refieren"[89].

Un férreo defensor de la jerarquización de los derechos, Ekmekdjian, afirmaba que, si "los derechos fundamentales son medios con relación a valores, que brindan protección jurídica, y si estos están ordenados jerárquicamente, a través de un simple silogismo, puede afirmarse que los derechos individuales están también ordenados jerárquicamente"[90]. Entendía que existen distintos métodos de gradación, y ubicaba como el principal criterio de valoración en la sociedad la mayor o menor restricción que admitiera el derecho, y los otros métodos eran el de sustracciones hipotéticas (consistente en imaginar el mundo con la supresión de una categoría de derechos, luego con la supresión de otra y así sucesivamente para verificar cuál pérdida era más significativa) y el de la renuncia del derecho.

[88] Bidart Campos, *Tratado elemental de derecho constitucional argentino*, t. I-A, p. 728. Aun reconociendo esa jerarquía, este autor aclaraba que hay "múltiples situaciones en las que un conflicto entre derechos se torna difícil de resolver porque la escala axiológica no ofrece la claridad necesaria para optar por un derecho preferido o preferible respecto a otro que se halla en pugna" (p. 729).

[89] Bidart Campos, *Teoría general de los derechos humanos*, p. 377. Este autor entendía que por esta diferenciación se podía afirmar que no es viable tildar de inconstitucional una norma de la Constitución, pero al diferenciar los derechos se facilita la interpretación al tener que resolver un conflicto cuando entran en pugna derechos distintos (p. 378).

[90] Ekmekdjian, "El valor dignidad y la teoría del orden jerárquico de los derechos individuales", en Bidart Campos - Gil Domínguez (coords.), *Los valores en la Constitución argentina*, p. 11.

Aun reconociendo la jerarquización, Sagüés enseña que "no resulta del todo convincente concluir que por estar en la Constitución, o en un tratado de derechos humanos, un derecho es, por ese solo motivo, fundamental. Si un derecho es renunciable, no parece contar con esa condición"[91]. También diferencia entre la prevalencia abstracta y la concreta, al expresar que, aun cuando los derechos de libertad parecen contar con valuación superior a los patrimoniales, la libertad de contratación muchas veces es pospuesta ante el derecho a trabajar.

La Corte Suprema argentina afirma que "los derechos fundados en cualquiera de las cláusulas de la Constitución nacional tienen igual jerarquía. La interpretación debe armonizarlos, ya se trate de derechos individuales o de atribuciones estatales"[92].

Es indudable que el establecimiento de un sistema de jerarquización de valores, y por tanto de derechos, en el que todos estuviéramos de acuerdo, resolvería de antemano cualquier conflicto; pero, como ello no es posible, surge el inconveniente de determinar quién cotiza los derechos, quedando, en última instancia, a criterio del juzgador; esto ocasiona que el resultado sea variable y desigual.

Por otro lado, esta doctrina no parece aplicable sin más no solo en ordenamientos que no contienen una jerarquización de derechos o que nada dicen al respecto, sino especialmente en aquellos que la niegan expresamente, como ocurre en Bolivia, donde el art. 13, párr. III, de la Constitución dice: "La clasificación de los derechos establecida en esta Constitución no determina jerarquía alguna ni superioridad de unos derechos sobre otros". También, el art. 11.6 de la Const. de Ecuador al prescribir: "Todos los principios y los derechos son inalienables, irrenunciables, indivisibles, interdependientes y de igual jerarquía".

2) *Negación de los conflictos.* Existe una corriente de pensamiento que niega toda posibilidad de conflicto de derechos. Al respecto, Cianciardo afirma que "en el modelo propuesto no es posible hablar de conflictos iusfundamentales. Los derechos, como objetos exigidos por la naturaleza humana, nacen ajustados unos con otros. La convergencia de intereses contradictorios sobre el mismo objeto no invalida la afirmación anterior, porque los intereses, las aspiraciones, no son *per se*

[91] Sagüés, *Derecho constitucional*, t. 3, p. 66.

[92] CSJN, 19/11/2020, "Lee, Carlos R., y otro c/Consejo de Atención Integral de la Emergencia Covid-19 Provincia de Formosa s/amparo - amparo colectivo (expediente digital)", *Fallos*, 343:1704; doctrina también sentada en *Fallos*, 255:293; 272:231; 330:1989; 333:2306.

derechos, y porque la sociabilidad forma parte de la naturaleza humana. Cada derecho no es antisocial, ni puede ser reconocido prescindiendo de las exigencias –básicas, en el caso de los derechos fundamentales– de las demás personas"[93].

Critica TOLLER las doctrinas conflictivistas porque, a su entender, niegan el principio lógico de no contradicción. Afirma que "quien pierde un juicio o, antes, en la decisión legislativa, tiene el derecho, pero a la vez no lo tiene, pues se decide judicial o legislativamente que es mejor su eliminación o restricción. Se opta, así, por sacrificar derechos de la persona como si fueran elementos descartables en el mercado jurídico. De esta manera se olvida que rezagar un derecho humano es postergar a la persona de su titular y que esa opción no puede estar basada más que en la arbitrariedad"[94]. Si bien considera que "el sacrificio de los derechos resultantes de las premisas conflictivistas es coherente con los postulados de esas doctrinas", afirma que "es contrario a las reglas de la lógica, pues la idea misma del conflicto entre derechos viola las reglas de la ciencia del pensamiento racional y metódico"[95].

En contra de esta postura, PERELMAN dice que "mientras que en un sistema formal utilizable, es decir coherente, es imposible demostrar una proposición y su negación, es normal que en el cuadro de un mismo sistema de derecho los abogados argumenten en favor de tesis opuestas, porque no siendo coactiva ninguna de estas argumentaciones, ninguna excluye la argumentación en sentido contrario [...] Cada vez que son defendidas tesis opuestas por hombres razonables, se puede estar seguro que ellas no demuestran sino que argumentan, y esa es la razón por la cual la comprensión de las controversias filosóficas será más fácil si estas se acercan a los razonamientos de los juristas más bien que a los de los matemáticos"[96].

También se ha criticado esta teoría en tanto los derechos humanos fundamentales, expresados en cláusulas abiertas, presentan un importante margen de indeterminación que no se puede precisar con la cla-

93 CIANCIARDO, *El ejercicio regular de los derechos*, p. 302.

94 TOLLER, "La doctrina de los conflictos de derechos frente al principio de no contradicción", en ALEXY - ALONSO - RABBI-BALDI CABANILLAS (coords.), *Argumentación, derechos humanos y justicia*, p. 350.

95 TOLLER, "La doctrina de los conflictos de derechos frente al principio de no contradicción", en ALEXY - ALONSO - RABBI-BALDI CABANILLAS (coords.), *Argumentación, derechos humanos y justicia*, p. 353.

96 PERELMAN, *El ideal de racionalidad y la regla de justicia*, "Conjetural", nº 29, 1995, p. 90.

ridad que postulan las teorías negatorias del conflicto. Se ha dicho al respecto que "el contenido constitucionalmente declarado de un derecho fundamental, o sus modalidades específicas de ejercicio, no siempre se muestran con suficiente nitidez, pues la irremediable indeterminación del derecho se extiende también a los derechos; mejor dicho, la indeterminación en forma de ausencia de condiciones de aplicación parece un rasgo consustancial al modelo de los principios que venimos utilizando para dar cuenta de estos conflictos"[97].

Llegaba más lejos BIANCHI en su crítica a la negación del conflictivismo. Para este eximio jurista, "no tiene caso alguno estudiar los derechos constitucionales en abstracto, ello constituye no más que teórica y muy poco útil. La verdadera forma de estudiarlos es en su relación entre sí, pues ello es lo que nos confiere su verdadera dimensión [...] el estudio de los derechos constitucionales es, principalmente, el estudio de sus interrelaciones y enfrentamientos recíprocos. El derecho constitucional nos obliga permanentemente a tomar decisiones o elegir entre dos alternativas, entre dos valores, ambos respetables, pero que –dada una circunstancia fáctica– no pueden estar equiparados y necesariamente debemos optar, en ese caso, por uno de ellos postergando al otro"[98].

Pretender una delimitación tan precisa del derecho necesitaría de un consenso absoluto en una ciencia social como es el derecho, donde solo pueden alcanzarse ciertos consensos y durante un lapso limitado de tiempo. Al no estar en una ciencia exacta, esta teoría, que busca ganar en seguridad y previsibilidad, no resulta viable en su aplicación concreta.

3) *PONDERACIÓN EN EL CASO.* Ante las falencias de las anteriores posiciones, aparecen las doctrinas del balanceo o ponderación como respuesta, no ya de manera genérica y predeterminada, sino en la aplicación puntual donde los derechos se ponen en juego.

Como se ha venido desarrollando a lo largo de esta obra (ver, especialmente, § 2, a, y 33, e, 1), ALEXY es uno de sus principales exponentes. Afirma al respecto que cuando "dos principios entran en colisión –tal como es el caso cuando según un principio algo está prohibido y, según

[97] PRIETO SANCHÍS, *Justicia constitucional y derechos fundamentales*, p. 244. Argumenta el jurista español que, si bien hay casos donde puede verse con más claridad esa delimitación del derecho (p.ej., que el derecho de huelga no autoriza cualquier conducta en su nombre), hay situaciones más dudosas, como el hecho de que la propaganda se encuentra alcanzada por la libertad de expresión.

[98] BIANCHI, *El caso "Texas vs. Johnson" y el dilema de la colisión de los derechos constitucionales*, "Revista Jurídica de Buenos Aires", 1990-II, p. 12.

otro principio, está permitido– uno de los dos principios tiene que ceder ante el otro. Pero, esto no significa declarar inválido al principio desplazado ni que el principio declarado haya de introducir una cláusula de excepción. Más bien lo que sucede es que, bajo ciertas circunstancias uno de los principios precede al otro. Bajo otras circunstancias, la cuestión de la precedencia puede ser solucionada de manera inversa. Esto es lo que se quiere decir cuando se afirma que en los casos concretos los principios tienen diferente peso y que prima el principio de mayor peso"[99].

En el caso concreto, se balancearán los derechos fundamentales en conflicto y se llegará a una norma que confiera una respuesta particular[100].

También Prieto Sanchís se ha mostrado partidario de esta tesis, consistente, a su entender, en "la acción de considerar imparcialmente los aspectos contrapuestos de una cuestión o el equilibrio entre el peso de dos cosas. En la ponderación, en efecto, hay siempre razones en pugna, intereses o bienes en conflicto, en suma, normas que nos suministran justificaciones diferentes a la hora de adoptar una decisión. Ciertamente, en el mundo del derecho el resultado de la ponderación no ha de ser necesariamente el equilibrio entre tales intereses, razones o normas; en ocasiones tal equilibrio, que implica un sacrificio parcial y compartido, se muestra imposible y entonces la ponderación desemboca en el triunfo de alguno de ellos en el caso concreto. En cambio, donde sí ha de existir equilibrio es en el plano abstracto de validez: en principio han de ser todos del mismo valor, pues de otro modo no habría nada que ponderar; sencillamente en el caso se impondría el de más valor. Ponderar es, pues, buscar la decisión (la mejor sentencia, por ejemplo) cuando en la argumentación concurren razones justificatorias conflictivas y del mismo valor"[101].

[99] Alexy, *Teoría de los derechos fundamentales*, p. 89.

[100] El filósofo alemán ejemplifica con la decisión adoptada por el Tribunal Constitucional Federal de Alemania en el caso "Lebach", donde un programa de televisión, en uso de la libertad de expresión y el derecho a la información, iba a difundir un documental en el que se mencionaba la participación del actor en la muerte de soldados y el robo de armas para cometer otros ilícitos. Como el actor estaba pronto a cumplir su pena, solicitó la no difusión en el entendimiento que ello afectaba su derecho a la resocialización. Como resultado de la ponderación, se permitió la difusión del programa, pero sin mención del nombre del actor.

[101] Prieto Sanchís, *Justicia constitucional y derechos fundamentales*, p. 189. Aclara este autor que al legislador no le está vedado ponderar, sino que, por el contrario, serían deseables leyes ponderadas, pero afirma que a su entender el legislador no puede

Para FERRAJOLI, en cambio, no debe confundirse "la aplicabilidad de los principios con la del carácter opinable de su aplicación en concreto, compartida por muchas reglas y determinada por los márgenes de incertidumbre de su interpretación". A su modo de ver, "la ponderación se refiere, no tanto a los principios, como a las circunstancias de hecho que justifican su aplicación o su no aplicación"[102].

Otras críticas han apuntado a la inutilidad de esta doctrina cuando todas las opciones son racionalmente elegibles. Se dijo al respecto que "la racionalidad argumentativa, a la cual ALEXY le adjudica tanta importancia en las decisiones judiciales, es útil solo en aquellos casos en los cuales el juez tiene dos o más opciones, y puede argumentar racionalmente a favor de cualquiera de ellas. En estos casos la racionalidad argumentativa, en cuanto a su utilidad, es similar a un proceso de decisión irracional o arbitrario"[103].

Esta postura, más allá de los cuestionamientos genéricos a las excesivas atribuciones que confiere a los jueces (y que se han analizado en § 1 a 7), han recibido críticas sobre criterios utilitaristas que se han aplicado en la resolución de conflictos. Se dijo con razón que "pretender que una medida es proporcionada solo porque produce más beneficios que perjuicios para la generalidad de las personas no excluye de entre los perjuicios admisible la violación de un derecho fundamental. Con ello pierden sentido los propios derechos fundamentales"[104]. Más allá de la validez de estas argumentaciones, es importante aclarar que "el utilitarismo no es una condición necesaria de la ponderación"[105].

4) *NUESTRA POSTURA.* Aun con las objeciones que puedan realizarse y con la imperfección que toda obra humana posee, las corrientes que plan-

"eliminar el conflicto entre principios mediante una norma general, diciendo algo así como que siempre triunfará uno de ellos, pues eliminar la colisión con ese carácter de generalidad requeriría postergar en abstracto un principio en beneficio de otro y, con ello, establecer por vía legislativa una jerarquía entre preceptos constitucionales que, sencillamente, supondría asumir un poder constituyente" (p. 195).

[102] FERRAJOLI, *Constitucionalismo principialista y constitucionalismo garantista*, "Doxa", nº 34, 2011, p. 52.

[103] SPECTOR, "Una objeción a la teoría de los derechos fundamentales de Robert Alexy", en ALEXY - ALONSO - RABBI-BALDI CABANILLAS (coords.), *Argumentación, derechos humanos y justicia*, p. 300.

[104] CIANCIARDO, *El ejercicio regular de los derechos*, p. 292.

[105] BEADE, "Consideraciones teórico-prácticas desde la formulación del principio de proporcionalidad en Robert Alexy", en ALEXY - ALONSO - RABBI-BALDI CABANILLAS (coords.), *Argumentación, derechos humanos y justicia*, p. 218.

tean la necesidad de balanceo o ponderación son las que presentan las mejores oportunidades para resolver el alcance de los derechos en disputa.

Las posturas de la jerarquización son aplicables cuando el ordenamiento constitucional así lo establece expresamente, porque en caso contrario quien define esa jerarquización (legislador o juez) se está transformando en constituyente.

Las posturas negatorias del conflicto no consideran la imprecisión con que cada derecho fundamental ha sido redactado, precisamente ante la imposibilidad de prever cada supuesto particular o ante la falta de consensos, al escribir la norma, sobre el alcance que aquel debía poseer. También, como en el punto de vista anterior, se incurre aquí en la pretensión de ejercicio del poder constituyente.

Por ello es necesario ponderar, en cada situación concreta, no solo las normas abiertas redactadas en una Constitución o tratado, sino también la reglamentación precisa que una ley haya efectuado y, especialmente, las repercusiones que ello ocasiona en las particulares circunstancias de la causa.

Aunque no pueden darse soluciones *a priori*, para la argumentación en la resolución concreta, además de los derechos en conflicto, no pueden soslayarse los principios fundantes del sistema, y, en menor medida, también los correctores (ver § 31, d, donde hemos desarrollado estos principios).

En esta necesidad de diferenciar, debe considerarse si en el caso el conflicto existente es: *a*) entre derechos concurrentes sobre una persona y sus propios intereses o inquietudes; *b*) entre los derechos de una persona y los intereses estatales o sociales, o *c*) entre derechos o intereses de dos personas. Las respuestas no pueden ser las mismas en situaciones diferentes ni los principios juegan de la misma manera (hablamos de principios tal como los concebimos en § 31 y ss., y no como normas abiertas).

En el primer supuesto, la autonomía de la voluntad, con la aplicación del principio de dignidad y libertad, tendrá un papel preponderante, haciendo ceder incluso a otros principios como el de razonabilidad. Nada hay más razonable que salvarle la vida a una persona; pero, si en su libre decisión, por creencias o convicciones, prefiere no someterse a ciertos tratamientos o simplemente dejarse morir, no resulta viable una interferencia en sus decisiones basada en la preservación de sus derechos. Por ello, una ley que, en reglamentación del derecho a la salud, imponga la realización de un tratamiento, indudablemente en el caso concreto se tornará inválida, al pretender establecer derechos de jerarquía superiores que el ordenamiento constitucional no especifica.

Las soluciones, en el segundo supuesto, son mucho más complejas, por ser también mayor el abanico de posibilidades. Estamos aquí en presencia de situaciones que no solo fijan un beneficio particular para una persona, que pueda ser rechazado, sino que también tienen en consideración el beneficio de la sociedad; por ejemplo, la obligación de prestar servicio militar, el deber de votar, la obligación de asistir a la escuela, el deber de vacunarse o la prohibición de circular para evitar contagios, entre otros cientos de casos. Analicemos algunos de ellos.

Si un país sufre la invasión de su vecino, no caben dudas acerca de la obligación de sus ciudadanos de armarse en defensa de la patria[106]; pero quien presenta una objeción de conciencia a portar armas puede salvaguardar su derecho en la medida en que preste servicios de asistencia que serán tanto o más importantes que el manejo de las armas. Más difícil será resolver la situación de quien al tener la obligación de votar invoca que ello es contrario a su ideología, dado que, si bien la pérdida del derecho dejado de ejercer no resulta tan dañina para la sociedad, tampoco se advierte en qué medida asistir a un acto, donde incluso se puede votar en blanco (que implica no elegir ninguna opción) afecta convicción alguna.

No resulta discutible el derecho de las familias a criar a sus hijos bajo sus propios valores; pero el interrogante es qué sucede cuando esos valores se basan en tradiciones que son incompatibles con la enseñanza básica obligatoria, como ocurre con los integrantes de las comunidades menonitas. A dicha comunidad, al menos en Argentina, se le ha permitido educarse por parte de sus propios integrantes y bajo sus propias reglas, pese a que varones y niñas no reciben el mismo tratamiento. Pero la respuesta no puede ser la misma cuando los padres de un niño que profesa la religión Testigo de Jehová se niegan a que reciba una transfusión sanguínea que le permite seguir con vida.

También las convicciones sobre la manera de atender la propia salud deben ceder cuando ello genera un peligro cierto e inminente de propagación de enfermedades. Eso sí, ese peligro debe ser serio e inminente, y no meramente conjetural o hipotético, porque en ese caso siempre existiría algún fundamento para imponer restricciones a los derechos humanos fundamentales.

En el tercer supuesto, es decir, en el conflicto de derechos entre dos personas, las circunstancias particulares recobrarán más fuerza aún.

[106] Como expresamente lo suelen imponer las distintas constituciones; así lo hace el art. 21 de la Const. nacional.

Por ejemplo, no resulta tan difícil, en una fábrica que tiene turnos rotativos y que trabaja los siete días de la semana, que un adventista trabaje los domingos en lugar de los sábados (claro que sin consecuencias más gravosas para el empleador en cuanto a remuneraciones); pero la respuesta no puede ser la misma si la persona se convirtió a dicha creencia varios meses después de haber ingresado en la empresa y esta no tiene la opción de brindar trabajo los siete días de la semana. Tampoco caben dudas de que la libertad de expresión, que además concreta el derecho a la información, deberá completarse con el derecho de rectificación cuando la información sea inexacta.

A veces la ponderación permitirá, con pequeñas correcciones, salvaguardar ambos derechos en juego; otras, cuando la situación sea insalvable, deberá sacrificar uno.

Entre la libertad de contratación de un pastelero que decide solo vender tortas de casamiento a parejas heterosexuales y el derecho a la no discriminación de las parejas del mismo sexo que pretendan acceder a dichas tortas, la única solución posible será el sacrificio de uno de ellos. Lo mismo ocurre si, ante la comisión de un ilícito, el responsable tiene el derecho constitucional a asistencia letrada (como ocurre en España) y el único abogado disponible en ese momento y lugar se niega a atenderlo porque, en su libertad profesional, no quiere atender esa clase de temas.

Buscar el equilibrio entre libertad y justicia no es tarea sencilla. Muchas veces, mientras más libre es una sociedad, puede tornarse más injusta, como cuando se permite que el más poderoso se aproveche del más indefenso, el más inteligente del que lo es menos, el más fuerte del más débil; pero, otras veces, cuando en invocación de esa justicia se suprimen las libertades y se iguala a las personas como pueden igualarse las cosas materiales, la dignidad resulta afectada y la justicia, lejos de concretarse, se pierde irremediablemente.

§ 37. ***Derechos ilimitados.*** – Hemos expresado, en el parágrafo anterior, que los derechos tienen límites porque la vida en sociedad hace imposible pensar en derechos ejercidos sin restricción alguna. Sin embargo, ciertas corrientes han postulado el ejercicio irrestricto de la voluntad, provocando una verdadera desnaturalización de los derechos individuales.

Esas corrientes no han postulado el ejercicio irrestricto de todos los derechos humanos fundamentales, sino solo de aquellos derechos afines a su ideología, con la evidente postergación de los demás.

El liberalismo a ultranza propone el ejercicio irrestricto de las facultades de una persona, restringido solo por las posibilidades humanas y las condiciones de mercado. Claro que esta corriente precisa la existencia de un Estado que le asegure el cumplimiento de los derechos civiles y políticos (estos últimos, con la mayor restricción posible), y evite el desborde que los más desposeídos puedan provocar.

En la vereda opuesta aparecen doctrinas marxistas o neomarxistas, como la del "uso alternativo del derecho", o "derecho alternativo", que, en sus posiciones extremas, postulan que los operadores jurídicos sean protagonistas del cambio social a través de la interpretación y aplicación progresista del derecho en interés de las clases y sectores sociales más desfavorecidos. Estas corrientes tienen un carácter clasista, porque usan al derecho en interés de las clases populares; revalorizan el derecho alternativo que las propias clases producen, al margen del derecho estatal, con el fin de que se transforme en derecho positivo. También se valen de un Estado fuerte que asegure esa dominación.

Dentro de estas corrientes pueden situarse los postulados de lo que SAGÜÉS denomina la teoría de los contraderechos o antiderechos. Al decir de este autor, "un contraderecho es un derecho inevitablemente dañoso hacia los derechos de los demás, que se plantea como derecho prevaleciente, y cuya alegada superioridad se aplica coactivamente, por parte de quien se dice titular de él, en contra de los perjudicados por su ejercicio. Tal es el caso, por ejemplo, de quienes –invocando la libertad de expresión– cortan *manu militari* calles y rutas, impidiendo la libre circulación de vehículos o personas, o de los que –so pretexto del derecho de huelga– impiden a quienes quieren trabajar el ingreso a la fuente de trabajo o, directamente, la ocupan o bloquean". Agrega que, en "el caso del contraderecho, asimismo, quien lo ejecuta se convierte en cotizador y juez *de facto* supremo y autoritario del derecho que dice tener. Por lo demás, no puede entenderse el contraderecho como el recto ejercicio del derecho de resistencia a la opresión: no lesiona, principalmente, a agentes o bienes del Estado presuntamente opresor, sino que agrede a simples particulares que –generalmente– no son causa de los problemas que afectan al portador del contraderecho"[107].

Toda pretensión excesiva del ejercicio de un derecho, sea efectuada en nombre de la libertad o en invocación de la justicia social, atenta contra la necesaria integralidad que deben poseer los derechos humanos fundamentales para todos los integrantes de la sociedad.

[107] SAGÜÉS, *Derecho constitucional*, t. 3, p. 68 y 69.

§ 38. ***Deberes y obligaciones constitucionales.*** – En el "tiempo de los derechos", parece que las obligaciones y los deberes han dado un paso al costado y no resultan tan necesarios para la vida en sociedad.

Es cierto que los "deberes" tienen una connotación negativa, dado que durante la Edad Media los hombres solo tenían obligaciones frente a los distintos estamentos (fuera el señor feudal o el monarca) y, como se ha señalado, "el actual movimiento de los derechos humanos emerge a mediados del siglo XX como respuesta al sentido del deber inspirado en el nacionalismo más exacerbado, y en última instancia el imperialismo, que alcanzaron su apoteosis durante el régimen nazi"[108]. Pero no es menos cierto que para poder concretar los derechos es imprescindible el cumplimiento de las obligaciones.

El derecho del alumno de aprender se encuentra atado a la obligación del docente de enseñar; el derecho al salario del docente se encuentra vinculado al pago de los impuestos de la sociedad; el derecho a circular por la calle se encuentra ligado a la existencia de calles construidas por el Estado, el que solo podrá hacerlas ante el cumplimiento de la ciudadanía de sus obligaciones tributarias, y así podríamos desarrollar una larga lista de derechos que vienen acompañados de obligaciones recíprocas o de obligaciones genéricas que permitan concretarlos.

Como expresa Bobbio, toda norma jurídica es "imperativo-atributiva, esto es atribuye una obligación a un sujeto en el mismo momento en que atribuye un derecho al otro sujeto"[109]. En los derechos fundamentales esta correlación no siempre es directa, es decir, no siempre mi derecho tiene consecuencia inmediata en la obligación de otro (como ocurre con las obligaciones patrimoniales), incluso el cumplimiento de mis obligaciones contribuye a la efectivización de alguno de mis derechos; pero es innegable que los derechos en la sociedad son posibles en la medida en que esa sociedad cumpla con sus deberes.

Decía Gelsi Bidart que por doquier se habla de derechos humanos, "pero no es tan frecuente hacerlo con relación a deberes humanos, aunque en la misma realidad están unidos y resultan inseparables, o inescindibles, formando las dos caras necesarias para la conciencia humana digna: libertad (derecho) y responsabilidad (deber).

Pueden –suelen– tener titulares diferentes, pero no están nunca ausentes de la titularidad de cada sujeto. Podrá predominar uno u otro,

[108] Ferrer Mac-Gregor - Pelayo Möller, en Steiner - Uribe (eds.), *Convención Americana sobre Derechos Humanos*, p. 727.

[109] Bobbio, *El tiempo de los derechos*, p. 41.

pero más allá de esa titularidad separada, la conjunta se da siempre, aunque en variable medida, según la realidad de cada uno"[110].

Dos aclaraciones son importantes en este sentido.

En primer lugar, que los derechos humanos fundamentales no están atados al cumplimiento de los deberes de la persona. Quien incumple sus deberes tiene que cargar con las consecuencias que prevean las leyes, pero ello no lo inhibe de ejercer sus derechos[111].

En segundo lugar, la fijación de deberes pone de manifiesto que nos corresponde a las personas humanas –y no solo al Estado– ser sujetos pasivos de los derechos de los demás; claro que el alcance de esa obligación dependerá de la característica del derecho en sí, sea mediante la mera abstención o el deber de no dañar, sea mediante una obligación activa de dar o de hacer.

Los deberes no solo no han sido ajenos a las regulaciones constitucionales, también los tratados internacionales los han previsto.

a) *Tratamiento normativo.* Las constituciones suelen tener distintas técnicas para el tratamiento de los deberes, sea mediante la redacción en artículos diversos, o bien agrupados en un capítulo en particular, aun cuando en esta última opción es difícil que a lo largo de su articulado no surjan otra clase de obligaciones a cargo de los individuos.

La Constitución argentina, por ejemplo, se ha mantenido en el primer grupo, donde las obligaciones van surgiendo dispersamente, a veces de manera expresa, otras de manera tácita. Expresamente, el art. 14 bis establece la obligación de pagar el descanso y las vacaciones de los trabajadores a su cargo, un salario mínimo vital y móvil, igual remuneración por igual tarea, participar al trabajador en las ganancias de la empresa; el art. 21 impone armarse en defensa de la patria; el art. 37, la obligatoriedad de votar, y el art. 41, la obligación de recomponer el ambiente dañado. Tácitamente lo hacen el art. 4º, al imponer derechos de exportación e importación; el art. 9º, al hablar de tarifas aduaneras; el art. 14 bis, al referirse a los aportes a la seguridad social; el art. 16, en su referencia a

[110] Gelsi Bidart, "Derechos humanos: base - desenvolvimiento - cambio", en *Liber amicorum. Héctor Fix-Zamudio*, vol. I, p. 759.

[111] No significa que la ley no pueda prever que, ante el incumplimiento de los deberes, se restrinjan ciertos derechos, como ocurre cuando, ante el incumplimiento del deber de no cometer ilícitos penales, quien lo incumpla se verá privado de su libertad o sufrirá una sanción económica. Lo que se expresa es que la persona que incumplió un deber solo puede ver restringido el derecho que la ley, de manera razonable, previó para ese incumplimiento y no los demás.

abonar impuestos y soportar cargas públicas, y el art. 75, inc. 19, que alude a la participación de la familia en la educación.

La Sección 2ª, titulada "De los derechos y deberes de los ciudadanos", del Capítulo Segundo del Título I de la Constitución española abarca de los arts. 30 a 38, pese a lo cual solo en tres artículos de dicha Sección se refiere a obligaciones (arts. 30, 31 y 35), y allí establece los deberes de defender a España, cumplir el servicio militar, cumplir con las cargas impuestas en caso de catástrofes o calamidades públicas, pagar los tributos y trabajar.

Sin embargo, del resto del articulado surgen otras obligaciones como el deber de conocer y utilizar el castellano (art. 3º); la obligatoriedad de aprender (art. 27), y el deber de los padres de asistir a los hijos (art. 39)[112].

La Constitución de Guatemala regula los deberes y derechos cívicos en el art. 135 y los políticos en el art. 136[113], reconociendo que pueden existir otros deberes en la Constitución (como ocurre, a modo de ejemplo, con el art. 101 y el deber social de trabajar; el 105 y la obligación del empleador de proveer vivienda, y el 128 y la obligación de reforestar la rivera de los ríos).

Hay constituciones que han contemplado el deber de respetar los derechos ajenos. Así, el art. 95 de la Const. de Colombia dice: "La calidad de colombiano enaltece a todos los miembros de la comunidad nacional. Todos están en el deber de engrandecerla y dignificarla. El ejercicio de los derechos y libertades reconocidos en esta Constitución implica responsabilidades.

Toda persona está obligada a cumplir la Constitución y las leyes.

[112] Ver Torres del Moral, *Principios de derecho constitucional español*, t. 1, p. 355.

[113] Constitución de Guatemala: "*Art. 135. – Deberes y derechos cívicos.* Son derechos y deberes de los guatemaltecos, además de los consignados en otras normas de la Constitución y leyes de la República, los siguientes: *a*) servir y defender a la Patria; *b*) cumplir y velar, porque se cumpla la Constitución de la República; *c*) trabajar por el desarrollo cívico, cultural, moral, económico y social de los guatemaltecos; *d*) contribuir a los gastos públicos, en la forma prescripta por la ley; *e*) obedecer las leyes; *f*) guardar el debido respeto a las autoridades, y *g*) prestar servicio militar y social, de acuerdo con la ley.

Art. 136. – Deberes y derechos políticos. Son derechos y deberes de los ciudadanos: *a*) inscribirse en el Registro de Ciudadanos; *b*) elegir y ser electo; *c*) velar por la libertad y efectividad del sufragio y la pureza del proceso electoral; *d*) optar a cargos públicos; *e*) participar en actividades políticas, y *f*) defender el principio de alternabilidad y no reelección en el ejercicio de la presidencia de la República".

Son deberes de la persona y del ciudadano:

1. Respetar los derechos ajenos y no abusar de los propios;

2. Obrar conforme al principio de solidaridad social, respondiendo con acciones humanitarias ante situaciones que pongan en peligro la vida o la salud de las personas;

3. Respetar y apoyar a las autoridades democráticas legítimamente constituidas para mantener la independencia y la integridad nacionales;

4. Defender y difundir los derechos humanos como fundamento de la convivencia pacífica;

5. Participar en la vida política, cívica y comunitaria del país;

6. Propender al logro y mantenimiento de la paz;

7. Colaborar para el buen funcionamiento de la administración de la justicia;

8. Proteger los recursos culturales y naturales del país y velar por la conservación de un ambiente sano;

9. Contribuir al financiamiento de los gastos e inversiones del Estado dentro de conceptos de justicia y equidad".

Los tratados internacionales de derechos humanos no han sido ajenos a la fijación de deberes para con las personas, las que, si bien no son sujetos de derecho internacional y no podrían dar lugar a ser demandadas en sede internacional, se las reconoce como sujeto pasible de obligaciones.

La Declaración Americana de los Derechos y Deberes del Hombre, antecedente del Pacto de San José de Costa Rica, dedica un capítulo a los derechos (arts. I a XXVIII) y otro a los deberes (arts. XXIX a XXXVIII). Fijó así el deber de toda persona de convivir con las demás de manera que todas y cada una puedan formar y desenvolver integralmente su personalidad; el de asistir, alimentar, educar y amparar a sus hijos menores de edad, así como el deber de los hijos de honrar a sus padres y asistirlos, alimentarlos y ampararlos cuando lo necesiten; el deber de educarse; de votar; de obedecer la ley y los mandatos legítimos; de prestar los servicios civiles y militares que la patria requiera para su defensa y conservación, y en caso de calamidad pública, los servicios de que sea capaz; de desempeñar los cargos de elección popular que le correspondan; de cooperar con el Estado y con la comunidad en la asistencia y seguridad sociales; de pagar los impuestos; de trabajar; y de no intervenir en las actividades políticas que, de conformidad con la ley, sean privativas de los ciudadanos del Estado en que sea extranjero.

La Declaración Universal de Derechos Humanos dice, de manera genérica, en el art. 29.1: "*Toda persona tiene deberes respecto a la co-*

munidad puesto que solo en ella puede desarrollar libre y plenamente su personalidad".

La Convención Americana sobre Derechos Humanos expresa que toda persona "*tiene deberes para con la familia, la comunidad y la humanidad*" (art. 32, inc. 1), sin perjuicio de otras obligaciones que se desprenden de sus cláusulas (p.ej., en el art. 7°, inc. 7, reconoce los deberes alimentarios, y, en el art. 6°, inc. 3, los servicios militares o civiles, aunque no los impone directamente).

Otros tratados hacen mención implícita de los deberes, como ocurre con los arts. 5° y 16 de la Convención sobre la Eliminación de todas las Formas de Discriminación contra la Mujer o el art. 14 de la Convención sobre los Derechos del Niño.

b) *LÍMITES A LOS DEBERES.* Así como los derechos son limitados, también lo son los deberes, y en ellos los principios fundantes del sistema (dignidad, libertad, igualdad, razonabilidad y legalidad) juegan un papel preponderante para la comprobación de la validez de su exigencia.

Más allá de las restricciones generales a los deberes, se presentan situaciones particulares que tienen que ver con la objeción de conciencia.

También puede darse un conflicto entre deberes, como ocurre cuando un profesional, a la vez que tiene el deber de secreto, tiene la obligación de denunciar un acto ilícito. En dichos supuestos, al igual que ocurre con los derechos en conflicto, corresponderá balancear los objetivos tenidos en consideración, a la luz de los principios fundantes del sistema, para determinar cuál prevalece en el caso particular.

Hay situaciones de sencilla resolución, como ocurre con el deber de secreto que tiene un abogado público, el que claramente prevalece sobre la obligación de denunciar (claro que no en todos los casos, dado que, si al vulnerar su deber de secreto, se salvaran cientos de vidas, dicho deber podría ceder).

En otros casos, el tema es más complejo, como cuando el médico de un hospital público, con motivo de la atención de un paciente herido de arma de fuego, se encuentra con el dilema de denunciarlo o hacer primar su deber de secreto profesional. Si prevalece el secreto, puede quedar impune un delito o, incluso, pueden perderse otras vidas como consecuencia de la falta de investigación; por el contrario, si prevalece la obligación de denunciar, puede que quien sufrió una herida evite asistir al médico y ello le traiga aparejado un grave daño a su salud o incluso la muerte.

Las circunstancias particulares irán delineando la prevalencia del deber en cada situación particular.

§ 39. *Los derechos humanos fundamentales en el ámbito provincial*. – En los países que adoptaron la forma de gobierno federal el individuo se encuentra sometido al menos a dos jurisdicciones, con lo que se generan dudas sobre qué es lo que sucede con el plexo de derechos, especialmente en cuanto a si los derechos humanos fundamentales reconocidos en la Constitución federal son oponibles a las jurisdicciones locales, qué ocurre con los derechos reconocidos en los tratados internacionales y si las jurisdicciones locales pueden otorgar derechos distintos. Aun cuando las respuestas tengan ciertas variaciones según las competencias que cada Constitución depare a sus Estados miembros, hay aspectos que presentan un tratamiento en común. Analicemos cada una de estas situaciones.

a) *Derechos reconocidos en las constituciones federales*. Cabe considerar que, al menos en América, aun cuando la forma de Estado es mayoritariamente unitaria, la mayoría de la población vive en regímenes federales[114].

Los distintos Estados federales han procurado asegurar la supremacía constitucional por sobre los ordenamientos locales. La Constitución argentina de 1853, en su art. 31, decretó: "*Esta Constitución, las leyes de la Nación que en su consecuencia se dicten por el Congreso y los tratados con las potencias extranjeras son la ley suprema de la Nación; y las autoridades de cada provincia están obligadas a conformarse a ella, no obstante cualquiera disposición en contrario que contengan las leyes o constituciones provinciales*". Esta normativa, tomada de la cláusula 2 del art. VI de la Const. de Estados Unidos de América[115], y que también fue replicada por la Constitución mexicana en el art. 133[116], procuró, más

[114] Tienen forma de Estado federal Argentina, Brasil, Canadá, Estados Unidos de América y Venezuela.

[115] El art. VI, cláusula 2, de la Const. de Estados Unidos de América dispone en lo pertinente: "This Constitution, and the laws of the United States which shall be made in pursuance thereof; and all treaties made, or which shall be made, under the authority of the United States, shall be the supreme law of the land; and the judges in every State shall be bound thereby, any thing in the Constitution or laws of any State to the contrary notwithstanding".

[116] El art. 133 de la Const. mexicana establece: "Esta Constitución, las leyes del Congreso de la Unión que emanen de ella y todos los tratados que estén de acuerdo con la misma, celebrados y que se celebren por el presidente de la República, con aprobación del Senado, serán la ley suprema de toda la Unión. Los jueces de cada entidad federativa se arreglarán a dicha Constitución, leyes y tratados, a pesar de las disposiciones en contrario que pueda haber en las constituciones o leyes de las entidades federativas".

que asegurar la supremacía constitucional, asegurar la primacía del ordenamiento central por sobre el local.

Otras normas específicas reaseguran la aplicación de los derechos constitucionales en el ámbito local[117]. El art. 5º de la Const. nacional dispone que cada provincia "*dictará para sí una Constitución bajo el sistema representativo republicano, de acuerdo con los principios, declaraciones y garantías de la Constitución nacional*". De manera similar, el art. 25 de la Const. de Brasil, en su primer párrafo indica: "*Los Estados se organizan y se rigen por las constituciones y leyes que adopten, observando los principios de esta Constitución*".

Específicamente, en cuanto se refiere a derechos fundamentales, el primer párrafo del art. 1º de la Const. de México expresa: "En los Estados Unidos Mexicanos todas las personas gozarán de los derechos humanos reconocidos en esta Constitución y en los tratados internacionales de los que el Estado mexicano sea parte, así como de las garantías para su protección, cuyo ejercicio no podrá restringirse ni suspenderse, salvo en los casos y bajo las condiciones que esta Constitución establece".

Además de las disposiciones constitucionales referidas, la pretensión de validez de toda norma constitucional, sumada a las actuales circunstancias que ponen en evidencia una clara tendencia a la oponibilidad *erga omnes* de los derechos constitucionales (Estados, personas jurídicas y personas humanas), se torna indiscutible la aplicación de estos derechos en los ámbitos locales de toda organización política miembro de un país federal[118].

[117] La Constitución de Venezuela ordena en el art. 19: "El Estado garantizará a toda persona, conforme al principio de progresividad y sin discriminación alguna, el goce y ejercicio irrenunciable, indivisible e interdependiente de los derechos humanos. Su respeto y garantía son obligatorios para los órganos del poder público de conformidad con esta Constitución, con los tratados sobre derechos humanos suscritos y ratificados por la República y las leyes que los desarrollen". A su vez, el art. 159 reafirma la aplicación de los derechos en los Estados miembros al entender que los Estados "son entidades autónomas e iguales en lo político, con personalidad jurídica plena, y quedan obligados a mantener la independencia, soberanía e integridad nacional, y a cumplir y hacer cumplir esta Constitución y las leyes de la República", mientras que el inc. 1 del art. 164, al referirse a las competencias de los Estados locales, establece que les corresponde dictar su Constitución "para organizar los poderes públicos, de conformidad con lo dispuesto en esta Constitución".

[118] En ese sentido, BIDART CAMPOS expresaba que "el constitucionalismo provincial nunca puede disminuir derechos que surgen de la Constitución federal, ni reducir el núcleo o contenido esencial de los mismos" (*Tratado elemental de derecho constitucional argentino*, t. V, p. 37).

b) *Derechos reconocidos en los tratados de derechos humanos.* Así como los derechos humanos fundamentales reconocidos en las constituciones resultan aplicables a todos los individuos, no puede discutirse que el mismo alcance tienen esos derechos cuando provienen de tratados internacionales.

Los argumentos para sostener esta postura son de dos órdenes; uno, desde la mirada constitucional, y otro, desde la mirada internacional.

Desde la mirada nacional, porque en general las constituciones les han reconocido supremacía constitucional a esas normas, pasando a integrar lo que se conoce como el bloque de constitucionalidad (incluso en aquellos países donde las constituciones no previeron expresamente el reconocimiento de jerarquía constitucional, los tribunales a cargo del control les han reconocido dicho alcance).

Argentina lo hizo en el art. 75, inc. 22, de la Const. nacional, al otorgar jerarquía constitucional a una serie de tratados de derechos humanos expresamente enumerados, así como aquellos tratados a los cuales el Congreso decida, una vez incorporados, otorgarles la mencionada jerarquía con el voto de las dos terceras partes de todos sus integrantes. Atento a que la primera parte de la Constitución no podía ser modificada, en la reforma de 1994 se decidió jerarquizar los tratados dentro de las atribuciones del Congreso.

El inc. 22 del art. 75, en la parte que aquí interesa, quedó redactado de la siguiente manera: "*Los tratados y concordatos tienen jerarquía superior a las leyes.*

La Declaración Americana de los Derechos y Deberes del Hombre; la Declaración Universal de Derechos Humanos; la Convención Americana sobre Derechos Humanos; el Pacto Internacional de Derechos Económicos, Sociales y Culturales; el Pacto Internacional de Derechos Civiles y Políticos y su Protocolo Facultativo; la Convención sobre la Prevención y la Sanción del Delito de Genocidio; la Convención Internacional sobre la Eliminación de todas las Formas de Discriminación Racial; la Convención sobre la Eliminación de todas las Formas de Discriminación contra la Mujer; la Convención contra la Tortura y otros Tratos o Penas Crueles, Inhumanos o Degradantes; la Convención sobre los Derechos del Niño; en las condiciones de su vigencia, tienen jerarquía constitucional, no derogan artículo alguno de la primera parte de esta Constitución y deben entenderse complementarios de los derechos y garantías por ella reconocidos. Solo podrán ser denunciados, en su caso, por el Poder Ejecutivo nacional, previa aprobación de las dos terceras partes de la totalidad de los miembros de cada Cámara.

Los demás tratados y convenciones sobre derechos humanos, luego de ser aprobados por el Congreso, requerirán del voto de las dos terceras partes de la totalidad de los miembros de cada Cámara para gozar de la jerarquía constitucional".

Algo parecido prevé la Constitución de Venezuela en su art. 23, al establecer: "Los tratados, pactos y convenciones relativos a derechos humanos, suscritos y ratificados por Venezuela, tienen jerarquía constitucional y prevalecen en el orden interno, en la medida en que contengan normas sobre su goce y ejercicio más favorables a las establecidas por esta Constitución y la ley de la República, y son de aplicación inmediata y directa por los tribunales y demás órganos del poder público".

Con otra redacción, pero con alcance similar, el art. 1º, párr. 2º, de la Const. mexicana dispone: "Las normas relativas a los derechos humanos se interpretarán de conformidad con esta Constitución y con los tratados internacionales de la materia favoreciendo en todo tiempo a las personas la protección más amplia" A su vez, la Constitución de Brasil, en el art. 5º, § 2 determina: "Los derechos y garantías expresadas en esta Constitución no excluyen otros derivados del régimen y de los principios por ella adoptados, o de los tratados internacionales en que la República Federativa de Brasil sea parte".

Así, desde el propio derecho constitucional de los Estados, las normas de los tratados de derechos humanos no solo son tan aplicables en el ámbito interno como ocurre con las propias normas constitucionales, sino que además tienen su misma jerarquía. Mucho más desde el punto de vista internacional, puesto que ningún Estado puede incumplir una obligación internacional sobre la base de normas dictadas por un Estado miembro perteneciente a su estructura. Aun cuando se excluyan las normas de competencias que fija la Constitución para celebrar el tratado, no caben dudas de que el art. 27 de la Convención de Viena sobre el Derecho de los Tratados no admite que puedan invocarse legislaciones o constituciones locales para incumplir disposiciones de derechos humanos fundamentales contenidas en tratados, máxime cuando, como se expresó, las constituciones nacionales les reconocen jerarquía constitucional a esos tratados.

Por los motivos antes expresados, no resulta necesario que un tratado refiera al ámbito de aplicación en el territorio de un Estado. Pese a ello hay tratados que así lo disponen expresamente, como lo hace el Pacto Internacional de Derechos Económicos, Sociales y Culturales o el Pacto Internacional de Derechos Civiles y Políticos al decir que las disposiciones que contienen serán aplicables a todas las partes componentes de los

Estados federales, sin limitación ni excepción alguna (también utiliza esta fórmula el art. 4º, párr. 5, de la Convención sobre los Derechos de las Personas con Discapacidad).

El tema generó debates al redactarse la Convención Americana sobre Derechos Humanos, cuando la delegación estadounidense manifestó la preocupación de que debía buscarse una fórmula que, sin alterar el régimen federal, permitiera la cooperación entre los distintos entes estatales. Se redactó, en consecuencia, el art. 28, que en sus dos primeros incisos establece: "1. *Cuando se trate de un Estado parte constituido como Estado federal, el gobierno nacional de dicho Estado parte cumplirá todas las disposiciones de la presente Convención relacionadas con las materias sobre las que ejerce jurisdicción legislativa y judicial.*

2. *Con respecto a las disposiciones relativas a las materias que corresponden a la jurisdicción de las entidades componentes de la Federación, el gobierno nacional debe tomar de inmediato las medidas pertinentes, conforme a su Constitución y sus leyes, a fin de que las autoridades competentes de dichas entidades puedan adoptar las disposiciones del caso para el cumplimiento de esta Convención*".

A criterio de la delegación de los Estados Unidos de América, esta norma, a diferencia de la prevista en los otros pactos mencionados, obliga al gobierno central a tomar medidas para que las entidades de la federación cumplan con la Convención, pero no impone una responsabilidad internacional al Estado central si aquellas no lo hicieran[119].

Pese a estas opiniones, no parece que el Estado pueda considerarse liberado de responsabilidad cuando existe una violación de los derechos humanos en su territorio simplemente porque esta haya ocurrido en "jurisdicción local".

Aun sin desconocer las dificultades que puede tener el gobierno central para investigar y juzgar actos de autoridades locales, que caen bajo sus propias jurisdicciones, como se expresó anteriormente, el Estado federal fija contenidos mínimos que son de aplicación ineludible por las provincias; cuenta, además, con mecanismos constitucionales que le permiten intervenir en los entes locales y corregir las desviaciones cuando ellas afectan al sistema republicano. Y no hay mayor afectación a la república que la vulneración de los derechos humanos fundamentales[120].

[119] Ver Dulitzky, en Steiner - Uribe (eds.), *Convención Americana sobre Derechos Humanos*, p. 696.

[120] Sobre el mecanismo de intervención federal a las provincias, en Argentina, ver Toricelli, *Organización constitucional del poder*, t. 1, p. 444 y siguientes.

La jurisprudencia de la Corte Interamericana de Derechos Humanos se ha orientado en el sentido de rechazar la invocación de la organización federal como excusa para incumplir con los derechos humanos fundamentales.

Al respecto, dijo que "el art. 28 de la Convención prevé la hipótesis de que un Estado federal, en el cual la competencia en materia de derechos humanos corresponde a los Estados miembros, quiera ser parte en ella. Al respecto, dado que desde el momento de la aprobación y de la ratificación de la Convención la Argentina se comportó como si dicha competencia en materia de derechos humanos correspondiera al Estado federal, no puede ahora alegar lo contrario pues ello implicaría violar la regla del *estoppel*. En cuanto a las 'dificultades' invocadas por el Estado en la audiencia de 20 de enero de 1998, la Corte estima conveniente recordar que, según una jurisprudencia centenaria y que no ha variado hasta ahora, un Estado no puede alegar su estructura federal para dejar de cumplir una obligación internacional"[121].

Posteriormente, luego de reiterar la doctrina antes transcripta, agregó que "la Corte considera que los Estados partes deben asegurar el respeto y la garantía de todos los derechos reconocidos en la Convención Americana a todas las personas que estén bajo su jurisdicción, sin limitación ni excepción alguna con base en dicha organización interna. El sistema normativo y las prácticas de las entidades que forman un Estado federal parte de la Convención deben conformarse a la Convención Americana"[122].

c) *Posibilidad de otorgar derechos distintos.* Un tema que presenta mayores complejidades es la posibilidad de los entes locales de otorgar derechos distintos a los conferidos en las constituciones nacionales. También aquí se imponen algunas distinciones.

Un primer aspecto, tal vez el menos conflictivo, ocurre cuando los entes políticos locales otorgan los mismos derechos que los conferidos por el ordenamiento federal, oponibles ante sí, pero con mayor amplitud; ello ocurre si una Constitución federal reconoce que el derecho a la salud obliga al Estado a cubrir al menos el 50 % de la prestación que debe recibirse, mientras que la normativa local reconoce que ese porcentaje abarca el 75 %. No caben dudas de que, en este caso, la persona podrá exigir del Estado local esa mayor prestación reconocida.

[121] Corte IDH, 27/8/1998, "Garrido y Baigorria vs. Argentina", párr. 46.

[122] Corte IDH, 6/7/2009, "Escher vs. Brasil", párr. 219; doctrina reiterada en Corte IDH, 23/9/2009, "Garibaldi vs. Brasil", párr. 146.

En un segundo ámbito de análisis lo que corresponde preguntarnos es qué ocurriría si ese mismo derecho se prevé contra todos los obligados por el sistema de salud (p.ej., contra particulares que puedan prestarlos por la existencia de una obligación jurídica justificante que los una a quienes deben recibir la atención de salud). La respuesta puede no ser, necesariamente, la misma.

No se trata aquí de la aplicación del principio *pro homine* o de mejor derecho, porque va a ocurrir que el mejor derecho de uno no será precisamente el mejor derecho del otro, sino la mayor obligación del otro. En estos supuestos será importante analizar la competencia del ente territorial para regular la materia. No es lo mismo, por ejemplo, si el sistema de salud es regulado en cada esfera política o si es regulado solo por la autoridad nacional, quedando exclusivamente a su cargo establecer valores, prestaciones, etc., donde las partes no podrán modificar condiciones y solo una de ellas recibirá beneficios que no siempre tendrán un correlato de obligaciones.

Un caso hipotético podría servir para aclarar lo dicho. Nótese lo que sucedería, por ejemplo, con una obra social (como podría ser la de empleados de comercio) de trabajadores que tienen la misma escala salarial en todo el país y reciben las mismas prestaciones en todo el territorio. Si una provincia regulara que tienen derecho a más prestaciones que en las demás jurisdicciones y se lo impusiera a las diversas obras sociales, todos los empleados contribuirían de la misma manera, pero los que residen en esa provincia tendrían mayores prestaciones a costa de los demás, lo que constituiría un verdadero privilegio.

Hay ámbitos donde los derechos no tienen correlaciones tan directas entre prestaciones recíprocas (aunque no sean de manera directa, sino correlacionadas con sectores o grupos –como en el ejemplo antes dado–) y donde las respuestas son más complejas aún, como sucede, por caso, cuando un ente, al margen de la Constitución federal, otorga un derecho no previsto en el orden nacional ni en los tratados internacionales. Ello ocurrió, al menos hasta la incorporación del Pacto de San José de Costa Rica, con el derecho a réplica en la provincia de Santa Fe, donde el último párrafo del art. 11 de la Constitución provincial, que regula la libertad de prensa, establece: "Las personas que se consideren afectadas por una publicación periodística tienen el derecho de réplica gratuita, en el lugar y con la extensión máxima de aquella, con recurso, de trámite sumario, en caso de negativa, ante la justicia ordinaria"[123].

[123] Corresponde aclarar que la norma transcripta data de 1962, mientras que la Convención Americana sobre Derechos Humanos fue ratificada por Argentina en 1984 y jerarquizada constitucionalmente en 1994.

Si se entiende la réplica como complemento de la libertad de expresión, o como garantía del honor, la jurisdicción local no está ampliando derechos, sino regulando derechos ya reconocidos u otorgando garantías para su efectivización y, en estos casos, su reconocimiento es plenamente válido. Si, en cambio, se entiende que el derecho a réplica restringe la libertad de los medios de comunicación (o, más precisamente, de sus titulares), se trataría de una restricción no válida, a menos que la Constitución federal lo autorice expresamente[124].

No debe olvidarse, como remarcaba Bobbio, que al derecho de uno le corresponde la obligación de otro u otros, y ello no puede soslayarse en el análisis de esta materia[125].

[124] La Constitución de Brasil, en el art. 19, expresa: "Está prohibido a la Unión, a los Estados, al Distrito Federal y a los Municipios: [...] *III.* Crear diferencias entre los brasileños o preferencias entre sí". Cabe tener en cuenta que, así como en Estados Unidos de América cada ente político integrante tiene la facultad de dictar sus códigos de fondo, en países como Argentina (art. 75, inc. 12, Const. nacional) o Brasil (art. 22.I, Const. de Brasil) esta competencia le corresponde en exclusividad al Estado central.

[125] Para una posición distinta, ver Bidart Campos, *Tratado elemental de derecho constitucional argentino*, t. V, p. 153 y siguientes.

BIBLIOGRAFÍA

ABREGÚ, MARTÍN - COURTIS, CRISTIAN (comps.), *La aplicación de los tratados sobre derechos humanos por los tribunales* locales, Bs. As., Editores del Puerto, 2004.

AGUILAR RIVERA, JOSÉ A., *El sonido y la furia: crítica de la persuasión multicultural*, "Isonomía. Revista de Teoría y Filosofía del Derecho", nº 12, abr. 2000, p. 53.

ALEXY, ROBERT, *La institucionalización de los derechos humanos en el Estado constitucional democrático*, "Derechos y Libertades. Revista del Instituto Bartolomé de las Casas", año 5, nº 8, 2000, p. 21.

— *Los derechos fundamentales y el principio de proporcionalidad*, "Revista Española de Derecho Constitucional", nº 91, ene.-abr. 2011, p. 11.

— *Teoría de la argumentación jurídica*, Madrid, Centro de Estudios Constitucionales, 1997.

— *Teoría de los derechos fundamentales*, Madrid, Centro de Estudios Constitucionales, 1993.

ALEXY, ROBERT - ALONSO, JUAN P. - RABBI-BALDI CABANILLAS, RENATO (coords.), *Argumentación, derechos humanos y justicia*, Bs. As., Astrea, 2019.

ALVARADO VELLOSO, ADOLFO, *Introducción al estudio del derecho procesal. Primera parte*, Santa Fe, Rubinzal-Culzoni, 1992.

ARCARO CONCI, LUIZ G. - FIGUEIREDO, MARCELO (coords.), *30 anos da Constituição. Múltiplos olhares sobre as suas promessas*, Rio de Janeiro, Lumen Juris, 2018.

ARIAS MARÍN, ALÁN (coord.), *Debate multicultural y derechos humanos*, México, Comisión Nacional de los Derechos Humanos, 2016.

ATIENZA, MANUEL, *Las razones del derecho. Sobre la justificación de las decisiones judiciales*, "Isonomía. Revista de Teoría y Filosofía del Derecho", nº 1, 1994, p. 52.

— *Para una teoría de la argumentación jurídica*, "Doxa. Cuadernos de Filosofía del Derecho", nº 8, 1990, p. 39.

ATIENZA, MANUEL - RUIZ MANERO, JUAN, *Sobre principios y reglas*, "Doxa. Cuadernos de Filosofía del Derecho", nº 10, 1991, p. 103.

BASTIDA, FRANCISCO J. - VILLAVERDE, IGNACIO - REQUEJO, PALOMA - PRESNO, MIGUEL Á. - ALÁEZ, BENITO - SARASOLA, IGNACIO F., *Teoría general de los derechos fundamentales en la Constitución española de 1978*, Madrid, Tecnos, 2004.

BAZÁN, VÍCTOR (coord.), *Defensa de la Constitución. Garantismo y controles. Libro en reconocimiento al Dr. Germán J. Bidart Campos*, Bs. As., Ediar, 2003.

— *Desafíos del control de constitucionalidad*, Bs. As., Ciudad Argentina, 1996.

BELLAMY, RICHARD, *Constitucionalismo político. Una defensa republicana de la constitucionalidad de la democracia*, Madrid - Barcelona - Bs. As., Marcial Pons, 2010.

BELTRÁN, ELENA, *La dignidad humana: entre el derecho y la moral*, "Doxa. Cuadernos de Filosofía del Derecho", edición especial, Homenaje a Francisco Laporta y Liborio L. Hierro, 2017, p. 73.

BIANCHI, ALBERTO B., *Control de constitucionalidad*, Bs. As., Ábaco, 2002.

— *El caso "Texas vs. Johnson" y el dilema de la colisión de los derechos constitucionales*, "Revista Jurídica de Buenos Aires", 1990-II, p. 12.

— *La legitimidad en el ejercicio del control de constitucionalidad (apuntes en relación a los magistrados judiciales y a los tribunales administrativos)*, "Derecho Administrativo", 2001, p. 38.

— *La separación de poderes. Un estudio desde el derecho comparado*, Bs. As., Cathedra Jurídica, 2019.

BIANCHI, ALBERTO B. - SACRISTÁN, ESTELA B., *Salud versus libertad personal: ¿es esa la cuestión? (un reexamen del control de razonabilidad a propósito del covid-19)*, "Revista de Derecho Administrativo", nº 6, jun. 2020.

BIDART CAMPOS, GERMÁN J., *Compendio de derecho constitucional*, Bs. As., Ediar, 2004.

— *Derecho político*, Bs. As., Aguilar, 1962.

— *El derecho de la Constitución y su fuerza normativa*, Bs. As., Ediar, 1995.

— *Teoría general de los derechos humanos*, 2ª ed., Bs. As., Astrea, 2020.

— *Tratado elemental de derecho constitucional argentino*, Bs. As., Ediar, 2005.

BIDART CAMPOS, GERMÁN J. - GIL DOMÍNGUEZ, ANDRÉS (coords.), *El derecho constitucional del siglo XXI. Diagnóstico y perspectivas*, Bs. As., Ediar, 2000.

— *Los valores en la Constitución argentina*, Bs. As., Ediar, 1999.

BOBBIO, NORBERTO, *El futuro de la democracia*, México, Fondo de Cultura Económica, 1986.

— *El tiempo de los derechos*, Madrid, Sistema, 1991.

— *Igualdad y libertad*, Barcelona, Paidós, 1993.

BORDA, GUILLERMO A., *Tratado de derecho civil*, Bs. As., Abeledo-Perrot, 1990.

CARBONELL, MIGUEL, *Constitucionalismo, minorías y derechos*, "Isonomía. Revista de Teoría y Filosofía del Derecho", nº 12, abr. 2000, p. 111.

— *En los orígenes del Estado constitucional: la Declaración francesa de 1789*, Lima, Universidad Garcilazo de la Vega, 2012.

CARPIZO, JORGE, *Los derechos humanos: naturaleza, denominación y características*, "Cuestiones Constitucionales. Revista Mexicana de Derecho Constitucional", nº 25, jul.-dic. 2011, p. 3.

CHAUMET, MARIO E., *Argumentación. Claves aplicables en un derecho complejo*, Bs. As., Astrea, 2019.

— *Juez Júpiter, Hércules, Hermes...¿y el riesgo de Eróstrato?*, www.centrodefilosofia.org/IyD/IyD523.pdf.

CIANCIARDO, JUAN, *El ejercicio regular de los derechos. Análisis y crítica del conflictivismo*, Bs. As., Ad-Hoc, 2007.

COMANDUCCI, PAOLO, *Formas de (neo)constitucionalismo: un análisis metateórico*, "Isonomía. Revista de Teoría y Filosofía del Derecho", nº 16, 2002, p. 89.

CONTRERAS, PABLO, *Control de convencionalidad, deferencia internacional y discreción nacional en la jurisprudencia de la Corte Interamericana de Derechos Humanos*, "Ius et Praxis", año 20, nº 2, 2014, p. 235.

Corte Interamericana de Derechos Humanos, *Liber amicorum. Héctor Fix-Zamudio*, San José de Costa Rica, Corte Interamericana de Derechos Humanos - Unión Europea, 1998.

COURTIS, CHRISTIAN (comp.), *Ni un paso atrás. La prohibición de regresividad en materia de derechos sociales*, Bs. As., Editores del Puerto, 2006.

DABOVE, MARÍA I. - NAWOJCZYK, ERIKA - BARBERO, DARIEL O., *Werner Goldschmidt y Robert Alexy: "corsi e ricorsi" del integrativismo jurídico*, www.astrea.com.ar, 2015.

DWORKIN, RONALD, *Los derechos en serio*, Barcelona, Ariel, 1984.

EKMEKDJIAN, MIGUEL Á., *Tratado de derecho constitucional. Constitución de la Nación Argentina, comentada, y anotada con legislación, jurisprudencia y doctrina*, Bs. As., Depalma, 1994.

ETO CRUZ, GERARDO, *Los principios rectores del sistema de jurisdicción constitucional en República Dominicana*, "Revista Dominicana de Derecho Procesal Constitucional", año 3, nº 3, 2018, p. 158.

FABRA ZAMORA, JORGE L. - NÚÑEZ VAQUERO, ÁLVARO (coords.), *Enciclopedia de filosofía y teoría del derecho*, México, Unam, 2015.

FARFÁN, MARÍA L., *La crisis del Sistema Interamericano de Derechos Humanos a la luz de algunos estándares internacionales en materia judicial*, *LL*, 2017-A-866.

FAYT, CARLOS S., *Derecho político*, Bs. As., Depalma, 1998.

FERNÁNDEZ SEGADO, FRANCISCO, *El sistema constitucional español*, Madrid, Dykinson, 1992.

FERRAJOLI, LUIGI, *Constitucionalismo principialista y constitucionalismo garantista*, "Doxa. Cuadernos de Filosofía de Derecho", nº 34, 2011, p. 15.

— *Igualdad, desarrollo económico y democracia*, "Isonomía. Revista de Teoría y Filosofía del Derecho", nº 49, 2019, p. 173.

— *Las libertades en el tiempo del neoliberalismo*, "Isonomía. Revista de Teoría y Filosofía del Derecho", nº 29, 2008, p. 83.

— *Los fundamentos de los derechos fundamentales*, Madrid, Trotta, 2009.

FERRER MAC-GREGOR, EDUARDO - ZALDÍVAR LELO DE LARREA, ARTURO (coords.), *La ciencia del derecho procesal constitucional. Estudios en homenaje a Héctor Fix-Zamudio en sus cincuenta años como investigador del derecho*, México, Unam - Instituto Mexicano de Derecho Procesal Constitucional - Marcial Pons, 2008.

FERREYRA, RAÚL G., *Notas sobre derecho constitucional y garantías*, Bs. As., Ediar, 2003.

FIGUEIREDO, MARCELO - ARCARO CONCI, LUIZ G. (coords.) - GERBER, KONSTANTIN (org.), *Constitucionalismo multinível e pluralismo jurídico*, Rio de Janeiro, Lumen Juris, 2017.

FIX-ZAMUDIO, HÉCTOR, *Los estados de excepción y la defensa de la Constitución*, "Boletín Mexicano de Derecho Comparado", vol. 37, nº 111, 2004, p. 801.

— *Los tribunales constitucionales y los derechos humanos*, México, Unam, 1980.

GARCÍA DE ENTERRÍA, EDUARDO, *La batalla por las medidas cautelares*, Madrid, Civitas, 1995.

GARCÍA MANRIQUE, RICARDO, *La semántica confusa de la igualdad*, "Doxa. Cuadernos de Filosofía de Derecho", nº 33, 2010, p. 592.

García Martínez, Asunción, *El recurso de inconstitucionalidad. El proceso directo de inconstitucionalidad*, Madrid, Trivium, 1992.

García Ramírez, Sergio, *Los derechos humanos y la jurisdicción interamericana*, México, Unam, 2002.

García Ramírez, Sergio (coord.), *Estudios jurídicos en homenaje a Olga Islas de González Mariscal*, México, Unam, 2016.

García Roca, Javier, *La muy discrecional doctrina del margen de apreciación nacional según el Tribunal Europeo de Derechos Humanos: soberanía e integración*, "Teoría y Realidad Constitucional", nº 20, 2007, p. 122.

García Toma, Víctor, *Los derechos fundamentales en el Perú*, Lima, Juristas, 2008.

Gargarella, Roberto, *El nacimiento del "constitucionalismo popular"*, reseña de *The people themselves, de Larry Kramer*, "Revista de Libros de la Fundación Caja Madrid", nº 112, abr. 2006, p. 15.

— *El nuevo constitucionalismo latinoamericano: promesas e interrogantes*, www.palermo.edu/Archivos_content/derecho/pdf/Constitucionalismo_atinoamericano.pdf.

— *La dificultad de defender el control judicial de las leyes*, "Isonomía. Revista de Teoría y Filosofía del Derecho", nº 6, 1997, p. 62.

Ghersi, Carlos A., *La dignidad como principio general del derecho, LL*, 2014-D-1054.

Gil Domínguez, Andrés, *Neoconstitucionalismo y derechos colectivos*, Bs. As., Ediar, 2005.

Gil Domínguez, Andrés - Famá María V. - Herrera, Marisa, *Derecho constitucional de familia*, Bs. As., Ediar, 2006.

Gimeno Sendra, Vicente - Garberí Llobregat, José, *Los procesos de amparo (ordinario, constitucional e internacional)*, Madrid, Colex, 1994.

González Bertomeu, Juan F., *Tushnet y el control de constitucionalidad: una teoría ligeramente desenfocada*, https://archivos.juridicas.unam.mx/www/bjv/libros/9/4257/6.pdf.

Häberle, Peter, *El Estado constitucional*, trad. H. Fix-Fierro, Bs. As., Astrea, 2020.

Habermas, Jürgen, *La inclusión del otro*, Barcelona, Paidós, 1999.

Hamilton, Alexander - Madison, James - Jay, John, *El Federalista*, México, Fondo de Cultura Económica, 1998.

Hart, Herbert L. A., *Discrecionalidad*, "Doxa. Cuadernos de Filosofía del Derecho", nº 37, 2014, p. 92.

Holmes, Stephen - Sunstein, Cass R., *El costo de los derechos. Por qué la libertad depende de los impuestos*, Bs. As., Siglo Veintiuno, 2015.

Ibarlucía, Emilio A., *Sobre el contenido esencial de los derechos constitucionales, LL*, 2016-F-834.

Instituto de Investigaciones Jurídicas - Centro de Estudios Constitucionales México-Centroamérica, *Justicia constitucional comparada*, México, Unam, 1993.

Instituto Interamericano de Derechos Humanos, *Estudios básicos de derechos humanos*, San José de Costa Rica, Instituto Interamericano de Derechos Humanos, 1995.

Jalil, Yamil C., *Los tratados de derechos humanos y su armonía con otros derechos*, "Ideas & Derecho", nº 10, 2014, p. 63.

Jiménez, Eduardo P., *Derecho constitucional argentino*, Bs. As., Ediar, 2001.

KANT, IMMANUEL, *Fundamentación de la metafísica de las costumbres*, trad. M. GARCÍA MORENTE, San Juan de Puerto Rico, Pedro M. Rosario Barbosa, 2007.

— *Principios metafísicos del derecho*, trad. G. LIZZARRAGA, Madrid, Suárez, 1873.

KYMLICKA, WILL, *Ciudadanía multicultural. Una teoría liberal de los derechos de las minorías*, Barcelona, Paidós, 1996.

LAPORTA, FRANCISCO J., *El principio de igualdad: introducción a su análisis*, "Sistema", nº 67, 1985, p. 3.

LÓPEZ ALFONSÍN, MARCELO A., *La doctrina del margen de apreciación nacional. Su recepción en el Sistema Europeo de Derechos Humanos, en el Sistema Interamericano de Derechos Humanos y en Argentina, en relación con los derechos económicos, sociales y culturales*, "Lex", vol. 15, nº 19, 2017, p. 51.

LÓPEZ-CONTRERAS, RONY E., *Interés superior de los niños y niñas: definiciones y contenidos*, "Revista Latinoamericana de Ciencias Sociales, Niñez y Juventud", vol. 13, nº 1, 2015, p. 51.

LORENZETTI, RICARDO L., *Justicia colectiva*, Santa Fe, Rubinzal-Culzoni, 2017.

MANILI, PABLO L., *El bloque de constitucionalidad. La recepción del derecho internacional de los derechos humanos en el derecho constitucional argentino*, Bs. As., La Ley, 2003.

MENDIETA, DAVID - TOBÓN TOBÓN, MARY L., *La pequeña dictadura del covid-19 en Colombia: uso y abuso de normas ordinarias y excepcionales para enfrentar la pandemia*, "Opinión Jurídica", vol. 19, nº 40, 2020, p. 243.

MENDIETA GONZÁLEZ, DAVID - TOBÓN, MARY L., *La dignidad humana y el Estado social y democrático de derecho: el caso colombiano*, "RECHTD. Revista de Estudos Constitucionais, Hermenêutica e Teoria do Direito", vol. 10, nº 3, 2018, p. 278.

MENDIETA GONZÁLEZ, DAVID - TOBÓN TOBÓN, MARY L., *El (des)control de constitucionalidad en Colombia*, "Estudios Constitucionales", vol. 16, nº 2, 2018, p. 51.

MIDÓN, MARIO A. R., *Decretos de necesidad y urgencia. En la Constitución nacional y los ordenamientos provinciales*, Bs. As. La Ley, 2001.

NASH ROJAS, CLAUDIO, *La doctrina del margen de apreciación y su nula recepción en la jurisprudencia de la Corte Interamericana de Derechos Humanos*, "Anuario Colombiano de Derecho Internacional", vol. 11, 2018, p. 81.

NIEMBRO, ROBERTO, *Una mirada al constitucionalismo popular*, "Isonomía. Revista de Teoría y Filosofía del Derecho", nº 38, 2013, p. 195.

NOGUEIRA ALCALÁ, HUMBERTO, *Consideraciones sobre las sentencias de los tribunales constitucionales y sus efectos en América del Sur*, "Ius et Praxis", año 10, nº 1, 2004, p. 113.

OEHLING DE LOS REYES, ALBERTO, *El concepto constitucional de dignidad de la persona: forma de comprensión y modelos predominantes de recepción en la Europa continental*, "Revista Española de Derecho Constitucional", nº 91, ene.-abr. 2011, p. 138.

ORTEGA, MARÍA DEL C. - SLAVIN, PABLO E. (coords.), *Avances de investigación en derecho y ciencias sociales. X Jornadas de Investigadores y Becarios*, Mar del Plata, Suárez, 2006.

PALACIO, LINO E., *Derecho procesal civil*, Bs. As., Abeledo-Perrot, 1994.

PECES-BARBA MARTÍNEZ, GREGORIO, *Curso de derechos fundamentales. Teoría general*, Madrid, Universidad Carlos III de Madrid - Boletín Oficial del Estado, 2014.

PERELMAN, CHARLES, *El ideal de racionalidad y la regla de justicia*, "Conjetural. Revista Psicoanalítica", nº 29, 1995, p. 84.

PÉREZ LUÑO, ANTONIO-ENRIQUE, *Lecciones de filosofía del derecho. Presupuestos para una filosofía de la experiencia jurídica*, Lima, Jurista, 2008.

PRIETO SANCHÍS, LUIS, *Justicia constitucional y derechos fundamentales*, Madrid, Trotta, 2014.

— *Libertad y objeción de conciencia*, "Persona y Derecho", nº 54, 2006, p. 259.

PUYOL, ÁNGEL, *Derechos humanos y multiculturalismo*, "Enrahonar. An International Journal of Theoretical and Practical Reason", nº 40/41, 2008, p. 67.

QUIROGA LAVIÉ, HUMBERTO, *Actualidad en la jurisprudencia sobre amparo*, *LL*, 1996-E-1057.

RENTERÍA DÍAZ, ADRIÁN, *Derechos humanos. Justificación y garantías*, "Isonomía. Revista de Teoría y Filosofía del Derecho", nº 28, abr. 2008, p. 105.

RIVERA LEÓN, MAURO A., *Jurisdicción constitucional: ecos del argumento contramayoritario*, "Cuestiones Constitucionales. Revista Mexicana de Derecho Constitucional", nº 22, ene.-jul. 2010, p. 223.

ROJAS AMANDI, VÍCTOR M., *Las fuentes del derecho en el sistema jurídico angloamericano*, México, Porrúa, 2005.

ROUSSEAU, JEAN-JACQUES, *El contrato social*, Bs. As., Losada, 1998.

SABSAY, DANIEL A. (dir.) - MANILI, PABLO L. (coord.), *Constitución de la Nación Argentina y normas complementarias. Análisis doctrinal y jurisprudencial*, Bs. As., Hammurabi, 2009.

SAGÜÉS, NÉSTOR P., *Cosa juzgada constitucional. Modelos y correcciones*, *LL*, 1995-E-1064.

— *Derecho constitucional*, Bs. As., Astrea, 2017.

— *Elementos de derecho constitucional*, 3ª ed., Bs. As., Astrea, 2003.

— *Las relaciones entre los tribunales internacionales y los tribunales nacionales en materia de derechos humanos. Experiencias en Latinoamérica*, "Ius et Praxis", año 9, nº 1, 2003, p. 17.

— *Los principios específicos del derecho constitucional*, Bogotá, Universidad Externado de Colombia, 1992.

— *Recurso extraordinario*, 4ª ed., Bs. As., Astrea, 2016.

— *Teoría de la Constitución*, Bs. As., Astrea, 2004.

SALAZAR UGARTE, PEDRO, *El nuevo constitucionalismo latinoamericano (una perspectiva crítica)*, https://archivos.juridicas.unam.mx/www/bjv/libros/7/3271/22.pdf.

SALVADORES DE ARZUAGA, CARLOS, *Formulaciones, proposiciones y anotaciones para interpretar la delegación legislativa*, *LL*, 1997-A-997.

SÁNCHEZ AGESTA, LUIS, *Principios de teoría política*, Madrid, Nacional, 1976.

SÁNCHEZ CAPARRÓS, MARIANA, *Categorías sospechosas*, Bs. As., Astrea, 2020.

SAUX, EDGARDO I., *Personificación de los animales. Debate necesario sobre el alcance de las categorías jurídicas*, *LL*, 2016-B-1020.

SOLUM, LAWRENCE B., *¿Qué es el originalismo?*, trad. R. RAMÍREZ CALVO, *LL*, supl "Constitucional", nº 6, sep. 2019, p. 5.

SPECTOR, HORACIO, *La filosofía de los derechos humanos*, "Isonomía. Revista de Teoría y Filosofía del Derecho", nº 15, 2001, p. 7.

STEINER, CHRISTIAN - URIBE, PATRICIA (eds.), *Convención Americana sobre Derechos Humanos. Comentario*, Bs. As., Konrad Adenauer Stiftung - Eudeba, 2014.

TORICELLI, MAXIMILIANO, *El sistema de control constitucional argentino. La acción declarativa de inconstitucionalidad como mecanismo de tutela*, Bs. As., Lexis-Nexis - Depalma, 2002.

— *Navegando entre la política y el derecho. A propósito del caso "San Luis"*, "Zeus", t. 92, nº 94, 2003.

— *Organización constitucional del poder*, Bs. As., Astrea, 2010.

TORRES DEL MORAL, ANTONIO, *Principios de derecho constitucional español*, Madrid, Facultad de Derecho, Universidad Complutense, 1992.

TUSHNET, MARK, "Against judicial review", paper 2009-20, presentado en Harvard Law School Public Law & Legal Theory Working Paper Series, https://papers.ssrn.com/sol3/papers.cfm?abstract_id=1368857#.

— *Taking the Constitution away from the courts*, New Jersey, Princeton University, 1999.

VANOSSI, JORGE R., *Estado de derecho*, 4ª ed., Bs. As., Astrea, 2008.

— *Teoría constitucional*, Bs. As., Depalma, 2000.

VIGO, RODOLFO L., *Del Estado de derecho legal al Estado de derecho constitucional*, "Cuestiones de Derecho Procesal. Revista de la Facultad de Derecho y Ciencias Sociales de Rosario", 2012, p. 67.

— *Interpretación constitucional*, Bs. As., Abeledo-Perrot, 2004.

VILLORO, LUIS, *Estado plural, pluralidad de culturas*, México, Paidós, 1999.

VON BOGDANDY, ARMIN - VENZKE, IGNO, *¿En nombre de quién? Una teoría de derecho público sobre la actividad judicial internacional*, trad. P. A. ACOSTA ALVARADO, Bogotá, Universidad Externado de Colombia, 2016.

VON BOGDANDY, ARMIN - FERRER MAC-GREGOR, EDUARDO - MORALES ANTONIAZZI, MARIELA (coords.), *La justicia constitucional y su internacionalización. ¿Hacia un ius constitutionale commune en América Latina?*, México, Instituto de Investigaciones Jurídicas - Max-Planck-Institut für Ausländisches Öffentliches Recht und Völkerrecht - Instituto Iberoamericano de Derecho Constitucional - Unam, 2016.

WALDRON, JEREMY, *Contra el gobierno de los jueces. Ventajas y desventajas de tomar decisiones por mayoría en el Congreso y en los tribunales*, Bs. As., Siglo Veintiuno, 2018.

ZAFFARONI, EUGENIO R., *Estructuras judiciales*, Bs. As., Ediar, 1994.